Hans Driesch

Wirklichkeitslehre

ein metaphysischer Versuch

Verlag
der
Wissenschaften

Hans Driesch

Wirklichkeitslehre

ein metaphysischer Versuch

ISBN/EAN: 9783957005656

Auflage: 1

Erscheinungsjahr: 2015

Erscheinungsort: Norderstedt, Deutschland

Hergestellt in Europa, USA, Kanada, Australien, Japan
Verlag der Wissenschaften in Hansebooks GmbH, Norderstedt

Verlag
der
Wissenschaften

EIN

METAPHYSISCHER VERSUCH

VON

HANS DRIESCH

*

ZWEITE DURCHGESEHENE
UND TEILWEISE ERWEITERTE AUFLAGE

*

1 9 2 2

VERLAG VON EMMANUEL REINICKE LEIPZIG

Vorwort.

Dieses Werk ist ein *metaphysischer* Versuch im echtesten Sinne
des Wortes, also nicht eine Erkenntnistheorie, die sich an Stelle der
Metaphysik setzt; und zwar macht es den Anspruch Metaphysik „als
Wissenschaft" zu sein; es wird in wissenschaftlicher Strenge vom
Wirklichen handeln. Freilich wird es das tun in vollem Bewusstsein von der Unzulänglichkeit der menschlichen Vernunft angesichts
der gestellten Aufgabe. Unser Wissen ist Stückwerk, überall und hier
ganz besonders. Aber Stückwerk ist mehr als nichts; und dass Bruchstücke eines Wissens um das Wirkliche immerhin möglich sind, das
eben glaubt dieses Werk zeigen zu können.

Das Werk steht neben der früher veröffentlichten „Ordnungslehre", nicht eigentlich als ihre Ergänzung, sondern als Behandlung
derselben Gegenstände unter ganz anderem Gesichtspunkte; war doch
die „Ordnungslehre" ausdrücklich als „nicht-metaphysisch", aber als
Vorbereitung „zur künftigen Metaphysik" bezeichnet worden, woraus
sich für den aufmerksamen Leser wohl schon ergab, dass noch etwas
anderes als sie im Rahmen der Philosophie nach des Verfassers Meinung möglich sei.

Aus der Ordnungslehre oder Logik, die auch, im weitesten Sinne
des Wortes, Erfahrungslehre oder Wissenschaftslehre heissen kann,
muss dieses Werk sein System, seine Einteilung, entlehnen, wobei es
freilich gleichgültig ist, ob nun gerade das besondere logische System
des Verfassers oder ein anderes gut durchgearbeitetes zugrunde gelegt wird; es handelt sich nur um die allgemeinsten systematischen
Züge der reinen Logik und der Logik des Empirisch-Wirklichen, und
diese sind in jedem guten logischen System ungefähr dieselben.

Ein nicht aus der Ordnungslehre stammendes, sondern ihr eigenes
System könnte eine Wirklichkeitslehre dann besitzen, wenn sie glauben
könnte im Besitze eines das „Wirkliche" bedeutenden Begriffs zu sein,
aus dem die Begriffskennzeichnung aller Kennzeichen des Wirklichen
folgte. Aber sie kann das nicht glauben; die Tage der „Ontologie" in
jeder Form sind ein für allemal dahin. Die Gewöhnung an die Strenge

der Wissenschaftlichkeit im engeren Sinne des Wortes hat uns vorsichtig und damit bescheiden gemacht. Nur induktiv darf Metaphysik sich geben; wobei nun freilich das Wort „induktiv“ nicht in dem recht leeren aufzählenden Sinne verstanden ist, sondern wo „induktiv vorgehen“ das Aufsuchen von Gründen zu gegebenen Folgen bedeutet. Und die gegebenen „Folgen“, das heisst die Inhalte der „Erfahrung“ im weitesten Sinne des Wortes, müssen in ihrer ganzen Fülle erfasst sein; durch alles, was es an Wissenschaftlichem gibt, muss Metaphysik hindurch, an nichts darf sie, wie es so oft geschieht, vorbei gehen; und sie muss sich ernsthaft auch um das bedeutsame Einzelne in allen logisch durchgearbeiteten Wissenschaften kümmern; um alles bedeutsame Einzelne, also in Phänomenologie, Logik, Psychologie, Natur- und Kulturlehre gleichermassen. Denn Metaphysik ist die vollständige höchste Lehre vom Wissen und vom Gewussten; also nicht die Lehre vom Wissen allein, wie manche „Idealisten“, und auch nicht die Lehre vom Gewussten allein, wie die „Naturalisten“ glauben. Wenn Metaphysik so verfährt, wie wir es fordern, ist sie nicht „Dichtung“, ob sie schon Vermutung bleiben muss — denn „beweisen“ im eigentlichen Sinne lässt sich kein einziger Satz, der die Metaphysik angeht, nicht einmal der Satz, dass es das Wirkliche überhaupt „gebe“.

Man hört oft sagen, dass Wissenschaft und Philosophie zwei Gebilde seien, welche nebeneinander, wohl gar feindlich zueinander dastünden, derart, dass die erste nur einen beschränkten, für gewisse Zwecke genügenden „Standpunkt“ bedeute, während die zweite von Anfang an, unbekümmert um jene, Wahrheit schaut. Das ist falsch. *Wissen* ist Eines; und so gewiss es ist, dass Wissenschaft im engeren Sinne, die gleichsam den ersten Schritt des Wissens bedeutet, nicht alles, was an Wissen möglich ist, bieten kann, ebenso gewiss ist es, dass Philosophie, trotz neuer ihr eigener Fragestellungen, doch wissenschaftliches Wissen voraussetzt und es nur eben vollendet, aber nicht auf geheimnisvollen, von Anfang an für sich bestehenden Sonderwegen zum höchsten Wissen gelangt: in der bewussten logischen Durchtränkung der eigentlichen Wissenschaft macht das Wissen sozusagen seinen zweiten, in der Metaphysik macht es seinen dritten Schritt.

Man sieht es, unsere Lehre wird in Widerspruch stehen zu allen dichterischen „ontologischen“ Metaphysikern, aber auch zu den Lehren jener, welche die Möglichkeit von Metaphysik als einer ernsthaft und gewinnbringend in Angriff zu nehmenden Wissens-Angelegenheit überhaupt leugnen. Dass ich mich also Denkern wie Hartmann, Bergson, Külpe, Wundt, Becher, Messer und unter den älteren vor allem Leibniz enger verwandt fühle als etwa Spinoza und Schelling einerseits, den meisten Neukantianern andererseits, wird man verständlich finden; über Kant wird im Text eingehend zu reden sein.

Wie in der „Ordnungslehre", so sind auch in diesem Werke abweichende Ansichten nur da bekämpft worden, wo es unumgänglich zur Hervorhebung der eigenen Lehre notwendig war; auch ist, mit wenigen Ausnahmen, darauf verzichtet worden, das Gemeinsame der eigenen Lehre mit den Lehren anderer mit Rücksicht auf Einzelnes hervorzuheben. Meist ist im Philosophischen ein solches Gemeinsame ja doch kein ganz „Gemeinsames", weil es eben jedesmal Teil eines anderen Ganzen ist. Missverständnisse treten da gar zu leicht auf, und sie stören dann wohl gar die Einheitlichkeit und Verständlichkeit der eigenen Lehre. Ich weiss z. B. nicht, ob ich den Sinn des Wortes „Wert" wirklich ganz nach der Absicht der Schulen, welche diesem Begriffe seine zentrale Stellung einräumen, verwendet habe. Ich bemerke ausdrücklich, dass für meine Lehre, ganz für sich selbst genommen, kein Bedürfnis nach Verwendung jenes Begriffs vorgelegen hätte; nur um die Möglichkeit gegenseitiger Verständigung zu schaffen, habe ich gleichwohl ein paarmal angedeutet, wo innerhalb meiner Lehre eine Verwendung jenes Begriffs wohl möglich sein möchte. Vielleicht wäre selbst dieses Wenige besser weggeblieben.

Und ein Gleiches gilt mit Rücksicht auf die Auseinandersetzung mit der Terminologie anderer Denker. Wie verwildert die philosophische Terminologie ist, weiss jeder. Was bedeuten nicht alles die Worte „Idealismus", „Naturalismus", „Substanz", ja „Wirklichkeit"! Da ist es das einzig mögliche, unter Vermeidung der ganz besonders abgegriffenen Worte, eigene Termini so scharf wie möglich festzulegen und ganz streng in ihrer Bedeutung festzuhalten, den Leser aber ein für allemal zu bitten, unter ihnen nur das zu verstehen, als was sie, vielleicht willkürlich, festgelegt worden sind, und auch nur an diejenigen sich an ein Wort anknüpfenden „Probleme" zu denken, welche ausdrücklich dem Verfasser jedesmal als Probleme gelten. —

Methodisch am bedeutsamsten ist an diesem Werke, neben dem Begriff der metaphysischen Induktion, von dem schon die Rede war, zum ersten der Ausgang von dem schlichten *Ich erlebe Etwas und weiss darum*, den es mit der „Ordnungslehre teilt, und zum anderen die ganz scharfe Scheidung von „mittelbaren" und „unmittelbaren" Gegenständen. Im letzten Grunde bedeutet das alles ja ein und dasselbe: Von der *Urtatsache* aus wird weitergeschritten durch die allgemeine Ordnungslehre und durch die von „mittelbaren" Gegenständen handelnde Natur- und Seelen-Ordnungslehre hindurch zur

Lehre vom *Wirklichen*. Das allein ist der „kritische", der vorsichtig abwägende, der Rechenschaft gebende Weg. Die Abneigung, welche noch immer in weiten Kreisen gegen den augustinisch-cartesianischen Ausgang des Philosophischen herrscht, gestehe ich nicht zu begreifen. Hier allein ist doch sicherer Boden. Es ist aber in der Tat in Sachen des Ausgangs nur Johannes Volkelt (*Erfahrung und Denken*) unter den Neueren den Forderungen wahrer „Kritik" vollkommen und bewusst gerecht geworden; Rehmke, Bergson und Husserl, so grosses Gewicht sie auf Selbstbesinnung legen, gehen doch allzu rasch, wie ich meine, ins Metaphysische. Nur die Besinnung auf das „bewusst Gehabte" bewahrt vor Irrtümern gleich im ersten Anfang alles Philosophierens, nur die phänomenologische Besinnung bewahrt zum Beispiel davor, von so etwas wie einem „tätigen" Bewusstsein auszugehen, einem Etwas, das es sicherlich im Beginne des Philosophierens nicht „gibt". Dass man sich wieder besonnen hat zu fragen, was das eigentlich heisse, *Ich denke, Ich weiss, Ich bin und habe bewusst*, dass man das „Denken" nicht so ohne weiteres hinnimmt, das scheint mir in der Tat der wesentlichste Fortschritt in der Grundlegung der Philosophie, ein über den Kantianismus wirklich hinausgehender Fortschritt zu sein. Auch die neueste Psychologie, die hier eben gar nicht „Psychologie" im engeren Sinne ist, hat grossen Anteil an diesem Fortschritt. Von mir selbst darf ich sagen, dass ich ein, wie mich dünkt, Wesentliches, nämlich mein „Haben" der Bedeutung Ordnung hier selbständig gesehen habe.

Man wird in diesem Werke die philosophische Bedeutung dessen, was man „Kultur" und „Geschichte" nennt, vielleicht gar zu sehr eingeschränkt finden. Nicht dass wir leugneten, es liege in der Tatsache der Kultur im weitesten Sinne des Wortes ein wichtiges Problem vor; schon unsere sehr breite Behandlung des Gegenstandes wird uns vor diesem Vorwurf bewahren. Aber nur Wissenskultur und Wissensgeschichte besteht bei uns, sozusagen, die Prüfung, und wir bekennen offen, einmal, dass wir an keiner Stelle wissen, was sonst noch an Kultur etwa ein „wesentlicher" Zug der Welt sei, und zum anderen, dass uns gerade viele praktisch bedeutsame Seiten der Kultur, wie z. B. alles Politische, ein wesentlicher Zug der Welt ganz ausdrücklich nicht zu sein scheinen. Wir setzen damit nicht etwa das Menschliche zum Tierischen hinab, wie es so viele in unseren Tagen tun; gerade im Gegenteil: wir suchen das Übermenschliche; das Menschliche ist uns nicht genug; und ausserdem wissen wir allerdings auch, dass das Nebenmenschliche, das Tierische im engeren Sinne also, denn doch wirklich so wenig verstanden sei, dass es nicht als gleichgültig einfach beiseite gestossen werden darf. Mit allem diesem stehen wir in bewusstem Gegensatze zu Fichte und Hegel und allen ihren Geistesverwandten, ganz abgesehen von Fragen der Methode. Unsere Lehre ist darum nicht „anthropozentrisch“, weil uns alles Menschliche als zu wenig erscheint um ein „Ziel der Welt“ zu sein.

Man wird, ferner, in diesem Werk das vermissen, was man „Ethik“ zu nennen pflegt, oder doch wenigstens das, was „inhaltliche Ethik“ heisst. Das gehöre aber doch, wenn auch vielleicht nur als Anhang, in eine Lehre vom Wirklichen. Ganz gewiss würde es dahin gehören, wenn es möglich wäre; aber es ist eben als mehr denn als durchaus persönliches, für den „anderen“ — fasse man diesen Begriff wie man wolle — unverbindliches Bekenntnis nicht möglich. Was an Ethik möglich ist, das heisst, was von ihr mit dem Anspruch auf Gültigkeit für den anderen auftreten kann, das ist gesagt worden, und zwar geradezu als Bestandteil der Metaphysik, nicht als Anhang zu ihr, ebenso wie uns früher das rein Formhafte am ethischen Urteil geradezu Bestandteil der „Ordnungslehre“ selbst gewesen ist. Es handelte sich da um rein ordnungshafte Angelegenheiten, ganz ebenso, nur in anderem „kategorialen“ Rahmen, wie bei allem Geometrischen etwa; und so soll denn auch jetzt das ordnungshaft Ethische ganz ebenso wie das ordnungshaft Geometrische auf seine Wirklichkeitsbedeutung hin geprüft werden. Aber nur in sehr unbestimmtem Rahmen ist beim Ethischen eine solche Prüfung möglich, weil schon rein ordnungshaft das Ethische eine Angelegenheit von sehr im Allgemeinen verbleibender Art war. Nirgends ist so grosse Vorsicht geboten, wie gerade mit Rücksicht auf das Ethische; und nun gar, wie manche es wollen und wollten, von lediglich persönlich verbindlichen „ethischen Werten“ im engeren Sinne beim Philosophieren ausgehen, das heisst dann doch wahrlich, die Philosophie auf den Wunsch, wennschon auf einen edlen Wunsch, gründen[1]), das heisst vor der Untersuchung festsetzen, was durch die Untersuchung gefunden werden soll. Philosophie ist aber eine Wissensangelegenheit, und bleibt das, selbst wenn für den endlichen Menschen Wissen und Wissenwollen untrennbar sind; denn Wissen-wollen steht nicht neben dem Wollen von irgendwelchen Besonderheiten.

Vermisst man also zwar nicht eine Prüfung, wohl aber eine be-

---

[1]) Höchst seltsam berührt hier eine Stelle in Fichtes „Zweiter Einleitung in die Wissenschaftslehre“ (Abschnitt 5): Er sieht richtig den selbstbesinnlichen Sachverhalt, dass Tätigkeit nicht erlebt ist, aber das — darf nicht sein, weil es das Sittengesetz um seine ihm von Fichte zugeschriebene Bedeutung brächte. Und es gibt viele andere ähnliche Stellen gerade bei Fichte.

sondere Wertschätzung der praktisch bedeutsamen Seiten des „Kulturellen“ in diesem Werke und vermisst man an ihr eine inhaltliche Ethik, so wird man auf der anderen Seite wohl in manchen Kreisen verwundert sein, eine Frage in ihm an eine ganz besonders ausgezeichnete Stelle gerückt zu sehen, die in neueren philosophischen Werken eigentlich gar keinen Platz, nicht einmal einen Platz im Reiche des Unbehandelbaren[1]), mehr findet: die Frage nach der Bedeutung des Todes.

Das Problem *Tod* nimmt in unserer Wirklichkeitslehre in der Tat eine geradezu zentrale Stelle ein, es bezeichnet einen ihrer drei Hauptteile, wenn auch nur einen überleitenden. Es vermittelt uns zwischen dem, was wir Metaphysik erster, und dem, was wir Metaphysik zweiter oder höchster oder letzter Art genannt haben; und zwar hat es diese ausgezeichnete Stelle, obwohl seine Behandlung eigentlich nur die Möglichkeit neuer Fragen, aber nicht die Möglichkeit neuer Antworten eröffnet, und obwohl der allerwichtigste Teil der Wirklichkeitslehre, der auf seine Behandlung folgt, nur ganz kurz ausfallen kann und ausgefallen ist. Es muss da eben weiter gefragt werden und zwar in ganz bestimmter Weise — das ist das Wesentliche. Und es ist nicht ausgeschlossen, dass später einmal, an der Hand neuer „Erfahrung“, vielleicht viel schärfer gefragt und wohl gar, natürlich im Rahmen des vermutungshaften Wesens aller metaphysischen Aussagen überhaupt, geradezu geantwortet werden kann.

Wer aber überhaupt eine Herabsetzung der Metaphysik darin erblickt, dass ihre möglichen Fortschritte von dem Fortschritte der „Erfahrung“ im Sinne der eigentlichen Empirie abhängig gemacht werden, der lasse lieber unser Buch von allem Anfange an ungelesen. Dass Metaphysik durch alle bestehende oder mögliche „Empirie“ hindurch muss, ist ja der leitende Grundsatz dieses Werkes überhaupt.

Alle hier genannten Umstände zusammen, die Vorsicht gegenüber dem Kulturproblem, das Bekenntnis eines Nichtwissens in ethischen Dingen, die starke Betonung des Problems *Tod*, sie alle bedingen denjenigen wenig modernen, aber gleichwohl notwendigen Charakter dieses Werkes, den man seinen erdenflüchtigen Charakter nennen könnte. Manche werden sagen, dass hier eigentlich mehr eine Theologie als eine Metaphysik, zwar nicht erreicht, aber doch im Grunde erstrebt werde, und dass diese letzte Absicht des Verfassers ihren Schatten — (oder ihr Licht?) — gerade auch auf seine Behandlung

---

[1]) Einen solchen hat sie immerhin noch bei Kant; s. Vierter Paralogismus der Kritik d. r. V., 1. Aufl.

des Problems *Kultur* und der sittlichen Fragen geworfen habe. Und
das ist gewiss sehr unmodern in einer Zeit, welcher oftmals das Soziale als das Sittliche überhaupt, das „Innerweltliche" im Sinne des
Raumzeithaften als das Wirkliche überhaupt gilt, und welche die seltsamen Wortzusammenstellungen einer „innerweltlichen Askese", ja,
einer „innerweltlichen Religion", dieses echteste aller hölzernen Eisen,
gebildet hat. Dass des Menschen Reich im tiefsten Sinne „nicht von
dieser Welt" sei, das ist es allerdings, was dieses Werk als sein
höchstes Ergebnis nicht nur behaupten, sondern, im Rahmen dessen,
was „Wahrscheinlichkeit" metaphysisch heisst, wahrscheinlich machen
zu können glaubt. Von Sokrates heisst es, dass er die Philosophie
vom Himmel auf die Erde herabgebracht habe; das war sicherlich
wertvoll, und es hat die Griechen nicht zu dem Glauben verleitet,
dass der Philosophie Reich nun allein auf der Erde sei. In unseren
Tagen aber, scheint mir, muss man die Philosophie denn doch ernstlich daran erinnern, dass das Irdische nur einen ganz kleinen Teil
ihrer Herrschaft ausmacht. Und nicht nur aus theoretischen Gründen
muss man das: hat doch die vielgepriesene „Innerweltlichkeit" zu
jener Vergottung der empirischen Staaten geführt, deren furchtbare
Folgen unser Geschlecht erlebt hat.

Auch die Anfänge dieses Werkes gehen, wie die der „Ordnungslehre", bis zum Jahre 1905 zurück. Niedergeschrieben wurde ein
kurzer Entwurf des Ganzen, der ursprünglich zur Veröffentlichung
an anderer Stelle bestimmt war, im Jahre 1912. Im folgenden Jahre
ward das Manuskript dieses Werkes geschrieben, um freilich im folgenden wesentlich verbessert und erweitert zu werden.

Das Werk ist in sich gänzlich selbständig. Es steht, wie gesagt,
neben der „Ordnungslehre", nicht etwa setzt es sie im eigentlichen
Sinne fort. Es behandelt dasselbe, wie jenes Buch, aber mit ganz
anderer Fragestellung.

Mit einer gewissen Verwunderung wird vielleicht ein Leser dieses
Werkes, welcher die „Ordnungslehre" kennt, es bemerken, dass
die dort breit behandelten Teile, wie z. B. die Prinzipien der Mathematik, die Lehre vom Werden der unbelebten Natur, jetzt recht kurz
wegkommen, während umgekehrt das dort nur Angedeutete, wie z. B.
das Problem des Ordnungsmonismus, die Lehre vom Irrtum, jetzt eine
sehr eingehende Behandlung erfahren. Das ist nicht etwa äusserlich,
unter dem Gesichtspunkt einer wechselseitigen Ergänzung beider Werke,

zu verstehen; es ist eine Folge der ganz verschiedenen Aufgaben
beider Bücher, deren erstes nur Ordnungsaussagen machen, deren
zweites Wirklichkeitsdeutungen bringen will. Denn es liegen die Dinge
nun einmal so, dass Ordnungsaussagen in grosser Fülle und Vollendung gerade da möglich sind, wo die Ausdeutungsfrage verhältnismässig einfach zu behandeln ist, während da, wo die Ausdeutungsfrage schwierig ist, aber andererseits von ganz besonderer Bedeutung
wäre, Ordnungslehre nur weniges und auch das nur vermutungshaft
leisten kann. Mit Vermutungen nun gab sich die *Ordnungslehre* nicht
ab, hatte sie doch einen so reichen Stoff, den sie in ihrem Rahmen
endgültig behandeln konnte; die *Wirklichkeitslehre* aber, die selbst
grösstenteils ein Gefüge von Vermutungen ist, musste auch an dem
Inhalt der von ihr verwerteten Gebiete der Ordnungslehre gerade dem
Vermutungshaften nachgehen.

Möge das Werk viele davon überzeugen, dass Metaphysik treiben
ein gut gegründetes, ein „wissenschaftliches" Unternehmen sein kann;
und mögen recht viele dieses Unternehmen weiter führen. —

Meinem verehrten Verleger, Herrn Dr. E. Reinicke, gebührt mein
herzlicher Dank dafür, dass er in einer für alle schweren Zeit die
Herausgabe dieses Werkes so bereitwillig übernommen und durchgeführt hat.

Heidelberg, am 31. Dezember 1916.

Hans Driesch.

Vorwort zur zweiten Auflage.

Nach etwa fünf Jahren ist, trotz schwieriger Zeiten, zu meiner Freude eine neue Auflage dieses Werkes notwendig geworden. Ich danke meinem verehrten Herrn Verleger auch an dieser Stelle herzlich dafür, dass er sich zu ihrer Herausgabe bereit finden liess.

In der Anlage des Ganzen brauchte nichts geändert zu werden; in kleinerem oder grösserem Ausmasse gebessert aber ist, im Dienste der Klarheit des Ausdrucks, beinahe auf jeder Seite. Neu geschrieben wurden Teile der Abschnitte vom Wissen des Wirklichen, von der Freiheit, vom Staat, von der Unsterblichkeit, von der Erlösung und einiges andere; an manchen Stellen ist dafür gekürzt worden, so dass der Umfang der ersten Auflage nicht nennenswert überschritten ward. Auf die Einführung des *Einheits-*, neben dem *Ganzheits*-begriff sei die Aufmerksamkeit des Lesers besonders gelenkt.

Meine Ordnungslehre ist stets nach der zweiten, noch nicht gedruckten aber in Vorbereitung befindlichen Auflage zitiert worden. Besitzer der ersten Auflage seien auf deren Register verwiesen.

Möge die zweite Auflage meiner Wirklichkeitslehre denselben fruchtbaren Boden finden, den die erste gefunden hat.

Leipzig, am 7. Januar 1922.

Hans Driesch.

Inhaltsverzeichnis.

I. Der Wirklichkeitslehre Wesen und Aufgabe.   Seite

  1. Ordnungslehre und Wirklichkeitslehre   1

  2. Von den unbedingt notwendigen Voraussetzungen jeder
    Wirklichkeitslehre 11
    a) Von den Arten des Wissens 11
    b) Der Satz von der Wissbarkeit 18
    c) Die denkhafte Beziehung zwischen Wirklichkeitslehre und Ord-
    nungslehre 21

  3. Vom Wege der Wirklichkeitslehre 24
    a) Von der denkhaften Erfindung („Induktion") 24
    b) Die Vollständigkeit des Ausgangs 29
    c) Beurteilung anderer Wege zur Wirklichkeit 31
      α) Verschiedenes 31
      β) Kant und die Neukantianer 34
      γ) Abschluss 51

  4. Das Erkennen 52
    a) Allgemeines 52
    b) Die Bedeutung der Urordnungszeichen für das Wirkliche. Das
    Postulat der rationalen Betreffbarkeit 56
    c) Der Satz von der Mannigfaltigkeit 62
    d) Ausblick und Rückblick 63

**II. Der Wirklichkeitslehre erster Teil: Die Lehre vom Wirklichen über-
haupt.**

  1. Einführung 66

  2. Die Ausdeutung der Räumlichkeit 69
    a) Die Wirklichkeitsbedeutung des *Neben* 69
    b) Wirkliche Beziehungsgefüge ausser dem „Neben" 73
    c) Ablehnung der spinozistischen Lehre von der *extensio* . . 76
    d) Zusammenfassung 80
    e) Die Materie 83

  3. Die Ausdeutung von Naturzeit und Naturwerden . . . 85

  4. Die Ausdeutung der Naturkausalität 93
    a) Einleitung: Über Verknüpftheit überhaupt 93
    b) Die unbelebte Natur 97
    c) Das belebte Einzelwesen 100

Seite

d) Überpersönliches Wesen. Die Freiheitsfrage 103
   α) Die Aufgabe 103
   β) Die Bedeutungen des Wortes „Freiheit" 106
   γ) Zwischenteil: Die Frage nach der Freiheit des Handelns 111
   δ) Die Freiheitsfrage als Teil der Gottesfrage 115
   ε) Die Unentscheidbarkeit 119
5. Die Klasse und das Allgemeine (Das „Universalienproblem") 122
6. Das Wissen 131
  a) Das Wissen des Wirklichen 131
  b) *Wissen und Werden* 138
  c) Vertagung der Lösung der Hauptfrage 146
  d) Über das „Gedächtnis" 147
7. Die Frage nach dem Einen Ganzen (Das Problem des „Ordnungsmonismus") 149
  A. Ganzheit und Unganzheit im Rahmen der Natur-Erfahrung 152
    a) Die unbelebte Natur 154
    b) Die belebten Einzelwesen 159
    c) Die Lebensgesamtheit als überpersönliche Ganzheit . . 165
    d) Die „Geschichte" in Sonderheit („Geschichtsphilosophie") 175
      α) Das sittliche Bewusstsein 177
      β) Harmonien in der Geschichte 185
      γ) Der Staat 192
      δ) Die Heterogonie der Zwecke 195
      ε) Die Vielheit neuer Anfänge 198
      ζ) Das Geschichtliche im engeren Sinne („Kumulation" und „Evolution") 198
      η) Wissens-geschichte 215
      ϑ) Abschluss und Ausblick 220
  B. Das Wissen und der Irrtum 221
    a) Die Aufgabe 221
    b) Die Arten des Irrtums 223
    c) Das Wesen des Wissens 231
      α) Noch einmal das „Gedächtnis" 231
      β) Die Seele als Ordnerin 232
      γ) Vollendetes und verbesserbares Wissen 238
      δ) Letztes Wort über das Wesen des Irrtums . . . 247
      ε) Der Grund des Irrtums 250
  C. Die Ausdeutung erfahrungshafter Ganzheit und Unganzheit 253
    a) Ablehnung des Ontologismus 254
    b) Ablehnung des spinozistischen Monismus 257
      α) Die spinozistische Lehre 257
      β) „Mechanismus" und „Teleologie", eine Zwischenuntersuchung 259
      γ) Erledigung der Sachfrage 261
    c) Ablehnung des Ordnungsmonismus überhaupt 264
    d) Scharfe Formung der Begriffe „Ordnungsmonismus" und „Dualismus" 269

Seite

    e) Der Dualismus des Wirklichen 273
    f) Wegweisende Bemerkungen: Das „Wesentliche" . . . 278
        α) Die Bedeutung der Tatsachen 279
        β) Das „Wesentliche" 284
        γ) Zusammenfassung 291
    g) Das letzte Wort des Dualismus 294

III. Übergang zum zweiten Teile der Wirklichkeitslehre: Vom Tode.
  1. Der Tod 296
    a) Rückblick und Ausblick 296
    b) Die nächste Aufgabe 299
    c) Möglichkeiten 303
  2. Das „Gewordensein" des Werdens 307
  3. Die neue Aufgabe 310
    a) Einleitung 310
    b) Das Wirkliche als „Welt" und als „Nicht-welt" 314
    c) Der Weg zu einer höheren Metaphysik 317
    d) Die Dunkelheiten der ersten Metaphysik: Einzelwesen, Zufall
       und Leiden 319
    e) Das Leiden 324

IV. Der Wirklichkeitslehre höhere Stufen: Die Lehre von den Wirklich-keitsformen.
  1. Die ersten Fragen 327
    a) Einleitung 327
    b) Die „Unsterblichkeits"-Frage 329
        α) Allgemeines 329
        β) Die Zeitlichkeits-frage 330
        γ) Die Personalitäts-frage 332
        δ) Schlussbetrachtungen 335
    c) Noch einmal die Frage nach der Bedeutung der „Geschichte" 339
  2. Die Gottes-Fragen 352
    a) Die Aufrollung der Fragen 352
    b) Die Ablehnung des Atheismus 356
    c) Noch einmal der Dualismus 359
    d) Der echte Pantheismus 362
    e) Der Theismus und seine beiden möglichen Grundformen . . 365
    f) Erledigung logischer Bedenken 370

I. Der Wirklichkeitslehre Wesen und Aufgabe.

1. Ordnungslehre und Wirklichkeitslehre.

Philosophie ist *Wissenslehre;* ihr Gegenstand ist die Gesamtheit alles Gewussten als ein gefügemässig geordnetes Ganze, wobei auch das (sich selbst wissende) Wissen zum Gewussten gehört. Der Satz: *Um mein Wissen wissend weiss ich Etwas* oder *habe ich (bewusst) Etwas,* ist die philosophische Urtatsache und aller Philosophie Ausgang. Diese *Urtatsache* ist durchaus einzig und nicht irgend einer anderen „Tatsache" an die Seite zu stellen; auch ist sie wohl unterschieden von dem blossen *Ich habe (bewusst) Etwas,* das nur einen Teil von ihr bildet und wohl die Urtatsache der Wissenschaft heissen darf. Denn gerade auf dem *Ich weiss,* dass ich Etwas weiss, ruht Philosophie. Jeder besondere Wissenschaftszweig vermag dadurch ein Zweig der Philosophie zu werden, dass das ausdrückliche Wissen um sein Gewusstsein zu ihm als blossem Wissensbesitze hinzutritt, und dass er ausdrücklich als Teil eines höheren Ganzen angesehen wird. Diese Einsicht weist ein für allemal die Lehre ab, es sei Philosophie nur die „Summe" aller Wissenschaften oder die Summe alles Wesentlichen an ihnen. Als „systematische Lehre vom Wissen und von allem Gewussten als Gewusstem" mag geradezu „Philosophie" definiert werden.

Die drei Bestandteile des Satzes *Ich, um mein Wissen wissend — weiss (habe bewusst) — Etwas* haben zunächst nur in ihrer Verbindung einen Sinn; jeder Bestandteil fordert die beiden anderen: *Ich* bin der Etwas Wissende, zum *Wissen* gehören Ich und Etwas, und *Etwas* ist, zunächst jedenfalls, nur das von mir Gewusste. Nur scheinbar also ist der philosophische Ursatz auflösbar; seine Bestandteile aber sind das nicht einmal scheinbar. Wenn nicht die Bedeutung des Ursatzes in ihrer vollen Dreieinigkeit *gewusst* ist, kann es also keine Philosophie geben.

Das erste besondere Geschäft der Philosophie ersteht nun dem sich selbst wissenden Wissen daraus, dass das *Etwas,* um welches Ich, dabei zugleich um mein Wissen wissend, weiss, nicht nur blosses Etwas ist, sondern *geordnetes* Etwas. Anders gesagt: Ich weiss nicht nur, was *Ich weiss etwas* heisst, sondern ich weiss auch, was *Ordnung* heisst, und kraft welcher Kennzeichen das Etwas geordnetes Etwas ist; und zwar weiss ich ganz ebenso unmittelbar das zweite wie das erste: Ich habe Urwissen der Bedeutungen *Ordnung* und *Ordnungszeichen.* „Definierbar" sind beide nicht[1]).

Die Ordnungslehre oder „Logik" im weitesten Sinne des Wortes handelt von allen „anschaulichen" und allen bloss bedeutungshaften „unanschaulichen" Kennzeichen am Etwas, kraft deren das Etwas geordnet ist. Ich gehe beim Schaffen der Ordnungslehre „selbstbesinnlich" vor; das heisst: Ich weiss, wo ich im bewussten Haben oder Erleben auf *Ordnungszeichen* treffe und halte diese in ihrer Ordnungsbedeutung geschauten Ordnungszeichen durch Namen fest. Etwas anderes kann es hier garnicht geben, und auch, wenn ich etwa bestehende „Wissenschaften" auf Ordnungshaftes in ihnen mustern würde, würde mein Urwissen von Ordnung doch stets den Massstab der Beurteilung abgeben.

Es kann die Frage erstehen, ob nicht der Ordnungslehre ein Teil der Philosophie, welcher *Selbstbesinnungslehre* heissen dürfte, noch vorhergehen müsste, als wahrhaft erster philosophischer Sonderwissenszweig. Es ist aber nicht schwierig einzusehen, dass dieser Wissenszweig, sei er so schlicht und einfach wie immer und bestehe er etwa bloss in der Unterscheidung der grossen Gruppen des bewusst gehabten Etwas, wie „Anschaulichkeiten", „Gedanken", „Gefühle", doch schon gewisse Ordnungsbedeutungen, wie *dieses, solches, verschieden,* zu verwerten gezwungen wäre, also selbst schon *Ordnungslehre* ist. „Vor" der Ordnungslehre stehen also nur die Urtatsachen *Ich weiss, dass ich Etwas weiss, Ich weiss Etwas* und *Ich weiss um Ordnung,* welche im letzten Grunde eine einzige Urtatsache sind; aber vor ihr kann keine Art von „Lehre", und sei sie noch so schlichter Art, stehen.

In ihrem ersten Teil untersucht die Ordnungslehre unterschiedslos alles, was *Etwas,* was „Gegenstand", d. h. bewusst Gehabtes, in unmittelbarem Sinne ist, und will seine Ordnungsletztheiten schauen.

---

[1]) In Husserls Redeweise: Ich schaue beide eidetisch, d. h. ihrer *essentia* nach. Das ist nach unserer Auffassung freilich nicht im Sinne unmittelbar gehabter echter „Erkenntnis" zu verstehen, also nicht „ontologisch" im eigentlichen, metaphysischen Sinne des Wortes Wir kennen also nur ein „Schauen" von Bedeutungen, und zwar von Ordnungs-bedeutungen; diese Bedeutungen sind „evident". Evidenz aber ist ein Sondererlebnis, nicht etwa „Gefühl"; mag auch das Ergebnis echten sogenannten *Nachdenkens* gefühlsbetont sein.

Verschiedene „Bereiche“ oder „Gebiete“ oder „Kreise“ des Gegenständlichen kennt sie noch nicht. Ihr Urmittel, welches, in ursprünglichster
Form, sowohl den Begriff (A) wie das Urteil („A ist“, nämlich Gegenstand) schafft, ist die Setzung, d. h. die Schöpfung des Ordnungszeichens *dieses mit sich selbige*. Und der Reihe nach schaut nun die
Ordnungslehre die unauflösbaren Ordnungssetzungen[1] *nicht-dieses,
bezogen, verschieden, solches, farbig, grün, tönend, neben, Ganzes,
mitgesetzt, soviel* u. a., von denen aber jede selbst *diese* und *solche*
ist, und unter denen je zwei voneinander *verschieden* sind. So durch-
dringen sich die Ordnungszeichen und sind aneinander *erledigt*.

Der Unterschied zwischen „anschaulichen“ und „unanschaulichen“
Ordnungsletztheiten darf für die reine Urordnungslehre in keiner
Weise von grundlegender Bedeutung sein: *grün, cis, neben* sind ihr
ebenso zunächst nur Letztordnungsbestandteile wie *verschieden,
soviel, mitgesetzt;* nur von zwei verschiedenen *Gruppen* von Letzt-
ordnungsbestandteilen mag geredet werden. Aber *Ich habe* ganz ebenso
das „anschauliche“ *grün*, wie ich die „unanschauliche“ Bedeutung
verschieden habe. Das sogenannte Sinnliche und das „bloss“ Gedachte
sind hier im *Gehabten* vereint — ebenso wie später in der Naturlehre
Dinghaftes und bloss Gedachtes im *Gemeinten* vereint sind.

Dieser erste, der „allgemeine“ Teil der Ordnungslehre schliesst ab
mit der Setzung *Werden*, welche aber zunächst eine blosse Aufgabe
bedeutet:

Werden ist nicht etwas unmittelbar in seiner Bedeutung geschautes
Einfaches, ebensowenig wie das im Rahmen des Mathematischen *Stetigkeit* ist. Denn schon mit Rücksicht auf „Zeit“, den Rahmen des Werdens, erlebe ich unmittelbar als eigentliches Elementarium, wenn ein
Bild erlaubt ist, nur Punkte, nicht, wie im Räumlichen, Strecken. Nur
Zeichen, welche *damals* und *früher (später) als* bedeuten, erlebe ich
unmittelbar an gewissen meiner im Jetzt bewusst gehabten Inhalte,
die alsdann „Erinnerungserlebnisse“ heissen, weiter nichts. Aber ich
schaue, dass eine Reihe der *damals*-Bedeutungen besteht, welche der
Zahlenreihe zugeordnet werden kann; diese Reihe als eine *stetige* ge-

---

[1] Wir sagen ausdrücklich, dass die Ordnungslehre „Ordnungssetzungen“ kraft
ihres Bedeutungsschauens setze. In diesen Ordnungssetzungen als Setzungen
liegt das Wesentliche, also im *Dieses, Nicht,* $+ 1$, *die Parallele* usw. Dass sich
die Bedeutung des Gesetzten oft in Form von „Urteilen“, und zwar von gleichsam fordernden Urteilen oder „synthetischen Urteilen a priori“, ausdrücken lässt,
ist eine Angelegenheit zweiter Hand. Auch bei Kant sind ja übrigens die „Kategorien“ das Erste, die „Grundsätze des reinen Verstandes“ das Zweite. Vgl. *Ordnungslehre*, 2. Aufl., B. I. 10d, II. 7d, C. I. 11e (in Zukunft zitiert als *O. L.*).

1*

setzt heisst *Zeit*. „Zeit“ ist also ein Wort für einen sehr zusammengesetzten Bedeutungskomplex; *Zeit* ist nicht, wie das raumhafte *Neben*, etwas Einfaches, obschon sie etwas Einheitliches ist. Und nun wünsche ich Zusammenhang zwischen den mit der Reihe der *damals*-Bedeutungen verbundenen Erlebnis-Inhalten. Die Gesamtheit meiner jemals bewusst gehabten gewesenen Inhalte, deren ich mich ja „erinnern“ kann, soll in sich Zusammenhang haben. Einen gewissen Zusammenhang hat sie ja zwar schon insofern, als sie in allen ihren Bestandteilen *Ich*-gehabt ist; aber das ist noch kein Zusammenhang „in sich“, weil mein bewusstes Haben, obwohl in der stetigen Zeitreihe stehend, doch nicht als Haben selbst stetig, sondern eben „punktuel“ ist. Die mit dem Worte *Werden* bezeichnete Bedeutung gibt dem Wunsche nach einem Zusammenhange des Gehabten in sich Ausdruck: Werden soll ein „zwischen“ sein in bezug auf die Inhalte meines Habens in bezug auf das Gegenständliche, das *Es*; und es soll andererseits dasjenige, also das Etwas, an dem dieses Werden geschieht, wenigstens in gewisser Hinsicht als *Dasselbe*, als *beharrlich* erscheinen, ebenso wie *Ich*, freilich, wie sich zeigen wird, nicht im ursprünglichsten Sinne des Wortes, immer *derselbe* bin, nämlich der, welcher überhaupt bewusst Etwas hat oder erlebt.

Aber angesichts der unmittelbaren Erlebtheit, wie sie ist, komme Ich, kommt, wie wir der Kürze halber sagen wollen, die Logik oder Ordnungslehre nicht weiter mit ihrem Wunsche nach einem in sich geschlossenen *Werden*, das sich an *Demselben* im Bereiche des Es, des Etwas, abspielt; sie schaut nur *Werden* und *Beharrliches* als sinnvolle Bedeutungen, aber sie sind ihr leer. Die Ordnungslehre muss sich entschliessen, eine ganz besondere neue Form von Ordnungssetzung im Rahmen des Etwas einzuführen, auf dass die Setzung *Werden eines desselbigen Es* ihr fruchtbar werde; und sie „schaut“, dass sie es kann.

Die blossen Setzungen *Werden* und *beharrlich* nützen ihr, das schaut sie, nichts, wenn sie alles Etwas, alles Gegenständliche im weitesten Wortsinne unterschiedslos nebeneinander stellt im Sinne von *unmittelbaren*, d. h. unmittelbar bewusst gehabten Gegenständen. Die Setzung *Werden* kann aber — so erschaut es eben das um Ordnung urwissende Ich als eine „glückliche Tatsache“ — zum Ausgang einer sehr fruchtbaren Lehre sich gestalten, wenn der Begriff des *mittelbaren Naturgegenstandes* eingeführt wird, das heisst eines „Gegenstandes“, welcher durch einen *unmittelbar* gehabten bewussten Inhalt nur *gemeint* wird, eines Gegenstandes, welcher von der Ordnungslehre betrachtet wird, *als ob* er in Selbständigkeit als immer derselbe Eine da wäre, auch wenn ich nicht um ihn weiss. Diese Schöpfung des *mittelbaren* Gegenstandes ist etwas ganz Neues im Rahmen der Logik. Denn alle als *dieses* gesetzten Etwas der allgemeinen Ordnungslehre, alle *unmittelbaren* Gegenstände oder „Begriffe" im weitesten Sinne des Wortes, waren nicht als in Selbständigkeit daseiend gemeint, auch die klaren und scharfen mathematischen Setzungen waren es nicht. Und ein „Realismus" im platonisch-scholastischen Sinne, der von einem „Sein" der Begriffsinhalte redet, durfte von der allgemeinen Ordnungslehre höchstens angenommen werden als bildlicher Ausdruck des Sachbestandes, dass allerdings jeder einmal erlebt und gesetzt gewesene Begriff, also etwa $\sqrt{-2}$ oder *Dreieck,* wenn er wieder erlebt wird in seiner bedeutungshaften Gegenständlichkeit, die Zeichen der *Selbigkeit* („Identität") und der *Erledigung,* d. h. der Bekanntheit, in engster Durchdringung besitzt[1]).

So also schaffe oder, strenger, schaue Ich die Ordnungssetzungen *Natur*[2]), *Naturgegenstand, Naturwerden;* ich setze diese Begriffe an der Hand der Erlebtheit, gehe also vom Wesen der *Setzung* zu den „Dingen", nicht aber umgekehrt. *Natur* ist ein „Kreis" oder „Reich" mittelbarer *gemeinter,* nicht unmittelbar „gehabter" Gegenständlichkeit: ein Reich „empirischer Wirklichkeit". Nur sogenannte „anschauliche" unmittelbare Erlebtheiten, nur Erlebtheiten im Rahmen des *Neben,* des Raumhaften, sind es, welche die Mittel liefern zur Erarbeitung des Begriffes *Natur.* Und auch sie sind es nicht in ihrer Gesamtheit: nur solche anschauliche Erlebtheiten vielmehr dürfen als Naturhaftes meinend, als „Wahrnehmungen" in mehr als „phänomenologischem" Sinne angesehen werden, welche geeignet sind, den gesetzten einen Werdezusammenhang im Bereiche des Etwas zu schaffen; blosse „Leibhaftigkeit" tut es nicht, das zeigen Träume und Halluzinationen. Es folgt hieraus weiter, dass alle *Natur* in erster

---

[1]) Näheres in „Wissen und Denken" (1919) Seite 30ff.

Ganz anders liegt natürlich alles, wenn, neuplatonisch, die Begriffe als in der Gottheit ein seelenwirkliches Dasein führend gedacht werden. Dann handelt es sich ausgesprochenermassen um Metaphysik, von der wir hier noch nicht reden. Als von der Gottheit bewusst gehabt dachte sich übrigens Bolzano seine „Sätze an sich" (Wissenschaftslehre I § 19).

Im übrigen hat erneute eingehende Beschäftigung mit den grundlegenden Werken Husserls und der neorealistischen Engländer (B. Russell u. a.) nicht vermocht, meine Überzeugung in dieser Sache zu ändern. Der Sinn von $\sqrt{2}$ also z. B. bleibt für mich ein bedeutungshafter Bestandteil der Inhaltlichkeit eines unmittelbaren Erlebnisses selbst, hat aber in keinem irgendwie angebbaren Sinn so etwas wie ein „Sein". S. a. H. Maier, „Sokrates", Seite 532ff.

[2]) Ausführliches darüber in *O. L. C.* I. 1.

Stufe nur mittelbare gleichsam selbständige Gegenstände im Raume kennt, mag auch später die Ordnungslehre sich gezwungen sehen grundsätzlich unraumhafte Naturwirklichkeitsstücke zu setzen.

Die Gesamtheit aller Ordnungsaussagen über Natur nennen wir *Naturordnungslehre* oder auch, im tiefsten Sinne des Wortes, „Naturerfahrung". —

Aber noch ein anderes Reich gemeinter mittelbarer Gegenständlichkeit schafft die Ordnungslehre[1]); sie nennt es *meine Seele*. Auch dieses Reich schafft sie im Anschluss an das Erlebnis des *damals*. Aber jetzt zielt sie nicht auf das *Etwas* bloss als Etwas, sondern auf das Etwas ausdrücklich als *bewusst gehabtes Etwas*. „Ich *habe* ein Etwas mit dem *damals*-Zeichen" — (ich „erinnere mich") —: daraus macht das reine habende Ich zunächst ein „Ich *hatte* ein Etwas", wo aber das Wörtchen „Ich" schon eine umgebogene Bedeutung bekommt und besser *mein Selbst* genannt wird[2]). Denn dieses zweite „Ich" ist ja vom reinen, rein habenden Ich *gehabt*. Es ist schon Gegenstand, „Objekt". Das reine Ich aber ist grundsätzlich von allem, was „es gibt", allein nicht Gegenstand, nicht Objekt; denn die Art, wie es von sich als dem Wissenden weiss, steht nicht in der Form „Subjekt-Objekt", sondern in unsagbarer Urform.

Mein Selbst also *hatte* — (so setze *Ich*); und es war immer dasselbe Mein Selbst, es *beharrte* als überhaupt Habendes, obwohl es in den verschiedenen *Damals*-Punkten immer Anderes, Besonderes hatte. Sein Immer-Anderssein mit Rücksicht auf die besonderen von ihm gehabten Inhalte soll jetzt im Rahmen des Begriffs des *Werdens* Zusammenhang bekommen. Das leistet der Begriff *meine Seele*. Sie ist als „unbewusste", und darum doch nicht zur Natur gehörige, *beharrlich*. Und sie hat unbewusste Kennzeichen des *Werdens;* die Worte *denken, wollen, Gedächtnis, Sinnlichkeit, Verstand* usw. bezeichnen diese Kennzeichen des Tuns und des Vermögens. Aber *Ich* habe keine Kennzeichen oder Vermögen und „tue" nicht; ich *habe* bloss bewusst; und auch noch *mein Selbst* setze ich als bloss habend, wenn auch als gehabt habend.

So also wird die Grundlage zur *Psychologie,* zur *Seelenordnungslehre* gelegt. Dass Begriffe, die ihr angehören, nicht, wie sogar bei Kant, den Ausgang des Philosophierens überhaupt bilden dürfen, ist wohl verständlich. —

Alles, was hier in Kürze und in einer absichtlich auf letzte Strenge

---

[1]) *O. L.* C. I. 1 d und D. 1 und 3 c.

[2]) Auf Seite 4 hätten wir den Begriff *mein Selbst* bereits benutzen können.

verzichtenden Sprache[1]) vorgebracht ward, ist in Breite in meinem Werke „Ordnungslehre" und in den kleineren Schriften „Die Logik als Aufgabe" und „Wissen und Denken" dargelegt worden. „Ein System des nicht-metaphysischen Teiles der Philosophie" nennt sich meine „Ordnungslehre", und gerade diese Benennung gibt uns noch zu einigen weiteren Worten in dieser Einleitung in ein neues, der echten „Metaphysik" gewidmetes Werk Veranlassung. Deswegen eben war meine Ordnungslehre „nicht-metaphysisch", und nur deswegen war sie es, weil sie von dem *Ich weiss, dass Ich weiss,* dem *Ich weiss Etwas* und *Ich weiss um Ordnung* ausgeht, aber von nichts anderem[2]). Von dem reinen *Ich habe* geht sie aus, und nicht vom „Denken" als einer „spontanen Tätigkeit" oder von „Sinnlichkeit und Verstand" als von „Vermögen", oder gar von „Sinnesorganen" und „Wahrnehmung"; aber auch nicht vom „Begriff" des „Allgemeingültigen" in irgend einer Form, oder von „dem Bewusstsein" oder vom Dasein „vieler Iche". Täte sie das, so wäre sie nicht „nicht-metaphysisch". Und auch von einem „unbewussten Produzieren" oder Produzierthaben darf sie im Anfange ebensowenig reden wie etwa von einem „Affiziertsein" oder von dem „Begriff der Erkenntnis".

Nicht-metaphysisch ist nur der reine und unverfälschte, vorläufige oder methodische „Solipsismus", der da sagt: Es ist sicher, dass *Ich* geordnetes Etwas und Wissen um mein Wissen habe; gehe ich also aus von dem, was jedenfalls nicht zu bezweifeln ist und zugleich weiterführt. Nicht etwa „negativ-dogmatisch" ist diese Lehre, denn es wird ja nicht von ihr behauptet, dass das geordnete, von mir gehabte Etwas „nur" *mein* Gehabtes ist: die Frage, was das Etwas abgesehen von seiner Bezogenheit auf das *Ich weiss* etwa noch „sei", wird vielmehr im Anfange völlig offengelassen, wird zunächst überhaupt noch garnicht behandelt, ja nicht einmal aufgeworfen. *Mein* Gehabtes aber ist das geordnete Etwas doch sicherlich. Untersuche ich also einmal sein blosses Ordnungswesen; vielleicht findet sich dann, dass ich noch nach Anderem, nach Nicht-nur-ordnungsmässigem, nach „Erkenntnis" von etwas „Wirklichem" vielleicht, fragen muss.

---

[1]) Ich „mache" ja doch nicht, wie der Wortlaut des Textes vielleicht gelegentlich vermuten lassen könnte, die Begriffe *Zeit, Werden, Natur, Seele* usw., sondern ich schaue ihren ordnungsbedeutungshaften Bestand und gebe mir nach der Schauung Rechenschaft davon, was sie bis ins Letzte verfolgt bedeuten. Man vergleiche *Wissen und Denken* und die *O. L.*

[2]) Ähnlich ging von Neueren nur Volkelt vor, vgl. „Wissen und Denken" (in Zukunft *W. u. D.*) Seite 12f. Lotze sah gelegentlich, aber nicht immer, wohl ähnliches; so z. B., wenn er (Logik, S. 191) sagt, die Aussenwelt dürfe „zunächst" bloss als eine „irgendwie in uns begründete Vorstellungswelt" angesehen werden.

Das Wörtchen „Ich" aber bedeutet im Ausgange aller Philosophie und in der gesamten Ordnungslehre, einschliesslich der Logik der gesamten empirischen Wirklichkeit, nicht irgend einen „psychophysischen" oder „psychologischen" oder „transzendentalen" oder irgendwie „metaphysischen" *Begriff*, auch nicht so etwas. wie ein Gefäss mit Inhalt — („Bewusstseinsinhalt" — welches Unding!) —, nicht ein Produzierendes, ein „Spontanes", sondern bedeutet etwas, was allein von allem, was „es gibt", nicht Gegenstand oder Begriff", d. h. Gesetztes sein kann, ja ein etwas, was es in ganz und gar anderer Weise „gibt" als alles andere. Das Wort *selbst*bewusst drückt immer noch am wenigsten schlecht aus, um was es sich hier handelt. Erläutern aber lässt sich hier gar nichts[1]). Nur noch weitere Irrtümer lassen sich fern halten, wie, zum Beispiel, die Meinung, es sei das, was hier *Ich* bedeutet, in der Zeit, oder es sei Eines im Gegensatz zu vielen, wo *Ich* doch vielmehr zeitunbezogen und über den Gegensatz zwischen Einheit und Mehrheit ganz und gar erhaben ist und vielmehr erst selbst die Setzungen *Zeit* und *Mehrheit* setzt.

Und nie darf vergessen werden, dass ja nicht das *Ich* allein, sondern die Dreieinigkeit des *Ich habe Etwas* uns am Ausgange aller Philosophie steht.

Im Rahmen dieses *Ich* also, das aber eben als seine Ergänzung stets das *habe um mein Wissen wissend bewusst Etwas* fordert, spielt sich die gesamte Ordnungslehre ab — und erst an ihrem Ende kommt, vielleicht, die Frage nach einem Wirklichen. Die „Urtatsache" selbst ist aber zugleich Urgeheimnis; und zu diesem Urgeheimnis gehört es in Sonderheit, dass *Ich* von *Ich dem Wissenden* weiss, ohne dass es sich dabei um die Beziehungsform „Subjekt-Objekt" handelt, welche freilich schon, wie geschildert, ihre Rolle spielt, sobald ich *mein Selbst*, als den, welcher bewusst „hatte", zu setzen genötigt bin, und erst recht, wenn *Ich* den Begriff „meine Seele" setze. Meine Seele ist mir ganz ebenso Gegenstand oder Objekt wie Natur, nämlich mittelbar gemeinter Gegenstandsinbegriff.

Wer den einzig möglichen nicht „dogmatischen" Ausgang alles Philosophierens einmal in Klarheit erfasst hat, der muss sich immer wieder darüber wundern, auf wieviel Widerstände die Annahme der Lehre von dem, was allein „unbezweifelbar" ist, stösst[2]). Die naive

---

[1]) Reininger (Das psycho-phys. Problem, 1916, S. 78) sagt treffend, es gebe vom Ich nur eine „negative Psychologie".

[2]) Eine Ausnahme bildet freilich Volkelt, s. o. S. 7; auch Messer (*Einf. in die Erkenntnistheorie*, 1919, S. 70) ist unter den wenigen, welche sehen, dass die Annahme vieler Iche bereits den allein strengen Ausgangspunkt durchbricht.

Ansicht zumal, dass das „Dasein" anderer „Iche" in derselben Weise gewährleistet sei wie das *Ich habe etwas,* scheint ganz besonders schwer auszurotten zu sein. Und was ist doch wohl einsichtlicher, als dass der „andere Mensch" zum *Etwas* und zwar zunächst nur zum körperlichen Etwas gehört, welches *Ich habe,* und dass erst „Theorie" und zwar sehr verwickelte Theorie, wennschon im täglichen Leben nicht bewusst gemachte Lehre, von anderen Ichen in Form eines *als ob* zu reden erlaubt![1]). —

An ihrem Ende sieht nun die Ordnungslehre selbst ein, dass sie an sich als blosser „*Ordnungs*"*lehre* ihr Genügen nicht finden kann. Anders gesagt: sie begreift, dass sie einer Philosophie erster Teil gewesen ist, aber nicht „die" Philosophie. Es genügt nämlich nicht, *Natur* und *meine Seele* lediglich im Rahmen des *Als ob,* des *gleichsam* Selbständigseins zu behandeln; beide sind damit in ihrem Dasein nicht endgültig erfasst, nicht „verstanden". Und es genügt der Rahmen des *als ob* im besonderen auch nicht für das Verständnis des Daseins des sittlichen Bewusstseins, mag im übrigen „Ethik" ein Teil der „Logik" und bei der Lehre vom überpersönlichen Ganzen behandelbar sein.

Dass die durch die Worte „Reue" und „Gewissen" bezeichneten Tatbestände im Rahmen der reinen Ordnungslehre unverstanden bleiben, scheint ziemlich allgemein zugestanden zu werden: in einem bloss ich-bezogenen Reiche wäre für sie eben kein Platz.

Aber weshalb bleibt auch im Gebiet der Lehre vom Natur- und Seelenhaften ein grundsätzlich unverstandener Rest, wenn das Dasein der einzelnen Natur- und Seelenwirklichkeiten nur als *gleichsam* ich-losgelöst gefasst wird? Deshalb, weil eben ihr Kommen und Gehen zu einem völlig geschlossenen Werdezusammenhang in sich verknüpft ist, zu einem Zusammenhang, der jede letzte ihrer Einzelheiten durchdringt, und weil das Auftreten jeder dieser letzten Einzelheiten, wie etwa das Fallen eines Steines, ohne oder sogar gegen meinen „Willen" erfolgen kann. Ich „tue" freilich auch dann nichts, wenn ich „will"; ich *habe* da bloss ein Gedankenerlebnis von besonderem Bau, mag es sich um äusseres oder mag es sich um inneres Willenserlebnis, um sogenanntes „Nachdenken" also, handeln; aber ich schaue doch wenigstens, wenn ich etwas „gewollt" habe und es dann erfolgt, einen empirisch-objektiv bestehenden Zusammenhang. Davon ist oft von mir geredet worden. Aber Vorstellungen, im weiteren Sinne

---

[1]) Handelt es sich doch sogar um ein doppeltes *als ob* oder *gleichsam:* Menschenkörper meine ich im Sinne mittelbarer *gleichsam* selbständiger Gegenstände, welche *gleichsam* psychisch verknüpft sind. *O. L.* D. 6.

des Wortes, kommen mir doch sehr oft ganz und gar ohne jede Beziehung zu meinem „Willen", und Wahrnehmungen, die mir mittelbare, gemeinte Naturgegenstände bedeuten, kommen mir fast stets so. Das Kommen und Gehen des einzelnen Seelenhaften und Naturhaften ist also etwas, was sich meinem Für-endgültig-befinden entzieht, mag ich auch in gewissen Formen dieses Kommens und Gehens, wie z. B. im Mechanischen, wenn es einmal da ist, mit Befriedigung Endgültiges festhalten können. Jenes Einzelne als Einzelnes aber bleibt grundsätzlich ich-fremd, und es bietet wenigstens eine gewisse Erleichterung in Sachen des Für-endgültig-befindens, wenn ich es ausdrücklich als ich-fremd setze. Der Begriff „*nicht nur* ich-eigen-ordnungshaft" *ordnet* hier geradezu.

Wir können nun aber das, worauf es ankommt, auch noch strenger, nämlich rein logisch wenden und sagen: Im Rahmen der Seinskreise *Natur* und *Seele* versteht die Ordnungslehre gar Manches, aber dass diese Seinskreise überhaupt setzbar sind, versteht sie nicht. Eben deshalb setzt sie das „*Nicht nur* ich bezogene Etwas". Diese Setzung allein *setzt mit*, was die Ordnungslehre sonst nicht „versteht"; durch sie „versteht" sie es.

Die *Ordnungslehre* hebt also aus Ordnungsgründen sich selbst auf, im Hegelschen[1]) Doppelsinn des Wortes „aufheben". Sie will Neues und will doch im Neuen das Alte verwerten; *tollit et conservat*; sie „erhebt" auf ein höheres Stockwert, und sie „hebt auf". — Die Ordnungslehre setzt etwas, was nicht mehr ihr angehört; sie schafft mittelbare Gegenstände, die nicht nur so sind, *als ob* sie selbständig „wären". Anders gesagt: sie schafft ein ganz neues Reich, einen ganz neuen Kreis der mittelbaren Gegenstände; Gegenstände nämlich, welche nicht wie die mittelbaren *alsob*-Gegenstände der *Natur* und der *Seele* durch unmittelbare Gegenstände, d. h. durch unmittelbar Gehabtes, als gleichsam selbständig „gemeint" werden, welche vielmehr durch jene *als-ob*-Gegenstände erst „gemeint" sind, welche mittelbar-mittelbar sind, wenn man es richtig verstehen will.

Diese mittelbar-mittelbaren Gegenstände sollen schlechthin *wirklich* heissen, zum Unterschiede von den *naturwirklichen* und *seelenwirklichen* Als-ob-Gegenständen, d. h. den Dingen, Vorgängen, Beziehungen „empirischen" Wesens. Das schlichte Wort „wirklich" stehe uns also für das, was im Lateinischen „absolutum" heisst: das Wirkliche hat in der Tat „losgelöstes", nämlich von der Ichbezogenheit losgelöstes Sein; es soll jedenfalls als von der Ichbezogenheit Losgelöstes — nicht

---

[1]) Vgl. *Werke* (1833) III (*Wiss. d. Logik* I) S. 110.

nur *als ob* es von ihr losgelöst wäre — angesehen werden; es hat das Kreiszeichen, den „Ton" *wirklich.* —

Freilich ist das alles zunächst noch ein blosser Wunsch der Ordnungslehre selbst, die sich abschaffen oder vielmehr „aufheben" will; wir wissen noch nicht, ob ihr Wunsch irgendwelche Erfüllung finden kann. Eben diese Frage nach der Erfüllbarkeit des letzten Wunsches der bis dahin „methodisch-solipsistischen" Ordnungslehre will dieses Werk untersuchen, das sich darum „Wirklichkeitslehre" nennt. *Wirklichkeitslehre* oder „Metaphysik" soll ein zweiter Teil der Philosophie; nicht nur Ordnung geschaut wird in ihm, sondern erkannt soll in ihm werden; „Erkenntnislehre" könnte er also auch passend heissen, würden wir es nicht vorziehen, dieses Wort später für einen in die Wirklichkeitslehre oder Metaphysik in ihrer Gesamtheit bloss einführenden Teil zu verwenden. Übrigens verdient hier ein für allemal angemerkt zu werden, dass das meiste von dem, was in unserer Zeit sich „Erkenntnislehre" nennt, mit einem „Erkennen" eines an sich bestehenden Wirklichen in unserem Sinne gar nichts zu tun hat und meist nur so etwas wie eine wissenschaftliche Methodenlehre, also ein Teil der Ordnungslehre, in unserem Sinne, ist.

Eine Ordnungsaussage, z. B. aus dem Gebiete der Physik, ist *richtig* oder unrichtig; von einer Wirklichkeitsaussage werden wir sagen, dass sie *wahr* oder unwahr sei; nur richtige Aussagen können selbstredend für wahre das Mittel sein. —

Soviel über die in der „Ordnungslehre" bereits kurz niedergelegten Absichten der Metaphysik und über die Begründung dieser Absichten. Ehe wir nun an die Frage nach Möglichkeit und Wesen einer *Wirklichkeitslehre* selbst herangehen, müssen wir zwei Dinge von grosser Bedeutung erörtern. Das erste ist die Klarlegung gewisser Folgerungen, welche sich für eine vielleicht mögliche „Metaphysik" lediglich aus ihrem aus der Ordnungslehre heraus erwachsenen Begriffe ergeben; das zweite ist die Frage des Weges, der „Methode", also das eigentliche „Erkenntnisproblem".

2. Von den unbedingt notwendigen Voraussetzungen jeder Wirklichkeitslehre.

a) Von den Arten des Wissens.

Wir haben den Begriff „Wissen" in dem Satze *Ich weiss dass Ich Etwas weiss* an den Ausgang aller Philosophie gestellt und haben „Wissen" gleich „bewusst haben" gesetzt; das „Etwas" andererseits ist *geordnetes* Etwas.

Kann nun auch die Bedeutung von *bewusst haben* und von *geordnet* nicht irgendwie erläutert oder erklärt werden, ja, darf man sogar geradezu sagen, dass alle hier etwa beliebten angeblich klärenden Bilder oder Umschreibungen den geheimnisvollen Ursachverhalt nur zu verschleiern und zu trüben geeignet seien, so dient doch der von uns in der „Ordnungslehre“ eingehend behandelte und auch hier wieder kurz dargelegte Unterschied zwischen einer *Allgemeinen Ordnungslehre* einerseits, einer *Natur-* und *Seelen-Ordnungslehre* andererseits dazu, innerhalb des grossen Urgeheimnisses einen Unterschied zu betonen, der für ein klares Erfassen des Wesens aller möglichen Metaphysik nicht ohne Bedeutung ist.

Der naive Mensch des täglichen Lebens *hat bewusst Geordnetes* und will vollendete Ordnung, ebenso wie der Philosoph bewusst Geordnetes hat und Ordnung will. Unter der *Aufgabe* „Ordnung“ stehen Beide. Beide haben, oder, ganz streng gesprochen, *Ich* als naiver und philosophischer Mensch habe in untrennbarer Vereinigung, die es nicht erlaubt von einem Vorrang („Primat“) des Einen oder des Anderen zu reden, jenes geheimnisvolle unauflösbare Urwissen um und Urwollen von Ordnung, von dem ich an anderer Stelle ausführlich gehandelt habe[1]), und von dem ich hier nur wiederum sagen will, dass es ein Erlebnis ganz eigener Art darstellt, welches nur sehr uneigentlich durch die üblichen Ausdrücke „wissen“ und „wollen“ bezeichnet wird. Als naiver Mensch nun weiss ich nur von Ordnung als solcher, nicht jedoch weiss ich ausdrücklich, dass ich nun eben von *Ordnung* weiss; und ich gebe mir als naiver Mensch auch nicht Rechenschaft davon, inwiefern das Etwas, um das ich weiss, geordnetes Etwas ist. Als Philosoph aber weiss ich, dass mein Wissen *Ordnungs*wissen ist und will gerade Ordnung ausdrücklich als Ordnung kennen.

In der *allgemeinen Ordnungslehre* nun gehe ich auf Letztheiten im Bereiche des Gehabten rein als auf unauflösbare Letztheiten. Ich *weiss* eine Letztheit, die stets eine Ordnungsletztheit ist, indem ich sie in ihrer reinen Bedeutung schaue und in dieser setze. Alle Ordnungsletztheiten sind mir in ihrem reinen bedeutungshaften Gehabtsein gleichen Ranges; *dieses* und *bezogen* stehen neben *rot, warm, zwei, rechter Winkel, Mannigfaltigkeit*, obschon es Gruppen von Letztheiten gibt. Jede Ordnungsletztheit aber andererseits ist ganz unmittelbar Gegenstand meines wissenden Habens. Es wird im Rahmen der allgemeinen Ordnungslehre also nicht — wie zwar viele heute lehren — durch ein Etwas ein Anderes, als ob es „da wäre“, wissend ge-

---

[1]) *O. L.* A 1—3. *W. u. D* Seite 14.

meint und seinen daseienden Eigentümlichkeiten nach gleichsam „entdeckt", sondern es wird eben in Reinheit Etwas im Sinne ganz unmittelbaren Ordnungs-Wissens gehabt: die Bedeutung „verschiedener als" oder $\sqrt{2}$, oder „rechtwinkeliges Dreieck" ist ganz unmittelbar Erlebtheitsinhalt als diese Bedeutung. Dass so viele verführt werden hier von so etwas wie Gegenständen in dem Sinne zu reden, als ob das Gehabte eine besondere Art von „Sein", dem „Naturwirklichsein" vergleichbar, obschon von ihm scharf geschieden, habe, das rührt nur daher, dass eine einmal gehabte Letztordnungs-bedeutung als gesetzt gewesene nun „zeitlos" das Zeichen des *Erledigtseins*, oder, besser, des *erledigten Selbigseins*, der erledigten „Identität", besitzt. Aber, wer nicht echter platonischer Metaphysiker oder echter „Realist" im Sinne der Scholastik ist, sollte hier wirklich nicht in irgend einem Sinne von so etwas wie „Sein" reden[1]). Dass ihre „Identität" ein für allemal *erledigt* ist, sobald ihre Bedeutung erfasst ist, das scheint mir ganz vornehmlich der Umstand zu sein, welcher eine Art von Sein der urlogischen und mathematischen Bedeutungen vortäuscht.

Wissen im Sinne der allgemeinen Ordnungslehre also, und das ist für unsere Zwecke jetzt die Hauptsache, heisst durchaus und lediglich: Etwas in seiner Ordnungsbedeutung oder seinem Beieinander von Ordnungsbedeutungen haben. „Ich weiß Etwas" heißt hier also: „Ich schaue diese Bedeutung als eben diese ordnungshafte Bedeutung". Es ist richtig: ich habe Bedeutungen mit Hilfe von Zeichen wie etwa Worten, und ich kann etwa die Bedeutung „drei" durch die Zeichen 3 oder III haben; trotzdem bleibt unser Satz bestehen; die 3 oder III trägt unmittelbar ihre Bedeutung an sich, ich habe diese Bedeutung ganz unmittelbar in dem Inhalt meines Habens — oder ich habe sie überhaupt nicht.

Ganz anders in der *Naturordnungslehre*. Da weiß ich nicht „Etwas", da weiß ich *um Etwas*, nämlich um einen von mir mit einem unmittelbar gehabten bewussten Inhalte gemeinten, in seiner Dasselbigkeit einzigen, mittelbaren Gegenstand. Dieses mittelbare *Gemeintsein* ist natürlich selbst etwas Unmittelbares[2]), es ist selbst

---

[1]) Vgl. oben S. 5, Anm. 1.

[2]) Hierzu *O. L. C.* I 1—4. Ursprünglich lasse ich, bekanntlich, bestimmte ni bestimmter *Jetzt-Hier*-Verkettung erlebte *reine Solchheiten* (Farben, Töne, Drucke usw.) etwas Naturwirkliches meinen, nach Massgabe eines so erzielbaren Werdezusammenhanges im Bereiche des Gemeinten. Von „Anschauung" geht also alles Naturwissen aus. Zweite Stufe ist das „blosse" Vorstellen des ursprünglich wahrnehmungsmässig Angeschauten; das ist auch noch „anschaulich". Auf dritter Stufe aber „denke" ich nur noch „an" den als mittelbaren einzigen gemeinten Gegenstand, d. h. in Strenge: ich habe ein un-„anschauliches", rein bedeutungs- oder

gehabtes Ordnungsletztzeichen besonderer Art. Aber das Gemeinte als Gemeintes wird durch „Wissen" in ganz anderer Weise gleichsam „betroffen" als eine unmittelbare gehabte Inhaltlichkeit in ihrer besonderen Bedeutung. Der gemeinte Naturgegenstand ist ein, ich sage nicht Wissens-fremdes, wohl aber Wissens-anderes, vom Wissen nur, wie gesagt, Betroffenes; jedenfalls ist er so „gemeint". Ob die Bedeutung von *rot* oder *zwei* oder *verschieden* oder *dreieckig* „wirklich" eben diese Bedeutung „sei" oder nicht — so zu fragen ist gänzlich sinnlos. Aber ob an einem als „seiend" gesetzten Naturgegenstand durch irgendeine jener von mir gehabten Bedeutungen irgendetwas als „seiende" Eigenschaft gemeint sein könne oder nicht — diese Frage ist nicht sinnlos. Freilich fasst ja nun, wie wir wissen, die Ordnungslehre ihre *Natur*-Gegenstände nur so, *als ob* sie in ihrer Gemeintheit selbständig „wären"; sie redet nicht von Wirklichkeit im letzten Sinne des Wortes. Aber trotzdem ist ohne weiteres ersichtlich, dass selbst hier schon der Begriff des „Anderen", an dem ich etwas „entdecken" kann, in Frage kommt, dass schon hier aller „Ontologismus" verfehlt ist, weil *essentia* und *existentia* auseinander fallen. Schon mit Rücksicht auf das *als-ob*-sein der Naturgegenstände kann es keinen einzelnen Begriff als rein gehabte besondere Bedeutungsgegenständlichkeit geben, „cujus essentia involvit existentiam", oder, anders gesprochen, welcher Naturwirkliches in seinem besonderen Sosein betreffen muss, es sei denn, in gewissem Sinne, der Begriff *Naturwirkliches* als solcher. —

Es geht aus unserer Darlegung hervor, dass es im Hinblick auf die *Natur*-gegenstände mit der kantischen, von den Neukantianern, zumal den Marburgern, so verdienstvoll durchgearbeiteten Feststellung, daß „Gegenstand"-sein nichts anderes bedeute als „Eindeutiges Gefüge bedeutungshafter Beziehungen"-sein, allein noch nicht getan ist. Für die Bedeutung *rechtwinkliges Dreieck* trifft das zu, für *diesen meinen*

---

zeichenhaftes, unmittelbar gegenständliches Erlebnis, durch das ich ihn „meine". Auf allen drei Stufen aber handelt es sich gleichermassen um ganz bestimmte unmittelbare Gehabtheiten. — Von Aster glaubt in seinen *Prinzipien der Erkenntnislehre* (1913), gegen Husserl und die Denkpsychologen polemisierend, das Dasein von unanschaulichen, bloss bedeutungshaft meinenden Erlebnisinhalten („Gegenständen") ablehnen zu können; er will also nicht nur einen platonischen, sondern auch einen psychischen „Realismus" mit Rücksicht auf das Allgemeine bekämpfen. Mir scheint aber, dass seine eigene Lehre vom Urteil überhaupt, vom Allgemeinen und vom Dinge implicite doch Gehabtheiten unserer dritten Stufe zulässt. Im übrigen stimme ich weitgehend mit v. Asters Ausführungen überein (vgl. zumal l. c. Seite 11—29; 34—64), platonisch-realistisch ist meine Lehre so wenig wie die seinige.

Schreibtisch als *mittelbaren* Gegenstand trifft es nicht zu; oder vielmehr es trifft wohl zu, aber erschöpft die Sachlage nicht. Denn nicht nur ist mir *mein Schreibtisch* Gegenstand im Sinne eines bestimmten ordnungsmäßigen Regelhaften, ich meine ihn auch eben als *gleichsam* für sich bestehenden einzigen Einen. Und dieses „Meinen" bedeutet etwas ganz Neues, Besonderes, ein Heraustreten aus der Unmittelbarkeit des Habens; und zwar ohne dass da schon das eigentlich Metaphysische, ohne dass ein Wirklichsein in Frage käme. Kants Nachweis, dass der einzelne Naturgegenstand nicht etwa einfach vorgefunden wird, dass von ihm nicht das scholastische *sentitur* gilt, ja nicht einmal ein unmittelbares Gehabtsein irgendeiner Form [1]), sondern dass eine sehr zusammengesetzte Ordnungsschauung beziehlicher Art sozusagen in ihm steckt, diesem Nachweis wollen wir also sicherlich nichts von seiner grossen Bedeutung nehmen; ja, wir betonen wohl gar noch schärfer als Kant, dass alle Philosophie mit dem Setzen als Setzen anfange und von da zu den „Dingen" als zunächst bloßen Gesetztheiten komme. Aber es muss dem Ergebnisse Kants beigefügt werden, dass der von ihm aufgezeigten zusammengesetzten Ordnungsschauung als Ganzem nun doch ein ganz besonderes unauflösbares „Zeichen", nämlich das Zeichen des *als gleichsam selbständig Gemeintseins* anhaftet [1]). Damit gehen wir auch über die dem Kantianismus trotz allem verwandte „positivistische" Lehre, dass empirische Dinge gleich „Wahrnehmungsmöglichkeiten" oder „Erwartungsinbegriffen" seien, ganz erheblich hinaus. —

Es ist gerade in unserer Zeit nicht überflüssig, den Unterschied des *Etwas wissen* der reinen Ordnungslehre und des *Um etwas wissen* der Ordnungslehre von der Natur mit besonderer Berücksichtigung des Mathematischen noch kurz zu betrachten. Hier sieht es bekanntlich auf den ersten Blick so aus, als könne z. B. am Kreise oder an einer wohl definierten Funktion, ja einer blossen Zahl, etwas „entdeckt" werden wie an einem für sich bestehenden Gebilde. Aber ich habe doch eben „Kreis" oder „tang. α" oder 9 im Rahmen der euklidischen, beziehungsweise der logisch-arithmetischen *Axiome* gesetzt. Da folgt denn also aus den Definitionen und aus den Axiomen alles mögliche „analytisch" [2]), und alles angebliche Entdecken wird ein

---

[1]) In einem Urteil oder Schluss freilich spielt der Naturgegenstand stets nur als Setzung, als Gesetztes, eine Rolle, und zwar ausdrücklich nur als das, als was er gesetzt und „definiert" wurde. Man kann hier an den Begriff *suppositio* der späteren Scholastik denken.

[2]) Die besonderen Lehrsätze der Geometrie sind aber nicht etwa deshalb, weil sie analytisch aus Anderem folgen, selbst „analytische Urteile". Sie sind (wenn

blosses Herausholen, ein blosses zur Klarheit bringen von etwas, was man implicite schon hat[1]).

Dass nun aber Mathematik auf Naturlehre „anwendbar" ist, ergibt sich ohne weiteres daraus, dass ja eben der Begriff *Natur* festgelegt wurde auf der Grundlage des *bewusst gehabten geordneten Etwas* überhaupt, zu dem auch alles Mathematische und insonderheit alles Geometrische in seinen besonderen Ordnungsbedeutungen gehört. Von Natur weiss ich letzthin doch stets nur auf Grund von raumhaften Erlebnissen als Erlebnissen, und eben für diese „gilt" Geometrie. Das Zu-einander-passen von Natur und Mathematik überhaupt wird daher für die streng gefasste, methodisch-solipsistische Ordnungslehre gar nicht zu einer besonderen Frage[2]).

Aber etwas ganz anderes als reines Bedeutungserfassen liegt nun vor bei allen besonderen Ausprägungen des Mathematischen an Natur. Dass hier „Kreis", dort „Parabel", dort „tang", dort „9" an den als gleichsam selbständig gemeinten Naturdingen naturverwirklicht ist, das ist eine ganz besondere Angelegenheit, *um* welche ich weiss. Hier erst „ist" etwas Geometrisches, oder Arithmetisches oder bloss Zahlenhaftes, und zwar im Sinne einer naturwirklichen Beziehung, etwa einer „Eigenschaft". Und ich kann mich „täuschen" bei meinen Aussagen — vielleicht *ist* (im Sinne des Naturwirklichseins) Ellipse, was ich für Parabel halte —, während ich mich bezüglich des blossen mathematischen Bedeutungserfassens nicht täuschen kann. Dass hier Parabel, dort 9 naturverwirklicht ist, ist Natur-erfahrung, die später vielleicht „Erkenntnis" bedeuten kann; aber Parabel und 9 selbst sind bloss geschaute Ordnungsbedeutungen und haben nur Sein im Sinne von unmittelbaren Gegenständen überhaupt, insonderheit von endgültigen Ordnungsgegenständen, d. h. von Gehabtheiten, die mit sich selbig (identisch) sind.

Mein Wissen um *Seelenwirkliches,* um auch auf dieses noch kurz

---

anders man das Kantische Wort verwenden will), synthetische Urteile apriori, weil die Axiome, aus denen sie (analytisch) folgen, solche Urteile sind.

[1]) Mit Recht sagt ähnlich wie wir von der Pfordten (Vierteljahrsschrift f. wiss. Phil. 39, 1915, S. 277): „Die Tätigkeit der Mathematik ist ein Auswickeln, Explizieren, Ausschöpfen des in den Axiomen liegenden Gehalts."

[2]) Wir brauchen also hier nicht von einer „Harmonie", einem Zu-einander-passen zu reden. Natur wäre gar nicht Etwas für das Ich, wenn sie nicht mathematisch betreffbar wäre. Im Rahmen der Kantischen Philosophie gilt das gleiche dort, wo sie (freilich durchaus subjektivistisch gefärbte) reine Ordnungslehre ist und soweit sie das ist. Davon wird an späterer Stelle geredet werden. Im Gebiete der Kausalitätslehre allerdings ist der Gedanke einer „Harmonie" in irgend einer Form, (vielleicht einer zunächst durchaus immanenten), nicht zu umgehen.

einzugehen, ist auch stets ein Wissen „um" Etwas, ganz ebenso wie mein Wissen um die gleichsam selbständigen Wirklichkeiten der Natur; denn auch das Seinsreich *meine Seele* und alles, was ihr angehört, sehe ich ja an, *als ob* es in sich selbständig bestünde. Ich „meine" also z. B. diese bestimmte „Konstellation" oder „determinierende Tendenz" als in diesem (unbewussten) Reiche gleichsam selbständig vorhanden. —

Was man unter „rational" und „irrational" verstehen soll, erscheint heute, wo beinahe jeder Denker diese Worte in anderem Sinne verwendet, so dunkel, dass man gut tut, auf diese Ausdrücke ganz zu verzichten. Die Begriffe: *restlos-ordenbar* und *nicht-restlos-ordenbar* kann man wohl an ihre Stelle setzen[1]); jedenfalls wollen wir das tun. Das „Irrationale" bedeutet uns also einen Mangel[2]). *Natur* und *Seele* werden sich später als nicht restlos ordenbar erweisen; und zwar nicht nur deshalb, weil sich das Dasein, das „Dass" eben dieses Natur- und Seelenwirklichen und keines Anderen nicht „begreifen" lässt, mögen wir auch sein „Wie", das heisst das bedeutungshafte Wesen dessen, was da ist, begreifen.

Auch was mit Rücksicht auf Natur und Seele *Inhalt* und *Form* heissen soll, ist dunkel, übrigens auch nicht besonders bedeutsam, da das beziehungsmässige („relative") Wesen dieser Begriffe allgemein zugegeben wird: eine „Beziehung" kann ja in einer neuen Beziehung „Glied" sein.

Wichtig für uns hier vor allem ist das grundsätzlich wissens-andere, obwohl vom Wissen betreffbare Wesen aller Seelen- und Naturgegenständlichkeit. Dieses Verhältnis der Betreffbarkeit hat die Ordnungslehre als Ordnungslehre rein hinzunehmen, ebenso wie sie auch alle besondere Ordenbarkeit der Natur da, wo sie besteht als „glückliche Tatsache" hinzunehmen hat; hinnehmen muss sie also dass es eben dieses solche Naturwirkliche „gibt", dessen Sosein mir immerhin wissbar ist. Eben hier soll Metaphysik aufhellen, das ist eine ihrer Aufgaben.

Wir wollen nun die aus der Ordnungslehre bekannten, hier noch einmal scharf zusammengefassten Einsichten über das *Wissen* für die Metaphysik nutzbar machen. Wir bemerken zugleich, dass alles hier Beigebrachte nur als Vorläufigkeit zu betrachten ist. Im Rahmen der Metaphysik selbst wird erst Endgültiges über *Wissen* in jeder Beziehung zu sagen sein.

---

[1]) Gutes über die verschiedenen Bedeutungen des Wortes „rational" bei Volkelt, Schopenh. Jahrb. 8, 1919, S. 55.

[2]) Damit ist gesagt, dass wir ganz und gar nicht in die heute übliche Preisung des „Irrationalen" einzustimmen vermögen.

b) Der Satz von der Wissbarkeit.

Wenn ich auch durch die Ordnungslehre hindurch, welche nur auf mein Gehabtes-oder Gemeintes als mein Gehabtes oder Gemeintes geht, zu einer Lehre kommen will, deren Absicht es ist auszusagen über nicht nur ichbezogene Gegenstände, so bin Ich es doch, der auch in der neuen Lehre, der Wirklichkeitslehre, aussagen will. *Ich* will wissen um Etwas, auch im Bereiche der „Metaphysik“; und so muss denn, wenn anders Wirklichkeitslehre überhaupt möglich sein soll, der wirkliche Gegenstand, oder kurz: das *An-sich*, jedenfalls von Anfang an so gedacht werden, dass es auch ein *Für-mich* sein kann, ob es schon nicht nur ein Für-mich ist. Auf jedem Fall müssen gewisse Seiten des *An-sich* zum *Für-mich* werden können, oder, anders gesagt, nur soweit das An-sich auch zum Für-mich werden kann, ist Wirklichkeitslehre möglich. Könnte das An-sich in gar keiner Beziehung zum Für-mich werden, gar nicht von *mir* im Rahmen der Beziehung *wissen* betroffen werden, so wäre das ganze Unternehmen einer Wirklichkeitslehre unsinnig[1]).

Wir werden an späterer Stelle wiederholt die Wendung gebrauchen, dass das Wirkliche in die Form oder den Rahmen des *Ich weiss Etwas* oder *Ich habe bewusst Etwas* „eintrete“, wobei wir dann ein für alle mal unter „Ich“ das auch sein Wissen wissende Ich verstehen. In dieser Form, in die es „eintrat“, habe ich es also, weiss ich um es in erster Stufe; das heisst also in Form der *Erfahrung*. Dass ich es, das „Wirkliche“, da in einer Form habe und nicht nur Erfahrung als Erfahrung, das ist das Neue gleich am Ausgang aller Wirklichkeitslehre. Erfahrung wird jetzt *Erscheinung von Etwas*, so können wir also auch sagen und damit einen im Bezirke des kantischen Denkens beliebten Ausdruck anwenden. Aber erst, wenn Ich mich zur Wirklichkeitslehre entschliesse, ist mir Erfahrung *Erscheinung* von Etwas, muss sie in dem Sinne gefasst werden, dass sie Erscheinung, dass sie das An-sich in der Form des Für-mich ist. Nicht aber darf sie von allem Anfang des Philosophierens an als „Erscheinung“ gefasst werden[2]), und erst recht nicht darf selbstredend gesagt werden, dass aus dem „Begriffe“ Erscheinung „folge“, dass es ein Erscheinendes „geben müsse“. Erst wenn die blosse Ordnungslehre sich aus Ordnungsgrün-

---

[1]) Ähnlich Windelband, Einl. i. d. Phil. S. 230f., Lotze, Logik. S. 527 und sonst.

[2]) Kant war eben trotz allem realistischer Methaphysiker, ja er hielt das *wirkliche* „Dasein“ von „Etwas“ wohl eigentlich für gar nicht einmal untersuchungsbedürftig, wenn es auch nur ein „blosses X“ sei.

den aufgehoben hat und zur Wirklichkeitslehre geworden ist, kann Erfahrenes in sinnvoller Weise als „Erscheinendes" gelten.

Ich will, da mich die Ordnungslehre zwang, über sie selbst hinauszugehen, also jetzt voraussetzen, dass es nicht nur Wirkliches gibt, sondern dass auch das Wirkliche so beschaffen ist, dass ich wenigstens eine „wahre" Aussage über es machen kann.

Es ist hier nebenbei zu bemerken, dass ja doch schon ein Satz wie dieser: „Das Wirkliche ist in bezug auf jede Besonderheit seines Soseins unerkennbar, ich weiss nur um sein Dasein als Wirkliches" bereits, wenn er richtig wäre, ein *wahres* Urteil „metaphysischer" Art, also eine, freilich sehr inhaltarme, Wirklichkeitslehre sein würde, wie das unter Neueren Bradley[1]) besonders klar betont hat. Ich wüsste hier ja doch etwas über das Wirkliche, nämlich seine vollkommene Soseinsunerkennbarkeit; eben diese *erkenne* ich — vorausgesetzt, dass der Satz zu Recht besteht. Manche Formen des Neukantianismus und gewisse Äusserungen Kants selbst sind daher trotz allem Ableugnen „metaphysisch". Durchaus nicht metaphysisch ist nur einerseits unsere reine Ordnungslehre, welche sich auf vorläufig-, auf „methodisch"-solipsistischem Boden bewegt, höchstens die Frage nach dem *Wirklichen* aufwirft und dann ihre Arbeit abbricht, andererseits der echte Zweifel, die echte „Skepsis". Die echte „Skepsis" nämlich sagt nicht: „Ich weiss, dass ich über das Sosein des daseienden Wirklichen nichts wissen kann", sondern sie sagt „Ich weiss nicht, ob ich irgend etwas über Dasein und Sosein eines Wirklichen wissen kann oder nicht"[2]). Als dritte echt-unmetaphysische Lehre könnte man vielleicht den „dogmatischen" Solipsismus beifügen, falls es ihn gibt; hier wird weder die Unmöglichkeit um das Sosein eines daseienden Wirklichen zu wissen ausdrücklich bejaht, noch auch an der Wissensmöglichkeit gezweifelt, noch auch die Arbeit im Ordnungshaften abgebrochen, sondern es wird, zu Unrecht, gesagt: „Ich weiss, dass mein Gehabtes nur mein Gehabtes bedeutet".

---

[1]) *Appearance and Reality*, Introduction. S. aber auch Volkelt, *Erfahrung und Denken*, Seite 63. Ähnlich Ehrenfels, *Kosmogonie*, 1916, S. 155.

[2]) Wer, wie so viele, schon die Möglichkeit der echten Skepsis von vornherein widerlegen will mit Hilfe des Satzes „Der Skeptiker weiss ja doch, dass er nicht weiss, ob ... oder ob nicht" begeht eine Wortspielerei. Das erste *weiss* ist hier gleich *hat als Endgültiges* und bezeichnet das reine Dasein dieses Erlebnisses als Erlebnis. In diesem Sinne *weiss* der Skeptiker, dass er nicht das Erlebnis der Evidenz mit Rücksicht auf ein besonderes anderes „Wissen oder Nichtwissen" um Etwas haben kann. Wie soll das aus unserem Solipsismus ohne weiteres herausführen? Vgl. auch Volkelt, Zeitschr. f. Phil. u. phil. Kritik 157 u. 161 und *Erfahrung und Denken* S. 61 f. und 204.

Doch kehren wir zurück zu unserer Aufgabe.

Wir also wollen Wirklichkeitslehre treiben, und da müssen wir denn die *Wissbarkeit* des in seinem Dasein von uns als doppelt-mittelbarer Gegenstand gesetzten Wirklichen im Sinne einer Betreffbarkeit durch Wissen annehmen, wenn anders unser Unternehmen überhaupt Sinn haben soll. Es wird sich bald zeigen, dass dieser Satz von der Wissbarkeit sogar gar nicht so arm ist, wie er vielleicht erscheint. Von der besonderen Art der Beziehung zwischen Wissen und Wirklichkeit handeln wir noch später.

Man wird sagen, dass unser Unternehmen einer Wirklichkeitslehre denn doch eigentlich auf einem blossen Wunsche beruhe und nichts durchaus Zwingendes an sich habe. In der Tat ist dem so — aber etwas Anderes und Besseres kann es hier garnicht geben, wie alsbald erhellen wird[1]). Und doch ist, was es geben kann, wertvoll.

Einstweilen fahren wir in der Untersuchung der unbedingt notwendigen Voraussetzungen jeder Wirklichkeitslehre fort; kann doch der Begriff des metaphysischen *Wissens* erst im Verlauf der Wirklichkeitslehre selbst seine Klärung erfahren.

---

[1]) Eine strenge „Widerlegung des Idealismus" kann es nicht geben, und auch Kants Versuch einer solchen (K. d. r. V. 2. Aufl. Anhang zum Hauptstück von den „Grundsätzen") „widerlegt" ihn nicht. Er merkt das auch selbst in der „Anmerkung 1": „Allein hier wird bewiesen, dass äussere Erfahrung eigentlich unmittelbar sei, dass nur vermittelst ihrer, *zwar nicht das Bewusstsein unserer eigenen Existenz*, aber doch die Bestimmung derselben in der Zeit, d. i. innere Erfahrung, möglich sei." Die (von mir) gesperrte Wendung ist wichtig; sie hebt den „Beweis" auf! Sie gibt zu, dass das reine *Ich habe bewusst* allem vorangehe, dass nur zur Setzung *meine zeitlich daseiende Seele,* und zwar auch nur der Zeitbestimmung nach, äussere Erfahrung nötig sei.

Aber will Kant wirklich das Dasein eines „An sich" beweisen? Ich meine nicht; das Dasein eines Ansich, wenn auch nur als eines „blossen Etwas" setzt er vielmehr voraus, und zwar nicht bloss implicite durch seinen Begriff eines „Affiziertwerdens der Sinne", sondern ganz ausdrücklich in den Worten: „Die Existenz der Sachen zu bezweifeln ist mir niemals in den Sinn gekommen" („Proleg." § 13). Was er „beweisen" will, geht ganz klar aus einer Anmerkung zur Vorrede der zweiten Auflage der „Kritik" hervor: „Ich bin mir ebenso sicher bewußt, dass es Dinge ausser mir gebe, als ich mir bewusst bin, dass ich selbst in der Zeit bestimmt existiere." Dagegen ist nun nichts einzuwenden; aber das heisst nur, in der Sprache meiner „Ordnungslehre": *Ich habe* den Begriff *meine Seele* ebenso sicher, wie ich den Begriff *Natur* habe; aber eben — *Ich habe.* Es bleibt also bei dem „Skandal der Philosophie"! Man vergleiche auch „Proleg." § 49: „Es ist eine ebenso sichere Erfahrung, dass Körper ausser uns (im Raume) existieren, als dass ich selbst, nach der Vorstellung des inneren Sinnes (in der Zeit) da bin"; an Stelle des „ich selbst ... da bin" müsste es hier heissen „*meine Seele* für Mich (besser: für *Ich*) ... da ist", dann wäre alles ganz klar; Kant sagt „Ich" für das reine urtatsächliche *Ich* und für *meine Seele.*

c) Die denkhafte Beziehung zwischen Wirklichkeitslehre und Ordnungslehre.

Wenn anders eine Wirklichkeitslehre überhaupt sein soll — und sie soll es — so muss ihr Inhalt notwendigerweise in einem ganz bestimmten Verhältnis zum Inhalt der als vollendet gedachten Ordnungslehre stehen, und über dieses Verhältnis lässt sich vor aller weiteren Untersuchung eine ganz bestimmte Aussage machen.

Dass ich geordnetes Etwas bewusst habe, ja, dass ich gerade diese Ordnung am Etwas habe, welche die Ordnungslehre enthüllt, das ist mir nun einmal das einzige unmittelbar Gewisse, und das kann daher durch eine Wirklichkeitslehre in keiner Weise anders werden als es ist. Gewiss, Wirklichkeitslehre soll Anderes, soll mehr sein als Ordnungslehre, ihre Ergebnisse sollen eine andere Tönung tragen, in einen anderen „Kreis" gehören. Aber die Ergebnisse der Ordnungslehre bilden doch immer das Bereich, von dem die Schöpfung aller Wirklichkeitslehre auszugehen hat. Die Wirklichkeitslehre muss also auf jeden Fall so ausgestaltet werden, dass Ordnungslehre, ja dass mein ganz besonderes *Ich erlebe Etwas* seiner gesamten Inhaltlichkeit nach so sein kann, wie es ist. Anders gesagt: Dass mein besonderes *Ich habe etwas* und dass mein *Wissen um mein Wissen* erfahrungs-, d. h. „erscheinungs-"haft da ist, das muss sich aus der gesuchten Vollsetzung des Wirklichen mit ergeben, muss aus ihr *folgen*, muss durch ihr Gesetztsein *mitgesetzt* werden, wenn anders Wirklichkeitslehre irgendwelche Bedeutung haben soll[1]).

In Kürze also: *Wirklichkeitslehre* und *Ordnungslehre* stehen notwendigerweise im Verhältnis von *Grund* und *Folge*, von *Mitsetzendem* und *Mitgesetztem* zueinander. Die *Folge* allein kenne ich unmittelbar — daraus wird sich später Wichtiges für den Weg, die „Methode", der Wirklichkeitslehre ergeben.

Auch jetzt noch bleibt Wirklichkeitslehre, was sie war und bleiben wird: eine auf Unbefriedigtsein, auf Wunsch gegründete Forderung. Nie, wahrlich, kann sie unmittelbar Sicheres werden. Aber wir wissen jetzt, was sie auf alle Fälle sein muss, wenn anders ihre Ausführung irgendwelchen Wert haben soll: sie muss jedenfalls den *Grund* abgeben für das unmittelbar Sichere, die Ordnungslehre.

---

[1]) Wir reden hier ganz allgemein; alles Besondere bleibt noch unbestimmt. Später wird sich zeigen, dass ein Gewisses an dem *Ich habe etwas* nicht nur aus dem Wirklichen „folgt", sondern selbst *wirklich* ist. Solche Einsicht wird die Richtigkeit der Lehre vom „folgen" nicht aufheben; Identität ist ja Grenzfall der Konsequenz.

An diesen Gedankengang werden wir wieder und wieder anzuknüpfen haben. Es wird sich Wesentlicheres aus ihm ergeben, als es vielleicht auf den ersten Anblick erscheint.

Unter dem Gesichtspunkt, dass Ordnungslehre einer Wirklichkeitslehre Folge sei, erscheint nun die Ordnungslehre selbst gewissermassen höher gehoben. Sowie man, in der Tat, die Möglichkeit einer „Metaphysik" überhaupt zugibt, alle Besonderheiten derselben einstweilen noch offen lassend, erscheint Ordnungslehre selbst bedeutungsvoller: sie ist garnicht nur „Ordnungslehre", sondern Vorbereitung zu Höherem gewesen. Freilich gewinnt Ordnungslehre diese höhere Bedeutung erst, wenn Wirklichkeitslehre überhaupt, aus Ordnungsgründen, gewollt ist. Sie hat sie nicht, wie Hegel und viele andere meinen, von vornherein. —

Mag es nun aber auch Höheres geben als blosse Ordnungslehre, und mag durch dieses Neue die Ordnungslehre selbst höher gehoben werden: eine grössere Sicherheit des Wissens gibt es in dem neuen höheren Gebiete nicht, sondern, im Gegenteil, die „Kriterien" der *Wahrheit* sind noch schwankender als die Massstäbe der *Richtigkeit*. Widerspruchslosigkeit und Setzungssparsamkeit, wie sie für das jeweils bestehende Gefüge der Ordnungsaussagen einschliesslich aller Natursetzungen gefordert waren, waren wenigstens, um einmal cartesianisch zu sprechen, klare und deutliche Dinge. Sie werden nun selbstverständlich auch für den Aussagebestand einer Metaphysik gefordert, aber für diesen Aussagebestand als einen *wahren* wird noch etwas dazu gefordert: er soll Grund sein für eine gekannte Folge. Das aber ist, wie sich sogleich zeigen wird, eine sehr unbestimmte Forderung.

Im letzten Grunde bleiben also, wie wir schon gesagt haben, die „Kriterien" zutreffenden Wissens für die Wirklichkeitslehre dieselben, wie sie für die Ordnungslehre waren, nur dass sie um einen, leider recht unsicher fassbaren Beurteilungsmassstab vermehrt werden. Wie könnte das anders sein, wo *Wahrheit* doch nichts anderes ist als ein Ton, den ich mit Bewusstsein gewissen Aussagen gebe, um zu bezeichnen, dass sie mehr seien als nur *richtig?*

Hiermit ist nun zugleich das letzte vorbereitet, was wir über den Begriff *Wahrheit* zu sagen haben: Das Wort „wahr" dient zur Bezeichnung eines beziehungshaften Tones an bestimmten von mir gehabten bedeutungsmässigen Inhalten, und zwar heisst mir dann ein gehabter Inhalt *wahr,* wenn es mir endgültig („evident"), ist, dass ich mit dem, was er bezüglich des *Wirklichen* meint, in der Tat um gewisse Seiten des Wirklichen weiss, also durch jenen Inhalt wenigstens gewisse, wohl meist beziehliche, Seiten des Wirklichen in dem

Sinne „abbilde“, dass wenigstens die grossen Züge von Beziehlichkeit im gehabten Inhalt und im Wirklichen dieselben sind. Das Wirkliche, obschon wissbar, soll ja doch als mehr denn nur als mir-wissbar gedacht sein.

Wahrheit in diesem Sinne ist also *Wirklichkeit* zugeordnet; was aber *wahr* als Tönung von Inhalten bedeutet, das schaue ich ebenso, wie ich schaue, was *wirklich* als Tönung des durch diese Inhalte Gemeinten bedeutet. Und Wahrheit ist mir ein „Wert“, insofern als ich wünsche, meine (metaphysischen) Aussagen möchten wahr sein[1]). Freilich — ein strenges „Kriterium“ der Wahrheit habe ich nicht, und deshalb kann mir der Besitz der „Idee“ *Wahrheit* nur einen Arbeitsantrieb bedeuten, ist aber ganz und gar nicht schon selbst so etwas wie eine Erkenntnis[2]).

Wir haben an früherer Stelle gesagt, dass für den, der sich zur Wirklichkeitslehre entschliesst, der Gesamtinhalt der Ordnungslehre den Namen *Erscheinung* tragen dürfe: Das Wirkliche geht in die Form des *Ich weiss Etwas* als Erscheinung ein; es erscheint *Mir* in Form des Inhalts der Ordnungslehre, wobei *Ich* selbst Anteil an ihm habe. Nur soweit es mir erscheint, erscheinen kann, ist es mir zugänglich; anders gesagt: in Form der *Erfahrung,* im weitesten Wortsinne, ist es das.

Erscheinung also, nicht „Schein“ — das ist ein kantischer Satz, mit dem wir übereinstimmen dürfen, wenn wir auch gezwungen sind, ihn anders zu formen als Kant, und wenn er uns auch nicht eine so unmittelbare Einsicht ist wie ihm.

Nicht also suchen wir aus einem Befangensein in „Täuschung“ herauszukommen zu dem Wirklichen, wie es „wirklich“ ist. Unsere Erfahrung ist nicht etwa „Irrtum“, dem entronnen werden soll: Das Wirkliche an sich denken wir zwar anders und reicher, als Erfahrung ist. Aber Erfahrung „täuscht“ darum nicht; dass sie ist und zwar so, wie sie ist, folgt ja aus dem Wirklichen. Wir mögen sagen, dass wir durch einen „Schleier“ sehen; gewiss. Aber durch den Schleier gesehen gibt sich nun Wirklichkeit einmal als ordnungshafte Erfahrung. Und der Schleier ist da. Durch den Schleier gesehen werden

---

[1]) Ein platonisch „seiendes“ *Reich* der Werte gibt es freilich deshalb nicht. Und auch ein „Reich der Wahrheit“, eine Gesamtheit „wahrer Sätze“ *gibt* es nicht im Sinne eines Seins. Was es „gibt“ ist — *Wirklichkeit*. Hierzu *W. u. D.* Seite 105 ff.

[2]) Das meinte meines Erachtens der sogenannte „Pragmatismus“, aus dem man nicht immer ein ganz bizarres Gebilde machen sollte, welches dann freilich so schön anzugreifen ist. Über den für die Frage nach Richtigkeit und Wahrheit so wichtigen Begriff des *Sich-bewährens* reden wir an späterer Stelle.

zu müssen ist sogar, wie sich bald zeigen wird, selbst eine Seite des Wirklichen. Und Wirklichkeitslehre, ob sie schon mehr sein soll als die Lehre, welche aus dem Blick durch den Schleier ersteht, muss auf jeden Fall so sein, dass aus ihrem Lehrgebäude sich das Lehrgebäude des Schleiersehers ergibt: alles durch den Schleier Gesehene und das durch den Schleier Sehen selbst muss sie *mitsetzen*.

Also nicht „in Täuschung befangen" ist der natürliche Mensch, dem nur der Metaphysiker den Star zu stechen hätte. Nur dieses hat der Philosoph warnend zu lehren: Halte nicht ohne weiteres deine Erfahrung selbst für das Wirkliche und halte nicht einen Teil für das Ganze! Wer das täte, der würde in der Tat „irren", und zwar würde er einen Deutungs-, einen Einordnungs-irrtum begehen; aber auch er würde nicht insofern irren, als er Erscheinung nun eben in ihrem Dasein als daseiend hinnimmt. Ist doch übrigens auch bekanntlich bei der sogenannten Sinnestäuschung nicht die Aussage „falsch", dass ich jetzt dieses bestimmt „Anschauliche" hier bewusst habe, sondern nur die, dass ich mein unmittelbar anschaulich Gehabtes etwas bestimmtes Naturhaftes, also etwa einen Mann statt eines Baumstammes, meinen lasse.

3. Vom Wege der Wirklichkeitslehre.

a) Von der denkhaften Erfindung („Induktion").

Wenn Wirklichkeitslehre den Grund zur Ordnungslehre abgeben soll, so soll also, da die Ordnungslehre das unmittelbar Gehabte, das Bekannte, ist, zu bekannter *Folge* der *Grund* gesucht werden.

Zu bekannter Folge den Grund suchen heisst *Erfinden*, „Induzieren", wenigstens im bedeutungsvollsten Sinne des Wortes „Induktion". Es ist hier nämlich nicht an jene einfachste Art der Induktion im Bereiche der Gewohnheitserfahrung, der „Empirie", gedacht, welche aus dem „sehr viele Einzelheiten" zunächst das „also wohl alle Einzelheiten" und weiterhin „den Begriff" macht, welche also etwa von dem „Alle bekannten Schwäne haben Schwimmfüsse" über das „Alle Schwäne überhaupt haben wohl Schwimmfüsse" zu der Aufnahme des Merkmals „Schwimmfüsse haben" in den Begriff „Schwan" fortschreitet. Diese *Klasseninduktion*, wie ich sie genannt habe[1]), ist gewiss bedeutsam, ja sie ist sogar im letzten Grunde etwas sehr Merkwürdiges; aber sie behandelt doch nur das Verhältnis der *Klasse* zum *Fall*, es „folgt" nicht eigentlich etwas besonders Anderes aus ihrem

---

[1]) S. meinen Aufsatz „Zur Lehre von der Induktion" in den Sitzungsber. d. Heidelberg. Ak. d. Wiss. 1915. S. auch *O. L.* C. I. 8.

Ergebnis. Es gibt nun aber eine andere Art der denkhaften Erfindung, aus deren Ergebnis wirklich etwas Wesentliches folgt, deren Ergebnis also auch, umgekehrt, selbst den Gegebenheiten gegenüber, aus denen es erfunden — (man sagt oft fälschlich „erschlossen"[1])) — wurde, neu ist. Und diese Art des Erfindens, mag sie auch, wie übrigens gleichermassen die Klasseninduktion, dem Irrtum verfallen können, ist ausserordentlich bedeutungsvoll. Sie haben wir · vor uns, wenn etwa aus Keplers Gesetzen der ganz neue Newtonische Satz von der allgemeinen Gravitation „induziert" wird, so dass nun umgekehrt aus dem Satze Newtons Keplers Gesetze *folgen, erschlossen* werden.

Diese bedeutsame Form des Erfindens ist im Bereiche des ordnungshaften Wissens nur möglich, wo Mathematik in irgend einer Form im Spiele ist; an sie nun denke ich, wenn ich sage, der Weg der Wirklichkeitslehre müsse, ja könne allein die denkhafte Erfindung, die „Induktion" sein.

Freilich soll damit nicht gesagt sein, dass nun Wirklichkeitssätze aus Ordnungssätzen mit mathematischer Hilfe sollten erschlossen werden. Es handelt sich beim Übergange von der „Logik" zur „Metaphysik", und, umgekehrt, bei dem „Folgen" der Logik aus der Metaphysik um etwas ganz anderes und, um das schon hier klar herauszusagen, seinem eigentlichen An-sich nach Unkennbares. Aber wir werden häufig in diesem Werke die Mathematik heranzuziehen haben, um grundsätzliche Dunkelheiten wenigstens gleichnisartig, gewissen allgemeinen Beziehungen nach, „analogienhaft" zu verstehen.

Denkhafte Erfindung, „Induktion" im tiefen Sinne des Wortes, ist also das Hilfsmittel, dessen allein sich der Ersinner einer Wirklichkeitslehre bedienen kann. Das aber heisst nichts anderes als dieses: Die Metaphysik ist die Fortsetzung der Ordnungslehre und nicht etwas, das dieser durchaus fremd wäre und auf ganz anderem „Vermögen" des Denkenden beruhte. Durch die Ordnungslehre und durch alle Wissenschaften, welche ja der Ordnungslehre selbständig gewordene Teile sind, hindurch muss also echte Erkenntnis den Weg nehmen, nicht aber an den Wissenschaften vorbei; denn reine Dichtungen nützen uns nichts. Dieser Satz aber bleibt be-

---

[1]) „Erschlossen" wird stets nur die Folge aus dem Grund. Wenn ich von meinem Wissen um „Folgen" zu einem Wissen um ihren Grund gelange, also „induziere", so darf ich allenfalls sagen, dass im Bereiche des Werdens meiner Seele der Besitz der Folgen der *Werdegrund*, d. h. die Ursache für den Besitz des Grundes jener Folgen sei, aber das ist nicht das reine, nur auf den Inhalt von Setzungen gehende Grund-Folge-Verhältnis; vgl. *O. L.* B. I, 8 und 10.

stehen, obwohl das denkhaft Erfundene, wenn es „metaphysisch" ist, ausdrücklich als eine andere *Tönung* besitzend, als einem anderen *Kreise* angehörig betrachtet wird als das Ordnungshafte. Nur insofern ich eben diese besondere neue Tönung — *„wirklich"* — überhaupt setzen kann, dürfte etwa von einem besonderen „metaphysischen Vermögen" geredet werden, ein Ausdruck, der freilich auch dann zu beanstanden wäre, denn „Ich" schaue nur und habe keine „Vermögen".

Wenn uns also unsere Erwägungen die Induktion, die Erfindung von „Gründen", als Wegbahnerin, als „Methode" der Wirklichkeitslehre aufgezeigt haben, so darf darum doch nicht vergessen werden, dass die Ur-„methode" aller Philosophie Schauen, aber nicht Tun ist, und dass die übliche Redeweise den selbstbesinnlichen, den phänomenologischen Sachverhalt hier fortgesetzt entstellt und mit psychologischen Deutungsbegriffen untermischt.

Der Begriff „Methode" zumal pflegt nicht immer gerade vorsichtig und geklärt verwendet zu werden, und er teilt diesen Mangel — wenigstens in den meisten der Schulen, obschon nicht bei den Phänomenologen und denen, die von der Denkpsychologie kommen — mit den Begriffen des „Denkens" und „Nachdenkens", in deren Bereich er gehört. „Methodisch" denken, so sagt man, heisst gemäss einer bestimmten schon bewährten Regel oder Anweisung denken, welche in Beziehung steht zu dem Gegenstand, über den gedacht werden soll. Nun lehrt aber Selbstbesinnung[1]), dass *Ich* überhaupt nicht „denke" oder „nachdenke" im Sinne eines Tuns, dass ich vielmehr nur *Gedanken habe,* welche freilich bald mehr, bald weniger an *Erledigung-* und *Endgültigkeitszeichen* an sich tragen. Ich weiss freilich, dass mir die Gedanken „kommen" nach Massgabe von „Aufgaben", welche zu „lösen" ich den Wunsch erlebt habe; im Rahmen der Seelenlehre, der Psychologie, sage ich darum, dass *meine Seele* unter „determinierenden Tendenzen" oder in „latenter Einstellung" *nachdenke.* „Methodisch" nachdenken heisst also selbstbesinnlich nur: mit Rücksicht auf eine bestimmte Aufgabe oder bestimmte Seiten einer Aufgabe, welche zu lösen gewünscht worden war, alle „Einfälle" in besonderer Schärfe auf ihre Endgültigkeitsbeziehungen mit Rücksicht auf eben die Lösung schauend prüfen. Im Rahmen der metaphysischen Forschung „methodisch" denken heisst also: Gleichsam „eingestellt" zu sein auf die Prüfung von Einfällen in bezug auf alles Gedankliche, was die als *erledigt* genommene Erfahrung *mitsetzen* könnte. Denn Metaphysik soll ja einmal die philosophische Sonderlehre von dem die Erfahrung

---

[1]) Vgl. hierzu *Wissen und Denken.*

Mitsetzenden sein, dem ausserdem ein für allemal der Kreiston des *Wirklich-seins* gegeben wird.

Eine „Methode" als solche erkennen und billigen aber heisst, in Übereinstimmung mit dem Gesagten, nichts anderes als dieses: Um eine besondere Aufgabe nicht nur ihrem Sinn, sondern auch der Möglichkeit ihrer Lösbarkeit nach wissen. Auf dass dieses möglich sei, müssen bewusst gehabt sein: Der vorgewusste Begriff *Ordnung,* die allgemeinsten Züge von Sonderordnung an eben dieser vorliegenden „Aufgabe", das Wissen darum, dass durch „Einfälle" — (psychologisch: durch „Nachdenken") — immer mehr an Ordnung an einer Aufgabe geschaut werden kann, wohl gar bis nichts Unerledigtes mehr übrig bleibt.

Jede Methode ergibt sich also aus einer Aufgabe; ihre Bedeutung bemisst sich nach der Bedeutung dieser. Und „Methode" überhaupt ist erst möglich, wenn die allgemeine Ordnungsform, zu der eine Aufgabe gehört, bereits durchschaut ist. In üblicher Weise gesagt: methodisch verfahren heisst einer bewährten Regel des Denkens folgen. Wo sich noch nichts bewährt hat, kann es also keine „Methode" geben, wie z. B. bei der rein selbstbesinnlich schauenden Ermittlung der Urordnungszeichen[1]). Man beachte, dass, entsprechend dem Gesagten, Kant seine Tafel der Urteile ohne „Methode" hinnimmt, um dann aus ihr die Kategorien „methodisch" zu gewinnen, nachdem er einmal den Gedanken gefasst hat, dass man sie aus ihr gewinnen kann.

Ohne weiteres ist mit unseren Ausführungen über die denkhafte Erfindung als allein mögliche „Methode" der Wirklichkeitslehre gesagt, dass alle Aussagen im Bereich der Wirklichkeitslehre, welche von mehr als „formaler" oder verneinender Art sind, unbewahrheitbare Vermutungen bleiben müssen und höchstens von mehr oder weniger wahrscheinlichem Wesen sein können. Denn es gibt keinen Weg, der eindeutig von der Folge zum Grunde führt.

Freilich werden gewisse „formale" metaphysische Aussagen denn doch von weit grösserer Bedeutung sein, als die Bezeichnung mit dem Wort „formal" zunächst könnte vermuten lassen. —

Aber hat es einen klar angebbaren Sinn, metaphysische Aussagen als „mehr oder weniger wahrscheinlich" zu bezeichnen? Uns scheint es so.

Das Wort *wahrscheinlich* bezeichnet, im Rahmen der ordnungs-

---

[1]) *O. L. A. 6.*

haften Erfahrung, in seinem ursprünglichen Sinne stets einen bestimmten Zustand meines Wissens als Wissens; es hat stets nur in vergleichsmässiger Form einen guten Sinn: das zukünftige Eintreten irgendeines bestimmten natur- oder seelenwirklichen Ereignisses halte ich für wahrscheinlicher oder für weniger wahrscheinlich als das Eintreten irgendeines anderen. Wahrscheinlichkeit misst, wenn der Ausdruck erlaubt ist, die Stärke meines Erwartens. Aber mein Erwarten ist kein willkürliches Meinen, sondern ruht auf ganz bestimmtem Wissen um die vergleichsweise Häufigkeit des Eintretens jenes Ereignisses oder der es bestimmenden Ursachen in der Vergangenheit, wobei der Begriff der „Gesetzlichkeit" des Natur- oder Seelenwirklichen im üblichen Sinne stillschweigend als zu Recht bestehend vorausgesetzt wird. So wendet sich also der Begriff des Wahrscheinlichen von der „Subjektivität" zur „Objektivität": Wahrscheinlichkeit bestimmten Grades wird geradezu zur Eigenschaft jenes Ereignisses als eines als natur- (oder seelen-) *möglich* gemeinten.

Will ich nun metaphysische Aussagen als „mehr oder minder wahrscheinlich" bezeichnen, so kann es sich freilich um diese Hinwendung zum Gegenständlichen nicht handeln: mir „scheint" diese Annahme „wahrer" als jene; „wahrer", das heisst der Wahrheit näher. Aber nicht auf Willkür, sondern auf einer Bestimmtheit, nämlich des Wissenssachverhaltes, ruht die Wahr-scheinlichkeit auch hier:

Das Wirkliche soll so geartet sein, dass Erfahrung sein kann; aber es soll mehr sein als sie. Eben auf dieses „mehr" richtet sich der Grad der Wahrscheinlichkeit meiner Aussagen. Gesetzt, es gäbe mit Rücksicht auf irgendeinen Zug des Wirklichen zwei Aussagen, deren Inhalt gleichermassen Erfahrung, so wie sie ist, möglich machen würde. Fragen, welche von beiden die „wahrscheinlichere" sei, das heisst alsdann die Frage aufwerfen: „Welche von beiden Aussagen passt nach allgemeinen Wissensgrundsätzen besser zu den auf anderen Sondergebieten der Wirklichkeitslehre gewonnenen Einsichten oder auch zum Ganzen der bisher gewonnenen Einsicht, etwa indem sie weniger an Neuem einführt oder weniger an Hilfsannahmen fordert?" Und diese Frage ist sinnvoll. Sie besagt, dass man die Güte, und das heisst eben die „Wahrscheinlichkeit", einer metaphysischen vermutungshaften Erfindung bemessen könne und müsse an denjenigen Massstäben, nach Massgabe derjenigen Kennzeichen, die sich im Rahmen des Wissens überhaupt für „Vermutungen" von der echt induktiven Art bereits bewährt haben; mag es sich bei metaphysischen Vermutungen auch nie um eine eigentliche Bewahrheitung, eine „Verifikation", handeln können.

Es ist also zuzugeben, dass nur in einer seiner Bedeutungen, in der „subjektiv" gewendeten, der Begriff *wahrscheinlich* für die Wirklichkeitslehre einen Sinn hat; aber in dieser Einschränkung hat er einen Sinn, und grundsätzlich kann die Frage nach der mehr oder weniger grossen „Wahrscheinlichkeit" metaphysischer Aussagen aufgeworfen werden[1].

b) Die Vollständigkeit des Ausgangs.

Wie immer Wirklichkeitslehre geartet sei, sie soll so geartet sein, dass Ordnungslehre durch das, was sie lehrt, möglich ist, dass Ordnungslehre aus ihr folgt.

Ordnungslehre nun andererseits ist der Ausgang für die Schaffung von Wirklichkeitslehre und zwar der einzig mögliche Ausgang. Aber fruchtbar kann von der Ordnungslehre ausgehende Erfindung hier nur werden, wenn der Ausgang in Vollständigkeit erfasst wird.

Wann wird Ordnungslehre vollständig erfasst?

Offenbar dann nicht, wenn sie nur als Lehre vom Gegenständlichen, und erst recht nicht, wenn sie etwa nur als Lehre vom Naturgegenständlichen genommen wird. Gewiss, ich habe bewusst *geordnetes Etwas* und besonders bedeutsame Gruppen des Etwas sind die „gemeinten" Gruppen des *Natur-* und des *Seelen*-etwas; das Etwas in seiner Ordnung ist also für Wirklichkeitslehre zu verwerten. Aber — *Ich habe bewusst* geordnetes Etwas, und dieser erste Teil des dreieinigen Ausgangs der Ordnungslehre darf nie vergessen werden. Erst recht aber nie vergessen werden darf die „philosophische Urtatsache" des *Ich weiss,* dass ich geordnetes weiss. Mit anderen Worten: das geordnete Etwas als Gegenständliches muss immer zugleich als von *Mir,* dem *Selbstbewussten, Gehabtes* oder *Gewusstes* verwertet werden; nie dürfen Wissenschaftsteile von der Metaphysik „naiv" verwertet werden, mögen immer die Wissenschaften in ihrem eigenen Hause naiv arbeiten, sobald es sich um Einzelforschungen handelt. Für die Metaphysik also muss z. B. die Chemie stets *meine* Chemie sein, was sie, wie jede Wissenschaft, jederzeit werden kann[2]. Das ist das richtige an aller sogenannten „immanenten Philosophie": zum *Sein* im weitesten Wortsinne *gehört* im Rahmen der Ordnungslehre ein *Wissen* zweifacher Art, denn das Sein ist für sie nur Sein als von dem um

---

[1] Kant denkt bekanntlich stets nur an eine angeblich aus synthetischen Urteilen apriori bestehende Metaphysik, deren Möglichkeit er mit Recht ablehnt. Warum er aber eine vermutungshafte Metaphysik ganz und gar ablehnt, ist nicht einzusehen.

[2] Vgl. oben Seite 1.

sein Wissen Wissenden bewusst Gehabtes. Aber freilich, unsere „Immanenz" ist zunächst solipsistisch gemeint, wennschon nicht dogmatisch-solipsistisch, und ist daher nur ein Ausgang für weiteres, aber nicht ein letztes Wort. Von mir ist das Seiende in Form bewussten Wissens gehabt, das Seiende im Sinne der Ordnungslehre; und eben das alles soll jetzt ausgedeutet werden. Jeder Gedanke an ein metaphysisches, ein überpersönliches Ich ist hier, zunächst jedenfalls, in grösster Strenge fernzuhalten; auch ist unser *Ich* nicht ein von „allen menschlichen Ichen" abgezogenes. Es ist — nun eben „Ich" und garnichts weiter; es ist unzeitbezogen; es ist „einzig" sogar im Grunde nur im Sinne eines Unbekümmertseins um „Einheit" und „Vielheit". Aber in diesem Sinne ist „Ich" nun freilich geradezu ur-bedeutsam und darf das Wissen um das Wissen und die untrennbare Zusammengehörigkeit von *Ich weiss* und *Etwas* oder *Sein* nie vergessen werden.

Manches kann hier von Fichte, zumal aus der Wissenschaftslehre von 1804, und von Schuppe, Leclair, Rehmke und einigen anderen gelernt werden[1]), wobei man freilich erstens alle verkappte und unverkappte Metaphysik Fichtes beiseite lassen und andererseits die grundsätzlich jeder Metaphysik feindlichen Absichten der übrigen Genannten a limine als jeder Begründung entbehrend abweisen muss. Wir wollen ja wahrlich ebenso wie Fichte auch Metaphysik, sogar in klarster Offenheit, aber wir wollen sie nicht als angeblich unmittelbar zu Erreichendes. Unser Ausgang ist erstens ganz „unpsycho-

---

[1]) Am höchsten schätze ich hier die Ausführungen Rehmkes, von dem ich das Wort „Haben" in dem Satze *Ich habe Etwas* entlehnt habe. Man vergleiche seine „Philosophie als Grundwissenschaft", 1910, zumal Nr. 19—21 (Seite 532—608), sowie die kleine Schrift „Das Bewusstsein", 1910. — Mit Recht sagt Rehmke (S. 604), „dass das Bemühen, das jedem menschlichen Bewusstsein an und für sich schon schlechtweg klare „Haben" noch zu deuten, nicht nur überflüssig, sondern auch vom Übel ist, da es von unangebrachten Voraussetzungen in dieses Haben Fremdartiges hineingeheimnisst und dadurch erst Widersprüche hineinträgt". Nicht zugeben kann ich Rehmke, dass er den „Solipsismus", in unserem Sinne des Wortes, vermieden habe und auf seinem Wege überhaupt vermeiden könne. Warum soll ferner das *Haben* nicht *Beziehung* heissen? Rehmke meint, deshalb, weil auch das *Ich habe Ich* (d. h. „Ich weiss, dass Ich weiss") besteht. Aber daraus folgt doch wohl nur, dass sowohl eine weg-, wie eine rückweisende „Beziehung" *haben* besteht. — Rehmkes Ausgang alles Philosophierens ist die Formel *Ich habe Anderes und mich selbst;* meine Formel lautet *Ich weiss* (habe bewusst), *dass ich etwas weiss* (bewusst habe). Meine Formel scheint mir das Wesen der „Urtatsache" noch besser wiederzugeben. — Denken als „Tätigkeit" wird von Rehmke in grosser Schärfe abgelehnt (siehe z. B. „Das Bewusstsein" Seite 85 und sonst).

logisch", eben weil er solipsistisch ist; und unser Ausgang als Ausgang ist auch wirklich ganz unmetaphysisch.

Das *Ich*, das *Wissen* und das *geordnete Etwas* also gehören untrennbar zusammen für die Ordnungslehre, und diese echte Dreieinigkeit, ebenso wie die höchste Urtatsache, von der sie einen Teil
bildet, nämlich: Ich weiss, *dass* ich weiss, darf bei Schöpfung einer
Wirklichkeitslehre an keiner Stelle vergessen werden[1]). Der Materialismus ist ein ganz besonders abschreckendes Beispiel solches Vergessens,
obschon nicht das einzige.

c) Beurteilung anderer Wege zur Wirklichkeit.
α) Verschiedenes.

Der kundige Leser wird bemerken, dass unsere Lehre vom „induktiven" Wesen aller Wirklichkeitslehre mit den Lehren Hartmanns
und einiger anderer unter den Neueren methodologische Verwandtschaft zeigt. Mit den meisten neueren metaphysischen Versuchen freilich zeigt sie gar keine Verwandtschaft des Verfahrens; oder doch
höchstens im gemeinsamen Ablehnen einer gewissen älteren Lehre.

Ich denke hier an den Satz, dass Wahrheit durch den Vergleich
eines Aussageinhalts, also eines „Gehabton", mit dem wirklichen Gegenstande selbst gefunden werden könne. Wie könnte denn ein Aussage-
inhalt von mir, der doch stets ein *Für-mich* ist, „verglichen" werden
mit einem reinen *An-sich*, das garnicht *Für-mich* ist? Jedes An-sich
muss doch erst Für-mich werden, um überhaupt eben „für" „mich"
zu sein, wennschon es — das ist ja die Grundforderung der Wirklichkeitslehre — als mehr gemeint sein soll denn nur als „für-mich".
Wissbar soll ja das Wirkliche sein; damit also wird es, obwohl ein
An-sich, doch auch ein Für-mich, muss es unweigerlich auch ein
Für-mich werden. Ein offenkundiges Für-mich, nämlich einen Urteilsinhalt im Bereich der Wirklichkeitslehre, mit einem reinen An-sich,
das heisst einem grundsätzlich ungewussten, grundsätzlich un-ichbe-
zogenen Gegenstande „vergleichen" wollen, ist also in der Tat ganz
und gar unsinnig. Dass an so etwas wie eine „Abbildung" des Wirk-

---

[1]) In kurzer Formung liegt für ein besonderes Beispiel die Sachlage also, wie
hier folgt: Wer Bewegung rein als Bestandteil des Etwas betrachtet, treibt
Mechanik. Wer das Ordnungshafte aus ihr als solches besonders heraushebt, treibt
Logik (Ordnungslehre) *der Mechanik*, wobei er auf sein Erleben der Ordnungszeichen (Methodologie der Mechanik) oder auf das Haften der Ordnungszeichen
am Etwas (Naturlogik des Mechanischen) den grösseren Nachdruck legen kann.
Wer um dieses sein Wissen ausdrücklich wissend Logik der Mechanik treibt,
macht die Bahn frei für die *Metaphysik des Mechanischen*.

lichen durch ist-gehabte Inhalte geglaubt werde, das freilich soll durch unsere Ablehnung der Vergleichslehre nicht abgewiesen werden. —
Auf den „naiven Realismus" als metaphysische Methode, der meist mit echtem „Psychologismus" vereint ist, verlohnt es sich nicht des näheren einzugehen; die naturwirklichen Dinge, so wie sie in der Ordnungslehre als mittelbare Gegenstände von scheinbarer Selbständigkeit „gemeint" werden, werden hier ohne weiteres, d. h. ganz so, wie sie eben im täglichen Leben gemeint waren, als nicht nur scheinbar selbständig, sondern als *wirklich*, als an sich selbständig, und als auf die „Seele" wirkend angesehen. Von dem Versuch einer Rechtfertigung der Lehre ist überhaupt nicht die Rede. Nur geringfügig ist die Verbesserung, welche eine solche Lehre durch die Subjektivierung der „sekundären Qualitäten" der Dinge erfährt, denn die Welt des Materientheoretikers ist auch „Erscheinung".
Eben in dem Mangel einer Rechtfertigung von Ausgang, Weg und Lehre stimmen nun aber mit dem naiven Realismus alle diejenigen Wirklichkeitslehren überein, deren Urheber sich ein unmittelbares geheimnisvolles Erfassen des durch „Erfahrung" freilich zugestandenermassen nicht erfassbaren Urwesens des Wirklichen zuschreiben; eine angebliche Erkenntnisform, die in den verschiedenen Zeiten des Philosophierens zwar verschieden, etwas als „cognitio intuitiva" oder als „intellektuale Anschauung", bezeichnet worden ist, aber doch stets ungefähr dasselbe bedeutet hat. Alles indische und neuplatonische Denken im weitesten Sinne gehört hierher, einschliesslich der Lehren von Spinoza und Schelling, und nicht nur die Lehrgebäude der sogenannten „Mystiker" im engeren Sinne. Die rechtfertigende Beurteilung hat es nicht schwer hier, oder vielmehr allzu leicht; sie muss nämlich einsehen, dass sie sich von Anfang an zurückzuziehen, dass sie eigentlich garnicht erst einzusetzen hat. Es soll sich ja eben um ein geheimnisvolles Wissen des jeweiligen Urhebers einer solchen Lehre handeln; dieses Wissen soll das *Wahre* treffen[1]), auch wenn andere es nicht einsehen, ganz ebenso wie bei religiösen Offenbarungslehren. Was hat da die zergliedernde Beurteilung zu tun?
Nun muss allerdings zugegeben werden, dass manche mystische Metaphysiken denn doch einen wirklich beurteilbaren Wert behalten. Aber das tun sie eigentlich ihnen selbst zum Trotz. Sie haben nämlich einen wahrhaft beurteilbaren Wissenswert, insofern sie garnicht

---

[1]) Dass die Bedeutungen des Ordnungshaften „intuitiv", nämlich selbstbesinnlich gefunden werden, lehren wir bekanntlich selbst; ja wir nehmen Husserls „eidetische Wesensschauung" an, wenn sie nicht mehr als dieses, und zwar ausdrücklich im Rahmen des undogmatischen Solipsismus, bedeuten will; vgl. Seite 2.

sind, was sie eigentlich sein wollen; nicht Metaphysiken sind sie, sondern gewissen Grundforderungen der Ordnungslehre geben sie Ausdruck, ganz besonders etwa der Forderung, das geordnete Etwas als *entwickelbares Gefüge* zu begreifen, wovon noch die Rede sein wird. Und auch wahrhaft „induktive" Züge in unserem Sinne sind in manchen Wirklichkeitslehren mit geheimnisvollem Ausgang enthalten, obschon ihre Urheber das nicht zugeben.

Das scheint mir zum Beispiel bei der Philosophie Bergsons der Fall zu sein, der bedeutendsten Metaphysik unserer Tage; und man mag mit Rücksicht auf sie ja wohl auch geradezu sagen, dass eine glückliche Erfindung, eine erfolgreiche „Induktion" auf so etwas wie einer *intuition,* von freilich verbesserbarer Art, beruhen müsse. Hier ist aber die „Intuition" nicht im Sinne unmittelbarer Wirklichkeitserfassung gemeint.

Ablehnen müssen wir auch den „Ontologismus" im engeren, durchaus unmystischen Sinne des Wortes. Es soll eine besondere Soseins- oder Wesens-seite des Wirklichen derart geschaut werden, dass das hier geschaute logische Wesen, die *essentia,* ohne weiteres das Wirklichsein, die *existentia,* des wesenhaft Gemeinten verbürgt. Ich schaue nicht eine solche Setzung, *cuius essentia involvit existentiam,* und darf höchstens den Begriff *wirklich überhaupt* einen „ontologischen" Begriff nennen, denn das „wirklich" benannte soll ja *wirklich* sein. Aber von einer Soseinserfassung ist hier gar keine Rede.

Von einem ganz klaren Bewusstsein darum, dass Metaphysik denkhaft erfindend, also „induktiv", vom alltäglichen geordneten Wissen um Natur und Seele ausgehen und weitergehen müsse, kann nur bei wenigen Gefügen der Wirklichkeitslehre geredet werden. Von Lehren der letzten Jahrhunderte sind diejenigen des Descartes, Locke, Leibniz und Hartmann hierher zu stellen[1]); ganz besonders, wenn wir von Hartmann absehen, das grosse Lehrgebäude des Leibniz. Da ist nichts von angeblich mystischer oder ontologischer Schauung, sondern die Begriffe der *Monade* und der *Harmonia praestabilita* werden ausdrücklich als denkhafte Erfindungen für das Bereich des

---

[1]) Von Zeitgenossen seien Külpe (Erkenntnistheorie und Naturwissenschaft 1910 und *Die Realisierung,* I, 1912, II, 1921) und von der Pfordten (*Vorfragen der Naturphilosophie* 1907, zumal Kap. II und *Konformismus* I, 1910, zumal Kap. I und III; s. a Zeitschr. f. Phil. u. phil. Kritik 155, S. 18ff.) genannt. Von der Pfordten (zumal *Vorfragen* S. 31—35) redet ausdrücklich vom „Wesen" oder „absoluten Sein" der Aussenwelt, welches von der „Realität" — (hier gleich Sinneswelt!) — aus „durch Konformitäten erreichbar" ist. Es will mir allerdings scheinen, als ob beide hier genannten Denker *das Wirkliche* auf früherer Stufe erreicht zu haben glauben als ich.

Wirklichen ausgegeben, als Erfindungen, welche nach ihres Urhebers Meinung das sogenannte Tatsächliche der gewöhnlichen Erfahrung am besten verständlich machen[1]); und man weiss, in wie feinsinniger Weise zum Beispiel der Begriff des Unbewusst-Psychischen zur Durchführung solches Verständlichmachens von Leibniz herangezogen ist. Die Wirklichkeitslehre soll so geartet sein, dass, ob sie schon mehr ist als die Ordnungslehre, doch die Ordnungslehre aus ihr folgt; mit diesen unseren eigenen Worten können wir in der Tat die Absicht des Leibniz kennzeichnen. —

β) Kant und die Neukantianer.

Ausserordentlich seltsam ist die Stellung der neuesten Richtungen des Neukantianismus zur Wirklichkeitsfrage geworden.

A.

Bekanntlich ist Kants eigene Stellung hier nicht ganz eindeutig, wie es ja verständlich ist, wenn man Neuland betritt. Es gibt bei ihm Stellen, die durchaus das sind, was heute „Psychologismus“ auf naiv realistischem Boden heisst, welche also Metaphysik garnicht überwinden oder gar abschaffen, ja nicht einmal im tieferen Sinne „kritisieren“: Da sind in ihrem Sosein zwar unerkennbare Dinge an sich und da sind viele Ich-Subjekte mit gewissen „Vermögen“ des „Gemüts“; die Dinge „affizieren“ die Subjekte; die Subjekte aber sind so geartet, und zwar sowohl in bezug auf ihre „Sinnlichkeit“, wie in bezug auf ihren „Verstand“, dass sie aus den Affektionen, welche sie erleiden, mit Hilfe von Raum, Zeit und Kategorien ihr Weltbild machen müssen, welches Weltbild, eben weil es an die „bloss subjektiven“ Anschauungs- und Verstandesformen gebunden ist, lediglich von „Erscheinungen“, aber immerhin doch von Erscheinungen eines Etwas, handeln kann. Anders gesagt: Nur soweit das X die Subjekte affizieren und sich den ihr Wissen bestimmenden Formen fügen kann, kann es „erscheinen“. Es unterliegt keinem Zweifel, dass das eine sogenannte realistische Metaphysik allzu früher Art ist[2]), wenn auch ihre einzige Aussage bleibt, dass es ein affizierendes, erscheinendes Etwas und dass es viele Iche gibt.

---

[1]) Man vergleiche die bei Leibniz mit Rücksicht auf seine Harmonielehre immer wiederkehrenden Wendungen: „Diese Hypothese ist sicher möglich“, „Diese Hypothese hat den grossen Vorteil“ usw., z. B. im Syst. nouv. de la nature.

[2]) Sehr klar hat in einer kleinen Studie B. Erdmann die verschiedenen unausgesprochenen oder doch unkritisierten Voraussetzungen der wirklichen kantischen Philosophie dargestellt (Sitz.-Ber. preuss. Ak. d. W. 1915, 25. Febr.).

Aber es gibt andere Wendungen bei Kant, und sie sind es, die wir für das Wertvollste an seiner Lehre halten. *Ich habe Erfahrung* — dieser Satz ist hier der Ausgang; und nun wird gefragt, was das eigentlich heisse, worin „Erfahrung" eigentlich bestehe, was ihre innere Möglichkeit sei, oder, besser gesagt: was ich eigentlich mit dem Worte „Erfahrung" meine. Die unglücklicherweise „metaphysische Deduktion" genannte Ableitung der Kategorien aus den Urteilsformen, eine der geistvollsten Leistungen aller Philosophie überhaupt, auch wenn sie im einzelnen teilweise falsch[1]) und als Ganzes nur halb genügend ist, gehört hierher. Das alles ist nun aber reine *Ordnungslehre* in unserem Sinne, und zwar „methodisch-solipsistische" Ordnungslehre; es kann wenigstens so gefasst werden, wobei man freilich den kryptometaphysischen Ausdruck von der „Natur unseres Gemütes", welche die im bewusst Gehabten geschauten Formen „ursprünglich hineingelegt" habe, bei Seite lassen muss. Hat man denn ja auch oft genug mit Recht[2]) gesagt, Kants Lehre führe zum Solipsismus, wenn sie „konsequent" zu Ende gedacht sei. Das unmittelbare, ganz und gar unauflösbare und nicht irgendwie auf irgendetwas „zurückführbare" geheimnisvolle Vorwissen um Ordnungszeichen am und im Gehabten ist in der Tat auch Kants eigentliche „Methode" da, wo er sein Bestes gibt. Eben die verschiedenen letzten Urteilsformen seiner „Tafel" sind es, die er mit Hilfe ihrer findet oder, besser, schaut[3]), und es tut wenig zur Sache, dass er fälschlich meint, er fände sie nicht an der Hand des Erfahrenen oder, besser, Gehabten, sondern gänzlich erfahrungsfrei. Ich halte

---

[1]) Vgl. meinen Aufsatz in *Kantstudien XVI*, 1911, Seite 22.

[2]) Man lese unbefangen den „Vierten Paralogismus" in der ersten Auflage der *Kritik*.

[3]) K. d. r. V. Ende von § 21 der zweiten Auflage: „Von der Eigentümlichkeit unseres Verstandes aber, nur vermittelst der Kategorien und nur gerade durch diese Art und Zahl derselben Einheit der Apperzeption a priori zustande zu bringen, lässt sich ebensowenig ferner ein Grund angeben, als warum wir gerade diese und keine anderen Funktionen zu Urteilen haben." Das (von mir) Gesperrte ist hier wichtig; es besagt: trotz der „metaphysischen Deduktion" bleibt da das Urgewusste und Urgewollte in seiner geheimnisvollen Unnahbarkeit. Ähnlich im Text (der ersten Auflage) des Abschnittes über die „Phaenomena und Noumena", wo mit Recht gesagt wird, dass jeder Versuch, die Urteilsfunktionen zu „definieren" einen Zirkel bedeute, „weil die Definition doch selbst ein Urteil ist".— Man beachte ganz allgemein die Rolle, welche die Begriffe *Einheit* (der Erkenntnis) und *System* bei Kant und auch bei den Neukantianern spielen. Hierzu die gute systematisch-historische Darstellung von A. Liebert (Kantstud. Ergänzungsheft 32, 1914), zumal Seite 182 ff. In Kants *Kritik* vergleiche man vor allem den „Anhang zur transzendentalen Dialektik" und das dritte Hauptstück der „Methodenlehre".

nun zwar die Art und Weise, wie er seine „Kategorien" den Urteilsformen zuordnet, durchaus nicht für das letzte mögliche Wort und
sehe in den echten Kategorien im Sinne Kants, also in *Substanz,
Kausalität* usw., durchaus nichts Einfaches, wie ja in meiner „Ordnungslehre" gezeigt worden ist. Aber reine, wahrhaft „kritische"
Ordnungslehre treibt Kant in der Tat da, wo er, freilich in subjek-
tivierender Ausdrucksweise, und nicht in dem trotz aller Ich-bezogenheit gegenständlichen Rahmen des *Ich habe Etwas*, seine Lehre
von der Struktur der Erfahrung durchführt. Ordnungslehre aber ist
Erfahrungslehre, und so haben die besten Leistungen Kants denn gerade garnichts mit „Erkenntnis" in unserem Sinne[1]) zu tun. Sie ver-
nichten auch nicht die Möglichkeit einer „Metaphysik", wie Kant
glaubte, und wie viele seiner neueren Anhänger für ausgemacht halten.
Der Satz, dass das „An sich" nicht erkennbar sei, ist durchaus eine
Sache für sich, die mit der tiefsinnigen Ausführung des eigentlich
Ordnungslehrhaften bei Kant garnichts zu tun hat. Dieser Satz von
der Unerkennbarkeit des An-sich seinem Sosein nach besagt bei
Kant eigentlich weiter gar nichts als dieses: Wissbar sein heisst doch
eben schon nicht reines An-sich, sondern auch Für-mich sein; ein
„reines" An-sich, was doch „gewusst" werden soll, ist also ein Unding.
Diesen Satz geben ja auch wir zu. Ihm zum Trotz kann das Wirkliche gewissen seiner beziehlichen Züge nach vermutungshaft kennbar
sein.

Von dem dreieinigen Satze *Ich habe Erfahrung* geht also Kant
bei den tiefsten und wertvollsten seiner Untersuchungen aus; und er
schafft in ihnen eine „methodisch-solipsistische" Ordnungslehre, welche
er allerdings von Anfang an ihrer Gegenständlichkeit entkleidet und
versubjektiviert, indem er alle Ordnungsformen auf das „Gemüt"
als auf ihre „Quelle" ohne weiteres zurückführt, da er nur so die
Möglichkeit „synthetischer Urteile apriori" verständlich machen zu
können glaubt. Kant scheint das rein solipsistisch-ordnungshafte Wesen gerade seiner besten Ermittlungen alsdann gesehen und sich vor
dem „Solipsismus", der rein als solcher ja allerdings „Agnostizismus"
bedeutet, gewissermassen erschrocken zu haben; denn er sah eben die
Möglichkeit eines durchaus undogmatischen, sozusagen vorläufigen
Solipsismus nicht und liess eine vermutende Metaphysik als Mittel
gegen den „Agnostizismus" nicht zu. Daher stammen denn jene Stellen,

---

[1]) Im Abschnitt „Von der Synthesis der Rekognition im Begriffe" (erste Aufl.
der „Kritik") heisst es: „Wir erkennen den Gegenstand, wenn wir in dem Man-
nigfaltigen der Anschauung synthetische Einheit bewirkt haben." Dieses „erkennen"
ist ja aufs klarste unser *ordnungshaft*-durchschauen.

von denen manche unmittelbaren Nachfolger, aber auch, zum Beispiel, die Marburger Neukantianer ausgehen, und welche, wie die Begriffe „Allgemeingültigkeit" und „Bewusstsein überhaupt", im Grunde verkappt-metaphysisch sind[1]). Diese verkappt metaphysischen Stellen Kants sind von Resten einer naiven Metaphysik bei ihm (Seelen-„vermögen", „Affektion" der Sinne usw.) scharf zu scheiden.

B.

Der Neukantianismus hatte die Lehre des grossen Denkers bei seinem ersten Erstehen „psychologisch" gefasst, wozu allerdings nicht wenig Veranlassung von Kant selbst gegeben worden war. Dann aber vollzog sich bekanntlich eine sehr seltsame Änderung der Deutung, vornehmlich unter der Leitung von Cohen, eine Änderung der Deutung, verbunden mit selbsttätiger Weiterbildung, welche diejenige philosophische Lehre geschaffen hat, die in unseren Tagen Neukantianismus heisst: der Psychologismus wird überwunden, die Versubjektivierung wird wenigstens zurückgedrängt, die verkappte Metaphysik bleibt. Auch diejenigen Neukantianer unter den Jüngeren, welche nicht eigentlich der „Marburger Schule" angehören und zum Beispiel das beste an Cohens Lehre, nämlich die Verwerfung der Zwiespältigkeit von „Sinnlichkeit" und „Verstand", als zweier verschiedener „Vermögen", nicht mitmachen, auch sie haben Wesentliches aus der Cohenschen Kantdeutung und Kantweiterbildung übernommen.

Es ruht aber der eigentlich „orthodoxe" Neukantianismus unserer Tage auf drei Grundpfeilern: einmal auf der Behauptung, dass es schlechthin „allgemeingültige" Aussagen im Bereich der Wissenschaften gebe, zweitens auf der Lehre, dass im besonderen das Dasein der sogenannten mathematischen Naturwissenschaft den Ausgang der Untersuchung über das eigentliche Wissen zu bilden habe, drittens auf dem Satze, dass Aussagen über ein Wirkliches „hinter" der von der angeblich allgemeingültigen Erfahrung verarbeiteten Welt unmöglich, ja sinnlos seien.

Die Allgemeingültigkeits-lehre haben alle Neukantianer übernommen. Sie ist aber nicht dem Neukantianismus allein eigen, sondern auch z. B. Husserls Lehre und dem Gedankenkreis des britischen Neorealismus. Eine unmittelbare, unseres Erachtens allzu frühe, „Verabsolutierung" gewisser ich-endgültiger Aussagen ist allen diesen Lehren gemeinsam; und dasselbe gilt von dem „Selbstvertrauen der Ver-

---

[1]) Es handelt sich bekanntlich ganz vornehmlich um die Fassung der „transzendentalen Deduktion" in der zweiten Auflage des Grundwerkes und in den „Prolegomena".

nunft" bei Fries und seinen Anhängern. *End*gültigkeit für Ich wird mit *Allgemein*gültigkeit verwechselt.

An die Stelle des *Es gibt mathematische Naturwissenschaft,* als Ausganges der Lehre vom Wissen, setzen gewisse neukantianische Kreise das *Es gibt Wissenschaften,* also nicht nur mathematische Naturwissenschaft, sondern auch z. B. Geschichte; das *Es gibt Wissenschaften* wird dann aber, wie gesagt, stets im Sinne eines *Es gibt schlechthin allgemeingültige Wissenschaften* gefasst.

Kant selbst hat zu der sogenannten, den wesentlichsten Bestand alles Neukantianismus bildenden „transzendentalen Methode", die von dem angeblich „objektiven" Bestande einer allgemein gültigen mathematischen Naturwissenschaft oder, allgemeiner, Wissenschaft überhaupt ausgeht, den Grund gelegt durch gewisse allbekannte Stellen in der zweiten Auflage der „Kritik der reinen Vernunft" und durch seine Behandlung der Wissenslehre in den „Prolegomena"; zumal tat er das durch den in den „Prolegomena" ein paarmal auftretenden Ausdruck „Bewusstsein überhaupt", aus dem man seither geradezu so etwas wie einen *Terminus technicus* geformt hat, der auch gelegentlich das „transzendentale Subjekt", das „überpersönliche Ich" usw. heisst, für das eben der Wissenschaftsinhalt gültig sei.

Kants Ausgang von dem „objektiven" Tatbestand gerade der mathematischen Naturwissenschaft in den „Prolegomena" scheint mir nun lediglich seiner besonderen Bewunderung für das Werk Newtons Ausdruck zu geben, ich finde aber nichts, was ganz unzweideutig beweist, dass er wirklich den Ausgang „Es gibt Erfahrung" durch den Ausgang „Es gibt mathematische Naturwissenschaft" vollständig habe ersetzen wollen. Mathematische Naturwissenschaft ist nur ein in besonderer Vollendung geformter Abschnitt von Erfahrung und daher gut zum Beispiel geeignet; das ist wohl alles. Im übrigen werden wir an anderer Stelle auf das Problem einer „Mechanisierbarkeit der Natur" eingehend zurückkommen. —

Also Wissenschaftsaussagen sind *allgemeingültig;* darin stimmen, wie gesagt, alle Neukantianer im weitesten Sinne des Wortes überein. Oder, anders gesagt, es gibt „Erfahrung" im Sinne eines *allgemeingültigen* Aussagegefüges, allgemeingültig, wenigstens in gewissen seiner Züge, für alle Gegenstände oder „Objekte" und für — alle „Subjekte"? Nein, für mehr als „alle Subjekte" im summenhaften und zugleich naiven Sinne, nämlich für „das Subjekt", für „das Bewusstsein überhaupt"! Hier nun trennen sich die Wege. Den Einen, die Fichte und Hegel folgen, ist das „überpersönliche Ich" sofort etwas Wirkliches. Sie sind in der Metaphysik darin und gehen in ihr weiter. Ihnen müs-

sen wir den Vorwurf einer zu frühen, einer nicht gerechtfertigten
Metaphysik machen; denn sie versuchen nicht zu rechtfertigen, was
sie lehren.

Anders die strengsten und eigentlichen Neukantianer, die Marburger und wer ihnen hier folgt. Ihnen soll das Bewusstsein überhaupt
nicht ein metaphysisches Ding sein, wozu es vielmehr erst die nach-
kantische, sogenannte „idealistische" Philosophie gemacht habe. Denn
metaphysische Dinge kennen wir nicht nur nicht, sondern es „gibt"
sie gar nicht. Es sei eine falsche Fragestellung etwas „hinter"
der Erfahrung zu suchen, wird uns in jeder der vielen streng
neukantischen Schriften, und nicht nur in ihnen, versichert; die „allgemeingültige" Erfahrung ersetzt Metaphysik vollkommen.

Diese Grundlehre des strengen Neukantianismus nun ist, wie wir
meinen, ihren Vertretern zum Trotz doch ungerechtfertigt metaphysisch, wenn auch in verkappter Form, und sie ist ferner des äussersten gefährlich: sie schneidet nämlich jeden philosophischen Fortschritt
so grundsätzlich ab, wie das nur irgendein „Dogma", das heisst ein
grundlos geglaubter Urteilsinhalt, je getan hat. Wir müssen darauf
etwas näher eingehen.

Zunächst noch etwas über den neukantischen Begriff der „Allgemeingültigkeit" überhaupt: Es gilt vor allem „subjektive" und
„objektive" Allgemeingültigkeit ganz scharf zu scheiden;
nur dann können gewisse bedenkliche Irrtümer vermieden werden.

In geradezu bewundernswerter Weise hat der Hauptbefürworter des
strengen Neukantianismus, Natorp[1]), das *Ich* — ich sage nicht den
„Begriff" des Ich! — herauszuarbeiten gewusst; *Ich* als immer habend
und nie gehabt, um es in Rehmkes und meiner eigenen Sprache zu
sagen. Aber *Ich* ist doch Eines, ist eine Einzigkeit, wobei freilich
die *Eins* nicht in einem Gegensatz zur *Zwei* oder zum *Mehrere* steht
— „schlechthin Ich", das ist alles, das ist Urbewusstes. Was soll da
nun „Allgemeingültigkeit" nach der „subjektiven" Seite hin heissen,
wo doch das „alle menschlichen Iche" mit Recht als naiv-realistischer
Begriff erkannt ist, und wo von einem überpersönlichen metaphysischen Ich doch nicht die Rede sein soll? Gerade angesichts der scharfen Natorpschen Formung des *Ich* kann subjektive „Allgemeingültigkeit", wenn dabei nicht doch an etwas unbestimmt gefasstes Metaphysisches gedacht wird, gar nicht irgend etwas Sinnvolles bedeuten;
oder, anders gesagt, von seinem klaren *Ich* aus kann Natorp, der

---

[1]) Man vergleiche die auf Seite 25 meiner *Logik als Aufgabe* genannten Stellen
seiner *Allgemeinen Psychologie* (1912).

schärfste neukantische Former, wenn er sich selbst getreu bleibt, nur zu „methodisch-solipsistischer Ordnungslehre" kommen, und alles Wertvolle, das wir ihm verdanken, ebenso wie seinem verdienten Meister, das ist denn auch methodisch-solipsistische Ordnungslehre gewesen[1]). Alle Dunkelheiten der Lehre aber, bei den Neukantianern und bei Kant selbst, kommen daher, dass man jede Art von Metaphysik, einschliesslich des Psychologismus, und dass man den dogmatischen Solipsismus gleichermassen fürchtet, während man die im methodischen Solipsismus gebotene Rettung nicht erblickt. Man sieht nicht, dass man sehr wohl in grösster Strenge, nämlich „solipsistisch", anfangen und trotzdem später ganz legitim zu dem, was der geheime letzte Wunsch ist, wenigstens hypothetisch gelangen kann.

Ohne irgendwelche metaphysische Voraussetzung ist das Wort „allgemeingültig" in subjektiver Bedeutung nämlich jedes Sinnes bar und darf ganz und gar nicht an den Anfang alles Philosophierens, gleich als ob sich seine Bedeutung von selbst verstünde, gesetzt werden; und zwar gleichgültig, ob da naiv eine Gültigkeit für „jedermann", für „alle" oder, mehr esoterisch, eine Gültigkeit für ein „Bewusstsein überhaupt" gelehrt wird. Der Anfang des Philosophierens kennt weder „Jedermann", noch „alle Menschen", noch „alle vernünftigen Wesen", noch „das" Bewusstsein. Er kennt nur *Ich*. Er kennt nur „meine", nicht einmal „unsere" Erfahrung. Will man die subjektive *Allgemeingültigkeit* einleuchtender Ordnungsaussagen durchaus an den Anfang stellen, gut, so tue man es, aber dann nenne man sich auch ohne Scheu einen „dogmatischen Metaphysiker"; man ist das jedenfalls in ganz demselben Grade wie der heute so verachtete „Psychologist", der mit den menschlischen Seelen und ihren „Eigenschaften" beginnt, oder wie der Vertreter eines von manchen Kantischen ebenso verachteten „Biologismus", also etwa Bergson.

Der strenge Neukantianismus, wenn er wirklich nicht-metaphysisch sein will, müsste also zugestehen, dass er gar keine „Erkenntnistheorie", sondern lediglich Erfahrungslehre und gar nichts anderes sein kann. Im Gebiet der Erfahrungslehre als methodisch-solipsistischer Ordnungslehre kann *Ich* nun allerdings zu gewissen für mich voll-

---

[1]) In allen älteren, also unbefangenen Metaphysiken, die etwas wert sind, steckt, wie schon gesagt, ein gutes Teil reiner Ordnungslehre; also auch in Platons „Ideenlehre". In diesem, aber nur in diesem Sinne darf man, mit Lotze und Natorp, in der Ideenlehre eine Vorläuferin der „transzendentalen Methode" sehen. Dass der wirkliche Platon aber seinen eigenen eigentlichen besonderen Absichten nach nicht nur vornehmlich, sondern geradezu durchaus Metaphysiker war, scheint mir ausser aller Frage zu stehen.

endet endgültigen und für „alle Objekte“, z. B. alle Parabeln oder
richtiger die Parabel gültigen, also zu „objektiv allgemeingültigen“
Feststellungen kommen, denn ich habe das, was wir *endgültiges Wissen
um Ordnungszeichen* nennen, und was man, wenn man will, auf
„Evidenz“ zurückführen kann. *Ich habe geordnetes Etwas* oder „Ich
erlebe Erfahrung“ und in der erlebten Erfahrung erlebe ich *Ordnung*[1]).

Vollendetes, *für mich* vollendetes Wissen, ein Wissen, das für mich
gar nichts Nicht-endgültiges mehr enthält und, einmal erfasst, „für
alle Objekte“ gilt[2]), habe ich freilich nur, wenn ich durchaus im Bereiche der allgemeinen Ordnungsbedeutungen selbst bleibe, im „Logischen“ also, im „Mathematischen“ und, mit gewissen Einschränkungen, von denen wir später reden, im „Naturlogischen“; schon alles
besondere, nicht nur kategoriale Naturwissen „um etwas“, nämlich um
gemeinte mittelbare Gegenstände, kann, wie sich später in Klarheit
zeigen wird, gar nicht in diesem Sinne vollendet sein. Um subjektive „Allgemeingültigkeit“ meiner Wissensinhalte aber, also um ihre
Gültigkeit für „andere“ und zwar „alle anderen Subjekte“, weiss ich
stets höchstens mit dem Grade der Sicherheit, mit dem ich „empirisch“ um besondere Naturgegenstände weiss; denn „andere Subjekte“
sind für mich Objekte und zwar Objekte von sehr verwickelter
Art. Man gibt sich nicht hinreichend Rechenschaft über das,
was „Evidenz“ heisst, wenn man meint in derselben Vollendung „um“ subjektive *Allgemeingültigkeit* eines Ordnungs-
satzes zu wissen, wie man diesen Satz selbst, seinem Be-
deutungsinhalt nach, in ich-bezogener *Endgültigkeit* weiss.
Und mit der Wendung, ein Bewusstsein, das mit Rücksicht auf sein

---

[1]) Weit eher verständigen als mit den Marburgern kann sich, so scheint mir,
unsere Auffassung der Sachlage mit derjenigen Windelbands. Man vergleiche
folgende Stellen aus seiner „Einleitung in die Philosophie“: „Aber es fragt sich
ja gerade, ob es wirklich Erkenntnis gibt“; Tatsache sei nur, „dass wir sie in der
Wissenschaft zu haben beanspruchen“ (194). Durch die blosse Anwendung des
Wortes „gelten“ entgehe man nicht „den Verlegenheiten, die dadurch zunächst
nur verdeckt sind“ (211). „Hebt man das Wollen und Fühlen auf, so gibt es
keine Werte mehr“ (253). Das „Normbewusstsein“ der Erkenntnistheorie bedeute
im Grunde nur, dass „die Berechtigung, in unserem Wissen ein Erkennen des
Wirklichen zu sehen“ begründet sei in einer in diesem Wissen zutage tretenden
übermenschlichen „sachlichen Ordnung“ (254). Das Wertleben „verlangt eine metaphysische Verankerung“ (392). Freilich sind nicht alle Äusserungen Windelbands so eindeutig; hierzu auch Messer, Kantstud. 20, Seite 72 ff.

[2]) Treffend definiert Kant einmal (Einleitung II der zweiten Aufl. der „Kritik“)
„in strenger Allgemeinheit gedacht“ als „so gedacht, dass gar keine Ausnahme
als möglich verstattet wird“.

Evidenzerleben nicht „wie meines" sei, sei eben kein „Bewusstsein", und deshalb gelte das vollendet Evidente eben für „das" Bewusstsein — mit dieser Wendung ist nur das Erlebnis *Evidenz* selbst noch einmal beschrieben. Und auch die Rede, dass ich mein Endgültiges für allgemeingültig halte, dass es mir „Norm" ist, dass ich seine Annahme „Jedermann ansinne", leistet nur dasselbe.

C.

Gehen wir jetzt noch einmal auf Kant selbst zurück und fragen wir zunächst, ob er denn, vielleicht seinem eigenen Glauben entgegen, wirklich etwas Anderes gezeigt hat, als dass *Ich* in meiner Einigkeit, oder besser Unzahlenhaftigkeit, *meine*, kraft *meiner* vorgewussten Ordnungszeichen geordnete Erlebtheit habe. Viel genannt sind seine Sätze: „Die Ordnung und Regelmässigkeit also an den Erscheinungen, die wir Natur nennen, bringen wir selbst hinein und würden sie auch nicht darin finden können, hätten wir sie nicht, oder die Natur unseres Gemüts ursprünglich hineingelegt" (K. d. r. K. 1. Aufl., Deduktion, 3. Abschn.); und weiter: „Kategorien sind Begriffe, welche den Erscheinungen, mithin der Natur, Gesetze a priori vorschreiben und nun fragt sich ... wie es zu begreifen sei, dass die Natur sich nach ihnen richten müsse" (ebenda 2. Aufl., Deduktion § 26). Beide Sätze würden im Rahmen unserer Ordnungslehre bedeuten: Es gibt Ordnungszeichen am bewusst Gehabten und insonderheit gibt es Ordnungszeichen, z. B. das durch den Begriff *Ursächlichkeit* Gemeinte, im Rahmen desjenigen, was durch das Kreis-Ordnungszeichen *Natur* zu einem gleichsam selbständigen Reiche mittelbarer, gemeinter Gegenstände zusammengefasst wird. Diese unsere Aussage ist gänzlich unmetaphysisch und gänzlich unpsychologistisch zugleich; sie stellt nur hin, sie fragt nicht und verführt sogar zu keiner Frage. Kants erstgenannter Satz kann psychologistisch oder metaphysisch gefasst werden: Wer denn hat die Ordnung in die Natur „hineingelegt"? Die „Natur unseres Gemütes" heisst es. Das aber ist doch entweder die „Seele" oder das „Bewusstsein überhaupt". Kants zweiter Satz fragt. Und die Antwort auf die Frage lautet alsdann: Es sei nichts Befremdliches darin, dass Natur sich nach den kategorialen Gesetzen richte, „denn Gesetze existieren ebensowenig in den Erscheinungen, sondern nur relativ auf das Subjekt, dem die Erscheinungen inhärieren, sofern es Verstand hat, als Erscheinungen nicht an sich existieren, sondern nur relativ auf dasselbe Wesen, sofern es Sinne hat". Die Erscheinungen eben als blosse Vorstellungen „stehen unter gar keinem Gesetze der Verknüpfung, als demjenigen, welches das verknüpfende Vermögen vorschreibt. Nun ist das, was das Mannigfaltige der sinnlichen Anschauung verknüpft, Einbildungskraft, die vom Verstande der Einheit ihrer intellektuellen Synthesis, und von der Sinnlichkeit der Mannigfaltigkeit der Apprehension nach abhängt. Da nun von der Synthesis der Apprehension alle mögliche Wahrnehmung, sie selbst aber, diese empirische Synthesis, von der transzendentalen, mithin den Kategorien abhängt, so müssen alle möglichen Wahrnehmungen, mithin auch alles, was zum empirischen Bewusstsein immer gelangen kann, d. i. alle Erscheinungen der Natur, ihrer Verbindung nach, unter den Kategorien stehen."

Diese Antwort auf die Frage, wie es komme, dass Natur sich nach den Kategorien richte, ist nun hinwiederum, wenn sie nicht psychologistisch und zugleich metaphysisch im Sinne einer gewissen Art von Harmonielehre, einer Lehre nämlich vom Zueinanderpassen von „Objekt" und „Subjekten", gemeint sein soll, was ja allerdings ausdrücklich abgelehnt wird, nur im Sinne der echten Ordnungslehre wahrhaft sinnvoll und würde sich in ihrem Rahmen kurz so ausdrücken lassen: Weil *Ich* aus der Erlebtheit heraus die Ordnungszeichen, um deren ordnende Bedeutung ich Vorwissen besitze, festhalte und setze, deshalb „passen" sie zur Erlebtheit. Man sieht es, so gewendet erscheint die Antwort überflüssig, weil ja eigentlich gar keine Frage da war. Handelte es sich doch, um das noch einmal zu sagen[1]), nur um meine „Erfahrung", nicht einmal um „unsere" und erst recht nicht um eine „allgemeingültige".

Meint nun freilich das Kant? Ich glaube nicht. Ich meine vielmehr, dass Kant sich widerspricht, dass er eben doch, trotz der Ablehnung der Harmonielehre, den Boden der reinen Ordnungslehre nicht erreicht hat, und zwar weil er, trotz mancher Ansätze zur reinen Ordnungslehre, mit Rücksicht auf das von vornherein sichere Dasein des „Dinges an sich" und der von ihm „affizierten" „vielen Ich" doch Metaphysiker geblieben ist, mag er auch das Ding an sich ein „X", „ein blosses Etwas" nennen.[2]). Dann aber muss er, ob er es schon nicht will, die von ihm gestellte Frage, wie denn Natur sich nach den ihr „vorgeschriebenen" Gesetzen „richten" könne, im Sinne einer Harmonielehre, wennschon nicht der Lehre des Leibniz, beantworten[3]). Und er tut es ja auch, trotz allem: „Denn es könnten, so heisst es im § 13 der Deduktion, wohl allenfalls Erscheinungen so beschaffen sein, dass der Verstand sie den Bedingungen seiner Einheit gar nicht gemäss finde." Also die Erscheinungen sind das Eine, die Bedingungen der Einheit des Verstandes das Andere; und es wird ausdrücklich beigefügt, dass auch im Falle eines Nichtzueinanderpassens von Erscheinungen und Verstandesbedingungen „Erscheinungen unserer Anschauung Gegenstände darbieten würden, denn die Anschauung bedarf der Funktionen des Denkens auf keine Weise". Ich weiss nicht, was eine psycho-physische Harmonielehre, eine Lehre vom Zueinanderpassen von

---

[1]) S. o. S. 41 f.

[2]) Man denke zumal an seinen auch in den Prolegomena § 9 und 32 noch vorkommenden Begriff des „Affizierens" der „Sinne", der doch nicht wohl wegzudeuten ist. Man denke an den Satz: „Aus dem Begriff einer Erscheinung folgt, dass ihr etwas entsprechen müsse, was an sich nicht Erscheinung ist" (*Phaenom. u. Noum.*), einen Satz, der zwar, wie schon G. E. Schulze (Aenesidem. Neudruck S. 290 f.) klar gesehen hat, nichts beweist, — (man braucht ja nur das Wort „Erscheinung" zu vermeiden!) — aber doch zeigt, was Kant beweisen wollte. —

[3]) Auch A. Brunswig (*Das Grundproblem Kants*, 1914) sagt (Seite 40 f.), dass Kant der Harmonielehre von seinem Standpunkte aus sehr nahe kommen müsse. — Ich stimme mit Brunswigs Kantkritik weitgehend überein. Mit Recht lehnt er den Gedanken an einen chaotischen Empfindungsstoff, der bewusst verarbeitet werde, ab; mit Recht nennt er den Neukantianismus „heimliche" Metaphysik (S. 84, 87); mit Recht lässt er die objektiv-allgemeingültigen Setzungen durch „Fühlungnahme mit dem Sein", also nicht völlig aus „reiner" Vernunft, gewonnen sein (S. 77) usw. Seine an Husserl gebildete Lehre von der Wesenserfassung kann ich (vgl. oben S. 32, Anm. 1) natürlich nur annehmen im Sinne eines schauenden Erfassens von Ordnungsbedeutungen, wie aus den Ausführungen dieses und meiner anderen Werke hervorgeht; sein „Sein" ist in meinem Sinne, zunächst jedenfalls, nur Gegenstand- oder Gehabt-sein, aber nicht Wirklich-sein.

Objekten und Subjekten im Rahmen des Wirkens sein soll, wenn nicht die hier niedergelegte Meinung[1]). Sie ist aber Psychologismus. Jeder Psychologismus aber ist allzu frühe Metaphysik, wenn er nicht seine empirische „Gültigkeit" für „alle Subjekte" ausdrücklich als Vermutung einführt und eingehend begründet.

Ich meine also: Kant ist, trotz mancher Ansätze dazu, letzthin eben doch nicht der reine, gänzlich unmetaphysische Logiker, für den ihn manche halten, und zwar aus Furcht vor dem Solipsismus. Andererseits ist ihm die Begründung einer subjektiven „Allgemeingültigkeit" von Urteilsaussagen über Natur, welche mehr ist als ein allgemeines Gelten im empirischen Sinne, ebensowenig gelungen wie seinen Anhängern.

Und die Begründung „absoluter" Allgemeingültigkeit würde ja auch eigentlich Kants letzten Absichten widersprochen haben — denn sie wäre ein echt „metaphysischer" Satz.

Ich in meiner zahlenunbezogenen Einzigkeit habe *Erfahrung*, d. h. eben *geordnetes* Etwas und insonderheit geordnete *Natur*. Und diese Icheinzigkeits-bezogenheit von Erfahrung wird grundsätzlich nicht getrübt, wenn ich mir einmal den unscharfen Ausdruck gestatte, was für mich gültig sei, müsse auch für „alle Menschen" gültig sein. Ich meine doch immer alle „nornalen" Menschen und begehe einen ausdrücklichen Zirkel insofern, als ich jemanden, für den jene Gültigkeit nicht bestünde, eben nicht einen „normalen Menschen" nennen würde. Unscharf, wie gesagt, ist das gesprochen, denn in Strenge gibt es keine „anderen Subjekte" für mich auf dem Boden der Ordnungslehre, auf dem vielmehr die Worte *Ich* und *Subjekt* dasselbe in seiner unsagbaren Einzigkeit bedeuten und auf dem die „Anderen" *Objekte* sind.

In § 18 und 19 der „Prolegomena" ist Kant dieser Auffassung der „objektiven Gültigkeit" als einer *für mich* allerdings vollendeten Gültigkeit, die ich, in der unscharfen Sprache des täglichen Lebens, bei „Anderen" als für sie subjektiv gültig voraussetze, immerhin sehr nahe gekommen. Alle unsere Urteile, heisst es da, gelten zunächst bloss für uns und „nur hintennach geben wir ihnen eine neue Beziehung, nämlich auf ein Objekt, und wollen, dass es auch für uns jederzeit und ebenso für jedermann gültig sein solle"[2]). In diesem Sinne allein fallen objektive Gültigkeit und Allgemeingültigkeit für alle Subjekte zusammen. „Ich will also, dass ich jederzeit und auch jedermann dieselbe Wahrnehmung unter denselben Umständen notwendig verbinden müsse"[3]). Das alles ist aller-

---

[1]) S. a. Prolegomena § 36: Da heisst es, *Natur* sei in materieller Bedeutung möglich „vermittelst der Beschaffenheit unserer Sinnlichkeit", in formeller aber „vermittelst der Beschaffenheit unseres Verstandes", und gleich darauf wird geradezu von „dieser eigentümlichen Eigenschaft" von Sinnlichkeit und Verstand geredet.

[2]) Sperrdruck von mir.

[3]) Abschnitt V der Einleitung in die „Kritik der Urteilskraft" zeigt übrigens, dass nach Kant ganz Entsprechendes von dem „transzendentalen Begriff" der *Zweckmässigkeit* gilt, der also, trotz allem, doch „Kategorie" ist. Es heisst da z. B.: „Man will nur, dass man .... durchaus nach jenem Prinzip ... ihren (der Natur) empirischen Gesetzen nachspüren müsse, weil (!) wir, nur soweit als jenes stattfindet, mit dem Gebrauch unseres Verstandes in der Erfahrung fortkommen und Erkenntnis erwerben können." Was Kant im Abschnitt VI über die verschiedenartige Beziehung der echten Kategorien und des Begriffs der Zweckmässigkeit zum Gefühl der Lust sagt, ist phänomenologisch falsch. —

dings „solipsistische" Ordnungslehre, wennschon in der unscharfen Sprache des
täglichen Lebens, und ohne genügende Zugliederung der Begriffe „jedermann",
„uns" usw. Ob das freilich von Kant klar gesehen wurde, ist fraglich; wie es
uns scheint, war er eben trotz allem zu sehr naiver Realist mit Rücksicht auf die
„anderen Iche", die „Affektion", die „Vermögen des Gemütes", die „Dinge an
sich"[1]). Im § 20 und 22 der Prolegomena tritt ja nun freilich der so beliebt
gewordene Ausdruck „Bewusstsein überhaupt" auf. Bezüglich seiner scheinen mir
zwei Auslegungen möglich zu sein. Wir selbst sind der Meinung, dass dieser Ausdruck bei Kant nicht anderes bedeuten solle, als es bedeutet, wenn man in der
Sprache des täglichen Lebens sagt „Wie überladen diese Barockkirche ist; Barock-
kirchen sind ja *überhaupt* überladen": Also „Bewusstsein überhaupt" gleich
„durchschnittliches Bewusstsein", wobei, im Sinne der Erörterung über „Jedermann", ohne weiteres vorausgesetzt wird, dass es viele Bewusstseine „gibt". Es
würde sich also um einen auf dem Boden eines Restes von naivem Realismus erwachsenen unscharfen Ausdruck handeln[2]). Wer hier aber anders denkt, der muss

----

[1]) Sehr lehrreich in dieser Hinsicht sind auch die ersten Absätze von § 57 der
Prolegomena.

[2]) Es mag im übrigen zugegeben sein, dass *Ich* den Begriff „Schlechthin
reines Ordnung habendes *Ich*" setzen und ihn „Bewusstsein überhaupt" nennen
kann. Aber das ist — mein Ordnungsbegriff. Auch Rickert z. B., so gewissenhaft er sich abmüht, gelangt zu nichts anderem und muss zugeben, dass das „er-
kenntnistheoretische Subjekt" nichts anderes als ein blosser Formbegriff ist.
(Gegenstand d. Erk. 3. Aufl. S. 45ff., 354 und sonst.) Und „Evidenz" bleibt auch
ihm das einzige Kriterium seiner angeblich unmittelbar gewinnbaren Erkenntnis
(z. B. l. c. S. 201f., 245ff., 296). Übrigens gibt er ja ganz rückhaltlos zu, dass
sein Gegenstand der Erkenntnis auf Grund einer Petitio principii als unabhängig vom Subjekt gesetzt sei (l. c. S. 1, 7f., 13, 126ff., 236, 249ff., 295, 303ff.).
Vgl. hierzu von der Pfordten, *Konformismus* I, S. 11, und Keyserling, *Prolegomena,* S. 155. S. auch oben S. 8 und 30. — Wir sehen eben nicht ein, dass
eine Petitio principii an eine so frühe Stelle der Philosophie gehöre, obwohl wir
gern zugeben, dass wir sie später, wennschon ganz anders als Rickert, selbst
begehen müssen, wenn wir aus der methodisch-solipsistischen Ordnungslehre herauskommen wollen. Unverständlich freilich ist uns, wie Rickert seine Lehre
(z. B. l. c. S. 350) als gänzlich unmetaphysisch bezeichnen kann. Wäre sie das,
dann käme doch eben die von ihm zugegebene Petitio nicht in Frage! — Allgemein mag zu Rickerts Lehre an dieser Stelle bemerkt sein, dass ihr unseres
Erachtens eine unzulässige Auffassung des phänomenologischen Sachverhalts, aus
der sich dann weiter eine seltsame Auffassung der Psychologie ergibt, zugrunde
liegt. Neben dem „Vorstellen" gibt es für Rickert „Urteilen"; den ersten Begriff fasst er eng, im zweiten sieht er wohl so etwas wie eine erlebte Tätigkeit,
obwohl er das nicht ausdrücklich sagt. Den allgemeinen Begriff *bewusst haben*
und daher auch den allgemeinen Begriff *bewusst Gehabtes* hat er nicht. Dieser
aber deckt, richtig erfasst, alles unmittelbar Gegenständliche; und er gibt auch
den richtigen Ersatz für das selbstbesinnlich nicht vorhandene tätige Urteilen,
nämlich im Sonderbegriff der *ausdrücklichen Endgültigkeits*bedeutungen, welche
allerdings neben den „Vorstellungen" im engeren Sinne bestehen. Rickert ist
diesem Begriff nahe in seiner Lehre vom „fraglosen Ja", die ihm aus der Frage
ersteht, ob sein erkenntnistheoretisches Subjekt „die Form eines wahr oder un-

schon bei Kant selbst im „Bewusstsein überhaupt" jenes seltsame halbmetaphysische Zwittergebilde sehen, das wir von den Neukantianern kennen, das wäre freilich keine naive Metaphysik.

Übrigens soll ja auch das echte Schönheitsurteil, das immer ein einzelnes ist, obschon nicht „postuliert", so doch „jedermann angesonnen" werden (Kr. d. Urteilskraft § 8; ähnlich § 31, 32, 38); und das Sittengesetz soll „nicht bloss für Menschen, sondern alle vernünftigen Wesen überhaupt" gelten (z. B. Metaph. d. Sitten, 2. Abschn.). Letzthin bestehen hier also keine Unterschiede zwischen logischem, teleologischem, ästhetischem und ethischem Urteil. Man beachte vor allem das *Jedermann*, das *Alle*, auch wenn es „nicht bloss" alle „Menschen" sind! —

Alles zusammenfassend dürfen wir also über Kant diese drei Sätze aussprechen:

Kants höchste Leistung, dargestellt in der „transzendentalen Analytik", ist, ein Gefüge reiner methodisch-solipsistischer Ordnungslehre.

Diese seine Leistung ist aber von vornherein durchsetzt, erstens mit Resten einer naiven realistischen Metaphysik (die „Vermögen", viele Iche usw.), und zweitens mit verkappten metaphysischen Absichten („Bewusstsein überhaupt", „Allgemeingültigkeit") von besonderer ihm eigener Art.

Dass von vornherein und dass ohne besondere Begründuug realistische Züge in Kants Denken eintreten, ist das eigentlich Fehlerhafte; freilich ist es nur ein methodischer Fehler, ebenso wie es nur ein methodischer Fehler ist, dass später das Bewusstsein überhaupt nicht offen als metaphysische Hypothese zugegeben wird. Sachlich ist sowohl der „Realismus" überhaupt, d. h. der Bezug des zunächst nur Ich-bezogenen auf ein An-sich, wie auch im besonderen die Lehre von einem wirklichen überpersönlichen Bewusstsein eine berechtigte metaphysische Hypothese. Aber Kant hätte im Ausgange ganz strenge „Solipsist" sein müssen, um erst später an bestimmer Stelle, und dann ganz offen und ausdrücklich, den Solipsismus zu verabschieden. Solipsist heisst nicht „Subjektivist".

Was Kant wirklich hat lehren wollen, hat unseres Erachtens von allen Neueren Riehl am zutreffendsten dargestellt; an der Hand seiner Darstellung ist es auch besonders leicht, sich zu vergegenwärtigen, wie der Gang der Untersuchung hätte sein müssen, um methodisch ganz einwandfrei zu sein. Die Marburger sehen an Kant nur das, was der Ordnungslehre angehört — und dieses in kryptometaphysischem Gewand. —

---

wahr urteilenden Bewusstsein" sein könne (l. c. S. 334 ff., zumal S. 347). Hätte er ihn in völliger Klarheit, dann wäre freilich, wenigstens im weiteren Sinne des Wortes, das Bewusstseins wieder zum bloss vorstellenden, jedenfalls zum bloss *habenden* Bewusstsein geworden, und da würde Rickert dann, wie er (z. B. S. 319) sagt, nicht aus der Immanenz herauskommen können. Dass Rickert den Begriff der gehabten Endgültigkeitsbedeutung mit Rücksicht auf Ordnung als Gehabtheit, also als „Vorgestelltes" im weitesten Sinne des Wortes, nicht in Schärfe besitzt, ihm aber gleichwohl gelegentlich nahe ist, erklärt unseres Erachtens das seltsame Schwanken in den Darlegungen dieses Denkers, aus dem er sich nur durch Gewaltakte befreien kann. — Von der Psychologie als Sonderwissenschaft aber hat Rickert, ähnlich wie Münsterberg, eine seltsame Vorstellung; er hält (z. B. S. 188) eine „rein sensualistische" Psychologie durchaus nicht für das Unding, das sie unseres Erachtens ist; was Psychologie ist, ist ihm überhaupt ziemlich gleichgültig, sogar da, wo es sich um das Erfassen dessen handelt, was vulgo „Urteil" genannt wird!

Hier endete der Text dieses Abschnittes in der ersten Auflage des Buches; ich habe ihn nur an ein paar Stellen nebensächlich verändert. Aber ich muss ihm einen Zusatz geben von sehr bedeutsamer Art: aus dem Kreise gerade der Marburger Neukantianer heraus ist durch einen ihrer hervorragendsten Vertreter die Versubjektivierungslehre und alle verkappte Metaphysik im Neukantianismus überwunden und einer echten bewussten Metaphysik, welche ein *Wirkliches* zu *erkennen* strebt, das Wort geredet worden[1]). Sehr vieles an N. Hartmanns Ausführungen berührt sich eng mit positiven Sätzen dieses Werkes und wird später gewürdigt werden; zur Kritik Kants und des Neukantianismus bringt er unter anderem dieses vor: Man hätte, da man eben durchaus subjektivistisch dachte, das Problem echter „Erkenntnis" eigentlich fallen lassen müssen (S. 28), und es war eine Halbheit, dass man es nicht tat; die Frage des fremden Ich, übrigens auch von Hartmann noch zu leicht genommen, habe man „einfach überschlagen" (269); wolle man echte *Erkenntnis*, so sei eine Art von Harmonielehre das einzig Mögliche; Apriorismus involviere nicht Idealismus (115).

Richtigkeit und Wahrheit trennt und bestimmt Hartmann ganz ähnlich wie ich. Wahrheit sei eine Relation (79); Wahrheit und Wahrheitsbewusstsein seien unabhängig von einander (54).

Nicht beistimmen kann ich Hartmann in seiner gar zu unvermittelten Einführung des *Seins*, d. h. des An-sich. Das „natürliche Bewusstsein" (180) nützt uns hier nichts; die Wirklichkeitslehre muss aus der Ordnungslehre aus Ordnungsgründen erstehen[2]). Leider bezieht sich Hartmann nie ausdrücklich auf die Literatur, so dass ich nicht sagen kann, ob auch er sich der Ähnlichkeit unserer Auffassungen des *Erkennens* bewusst ist. Ich möchte es annehmen; denn auch er nennt das Erkenntnisproblem metaphysisch und betont die Notwendigkeit des „Bild"-Begriffs (67, 295ff.).

D.

Und nun ein Wort über die „vorliegenden Wissenschaften" als Ausgang des Philosophierens ohne Rücksicht auf die von uns erledigte Frage der „Allgemeingültigkeit" überhaupt. Sind die „vorliegenden Wissenschaften" mir in meinem ordnenden Geschäfte mehr als ein bequem hergerichtetes, vorgefundenes, die Arbeit erleichterndes Hilfsmittel? Ihr Inhalt muss doch wohl vor mir bestehen, durch meine Billigung sozusagen hindurchgehen, wenn ich aus ihm Ordnungssetzungen gewinnen soll. In ihrem blossen Dasein sollen die Wissenschaften etwas für die Logik bedeuten. Gut — aber weshalb denn nur sozusagen die guten, die „soliden" Wissenschaften, oder gar nur die mathematische Naturwissenschaft? Warum nicht die Astrologie oder die Traumdeutungslehre, über die doch zum Beispiel im Neapolitanischen dicke Bücher erscheinen? Auf das blosse Vorhandensein kommt es also doch wohl nicht an; das mag den Völkerpsychologen angehen, den Logiker geht es nicht an. Als echt ordnungshaft-

---

[1]) N. Hartmann, Metaphysik der Erkenntnis, 1921.

[2]) S. o. Seite 10.

endgültig — „allgemeingültig" sagen eben hier die Neukantianer fälschlich — muss Ich die in Frage stehende Wissenschaft befinden, dann
kann Ich sie allerdings vielleicht als Erleichterungsmittel bei meinem
Ordnungsgeschäft benutzen[1]). Aber ihr blosses Dasein oder Vorliegen
ist für die Ordnungslehre bedeutungslos. Es bleibt also bei meinem
„Vorwissen um Ordnung", bei meiner „Wesensanschauung". Wer
aber sagt, dann sei ja so etwas wie die Sicherheit meines Wissens
gar nicht gewährleistet, dem ist allerdings zu erwidern, dass eine an
irgend einem ichfremden Massstab messbare Sicherheit meines Wissens in Sachen der reinen Logik der Natur der Dinge nach gar
nicht gewährleistet sein kann. Hier muss nun einmal, wenn man
will, *geglaubt* werden; ja es lässt sich nicht einmal sagen, was „absolute", d. h. von mir als Richter unabhängige Sicherheit hier
bedeuten soll[2]).

E.

Es gibt nichts „hinter" der Erfahrung — das ist die letzte Grundlehre des strengen Neukantianertums, das sich hier mit Positivismus
und noch anderen Denkrichtungen einig weiss. Wir haben diese Grundlehre als wissenshemmend bezeichnet. In der Tat gibt der Neukantianismus den Inhalt „der Erfahrung" — („allgemeingültig" gedacht, wie
wir wissen, und einem „erkenntnistheoretischen Subjekt" zugeordnet)
— durchaus für das Wirkliche aus. Ein seltsamer Bundesgenosse
ersteht ihm hier in der Lehre Hegels, wie denn ja die Verwandtschaft des Marburger Kantianismus mit dem Hegelianismus oft betont

---

[1]) Ähnlich H. M a i e r, Logik und Psych. (Festschr. f. Riehl 1914) z. B. S. 336:
Die Wissenschaften werden benutzt, aber „mit dem formalen Wahrheitsideal beleuchtet" (ähnlich 377). So erst ergibt sich „ein System idealer Formen kognitiven Denkens".

Übrigens bedeutet, wie mir scheint, für K a n t selbst die sogenannte „transzendentale Methode", w e n n m a n darunter das A u s g e h e n v o n b e s t e h e n-
d e n W i s s e n s c h a f t e n versteht, nur eine Vorläufigkeit. In der Kritik d. r. V.
habe er „in der reinen Vernunft selbst geforscht", sagt er in den „*Prolegomena*"
§ 4, jetzt aber schreibe er „Vorübungen", und da müsse man sich „auf etwas
stützen, was man schon als zuverlässig kennt, von da man mit Zutrauen ausgehen
kann". Die höchste Methode ist auch ihm also das Forschen „in der reinen Vernunft selbst" — d. h. Selbstbesinnung, Schauung oder wie man will.

[2]) S i m m e l (K a n t, 1904, S. 28) spricht mit Recht von dem „kantischen Zirkel",
die Wahrheit der Erkenntnisse durch ihre Bestimmung durch aprioristische Normen, die Gültigkeit dieser Normen aber durch die Unbezweifelbarkeit der „von ihnen
normierten Wissenschaften" zu begründen. — Vgl. auch E u c k e n, *Gesch. u. Krit.
d. Grundbegriffe d. Gegenwart*, erste Aufl., 1878, S. 36; V o l k e l t, Zeitschr. f.
Phil. u. phil. Kritik 157, S. 133 ff. und *Erfahrung und Denken*, S. 21; S i g w a r t,
Logik I, 3. Aufl., S. 425 f.

worden ist. Freilich geht diese Verwandtschaft nur die Gleichsetzung von Erfahrungsinhalt und Wirklichkeit überhaupt an, jene Lehre, dass „nichts hinter den Erscheinungen" sei, denn der Auflösbarkeit aller Erfahrungsinhalte in Inhalte der mathematischen Naturwissenschaft redet Hegel bekanntlich durchaus nicht das Wort.

Lassen wir an dieser Stelle die Frage der Auflösbarkeit aller Erfahrung in mathematisch-mechanische Aussagen wiederum ganz beiseite und reden wir nur von der Ablehnung der Frage nach einem Wirklichen „hinter" den Erscheinungen, also hinter den mittelbaren Gegenständen der Erfahrung, überhaupt, so überrascht es, bei Hegel sowohl wie ganz besonders bei den Neukantianern, denn doch auch nicht die Spur eines Beweisversuches dafür zu finden, dass diese Ablehnung zu Recht bestehe. Kant selbst hatte die Unerkennbarkeit des An-sich als reinen An-sichs gelehrt, die Unerkennbarkeit seines An-sich-*Soseins* also, durchaus nicht aber die Unerkennbarkeit seines An-sich-*Daseins*, und in gewissen wichtigen Abschnitten der „Prolegomena"[1]) hatte er sogar einige sehr allgemeine Soseinszüge des An-sich erkennbar sein lassen. Das alles soll nun durch (angeblich allgemeingültige) Erfahrung als grundsätzlich einzig möglichen Wissensinhalt ersetzt werden. Warum denn? Warum soll die Frage nach einem An-sich „hinter" den Erscheinungen sinnlos sein? Sollten wirklich alle Philosophen vor den Neukantianern eine ganz offenkundige Sinnlosigkeit nicht bemerkt haben?

Mir scheint, dass Hartmann das Rechte getroffen hat, wenn er schon Kant, erst recht aber seinen Nachfolgern vorwirft, dass sie den Begriff des unbezweifelbaren und unverbesserbaren Wissens, wie *Ich* es über die Sätze der reinen Ordnungslehre einschliesslich der Mathematik habe, also des Wissens im Sinne von „synthetischen Urteilen a priori" in der Redeweise Kants, mit dem Begriff des Wissens überhaupt verwechseln. Sicherlich, nicht eine einzige Aussage über *das Wirkliche* ist „a priori" möglich, wie sich alsbald im einzelnen zeigen wird, aber gewisse vermutungshafte Aussagen über das Wirkliche sind möglich, und solchen vermutungshaften Aussagen kann ein verschiedener Grad von „Wahrscheinlichkeit" zukommen.

Dass die Frage nach dem Wirklichen sinnlos sei, diese Aussage also entbehrt jeden Grundes; man versteht gar nicht, wie sie aufgestellt werden konnte. —

Als geradezu in gewissem Sinne wissensfeindlich haben wir die grundsätzliche Ablehnung einer Wirklichkeitslehre, oder vielmehr ihren

---

[1]) § 57—59.

Ersatz durch, angeblich allgemeingültige, Erfahrung bezeichnet. Dieser Vorwurf trifft Hegel sowohl wie die Neukantianer. Allzu menschlich sind die Lehren Beider. Nun wird ganz gewiss jede Philosophie allzu menschlich sein; das ist ihre Not und ihre Beschränktheit als eines Menschenwerkes. Aber Hegel und die Neukantianer machen aus der Not eine Tugend.

Hegel wie auch Fichte durchaus, die Neukantianer, sobald sie die angebliche Auflösbarkeit aller Wirklichkeitsinhalte in mathematisch-mechanische Aussagen beiseite lassen, reden eigentlich nur vom Menschen. Hegel lässt ja bekanntlich das Wirkliche sich in den verschiedenen Ausbildungen der Kultur als dem eigentlich allein Bedeutsamen geradezu darstellen. Kulturgeschichte wird zu Metaphysik gemacht. Alles Erfahrungshafte, was neben dem Menschen denn doch sicherlich da ist, gilt als unbedeutsam; nach dem, was über ihm sein könnte, fragt man gar nicht. Wer aber weiss denn auf der einen Seite, ob nicht, beispielsweise, die Kriege der Menschen mit ihren Folgen mit Rücksicht auf das Wirkliche ebenso gleichgültig sind, wie uns die Raubzüge von Wölfen oder Ameisen erscheinen; und wer weiss andererseits, ob es die Tiere wirklich zu Bedeutungslosigkeiten stempelt, dass sie, wie es heisst, „keine Geschichte haben"? Was verstehen wir denn an den Insekten? Unbegrenzt viele Möglichkeiten eines vielleicht wesentlichen[1]) Wissens werden abgeschnitten, das naheliegende aber wird grundlos zum allein wesentlichen gemacht, wenn „Kultur" als das allein „Wertvolle" gilt. Und ebenso mit Rücksicht auf das Übermenschliche. Unsere Zeit lächelt darüber, dass Leibniz über die Engel so gut Bescheid weiss, dass er weiss, sie haben Körper und vollbringen die sogenannten Wunder. Aber liegt in diesem naiven Arbeiten mit den Engeln nicht mehr Weisheit als in der Lehre, dass es der „Idee" nun wirklich nur auf die menschliche Kultur auf der Erde und auf gar nichts anderes ankomme, und wohl gar nur auf die europäische Kultur? Reste kindlicher, im europäischen Kulturkreise einmal eingebürgerter Religionsvorstellungen sind es, die wir hier antreffen, Reste von Vorstellungen, wie sie zum Beispiel im Bereich des indischen religiösen Lebens nie in solcher Kindlichkeit und Selbstzufriedenheit ausgebildet worden sind. Ganz gewiss wollen wir das Menschliche nicht tief stellen, wie es in manchen Kreisen üblich ist; aber erst recht nicht darf Menschenwerk als Zeichen des Höchsten, das da ist, gelten[2]).

---

[1]) Der Begriff *wesentlich* kann erst später zu voller Erörterung kommen.

[2]) Auch Hartmann hängt, bei aller Tiefe und Breite seiner Metaphysik, noch eine gewisse Erbschaft aus dem Fichte-Hegelschen Gedankenkreise im Sinne einer

Erfahrung, das heisst rein ordnungshaftes Wissen, wie es in seiner Unmittelbarkeit ist, gibt nicht ein Wissen mit Rücksicht auf alles Wirkliche an die Hand. Muss denn alles Wirkliche „erscheinen" können? Wir wissen doch jedenfalls nicht irgendwie mit Sicherheit, dass es das muss. Ja umgekehrt, wie sich des näheren noch zeigen wird: Erfahrung enthält in sich selbst geradezu schon die Anweisung auf Etwas, das mehr ist als sie.

Erfahrungswissen mit Wirklichkeitswissen grundsätzlich gleichsetzen aber bedeutet — ganz abgesehen von dem Unbegriff der „Allgemeingültigkeit" im Rahmen der Erfahrung — die Fähigkeiten des Denkens künstlich lähmen und das Denken zu einer Überschätzung des Gewohnheitsmässigen geradezu hinleiten.

Unsere ablehnende Beurteilung galt hier vornehmlich dem Hegeltum; in ihm ist die Vermenschlichung der Lehre vom Wirklichen am weitesten getrieben und ist am wenigsten gesehen worden, dass der Satz vom Menschen als „Mass aller Dinge" eine Beschränktheit bedeutet. Aber die Gefahr der Vermenschlichung der Philosophie liegt stets vor, wenn Erfahrungsinhalt gleich Wirklichkeit gesetzt und die Frage nach einem Wirklichen „hinter den Erscheinungen" rundweg verboten wird.

Die Frage nach *dem Wirklichen*, nach dem, was mehr ist als nur für-mich ist eine sinnvolle Frage und der Versuch vermutungshafte Aussagen wenigstens über gewisse Züge des Wirklichen im Wege vorsichtiger denkhafter Erfindung zu gewinnen, ist nicht aussichtslos. —

γ) Abschluss.

Der Weg vorsichtiger denkhafter Erfindung aber ist der einzige Weg in die Wirklichkeitslehre, der möglich ist; er ist auch der einzige Weg zur allerletzten Stufe einer Wirklichkeitslehre, derjenigen, die wohl als *Theologie* bezeichnet werden darf. Da somit alle Metaphysik vom echten ordnungshaften Wissen, und zwar sehr wesentlich, obschon nicht allein[1]) gerade dem Inhalt des Gewussten nach, ausgeht, das Wissen um diesen Inhalt aber im Wege der Gewohnheitserfahrung, der sogenannten „Empirie" erworben wird, so wird letzthin das, was man gemeinhin „Erfahrung" nennt, aller Metaphysik Ausgang und Voraussetzung. Wer das ein Herabsetzen der Metaphysik, einschliesslich der „Theologie", nennt, hat sich nicht auf das besonnen, was allein er zu leisten vermag.

Überschätzung der Wirklichkeitsbedeutung der Kultur an (vgl. zumal den Teil II B II seiner *Phaenomen. d. sittl. Bew.* (1879)).

[1]) Siehe o. S. 27.

4. Das Erkennen.

a) Allgemeines.

Wir wissen bis jetzt, dass Wirklichkeitslehre nur durch denkhafte Erfindung von der in Vollständigkeit gefassten Ordnungslehre aus geschaffen werden kann, will sie nicht „dogmatisch“, das heisst grundsätzlich unbegründete Glaubenssache sein. Der Neukantianismus, so sahen wir ein, kann begründeterweise nur den Anspruch machen, Ordnungslehre zu schaffen. Was er mehr tat, ist unbegründete, verkappte Metaphysik allzu früher Art, die noch dazu allzu menschlich beschränkt und daher für den echten Wissensfortschritt gefährlich ist, selbst wenn wir auf die Vorliebe der meisten Neukantianer für die mathematische Naturwissenschaft gar nicht einmal grosses Gewicht legen. Traf doch selbst Hegel der Vorwurf, Erfahrung ohne weiteres für Erkenntnis ausgegeben und daher die Möglichkeit echter Wirklichkeitslehre von vornherein abgeschnitten zu haben.

Recht wenig ist es, was wir bis jetzt wissen, namentlich soweit eigentlich setzende, bejahende, Aussagen in Frage kommen.

Von vollständigem Ausgange aus soll Ich beim Schaffen von Wirklichkeitslehre „induktiv“ vorgehen, also ebenso und doch in einer Beziehung anders als ich etwa bei der induktiven Setzung von Naturgesetzen sehr weiten Geltungsbereiches vorgehe, zum Beispiel bei Setzung des Newtonischen Gravitationsgesetzes. Induktiv also — „und doch anders“ als im Gebiete der Ordnungslehre, der Erfahrung im weitesten Wortsinne, selbst. „Anders“ nämlich deshalb, weil ich eine Kreisüberschreitung vornehme, weil das Erfundene, das „Induzierte“, als *wirklich* gemeint ist, und nicht wie ein Gegenstand der Natur- oder Seelenordnungslehre, der sich verhält, „als ob“ er selbständig wäre.

Ganz dasselbe Verhältnis von *Grund* und *Folge* wie innerhalb des Gebietes der Ordnungslehre zwischen Mitsetzendem und Mitgesetztem besteht also nicht zwischen einem Wirkliches meinenden und einem Erfahrungshaftes meinenden Begriffe; die Kreistönung beider ist ausdrücklich als verschieden gemeint; denn das Wirkliche ist eben als *Ansich* gemeint, ob ich es schon, ganz ebenso wie das Erfahrungshafte, selbstredend nur als für-mich haben kann, soweit ich mir überhaupt ein Wissen um es zuschreibe. Ohne diese Kreisüberschreitung aber ist es unmöglich aus der solipsistischen Ordnungslehre überhaupt herauszukommen; denn auch die Natur- und Seelengegenstände derselben sind ja doch nur gemeint, *als ob* sie in Selbständigkeit bestünden.

In der Zulassung des Tönungsbegriffes *wirklich überhaupt* könnte man, wie wir schon oben einmal sagten[1]), ein gewisses Zugeständnis an den Ontologismus sehen; freilich unser einziges Zugeständnis an ihn. In dem Begriffe *wirklich* setze ich ja in der Tat ein für allemal eine Setzung, *cujus essentia involvit existentiam*, eine Setzung, die aus Ordnungsgründen den Bereich des rein ordnungshaft Meinenden überschreitet. Und ich schaue selbstbesinnlich die Bedeutung dieser Setzung *wirklich*. Das aber ist alles; es handelt sich nur um die Bedeutung eines Kreiszeichens als solches[2]); eine von Erfahrung unabhängige Schauung von irgend etwas Besonderem am Sosein des Wirklichen schreibe ich mir ganz und gar nicht zu.

Metaphysik also macht Hypothesen mit dem Tone *wirklich*. Alles Besondere ihres Schauens geht durchaus vom Boden der Ordnungslehre aus; in diesem Sinne wird die induktive Arbeit der Erfahrungslehre von ihr fortgesetzt, allerdings — mit neuer Tongebung[3]).

Neukantianer werden uns vielleicht sagen, dass unsere „Wirklichkeits“-lehre im Grunde doch nichts als eine Selbsttäuschung sei, dass wir eben mit allen unseren Bemühungen doch nicht aus dem Rahmen von „Erfahrung“ herausgekommen seien, welche ihrerseits ja gerade nach unserer eigenen Lehre „solipsistischen“, wennschon „metho-

---

[1]) Siehe o. S. 33.

[2]) In der „Ordnungslehre“ habe ich, (A. 3), beiläufig gesagt, dass man, unter Verwendung des in der zeitgenössischen Philosophie seit Lotze beliebten Wortes „Wert“, sagen dürfe, *Ordnung,* oder, strenger gesprochen, Ordnungsbesitz, sei mein *Urwert*; ist ja doch das Schaffen oder besser Halten von Ordnung meine *Uraufgabe* (s. „Logik als Aufgabe“). Ich könnte jetzt sagen, dass sich aus Ordnungsgründen der Urwert „Ordnungsbesitz“ in den Urwert *Erkenntnis-* oder *Wahrheits*besitz verwandelt habe.

Aber der Besitz von *Erkenntnis,* welche Ordnung „aufhebt“, wäre uns der einzige Urwert der Philosophie. Ich habe nur eine „Stellung zur Welt“, nämlich die ordnungserkennungshaft-habende. Eine „praktische Vernunft“ neben einer „theoretischen“ kennen wir als Philosophen im letzten und höchsten Sinne nicht; von ihr darf allenfalls in der Psychologie und Ethik als in philophischen Sondergebieten die Rede sein, aber nicht im grundlegenden Ausgang. Denn „wollen“, ja „tun“ überhaupt sind theoretische Ausfüllbegriffe. Ethische Ziele (oder vielleicht ein formal-ethisches Grundziel), mögen ja nun freilich auch „Werte“ genannt werden; aber dem am Eingang in die Philosophie stehenden Urwert ist alles ethisch Werthafte untergeordnet. Besser wird daher, um Missverständnisse zu verhüten, das Wort „Wert“, das ja immer einen psychologischen Beigeschmack behält, ganz vermieden. Näheres in *W. u. D.* S. 116 ff. und *O. L.* A

[3]) Ganz ähnlich Messer, Einf. i. d. Erkenntnistheorie, 1909, S. 40 f. — Manche, z. B. J. Schultz, nennen schon jede unanschauliche „Verarbeitung“ der anschaulichen *Jetzt-Hier-So*-Data im Bereich der Naturordnungslehre selbst „Metaphysik“. Das ist durchaus zu beanstanden. Erst der Ton *wirklich* ist es, der eine „Hypothese“ zu einer metaphysischen macht.

disch"-solipsistischen Wesens sei. Und sie werden uns bei ihrem Einwand vielleicht geradezu unseren eigenen Satz von der *Wissbarkeit* vorhalten.

Diesem Einwand würden wir aber zunächst einmal wieder die Bemerkung entgegensetzen, dass wir selbst ja sehr wohl wissen, dass wir das Dasein eines Wirklichen im Sinne eines *Nicht-Ich-bezogenen* oder doch jedenfalls Mehr-als-Ich-bezogenen nicht „beweisen" können. Denn gerade wir wissen ja, dass „Wirkliches", um Gegenstand einer Wirklichkeits*lehre* zu werden, *Ich-bezogen* werden muss — und zwar im eigentlichen Sinne auf das urtatsächliche unzahlenhaft und unzeithaft *einzige* Ich, nicht etwa auf ein „Ich überhaupt", bezogen. Wir selbst wissen sehr wohl und haben es gesagt, dass Ordnungslehre sich „aus Orduungsgründen" aufhebt, aus denkhaftem Unzufriedensein mit Ordnungslehre als nur eigentlicher Ordnungslehre.

Aber wir behaupten nun weiter, dass wir die Bedeutung des Wortes *wirklich* im Sinne eines Etwas, das mehr-als-Ich-bezogenes Etwas ist, dass wir diese Bedeutung schauen[1]), wobei das Wörtchen „Ich" in der Wendung „Mehr-als-Ich-bezogenes" wieder durchaus auf das urtatsächliche, unzahlenhafte und unzeithafte einzige Ich geht. Und wir wollen andererseits das *wirkliche* Etwas ganz und gar nicht etwa von vornherein so fassen, als sei es nicht irgendwie auf ein *wirkliches* Wissendes bezogen; es ist vielmehr durchaus die Möglichkeit offen gelassen, dass auch „das Wirkliche" von der Form X *weiss* Y ist, eine Frage, die aber erst innerhalb der Wirklichkeitslehre entschieden werden wird.

Ich sehe also nicht ein, wie wegen der Gültigkeit des Satzes von der Wissbarkeit Metaphysik „unmöglich" sein soll. Nur dass ihre Aussagen nicht im echten Sinne „beweisbar", d. h. aus einem anderen durchaus Gewissen ableitbar, durch sein Setzen *mitgesetzt*[2]), und andererseits, dass sie nicht in ihren Soseins-Besonderheiten ohne Rücksichtnahme auf sogenannte Erfahrung „schaubar" sind, wie die

---

[1]) Hierzu **Volkelt**, *Erfahrung und Denken*, S. 137: „Alles objektive Erkennen hat in bezug auf den Grund der von ihm beanspruchten Gewissheit einen gewissen mystischen Charakter." S. a. S. 182ff. und 192f., wo von **Humes** „belief" die Rede ist.

[2]) Nur das „durch Setzen eines anderen Gewissen mitsetzen" heisst *beweisen*, mag das Mitsetzen auf Grund echten Inhaltseinschlusses oder mag es „mathematisch-konstruktiv" erfolgen. Es wird schon im Rahmen der Erfahrung viel Unfug mit dem Wort „beweisen" getrieben. Wie sollte wohl „bewiesen" werden können, dass etwas „sein" müsse, mag es sich um naturwirkliches oder metaphysisch-wirkliches Sein handeln? Es ist nicht einmal zu sagen, was mit solcher Behauptung eigentlich gemeint sei!

Mystiker und Ontologen wollen, das sehe ich ein und gebe ich zu. Und dass mein Schauen der Bedeutung von *wirklich* ein gewisses kleines Zugeständnis an den Ontologismus bedeutet, gebe ich auch zu. Aber, wenn ich einmal zugebe, dass ich die Bedeutung von *wirklich* schaue — von „als wirklich gemeinten" Gegenständen also, „um die" ich wissen kann —, alsdann ist der Versuch, ein Wissen vermutungshafter Art zu gewinnen um einen als mehr als im urtatsächlichen Sinn *Ich*-bezogen gedachten „absoluten" Gegenstand kein sinnloser Versuch. Ich schaue „klar und deutlich", was dieser Versuch eigentlich bedeuten soll. Und ich handle ja auch, zum Beispiel wenn ich mein Testament mache, meinem Schauen entsprechend, wenn dieses Handeln auch vielleicht stets in „naiv-realistischem" Rahmen geschieht.

Wer aber hier sagen würde, das „Testament machen" setze noch gar nicht die Annahme der Möglichkeit einer Methaphysik voraus, sondern spiele sich noch durchaus im Rahmen von „Erfahrung" ab, dem muss gesagt werden, dass er offenbar die Grenzen des streng gefassten Begriffs der *Erfahrung* nicht recht kennt.

Wir also durchbrechen den Rahmen der methodisch-solipsistischen Ordnungslehre ganz bewusst mit Hilfe des in seiner Bedeutung geschauten Begriffs *wirklich*. Damit kommen wir ganz bewusst aus dem Solipsismus heraus, ebenso wie wir vorher ganz bewusst in ihm darin waren. Wer aber unser nur „vermutungshaftes" Herauskommen aus dem Solipsismus missachtet, der vergisst, dass jeder, der, sei es auch nur durch den Begriff „Allgemeingültigkeit", in die Metaphysik sozusagen hineinspringt, die Rechenschaftsablage für sein Tun vergessen hat, ja dass gerade er eigentlich wider allen seinen Willen — Solipsist geblieben ist!

Die Setzung des Seinskreises *Wirklichkeit* ist uns, wenn ein bildlicher Ausdruck erlaubt ist, die einzige, freilich bedeutungsreiche, metaphysische „Tat" eigentlichster Art. Alle metaphysische Ausführung aber ist, wie sich im Einzelnen zeigen wird, Fortsetzung von Wissenschaft. Und diese einzige, aber bedeutungsreiche Tat begeht auch, müsste wenigstens als begangen zugeben, jeder, der auch nur von einem „erkenntnistheoretischen Subjekt" oder ähnlichem reden will und darunter Etwas versteht, das mehr sein soll als *meine* (methodisch-solipsistische oder vorläufig-solipsistische) Setzung.

Wie aber kann ich denn nun die besondere Ausgestaltung einer Wirklichkeitslehre beginnen angesichts dieser seltsamen Lage der Dinge? Wie soll ich denn in meinem „Erfinden" vorgehen?

Erinnern wir uns, um hier weiterzukommen, wieder einmal daran, dass wir die *Wissbarkeit* des Wirklichen eine Voraussetzung aller Metaphysik genannt haben. Ohne Voraussetzung der Wissbarkeit des Wirklichen hat in der Tat das ganze metaphysische Unternehmen keinen Sinn.

Wir sagten nun oben, dass schon die blosse Behauptung der völligen Unerkennbarkeit des *Soseins* des Wirklichen, nachdem sein *Dasein* zugelassen ward, selbt Metaphysik sei, dass nur Solipsismus und echte Skepsis metaphysikfrei seien. Die Behauptung der Soseinsunerkennbarkeit aber ist, freilich negativ geformte, Soseinsbestimmung. Und in der Tat muss nun ganz allgemein gesagt werden: nicht nur Setzbarkeit, sondern auch Soseins-Bestimmbarkeit des *Wirklichen* sind Voraussetzung einer Wirklichkeitslehre, mag die Soseinsbestimmbarkeit des Wirklichen auch lediglich in der Aussage „Das Wirkliche ist unerkennbar seinem besonderen Sosein nach" bestehen. Hat man eben doch, vielleicht ohne es zu wollen, mit dieser Aussage etwas über das „Sosein" ausgesagt, dass es nämlich unerkennbar sei. Man hat sich also selbst widersprochen, und dieser Widerspruch ist nur dadurch fortzuschaffen, dass man jetzt nachträglich sagt, man habe in dem Satze „Das Wirkliche ist unerkennbar seinem Sosein nach" mit dem Worte „Sosein" nur einzelne aufzählbare Eigentümlichkeiten, nicht aber eine das Ganze treffende Wesenskennzeichnung beziehlicher Art gemeint.

Wissbarkeit also, das sehen wir jetzt, bedeutet, wenn es auch auf den ersten Blick nicht so scheint, Setzbarkeit und Soseins-Bestimmbarkeit, bedeutet Behandelbarkeit nach Dasein und Sosein. Ohne Voraussetzung von Setzbarkeit und von Soseins-Bestimmbarkeit des Wirklichen also ist Metaphysik unmöglich. Sie wollen, heisst Setzbarkeit und Soseins-Bestimmbarkeit des Wirklichen zulassen, mag sich diese auch erschöpfen in einem Satze, den wir, wenn wir uns erinnern, dass nicht nur das *Etwas,* sondern das *Ich, der um mein Wissen Wissende, habe etwas* in seiner Dreieinigkeit aller Wirklichkeitslehre Ausgang zu sein hat, jetzt wohl formen können in die Worte „Das daseiende Wirkliche ist von *solcher* Art, dass es Mir, der ich als Erlebender selbst aus ihm folge, in keinem seiner Kennzeichen ausser eben seiner Unerkennbarkeit ein Gehabtes sein kann."

b) Die Bedeutung der Urordnungszeichen für das Wirkliche.
Das Postulat der rationalen Betreffbarkeit.

Müssen wir nun aber bei dieser Form von „negativer" Wirklichkeitslehre, der „negativen Theologie" vergleichbar, stehen bleiben? Ich gebe zu: keinen kann ich zwingen, weiterzugehen, ja, keinen kann ich zwingen schon so weit zu gehen und nicht vielmehr in der reinen Ordnungslehre oder in der Skepsis zu verbleiben[1]), wobei das „ich kann nicht zwingen" auf streng solipsistischem Boden bedeuten würde „ich kann nicht mit kurzem Ausdruck sagen, der gleichsam für sich bestehende Andere sei ‚geistig krank‘, wenn er nicht mitgeht". Ich kann also die Anerkennung meiner Metaphysik, und sei sie noch so armselig, nicht in dem Sinne von dem „Anderen" verlangen, wie ich die Anerkennung irgend eines Satzes der reinen Ordnungslehre einschliesslich der Mathematik von ihm verlange. Denn meine Wirklichkeitslehre ist für mich selbst ein Gefüge von Vermutungen.

Aber, im Grunde gilt ganz dasselbe doch schon mit Rücksicht auf sogenannte „empirische Hypothesen" im Bereiche der Erfahrung, also der üblichen Wissenschaften, so dass sich hier „Wissenschaft" und „Philosophie" also gar nicht scharf scheiden. Ebensowenig, wie ich deshalb wissenschaftliche Vermutungen unterlasse, brauche ich also vermutungshafte Metaphysik zu unterlassen, nachdem ich aus der Ordnungslehre heraus einmal das denkhafte Bedürfnis nach ihr empfunden habe. Wissen wir ja doch, dass die Ordnungslehre sozusagen ordnungshafter würde, könnte sie sich selbst aufheben. Selbstverständlich muss mein metaphysisches „Vermuten" — aber auch das gilt vom wissenschaftlichen — planvoll, das heisst den Grundsätzen des denkhaften Erfindens, des „Induzierens" in unserem Sinne, gemäss sein, wobei das „Erfinden" des Newtonischen Gesetzes, auf dass die Gesetze Keplers *mitgesetzt* seien, immer das leuchtende Beispiel bleiben mag. Planvolles Vermuten ist wertvoll, obwohl es Vermuten ist. Denn was heisst *vermuten* überhaupt? Nichts anderes als dieses: Im Jetzt auf Grund der Gesamtheit des Wissensinhaltes als ordnungshaft-endgültig schauen, aber mit der Tönung der Verbesserbarkeit nach Massgabe einer möglichen Vermehrung des Wissensinhaltes. Und dieser Satz, auf den wir an einer späteren Stelle, da, wo wir vom „Irrtum" handeln werden, eingehend zurückkommen, gilt auch vom metaphysischen Vermuten, dem als einem „metaphysischen", wie wir wissen, ja nur das Zeichen eines besonderen Seins-reiches als ein Neues anhaftet.

---

[1]) Der methodische Solipsismus ist eben, der herrschenden Meinung zum Trotz, alles andere als unsinnig und in sich widerspruchsvoll; er ist nur nicht hinreichend; er genügt nicht; es gibt wenigstens vermutungsweise Anderes und Besseres; empirische Wirklichkeit nur als Erlebtes zu fassen, wie den Traum, befriedigt nicht. Ich „schaue", dass das nicht und dass ein Anderes besser befriedigt. Wie übrigens stünde es mit dem Traum, wenn die Träume aller Nächte in Werdegeschlossenheit stünden ebenso wie alle Wacherlebnisse, d. h. in Werdegeschlossenheit mit Rücksicht auf alle in ihnen gemeinten mittelbaren Gegenstände?

Ich will also zum Wirklichen, und ich will sogar mehr über das Wirkliche wissen, als jenen einen armseligen Satz, dass des Wirklichen Sosein „so sei", dass ich es nicht erkennen kann. Denn dass, wenn einmal Metaphysik überhaupt zugelassen werde, nur jener eine armselige Satz von der Soseins-unerkennbarkeit möglich ist, diese Aussage entbehrt jeder Begründung. Ich bin jedenfalls nicht gezwungen, ihre Richtigkeit von vornherein zuzulassen; ich darf auf alle Fälle mehr als den Inhalt dieser Aussage über das Wirkliche zu lernen versuchen. —

Im Bereiche der reinen oder *allgemeinen Ordnungslehre*, die sich auf alles Gehabte ohne Unterschied richtet, zerfällt, so habe ich ausgeführt[1]), die Lehre vom *Sosein* in die Lehren von der *reinen Solchheit* (echte „Qualität"), der *Beziehlichkeit*, der *Zahl*, der *Kreistönung* und der *Mannigfaltigkeit überhaupt*. Den Unterschied zwischen Form und Inhalt, so habe ich weiter gesagt[2]), gebe es hier nicht, und es sei nur ein aus dem Naturwissen stammender unscharfer Ausdruck, wenn man ihn anwende. Alles sei „Form", wenn man wolle, oder vielmehr Ordnungsletztheit; auch wenn die Letztsetzung (das „Element") *dieses Rot* oder *warm* in eine Setzung als blosse Setzung eingehe, so sei das Formbestandteil an ihr, nämlich eben Letztes, Unauflösbares im Ordnungssinne.

Nun spielt aber in einem wichtigen Sonderzweige der Ordnungslehre selbst, nämlich in der Naturordnungslehre, der eine von den Letztbestandteilen der Soseinskennzeichnung, die *gegenständliche reine Solchheit* („Qualität") nämlich, bereits eine ganz wesentlich andere Rolle als die übrigen Kennzeichnungen des Soseins, z. B. Zahl und Beziehlichkeit. Dem mittelbaren Gegenstand der Natur, der angesehen wird, *als ob* er selbständig wäre, wird in seiner Selbständigkeit Zahlen- und Beziehungshaftes ganz ebenso wie einer blossen Setzung zugesprochen, reine Solchheit jedoch wie „rot" und „warm" wird ihm, sobald die Naturordnungsarbeit wenige Schritte gemacht hat, zwar nicht abgesprochen, spielt aber doch als reine Qualität naturtheoretisch keine Rolle mehr. Ein für alle Mal gilt als erledigt, daß, wo bestimmte Atomlage oder bestimmte Atombewegung ist, *auch* eine bestimmte reine Qualität sich findet; und das genügt.

Das sogenannte „Sinnliche" der volkstümlichen Ausdrucksweise verschwindet also praktisch für die Wissenschaft von der *Natur*; es verschwindet schon da, wo, wie im Bereiche einer „Materientheorie", zur Soseinskennzeichnung immerhin noch „Anschauliches", nämlich be-

---

[1]) S. *O. L. B.* II. 2.
[2]) *O. L. B.* I. 7.

stimmte Raumeserfüllung und Wirken im Raume, Verwendung findet;
es verschwindet erst recht, wenn im Bereiche des Biologischen nur
noch ein bestimmtes Wirken-können, aber nicht ein solches *im* Raum,
zur Soseinskennzeichnung von Naturbestandteilen benutzt wird. Die
reine gegenständliche Solchheit der allgemeinen Ordnungslehre hat
also beim Übergang zur Naturlehre eine ganz andere Rolle gespielt
als die übrigen Kennzeichnungen des allgemeinen Soseins der Gegenständlichkeit überhaupt, obwohl deshalb im Rahmen der Ordnungslehre
nicht etwa reine Solchheit weniger „empirisch-wirklich" ist als Atomlage und Atombewegung, so dass also in ihrem Rahmen nicht etwa
der Unterschied von „primären" und „sekundären" Qualitäten im Sinne
Descartes und Lockes in Frage kommt. Diese Unterscheidung ist
ja die Angelegenheit einer auf das *Wirkliche* gehenden Erkenntuis-
theorie, von der wir bald sehen werden, ob sie von den genannten
Denkern richtig gelöst worden ist oder nicht.

Aus diesem allen nun lernen wir Wichtiges für unser Unternehmen, eine Lehre vom *Wirklichen* aufzubauen. Wir wollen Wirkliches
nicht nur setzen, sondern seinem Sosein nach bestimmen; gewiss. Aber
um das, was im Rahmen der allgemeinsten Soseinslehre, als einem
Teil der Ordnungslehre, *reine Solchheit* oder echte „Qualität" heisst,
haben wir uns dabei nicht etwa in dem Sinne zu kümmern, dass wir
fragen müssten, was im Wirklichen „rot" oder „warm" rein als solche
bedeuten [1]). Schon die abgeleiteten Teile der Ordnungslehre haben ja
die Behandlung des Begriffs der echten „Qualität" praktisch durchaus
jenem seltsamen Grenzgebiete zugesprochen, in welchem, als der sogenannten „Psychophysik", Naturlehre und Eigenerlebtheitslehre zusammenkommen, obwohl von der Ordnungslehre die empirisch-gegen-
ständliche Natur von Qualitäten nicht geleugnet wird.

Nicht als ob *Rot, Warm, Tönend* uns nun im Bereiche der Metaphysik überhaupt nichts angehen würden. Aber nur in der Form „Ich
habe Rotes, Warmes, Tönendes" werden sie uns wesentlich angehen, und
das erst an einer sehr späten Stelle des Ganzen. Wo es sich aber um
die metaphysische Teilausdeutung des Etwas, insofern es von der Ordnungslehre bereits zum Natur-etwas geformt ist, handelt, da gehen uns
in der Tat *Rot,* ·*Warm* und *Tönend* nichts mehr an. Metaphysisch
auszudeuten brauchen wir Natur nur im Sinne einer Gesamtheit von
Urdingen behaftet mit bestimmten Regeln ihrer Veränderung. Das gilt
für die unbelebte und für die belebte Natur gleichermassen.

---

[1]) Die Frage, ob das Rote auch „an sich" rot sei oder nicht, ist ja ein
für allemal in breiterem Rahmen als gänzlich sinnlos von uns abgelehnt worden
(s. S. 31).

Mit den anderen Kennzeichen des Soseins im Bereich der allgemeinen Ordnungslehre steht es nun aber ganz anders, ebenso wie es schon mit ihrer Verwertbarkeit für die reine Naturordnungslehre ganz anders stand. Und indem wir uns fragen, wie es denn mit der Beziehung dieser anderen Kennzeichen ordnungshaften Soseins zur Metaphysik steht, gelangen wir zu sehr wichtigen Einsichten.

Ebenso wie die allgemeinsten Ordnungszeichen *Dasein* und *Sosein* in die Metaphysik, mit besonderer Tönung versehen, hinübergerettet werden mussten, sollte Metaphysik überhaupt möglich sein, so müssen die Ordnungszeichen *Beziehung, Zahl* und *Mannigfaltigkeit* in die Metaphysik übernommen werden, soll nicht bei einer Metaphysik von der allerarmseligsten Art stehen geblieben werden.

Es soll also einen Sinn haben zu sagen: Das *Wirkliche* ist *dieses* und *solches,* und zwar ist es *solches,* insofern es *soviele solche Beziehungen* und *Glieder* aufweist und von *solcher Mannigfaltigkeit* ist.

Der Begriff der reinen „Qualität" ist hier also ausgeschaltet, weil schon die Naturordnungslehre ihn praktisch ausgeschaltet und der Psychophysik überwiesen hat, obwohl sie die Lockesche Qualitätenunterscheidung gar nicht kennen kann. Die Anwendbarkeit aller übrigen allgemeinen Letztkennzeichen von Sosein überhaupt auf das Wirkliche aber ist als Voraussetzung jeder Metaphysik, die in mehr als einem einzigen sehr inhaltarmen Satze bestehen will, erkannt. Und zwar besteht diese „Anwendbarkeit" hier in ganz demselben Sinne, wie sie schon in der Naturordnungslehre bestand[1]), mag es sich auch jetzt um ein *Sein* in einem anderen *Kreise,* nicht mehr im Kreise des „gleichsam"-Selbständigen, sondern eben im Kreise des *Wirklichen,* handeln: wirkliche Gegenstände selbst, nicht nur etwas an den sie meinenden Setzungen, sind *bezogen, verschieden, soviele* usw.

Durch unsere Lehre, dass die Übertragung der Begriffe *dieses, solches, Beziehung, Verschiedenheit, Zahl, Mannigfaltigkeit* auf den doppelt-mittelbaren wirklichen Gegenstand, dass also die Anwendbarkeit der „Ur-Kategorien"[2]) auf das „Absolute" eine Voraussetzung jeder Metaphysik sei, welche mehr als einen einzigen sehr inhaltarmen Satz aufstellen will, wird eine besondere Gruppe metaphysischer Lehren,

---

[1]) *O. L. C. I. 5. a.*

[2]) Es sind das die seit Kant so missachteten „Reflexionsbegriffe", deren eigentliche gegenstandswissenschaftliche Bedeutung Kant eben (z. B. „*Prolegomena*" § 39; s. a. das bekannte Kapitel der „*Kritik*") nicht sah, und zwar seltsamerweise, *obwohl* er die „Kategorien" auf die Urteilsfunktionen, die doch letzthin auch alle auf „Reflexionsbegriffen" ruhen, gründet.

die ihrerseits eine bestimmte Art von sogenannter „Mystik“ darstellt, von allem Anfang an als unmöglich dargetan: die Lehre von der echten *Coincidentia oppositorum* als dem Kennzeichen des Wirklichen. Die Lehre von der echten *Coincidentia* nämlich ist grundsätzlicher „Irrationalismus“ im Metaphysischen, während unsere Lehre sich zwar nicht von Anfang an als durchaus „rational“ bezeichnen darf, wohl aber versuchen will mit der *ratio* auch im Metaphysischen so weit zu kommen, wie nur irgend möglich ist. Unter der echten *Coincidentia oppositorum* aber verstehe ich die Lehre, dass das Wirkliche ausgesprochenermassen mit Rücksicht auf jede einzelne seiner Eigentümlichkeiten[1]) sowohl *dieses* als auch, und zwar mit Rücksicht auf eben dieselbe[1]), *nicht-dieses*, sowohl A als auch Nicht-A sei. Es darf freilich fraglich erscheinen, ob es in diesem ganz strengen Sinne die Lehre von der *Coincidentia* geschichtlich wirklich gibt, und ob nicht vielmehr stets, wennschon oft nicht in bewusster Klarheit, an das gedacht war, was wir unter dem Namen des *unentwickelten entwickelbaren Allgemeinen* aus der Ordnungslehre schon kennen[2]) und in seiner grossen Bedeutung für die Wirklichkeitslehre alsbald sehr eingehend würdigen werden. Das Ἕν des Plotinos und alles was von ihm abhängt, einschliesslich der *Substantia* des Spinoza, lassen sich nämlich ungezwungen als unentwickeltes entwickelbares Allgemeines fassen; nur bei gewissen deutschen Mystikern könnte man auf den Gedanken kommen, dass sie in der Tat an die echte *Coincidentia*, das heisst an die grundsätzliche Soseinsunbestimmbarkeit und Soseinsunbestimmtheit des Wirklichen gedacht haben.

Dass die Urordnungsbedeutungen das Wirkliche in der Tat treffen, lässt sich nun freilich nicht beweisen, ebensowenig wie sich „beweisen“ liess, dass es das Wirkliche „gibt“. Wohl aber darf gesagt werden, dass die Betreffbarkeit des Wirklichen durch die Urkategorien sich sinnvoll denken lässt. Und bestimmt darf behauptet werden: Wer den Versuch wagen will, nicht nur das Wirkliche zu setzen, sondern eine Wirklichkeits-lehre durchzuführen, der muss nicht nur an das Dasein des Wirklichen überhaupt, sondern auch an seine Betreffbarkeit durch das Ur-„rationale“ — glauben.

Nennen wir diesen Glauben: das Postulat der rationalen Betreffbarkeit.

----

[1]) Diese Zusätze sind notwendig, denn mit Rücksicht auf verschiedene seiner Kennzeichen kann ein gemeintes *Etwas* sehr wohl A und auch Nicht-A sein.

[2]) *O. L.* B. II. 7. e.

c) Der Satz von der Mannigfaltigkeit.

Der Umstand, dass wir dem Wirklichen *Mannigfaltigkeit*, als eines der Urordnungszeichen, zuschreiben wollen, gestattet nun, in Verbindung mit unserer Auffassung vom Wesen der Wirklichkeitslehre überhaupt, noch eine sehr wichtige Folgerung.

Die Wirklichkeitslehre sucht den *Grund* zum Inhalt der Ordnungslehre. Sie sucht jedenfalls etwas, das so geartet ist, dass es auch den ˙Grund zum Inhalt der Ordnungslehre darstellt. Nun ist es der wesentlichste Satz aus der Lehre vom Begründen oder *Mitsetzen*, der unter anderem in der Ordnungslehre vom Werden sehr wichtig wurde[1]), dass der Grund oder das *Mitsetzende* nie ärmer sein darf an Grad der *Mannigfaltigkeit* als das *Mitgesetzte*, die Folge[2]). Wenn wir den Inhalt der Ordnungslehre als eine Setzung fassen, dürfen wir also vom Inhalt der Wirklichkeitslehre, ja, auch vom Wirklichen selbst, kurz sagen: der Gegenstand der Wirklichkeitslehre, *das Wirkliche*, darf nicht ärmer an Mannigfaltigkeit sein als der Inhalt der Erfahrung. Ja, wir dürfen von einer metaphysischen Aussage, welche das Wirkliche mannigfaltigkeitsärmer sein lässt als den Inhalt der Erfahrung, geradezu sagen, dass sie *nicht wahr* sei, so dass wir hier geradezu ein „Kriterium“ metaphysischer Wahrheit, wennschon nur ein Irrtum fernhaltendes, ein „negatives“ Kriterium gefunden haben. Der Metaphysik ausschliesslich eigen ist freilich auch dieses Kriterium nicht; es ist letzthin ordnungshaft[3]); aber das raubt ihm nichts von seiner Bedeutung.

Unser so einfach lautender Satz vom Mannigfaltigkeitsgrad wird später von sehr grosser Bedeutung werden, mögen wir auch zunächst über die besondere Art der Beziehung zwischen An-sich und erfahrungshaftem Für-mich noch gar nichts wissen; er ist es, den wir im Sinn hatten, als wir an früherer Stelle[4]) sagten, auch „Formales“ könne von grosser Bedeutung sein. An dieser Stelle sei dem hier nur schlicht hingesetzten, erst später auszuführenden Gedanken vom *Mannigfaltigkeitsgrad* des Wirklichen und des Erfahrungshaften nur noch das Eine beigefügt, dass bald der schon vor kurzem kurz herangezogene Begriff des *unentwickelten entwickelbaren Allgemeinen* mit

---

[1]) *C. L. B.* I. 10. b.

[2]) Dieser Satz schränkt die bekannte Aussage der Logik, dass aus einer gekannten Folge nichts über den Grund setzbar sei, in nicht unbedeutsamer Weise ein, was nicht immer beachtet wird.

[3]) S. oben S. 22.

[4]) S. oben S. 27.

dem Begriff einer „Mannigfaltigkeit" des Wirklichen und ihres „Grades" in Verbindung treten wird. —

Mit unserem Satze, das über das Wirkliche, wenigstens seinem Mannigfaltigkeitsgrade nach, etwas ausdrücklich Setzendes („Positives") gewusst werden könne, stellen wir uns von Anfang an in Gegensatz zu Kant, insofern er trotz allem Metaphysiker geblieben ist. Nicht nämlich braucht das Wirkliche uns ein „blosses Etwas überhaupt", ein X, zu bleiben, wenigstens zunächst in dieser einen Beziehung nicht. Und es ist nicht wahr, dass das wirkliche „Etwas überhaupt" „für alle Erscheinungen einerlei ist" (Phänom. und Noum. 1. Aufl.). Wirklichkeitslehre verhält sich zur Erfahrungslehre wie Grund zu Folge; die Folge kennen wir; damit kennen wir wenigstens etwas „Positives" über den Grund. Übrigens scheint mir Kant in den wichtigen § 57—59 der „Prolegomena" unserer Lehre grosse Zugeständnisse gemacht zu machen: Das Verbot, transzendente Urteile zu fällen, müsse, so heisst es da, mit dem Gebote, „bis zu Begriffen, die ausserhalb dem Felde des immanenten Gebrauches liegen, hinauszugehen", verknüpft werden. So ergebe sich eine „Grenze alles erlaubten Verstandesgebrauches", auf der sich das Urteil freilich „auf das Verhältnis einschränke", das die Welt zu einem höchsten Wesen habe. Das sei zwar „Analogie" (etwa zur Kunsttätigkeit), aber doch keine „Erdichtung"; und es sei „doch eine Erkenntnis". Und zwar sei *Analogie* „nicht etwa eine unvollkommene Ähnlichkeit zweier Dinge, sondern eine vollkommene Ähnlichkeit zweier Verhältnisse zwischen ganz unähnlichen Dingen".

d) Ausblick und Rücklick.

Wie nun der eigentliche Fortgang der Metaphysik zu geschehen hat, erhellt aus dem, was über die Grundlinien ihres Weges und ihren Ausgang gesagt wurde, ohne weiteres: die grossen Gruppen ordnungshaften Wissens, die sich jeweils um einen der wesentlichen Ordnungsbegriffe herum gebildet haben, müssen der Reihe nach daraufhin geprüft werden, was sie uns wohl über das *Wirkliche* andeutend sagen möchten. Oder, anders gesagt, mit Rücksicht auf jede Gruppe ordnungshaften Wissens ist die Frage aufzuwerfen: Aus welchen Eigentümlichkeiten eines *Wirklichen* könnte eben dieses Wissensgebilde im Bereich der Erfahrung sich als Folge ergeben, so wie es ist? Oder, noch schärfer: Wie muss das Wirkliche in gewisser Beziehung jedenfalls geartet sein, wenn diese bestimmte Gruppe des Erfahrungshaften seine Folge sein soll?

Bei dieser Verwertung des ordnungshaften Wissens, also der „Erfahrung", für die Schöpfung einer Wirklichkeitslehre darf aber von vornherein von derjenigen Gestaltung der Ordnungsbegriffe ausgegangen werden, welche diese in der *Naturlehre* und der Eigenerlebtheits- oder *Seelen-lehre* angenommen haben. Denn die Inhalte der Natur- und Seelenlehre waren es ja, welche Metaphysik überhaupt forderten, mit Rücksicht auf sie wollten wir aus dem blossen *als ob* der Selbständigkeit des mittelbar Gegenständlichen heraus.

Wir werden also nicht fragen, was *reine Solchheit* ("Qualität"), *Beziehung, Zahl, Räumlichkeit* usw. als solche im Sinn der vom Gegenständlichen überhaupt handelnden allgemeinsten Ordnungslehre metaphysisch bedeuten, sondern wir werden fragen: Was bedeutet die *Seele* als "Empfindung", "Wahrnehmung", "Gefühl", "Gedanken", "Wollung" vermittelnde, was bedeutet das Sosein der *Urdinge* im *Naturraum,* und weiter, was bedeuten *zählbare Dinge,* was *Beziehungen zwischen Dingen,* was *Organismen* usf., wobei die Begriffe *Seele, Urding, Naturraum* usf. als durch unsere "Ordnungslehre" oder durch irgend ein anderes logisches System geklärt vorausgesetzt sind. Und auch, was das *Ich habe bewusst Etwas* bedeute, werden wir fragen.

Gerade die *Natur-* und *Seelendinge* sind es ja doch — stets freilich neben der Urtatsache *Ich habe bewusst Etwas* —, die jetzt Etwas, nämlich *das Wirkliche,* "meinen" sollen. Sie sind nicht mehr nur als mittelbar-Gegenständliches, gleichsam-Selbständiges gemeint, sondern durch sie meine ich, will ich treffen das Wirkliche. Natur- und Seelendinge sind nicht mehr, wie in der Ordnungslehre, das letzte, sondern ein Mittleres. In der Ordnungslehre schaute ich sie aus dem unmittelbar Gehabten; jetzt gelten sie als vom Wirklichen für mich geschaffen, als Ausdruck von Formen, die das Wirkliche in seinem Für-mich-sein annimmt.

Die Ausführungen dieses Abschnittes unseres Werkes sind es, die recht eigentlich die Bezeichnung einer Erkenntnislehre oder "Erkenntnistheorie" verdienen, jedenfalls sind sie einer echten *Erkenntnislehre* erster Hauptteil. Erkenntnislehre, als die Lehre von der Möglichkeit und vom Wege des *Erkennens* des *Wirklichen,* ist also der erste, einleitende Abschnitt der Wirklichkeitslehre. Nicht aber ist "Erkenntnistheorie" im eigentlichen Sinne, was sich heute meist, unter neukantianischem Einflusse, so nennt. Das ist vielmehr Erfahrungs-, also Ordnungslehre im Bereiche des Wissens vom Seelischen[1]). Und auch nicht ist Erkenntnislehre die Besinnung auf das, was *Ich weiss um mein Wissen* und *Ich weiss Etwas* bedeutet, eine Besinnung, die

---

[1]) Vgl. *O. L. D.* 7.

überhaupt keine eigentliche Lehre, sondern eben nur das unmittelbare Bewusstsein vom unauflösbaren Wesen der *Urtatsachen* ergibt, den Ausgang aller Philosophie.

Aber darf nicht anderseits „Erkenntnislehre" auch die Lehre vom eigentlichen Wissenserwerb, als einem Vorgange in der Zeit heissen, eine Lehre, die mit Begriffen wie Sinnesorgan, Empfindung, Gedächtnis, Denken usw. arbeitet und mir Aufschluss darüber gibt, wie es kommt, dass ich *jetzt* Dieses und *dann* Jenes erlebe, habe, weiss?

Ganz gewiss ist das eine wichtige Lehre, die wir da gekennzeichnet haben, aber sie ist wohl zu unterscheiden von der Lehre davon, was *Erkennen* — (also nicht *Wissen* oder *Haben überhaupt* und nicht *Erfahren*) — überhaupt bedeutet und wie es möglich ist. Die echte Lehre vom Erkennen in diesem Sinne kommt vor der Metaphysik, ist die Grenzfläche, sozusagen, zwischen der Ordnungslehre und ihr. Die Lehre vom Kommen und Gehen der verschiedenen gewussten, gehabten, erlebten Inhalte ist zunächst besonderer Gegenstand der Ordnungslehre, insofern diese Eigenerlebtheitslehre, Psychologie, ist, und soll allerdings später, aber innerhalb der Metaphysik selbst, ausgedeutet und ausgebeutet werden. Da mag denn von einem zweiten Hauptteil einer „Erkenntnistheorie" geredet werden, der freilich nicht eigentlich neben ihrem ersten Hauptteil steht.

Was ich unter *Erkennen* verstehe, dass ich nämlich darunter das auf die Schau des Begriffs *wirklich* gegründete Wissen um doppeltmittelbar gemeinte Gegenstände verstehe, dieses klarlegen und damit der Metaphysik Möglichkeit schaffen, das ist, um einmal anders zu reden, „Phänomenologie"; ordnungshaft festlegen dagegen, wie meine einzelnen gehabten Inhalte unter sich, mit dem Naturgeschehen in und ausser meinem Körper und womit sonst noch verknüpft sind, das heisst „Psychologie" des Erkennens treiben und diese Psychologie des Erkennens wird dann selbst ein metaphysisch zu behandelnder Vorwurf.

Ur-Wissenslehre also ist das allgemeine Sichbesinnen auf die Bedeutungen des *Ich weiss dass ich weiss* und *Ich weiss Etwas*.

Erfahrungslehre oder *Ordnungslehre* ist die Lehre davon, was geordnetes Wissen heisst und wie dieses möglich ist;

Erkenntnislehre erster Art ist die Lehre von der Bedeutung und Möglichkeit des Erkennens, als Voraussetzung einer Wirklichkeitslehre.

Die Lehre vom Werden meines tatsächlichen Wissens steht als *Erkenntnislehre zweiter Art* allen drei genannten Lehren. gegenüber: sie ist ein Teil anfangs bloss ordnungshaft behandelter, dann metaphysisch gedeuteter Psychologie.

II. Der Wirklichkeitslehre erster Teil: Die Lehre vom Wirklichen überhaupt.

1. Einführung.

Dass die allgemeinsten Ordnungsbegriffe *dieses, solches, Beziehung, Zahl, Mannigfaltigkeit* für das Wirkliche einen Sinn haben sollen, wurde als eine der Voraussetzungen der Möglichkeit einer inhaltreichen Metaphysik erkannt. Es braucht also nur noch dargelegt zu werden, in welchem besonderen Sinne diese Urordnungsbegriffe für das Wirkliche gültig sind. Für das Verständnis dieser Sachlage haben aber die Natur- und die Seelenordnungslehre schon vorgearbeitet.

Alle Urordnungssetzungen gehen ursprünglich durchaus und lediglich auf Setzungen und auf Bestandteile, sogenannte Merkmale von Setzungen. Diese Setzung hier als Setzung, sei sie „allgemein" oder „besonders", meine sie Naturwirkliches oder nicht, ist *solche*, und in ihre Umgrenzung, ihre „Definition", gehen *Zahlen* und *Beziehungen* ein.

Aber bei Setzungen, welche mittelbare Gegenstände der *Natur* und der *Seele* „meinen", kommt etwas dazu. Nicht nur die meinenden Setzungen, sondern auch die gemeinten Gegenstände, die angesehen werden, *als ob* sie für sich selbständig wären, sind *solche* und sind eben als solche gemeint. Und auch sie in ihrer Gleichsam-Selbständigkeit, nicht nur die sie meinenden Setzungen, sind *verschieden* und *soviele*. Und nicht nur haben die sie meinenden Begriffe solche und soviele *Beziehungen* als Merkmale, sondern die gemeinten Gegenstände, „dieser Hund" im Reiche der Natur, „diese determinierende Tendenz" im Bereich der Seele, haben soviele solche Beziehungen unter ihren Eigenschaften.

Ganz entsprechend soll es nun sein mit den in doppelt mittelbarer Weise gemeinten *wirklichen* Gegenständen: auch von ihnen als wirklichen Gegenständen sollen die Setzungen *dieses, solches, Beziehung, Zahl* und *Mannigfaltigkeit* gemeint sein. Jetzt, aber erst jetzt, darf daher gesagt werden, dass Ich in der Bedeutung der Urordnungszeichen etwas Wirklich-Gegenständliches, jedenfalls Etwas am Wirklich-Gegenständlichen „schaue". Am Eingange der Philosophie durfte unseres Erachtens nicht so gesagt werden; und auch jetzt ist uns so zu sagen nur erlaubt, weil im Verlaufe der Erfahrung die Ordnungsbegriffe *Natur* und *Seele* gesetzt sind und ihrerseits eine Wirklichkeitslehre gefordert haben. Für sich genommen haben die Urordnungsbegriffe aber auch jetzt nicht irgend eine Art von „Sein".

Eine besondere Schwierigkeit liegt hier übrigens nicht vor, und es verdient höchstens noch gesagt zu werden, dass mit dieser allgemeinen Überschreibung, wie man es nennen könnte, der Urordnungsbegriffe auf das Reich des Wirklichen, etwas Besonderes über das Gegenständliche dieses Reiches abgesehen von seiner „rationalen Betreffbarkeit" überhaupt noch in keiner Weise ausgesagt sein soll. Zumal darüber also soll noch gar nichts mit der blossen Übertragung der Urordnungsbegriffe ins „Metaphysische" ausgesagt sein, ob es etwa „mehrere" oder nur „einen" metaphysischen Gegenstand gebe. Nur dass mit Rücksicht auf Wirkliches überhaupt — vielleicht nur mit Rücksicht auf seine „Eigenschaften" — der Begriff *Zahl* einen angebbaren Sinn habe, soll durch das allgemeine Verfahren der Überschreibung zum Ausdruck kommen. Und gleiches gilt insbesondere von *Beziehung* und *Mannigfaltigkeit.*

Ohne die Voraussetzung einer solchen sinnvollen Übertragung wäre eben das ganze metaphysische Unternehmen aussichtslos. Es ist aber nicht von vornherein zu zeigen, dass es aussichtslos sein muss; und deshalb muss es im Wege der Erfindung versucht werden. Eine vermutungshafte Metaphysik ist besser als gar keine oder als eine verkappte. —

Es ersteht jetzt die schwierige Frage des Ausganges aller besonderen Wirklichkeitslehre.

Wovon im Bereiche des Erfahrungswissens soll sie in ihren denkhaften Erfindungen ausgehen; womit, anders gesagt, soll sie anfangen? Etwa mit der Erwägung, dass es doch soviele verschiedenartige *Naturdinge* gibt, leblose und belebte, und mit der Frage, was das „bedeute"? Aber die „Naturdinge" sind alles andere als Einfachheiten und sind, wie wir wissen, schon im Bereiche der Erfahrung, also der Ordnungslehre, nur unter Zuhilfenahme der Lehre vom *Werden,* welche selbst eine recht schwierige Lehre ist, sachgemäss zu meistern. Oder soll sich etwa die Metaphysik von allem Anfang an dessen erinnern, was sie ja in der Tat nie vergessen darf, dass nicht nur das *Etwas,* sondern das *Ich weiss dass ich weiss* und das *Ich weiss Etwas, Ich habe geordnetes Etwas* in seiner Dreieinigkeit ihren vollendeten Aus-

gang zu bilden hat? Aber auch da würde sie zwar mit dem Ursprünglichsten, aber doch mit etwas sehr Schwierigem beginnen, und zwar
ohne dass eine unbedingte Nötigung dazu vorliegt. Denn bleibt schon
das *Ich weiss Etwas* dreieinig, so ist doch das *Etwas* zwar nicht als
Etwas überhaupt, aber als *geordnetes* Etwas in sich auflösbar, welche
Auflösung in der Ordnungslehre geleistet ist.

Es sei also, vielleicht willkürlich, der metaphysische Versuch von einer gewissen Besonderheit des *Etwas* aus begonnen und zwar von einer gewissen Besonderheit aus, welche wenigstens mit Rücksicht auf die *Natur*-gegenstände, wennschon nicht auf
die Gegenstände der Seele, von ausserordentlich umfassender Bedeutung ist, derart, dass man sagen kann, jene Besonderheit sei in allem,
was die eigentliche Grundlage unseres weiter ausgebauten Naturwissens im allerweitesten Sinne des Wortes bildet, angetroffen, jene
Besonderheit sei ein Kennzeichen aller gleichsam in erster Stufe gemeinten Naturgegenständlichkeit.

Von der *Räumlichkeit* also wollen wir ausgehen in unserem metaphysischen Versuch, genauer gesagt: von der Beziehlichkeit *mess-
bares dreistufiges Neben* in dem in der Ordnungslehre[1]) festgelegten
Sinne.

Denn eine Gesamtheit von *Etwassen* in bestimmten *Lagen* zueinander ist dasjenige, von dem alle weiter arbeitende Naturwirklich-
keitslehre ausgeht. Sie schiebt, wie wir wissen, rasch die reine Solchheit, die echte „Qualität", jener Etwasse bei Seite. Aber eine Gesamtheit von Etwassen in *Lagen* bleibt denn doch eben als Ausgang für
weiteres bestehen, mögen auch diese Etwasse selbst in ihrem Sosein
lediglich durch ihr *Vermögen* oder durch irgend etwas *in bezug auf*
sie gekennzeichnet sein. Und zwar gilt das gleichermassen für die
Lehre von der unbelebten Natur wie für die Lehre von der belebten
im allerweitesten Sinne des Wortes. Auch alle Lehre vom Leben, per-
sönlichem und überpersönlichem, muss sich letzthin halten an das
naturwirkliche Dasein von Etwassen in räumlichen Lagen, mögen
auch des weiteren naturwirkliche „Vermögen", „Faktoren", „Agentien"
eingeführt werden, die durch den Begriff des Raumhaften ganz und
gar nicht erschöpft werden. Anders gesagt: in seinem ersten Ur-
sprunge ruht alles Wissen um Naturwirkliches, im weitesten Sinne,
auf dem erlebten Verknüpftsein eines So mit einem Jetzt und einem
Hier, also kurz auf *Jetzt — Hier — So*-Daten[2]), alles mit dem Tone

---

[1]) Vgl. *O. L.* B. II. 7.

[2]) Vgl. *O. L. C.* I. 4. b. Alles Naturwissen geht von „Anschauungen" aus; aber
darum sind nicht etwa, wie Kant will, im weiteren Verlauf des Naturwissens (und

gemeinter Naturwirklichkeit. Daraus erhellt ohne weiteres die ganze Schwere der Frage nach der metaphysischen Bedeutung von *Räumlichkeit*.

2. Die Ausdeutung der Räumlichkeit.

a) Die Wirklichkeitsbedeutung des *Neben*.

Nicht das *Neben* im Sinne der allgemeinen Ordnungslehre freilich wollen wir ausdeuten, nicht also das *Neben*, insofern es das Sosein irgendwelcher Setzung als Setzung merkmalshaft nach Art einer reinen Solchheit, aber einer beziehungstragenden, kennzeichnet, sondern das Neben, insofern es eine beziehliche Eigenschaft von Naturdingen ist. Alle Naturdinge, insofern sie für die naive Erfahrung eben überhaupt „Dinge" sind, besitzen Eigentümlichkeiten von der Art des Neben; und der allgemeine Rahmen alles Neben ist *der eine einzige Naturraum. In ihm* liegen die Dinge und ihre Teile in bestimmter Anordnung *neben*einander und sind in bestimmtem Masse *ausgedehnt.*

Was „bedeutet" das? Und bedeutet es überhaupt Etwas für das Sosein des Wirklichen, das der Grund des Erfahrungsinhaltes sein soll?

Kant hat diese Frage schlechtweg verneint und den Raum für eine „bloss subjektive" Anschauungsform erklärt. Dass die Möglichkeit „synthetischer Urteile a priori" im Bereiche der Geometrie für solche Behauptung nicht den Rechtsgrund abgibt, braucht nicht immer wieder im einzelnen durchgeführt zu werden. Übrigens könnte ja der kantische Satz von dem „bloss subjektiven" Wesen des Räumlichen trotz seiner falschen Begründung doch richtig oder wenigstens teilweise richtig sein.

Um mit Rücksicht auf die berühmte kantische Beurteilung der Frage und zugleich mit Rücksicht auf die Frage selbst zu einem Urteil zu kommen, müssen wir davon ausgehen, dass der Satz, es trete das *Neben* als beziehliche Eigentümlichkeit aller Naturdinge erster Stufe

---

des Wissens überhaupt) Begriffe ohne ihnen entsprechende Anschauungen „leer". Es gibt bedeutsame, ein bestimmtes Sosein kennzeichnende Naturwirklichkeits- und Wirklichkeitsbegriffe ohne jede Anschauung, ja auch ohne die blosse (Raumes-) Form einer solchen (s. oben S. 6; vgl. übrigens in den *Prolegomena* Kants die wichtigen §§ 57—59). Andererseits muss freilich wieder jede Naturwirkliches meinende gehabte Unanschaulichkeit so beschaffen sein, dass sich mit Hilfe einer Werderegel ein anschauliches, Naturwirkliches meinendes Erlebnis, eine „Wahrnehmung" als praktisch oder wenigstens denkhaft möglich ergibt; hierzu Kant, K. d. r. V.. Antinomie, 6. Abschn.: „denn alles ist (natur-) wirklich, was mit einer Wahrnehmung nach Gesetzen des empirischen Fortganges in einem Kontakt stehet".

auf, zwei ganz verschiedene Aussagen einschliesst, die von Kant nicht genügend auseinander gehalten worden sind.

Es gilt das *Neben* als „Neben" und das *Neben* als Träger von Beziehungen, beides mit Rücksicht auf Natur betrachtet, durchaus gesondert zu betrachten.

Das Neben als „Neben", oder, anderes, das „Ausgedehntsein" ist trotz seiner Besonderheiten der *reinen Solchheit* („Qualität") nahe verwandt, wie ja auch heute ziemlich allgemein anerkannt wird. Ganz ebenso wie etwa das Merkmal „rot" tritt auch „neben" oder „ausgedehnt" zunächst als Kennzeichnung unmittelbar gehabter und gesetzter Gegenstände auf, als echtes Merkmal also, und zwar als Merkmal unauflöslicher Art. Da ist von Natur noch nicht die Rede; wir sind im Gebiete der allgemeinen Ordnungslehre, wo es einen scharfen Unterschied von Inhalt und Form, wie wir wissen, noch gar nicht gibt. Beim Übergang zur *Natur* spielt nun aber das Neben eine ganz andere und viel grössere Rolle als die anderen gegenstandsmässigen reinen Solchheiten. Zwar wird auch vom Naturding auf der ersten Stufe des Naturdenkens noch gesagt, dass es *grün, tönend, warm* sei; aber auf höheren Stufen des Naturdenkens werden, wie wir wissen, diese reinen Qualitäten vernachlässigt, und zwar zugunsten von Kennzeichnungen der Dinge, die alle mit eben dem *Neben* irgend etwas zu tun haben. Das *Neben* selbst also verschwindet als Naturding-kennzeichnung nicht nur nicht auf höheren Stufen des Denkens über Natur, sondern spielt auf ihnen sogar eine bedeutsamere Rolle als auf der ersten Stufe. Es ist ja eben „exakt" *messbar*.

Aber letzthin ist doch nur wegen seiner nicht nur als denkbar[1]), sondern als tatsächlich bestehenden Messbarkeit das Neben so besonders bevorzugt worden, dass es nun auf höchster Stufe der Ordnung die Naturdinge als gleichsam selbständige Einzige in ihrem „Wesen" allein kennzeichnet. Es ist dabei trotz allem ich-gehabt geblieben; in seiner Eigentümlichkeit als gehabter Solchheit, die zwar von den „reinen" Qualitäten immerhin unterschieden ist, ist es übergegangen in das Reich des *als ob*, welches *Natur* heisst. Nicht als ob alles in diesem Reiche *Neben* wäre — das lehrt nur der gröbste Materialismus —, aber Neben ist etwas sehr Wesentliches an ihm: Die Naturdinge sind „ausgedehnt" und ihr *Werden,* soweit es unmittelbar kennbar ist, ist ganz wesentlich ein Werden in dem Träger aller Ausdehnung, dem „Raum", mag es auch in gewissen Gruppen von Werdefällen, z. B. den biologischen, nach „ausserhalb" des Raumes hin

---

[1]) Hierzu *O. L.* C. II. 3. a.

folgeverknüpft sein, dass heisst, nicht in anderem Raumwerden seinen zureichenden Werdegrund besitzen.

Was sollen wir für das *Wirkliche* mit dem Neben in diesem Sinn anfangen? Die Antwort ist wohl nicht schwer.

Neben als „Neben" ist sicherlich mein Neben, ist „für mich". Ob es „bloss" subjektiv ist, wie Kant will, das wissen wir nicht, können wir gar nicht wissen, da ja ein „Vergleichen" eines Für-mich mit einem An-sich, wie wir wissen, grundsätzlich ausgeschlossen ist. Die Frage, ob „unser" Neben, unser Naturneben sogar, auch „an sich" *Neben* sei, ob, anders gesagt, das Wirkliche „ausgedehnt" sei — diese Frage ist also sinnlos.

Nur eine „metaphysische" Aussage können wir mit Rücksicht auf das Neben als *Neben* machen, nämlich diese: Wenn anders Soseinskennzeichnungen des Naturwirklichen für das An-sich, das echt Wirkliche, überhaupt etwas Kennzeichnungsmässiges bedeuten — und das sollen sie ja — dann bedeuten Soseinskennzeichnungen derselben Gattung immer dasselbe. Naturneben, wo immer es in der Erfahrung als Naturneben auftritt, hat also stets in gewisser Hinsicht, nämlich insofern es eben *Neben* ist, die gleiche Wirklichkeitsbedeutung.

Es wird sich zeigen, dass dieser Satz nicht so leer und bedeutungslos ist, wie er vielleicht auf den ersten Anblick zu sein scheint. —

Das Neben ist nun aber nicht nur „Neben", sondern auch Träger von Beziehungen, und zwar, so können wir gleich hinzufügen, Träger einer besonderen Gruppe von Beziehungen, nämlich von Neben-Beziehungen. Diese Neben-Beziehungen untersucht die *Geometrie,* und sie gelangt dabei, wie die Ordnungslehre zeigt, zu einer Reihe von Ursätzen oder Urforderungen, welche der allgemeinen Forderung der Sparsamkeit von Setzungen genügen[1]). Alle Unterschiede im Bereiche des Neben und insonderheit des Naturneben sind letzthin nebenbeziehliche also geometrische Unterschiede; wir könnten auch sagen, dass alle Besonderheiten des Naturneben geometrische Besonderheiten sind.

Sind diese Besonderheiten und Unterschiede geometrischer Art nun auch „subjektiv" oder gar „bloss subjektiv", d. h. nur ein „Für mich"? Insofern sie von mir gehabt sind, sind sie sicherlich ein Für-mich. Aber nun hatte doch das reine Neben als „Neben" schon eine ganz bestimmte Wirklichkeitsbedeutung, nämlich die, wenn überhaupt eines, so immer dasselbe Wirklichkeitskennzeichen anzuzeigen, nach dessen

---

[1]) *O. L.* B. II. 7. b.

„wahrem Sosein" zu fragen allerdings eine sinnlose Frage wäre. Können wir nun aber nicht, im Rahmen eben dieses Gedankens von dem Immer-dasselbe-bedeuten des Neben als „Neben", mit Rücksicht auf das Neben als Beziehungsträger etwas viel Wesentlicheres metaphysisch aussagen?

Wenn anders Metaphysik überhaupt Bedeutung besitzen soll, muss sie, wie wir wissen, Erfahrung mitsetzen. Sie muss so sein, dass Erfahrung sein kann, wie sie ist; der zureichende Grund von Erfahrung muss sie sein. Das aber heisst, wie wir wiederum wissen, dass ihr Mannigfaltigkeitsgrad nicht geringer sein darf als der Mannigfaltigkeitsgrad von Erfahrung. Zu diesem nun gehören alle Besonderheiten und Unterschiede unter den geometrischen Eigenschaften der Dinge. Die Besonderheiten des Geometrischen an den Naturdingen und insonderheit die Unterschiede dieser Besonderheiten müssen also Besonderheiten und Unterschiede im Wirklichen bedeuten. Täten sie es nicht, so würde Metaphysik nicht leisten, was sie leisten soll.

Eine dreieckige Dingoberfläche ist von einer viereckigen verschieden, ebenso von einer runden, und der erste Unterschied ist wiederum verschieden vom zweiten Unterschied. Das alles weist also auf Besonderheiten, Unterschiede und Unterschiede von Unterschieden im Wirklichen hin. Und ein gleiches gilt, zum Beispiel, von dem Unterschiede, der im Rahmen des ordnungshaften Naturwissens durch die Worte „diskret" und „kontinuierlich" bezeichnet wird.

Um Besonderheiten und Unterschiede welcher Art aber handelt es sich im Rahmen der Wirklichkeit? Das wissen wir nun freilich nicht, ja, können es gar nicht wissen. Aber vielleicht können wir doch auch hier wenigstens eine beschränkte und doch bedeutsame Aussage machen, wenn wir uns an das Endergebnis unserer Untersuchung des Neben als Neben erinnern.

Neben überhaupt in der Natur bedeute im Wirklichen, was immer es wolle, so sagten wir; jedenfalls bedeutet es gattungsmässig immer dasselbe. Besonderheiten und Unterschiede im Neben als Beziehungsträger nun sollen Unterschiede und Besonderheiten im Wirklichen bedeuten. Die Zusammenfassung beider Teilergebnisse unserer Untersuchung ergibt also den wichtigen Satz:

Besonderheiten und Unterschiede der Beziehungen im Reiche des Natur-neben bedeuten Besonderheiten und Unterschiede im Wirklichen mit Rücksicht auf ein und dasselbe Gefüge von Beziehungen in ihm, über dessen Sosein „an sich" freilich eine Aussage nicht möglich ist.

Wo also geometrische Besonderheiten und Unterschiede uns im Bereich der Naturerfahrung entgegentreten, da ist es immer ein und dieselbe Wesensseite des Wirklichen, auf die sie hinweisen, und zwar ein und dieselbe beziehliche Wesensseite. Geometrisches in seiner Besonderheit und besonderen Unterschiedlichkeit also ist nicht „bloss subjektiv", sondern ist ein *Zeichen* eines bestimmten Beziehungsgefüges des Wirklichen.

Unser Ergebnis wird manchem immer noch armselig vorkommen. Wie ausserordentlich bedeutungsvoll es trotzdem ist, das wird nun sogleich erhellen, wenn wir des näheren beachten, in welchen grossen Gebieten der Naturlehre denn das Neben auftritt, wenn wir insonderheit die Lehre vom *Werden* hier vorgreifend heranziehen, wenigstens mit Rücksicht auf die Rolle, welche das *Neben* in ihr spielt.

b) Wirkliche Beziehungsgefüge ausser dem „Neben".

Wenn wir allein das *Natur*-leben betrachten, also das Werden der Eigenerlebtheit, wie es in der Lehre von der Seele behandelt wird, und ebenso die Werdebeziehnungen zwischen den Reichen *Natur* und *Seele*, das sogenannte „Psychophysische", zunächst von der Erörterung völlig ausschalten, und wenn wir ferner auch das *Werden* als solches noch nicht weiter zergliedern, so lernen wir doch aus der Lehre vom Werden etwas sehr Bedeutsames für die Lehre vom Räumlichen. Wir lernen nämlich aus ihr[1]), dass es einen gewissen Bezirk des Naturwerdens gibt, welcher sich für die Erfahrung ausschliesslich im Naturraum abspielt und einen anderen Bezirk, von dem diese Aussage nicht gilt.

Alles Werden nach der Form der *Einzelkausalität*, alles „anorganische" Werden also, alles Werden, das „rein-räumlicher Kausalität" untersteht, verlangt ein Raumeszeichen, eine *Neben*-beziehlichkeit, zur Kennzeichnung jedes seiner Bestandteile: Das Bewegliche, ja, allgemeiner gesprochen, das Veränderliche ist hier „ausgedehnt" und „im Raum", das Wirkende ist ebenfalls ausgedehnt und im Raum, und die Wirkung selbst erfolgt entweder unmittelbar auf Grund eines Neben, nämlich durch Berührung, oder aber über ein Neben hin, durch ein Neben hindurch, wie bei der Strahlung jeder Art.

Die Bestandteile des Werdevorganges sind aber nicht für die Erfahrung durchgängig durch Raumeszeiches, durch Neben-beziehlichkeiten gekennzeichnet bei allem Werden nach der Form der *Ganzheitskausalität*, also bei allem Werden im Bereiche des Belebten,

---

[1]) Zum folgenden *O. L.* C. I. 11 und C. III.

einschliesslich des überpersönlichen Geschehens jeder Art. Von den möglichen Natur-Werdeformen der *Dingschöpfung* und der *Veränderungsschöpfung* würde gleiches gelten, wenn wir Veranlassung hätten, sie als naturwirklich zuzulassen.

In Wendungen wie diese, dass „Entelechie" ein „unräumlicher Werdebestimmer („Naturfaktor")" sei, dass sie „in den Raum hinein" wirke, als möglich vorgebildetes Raumeswerden hemmend und zulassend, ist dieser Sachlage von mir an anderer Stelle[1]) ein mehr oder weniger bildnis- und gleichnishafter Ausdruck gegeben worden.

Aus dem allen folgt nun eines von grosser Bedeutung: Mag Werden als Werden bedeuten, was es wolle — davon werden wir in Bälde reden —, auf alle Fälle gibt es Werden im Reiche des Naturwirklichen, das nicht in allen seinen Letztbestandteilen die Heranziehung von Raumeszeichen, von Neben-beziehlichkeiten, beansprucht. Das aber heisst nichts anderes als dieses: Dasjenige Beziehungsgefüge im Wirklichen, welches für die Erfahrung als Gefüge der *Neben*beziehungen zum Ausdruck kommt, ist weder das einzige Beziehungsgefüge des Wirklichen noch ein alle Züge des Wirklichen umschliessendes.

Bei *Ganzheitskausalität*, also in der organischen Natur, sind nur die Werdewirkungen, die „Effekte", aber nicht die Ursachen und nicht die Vorgänge als solche, *neben*-gekennzeichnet. Nicht stetig und vollständig, sondern unstetig und bruchstückmässig („diskret") stellt sich Ganzheitswerden im Beziehungsgefüge *Raum* für die Erfahrung dar. Ein sehr wesentliches Gefüge von Beziehungen im Wirklichen stellt sich also für Erfahrung nur dar, insofern es das als *Raum* erfahrbare Beziehungsgefüge sozusagen schneidet. Erfahrung kennt nur die Schnittpunkte und die Beziehungen zwischen ihnen; nur sie sind ihm Zeichen des neuen Beziehungsgefüges. Und Erfahrung weiss nur, dass sie eben bruchstückartige Zeichen sind, oder vielmehr nur Bezeichnungen an einem artfremden Gefüge, während das neue Beziehungsgefüge des Wirklichen selbst gar keine besonderen Für-mich-Zeichen besitzt.

Ein geometrisches Gleichnis ist wohlgeeignet, diesen Gedanken zu veranschaulichen: Denken wir uns, dass eine gegebene ebene Fläche von gewissen nicht ‘in ihr gelegenen Kurven, etwa verschiedenen Kegelschnitten, geschnitten werde, dass wir aber nichts wahrnehmen können, als was in jener Fläche gelegen ist. Von irgend einem nicht in der Fläche gelegenen Kegelschnitt, der sie schneidet, nehmen wir

---

[1]) *Phil. d. Organischen*, 2. Aufl., 1921.

dann immer nur 2 Punkte wahr. Aus den Punkten als solchen allein aber, auch wenn wir immerhin wissen, es seien „Schnitt"-punkte, können wir über die Art des schneidenden Kegelschnitts gar nichts entnehmen; dieselben Punkte können von einem Kreis, einer Ellipse, Parabel, Hyperbel, aber auch von zwei beliebigen geraden Linien herrühren, und auch innerhalb jeder Kurvenart kann es sich wieder um Kurven aller erdenkbaren Grössen, Ausmessungen und Neigungen handeln.

Von dem zweiten grossen Beziehungsgefüge des Wirklichen, das, vom Werden als solchem immer ganz abgesehen, neben dem durch das Zeichen *Neben* der Erfahrung zugänglichen steht, kennt die Erfahrung also nur „Schnittpunkte" mit dem Gefüge des Neben in dem eben angegebenen Sinne. Nicht also, dass es sich nur um das Nicht-wissen eines „wahren An-sich" hier handelte; auch was die mir als *Neben* „erscheinende" Beziehungsart „an sich" sei, das kann ich ja in sinnvoller Weise nicht einmal fragen, wie wir eingesehen haben. Es handelt sich vielmehr gerade um ein Wissen, nämlich darum, dass ich weiss, dass ich schon im Bereiche der *Erfahrung* um etwas sehr Wesentliches nicht weiss, obschon es im Sinne des rein denk-haften Begriffs *naturwirklich-sein* „da ist"; ich weiss nämlich, dass das, was ich kenne, nur Bruckstücke sind — geradeso wie die Schnittpunkte in unserem Gleichnis.

Lediglich um das als *Neben* der Erfahrung erscheinende Gefüge des Wirklichen zu kennzeichnen, haben wir die aus der Lehre vom Ganz-heitswerden erwachsende Einsicht in andere Gefüge des Wirklichen, immer abgesehen vom Werden als solchem, hier herangezogen. Wir mussten nämlich so scharf als möglich betonen, dass das uns im *Neben* erscheinende Beziehungsgefüge des Wirklichen nicht „das", sondern nur eines seiner Beziehungsgefüge — wiederum ganz ohne Berücksichtigung dessen, was *Werden* „bedeuten" möge — sei. Da sahen wir also: im *Neben* „erscheint" uns ein wirkliches Gefüge von Beziehungen lückenlos, da aber, wo es Einheits- oder Ganz-heitsverknüpfung im Werden gibt, „erscheint" uns ein zweites wirk-liches Gefüge bruchstückartig in Form von „Schnittpunkten" mit dem Neben.

Mag es nun nicht unbestimmbar viele Beziehungen des Wirklichen geben, die uns, d. h. *meiner Erfahrung*, um ganz streng im Sinn der Ordnungslehre zu sprechen, gar nicht „erscheinen", d. h. denen gar keine Gruppe möglicher Setzungen im Bereiche der Erfahrung ent-spricht? Die Frage darf an dieser Stelle des Ganzen nur aufgeworfen werden; ihre Behandlung gehört an einen ganz anderen, viel späteren

Ort. Und ebenso gehört an einen viel späteren Ort die Erörterung der Frage, wie denn endgültig die Lehre von der *Ganzheitskausalität* im Werden zu fassen sei. In diesem Abschnitte begnügen wir uns mit der Einsicht, dass, vom Werden und seiner Bedeutung abgesehen, das *Neben* nur ein, aber nicht das Beziehungsgefüge des Wirklichen bezeichnet, und dass es Kennzeichen des Wirklichen gibt, welche sich nicht durch Zeichen im Bereiche des *Neben* für die Erfahrung darstellen, dass, um einmal newtonisch zu sprechen, der Raum nur ein, aber nicht das „Sensorium Gottes" ist.

Gerade diese letzte Formung unserer wichtigen Einsicht führt uns nun noch zu weiteren, unter anderem auch zu geschichtlichen Betrachtungen.

c) Ablehnung der spinozistischen Lehre von der *extensio*.

Spinoza ist der erste gewesen, welcher, ohne „Materialist" zu sein, in klarer Weise den Satz ausgesprochen hat, dass jedes einzelne Kennzeichen des Wirklichen, sei dieses geartet wie es sei, sich auch in einem Raumeszeichen darstellen müsse[1]). Ähnliches hatten wohl auch die Stoa und Bruno gemeint, aber der „Hylozoismus" dieser Denker war denn doch nicht zu endgültiger Klarheit gekommen. Bei Leibniz tritt der Satz von der durchgängigen Raumbezeichnung aller Züge des Wirklichen, wie wir ihn nennen wollen, zuerst in einer der Erfahrung im engeren, eigentlichen Sinne angepassten Form[2]) auf: das Ausgedehnte ist nur ein *phaenomenon,* obschon *bene fundatum:* für mich, um rein ordnungsgemäss zu sprechen, trägt eben alles Wirkliche eine *Neben*-Kennzeichnung. Der neueste Neukantianismus — ob Kant selbst, bleibe dahingestellt — hat diese Lehre in seiner Weise übernommen: Die angeblich „allgemeingültige" auf ein „transzendentales Subjekt", das aber keine metaphysische Wirklichkeit sein soll, bezogene Erfahrung ist ihrer Inhaltlichkeit nach so geartet, dass sie jedenfalls auch ein lückenloses

---

[1]) So in der „Ethik"; im zweiten Teil des sogenannten „kurzen Traktats" lehrt Spinoza bekanntlich das, was man heute „psycho-physische Wechselwirkung" nennt.

[2]) Freilich unter Verwendung des Gedankens, dass der Organismus in jedem noch so kleinen Teil immer noch Maschine, und zwar dieselbe Maschine sei. Dass dieser Gedanke eines Maschinen-differentials ein vollendeter Unbegriff ist, ist aber leicht ersichtlich: der Begriff des differentialen Zuwachses hat ganz offenbar nur im Gebiete homogenen Soseins, aber nicht, wo es sich um Mannigfaltigkeiten handelt, einen vernünftigen Sinn. Vgl. Leibniz, Syst. nouv. de la nature 10, Monadol. 64 und sonst.

Ganze von Aussagen über das *Neben* darstellt; in dieser Form heisst sie „Naturerfahrung".

Alle diese Lehren nun verwirft unser Satz, dass nur ein, und zwar ein auf gewisse Soseinsseiten beschränktes Beziehungsgefüge des Wirklichen sich der Erfahrung als das Gefüge des *Neben* darstelle, dass wir also nie und nimmer aus dem Erfahrungswissen um das Neben ein vollständiges Zeichen-wissen oder Bild, wenn man das Wort richtig verstehen will, vom Wirklichen erhalten.

Weder bei Spinoza noch im Neukantianismus ist der Gegensatz zu unserer Lehre auch nur irgendwie begründet. Er ist hingesetzt, ist „Dogma"; bei Spinoza ausdrücklich, bei den Neukantianern als angeblich aus der „Kategorientafel" folgend, welche aber unschwer als unvollständig zu erweisen ist[1]), so dass der Neukantianismus sich hier mit seinen eigenen Waffen besiegen lässt[2]). Cohen freilich kennt eine grosse Mannigfaltigkeit von „Kategorien", aber er verwendet zur Schöpfung des Begriffes *Natur* nur die mathematisch-mechanischen und nennt den sogenannten Vitalismus einen „Kulturfehler[3])".

Unsere eigene Ablehnung des Satzes von der durchgängigen Raumbezeichnung aller Wirklichkeitszüge nun besteht ganz gewiss nicht ohne „Empirie", und viele der heute so zahlreichen Verächter der Gewohnheitserfahrung werden ihr gewiss das als Vorwurf anrechnen. Aber wie könnte es anders sein? Die möglichen Werdeformen freilich entwickeln auch wir „a priori", wenn man es richtig verstehen will, nämlich aus dem, was *Werden* und *Kausalität* heisst, und aus der Art, wie wir überhaupt zur Setzung von Naturdingen gelangen und um Naturdinge wissen[4]). Aber dass es Ganzheitskausalität im Bereich

---

[1]) Vgl. meinen Aufsatz in *Kantstudien* 16, 1911, S. 22.

[2]) Gelegentlich wird wohl auch gesagt, nur der „Mechanismus" der Natur, im engeren Sinne des Wortes, verbürge die Einheit der Naturerfahrung. Er würde aber nur Einheit der „anschaulichen" Erfahrung verbürgen. Einheit der Naturerfahrung überhaupt kann auch ohne ihn bestehen; sie hängt nur am Begriff der *eindeutigen Bestimmtheit* im Werden. Vgl. übrigens, wie Kant selbst, z. B. gegen Ende des I. Buches der K. d. prakt. Vern., in klarster Weise sagt, dass ihm der Begriff eines „Mechanismus der Natur" nur deren kausale eindeutige Bestimmtheit bedeuten solle, „ob man gleich darunter nicht versteht, dass Dinge, die ihm unterworfen sind, wirkliche materielle Maschinen sein müssten". Freilich gibt es auch Stellen bei Kant, in denen er „Maschine" gleich „Mechanismus" setzt. Näheres in meinem Buche „Der Vitalismus als Geschichte und als Lehre", 1905, Abschnitt über Kant; vgl. auch die Zusätze zur italienischen und englischen Ausgabe. (2. Aufl. 1922).

[3]) *Logik der reinen Erkenntnis*, S. 298.

[4]) *O. L. C. I.* 11.

des Erfahrbaren „gibt" oder „nicht gibt" — wie soll denn das „a priori" ausmachbar sein? Ich weiss es nicht.

Und unsere Lehre wird sogar der Bevorzugung des „A priori" noch weiter entgegenkommen, freilich wird sie dann gerade das „Dogma" des Spinoza und der Neukantianer durchbrechen. Das gehört aber erst an eine viel spätere Stelle der Untersuchung, und es mag an dieser Stelle nur das Eine schon gesagt sein, dass allerdings unserer in diesem Abschnitte dargelegten Lehre von der metaphysischen Bedeutung des Raumhaften und des Nicht-raumhaften noch eine gewisse Vorläufigkeit anhaftete. Wir zogen ja die Lehre vom *Werden* heran um unsere Einsichten über Raum und Nicht-Raum zu gewinnen. Die Lehre vom Werden und von seinen möglichen Formen im Naturwirklichen geht aber auf beschränkte Ausschnitte, auf „endliche Systeme" im Rahmen von Natur; sie geht nicht auf die Natur als auf Eines. Das bedingt die Vorläufigkeit der Untersuchungsart sowohl wie des Ergebnisses. Wir können an dieser Stelle nun nur unsere, wie sich zeigen wird, wohl begründbare Behauptung hinsetzen, dass später aus unserer vorläufigen, gleichsam noch „naturtheoretischen" Ablehnung der Spinozistischen Lehre von der Bedeutung der *extensio* eine endgültige „auf das Ganze gehende" Ablehnung werden wird. —

Sowohl zur Lehre des Spinoza wie zur neukantischen Fassung des Satzes von der durchgängigen Raumbezeichnung der Wirklichkeitszüge bedarf es nun noch einiger besonderer Erläuterungen.

Obwohl Spinozas Wirklichkeitslehre in ihrer Ausführung durchaus darauf aufgebaut ist, dass die *Substantia* zwei *Attributa, Extensio* und *Cogitatio,* besitze, so redet er doch im Anfange der Ethik von den *infinitis attributis* seiner Gottheit, von denen nur zwei in den Menschen als ihren *Modus* eingehen. Würde mit den „unendlich" vielen Attributen des Wirklichen Ernst gemacht, so könnte — ich sage nicht: müsste — die Lehre des Spinoza ein ganz anderes Aussehen annehmen, nämlich dieses[1]): Der Mensch kennt alle Attribute mit Ausnahme von zweien nicht. Wer sagt uns, dass diese unzähligen nicht gekannten Attribute nicht Soseinszüge des Wirklichen ausdrücken, die in *Extensio* und *Cogitatio* nicht zum Ausdruck kommen? Von vornherein unmöglich wäre eine solche Sachlage nicht. Freilich will Spi-

---

[1]) Hartmann (*Gesch. d. Metaph.* I, S. 394 f.) hat den Widerspruch klar hervorgehoben, der darin liegt, dass von den angeblich unendlich vielen Attributen nur zwei eine Rolle spielen. Voraussetzung dabei ist freilich, dass man in dem Passus der sechsten Definition „hoc est substantiam constantem infinitis attributis" das „infinitis" mit „unendlich-vielen" übersetzt, und nicht, wie man das an anderen Stellen jedenfalls muss, nur mit „unendlich" = nicht-endlich.

noza, und das eben ist das Glaubenshafte an seiner Lehre, jedes Attribut die Substantia vollständig ausdrücken lassen; und dann werden die *infinita attributa* in der Tat praktisch bedeutungslos, ändern jedenfalls an der Lehre vom durchgängigen Raumbezeichnetsein aller Züge des Wirklichen nichts.

Die neukantianische Lehre von dem durchgängigen Raumbezeichnetsein aller Züge des Wirklichen gibt sich, wie übrigens auch ihr Vorbild, die Lehre des Leibniz, gern als Lehre von der „Vereinigung von Teleologie und Mechanismus". Anders und deutlicher gesagt: der Neukantianismus will die Bedeutung des Biologischen, Psychischen, Historischen, Ethischen gar nicht leugnen; er will, in unserer Sprache geredet, die *geordnete Ganzheit* zunächst einmal des Erfahrungswirklichen — er selbst kennt kein anderes Wirkliche — nicht leugnen; aber diese geordnete Ganzheit der Welt soll eben auch in allen ihren Zügen in der Welt als „mechanischem System" zum Ausdruck kommen. Als *räumlichen Ordnungsmonismus* könnte man die neukantische Lehre passend bezeichnen: eine Ordnung soll da sein, eine Ordnung, die sich in räumlichen Zeichen lückenlos ausprägt. Dass solche Lehre unmöglich ist, kann, wie schon angedeutet wurde, erst an späterer Stelle, an welcher dann die Frage nach der Bedeutung des *Neben* ihre endgültige Antwort erhält, gezeigt werden. An dieser Stelle aber sei immerhin schon eine wichtige Bemerkung zur Lehre von der angeblichen „Vereinigung" von Mechanismus und Teleologie vorläufig beigebracht, eine Bemerkung, die gar nicht oft genug vorgebracht werden kann.

Es handelt sich um rein begriffliche Klarstellungen: Geordnete Ganzheit ist kein „Mechanismus", und aus echtem Mechanismus andererseits kann sich nie Ganzheit ergeben, so wie der Neukantianismus sie als räumliche Abbildung der „anderen Seiten" des Wirklichen denn doch mindestens brauchen würde.

Geordnete Ganzheit ist kein „Mechanismus". Nämlich deshalb nicht, weil die Auffassung der Welt als Ganzheit, sei sie auch lediglich im Rahmen des *Neben* gedacht, wie die von uns jetzt beurteilte Lehre es will, nichts anderes bedeutet, als jeder letzten Einzelheit des Daseins und Werdens diese eine bestimmte Stelle im ganzen anzuweisen. Wird wirklich mit der Ganzheit, der „universellen Teleologie", Ernst gemacht, so hat es also gar keinen Sinn mehr von „Mechanismus" zu reden; der Begriff des Mechanismus nämlich, etwa in der Fassung Newtons, bezieht sich ausdrücklich auf das Verhalten von als unabhängig voneinander gedachten Letztheiten. Und echter Mechanismus in diesem Sinne, andererseits, kann nie räumliche

Ganzheit liefern, wie sie als „andere Seite" des Biologischen, Psychischen, Geschichtlichen, Ethischen denn doch mindestens erforderlich wäre. Nur geometrisch geformte Gleichgewichtsgefüge oder Verbindungen solcher kann echter „Mechanismus" als Ganzheiten liefern, Zustände „wahrscheinlichster Verteilung", weiter nichts.

Die Leibniz-Neukantianische Lehre von einer „Vereinigung von Mechanismus und Teleologie" leidet also an einem inneren Widerspruch. Ganzheit — also kein „Mechanismus"; so muss es heissen. Und das musste an eben dieser Stelle, obwohl sachlich alles noch im vorläufigen bleiben soll, schon bemerkt werden, um einen der angeblichen Vorzüge der Lehre von der durchgängigen Raumbezeichnung aller Züge des Wirklichen gleich von Grund aus zu erschüttern: der Begriff des echten „Mechanismus" muss, auch wenn er hier sachlich nicht unberechtigt wäre, zusammenbrechen, sobald man, und das will man, den Begriff der ganzen Ordnung zu retten wünscht[1]). —

d) Zusammenfassung.

Wir fassen nach diesen geschichtlichen und beurteilenden Abschweifungen unser eigenes Ergebnis in Sachen der Wirklichkeitsbedeutung des *Neben* noch einmal zusammen:

Das *Räumliche* im Bereiche der Naturerfahrung kann als Raumhaftes, als *Hier* und *Neben*, für eine Wirklichkeitslehre nicht wohl in Frage kommen. Räumliche Beziehungen im Bereiche der Naturerfahrung dürfen aber gelten als Zeichen eines bestimmten Gefüges von Beziehungen im Reiche des Wirklichen. Das Wirkliche ist so geartet, dass ein bestimmtes Gefüge seiner Beziehungen in diejenige Folge aus ihm, welche sich in dem *Ich erlebe Etwas* ausdrückt, als räumliche Beziehungen im Rahmen des Etwas eingeht, in Form räumlicher Beziehungen „erscheint".

Das für die Erfahrung in der Form des *Neben* bezeichnete wirkliche Beziehungsgefüge aber ist — vom Werden ganz abgesehen — nicht das einzige Beziehungsgefüge im Reiche des Wirklichen, und stellt auch nicht alle Eigenschaften des Wirklichen, etwa „von einer Seite her", dar. Es gibt Züge des Wirklichen, welche gar nichts mit dem als Raum erfahrbaren Beziehungsgefüge zu tun haben. Nur sogenannte Empirie in absichtlich beschränktem Rahmen freilich kann zunächst lehren, dass dem so ist.

---

[1]) Dieser in diesem Werke später noch einmal breiter zu behandelnde Gedankengang ist zuerst ausgeführt in meiner Schrift „Über die grundsätzliche Unmöglichkeit einer „Vereinigung" von universeller Teleologie und Mechanismus". Sitz.-Ber. Heidelb. Ak. d. Wiss. Phil. Klasse 1914.

Der in der neueren Philosophie auf Spinoza zurückgehende Satz von der durchgängigen Raumbezeichnung aller Züge des Wirklichen, der auch von Leibniz und den Neukantianern angenommen wurde, fällt durch den Nachweis, dass es, vom Werden abgesehen, im Wirklichen andere Beziehungsgefüge gibt als nur dasjenige, dessen Erfahrungs-Zeichen das *Neben* ist. Es verdient bemerkt zu werden, dass der Satz des Spinoza und alle ihm ähnlichen Sätze „dogmatischer", d. h. glaubenshafter Art, nicht aber irgendwie, sei es denkhaft oder gewohnheitserfahrungsmässig, begründet gewesen sind. —

Überblickt man unvoreingenommen diese Zusammenfassung unserer Ergebnisse, so wird man noch in einem Punkte Aufklärung verlangen, nämlich mit Bezug auf den von uns verwendeten Ausdruck „Zeichen": Ein „Zeichen" für ein wirkliches Beziehungsgefüge soll alles Neben der Naturerfahrung sein; gelegentlich haben wir auch gesagt ein „Abbild".

Dass solche Äusserung nicht im Sinne einer naiven „psychologistischen" Bilderlehre gemeint ist, geht nun wohl schon aus unserem beigefügten Satze hervor, dass eben das Wirkliche so geartet sei, dass ein bestimmtes seiner Beziehungsgefüge „in diejenige Folge aus ihm, welche sich in dem *Ich erlebe Etwas* ausdrückt", als Gefüge von *Neben*-beziehungen eingehe. Das ist sehr unbestimmt gesprochen, und so muss es an dieser Stelle, wo wir ja von der Wirklichkeitsbedeutung des *Ich weiss* noch gar nicht reden, sein. Aber noch ein anderes Missverständnis könnte, so scheint mir, von der Bilderlehre des naiven „Psychologismus" ganz abgesehen, aus den Worten „Zeichen" oder „Abbild" erwachsen; das Missverständnis nämlich, als solle nun jedes einzelne räumliche „Ding" der Erfahrung ein Zeichen für irgend ein einzelnes, zwar nicht räumliches, Dinghaftes im Wirklichen sein. Das meinen wir nicht, und das haben wir ja auch gar nicht gesagt: einem bestimmten Beziehungsgefüge, das für uns das einzige Naturbeziehungsgefüge, neben dem Werden, ist, welches wir in Lückenlosigkeit erfassen, soll ein bestimmtes Beziehungsgefüge im Wirklichen entsprechen, für das es freilich, vom Werden ganz abgesehen, sicherlich nicht das einzige lückenlose Gefüge ist. Leibniz, Herbart, Lotze und einige Neuere haben sich dieses Verhältnis von Gefüge zu Gefüge ähnlich gedacht; der Ausdruck „intelligibler Raum" soll das bei Herbart ausdrücken.

Ich aber denke durchaus einerseits an die Gegenstände der Natur-Erfahrung, die sich verhalten, *als ob* sie selbständig wären, und andererseits an das echte letzte Wirkliche, das die Ordnungslehre, sich selbst aufhebend, fordert, als an Gesamtheiten: einem Beziehungsgefüge in dem Einen als Gesamtheit soll also ein bestimmtes Beziehungsgefüge in dem Anderen als Gesamtheit entsprechen.

Nur dieses ist bis jetzt ausgemacht worden und weiter noch gar nichts. Und auch wenn wir gesagt haben, dass Unterschiede im erfahrungsmässigen Natur-Raumhaften Unterschiede bleiben müssen in jenem wirklichen Beziehungsgefüge, das ihm entspricht, dass dreieckige Dingoberflächen nicht „eigentlich“ dasselbe seien wie viereckige oder runde, so ist doch eben noch gar nichts darüber gesagt, wie sich denn „Unterschiede“ innerhalb des Wirklichen überhaupt ausdrücken können. —

Bleiben also unsere Ergebnisse noch recht im Unbestimmten, insofern als wir über das Wirkliche nur gelernt haben, dass es mehrere Gefüge von Beziehungen und unter ihnen ein für mein Erleben besonders ausgezeichnetes in sich berge, so ist nun doch ein Schritt von ganz besonderer Bedeutung mit unseren Darlegungen getan, eine ganz besonders wichtige Entscheidung ein für allemal unwiderruflich getroffen worden: Wir haben trotz aller Unbestimmtheit unserer Ergebnisse den Rahmen rein formhafter Aussagen über das Wirkliche gesprengt. Denn nicht mehr ist uns jetzt das Wirkliche lediglich ein unbestimmbares *dieses Solche;* es besitzt uns jetzt besondere voneinander unterschiedene Bestimmtheiten beziehlicher Art. Mögen wir diese besonderen Bestimmtheiten auch noch nicht recht fassen können: sie sind als ausdrücklich *verschiedene* im Rahmen des Wirklichen gedacht, und eben damit tritt zum erstenmal das Wirkliche aus dem Rahmen starrer und leerer Formalhaftigkeit heraus. Freilich — „an sich“ können die Beziehungsgefüge des Wirklichen nicht in ihrem Sosein gekennzeichnet werden; das wissen wir ein für allemal und das sehen wir hier im besonderen. Ich kennzeichne sie lediglich auf Grund ihrer Beziehung oder Nicht-beziehung auf Mich als Habenden. Aber sie sind da in ihrer Wirklichkeitsverschiedenheit. Und diese Einsicht ist trotz ihrer Unvollkommenheit ein Blick „hinter“ die „Erscheinungen“. —

Aus der Lehre, dass ein bestimmtes unter den Beziehungsgefügen des Wirklichen sich der Naturerfahrung als Gefüge der Raumbeziehungen darstelle, folgt endlich noch eine Einsicht in das Wesen des Begriffs „absoluter Raum“. Schon die Ordnungslehre macht aus, dass zwar nur bezogene Bewegungen ermittelbar sind, dass aber trotzdem alles Naturbestimmen überhaupt die Setzungen *dieser eine Naturraum, dieses ganz bestimmte Hier* als denkhafte Setzungen voraussetzt[1]).

---

[1]) Vgl. *O. L. C. I.* 5 b.

Dass dem nun, wenn anders Ordnungshaftes als Folge eines Wirklichen sich darstellen soll, geradezu so sein muss, ist leicht ersichtlich: es liegt in dem Begriff *das eine Wirkliche* unmittelbar beschlossen, dass nun auch ein bestimmtes Beziehungsgefüge dieses Wirklichen dieses eine wirkliche sein muss — wenigstens wenn die Möglichkeit einer strengen *Coincidentia oppositorum* für das Wirkliche abgelehnt wurde, wie von uns geschehen ist. Dieses eine Beziehungsgefüge im Wirklichen, das wir meinen, ist ja nun in der Tat „absolut", d. h. *wirklich*, wobei ausdrücklich auf die in meiner „Ordnungslehre" näher dargelegte Sachlage hingewiesen sein mag, dass das Wort „absolut", wenn es im Rahmen der Ordnungslehre auf den Raum angewendet wird, etwas ganz anderes als „wirklich" meint. Das eine wirkliche Beziehungsgefüge, das wir jetzt meinen, ist aber nun andererseits — nicht Raum als „Raum".

e) Die Materie.

Mit der Einsicht, dass alles *Raumhafte* im Rahmen der Erfahrung eine bestimmte besondere Beziehungsart des Wirklichen anzeigt, und zwar eine neben unbestimmbar vielen anderen Beziehungsarten, ist mehr gewonnen als auf den ersten Anblick gewonnen zu sein scheinen möchte. Es ist nämlich mit dieser Einsicht zugleich ein Wissen gewonnen von der Wirklichkeitsbedeutung einer gewissen Seite dessen, was in dem Raume ist.

Die ordnungshafte Erfahrung mit Rücksicht auf Naturwirklichkeit redet hier bekanntlich von *Materie,* als demjenigen, zu dessen *Wesen,* d. h. beharrlichem Sosein, es gehört *ausgedehnt* zu sein und in jedem Zeitpunkt eine bestimmte *Lage* zu haben. Erfahrung weiss nun sehr wohl, dass es noch anderes Naturwirkliche „gibt" als nur Materie; selbst im Rahmen des sogenannten Unbelebten, gibt es da, bis auf weiteres jedenfalls, die newtonischen „Kraftstrahlen" als bestimmt gekennzeichnete Raumesstellen, gibt es also raumhaftes Nicht-materielle, und im Rahmen der belebten Natur gibt es die nur raumesbezüglichen Werdebestimmer, zu denen auch das Natur-gegenstück desjenigen gehört, was psychologisch „Seele" genannt wird. Aber Erfahrung weiss auf der anderen Seite, dass alles besondere Naturwissen mit dem Wissen um Veränderungen an Materie anhebt. Das Wissen um Materie und ihre Veränderungen ist also gewissermassen das Naturwissen in erster Stufe. Und eben damit wird die Materie der Erfahrung ausserordentlich bedeutungsvoll.

Aus Materie bestehen die *Dinge* des täglichen Lebens, sie sind *da draussen* und sie haben Beziehungen des *Neben.* Dass sie „da draussen" sind, das tritt als ein besonderer Wesenszug der Raumhaftigkeit jetzt erst so recht vor das Bewusstsein. Und „mein Leib", trotz seiner ausgezeichneten Rolle für „mich", ist für *Ich* auch da draussen, weil *Ich* das alles in völliger Unraumhaftigkeit ja *habe*, auch meinen Leib, mag ich auch einen bestimmten Ort in ihm, als einem Etwas im Raum, jemals zum „Mittelpunkt" des Raumes machen.

Das Naturwirkliche der ordnungshaften Erfahrung ist also, in seiner *gleichsam* bestehenden Selbständigkeit, so beschaffen, dass es sich für das Wissen in erster Stufe in jedem Augenblick als bestimmte Verteilung von Materie da draussen im Raume darstellt, ja wir dürfen, im Sinne der von der Ordnungslehre begründeten Materien-„theorie", geradezu sagen: als Verteilung von *Urdingen* da draussen.

Wer hier nun fragen wollte, ob Materie, wie Erfahrung sie fasst, auch „in Wirklichkeit" Materie „sei" oder nicht, der würde geradeso unsinnig fragen wie der, welcher das blosse *Neben* mit seinem An-sich vergleichen möchte. Aber, auf der anderen Seite, ist Materie und ist die Tatsache, dass alles Wissen um Naturwirklichkeit, auch in ihren „höchsten" Formen, z. B. mit Rücksicht auf Geschichte, in seiner ersten Stufe am Wissen um Materie hängt, doch nicht „Schein", wie etwa eine Sinnestäuschung. Dass Ich um alles Naturwirkliche nun eben im Sinne eines Wissens um Materie und ihre Veränderung in erster Stufe weiss, das lässt sich durch nichts fortschaffen, auch nicht durch den sogenannten Idealismus eines Berkeley und Schopenhauer und anderer, die weniger klares und deutliches Wissen hatten als diese beiden grossen Männer. Dass es also erfahrungshaft Materie „gibt", insofern als *Ich* um Materie weiss, insofern als mein Wissen ein Wissen um das ist, was ich Materie, in klarer Umgrenzung des Wortes, nenne, das ist etwas ganz Sicheres im Rahmen der Erfahrung, und dieses „es gibt" der Materie verlangt eine metaphysische Deutung, welche nicht einfach in der Aussage bestehen darf, Materie sei „eigentlich" gar nicht da. Auch für Berkeley ist sie ja da — wenn auch nur als Form meines gottbedingten Erlebens; auch Berkeley ist hier ja ein das Wirkliche Suchender, ein „Realist"; auch er lehrt nicht, (was man freilich, wie wir wissen, nie endgültig „widerlegen" könnte), den Solipsismus als letzte Endgültigkeit.

Was wir hier also zu sagen haben, kann nicht zweifelhaft sein:

Das Wirkliche besitzt ein bestimmtes Beziehungsgefüge, welches, wenn es in die Form des *Ich habe Etwas* eintritt, als Gefüge des *Neben* „erscheint", und das Wirkliche ist ferner so geartet, dass es sich *Mir* mit Rücksicht auf eine bestimmte Gruppe seiner mir raumhaft zugänglichen Besonderheiten, (derjenigen nämlich, um welche ich als um *Natur* weiss), in erster Stufe in jedem Augenblicke anzeigt in Form eines Wissens um Dinghaftes im Raum und dessen Lagen, kurz: in Form eines Wissens um *Materie*.

In diesem Sinne bedeutet das erfahrungshafte Dasein von Materie metaphysisch Etwas, und zwar etwas ganz Bestimmtes. In diesem Sinne ist Materie wirklichkeits-anzeigend, und ihre wirklichkeitsanzeigende Bedeutung lässt sich ganz und gar nicht beseitigen.

Auch wer da sagt, „es gibt" nur Erfahrung machende Iche in Wirklichkeit, für den gibt es doch Materie als Erfahrungsinhalte dieser Iche; und dass sie eben Materie als Erfahrungsinhalte haben, dass sie gerade eine *Materien*lehre schauen können, das muss denn doch wohl im Wirklichen gegründet sein, wenn anders überhaupt vom *Wirklichen* geredet werden soll.

Also „bedeutet" *Materie* für das Wirkliche etwas ganz Bestimmtes; und alles, was nun Erfahrung mit Rücksicht auf *Materie* weiss, das wird auch etwas ganz Bestimmtes bedeuten, und zwar etwas sehr Bedeutsames, ja die eigentlichen metaphysischen Grundfragen mit Angehendes[1]), wie sich im Verlauf dieses Werkes zeigen wird.

Wer das für die Erfahrung bestehende Dasein von Materie übersieht, und zwar das in jedem Augenblicke bestehende Dasein eben dieser Materie in dieser Verteilung, wer nur etwa von den „Begriffen" redet, die sich an Materie „verwirklichen", aber das, woran sie sich erfahrungshaft verwirklichen, kurzerhand als nebensächlieh, als „blosses" *hic et nunc* beiseite schiebt, wie so viele „Idealisten", dessen Metaphysik verstösst von allem Anfang an gegen den einen der obersten Grundsätze aller Wirklichkeitslehre: dagegen nämlich, dass Metaphysik von der in Vollständigkeit gefassten Erfahrung auszugehen hat[2]).

3. Die Ausdeutung von Naturzeit und Naturwerden.

Die Ordnungslehre schafft die Setzungen *Raum* und *Zeit* in ganz verschiedener Weise, verwendet sie dann aber im Rahmen der Lehre von der Natur ganz ähnlich. *Neben* ist ein unmittelbar gehabtes Einfaches, der reinen Solchheit verwandt; „zeitliches Neben", wenn der Ausdruck erlaubt ist, wird durchaus nicht als Einfaches gehabt[3]). Ge-

---

[1]) Nämlich die Frage nach der Berechtigung oder Nichtberechtigung einer *ordnungsmonistischen* Lehre.

[2]) S. o. S. 29 ff.

[3]) Näheres in *O. L.* C. I. 1 u. 2. D. 1.

habt überhaupt wird stets nur im *Jetzt*, oder, besser noch, zeitunbezogen; freilich kann ich nun im Jetzt eine *Damals*-bedeutung und mit Rücksicht auf das *Damals* eine *Früher-Später*-Bedeutung unmittelbar haben. Das ist aber alles, was ich mit Rücksicht auf die sogenannte „Zeit" unmittelbar als Einfaches habe; es beschränkt sich mein Haben eines „Zeitlichen" als eines Einfachen also durchaus auf das, was in der üblichen Sprache Erinnerung heisst. Und mein Haben ist hier durchaus punkthaft; von einem unmittelbaren Erleben von so etwas wie einem „zeitlichen Neben" als einer Art von Solchheit ist gar keine Rede. Aus reinen Ordnungsgründen erst, und zwar aus Sparsamkeitsgründen insonderheit, setze ich rein bedeutungshaft und durchaus „unanschaulich" *Werden* und *Zeit;* und beide Setzungen bleiben mir daher stets sozusagen fremder als das *Neben;* wenigstens dann, wenn unter *Zeit* und *Werden* das verstanden wird, als was beide ordnungshaft gesetzt sind und nicht etwa die reinen allerunmittelbarsten Erlebnisse *Damals* und *Früher*. Die bedeutungshaften Zeichen *damals* und *früher als* bewusst haben, das gehört ja ganz unmittelbar zum bewussten Haben als solchem, zum „Wesen des Bewusstseins", wie manche sagen; und ebenso gehört zu diesem „Wesen" das Setzen jenes erweiterten „gehabt habenden" Ich, welches wir *mein Selbst* nennen. Aber die *Zeit,* in welcher die Natur und die („unbewusste") Seele sich verändern, die ist weit von dem eigentlich unauflösbaren Unmittelbaren entfernt; die wird als ein sehr Zusammengesetztes, obschon Ein*heit*liches „gemeint", ebenso wie Natur und Seele mit allen ihren Einzelgegenständen mittelbarer Art selbst gemeint werden. Auch der eine Naturraum werde doch „gemeint", wird man hier vielleicht sagen; gewiss wird er es, aber doch auf Grund eines unmittelbar gehabten Einfachen, des *Neben* nämlich, welches ihm soseinsgleich ist, während unmittelbar erlebte *Damals-* und *Früher als*-Punkte mit der gemeinten *Zeit* wirklich keine Soseinsgleichheit besitzen.

Die „Zeit" schlechthin eine Form der reinen Anschauung zu nennen und sie neben den Raum zu stellen, wie Kant es tat, geht also weder „phänomenologisch" noch „logisch" an. Das ist jetzt wohl recht allgemein zugegeben, und ebenso allgemein wird von Kundigen das Verdienst gewürdigt, das Bergson sich durch seine Unterscheidung von *durée* und *temps* erworben hat, auch wenn man den Einzelausführungen seiner Lehre nicht zustimmt.

Aber, trotz allem: in der Naturlehre, als besonderem Teil der Ordnungslehre, werden nun *Zeit* und *Raum* beide als stetige, messbare Beziehungsgefüge, obschon von verschiedener Zahl der Abmessungen, behandelt. Auch alle Schwierigkeiten mit Hinsicht auf die zwar setzbare, aber nicht praktisch bestimmbare sogenannte „Absolutheit" — das Wort ordnungshaft gemeint — treten mit Rücksicht auf Zeit ganz ebenso auf wie beim Raum. Ist doch überhaupt die Verkettung von Raum und Zeit eine so innige, dass der erste und einfachste Begriff der ordnungshaften Naturlehre, soweit sie nicht lediglich vom Sosein handelt, ˑder Begriff der *Bewegung* nämlich, allein aus den Letztsetzungen *Etwas, Anders, Raum, Zeit* sich aufbaut, und dass weiterhin alle „Zeit" geradezu an Bewegung, nämlich an einer als „gleichförmig" vorausgesetzten Bewegung, gemessen wird[1]).

Das alles hat die Ordnungslehre ausgeführt. Prüfen wir, was Wirklichkeitslehre mit ihren Ergebnissen anfangen kann.

Wir wollen und dürfen, ebenso wie bei der Erörterung der Bedeutung der Räumlichkeit, von der *Natur*lehre, nicht aber von der allgemeinen Ordnungslehre ausgehen; dann aber können wir uns die Verwandtschaft der Begriffe *Raum* und *Zeit*, welche trotz verschiedenen ordnungshaften Aufbaues beider in der Naturordnungslehre besteht, zunutze machen.

Werden und *Zeit*, beides mit Rücksicht auf das Reich des scheinbar selbständigen Naturwirklichen gefasst, sind nicht dasselbe. *Zeit* ist ein Gefüge, *Werden* ist ein bestimmtes stetiges Anderssein eines Etwas in diesem Gefüge, ebenso wie *Beharrlichsein* das Dasselbesein eines Etwas im Rahmen dieses Gefüges ist.

Das Werden also ist in der Zeit, und das einfachste *Werden* ist das Anderssein von Etwas zu verschiedenen Zeitpunkten mit Rücksicht auf das blosse Hier, die Bewegung.

Die „metaphysische" Ausdeutung der *Zeit* tut nun gut sich an das *Werden* oder auch an die *Beharrlichkeit*, aber nicht unmittelbar an „die Zeit" zu halten, und zumal durch Prüfung der verschiedenen Gruppen von Werdearten, welche es gibt, zu untersuchen, was das so bedeutsame Gefüge *Zeit* bedeuten möge. Ich fasse aber den Ausdruck „Gruppen von Werdearten" hier ganz äusserlich im Sinne blosser Aufzählung des offenkundig Verschiedenen an erfahrbarem Werden und denke nicht etwa an die Lehre von den möglichen Urformen des Naturwerdens, wie sie in der Ordnungslehre[2]) eine Rolle spielt.

„Es gibt", für die Erfahrung, zunächst verschiedene Formen des Werdens, die sich durchaus und lediglich am Ausgedehnten abspielen: reine Bewegung, reine Soseinsänderung eines Dinges, Bewegungs- und Soseinsänderung in bezug auf mehrere Dinge, d. h. Änderungsüber-

---

[1]) Vgl. *O. L. C.* II. 2.
[2]) *O. L. C.* I. 11.

tragung; kurz: das ganze Gebiet sogenannten „unbelebten“, „anorganischen „Geschehens. Es ist zu beachten, dass wir hier überall nur vom Werden als *Werden* reden und den Begriff der „Kausalität“ noch ganz ausser Betracht lassen.

Es „gibt“ nun weiter verschiedene Formen des Werdens, bei denen das Beziehungsgefüge *Raum* eine nur bruchstückartige Rolle spielt. Hier ist ein Werden nicht als solches erfahrungsmässig gekannt, sondern gefordet; ein Zustand im Raum ist gegeben, an dessen Zustandegekommensein aus einem früheren Zustand heraus es beteiligt gewesen sein muss, da sein Gewordensein sonst „grundlos“ wärs. Wir kennen, sozusagen, seine Wirkung, aber nicht es selbst, oder auch, in anderen Fällen, seinen Ausgang, aber nicht es selbst. Aber es steht als besondere Werdeart da. Es gehören hierher: Einerseits die Verwirklichung von *Formen* („Entelechien“) an dem ausgedehnten Stoff, der „Materie“, seien das Formen nur persönlicher oder überpersönlicher Art; andererseits die zu fordernde Änderung des Zustandes der nichtverwirklichten unraumhaften Form durch Änderungen des Zustandes an der stofflich verwirklichten Form. Beispiele aus der Lehre vom Lebendigen mögen beide Arten des Werdens erläutern: die erste liegt vor im Verlaufe des Geschehens einer Regeneration, die zweite ist als an der reinen Entelechie geschehend zu denken, sobald ein lebender Körper verletzt wird, die Entelechie wird dann „affiziert“[1]).

Das sind nun alle Werdehauptformen, die es in der *Natur* mit Sicherheit gibt; alles andere Naturwerden lässt sich auf sie zurückführen. Es fehlt in unserer Aufzählung ein Werden im Sinne einer unmittelbaren Übertragung von *Form* zu *Form*. Wenn wir die telepathischen und verwandten Phänomene als wissenschaftlich gegründet zugeben, was wir meines Erachtens heute dürfen, so kommt also diese Form der Werdeübertragung noch hinzu; doch wollen wir einstweilen von ihr absehen.

Soweit es sich um Werdeübertragung in der Natur handelt, kommen also als ganz gesichert und von jedem zugestanden in Frage die Möglichkeiten Ding → Ding, Form → Ding, Ding → Form. Alles Übliche passt in diese Aufzählung hinein. Und dazu kommt die blosse Veränderung eines Dinges als solches, einschliesslich blosser Bewegung.

Also in sehr verschiedenartigen Ausprägungen „gibt es“ für die Naturerfahrung *Werden;* sein durchaus bedeutungshaft gedachter, jeder unmittelbaren „anschaulichen“ Erlebbarkeit barer Rahmen ist *die Zeit,* das „zeitliche Neben“.

---

[1]) Phil. d. Org. 2. Aufl. S. 481 ff.

Bedeutet nun das allgemeine Gefüge für alles Werden, bedeutet *Zeit* für das Wirkliche etwas, so wie *Raum* für das Wirkliche etwas bedeuten durfte? Und bedeutet, trotz des ganz verschiedenartigen denkhaften Auf- oder Unterbaues von Raum und Zeit, *Zeit*, sobald sie einmal als naturwirkliches oder seelenwirkliches Beziehungsgefüge gesetzt worden ist, vielleicht gar ganz Entsprechendes wie *Raum* als naturwirkliches Beziehungsgefüge? Es wird sich zeigen, dass dem in der Tat so ist. Und um diese Aussage zu beweisen, wollen wir ganz ebenso vorgehen wie bei der Erörterung der metaphysischen Bedeutung des erfahrungsmässigen Naturräumlichen, nur dass wir, wie billig, den Wesensunterschieden von Raum und Zeit gebührend Rechnung tragen.

Bei der Prüfung der Wirklichkeitsbedeutung des Naturraumes gingen wir von der Betrachtung bestimmt gearteter Oberflächen oder bestimmter Bahnen aus und fragten nach der Bedeutung zumal der Unterschiede dieser Sonderheiten; alsdann erst redeten wir ausdrücklich von *Materie*, als dem Etwas *im* Raum. Wollen wir die Wirklichkeitsbedeutung der Naturzeit prüfen, so müssen wir nun offenbar von Anfang an, von Etwas *in* der Zeit, also etwa von Sonderheiten des *Werdens*, des *Andersseins* des Dinghaften in der Zeit ausgehen. *Natur-Werden* nun wird von dinghaften Zuständen eingefasst, wird durch sie geradezu in seinem Sosein gekennzeichnet. Gehen wir also von materiellen Zuständen in ihrem Anderssein in der Zeit aus; und zwar von Zuständen eines abgegrenzten Bezirkes, eines „geschlossenen Systems", von Naturdingen. Man sieht, wir arbeiten hier von Anfang an mit der Proportion Werden (und Beharrlichkeit): Zeit = Materie: Raum, da es so etwas wie besondere Zeithaftigkeiten rein als solche, den reinen, noch ohne Rücksicht auf den Materienbegriff behandelbaren besonderen Raumesformen entsprechend, nicht gibt. Wir wollen nun die beiden Grundformen des unbelebten und des belebten Werdens gesondert betrachten.

Für das Werden der unbelebten Natur scheint die Möglichkeit mathematisch gegründeter Vorhersage, wie sie in der Erdichtung des „Laplaceschen Geistes" mit seiner „Weltformel" gut versinnbildlicht worden ist, eine Wirklichkeitsbedeutung des Werdens auf den ersten Blick auszuschliessen. Irgend ein Zustand irgend eines in Veränderung begriffenen unbelebten Gefüges scheint in der Tat auf den ersten Blick „eigentlich derselbe" zu sein, wie jeder andere spätere oder frühere Zustand desselben Gefüges in seiner Abgeschlossenheit. Dass dem aber doch nicht wohl so sein kann, ganz ebensowenig wie bei einer runden im Vergleich mit einer viereckigen Dingoberfläche, das erhellt nun, so scheint mir, in besonderer Schärfe, sobald man die Bedeutung gewisser ausgezeichneter Zustände im Bereiche unbelebten Werdens ins Auge fasst: die Bedeutung der Zustände des sogenannten Gleichgewichts, mag man dabei an chemische oder elektrische Vorgänge, an Diffusionen, Wärmeausgleichungen oder was immer denken. Ist der Zustand des hergestellten Gleichgewichts „eigentlich derselbe“ wie der des Nicht-gleichgewichts, das ihm vorangeht? Die Wissenschaften vom Unbelebten sagen aus, dass auch im Zustande des Gleichgewichts etwas geschieht, nur eben, im Chemischen zum Beispiel, nach entgegengesetzten „Richtungen“ hin gleichviel in gleicher Zeit; die Ruhe, so heisst es, sei vorgetäuscht, Gleichgewicht sei auch *Werden*. Geben wir das zu. Wird aber damit etwas geändert daran, dass es jedenfalls ganz seltsame Unterschiede gibt im Bereiche der Werdezustände an einem Gefüge? Ich meine nicht. Sind aber Unterschiede im erfahrungshaften Werden, zunächst dem Werden der unbelebten Natur, einmal als nicht gleichgültig erkannt, dann hat auch eine Wirklichkeitslehre diese Unterschiede in sich hinüberzuretten; denn sie soll ja doch Erfahrung *mitsetzen*, soll nicht mannigfaltigkeitsärmer als Erfahrung sein.

Und nun gleich zum Werden der belebten Natur, vor allen weiteren Erörterungen.

Ist es für die Erfahrung „eigentlich dasselbe“, ob sie einen Keim und irgend einen früheren Entwicklungszustand vor sich hat oder das ausgewachsene Tier? Ist der Wurm, dem man den Kopfteil abtrennte, vor erfolgter Wiederbildung desselben, also mit seinem Regenerationsvermögen im Zustande blosser Vermöglichkeit, „eigentlich dasselbe“ wie der Wurm, der im Besitze eines neuen Kopfes ist? Und weiter, das Überpersönliche angehend, ist der Zustand der Tierwelt im Jura „eigentlich dasselbe“ wie ihr heutiger Zustand, ist ein Volk im Zustande sogenannter Naturhaftigkeit „dasselbe“ wie dasselbe Volk im Zustande hoher Kultur? Ja, müsste doch, wer hier von „eigentlich demselben“ redet, letzthin auch behaupten, es sei das Volk im Zustande hoher Kultur „eigentlich dasselbe“ wie die Gesamtheit der Eizellen seiner Einzelpersonen in einem beliebigen embryonalen Zustande!

Keiner wird auf dem Boden ordnungshafter Erfahrung sagen wollen, dass das alles „eigentlich dasselbe“ sei, noch viel weniger wird er es hier sagen wollen als für das Bereich des Unbelebten. Erfahrungshaftes Wissen verlöre jede Bedeutung, wenn das an ihm, was sich durch das Wort *Werden* ausdrückt, nicht in seinen Besonderheiten und Unterschieden würde erfasst werden.

Wir verlangen nun eine Wirklichkeitslehre, eine „Metaphysik", die den Erfahrungsinhalt mitsetzt, ob sie schon anderes und mehr ist als er und zumal eine ganz andere Tönung hat; wir verlangen eine Metaphysik, die nicht an der Wissenschaft vorbeigeht, wie so viele Metaphysiken, sondern durch sie hindurch. Für eine solche Metaphysik aber müssen Unterschiede mit Bezug auf Zustände des Naturwerdens im Bereich der Erfahrung etwas bedeuten, Also bedeutet ihr das, was im Erfahrungsreiche *Werden* heisst[1]), überhaupt etwas, also auch jenes seltsame Gebilde der Ordnungslehre: *Zeit;* und zwar bedeuten ihr Werden und Zeit etwas ganz Bestimmtes und Besonderes, was ihr andere Besonderheiten im Erfahrungsreiche nicht bedeuten.

Da nun die Frage, ob „Zeit" auch „an sich" Zeit sei, hier von Anfang an als noch sinnloser erscheint als die entsprechende Unfrage im Gebiete der Lehre vom Raum, weil nämlich *Zeit* nicht einmal im Sinne des für-mich ein unmittelbar gehabtes Sosein besonderer einfacher Art ist, sondern nur Zeichen des *damals* und *früher* unmittelbar gehabt werden, so bedarf es keiner langen Erörterung mehr um zu entscheiden, wie allein wir die Frage nach der „metaphysischen" Bedeutung des Natur- (und Seelen-) Werdens und der erfahrungshaften Zeit beantworten müssen:

Dem Gefüge von Beziehungen, welches im Bereich der auf die gleichsam selbständige Natur gehenden Erfahrung der Ordnungsbegriff *Zeit* bezeichnet, entspricht im Reiche des Wirklichen ein ganz bestimmtes, von allen anderen unterschiedenes Gefüge von Beziehungen. Und auch das, was in der Zeit ist, das erfahrungshafte *Werden* hat einen Wirklichkeitssinn. Es ist nicht das *Früher* oder *Später* von Zuständen der Natur mit Rücksicht auf ihr Anderssein im Reiche des Wirklichen „eigentlich dasselbe". Denn im Erfahrungsreiche ist dieses Früher oder Später von Zuständen mit Rücksicht auf ihr Anderssein nicht „eigentlich dasselbe", und die Aussagen der Wirklichkeitslehre sollen die Aussagen der Ordnungslehre mitsetzen, als ihre Folgen erscheinen lassen.

Hiermit ist aller Eleatismus grundsätzlich abgelehnt; und abgelehnt ist auch die platonische Lehre, insofern sie die γένεσις als Minderwirkliches dem Nichtwerden gegenüber oder gar als Schein bezeichnet.

---

[1]) Wir reflektieren nicht besonders auf das *Beharrlichsein* und auch nicht auf das *Zugleichsein,* weil daraus nichts Neues zu lernen wäre, und weil der Leser sich wohl an der Hand unserer Darlegungen über das *Werden* selbst sagen kann, was sich hier metaphysisch ergibt. Die Schwierigkeiten in der *Feststellung* des Zugleichseins („Relativitätstheorie") gehen nur die Logik an; s. *O. L. C.* II. 2. f.

Das bedeutet nun freilich nicht die Annahme eines Heraklitismus. Auch ist über etwa bestehende Wirklichkeitsbeziehungen zwischen „Sein" und „Werden" hier noch gar nichts ausgemacht; ist ja doch die Frage nach der Bedeutung des *Allgemeinen* noch gar nicht von uns berührt worden. Nur dieses ist gesagt worden: Zeit und Werden bedeuten metaphysisch etwas ganz Besonderes von beziehlicher Art; denn sie sind für die Erfahrung einmal da.

Drei verschiedene Arten von Beziehungsgefügen des Wirklichen kennen wir jetzt: die eine hat als ihre erfahrungshaften Zeichen *Raumhaftigkeit* und *Materie,* die andere *Zeit* und *Werden;* von der dritten wissen wir nur, dass sie da ist; für die Erfahrung schneidet sie sich gleichsam im Laufe des Naturwerdens mit dem Beziehungsgefüge *Raum* in vereinzelten („diskreten") *Hier.* Wir können auch sagen, und eine solche Formung wird manchem vielleicht noch vorsichtiger erscheinen, dass wir erkannt haben, es stelle das Wirkliche dem erfahrenden Ich seine Beziehlichkeiten in den Zeichen der Räumlichkeit und Materie sowie der Zeit und des Werdens „abbildlich" dar, doch sei diese Abbildung nicht vollständig. —

Auf das, was „in" der Zeit ist, also auf *Werden,* mit seinem einfachsten Falle *Bewegung* muss nun, obwohl es den Ausgang der Erörterung bildete, noch einmal gesondert eingegangen werden, ebenso wie am Beschlusse des vom Raum handelnden Abschnitts auf *Materie* „im" Raum gesondert eingegangen ward. Bisher benutzten wir ja das Werden nur im Dienste unserer Lehre von der *Zeit,* studierten es aber nicht als *Werden.*

Für die Logik ist Bewegung etwas Zusammengesetztes: stetige Ortsänderung eines Etwas in Zuordnung zur stetigen Zeit[1]), und entsprechendes gilt von „Veränderung" jeder Art. Da der Begriff *stetig* hier hineinspielt, so ist Veränderung für die Logik im Grunde nicht fassbar[2]), was z. B. die eleatischen Antinomien zeigen.

Aber wir treiben hier ja keine Logik oder Ordnungslehre, sondern „mehr".

Und da dürfen wir wohl — aber erst jetzt dürfen wir es — jede Veränderung, also auch Bewegung, von ihrem Anfang bis zu ihrem Ende als Eines, besser: als Zeichen eines jeweils in sich geschlossenen Einen im Wirklichen fassen. Was „eine" Veränderung jeweils sei, mag schwierig sein festzustellen[3]), sinnvoll aber ist der Begriff.

Man sieht: Bergsons Lehre kommt jetzt zu ihrem Recht und ebenso

---

[1]) *O. L. C.* II. 2. a. b.

[2]) *O. L. B.* II. 6. c.

[3]) *O. L. C.* I. 11. a. und II. 3. b.

die Lehren gewisser Phänomenologen, nur dass der erste glaubt seine
Metaphysik ganz unmittelbar erreichen zu können, während die zweiten
für phänomenologisch halten, was metaphysisch ist.

Unsere Lehre, dass jede Veränderung die Erscheinung eines „Einen"
im Wirklichen sei, ist durchaus Induktion aufs Metaphysische hin.
Wir machen diese Induktion, obwohl wir im Rahmen der ordnungshaften Erfahrung das „stetige" Wesen des Werdens nicht zu voller
Befriedigung fassen können, so dass also hier zum ersten Male dem
Wirklichen von uns so etwas wie ein zwar nicht un-, wohl aber „über"-
rationaler Wesenszug zugesprochen wird.

4. Die Ausdeutung der Naturkausalität.
a) Einleitung: Über Verknüpftheit überhaupt.

Wir treten in Untersuchungen ein, im Vergleich zu denen alles,
was wir bisher betrieben haben, von sehr einfacher Art war. Der Begriff der *Verknüpftheit* ist es, der von jetzt ab bis zum Ende des
ersten Teiles dieses Werkes in seinen verschiedenen· Formen, und in
diesem Abschnitte in einer besonderen, sehr bedeutungsvollen Form,
auf seine Wirklichkeitsbedeutung hin geprüft werden soll.

Ich wähle absichtlich den unbestimmten Ausdruck „Verknüpftheit",
denn was von jetzt ab in Untersuchung steht, ist von sehr verschiedener Art. Auf den ersten Blick scheint in der Tat beinahe gar keine
Gemeinschaft unter den von jetzt ab zu behandelnden Dingen zu bestehen, es sei denn, dass es sich allemal darum handelt, dass das Eine
und das Andere da ist, und doch ein solches Bei- oder Nacheinander
nicht unter dem Gesichtspunkte des vermiedenen Widerspruches einsichtlich ist.

Alle Lehre von Verknüpftheit hängt letzthin am Ausgangsbegriffe
alles Philosophierens, dem Begriffe *Ordnung,* und wir wissen schon
aus der Ordnungslehre[1]), dass hier als höchste Frage die ersteht, ob
man jenes seltsame Alsob-Ding *Natur* mit dem Begriffe *die eine Ordnung* im ganzen und ein für allemal trotz seines Werdens meinend
treffen könne. Aber das ist bei der Durchführung der reinen Ordnungslehre das Letzte, und die entsprechende Deutungsfrage muss
auch für die Wirklichkeitslehre das Letzte sein. Mit weniger Umfas-
sendem, mit Bescheidenerem, sozusagen, wurde dort begonnen und
muss hier begonnen werden, und nur der Begriff des *Verknüpftseins*
überhaupt, aber nicht sogleich auf „das Ganze" gehend, obschon stets
auf den Ordnungsbegriff *Ganzheit* bezogen, muss auch jetzt schon

---

[1]) Vgl. *O. L.* C. I. 6.

seine Rolle spielen. Denn ich schaue zwar als höchsten Wunsch aller Logik das *ordnungsmonistische Ideal*, die *eine ganze Naturordnung*, in welcher jedes einzelne Sein und jeder einzelne Vorgang, handle es sich um Vergangenes, Gegenwärtiges oder Zukünftiges, diesen seinen einen Platz hat; aber ich schaue auch, dass ich dieses Ideal nicht, ganz sicherlich wenigstens im ersten Anlaufe nicht, erfüllen kann. Wo nun, so frage ich, ist im Reiche der rein ordnungshaft gefassten Natur und Seele die Verknüpfungs-Forderung wenigstens in beschränktem Rahmen erfüllbar? Wo „gibt es" naturwirkliche Sonderverknüpftheiten, Verknüpftheitsbezirke, wenn wir so wollen, und was bedeuten sie? Das allein steht zunächst für die ausdeutende, erfindende Wirklichkeitslehre zur Untersuchung; es bedeutet eine bewusste Beschränkung der grossen Frage nach *Ganzheit* überhaupt, in Anpassung an das tatsächliche Wissen um Naturwirklichkeit.

Man begnügt sich einstweilen mit Teilleistungen, mit „Surrogaten", sozusagen, wo man sicher weiss, dass man die Letztleistung jedenfalls nicht ohne weiteres vollbringen kann; die Teilleistungen an Ordnungshaftem, das „schaue" Ich, kann ich leisten[1]).

So wenigstens denken wir; wohl wissend, dass andere anders gedacht haben und denken. Aber wer einen „Monismus der Ordnung", weil er ihn fordert, weil er ihm „Ideal" ist, nun auch sogleich für einer Metaphysik notwendigen Inhalt hält, der erscheint uns in seinem Vorgehen gar zu rasch. Dass *Ich* Ordnungsmonismus für meine Erlebtheit fordere, das zeigt nur dieses Eine für die — als durch Ausdeutung kennbar vorausgesetzte — Wirklichkeit mit Sicherheit an: „Wirklichkeit ist so geartet, dass Ich als der, welcher Ordnungsmonismus als Ideal erlebt", oder, wenn wir gleich viel zugestehen wollen, „dass Ordnungsmonismus als Ideal erlebende Iche sein können". Weiter aber lehrt, wie später ganz eingehend zu zeigen sein wird, die „Tatsache", dass *Ich* das „ordnungsmonistische Ideal" schaue, gar nichts.

Wo also „gibt es" naturwirkliche *Sonderverknüpftheiten* für die rein ordnungshafte „solipsistische" Erfahrung? Was, anders gesagt,

---

[1]) Kant hat seine „Kategorien" und kategorialen Sätze, insonderheit Kausalität und Dinghaftigkeit, „Voraussetzungen der Möglichkeit der Erfahrung" genannt. Es ist aber eine viel höhere Art der „Erfahrung" denkbar als die durch Kants Kategorien gewährleistete. Seine Kategorien gehören in das Reich der Ordnungs-„surrogate"; höchste Erfahrung hätten wir, könnte das Ideal „die eine Ordnung" völlig erfüllt werden. Allenfalls mag man sagen, Kants Kategorien seien Voraussetzungen für die Zukunft verwertbarer Erfahrung, freilich nur bei vorausgesetzter Gleichförmigkeit des Weltlaufs. Näheres in Kantstudien 22, 1917, S. 93 ff.

sollen wir uns aus der Fülle des Naturseeins für die nähere Untersuchung herausholen, wo doch Alles an *Natur* ein grosses Gewebe von Verknüpftheit ist?

Man sieht es; wir brauchen einen wenigstens vorläufigen Massstab, ein „Kriterium", dafür, was wir als bedeutungsvollen, als *wesentlichen* Verknüpftheitszug im Naturwirklichen gelten lassen sollen, wobei das Wort „wesentlich" zunächst im schlichten alltäglichen Sinne verstanden werden darf. Ein solches Kriterium nun soll uns das Dasein irgendwelcher Naturverknüpftheiten in vielen gleichen Fällen sein, also das *klassenhafte* Dasein so vieler naturwirklicher Verknüpftheiten, wie es im Wege der *Klasseninduktion* das Denken begrifflich festhält[1]). Doch kommt hier, wohlverstanden, nur der Begriff der *Klasse* mit vielen *Fällen* in Frage und nicht irgendwie der erst an späterem Ort zu erörternde Begriff des „Allgemeinen" im Gegensatz zum „Besonderen".

Es „gibt" wesentliche Naturverknüpftheiten in unserem Sinne nun offenbar mit Rücksicht auf die Konstanten der verschiedenen Dingarten, die sich aber im Sinne der Urdinglehre als Folgen der Gleichgewichtszustände von Urdingverknüpftheiten fassen lassen. Es gibt sie im Beieinander der Kennzeichen der organischen Formen. Es gibt sie aber auch als *Ursache* und *Wirkung* im Strome des Werdens selbst. Haben wir doch das, was üblicherweise Ursächlichkeit („Kausalität") heisst, in der „Ordnungslehre" ausdrücklich als Folge-verknüpftheit bezeichnet.

Was nun bedeutet das alles? Man sieht jedenfalls, dass sich hier die Untersuchung mehrfach spalten muss, wenn anders sie fruchtbringend sein will, denn es handelt sich um recht verschiedene Dinge, und es gibt sogar noch andere sehr seltsame besondere Verknüpfungsarten im Bereich der Erfahrung als die von uns aufgezählten.

Eines aber, und gerade etwas sehr Bedeutsames, kann trotz aller Mannigfaltigkeit des Gegenstandes vor jeder Sonderuntersuchung gesagt werden. Die Antwort auf die Frage *Was bedeutet das Alles?* nämlich kann in einer bestimmten Hinsicht vor aller Sondererörterung gegeben werden, und eben das ist von grundlegender Wichtigkeit.

Es soll sich, wie wir sagten, in den Untersuchungen dieses Abschnittes zwar nicht sogleich um die Frage „des Ganzen", aber doch um lauter Dinge handeln, die auf Ganzheit bezogen, die Sonderganz

---

[1]) Hierzu vgl. meinen Aufsatz über *Induktion* in Sitz.-Ber. Ak. d. Wiss. Heidelberg 1915, Nr. 11.

heitlichkeiten, sind. Ist doch jede „Verknüpftheit" Soseinszusammen-schluss und damit Teil-Ganzheit.

Was also bedeutet denn für das Wirkliche erfahrungshafte Ver-knüpftheit irgendwelcher Art, rein als Verknüpftheit überhaupt?

Die Antwort ist ebenso einfach wie weittragend. Sie ergibt sich aus früheren Untersuchungen.

Nicht ja handelt es sich bei der metaphysischen „Ausdeutung" ord-nungs-erfahrungshafter Ganzheitlichkeit irgendwelcher Art um die Ausdeutung, um die Frage nach der Wirklichkeitsbedeutung eines reinen Soseins, es handelt sich vielmehr um die Ausdeutung reiner Beziehungsform, um die Ausdeutung von *Ur-ordnungs-beziehung*.

Alle Urordnungssetzungen nun aber sollten und konnten ohne weiteres in ihrer ursprünglichen Bedeutung auf den *wirklichen* Gegenstand übertragen werden. Also auch alles, was, wie Ver-knüpftheit, irgendwie mit Ganzheit zusammenhängt. Es hat also ganz allgemein einen guten Sinn, von Ganzheit oder von Ganzheits-zügen des Wirklichen zu reden. Und es muss von Ganzheit oder von Ganzheitszügen des Wirklichen geredet werden, wenn auf Ganzheit Bezügliches in irgendwelcher Form und Art im Rahmen von Erfah-rung auftritt. Sonst würde ja Wirklichkeitslehre Erfahrung nicht *mit-setzen*, es würde der Grad der Mannigfaltigkeit des Wirklichen ge-ringer als der Grad der Mannigfaltigkeit des Erfahrungsinhaltes sein.

Also heisst Ganzheitsbezügliches im Erfahrungshaften aufdecken ohne weiteres Ganzheitsbezügliches im Wirk-lichen nachgewiesen haben, mag auch über das Sosein des Wirk-lichen, welches da „verknüpft" ist, eine das An-sich treffende Aussage, wie stets, grundsätzlich unmöglich sein. Nur der Satz, dass Ver-schiedenheiten Verschiedenheiten bleiben, dieser Satz bleibt auch hier bestehen. —

Es soll nun in diesem Abschnitt eine besonders scharf umgrenzte Gruppe erfahrungshafter Verknüpftheiten auf ihre besondere Wirklich-keitsbedeutung hin untersucht werden: die Gruppe der kausalen Verknüpftheiten. Wir wollen uns also fragen, was die Vorher-bestimmtheit alles Werdens durch früheres Werden, die in der Ordnungslehre eine so grosse Rolle spielt, metaphysisch bedeute. Denn das Werden in sich folgeverknüpft, „kausal verknüpft", sein lassen heisst im Sinne der Ordnungslehre[1]): Jede Einzelheit des Wer-dens als eine *Werdefolge* ansehen, zu der es einen sie bestim-

---

[1]) *O. L.* C. I. 10.

menden *Werdegrund* geben muss. Das bedeutet etwas Vorläufiges,
etwas bewusst Beschränktes, gewiss; im letzten Grunde will ja doch
die Ordnungslehre jede einzelnste Einzelheit des Naturwirklichen als
eben *diese* zu *dieser* Ganzheitsordnung eindeutig in Beziehung setzen;
aber die Ordnungslehre weiss wohl, dass sie im Unbestimmten und
Unfruchtbaren verbleiben muss, wenn sie sich nicht entschliesst, zunächst einmal aus den Begriffen des Dinges und zumal der Ursächlichkeit herauszuholen, was aus ihnen, als aus freilich vielleicht nur
vorläufigen Naturordnungsbegriffen, hervorzuholen ist. Und die Metaphysik folgt der Ordnungslehre. Wir werden dabei vom begrifflich
Einfachen zum begrifflich Zusammengesetzten fortschreiten[1]).

b) Die unbelebte Natur.

Gut ausgebaute Wissenschaften erforschen das Werden der „unbe-
lebt" genannten Natur. Die Ordnungslehre zeigt, dass sie, auch wenn
ihre Vertreter sich dessen nicht bewusst sind, dieser Erforschung gewisse Grundsätze unterlegen, welche letzthin darauf zielen, die Verknüpftheit des Werdens in sich als *Ursächlichkeit,* d. h. so zu fassen,
als ob früheres Werden des späteren Werdens *Grund* wäre. Es gelingt
nun in der Tat für das Bereich der sogenannten unbelebten Natur
Werden im Raum geradezu mit Werden im Raum *ursächlich,* in
dem soeben dargelegten Sinne, zu verknüpfen, so dass also *Ursache*
und *Wirkung* raumhafte Naturwirklichkeiten sind. Und zwar gelingt
es, eine beschränkte Anzahl von solchen Verknüpfungsaussagen zu
formen, von denen jede als *Naturgesetz* für sehr viele „Fälle" gilt.
Zugegeben, dass hier unter künstlichen und angesichts der letzten
Ziele der Philosophie nur vorläufigen Gesichtspunkten gearbeitet wird.
Jedenfalls kann unter diesen Gesichtspunkten in beschränktem Bezirke erfolgreich gearbeitet werden, und jedenfalls ist eine Art des
Verknüpftseins in voller Deutlichkeit darin gegeben, dass eben die
Erfüllung desjenigen Werderahmens, den die Ordnungslehre *Einzelheitskausalität* nennt, erfahrungshaft in „Gesetzes"form möglich ist.
Und das ist in der Tat ein naturwirklicher Verknüpftheitszug von
erfahrungshaft wesentlicher Art, der sich im Rahmen des Werdens
als solches zeigt. Er erscheint aber deshalb als erfahrungshaft-wesent-
lich, weil er eben in jeder seiner Sonderausprägungen als „Klasse"
mit unbestimmten vielen Fällen, d. h. als *Gesetz* auftritt. Die ganz

---

[1]) In dieser in Bezug auf das Ganzheitsproblem vorläufigen Betrachtung ist
absichtlich der Unterschied zwischen *Einheit* und *Ganzheit* noch nicht eingeführt
worden. Vgl. den späteren Text und meine Rede *Das Ganze und die Summe,* 1921.

rohe alltägliche Naturtatsache, dass es so etwas wie Stoss, wie Wärme-
übertragung zwischen Dingen in unzähligen Fällen mit immer derselben Gesetzlichkeit „gibt“, gehört hierher[1]). Stoss und Wärmeüber-
tragung sind eben deshalb Naturverknüpftheiten, weil das Stossende
das Gestossene als das Andere „stossen“, und weil das Gestossene
von dem Stossenden als dem Anderen „gestossen werden“ kann. Das
andere ist gerade deswegen nicht durchaus ein „Anderes“; in dem,
was man „Wirken“ nennen kann, offenbart sich Gemeinschaft. Diesen Gedanken hat schon Lotze in Klarheit ausgesprochen.
Da ist mehr als nur *Werden*, da ist Werde*verknüpftheit* zwischen
Einzelnen, die eben deshalb keine „Einzelnen“ im ganz strengen Sinne
sind. Und man darf hinzufügen, so scheint uns, dass auch die Tatsache, dass alles unbelebte Werden mit seinen Verknüpfungen sich
durchaus und lediglich in dem einen Naturraum abspielt, einen
Verknüpftheitszug des Naturwerdens darstellt.

Gewisslich nun ist Einzelheitsverknüpftheit, also das, was Kausalität
der unbelebten Natur heisst, im Sinne des hier absichtlich eingenom-
menen vorläufigen, die Naturwirklichkeit gleichsam zerstückelnden
Standpunktes nur ein Weitergeben von Werden, und nichts weiter.
Auch wo etwa ein Stempel mit einer Figur in Wachs drückte und
diese Figur neu schafft, ist nicht eigentliche Neuentstehung von Mannigfaltigkeit, sondern wird nur bestehende Mannigfaltigkeit gleichsam mit
2 multipliziert: braucht doch Stempel und Stempelabdruck zusammen
genommen zu seiner begrifflichen Kennzeichnung nur die Kennzeichnung der Stempelfigur allein und die Zahl 2. Eine neue Einzigkeit
derselben Klasse ist geschaffen, nichts weiter.

Ein Zug der Verknüpftheit im Bereiche des unbelebten Werdens,
so wie Physik und Chemie es bearbeiten, ist also nur die Möglichkeit der gesetzeshaften Werdeübertragung von Ding zu Ding überhaupt. Aber eben diese Möglichkeit ist Verknüpftheitszug der Natur,
und zwar in allen ihren Besonderheiten, so dass also auch alle „Gleichgewichte“ Verknüpfungszüge des Naturwirklichen sind.

„Bedeuten“ diese Verknüpftheitszüge metaphysisch etwas, und was?

Zeit und Werden haben wir Ausdruck eines besonders ge-
arteten Beziehungsgefüges des Wirklichen sein lassen, ebenso den Raum.
Bei der Frage nach der Wirklichkeitsbedeutung der Verknüpftheit,

---

[1]) Ob es jenes Gesetzliche für immer geben wird, ob, um mit Hume zu reden,
verbindliche „conclusions from experience“ in voller Strenge möglich sind, diese
Frage braucht hier nicht einmal erörtert zu werden. Genug, es „hat“ jedenfalls
jene Klassen gesetzlichen Geschehens im Rahmen der unbelebten Natur in unzählbaren Fällen gegeben. Vgl. *O. L. C. I. 8. b.*

und, zunächst einmal, der Verknüpftheit des Werdens im Rahmen der
„unbelebten" Natur, handelt es sich nun offenbar um etwas anderes,
als nur um die sehr allgemeinen Beziehungen *Werden* und *Zeit* überhaupt. Es handelt sich um Besonderheiten im Rahmen des Werdens. Aber gerade solche Besonderheiten und Besonderheitsunterschiede
hatten uns ja *Zeit* und *Werden* überhaupt metaphysisch ein bestimmtes
Beziehungsgefüge „bedeuten" lassen. Weil „früherer" und „späterer"
Zustand nicht „eigentlich dasselbe" sein können, deshalb musste uns
das *Früher-später-sein* überhaupt Wirklichkeit oder vielmehr eine
ganz bestimmte Wirklichkeitsseite anzeigen. Jetzt nun dürfen wir
innerhalb des Rahmens des *Früher-später-seins* aussagen, dass
„Kausalverknüpftsein" und „Nicht-Kausalverknüpftsein" nicht „eigentlich dasselbe" seien, und dass deshalb *Kausalverknüpftheit* auf etwas
Besonderes am Wirklichen weist. Sie zeigt etwas besonderes beziehliches Wirkliches an im Rahmen des allgemeinen beziehlichen
Wirklichen, das als *Zeit* und *Werden* in das *Ich erlebe Etwas* eingeht. Und zwar zeigt sie eine Seite des Wirklichen an, die für die
Erfahrung jedenfalls einen Verknüpftheitszug des Naturwirklichen darstellt. Ganzheitsbezügliches in Erfahrung bedeutet ja aber Ganzheitsbezügliches im Wirklichen[1]), und so bedeutet denn also das erfahrungshafte *Kausale* im Bereiche der sogenannten, vielleicht allerdings
nur vorläufig-künstlich abgegreuzten, unbelebten Natur einen wirklichen Verknüpftheitszug im Rahmen derjenigen Kennzeichnung des
Wirklichen, welche als *Werden* erscheint und ihrerseits innerhalb des
als *Zeit* erscheinenden Gefüges steht.

Die Naturordnungslehre führt bekanntlich die empirischen besonderen
kausalen Verkettungen vermutungshaft auf gewisse Formen von sehr
weitem Geltungsbereich zurück, deren, wenn anders eine Materienlehre
zurecht besteht, letzthin nur sehr wenige sind. Diese weitgehenden
Verkettungsformen oder Gesetze, also etwa das Stossgesetz oder das
Newtonische Gesetz oder der elektrodynamische Ursatz, beziehungsweise das von diesen Sätzen gemeinte Naturhafte, sie eben bedeuten
uns nun jetzt je weils etwas Bestimmtes — das wir freilich „an sich"
nicht kennen können — im Wirklichen. Vielleicht bedeuten sie
letzthin sogar immer dasselbe Bestimmte, vielleicht aber auch endgültig verschiedenes Bestimmte; das erste, wenn eine „kinetische Materientheorie" ihr letztes Ziel trotz allem noch sollte durchführen können,
so dass es vielleicht nur ein kausales Letztgesetz der materiellen Werdeverkettung gibt, das zweite, wenn es bei mehreren Letztgesetzen der
Werdeverkettung der Urdinge sein Bewenden haben muss.

---

[1]) S. o. S. 96.

Die kausalen Verkettungen des Werdens der unbelebten Natur, welche schon für die Erfahrung mehr waren als nur Werden selbst, sind also auch im Wirklichen Zeichen eines Anderen als nur des Werdens: und zwar sind sie als „kausale" Verkettungen — nicht etwa insofern sie begrifflich „Allgemeines" sind, wovon erst später geredet werden wird — etwas Besonderes, etwas Ausgezeichnetes, im Wirklichen, nämlich im Rahmen dessen, was das reine Werden im Raum, das Getriebe der sogenannten Materie also, solange sie in beliebigen Abschnitten oder Bruchstücken betrachtet wird, bedeutet. —

c) Das belebte Einzelwesen.

Sowie wir die Verkettung des Werdens der belebten Natur auf ihre Wirklichkeitsbedeutung auszudeuten uns anschicken, tritt zugleich der Begriff *Ganzheit,* von dem wir später zu reden haben werden, in seiner Reinheit vor unser Auge, und er tut es gerade beim allerersten Schritt in das Reich des Lebenswerdens am meisten: gerade im Reiche der belebten Einzelwesen, der echten „Individuen" oder „Personen" im engsten Sinne des Wortes, hat für die Erfahrung das Werden sich als in der Form des *Ganzheitswerdens,* einer der vier möglichen Formen alles erfahrbaren Naturwerdens überhaupt, geschehend enthüllt, und zwar als *Entwicklung,* d. h. als in aufeinander folgenden *Einzelschritten* von der Form des Ganzheitswerdens geschehendes Werden, das ein, wenigstens auf eine Zeit hin beharrlich bestehendes, „*Ziel*" oder, strenger gegenständlich geredet, *Endganzes* hat.

Nicht bloss Ganzheitsbezügliches in der Verkettung des Werdens als solcher gibt es hier, wie im Gebiete der unbelebten Natur, sondern die einzelnen Werdegeschehnisse selbst, die einzelnen Werdeakte, wenn man so sagen will, bedürfen hier des Begriffs *Ganzheit* ganz unmittelbar zu ihrer Kennzeichnung. Nicht ist Einzelheit des Werdens im Raum auf frühere Einzelheit des Werdens im Raum stückweise beziehbar.

Aber nicht diese Art der Ganzheit als solche ist es, von der wir an dieser Stelle eigentlich reden. Erst an späterer Stelle werden wir auf sie zu sprechen kommen; hier genügt es, dass wir ganz im allgemeinen von ihr wissen. Denn was Ganzheitsverknüpfung als Werde-Verkettungs-form, als Form der Bestimmung von Werden bedeuten möge, steht jetzt allein zur Untersuchung. Und da dürfen wir jedenfalls sagen: Wenn anders erfahrbare Werdeverkettung in ihrer Besonderheit überhaupt für das Wirkliche etwas „bedeutet", und das soll sie, so bedeutet also auch Ganzheitskausalität in den mannigfachen

Formen, in denen die Logik sie als naturmöglich und die Biologie
sie als naturwirklich kennen lehrt, etwas ganz Besonderes als Verkettungsform. Ist doch jede Sonderausprägung der vitalen Ganzheits-
werdegesetzlichkeit als *Klasse* mit vielen *Fällen* da, indem es eben
viele sich entwickelnde Froscheier, sich regenerierende Regenwürmer,
sich anpassende Pflanzen gibt. Ganzheitskausalität in ihren verschiedenen Sonderausprägungen ist also, nach unserer vorläufigen Definition[1]), soweit das organische Individuum in Frage kommt, jedenfalls ein „wesentlicher" Zug der Natur.

Im Reiche der Ganzheitskausalität kennt Erfahrung bekanntlich immer nur die Wirkungen; die Ursachen ersinnt sie nach Massgabe der
Grundforderungen der Werdeverknüpfungslehre. Sie müssen „da sein",
aber ihr Sosein bleibt nur insofern bestimmbar, als zum Beispiel der
Grad ihrer Mannigfaltigkeit — welche Mannigfaltigkeit aber „intensiv"
ist — als nicht geringer gesetzt werden darf denn der Grad der
Mannigfaltigkeit ihrer „extensiven" Wirkung im Raum[2]). In den Raum,

---

[1]) S. o. S. 95.

[2]) Wir setzen unsere Ableitung der vier möglichen naturwirklichen Werdeformen (*O. L. C. I. M.*) hier als bekannt voraus. Erinnert sei an dieser Stelle
daran, dass mit der blossen Satzung unraumhafter, grundsätzlich unanschaulicher
Werdebestimmer („Ursachen", „Naturfaktoren") der Boden der Metaphysik noch
ganz und gar nicht betreten wird; vgl. auch oben S. 53 Anm. 3. Kantianer sagen,
hier fehle das „Schema", es werde bloss die reine „Kategorie" angewendet, und
solche Anwendung sei leer, denn die Schemata seien die einzigen Bedingungen
den Kategorien „eine Beziehung auf Objekte, mithin Bedeutung zu verschaffen"
(K. d. r. V., Schematismus). Es ist aber offenbar, dass aller „Vitalismus" seine
naturwirklichen Unanschaulichkeiten immerhin als ganz bestimmte „Vermögen"
setzt, und zwar, weil er Kausalität will und sie im Raumhaften nicht verwirklicht findet. Das aber ist nicht ohne ganz bestimmte „Bedeutung" für Natur.
Dass wir so etwas wie die *Entelechie* nur auf Grund ihrer Wirkungen, unter Zu-
grundelegung der Forderung der Folgeverknüpftheit, kennen, wissen wir wahrlich
selbst. Und gleiches würde von *Schöpfung* und materie-schaffenden Naturfaktoren
gelten. Es ist nicht wahr, dass, wie Kant in der „Ersten Analogie" meint, „die
Einheit der Erfahrung gar nicht möglich sein würde, wenn wir neue Dinge (der
Substanz nach) wollten entstehen lassen". Erfahrungseinheit darf nicht mit Vor-
aussagbarkeit des Geschehens verwechselt werden. Inwiefern Schöpfung und Vernichtung, wie Kant will, „die einzige Bedingung der empirischen Einheit der
Zeit aufheben" sollen, ist nicht einzusehen.

Wenn man blosses Wissen um vermögenhaftes Dasein „Erkenntnis" (im empirischen kantischen Sinne des Wortes) nicht nennen will, mag man ja sagen, dass man
Entelechie, ganz abgesehen von der Frage des „an sich", nicht „erkenne". Aber
ein Wissen um (zunächst empirisches) Dasein ist doch auch ein Wissen. Kants
Lehre, dass Kategorien nur dann sinnvoll anwendbar seien, wenn sie mit An-
schauungsmaterial gleichsam erfüllt sind, entbehrt gänzlich der Begründung und
ist von ihm selbst (*Proleg.* § 57—59) durchbrochen worden.

nicht im Raum, wirken diese Ganzheitswerdebestimmer. *Formen* mögen wir sie nennen. Das Wirken von Formen ist also im Reiche der Metaphysik etwas anderes als das Wirken von Nichtformen, und zwar etwas anderes im Rahmen des allgemeinen Verkettungsbegriffes.

Die *Natur* als Ganzes wird durch die Lebenslehre im Bereich der Erfahrung ungeheuer bereichert; schon Erfahrung muss wenigstens von dem Dasein eines unraumhaften Naturbestandteils reden.

Für die Wirklichkeitslehre, für welche Raumhaftigkeit ja nur ein bestimmtes wirkliches Beziehungsgefüge neben unbestimmbar vielen anderen andeutet, verliert der erfahrungshafte Unterschied zwischen raumhaftem Einzelheitswerden und unraumhaftem Ganzheitswerden, bei dem nur die Wirkungen im Raum bestehen, etwas an Schärfe. *Ad hominem,* so möchte ich sagen, ist der Unterschied nicht mehr so gross — denn das *An-sich* der Besonderheiten des Verkettetseins ist für das Einzelheitswerden der unbelebten Natur und für das Ganzheitswerden der persönlichen belebten gleichermassen ungekannt. Nur dass Werdebestimmtheit Wirklichkeitszüge anzeigt und dass da wirklichkeitsbedeutsame Unterschiede in den Besonderheiten der Verknüpftheit oder Bestimmtheit im Rahmen dessen, was *Werden* bedeutet, bestehen, das wissen wir; und wir wissen, dass in der einen Gruppe von Besonderheiten der Verknüpfung besondere Ganzheit zum Ausdruck kommt, in der anderen nicht.

Betrachten wir erfahrungshaft nur beliebige Ausschnitte aus der unbelebten Natur und die in diesen befindlichen lebenden Einzelwesen als Einzelwesen, so können wir also abschliessend sagen: auf dass Erfahrung sein könne, was sie da im Rahmen der ausdrücklich genannten Einengung ist, muss das *Wirkliche* jedenfalls aus zwei mit Rücksicht auf Werdeverkettung recht verschiedenen Bestandteilen bestehen, aus einem Bestandteil, der nur insofern etwas Ganzheits- oder wenigstens Einheits-bezogenes[1]) ist, als er Werdeverkettung unter den Einzelheiten, die er umschliesst, überhaupt zulässt, und aus einem anderen, in dem gewisse ganz bestimmte Ganzheitlichkeiten im Laufe aller schon an und für sich etwas Ganzheitsbezogenes bedeutenden Verkettungen im Rahmen des durch *Zeit* und *Werden* der Erfahrung angedeuteten Gefüges von Beziehungen sich erhalten. Diese bestimmten sich erhaltenden Verkettungsgefüge, die *Formen,* ragen für die Erfahrung nur gelegentlich, nämlich wenn sie an der Materie sozusagen ausgeprägt oder auch ihr eingeprägt sind, in jenes nur unbestimmt ganzheitliche Verkettungsgefüge hinein. Nur soweit sie in

---

[1]) Über den Unterschied von *Ganzheit* und blosser *Einheit* reden wir erst später.

es hineinragen, haben sie Anteil an dem durch Raumhaftigkeit angedeuteten allgemeinen Gefüge der Wirklichkeits-Beziehlichkeit überhaupt.

Aber unsere Betrachtung war durchaus absichtlich und willkürlich eingeengt, und wir gehen weiter.

d) Überpersönliches Werden. Die Freiheitsfrage.

α) Die Aufgabe.

Wir kennen nicht nur, im Rahmen der Biologie der Person, „Entelechien" als Leiter des Werdens im lebenden Einzelwesen, wenigstens ihrem Dasein nach, wir vermuten auch — und zwar schon im Gebiete der erfahrungshaften Ordnungslehre vom Naturwirklichen — das Dasein überpersönlicher Ganzheitsbestimmer im Strome des Werdens. Denn es gibt eine grosse Anzahl von Ganzheitszeichen mit Rücksicht auf das Lebendige überhaupt und insonderheit mit Rücksicht auf die Menschheit überhaupt, mit anderen Worten: im Bereiche der sogenannten Stammesgeschichte, der „Phylogenie", und der eigentlichen sogenannten „Geschichte".

Ein späterer Abschnitt dieses Buches wird von diesen Ganzheitszeichen handeln und sie metaphysisch auszudeuten versuchen. An dieser Stelle reden wir ja nur von der Verkettung des Werdens in sich als einem Ganzheitsbezüglichen. Die Frage, die uns mit Rücksicht auf überpersönliche Ganzheit recht eigentlich jetzt angeht, lautet also wie folgt:

Was heisst es eigentlich mit Rücksicht auf das Wirkliche, was würde es wenigstens heissen, falls es sich hier überhaupt um eine berechtigte Annahme handelt: die *Entwicklung* überpersönlicher Ganzheit im Werden der erfahrungshaft-raumhaften belebten Natur eindeutig vorher bestimmt sein lassen durch einen überpersönlichen unraumhaften Werdebestimmer?

Und diese Frage ist die bedeutsamste und schwierigste von allen, die wir bis jetzt aufgeworfen haben.

Ganzheitsentwicklung im lebenden Einzelwesen erschien immer wieder in unzählbaren Einzigkeiten, in unzählbaren „Fällen". Eben deshalb durfte sie uns nicht nur als Entwicklung von Ganzheit überhaupt etwas Wesentliches, etwas Letztes sein, sondern durfte auch als in ihrem, nicht rein raumhaften, Werden als besondere Form der kausalen Verkettung von erfahrungshaft wesentlicher Art gelten. Muss doch jedenfalls auch der, welcher den sogenannten „Vitalismus" seiner positiven Seite nach nicht annehmen will, zugeben, dass es „Naturgesetze" mit sehr vielen „Fällen" der Verwirklichung gibt, welche aussagen, dass auf diesen Zustand eines organischen Körpers, etwa auf das Ergebnis einer Verstümmelung, jener Zustand, etwa eine Regeneration, in jedem „Falle" folge, und muss er doch weiter zugeben, dass er tatsächlich jedenfalls nicht imstande sei, dieses „Gesetz" auf andere, bekannte Gesetze „zurückzuführen". Und diese Aussage würde sogar ohne die von uns freilich im Sinne des ordnungshaften Verstehens für notwendig erachtete „vitalistische" Zutat genügen, um „organische Kausalität" zu einer für die Erfahrung sicherlich daseienden besonderen Art der Verkettung zu machen. Wir vervollständigen nur denkhaft, was der unseres Erachtens Allzu-vorsichtige ein blosses X bleiben lässt, wenn wir sagen: Raumhafte Ganzheit, wo sie in dem lebenden Einzelwesen im Werden ersteht, ist vorherbestimmt durch Wirken unraumhafter Entelechie, und für Erkenntnis darf gerade diese besondere Art des Vorherbestimmtseins, also nicht nur das Ganzheitsverkettetsein in den Werdeergebnissen, als eine besondere bedeutsame, obschon in ihrem eigentlichen An-sich unkennbare Form der Verkettung gelten. Hier von einem „Vorherbestimmtsein" der Wirkung in der Ursache zu reden, hat einen klaren Sinn, mochten wir auch die Ursache als solche, ihrer Unräumlichkeit halber, nicht kennen. Eigentlich wurde ja auch hier nur Mannigfaltigkeit weitergegeben, oder, wenn man so sagen will, mit 2 multipliziert, wie es beim Stempel der Fall ist, der sich in Wachs abdrückt; nur dass freilich die Mannigfaltigkeit aus unraumhafter, „intensiver", in raumhaft „extensive" Form überführt ward; aber sie wird als vorherbestehend gedacht und musste so gedacht werden.

Überpersönliches entwicklungshaftes Ganzheitswerden, das wir aus gewissen Zügen und Zeichen vermuten, ist nun aber nicht „in unzählbaren Einzigkeiten oder Fällen immer wieder" da. Es ist, wenn es auch, wie etwa bei der vermuteten Phylogenie, durch viele Einzelwesen gleichsam hindurchgeht, doch als überpersönliches Ganzheitswerden nur einmal da; und es ist nicht abgeschlossen, sondern mitten in seiner raumhaften Verwirklichung darin. Es ist wie bei einem sogenannten „Stadium" einer einzelnen Embryogenese oder Restitution, deren Endzustand wir noch nicht kennen. Was heisst das?

Warnen wir zunächst noch einmal ausdrücklich vor einer nicht ganz fern liegenden Verwechslung zweier ganz verschiedenen Dinge:

Wir fragen also jetzt nicht, ob überpersönliche Ganzheitszüge, wie sie im Reiche des Belebten für die Erfahrung bestehen, als Ganzheitszüge für das Wirkliche etwas bedeuten und was etwa, sondern wir fragen, ob das Vorherbestimmtsein der raumhaften entwicklungshaften Verwirklichung überpersönlicher Ganzheit durch eine unraumhaft „wirkende" überpersönliche Entelechie, wie die reine *Ordnungslehre* es fordern muss, wenn sie überhaupt glaubt von solcher „Entwicklung" reden zu müssen, etwas „bedeute".

Dass Ganzheit und Entwicklung als solche als besondere erfahrungshafte Verkettungsformen auch einer besonderen wirklichen Verkettungsform „Zeichen" wären, wissen wir ja schon in vorläufig genügender Form dem Allgemeinen nach[1]). Aber was die ordnungshafte Forderung des „Vorherbestimmtseins" um jeden Preis angesichts tatsächlich unvollendeter überpersönlicher einmaliger Ganzheit bedeutet, ob nicht gar nur — eine Beschränktheit des ordnenden Ich, das wissen wir noch gar nicht.

Eine wirkliche strenge sogenannte *Monaden*lehre also ist durch unsere Ordnungslehre als metaphysische Möglichkeit bereits in wenigstens vorläufiger Form abgetan, eine Lehre also wie die, dass da werdebestimmende unraumhafte Ganzheits-Einzelwesen wären, welche, kurz gesagt, gar nichts „miteinander zu tun haben". Denn eine solche Wirklichkeitslehre würde ja die für die Erfahrung bestehenden überpersönlichen Ganzheitszüge nicht mitsetzen. Ist doch übrigens des Leibniz „Monaden"-lehre wegen der beigefügten Lehre von der *harmonie préétablie* und wegen des Geschaffenseins der Monaden von dem Einen Gott gar keine echte Monadenlehre, wie es denn überhaupt fraglich ist, ob ein Nichtmaterialist jemals eine echte Monadenlehre aufgestellt hat.

Also nicht eine Monadenlehre prüfen wir auf ihre metaphysische Möglichkeit, sondern, kurz aber verständlich gesagt: eine Freiheitslehre. Nicht, was erfahrungshaft bestehende Ganzheit „bedeute", wollen wir jetzt des näheren wissen, sondern über die Wirklichkeitsbedeutung des Vorherbestimmtseins des überpersönlichen Ganzheitsverwirklichungswerdens in den Raum hinein, wie die Ordnungslehre es fordern muss, wenn sie sich überhaupt entschliesst von überpersönlicher Entwicklung zu reden, wollen wir Klarheit.

Mit dieser Frage ist also von uns dem sogenannten *Freiheitsproblem* seine Stelle im Rahmen einer Wirklichkeitslehre angewiesen.

Die Ordnungslehre „muss" Vorherbestimmtheit auch des einmaligen überpersönlichen Ganzheitswerdens „fordern", so haben wir gesagt; nicht aber sagten wir, dass sie hier Erfüllung ihrer Forderung finde, und auch nicht, dass sie wisse, sie werde einst diese Erfüllung finden. Sie schaut also Vorbestimmtheit überpersönlichen Werdens nicht, sie

---

[1]) Seite 96.

hat nur den unbestimmten Wunsch diese Vorbestimmtheit zu schauen; sich mit dem Nichtschauen abfinden, würde Verzicht auf ihr Wesen bedeuten. Aber sie schaut doch die Möglichkeit, dass dieser Verzicht notwendig werden könnte — ganz ebenso wie sie später schauen wird, dass sie ihr „ordnungsmonistisches Ideal" zugunsten des „Zufalls", den sie nicht liebt, aufgeben muss. Der Metaphysiker ist hier also in bewusstem Widerstreit mit dem Logiker. *Ich* prüfe auf Grund eines geschauten „antizipierten Schemas" und ich fürchte mich doch vor der Prüfung Ergebnis, denn es könnte mir meine (logische) Ruhe stören. So allein freilich darf ein „Widerstreit" zwischen Metaphysik und Logik verstanden werden, als Widerstreit zwischen möglichem Prüfungsergebnis und Wunsch auf Grund eines geschauten Schemas also; jeglichen Sinnes bar aber wäre unseres Erachtens die Aussage, es könne, was logisch in endgültiger Erfüllung geschaut ist als A, metaphysisch ausdrücklich als Non-A gesetzt werden müssen. Metaphysisch frei, d. h. durchaus werde-unbestimmt, und doch „in der Erscheinung" als bestimmt, wohl gar als mechanisch bestimmt erkannt, das also bedeutet uns einen Ungedanken[1]).

β) Die Bedeutungen des Wortes „Freiheit".

In der zeitgenössischen Philosophie pflegt das Wort „Freiheit" in recht verschiedenem Sinne gebraucht zu werden. Es würde ein Zeichen einer sehr äusserlichen Gründlichkeit sein, wollten wir alle diese Bedeutungen hier aufzählen, um alsdann zu sagen, dass wir mit allen bis auf eine nichts anzufangen vermögen. So mögen denn den üblichen Bedeutungen des Wortes „Freiheit" nur wenige Bemerkungen auswählender Art gewidmet sein. Allem aber mag vorangeschickt sein, dass *Freiheit* unseres Erachtens n u r im Sinne von völliger „Nichtbestimmtheit" etwas Bedeutsames für die Metaphysik vielleicht bedeuten könnte. —

Wenn ich im Rahmen der Selbstbesinnungslehre, der sogenannten „Phänomenologie", sage, dass ich *Freiheit* als ein besonderes Erlebnis habe, so soll das nichts anderes als ein kurzer Ausdruck für das selbstbesinnlich gefundene Dasein des *Willens*-erlebnisses selbst,

---

[1]) Eine „Freiheitsantinomie" besteht für uns in der Form „metaphysisch echt frei — empirisch nachgewiesenermassen bestimmt" also nicht, ja sie erscheint uns sinnlos in dieser Form. Übrigens halte ich es für sehr fraglich, ob K a n t bei seiner berühmten dritten Antinomie an so etwas gedacht hat. Ihm ist „frei" soviel wie w e s e n s g e m ä s s, d. h. „von nichts Fremdem abhängig". Da lässt sich denn freilich die Antinomie auflösen. Vgl. meine Schrift *Leib und Seele*, 2. Aufl., 1920, S. 80f. und Kantstudien 22, 1917, S. 114 ff.

als einer ausgezeichneten Art des Erlebens, sein. Ich erlebe *Freiheit*, wenn ich die Wollung und dann, ohne Zwischenglieder, die „Tat" erlebe. Das Erlebnis *Wille* oder Wollung nun ist, wie ich an anderem Orte[1]) ausführlich dargelegt habe, eine besondere Form des Erlebnisses *Gedanke*. Es setzt sich in folgender Weise aus unselbständigen Bestandteilen zusammen: Seinen Kern bildet ein *dinghaft-anschaulicher* Bestandteil; dieser hat an sich „Zeichen" dafür, dass er *Naturwirkliches*[2]) bedeute, aber erst in *Zukunft*, während er gegenwärtig *bloss vorgestellt* ist; sein zukünftiges Naturwirklichsein[2]) steht, um mit Rehmke zu reden, im Zeichen der *Lust;* in besonderer Schärfe bin ich mir bewusst, dass *Ich* das gesamte Erlebnis habe; mir ist ferner das, was ich will, in irgend einer besonderen Form *endgültig* oder „gebilligt"; und endlich trägt noch, was das Wichtigste ist, das ganze Erlebnis ein gewisses *Erledigungszeichen:* ich habe nämlich ein Wissen darum, dass mein Körper, (oder bei sogenannten inneren Wollungen meine Seele), sich im Wege des Werdens an der Verwirklichung der gewollten zukünftigen Natur- (oder Seelen-) wirklichkeit „ursächlich" beteiligen kann. Das alles als Eines erleben also heisst eine *Wollung* erleben — und nach der Wollung erlebe ich als ein völlig Neues die *Tat*. Hier besagt nun ganz offenbar das Wort „Freiheit" recht wenig; es mag immerhin angewendet werden, weil es einmal soviel in Gebrauch ist. Es mag dann insonderheit jenes Wissen um die mögliche ursächliche Beteiligung „meines" Körpers oder „meiner" Seele bedeuten. Aber, wohlverstanden, für die Selbstbesinnungslehre gibt es in Strenge nur ein „bewusstes *Haben*" und ein „bewusst unmittelbar Gehabtes". Das *Werden*, also auch ein „Wollen" als ein bewusster *Verlauf*, spielt in ihr als Erlebnis überhaupt gar keine Rolle[3]), also auch nicht die Frage nach Freiheit als Nichtbestimmtheit des Werdens. Die Frage, ob „Ich" *frei* sei, ist also bei strenger Fassung der Bedeutung des Wortes „frei" ebenso sinnlos wie die, ob „Ich" *rot* sei. Verlassen wir also das „Ich" und prüfen wir die Freiheit der *Seele*.

Sobald *Werden* mit Rücksicht auf Erlebtes eine Rolle spielt, also eben im Bereiche der Lehre von der *Seele*, der „Psychologie", wird nun, wie man weiss, von Anfang an jede Art von „Freiheit" im eigentlich tiefen Sinne zugunsten der Setzung von Werdebestimmern

---

[1]) *Logik als Aufgabe* (1913) S. 77 ff; *O. L. D.* 2. b. *W. u. D.* S. 119 ff.

[2]) So bei dem auf äussere Tat gerichteten Willen, bei dem nach „innen" gewendeten, dem „Nachdenken", muss es *seelenwirklich* heissen.

[3]) Hartmann hat das unter allen Neueren am klarsten gesehen. Vgl. *W. u. D.* S. 119 ff., *O. L. D.* 2. b.

grundsätzlich abgelehnt, ganz abgesehen davon, dass von der Psychologie sehr oft der Werdebestimmer der *Wollung* im Reiche des „unbewussten" Seelischen geradezu gefunden wird. Denn Psychologie ist ein Teil der Ordnungslehre, und Ordnungslehre würde sich aufgeben, würde sie „Freiheit" im Sinne von nicht eindeutig bestimmtem Werden zulassen. Als Teil der Ordnungslehre weiss Psychologie nicht einmal, was das Wort „Freiheit" in diesem Sinne eigentlich heissen soll! So fremd ist es ihr. Auch für die Psychologie gibt es also keine „Freiheit" in einem tieferen Sinne, obschon in anderem Sinne, als es sie phaenomonologisch nicht gibt.

In der Vorschriften gebenden Sittenlehre, wie sie von Kant und Fichte beherrscht ist, wird uns gesagt, dass wir „frei" handeln sollen. Meist wird aber der Vorschrift ohne viele Umstände beigefügt, dass sie nur heissen solle, wir sollten uns nach Möglichkeit durch das „Wesen" unserer eigenen Persönlichkeit, und nicht durch die Besonderheiten des „Äusseren" zu den Besonderheiten unserer Handlungen bestimmen lassen, eine von Spinoza her bekannte Wendung, welche „frei" = *wesensgemäss* setzt. Also sollen wir uns sehr wohl „bestimmen" lassen, nämlich durch unser „Wesen", und damit ist denn gerade im Gefüge Kant-Fichtescher Ethik die echte, aller „Ordnungslehre" hohnsprechende Bedeutung des Wortes „Freiheit" beseitigt. So wenig spielt diese Bedeutung in jenem Gefüge eine Rolle, dass es sich gar nicht einmal verlohnt an dieser Stelle zu prüfen, ob denn so etwas wie eine sittliche Vorschriftenlehre mehr als eine bloss rednerische Bedeutung haben könne, und ob sie nicht besser durch eine völlig „unpathetische" ordnungshafte Ausführung, die dem Dasein des sittlichen Fühlens mit dem Begriff der überpersönlichen Ganzheit beizukommen sucht, zu ersetzen sei. Übrigens bedeutet auch in Kant's rein theoretischer Antinomienlehre „frei" dasselbe wie wesensgemäss[1]).

Ein Missbrauch des Wortes Freiheit ist es ferner, wenn sie der sogenannten „Kontingenz" gleichgesetzt wird, also dem Sachverhalt, dass wir das Sosein des empirisch Letzten oder das empirische *hic et nunc* nicht „verstehen".

Auch dass die bewussten Erlebnisse jeweils einzig sind und, wegen der *Erledigungs*-zeichen, die sie jeweils tragen, oder, kurz, wegen des Faktums des aufspeichernden „Gedächtnisses" nie als ganz dieselben wiederkehren können, ein von Bergson zuerst ganz klar herausgearbeiteter Sachverhalt, hat mit Freiheit im echten Sinne nichts zu tun. Sehr wohl könnte trotz dieser Einzigartigkeit alles bestimmt sein.

---

[1]) Näheres zu Allem in der kleinen Schrift *Das Problem der Freiheit*, 2. Aufl. 1920, und in Kantstud. 22. 1917. S. 114ff.

Echte „Freiheit“, das heisst also Freiheit in derjenigen Bedeutung des Wortes, die grundsätzliche *Nicht-Bestimmtheit* im Werden meint, haben von jeher nur ausgesprochene Metaphysiker gekannt. Und nur sie konnten sie kennen; denn Phaenomenologie kann sie gar nicht kennen, und Psychologie will es nicht.

Freiheit im allein wesentlichen Sinne des Wortes ist der Gegensatz zu *eindeutiger Vorherbestimmtheit* im Werden. Man hat gesagt, dass Freiheit ein „relativer“ Begriff sei, dass stets gesagt werden müsse, „von“ was Freiheit bestehe. Nun gut — von allem, was überhaupt als werdebestimmend gedacht werden könnte, soll ein im strengen Sinne *freier* Werdeschritt „frei“ sein.

Also nicht, ob das Einzelwesen in seinem Werden, in seinem „Handeln“ zumal, ein Ding für sich ist, steht in Frage, nicht, ob es als Einzelwesen mit Rücksicht auf die ihm ähnlichen Nachbarn, sozusagen „frei“, das heisst unverkettet ist. Unsere Lehre von überpersönlicher Ganzheit im Reiche des Lebendigen und von ihrer Wirklichkeitsbedeutung hat schon vorläufig gesagt und wird noch endgültig sagen, dass diese Art des echt-monadischen Unverkettetseins nicht bestehe. Das vielmehr steht zur Untersuchung: Ist das lebendige Überpersönliche, sei es Phylogenie oder Geschichte, in seinem entwicklungshaften Werden, in seinem *Nach*-einander, anders gesagt: insofern es einen entwicklungshaften Schritt tut, im allein bedeutsamen Sinne des Wortes „frei“? —

Formen wir, der Wichtigkeit des Gegenstandes wegen, unsere Frage zunächst noch einmal in etwas abweichender Art:

Bei sogenannten „unbelebten“ Geschehnissen lässt sich das, was an einem „endlichen System“ geschehen wird, voraussagen, wenn die physikalisch-chemische Kennzeichnung des Systems und aller etwa mit ihm in Werdeaustausch stehenden anderen unbelebten Systeme vollständig bekannt ist, und wenn vorausgesetzt wird, dass die bisher erprobten Naturgesetze für die Zeit der Voraussage noch gültig sind. Es handelt sich da durchaus um innerraumhafte Vorherbestimmtheit des Werdens. Diese innerraumhafte Vorherbestimmtheit des Werdens „gibt es“ jedenfalls praktisch. Anders gesagt: Ich bin bisher bei meinem Vertrauen auf die genannte Art der Werdeverkettung nie getäuscht worden, ich lasse sie daher, die eigentlich nur ein Weitergeben von Werden ist, metaphysisch etwas Besonderes andeuten.

Bei den Geschehnissen am lebenden Einzelwesen als solchem lässt sich aus der vollständigen physikalisch-chemischen Kennzeichnung eines bestimmten Zustandes des Körpers eines Einzelwesens als eines „endlichen Systems“ freilich nicht voraussagen, was an ihm geschehen wird. Was geschieht, nämlich, hat seinen zureichenden Werdegrund nicht in jener physikalisch-chemischen Kennzeichnung, in den physikalisch-chemischen Zuständen und „Vermögen" also, allein; aus ihr allein würde geradezu anderes erfolgen als das, was tatsächlich eintritt. Das Beherrschtsein von „Entelechie" gehört hier mit zur vollständigen Kennzeichnung des „Systems". Die Art dieses Beherrschtseins aber — (ich sage nicht die Art „der Entelechie!) — darf praktisch als „naturgesetzlich" festgelegt für das morphogenetische und physiologische Geschehen innerhalb jeder sogenannten biologischen *Art* gelten; weiss ich also praktisch, welcher „Art" etwa das Ei angehört, das ich hier vor mir habe, so kann ich auch praktisch voraussagen, was aus ihm werden wird, obschon die physikalisch-chemische Kennzeichnung des Eies mir das nicht sagt. Ich setze freilich wieder die Gültigkeit eines, sich auf die besondere Art des Beherrschtseins durch Entelechie beziehenden, Naturgesetzes voraus; aber ich darf das praktisch, soweit ich überhaupt auf „Gültigkeiten" in Sachen der Naturgesetzlichkeit bauen darf. Und eben deshalb darf ich auch *vitalistische* Gesetzlichkeit als eine bestimmte Art eindeutiger Vorausbestimmtheit etwas Besonderes „bedeuten" lassen. Dass diese Gesetzlichkeit so lange gültig war, das bedeutet auf alle Fälle etwas; auch wenn es mit ihr ein Ende haben sollte; und zwar bedeutet es etwas, insofern es sich eben um eine besondere Art der Vorherbestimmtheit von Werden handelt[1]).

Wo aber überpersönliches Ganzheitswerden von der Form der „*Entwicklung*" in Frage steht[2]), da liegt nun alles ganz anders. Da habe ich ja keine „praktische" Erfahrung mit Rücksicht auf ein Sehr-oft-geschehen-sein, mit Rücksicht auf ein In-meiner-Vorhersage-nicht-getäuscht-sein. Was geschieht, geschieht ja zum erstenmal; und was etwa „vorhergesagt" wurde, war auf Grund der Voraussetzung naturgesetzlich festgelegter Geschehenswiederholbarkeit vorausgesagt worden — und erwies sich „diesesmal" als falsch: man erwartete, es werde sich aus diesem Ei hier die Form A entwickeln, da es ja von der Form A herstammte; aber, da die überpersönliche Entwicklung einen „Schritt" tat, bildete sich die Form A'. Und das gilt, wo immer es sich um überpersönliches Ganzheitswerden handeln möge; sei es in der Phylogenie im weitesten Sinne oder in der „Geschichte", die sich

---

[1]) Näher ausgeführt ist dieser Gedanke in „*Logos*" 4, 1913, S. 62ff.

[2]) Wir setzen in diesem Abschnitt immer voran, dass von überpersönlicher *Entwicklung* in Phylogenie und Geschichte geredet werden dürfe. Ob und inwieweit das der Fall ist, wird ein späterer Abschnitt eingehend prüfen — mit sehr seltsamem Ergebnis.

ja letzthin in Handlungen Einzelner betätigt, in Handlungen, welche aber, wenn anders es wirklich über-persönliches Ganzheitswerden gibt, mehr als die rein „individual-psychologisch" begründeten Handlungen „Einzelner" sind.

Hier nun eben und erst hier tritt die Frage nach *Freiheit* zu der Frage nach der nicht-mechanischen Gesetzlichkeit des Werdens im Reiche des Belebten überhaupt hinzu. Nicht darum, dass physikalisch-chemische vollständige Kennzeichnung eines „Systems" als solche dessen Werden nicht eindeutig bestimme, handelt es sich jetzt; das ist durch den „Vitalismus" erledigt. Aber der Vitalismus blieb ja noch im Rahmen des Begriffs von der Vorherbestimmtheit überhaupt, mochte sie auch von einer Entelechie aus erfolgen. Jetzt handelt es sich um ein viel Tieferes: nämlich nicht etwa nur um so etwas wie darum, wie das Beherrschtsein persönlicher Entelechie durch über-persönliche vielleicht gedacht werden könne, sondern um die Frage, ob das Wort von der *Vorherbestimmtheit* des Werdens überhaupt noch einen Sinn habe:

Die physikalisch-chemische Kennzeichnung „bestimmt" nur teilweise, die persönlich-entelechiale Kennzeichnung „bestimmt" auch nur teil-weise — nämlich etwa, phylogenetisch, dass dieser neue Entwicklungs-schritt immerhin im Rahmen des „Typus" Säugetier bleibt, oder, historisch, dass doch immerhin eine „menschliche" Handlung vorliegt. Was also vervollständigt die „Bestimmung" dessen, was geschieht — oder gibt es etwa eine solche Vervollständigung der Bestimmung, die sozusagen von etwas „Anderem" käme, trotz aller rein „logischen" Forderung, nicht?

Solches also ist die Frage, die jetzt zur Entscheidung steht, und die wir mit Fug und Recht als die echte Frage nach der *Freiheit* be-zeichnen dürfen. —

γ) Zwischenteil: Die Frage nach der Freiheit des Handelns.

Wir haben die Freiheitsfrage an den Begriff des *über*-persönlichen Werdens im Bereich des Belebten geknüpft, und dabei bleibt es auch, denn die Gesamtheit des Belebten hat eben Ganzheitszüge und ist keine blosse Summe von echten Monaden. Aber die Gesamtheit des Belebten ist nun einmal in eine endliche Anzahl von Personen zer-fallen, und so kommt es denn, dass die Freiheitsfrage, obschon sie grundsätzlich auf ein überpersönliches Ganze bezogen ist, doch auch das Werden der einzelnen lebenden Person angeht. Sagten wir doch, dass sich Geschichte „letzthin in den Handlungen Einzel-ner" betätige, welche Handlungen freilich mehr als „rein individual-psychologisch begründete Handlungen" seien. Dass aber ganz Entsprechendes im Rahmen vermutungshafter Stammesgeschichte gilt, bedarf keiner näheren Ausführung: auch jeder phylogenetische Schritt wird seitens der überpersönlichen Entelechie oder seitens des „Unbewussten" mit Bezug auf einzelne Personen getan, unbeschadet seines Ganzheitswesens.

Möchte man nun aber nicht vielleicht gerade vom Handeln der einzelnen menschlichen Person her am ehesten zu einer Antwort, wenn auch nur einer Teilantwort, gelangen können? Dass zu entscheiden muss nun, wie leicht zu zeigen ist, sozusagen, dem Geschmack des Metaphysikers überlassen bleiben.

Gerade Metaphysiker pflegen sich aber leider die Erörterung hier allzu leicht zu machen. Man redet von „dem Willen" als einer Sache, die sich eigentlich ganz von selbst verstehe, die als Art „bewusster Tätigkeit" ohne weiteres durchsichtig sei. Gewissenhafte Selbstprüfung zeigt nun aber, dass hier etwas sehr Verwickeltes vorliegt und sicherlich keine erlebte „Tätigkeit". Was vorliegt, haben wir erst vor kurzem[1]) gesagt. Auf dieses Erlebnis also, wenn es in einer bestimmten Stärke da ist, folgt die Tat; ist es nicht da, so erfolgt sie nicht. Ein Willenserlebnis kann nun in manchen Fällen bald dasein, bald durch ein anderes, ebenfalls willenshaftes Erlebnis ersetzt sein: dann sagen wir, dass wir „wählen" zwischen zwei Taten. Ja, das „Wählen" kann sich ausgesprochenermassen nur auf das „diese Tat tun" und das „eben diese Tat nicht tun" beziehen. Und gerade hier scheint oft dem Oberflächlichen Freiheit im tiefen Sinne des Wortes ohne weiteres erlebt zu werden: „Ich kann ja doch diese Tat hier tun oder nicht-tun, wie ich will". Das ist richtig; es besagt aber in Strenge nur, dass auf das Erlebnis „Ich will diese Tat" diese Tat, auf das Erlebnis „Ich will diese Tat nicht" aber diese Nicht-Tat — (in beidemal leider durchaus unverständlicher Weise) — folgt, wobei, ob es nun schliesslich zu Tat oder zu Nicht-Tat kommt, lediglich davon abhängt, welche Stärke die Erlebnisse „Ich will" oder „Ich will nicht" erreicht haben.

Dass ich „tun oder unterlassen kann, *was ich will*", lehrt also gerade die, freilich unverständliche, Bestimmtheit der Tat, nämlich ihre Bestimmtheit durch das Willenserlebnis.

Tiefe Denker wissen nun freilich seit langem, dass die eigentliche Frage nach *Freiheit* sich vielmehr auf das Bestimmtsein oder Nichtbestimmtsein der „Wollung" als solcher zu richten hat. „Kann ich

---

[1]) S. o. S. 107.

auch wollen, was ich will?" — so hat man diese tiefere Frage wohl geformt. Dass die Psychologie, als eigentliche ordnungshafte Wissenschaft hier Bestimmtsein fordert, wissen wir nun schon aus unserer Vorerinnerung. Ob dieser Entschied auch des Metaphysikers letztes Wort ist, darum eben handelt es sich jetzt für uns, und insonderheit fragen wir, ob nicht etwa, trotz aller Psychologie, im Erlebnis selbst Etwas gelegen sein möchte, das der Metaphysik erlaubt, die ordnungshafte Seelenlehre zu entthronen.

Schildern wir einmal kurz, was eigentlich erlebnismässig die sogenannte innere Willenshandlung, das „Nachdenken" also, bedeutet.

Ich erlebe die „innere Wollung", die „Aufgabe", dass ich eine bestimmte mathematische Beziehung in Klarheit restlos erschauen möge; dann erlebe ich eine Menge auf die „Lösung der Aufgabe" bezügliche Einfälle und endlich die Lösung selbst. Es ist nicht schwer aus dem Erleben der Einfälle ein Werdeverhältnis in der *Seele* zu machen, welches grundsätzlich mit dem Begriff der Werde-bestimmtheit, der Kausalität, rechnet, wenn ich auch nie die einzelnen Kausalitätsstücke in der Seele, als in einer „intensiven Mannigfaltigkeit", in ihrem Sosein erfassen kann. Ist die Seele, so sage ich, in demjenigen Zustand, der sich *Mir* als Wollung, in dem früher und andernorts[1]) geschilderten Sinne vor-stellt, so folgen „kausal" daraus die Seelenzustände, welche sich mir als Einfälle und als Lösungsbesitz vorstellen. Die Seele *tut*, dass heisst: sie hat in sich folgeverknüpftes Werden zwischen dem ersten und dem letzten der hier gemeinten Zustände. Und es ist dabei müssig von einem „Vorrang" des Wollens und des Denkens im Rahmen des seelischen *Tuns* zu reden, weil das Erste mit dem „Tun überhaupt", das Zweite mit dem „Besonderes Tun" wesensgleich ist; Beide sind nötig, auf dass „Dieses da getan" wird.

„Woher" aber kommt derjenige Seelenzustand, der sich mir als ursprüngliche Wollung, als das „die Aufgabe lösen wollen", vor-stellt. Ist auch der durch irgendetwas werdebestimmt; also, wennschon nicht durch einen „Reiz", so doch durch einen früheren Seelenzustand? Das ist die Frage. Die Frage ist also, um in der üblichen unscharfen Weise zu reden, nicht, ob ein sogenanntes „Motiv" Ursache der inneren oder äusseren Handlung sei, sondern ob das Ein-Motiv-Haben *bestimmt* sei.

Darüber sagt nun das „Erleben" gar nichts aus. Das erste Schauen einer wissenschaftlichen oder sittlichen Tat, die *Ich* durchführen, das heisst lösen soll und will, das blitzt „plötzlich" auf, gewiss. Aber

---

[1]) S. oben S. 107 und *Logik als Aufgabe* S. 80 ff.

meine Seele ist *mir* ja so „unbekannt"! War in ihr wirklich nichts, was dieses Aufblitzen *bestimmt* hat, welche Bestimmtheit alsdann ins Metaphysische zu überschreiben wäre?

Man sieht es; es gibt nach keiner Seite hin im Selbstbesinnlichen einen entscheidenden Grund für metaphysische Vermutungen. Das *Ich habe Etwas* könnte sich mit metaphysischer Freiheit und mit metaphysischer Bestimmtheit abfinden[1]); die Entscheidung müsste hier aus anderen Quellen kommen — wenn sie überhaupt kommen kann. Dass nun Psychologie als Werdelehre des empirischen Seelenwirklichen in vielen Fällen, am deutlichsten bei der sogenannten „Terminsuggestion", Bestimmtheit im Auftreten einer Wollung oder eines „Einfalls" findet, das wissen wir bereits. Alle Erziehung, ja, aller alltägliche Umgang mit Menschen beruht auf dem Glauben an Bestimmtheit und dieser Glaube wird selten getäuscht. Wo er aber getäuscht wird, oder wo überhaupt, wie bei den eigentlich schöpferischen Einfällen des Künstlers, Gelehrten, Technikers, nichts Bestimmendes „gefunden" wird, da wird es eben von der Psychologie gefordert. Doch eben diese Forderung wollen wir ja auf ihre Berechtigung prüfen. Was wir bis jetzt eingesehen haben, ist dieses: dass zu solcher Prüfung die Selbstbesinnlichkeit mit Rücksicht auf das unmittelbare Erleben nicht genügt.

Aber ist nicht das *sittliche Bewusstsein*, das Erlebnis „Reue" zumal, ohne weiteres als Erlebnis im Sinne der Freiheitslehre verwertbar? Wir wissen schon aus der Ordnungslehre[2]), dass das *Dasein* des sittlichen Erlebnisses uns einen Menschheitsganzheitszug bedeuten darf, und werden an späterer Stelle eingehend von dieser seiner Bedeutung

---

[1]) Ich habe früher (Phil. d. Org. II. 1. Aufl. S. 311 f.) in dem Sachbestand, dass mein „Notwendigkeit-denken" doch nicht als „notwendig" angesehen werden könne, ein vielleicht zur Freiheitslehre führendes Paradoxon gesehen und habe (Ordnungslehre, 1. Aufl., S. 34 f.), freilich mit erheblicher Einschränkung, zugegeben, dass man „die Durchführung der Ordnungslehre eine *freie* Leistung des Ich nennen" könne. Die vorsichtigen Einschränkungen waren das Beste an diesen Darlegungen. Wenn man als Ausgang aller Philosophie das bewusste *Haben* (nicht „Tun") in Klarheit und Reinheit erfasst hat, wird nämlich sofort deutlich, dass die Freiheitsfrage mit Rücksicht auf diesen Ausgang überhaupt noch gar nicht auftritt. Sie *kann* erst auftreten nach Setzung des Begriffs *werden*. Mein reines *Haben* von Ordnungszeichen aber ist zunächst ebensowenig werdebestimmt oder werdeunbestimmt, wie es rot oder grün ist. Erst im Verlauf der Philosophie, erst an einer bestimmten Stelle ihres Verlaufes, tritt die Frage nach „Freiheit" auf. Man kann diesen Sachverhalt freilich erst dann deutlich sehen, wenn man sich klar darüber geworden ist, dass es ein *Ich denke* im Sinne eines bewussten Werde-erlebnisses nicht „gibt".

[2]) *O. L. E. 2. a.*

zu reden haben. Bedeutet aber dieses Dasein des sittlichen Erlebnisses nicht auch Freiheit? Ich meine, auch hier ist eine Entscheidung grundsätzlich unmöglich. Gewiss, das sittliche Erlebnis, das Erlebnis von *Pflicht, Mitleid, Reue*, könnte mir ein Zeichen des freien Tuns meiner Seele sein. Aber widerspruchslos denkbar ist es auch — und nur um Mögliches handelt es sich ja — dass sittliches Erlebnis mir nur ein Anzeichen für eine mir oder vielmehr meiner Seele von einem unbekannten „Anderen" zuerteilten Rolle ist; dass es mir nur kund gibt: hier ist deine Seele zur wesentlichen Förderung eines überpersönlichen Entwicklungsganges berufen, hier ist oder war sie es nicht. Wäre wohl die Lehre von der Gnadenwahl überhaupt möglich, wenn nicht eine solche Auffassung des sittlichen Erlebnisses jedenfalls auch möglich wäre? —

Doch wir wenden uns jetzt wieder der Frage nach Bestimmtheit oder Nichtbestimmtheit des überpersönlichen Werdens unmittelbar zu.

δ) Die Freiheitsfrage als Teil der Gottesfrage.

Wir haben die Frage nach dem Einen Ganzen der Welt, die Frage des „Ordnungsmonismus" und seiner Wirklichkeitsbedeutung, noch gar nicht aufgeworfen. Ausdrücklich haben wir gesagt, dass es sich jetzt für uns lediglich um den Begriff des Verknüpftseins, der Vorherbestimmtheit des *Werdens* handelt, und zwar ausschliesslich mit Rücksicht auf die Gesamtheit des Belebten. Und doch sieht man nun wohl, dass wir trotzdem schon vor der grössten Aufgabe aller Philosophie stehen, einer Aufgabe, die sich also als von der Doppelmöglichkeit „Einheits- oder Zweiheitslehre", „Ordnungsmonismus oder Dualismus" unabhängig erweist.

Der einen Seite der tiefen Aufgabe, die sich an das Wort *Gott* seit jeher geknüpft hat, stehen wir gegenüber.

Nennen wir an dieser Stelle einmal *Gott* in vorläufiger Weise dasjenige Wirkliche, welches die metaphysische Grundlage des Werdens des überpersönlichen Lebendigen ist. Wir fragen dann: Ist diese wirkliche „Grundlage" der zeitlichen Verwirklichung erscheinender überpersönlicher Ganzheit ein Etwas, das in seiner Ganzheits-mannigfaltigkeit vollendet ist vor aller erscheinenden Raumes- und Zeitverwirklichung dieser Ganzheit? Oder gibt es keine wirkliche vollendete Ganzheit vor erscheinender werdender Ganzheit. Das Wörtchen „vor" soll dabei, wie klar, nicht Zeitlichkeit im erfahrungshaften Sinne, sondern das bedeuten, von dem erfahrungshafte Zeitlichkeit das Zeichen für Mich, den Erlebenden, ist.

Die *Ordnungslehre*, die „Erfahrung", muss das überpersönliche Ganzheitswerden durch eine echte, unraumhafte, freilich durchaus *ad hoc* erfundene Ganzheit*ursache* bestimmt denken. Würden wir uns für das Reich des Wirklichen entscheiden, die Bestimmtheit dessen, was erfahrbares Ganzheitswerden ist, durch ein „vor" diesem Werden vollendetes Ganze abzulehnen, so würde das also heissen, dass wir hier, und hier zum erstenmale im Laufe unserer Untersuchung, eine Ordnungsforderung ausdrücklich als für die Wirklichkeitslehre durchaus bedeutungslos ansehen.

Das Verhältnis, welches wir untersuchen, ist recht verwickelt. Wir fragen nämlich nicht, ob überhaupt irgendetwas Wirkliches der „bestimmende" Grund für das als überpersönliche Ganzheitsentwicklung Erscheinende sei. Das ist sicherlich der Fall, denn stets hat Erscheinung, d. h. das „Für mich", im Wirklichen ihren *Grund*[1]). Wir fragen vielmehr: Ist das in diesem Sinne grundhafte Wirklichkeitskorrelat der Erscheinung, insofern diese sich als überpersönliche Ganzheitsentwicklung dargestellt, als ein *Wirkliches* fertig da, so dass es in einem als festes Sosein bestehenden überpersönlichen entelechialen Ursächlichkeitsfaktor sein (unanschauliches) Erscheinungskorrelat hätte, und die metaphysische Korrelation zu den einzelnen empirischen Phasen einer Überpersönlichkeitsentwicklung gewissermassen nur in der Aktivierung verschiedener Seiten jenes fertigen Wirklichen bestünde? Oder ist das grundhafte Wirklichkeitskorrelat der Erscheinung, insofern sie sich als überpersönliche Ganzheitsentwicklung darstellte, nichts fertiges Soseiendes, so dass dasjenige Wirkliche, welches allgemein-grundhaft allemal die „Erscheinung" in den einzelnen Phasen einer Überpersönlichkeitsentwicklung bestimmt, mit Rücksicht auf das metaphysische Korrelat der jeweils „nächsten" empirischen Phase jener Entwicklung vor dieser Phase noch gar nicht da ist? Da handelt es sich also nicht um blosse „Aktivierung" der Teile oder Seiten eines fertigen daseienden Wirklichen, welche jeweils als neue „Phase" in „Erscheinung" tritt, sondern da werden die Teile oder Seiten gerade des Wirklichen erst neu „gemacht" in Freiheit und erscheinen dann als „nächste Phase"; da gibt es keinen (unanschaulich) erscheinenden überpersönlichen festen Ursächlichkeitsfaktor, weil eben das metaphysische Korrelat für ihn — gar nicht da ist. Gewiss darf jetzt auch empirisch von einer Überentelechie die Rede sein, als Erscheinungskorrelat des freien Wirklichen; aber ein Sosein, das die einzelnen Phasen bestimmte, hat sie nicht.

---

[1]) S. o. S. 21.

Die grosse Schwierigkeit für das Verständnis dieser Sachverhalte liegt darin, dass unterschieden werden muss:

erstens: die in ihren einzelnen materiel ausgeprägten Phasen beobachtbare überpersönliche Entwicklung von der sich in ihr äussernden unanschaulichen überpersönlichen Entelechie, welche aber selbst noch „Erscheinung", nämlich ich-gehabter als empirisch daseiender gesetzter Naturfaktor ist,

zweitens: dieser schon im Rahmen der Erscheinung „unanschauliche" Faktor, welcher aber eben noch „Erscheinung" im weiteren Sinne ist, von seinem für ihn einen *Grund* bedeutenden metaphysischen Korrelat.

Die Frage ist: hat der Bestimmtheitsbegriff Bedeutung für dieses Korrelat oder nicht? Wenn ja, dann gibt es empirisch (im weiteren Sinne) die die einzelnen anschaulichen Phasen der Überentwicklung ursächlich bestimmende unanschauliche (aber „empirische"!) Entelechie. Wenn nein, dann gibt es diese Entelechie auch, aber die hat nicht festes „Sosein" und ist nicht „ursächlich".

Man erfasse vor allem klar, dass „Entelechie", ebenso wie etwa Potential, noch durchaus ein Begriff im Rahmen der *Erscheinung* ist! Und man vergesse nie, dass keine „Freiheits"lehre für das Wirkliche den Sachverhalt aufhebt, dass immer das Wirkliche *Grund* von „Erscheinung" überhaupt ist.

Will man die Frage der menschlichen „Willens"freiheit gesondert behandeln, so ist der Sachverhalt zunächst einmal der, dass der „intelligible Charakter", d. h. das metaphysische Korrelat des empirischen, selbstredend des letzteren *Grund* ist. Die Frage ist nun diese: ist der intelligible Charakter frei? Kant nennt ihn „beharrliche Bedingung" und lehrt damit implicite seine Unfreiheit; das Wort „frei" steht ihm für „wesensgemäss", d. h. nur dem intelligiblen Charakter und nichts Fremdem „gemäss", und besagt für die Hauptsache gar nichts[1]), da ja der intelligible Charakter des empirischen Grund sein muss. Gäbe es Willensfreiheit, so würde das heissen: der intelligible Charakter ist nicht ein fester *solcher*, ist also nicht „beharrlich", sondern „macht sich"; also ist auch sein empirisches Korrelat, die *Seele*, nicht beharrlich, also keine feste Ursache. Also ist jede Handlung Zeichen eines neuen Schrittes der Seele, und zwar im Sinne der „Erscheinung" eines neuen Schrittes des evolutiven intelligiblen Charakters. —

Sehr selten sind in der Geschichte der Philosophie Lehren auf-

---

[1]) S. o. S. 108.

getreten, welche die „vor" ihrer Entfaltung bestehende Vollendung überpersönlicher Ganzheit geleugnet haben. Fälschlich also werden viele philosophische Lehren mit dem Namen des „Pantheismus" benannt, welcher, will man hier Klarheit der Bezeichnung, durchaus der hier von uns erörterten Lehre vom Nicht-dasein ursprünglicher Ganzheitsvollendung vorbehalten bleiben muss. Weder Plotinos noch Spinoza, Schelling, Schopenhauer, Hegel oder Hartmann sind also im strengen Wortsinne „Pantheisten". Sie alle kennen „Gott" als „Wesen"; und ob sie eine gänzlich unentscheidbare Angelegenheit dahin entscheiden, dass „Gott" nicht nach Art einer menschlichen bewussten Person zu denken sei, tut hier nichts zur Sache.

Aber Eckhardt, Böhme, J. G. Fichte in seiner Jugend — aber durchaus nicht in seinen reifen Jahren — dürfen wohl als Pantheisten strenger Art gelten, wennschon Vermittlungsansichten im einzelnen auch bei ihnen nicht fehlen.

Der rückhaltloseste Bekenner eines reinen Pantheismus in unserem Sinne aber — und damit auch einer echten Freiheitslehre für die Person — steht uns gerade von allen ursprünglichen Philosophen zeitlich besonders nahe: Bergsons Formel „Dieu se fait" kann geradezu als vorbildlicher kurzer Ausdruck der echten pantheistischen, d. h. der Freiheits-Lehre bezeichnet werden. Es ist dabei bedeutsam, sich daran zu erinnern, dass bei Bergson echter Pantheismus sich mit einer Lehre vom „Dualismus" des Belebten und Unbelebten, nicht aber mit einer ordnungsmonistischen Lehre vereint, wovon wir noch später reden werden.

Gott, das heisst: das belebte überpersönliche Ganze, „macht sich" nach echt pantheistischer Lehre in seinem Werden in echter Freiheit, durch nichts, auch nicht durch sein unauseinandergelegtes „Wesen" bestimmt; also durchaus unbestimmt[1]). Gott macht sich. Gott „hat" gar kein *Wesen*, er „wird" sein *Wesen*. Erst was von seinem Wesen jeweils geworden ist, das kann Anderes bestimmen.

Doch muss es hier bei diesen Andeutungen sein Bewenden haben, denn die Behandlung der Gotteslehre ist in diesem Teile unseres Werkes noch nicht unsere Aufgabe.

-----

[1]) Man möchte sagen, dass im Rahmen der Freiheitslehre eigentlich nicht von *Entwicklung* („Evolution") geredet werden dürfe, dass dieser Begriff vielmehr ein vollendetes Ganzes voraussetze, das sich zerlegt oder „auswickelt". Redet doch übrigens Bergson von einer „Evolution *créatrice*"; er hat also wohl das hier bestehende Bedenken gesehen.

ε) Die Unentscheidbarkeit.

Wir haben bis jetzt nur eine Frage aufgeworfen und haben gewisse bestehende Lehren in ihrem Verhältnis zu dieser Frage dargelegt; wir haben uns nicht entschieden. Wie nun sollen wir uns entscheiden, und sollen wir das überhaupt tun?

Ich meine, es lässt sich aus den obersten Grundsätzen unserer Wirklichkeitslehre heraus zeigen, dass wir uns in der Frage des Vorherbestimmtseins überpersönlicher Ganzheit im Wirklichen, also in Sachen der Freiheitsfrage, gar nicht entscheiden können:

Wir wissen vom Wirklichen nur, dass die Lehre von ihm, die *Wirklichkeitslehre* oder „Metaphysik", so geartet sein muss, dass ihr Inhalt den Inhalt der Ordnungslehre oder Logik, die „Erfahrung" im weitesten Wortsinne also, *mitsetzt,* aus sich folgen lässt. Was wir nun allein haben, wovon wir ausgehen, das ist die Erfahrung. Wir haben also die *Folge,* wir suchen den *Grund;* der aber lässt sich wohl gelegentlich einmal mit einem gewissen Grade von Wahrscheinlichkeit, aber nie mit Eindeutigkeit finden.

Gerade im Gebiete der Lehre vom Werden von überpersönlicher Ganzheit liegen die Dinge nun so, dass eine metaphysische Entscheidung mit Rücksicht auf ihr Bestimmtsein oder Nichtbestimmtsein durch ein ruhendes vollendetes Ganze durchaus unmöglich ist. Erfahrung, die allein wir haben, nämlich lehrt uns die überpersönliche Ganzheit — und auch das alles ja nur vermutungsweise — als einmalig und unvollendet kennen. Das aber würde ja gleichermassen der Fall sein, sowohl, wenn *Gott* sein „Wesen" nur noch nicht völlig entfaltet oder aktualisiert hätte, als auch, wenn er sein Wesen, sich selbst, erst „machte". Denn, wohl verstanden, einer Erscheinung, und überpersönliche Entwicklung wäre „Eines" als Erscheinung, sehen wir ja nie an, ob sie „bestimmt" ist oder nicht; in Verbindung mit anderen finden wir sie sehr oft bestimmt, nämlich im Unbelebten oder Personal belebten; wo sie allein da ist, da kann Bestimmtheit für die Erscheinung nur gefordert werden — und das bedeutet eben metaphysisch an und für sich noch nichts.

Unentscheidbar also ist auf dem Boden strenger Lehre die Frage, ob Pantheismus, im echten Sinne, oder ob Nicht-Pantheismus die wahre Lehre sei; unentscheidbar ist die Frage nach Freiheit. Man wolle, das sagen wir noch einmal, alles nicht etwa so verstehen, als ob nicht die „Erscheinung" als solche „bestimmt" wäre, nämlich aus dem Wirklichen her. Das ist und bleibt sie, so wahr das Wirkliche *Grund* der Erscheinung ist. Auf das Wirkliche selbst geht die Freiheitsfrage — und ist unentscheidbar. Übrigens bliebe auch unser Satz, dass das Wirkliche nie ärmer an Mannigfaltigkeit sein könne als die Erscheinung, bei einer Freiheitslehre für das Wirkliche voll gewahrt; denn der Mannigfaltigkeitsgrad eines *freien* Wirklichen wäre unendlich! —

Der Gottesbeweis des Descartes ist, wie sich später zeigen wird, kein „Beweis". Gerade mit Rücksicht auf den Gedankengang dieses grossen Denkers mag aber schon an dieser Stelle kurz gesagt sein, dass, selbst wenn er ein Beweis wäre, mein tatsächlicher Erlebnis-Besitz des Gedankeninhaltes *Gott der vollendete Bestimmer werdender Ganzheit* auf dem Boden des Pantheismus echter Art und auf dem Boden des Nichtpantheismus gleichermassen möglich wäre, also auf keinen Fall etwas für das „Dasein" Gottes als des vollendeten Werdebestimmers vor allem Werden besagt. Der echte Pantheist, für den Gott kein das Werden bestimmendes *Wesen* hat, sondern sein Wesen frei „macht", könnte hier nämlich sagen: „In Mir als Einem, der an Gott teil hat, lebt der Gedanke von Gottes eignem freigewolltem Ziel", also von Etwas, das noch nicht irgendwie „wesen"-haft ist, sondern geahnt und gewollt wird. Das Erlebnis „Gott", von dem Cartesius redet, ist im Rahmen der Wirklichkeitslehre also gerade so mehrdeutig wie das Erlebnis persönlicher „Freiheit", von dem oben die Rede war.

Doch wir brechen ab, denn die Frage nach der Ganzheit des All und seiner „Herkunft" haben wir ja als solche noch gar nicht aufgeworfen. Die Gottesfrage tritt eben schon früher auf; da nämlich, wo nach der Wirklichkeit des Bestimmtseins oder Nichtbestimmtseins des Werdens überpersönlicher Lebens-Ganzheit gefragt wird. Man mag sagen, es handle sich nur um einen Teil der Gottesfrage; auf alle Fälle handelt es sich um die Frage nach einem Etwas, das der übliche Begriff *Gott* mit deckt.

Wie dieses Bruchstück der Gottesfrage, wenn man so will, entschieden werden solle, das hängt also von der Neigung ab. Wer die Logik für die Metaphysik retten will, der muss Theist in irgend einer Form sein; und vielleicht würde auch der Gedankengang des Cartesius dem metaphysischen Retter der Logik ein klein wenig mehr an „Wahrscheinlichkeit" auf seine Seite geben.

Wenn wir die Frage der Ganzheit des All in Angriff nehmen, wird an die Ausführungen dieses Abschnittes wieder anzuknüpfen sein. —

Wir kehren zum Schlusse noch einmal auf tiefere Gefilde zurück.

Phylogenie als überpersönliches Werden äussert sich durch die Entwicklungsabläufe der Personen, die Ontogenien, Geschichte äussert sich durch Willenshandlungen von Menschen.

Was also zunächst die Phylogenie und ihr Mittel, die Ontogenien, angeht, so wäre, wenn für Freiheit des phylogenetischen Werdens entschieden wird, auch die Ontogenie, trotz der vom personalen Vitalismus festgehaltenen Determinationslehre, insofern frei, als es eine „freie" Tat des Überpersönlichen wäre, ob eine bestimmte Ontogenesis ebenso wie die der Eltern abläuft oder einen „neuen" Schritt bedeutet.

Und ganz Entsprechendes gilt für die Handlung, wenn der überpersönliche Geschichtsbestimmer frei gedacht wird. Vielleicht würden wir hier nur diejenigen Menschenhandlungen „frei" nennen, in denen das freie Überpersönliche einen „Schritt" tut. Dann wären wohl nur wenige Menschen, die wir „begnadet" nennen dürften, Träger der Freiheit, und auch sie wohl nur in wenigen Augenblicken ihres Seins. Dass ihre *Seele*, beziehungsweise ihr naturhaftes Parallelkorrelat[1]), das *Psychoid* oder die *Entelechie*, Vermittler der Freiheit wäre, nicht aber das „Ich", braucht wohl nicht noch einmal besonders gesagt zu werden.

Endlich gedenken wir noch kurz einer Lehre des späten Schelling: Es kann ausser einer Freiheit des „wie" eine Freiheit des „dass" gedacht werden. Bei der Freiheit des „wie" folgt das Sosein der Welt aus Gott, das Sosein der Tat aus dem Menschen nicht nach Massgabe eines fest bestehenden *Wesens*, „folgt" also überhaupt nicht. Bei der Freiheit des blossen „dass" folgt das Sosein der Welt aus Gottes, das Sosein der Tat aus des Menschen *Wesen*, aber *dass* es zur Welt oder, beim Menschen, zur Tat kommt, das ist *frei*.

Man beachte zunächst, wie auch hier, wie bei allen Freiheitsfragen, die Verhältnisse Gott: Welt und Mensch: Tat parallel bestehen.

Sachlich haben wir einen dem Schellingschen verwandten Gedanken selbst schon einmal geäussert[2]), als wir vom „Tun" oder „Nicht-tun" einer ihrem Sosein nach bestimmten Tatmöglichkeit redeten. Selbstbesinnlich ist nun auch hier, aus dem reinen Ich-Erleben beim „Wählen" zwischen *ja* oder *nein*, sicherlich nichts entscheidbar. Aber der *Seele* könnten wir hier vielleicht das „freie" Bestimmen des „ob" oder „ob nicht" zuschreiben. Die Qualität ihrer Wollung würde dann determiniert sein, aber das Umsetzen der Wollung in die Tat wäre frei.

---

[1]) Phil. d. Org. 2. Aufl. S. 521.

[2]) S. o. S. 115.

Insofern personale Seelen Träger von Überpersönlichem sind, käme diese Art der Freiheit wohl allein für sie in Frage.

Entscheiden können wir nun auch hier nichts; aber „glauben" dürfte Einer wohl leichter an die Freiheit des „dass" als an die des „wie".

5. Die Klasse und das Allgemeine.

(Das „Universalienproblem".)

Die Dinge und die Geschehnisse der Natur stellen ihrem Sosein nach im Vergleich zu einander kein Chaos, sondern ein wohl übersichtliches Gefüge dar.

Erstens gibt es „dieselben" Dinge und Geschehnisse in vielen „Fällen", und zweitens sind die Dinge und Geschehnisse ihrem Sosein nach im Verhältnis zu einander so geartet, dass, wenn wir das Sosein in Begriffe fassen, diese Begriffe stufenförmig gegliederte Gruppen bilden, welche gemeinsam dasselbe „Allgemeine" mitsetzen. Man denke an das zoologische und botanische System[1]): Viele Hauskatzen, viele Eichbäume einerseits; die Kategorien Art, Gattung, Familie, Ordnung, Klasse, Kreis andererseits.

Auf diesen Sachverhalten baut sich eine der bedeutsamsten Fragen der Naturphilosophie und Metaphysik auf, eine Frage, welche das Mittelalter mehr als unsere Zeit beschäftigt hat und unter dem Namen des „Universalienproblems" bekannt ist. Mit ihr, also mit der Wirklichkeitsbedeutung des *Klassenhaften* und des *Allgemeinen* in der Natur, müssen wir uns jetzt auseinandersetzen.

Im Rahmen der eigentlichen allgemeinen Ordnungslehre schon muss nun das Verhältnis des *Allgemeinen* zum *Besonderen* von dem Verhältnis der *Klasse* zur *Einzigkeit* oder zum „Fall" scharf geschieden werden, und ausserordentlich wichtig wird diese Unterscheidung im Rahmen der Naturordnungslehre.

Im Rahmen der allgemeinen, auf alle unmittelbaren Gegenstände als auf das unmittelbare Gehabte und Gesetzte gehenden Logik ist *allgemein* das von mehreren Besonderen *Mitgesetzte*, d. h. inhaltlich in sie Einbeschlossene. *Klasse* einer Setzung andererseits, mag diese Setzung eine allgemeine oder eine besondere sein, ist hier die Gesamtheit der Fälle ihres Erlebtwerdens, also eine „Menge". Das besagt nun zwar wenig.

Viel mehr aber besagt im Rahmen der Naturordnungslehre der Begriff der *Naturklasse* als der Menge derjenigen „gemeinten" Einzel-

---

[1]) *O. L. C. I. 9.*

dinge, oder der Fälle derjenigen Geschehnisse, in denen der Inhalt einer und derselben Setzung gleichsam naturverwirklicht ist.

Das Verhältnis *Klasse* zu *Einzigkeit* oder „Fall" geht also das Verhältnis *Allgemeines* zu *Besonderem* gar nichts an[1]); beide gehen nebeneinander her, haben gar nichts miteinander zu tun, wie schon daraus erhellt, dass eine Klasse mit Einzigkeiten sowohl Allgemeines allerverschiedenster Stufe wie auch letztes Besonderes sein kann. Oder, um dasselbe nochmals anders zu sagen: Das Verhältnis *Allgemeines-Besonderes* geht eben auf Setzungen, auf Begriffsinhalte; das Verhältnis *Klasse-Einzigkeit* geht auf Fälle, insonderheit auf Naturfälle. Als *Setzungen* sind Klasse und Einzigkeit einander geradezu gleich; sie sind Fälle *derselben* Setzung.

Es gibt nun also sowohl „Klassen" wie „Allgemeines". Was heisst das? Was heisst es zumal, dass „das Allgemeine", über dessen setzungshaftes Sein für Mich *post res* kein Zweifel besteht, nun auch ein als *gleichsam*-selbständig gemeintes Sein, eine recht andere Art von „Sein" also, *in rebus* habe?

Um hier zunächst einmal rein ordnungsmässig zu völliger Klarheit zu kommen, wollen wir damit beginnen uns auszudenken, wie eine *Natur* beschaffen wäre, in der es weder eine „Klasse" noch „Allgemeines" gäbe.

Denken wir uns, *Natur* wäre durch eine rote, sich gleichförmig bewegende, quadratische Fläche vollständig erschöpft. Da hätten wir eine Einzigkeit, also nicht eine „Klasse", und zugleich ein Besonderes und gar nichts „Allgemeines". So wenigstens scheint es auf den ersten Blick. Aber — wäre da wirklich gar nichts Allgemeines? Ist nicht „Winkel" das „Allgemeine" zu jedem der vier Winkel des Quadrates? Das allerdings ist nun freilich gerade nicht der Fall, obwohl es wohl mancher im ersten Antrieb sagen wird, wohl aber sind die vier rechten Winkel des Quadrates *Einzigkeiten* der *Klasse* rechter Winkel. Nun gibt es aber trotzdem „Allgemeines" in einer nur aus einer roten sich bewegenden quadratischen Fläche bestehenden *Natur;* nur dass dieses Allgemeine recht versteckt ist. Die einzelnen Eigenschaften unserer sehr einfachen Natur, beziehungsweise die sie meinenden Setzungen, sind nämlich jeweils *diese* und *solche;* „rot" sowohl, wie „quadratisch" und „sich bewegend". *Diesheit* und *Solchheit* sind also auch in unserer vereinfachten Natur „Allgemeines". Und weiter: „Rot" ist von „quadratisch" *verschieden* und von „sich bewegend"

---

[1]) Näheres in meinem Aufsatz „Zur Lehre von der Induktion" in Sitz.-Ber. Ak. d. W. Heidelberg. Phil. Kl. 1915, Nr. 11. S. auch *O. L. B. I.* 8 u. 9.

verschieden, obwohl in jeweils ganz anderer Weise, und so ist denn auch *Verschiedenheit* ein „Allgemeines" an unserer Natur, genauer gesagt: beziehliche Verschiedenheit.

Wir sehen also, ganz ohne „Klasse" und „Allgemeines" wäre nur eine Natur, die etwa nur „rot" wäre. Aber wir wollen nun eine, wenn man will, willkürliche Festsetzung treffen: Blosse Ordnungszeichen von der in der Ur-ordnungslehre abgehandelten Art sollen, auch wenn sie als an Naturgegenständen haftend gedacht sind, nicht als Natur-allgemeines gelten, und den Begriff des Klassenhaften wollen wir nur auf die betrachteten Gegenstände als Ganze, aber nicht auf ihre Eigenschaften anwenden. Setzen wir das fest, so ist unsere vereinfachte Natur sowohl klassen- wie allgemeinheitsfrei.

Klassen- und allgemeinheitsfrei wäre also eine Natur, in welcher es nur eine geordnete Soseinsverkettung gibt, mag diese auch, wie bei unserem Beispiel in der Form „vier rechte Winkel", eine Klasse mit Einzigkeiten einschliessen.

Und ohne Schwierigkeit ergibt sich nun ein weiteres: Auch eine Natur, welche nur eine Soseinsverkettung oder mehrere, aber gänzlich verschiedene Soseinsverkettungen in einer bestimmten Zahl von „Fällen" aufwiese, wäre allgemeinheitsfrei, obschon auf sie die Begriffe *Klasse* und *Einzigkeit* Anwendung finden würden. Die „wirkliche Welt" der Materialisten, sofern sie nur mit einer Art von Urdingen arbeiten, ist in diesem Sinne letzthin allgemeinheitsfrei, obwohl natürlich in der „erscheinenden Welt" es auch für sie Allgemeines verschiedenen Grades gibt. Freilich gilt das nur, insofern der Materialismus als echte Metaphysik gefasst wird; wird, etwa neukantianisch, ein durchgängiger Naturmechanismus behauptet, der aber von „der anderen Seite" gesehen etwas seinem Sosein nach sehr Mannigfaltiges „bedeuten" soll, das letzthin auf die „Verwirklichung von Zwecken" hinauskommt, so liegt natürlich in den verschiedenen besonderen Verkettungen der Urdinge, die immer wiederkehren, etwas Allgemeines; diese besonderen Verkettungen sind dann nicht, wie für den echten Materialismus, „bloss zufällig", sondern wesentlich. Es ist schon angedeutet worden[1]) und wird an anderer Stelle eingehend gezeigt werden, dass in solchem Falle der Auffassung der Natur-Mechanismus eigentlich gar kein „Mechanismus" ist.

Doch gehen wir nun dazu über, *Natur,* so wie sie für unsere ordnungshafte Auffassung sich darstellt, auf das *Klassenhafte* und das

---

[1]) S. o. S. 79 f.

Allgemeine in ihr und auf die Bedeutung Beider für die Wirklichkeitslehre zu prüfen.

Das, was als Letztes in dem *Als ob* seiner Selbständigkeit für die Naturerfahrung eigentlich in der Natur „da ist", ist stets *Einzelnes* sowohl wie *Besonderes:* dieser Hund hier, diese Menge dieser chemischen Verbindung und diese ganz bestimmte Handlung dieser bestimmten Menschen. Die Scholastiker haben den Begriff der *Haecceitas*[1]), der *Dieseinzigkeit,* gebildet, um zu bezeichnen, dass, wenigstens in sehr vielen Fällen der Naturwirklichkeit, das Einzige der Natur zugleich begrifflich dieses und nur dieses „Besondere", im Sinne der Setzungsbesonderheit, ist. Es ist ja ein Ausdruck der alltäglichen Erfahrung, dass auch nicht zwei organische Einzelwesen, auch nicht zwei Erzeugnisse der Technik einander in allen einzelnen Eigenschaften gleich sind Nur von den Urdingen wird völlige Soseinsgleichheit aller ihrer Einzigkeiten bis auf weiteres von der Wissenschaft angenommen.

Wird angesichts dieser Tatsächlichkeit nicht eigentlich das Unterfangen aller Wissenschaft von der Naturwirklichkeit von vornherein als aussichtslos gebrandmarkt? Müsste sie nicht ein „Unendliches" an Mannigfaltigkeit treffen, wollte sie sich des Naturwirklichen ganz in Strenge bemächtigen?

Viele lehren in der Tat, dass es so sei, dass da in strengstem Sinne eine „unendliche Aufgabe" in der Aufgabe der denkhaften Naturbearbeitung vorliege, und dass „Auswahl" des Bearbeitungsgegenstandes erfolgen müsse, weil ein unendlich Mannigfaltiges in seiner Unendlichkeit nicht bearbeitet werden könne. Auf Leibnizens Gedanken könnten sich, die solches lehren, berufen; aber nicht auf das Beste an den Lehren dieses grossen Mannes, wie mir scheint. Es scheint mir nämlich, dass die „Unendlichkeit" der Mannigfaltigkeit des Naturwirklichen fern davon ist eine notwendige Voraussetzung zu sein. Wenn die Urdinge in ihrer Raumerfüllung endlichklein sind und wenn ihre Zahl endlich ist, so ist nämlich die Gesamtheit des Raumeswirklichen jedenfalls endlich und nicht unendlich. Nun ist die endliche Kleinheit der Urdinge eine, durch Tatsächlichkeit übrigens erfüllte, Voraussetzung ihrer Setzbarkeit überhaupt[2]); über ihre Zahl wissen wir nichts, können

---

[1]) Wir nehmen dieses Wort zunächst nur zur Bezeichnung der Dieseinzigkeit in ihrem reinen Bestande, ohne zu entscheiden, ob, im Sinne des Duns, die *haecceitas* als „Form" das sogenannte *principium individuationis* sei oder nicht. Diese Frage kommt erst in einem späteren Teil zur Sprache.

[2]) Infinitesimalrechnung darf daher auf Physik in Strenge nur angewendet werden, wo es sich, wie bei der reinen Bewegungslehre, um Zuwächse eines nachweislich „Stetigen" handelt. Es gibt aber keine „unendlich kleinen Zuwächse" von *Körper-*

uns aber durchaus denken, dass wir etwas über sie wüssten. Die Frage nach der endlichen oder unendlichen Mannigfaltigkeit der erfahrungshaften Raumeswirklichkeit ist also nur „empirisch" ungelöst und vielleicht praktisch unlösbar. Aber das ist alles[1]).

Wegen der hier bestehenden praktischen Unsicherheit werden wir im Folgenden die Frage nach Endlichkeit oder Unendlichkeit der Raumesnatur durchaus beiseite stellen.

Die *Haecceitates* der Scholastiker also, so sagten wir, siud der Ausgang alles weiteren Nachdenkens über das Natursosein. Und nun wissen wir schon aus unseren Betrachtungen über erdichtete „Naturen": Gäbe es nur eine Dieseinzigkeit in sehr vielen Einzelheiten, also etwa nur sehr viele Atome völlig *gleicher* Art, so würde zwar eine Klasse da sein, die Frage nach dem Allgemeinen in der Natur aber keine Rolle spielen. Diese Frage würde aber ganz offenbar auch dann nicht auftreten, wenn es nur von einander durchaus verschiedene *Haecceitates* geben würde, d. h. solche, die auch nicht irgendetwas dem Sosein noch gemeinsam mitsetzen, gleichgültig, ob sie klassenhaft ausgeprägt oder nur in einem „Fall" vorhanden wären. Dagegen würde vom Allgemeinen die Rede sein, sowie der Begriff des gemeinsamen Mitsetzens eines Soseins in Frage steht, gleichgültig, ob das Mitsetzende klassenhaft ausgeprägt ist oder nicht. Man sieht hier wieder, dass das *Klassen-* und des *Allgemeinheits*problem unabhängig von einander sind.

Es gibt nun im Naturwirklichen „Klassenhaftes" und „Allgemeines", wie das ja, sogar in stufenförmiger Gliederung, in dem Gefüge, dem „System", aller möglichen Dinge und Vorgänge der Naturwirklichkeit zum Ausdruck kommt. Die Ordnungslehre hat das im einzelnen nachzuweisen, und wir sagen hier nur zusammenfassend, dass wir ja doch wissen, dass es ein stufenartig gebautes Gefüge der Stoffarten, der lebenden Wesen, aber auch der Staatsformen, der Maschinen, der Bekleidungsgegenstände, der „Tugenden" eben „gibt", und dass es alles als *Klassen* mit vielen Fällen gibt. Freilich sind schon sogar die sogenannten „Art"-Begriffe der Lebenslehre Klassenbegriffe im Bereich eines „Allgemeinen" und ebenso die Begriffe, welche irgend eine in sehr vielen Einzelheiten vorhandene Maschine meinen: denn nicht zwei Löwen, nicht zwei Lokomotiven aus derselben Werkstatt und von

---

lichkeit als solcher oder von irgendwelchen Änderungen, an denen „Atome" beteiligt sind; werden solche Änderungen mit Differentialgleichungen behandelt, so liegt, streng gesprochen, eine Fiktion vor. Das ist z. B. bei den mathematischen Lehren von der Diffusion, der Wärmeleitung usw. der Fall. — Zum Begriff stetig vgl. O. L. B. II. 6. c.

[1]) Vgl. *O. L.* C. II. 5.

„demselben“ Bau sind einander durchaus gleich. Dass die Begriffe „Alkohol“, „Säugetier“, „Monarchie“, „Tugend“, „Elektrische Maschine“, „Kleid“ erst recht *Natur-allgemeines* angeben, bedarf selbstredend keiner weiteren Erläuterung. Nur die Atome, wie schon gesagt, sind eine Klasse im Bereich vollendeter Besonderheiten, sodass wir also zusammenfassend sagen dürfen, es sei, mit Ausnahme der Atome, welche aber auch gleichsam willkürlich als gleiche „Fälle“ angesehen werden, alles *klassenhaft* vorhandene Naturwirkliche als Klassenhaftes ein logisch *Allgemeines*[1]). Oder, konkreter gesprochen: Es gibt als *Klasse* nicht „solcher Hund wie mein Hund,“ sondern nur, in immer aufsteigender Allgemeinheit, „Pudel“, „Hund“, „Raubtier“, „Säugetier“, „Wirbeltier“, „Tier“; aber „solches Atom wie mein Atom“ gibt es als Klasse. Und wer zur Klasse „Pudel“ gehört, gehört auch zu jeder allgemeineren Klasse, aber nicht umgekehrt.

Alle Naturallgemeinheiten, gradweise unter sich verschieden, gehen praktisch stets auf das, was die Ordnungslehre klassenhafte Soseinsverkettungen nennt, und zwar auf Verkettungen sowohl mit Rücksicht auf das *Bei-* wie auf das *Nach-einander*. „Gesetze“ also, im allgemeinsten Sinne des Wortes[2]), sind es, die *Allgemeines* zu setzen erlauben.

Vielleicht ist es nicht überflüssig hier gerade mit Rücksicht auf „Gesetze“ des Nacheinander noch ein paar erläuternde Worte beizufügen: Wie nicht zwei Löwen oder zwei „gleiche“ Lokomotiven völlig *gleich* sind, so sind auch nicht zwei Stösse, zwei chemische Geschehnisse, zwei Regenerationen derselben Tierform, zwei Rechtsfälle völlig gleich. Auch was hier Fall einer Klasse ist, ist immer schon „Allgemeines“. —

Aber dieses Alles war nur Vorbereitung für das, was in diesem Werke der Beantwortung harrt: Was bedeuten denn nun für das Wirkliche die Naturklassen und Naturallgemeinheiten, die, wie wir aus der Ordnungslehre wissen und nun wiederum gesehen haben, für die ordnungshafte Erfahrung zunächst doch eigentlich immer noch bloss gewisse rein denkhafte Beziehungen zwischen den die Naturdinge und Naturvorgänge meinenden Setzungen bedeuten, wenn

---

[1]) Was als Naturklasse mit vielen Fällen da ist, ist also begrifflich als Allgemeines, d. h. von vielem setzungshaft Besonderen Mitgesetztes, gekennzeichnet, nur vielleicht bei den Urdingen handelt es sich um eine Naturklasse von begrifflich Besonderem. Man sieht hier besonders klar, wie die Begriffspaare *Klasse-Einzigkeit* und *Allgemeines-Besonderes* nebeneinander hergehen. — Gelegentlich hat man sich darüber gewundert, dass das Allgemeine als Setzung doch wieder Eines, doch wieder „individuell“ sei; wer sich hier verwundert, begeht, ohne es zu merken, eine Verwechslung der beiden nebeneinander hergehenden Begriffspaare.

[2]) *O. L. C. I.* 8.

schon sie für ein *in rebus* Bestehendes gemeint sind? Damit denn kommen wir zu dem eigentlichen Kern des „Universalienproblems".

Das Dasein von *Klassen* mit vielen *Fällen* ist ein Zeichen der Gemeinsamkeit oder Verknüpftheit der Fälle unter sich. Dasselbe Sosein ist in viele Einzelne sozusagen in gleicher Ausprägung hineingearbeitet worden. Das Dasein von *Allgemeinem* stufenförmigen Baues aber, selbst, wie wir wissen, klassenhaft ausgeprägt, verknüpft jeweils die verschiedenen Klassen, aus denen es mitgesetzt wird, unter sich, sodass also allemal dort, wo ein „System" von Dingen oder Geschehnissen vorliegt, alles Einzelne, was von ihm umfasst wird, zu höherer Einheit verknüpft erscheint. Oder, scholastisch gesprochen: Die *Haecceitates* sind verbunden durch ihre *Quidditates*.

So wird uns die Naturklasse und das Naturallgemeine also zum Anzeiger von Verknüpftheit, ganz ebenso wie uns Kausalität schon früher zum Anzeiger von Verknüpftheit geworden ist. Eben deshalb sagte ich, dass auch die Lehre von der Klasse und vom Allgemeinen und von ihren Bedeutungen eine Vorbereitung sei für unsere endgültige Lehre von der Ganzheit, die nun alsbald folgen wird.

Die *Haecceitas* bleibt *Haecceitas*, Dieseinzigkeit. Aber sie als Setzung „hat Teil", μετέχει, am Sosein der Klasse und an begrifflich Allgemeinem aller möglichen Stufen, insofern der sie meinende Begriff in Frage kommt, und eben deshalb hat sie als naturwirkliches Ding Teil, ist sie Teil von einem naturwirklichen Überding. Das alles zunächst nur im Rahmen der Ordnungslehre, für welche Natur so ist, *als ob* sie ein in sich Selbständiges sei. Aber die Beziehungsart des μετέχειν ist jedenfalls eine besondere Art der Beziehlichkeit, und da uns erfahrungshafte beziehliche Besonderheiten stets Besonderheiten der Beziehlichkeit im Wirklichen bedeuten sollen, so dürfen wir sagen: Im Wirklichen besteht eine besondere Art der Beziehlichkeit, die sich für die Erfahrung in Form der stufenmässigen Allgemeinheiten und Klassen im Sosein der Einzeldinge ausdrückt.

Wir kennen das *An sich* dieser Beziehungsart im Wirklichen nicht; ja, einstweilen fragen wir auch noch gar nicht danach, ob wir nicht vielleicht wenigstens Einiges über diese Art *wirklicher* Beziehlichkeit möchten aussagen können. Dass wir einen neuen Verknüpftheitszug von Wirklichkeitsbedeutung entdeckt haben, das ist uns jetzt die eine Hauptsache. —

Zu einer anderen Hauptsache aber, dünkt mich, könnte uns wohl noch eine gewisse andere Seite der Allgemeinheitslehre, so wie sie in der Ordnungslehre abgehandelt wird, werden.

Die Ordnungslehre nämlich lehrt über das Verhältnis des Allgemeinen zum Besonderen, beides durchaus als Kennzeichen von Setzungen verstanden, dieses: Alle gewohnheitserfahrungshaften, alle „empirischen“ Gefüge gewinnen ihre Allgemeinheiten verschiedenen Grades durch äusserliche oder innerliche *Abziehung*[1]) vom inhaltreicheren Besonderen. Aus dem Allgemeinen aber, wenn es allein gekannt ist, kann Ich, der Ordnende, nicht ersehen, welche Arten des Besonderen nicht nur denkhaft, sondern als Naturwirkliches treffende möglich sind. Aus der Setzung „Wirbeltier“ weiss ich nichts über die naturwirklichen Arten der Wirbeltiere. Aber im Gebiete der reinen Mathematik, der Zahlenlehre sowohl wie der Raumlehre, ist es anders: da gibt es „rationale Systeme“, und sie gibt es auch überall da in der Naturlehre, wo Mathematik „anwendbar“ ist.

Was aber ist ein „rationales System“?

Es ist, kurz gesagt[2]), ein stufenförmig gebautes Gefüge von Setzungen, in dem jeweils die *allgemeinere* Setzung die von ihr umfangsmässig umschlossenen nächst-besonderen Setzungen, obwohl diese inhaltsreicher als sie selbst sind, *mitzusetzen* erlaubt, so dass letzthin die allgemeinste Setzung des Gefüges das ganze Gefüge mitsetzt. Die das ganze Gefüge in sich bergende Setzung heisse uns ein *unentwickelter, entwickelbarer Begriff*, das Begreifen des Gefüges aus ihr heraus *gefügehafte Entwicklung*. Die Begriffe „Funktion“, „Polyeder“, „Kurve“ sind also unentwickelte entwickelbare Begriffe, und ein solcher Begriff, obschon nicht letzter Stufe, ist auch der Begriff „reguläres Polyeder“, „Kegelschnitt“. Habe ich diese Begriffe, so habe ich mit ihnen ein Wissen um Zahl und Art der möglichen „Arten“ der regulären Polyeder und Kegelschnitte. Im Wesen des mathematischen Denkens, welches ja auf ein Erfinden des Besonderen nach Massgabe einiger weniger Forderungssätze gegründet ist, liegt der Grund dafür, dass gefügehafte Entwicklungen im Mathematischen möglich sind. Und gefügehafte Entwicklungen sind nun, wie gesagt, auch überall da möglich, wo und soweit Mathematik „anwendbar“ ist, also z. B. in der Lehre von den möglichen Kristall-„systemen“, in der neuesten auf die Elektronenlehre gegründeten Materienlehre usw.

Auf anderen Gebieten, z. B. in der Lebenslehre, sind gefügehafte

---

[1]) Hierzu *O. L. B. I. 10. a.* und „*Die Biologie als selbständige Grundwissenschaft*“ (2. A. 1911), S. 57 ff. Innerliche Abziehung ist Husserls „Ideation“ in der engeren Bedeutung des Wortes.

[2]) Vgl. *O. L. C. 1. 9. c.*

Entwicklungen gegenwärtig nicht oder doch noch nicht möglich[1]). Aber gleichwohl nützt uns die Tatsache, dass der Begriff des *unent-wickelten entwickelbaren Begriffs* überhaupt da ist, viel zur Erfassung des Wesens jedes Gefüges überhaupt, zumal mit Rücksicht auf seine mögliche Wirklichkeitsbedeutung.

Wenn wir nämlich sagen, dass das Dasein eines Gefüges, eines „Systems" überhaupt unter naturwirklichen Dingen und Vorgängen ein „Teilhaben" des naturwirklichen Besonderen an einem Allgemeinen, also einen Verknüpftheitszug bedeute, so darf uns diese Aussage nun im Bilde dahin ihren Ausdruck finden, dass, wo immer ein Gefüge statthabe, es so sei, als habe ein dem meinen überlegenes Ich ein Allgemeines und damit zugleich alles Besondere gedacht und das Gedachte wirklich werden lassen. Gewiss, wir kennen ein solches überlegenes Ich nicht, aber wir können es uns erfindend schaffen durch unsere Einbildungskraft.

An späterer Stelle erst wird dieser Gedanke, der jetzt nur eine „Ana-logie" bedeutet, eine tiefere Bedeutung, nämlich die einer metaphysischen Vermutung, erlangen. Man sieht es, er betrifft die Frage des „Seins" des Allgemeinen *ante res*; das Klassenhafte steht hier nicht in Rede. —

Mit einigen rein ordnungshaften Bemerkungen seien unsere Erörterungen über die Wirklichkeitsbedeutung des „Universalienproblems" beschlossen; denn über das Wie des Teilhabens des Besonderen am Allgemeinen metaphysisch zu reden, ist hier eben noch nicht der Ort; dass wir einen neuen Verknüpftheitszug von Wirklichkeitsbedeutung erkannt haben, genügt uns zunächst.

Es gilt, nicht durch die Sprache zu einer falschen Auffassung des Natur-Allgemeinen verführt zu werden. Alles bedeutsame Natur-All-gemeine betrifft letzthin Soseinsverkettungen, gleichgültig ob diese, wie etwa bei Kennzeichnung der lebendigen Formen, das Beieinander, oder ob sie, wie bei Naturgesetzen im engeren Sinne, das Nachein-ander betreffen.

Ein Beziehungshaftes ist also das Allgemeine und bleibt es sicherlich zum allerwesentlichsten Teil selbst dann, wenn man der Ansicht ist, es müsse in jedem Beziehungsbeisammen letzthin etwas sein, das reines *Glied* ist, also nicht wieder nur durch seine „Be-ziehungen" seine setzungshafte Umgrenzung als *dieses solches A* erhält[2]).

---

[1]) *Philos. d. Org.* 2. Aufl. S. 246 ff. Auf die grosse logische Bedeutung „ratio-neller Systematik" habe ich bereits in der ersten Auflage meiner Schrift *Die Biologie als selbständige Grundwissenschaft*, also im Jahre 1893, auf S. 31 ff. hingewiesen.

[2]) Vgl. *O. L. B.* I. 5. a.

Die Sprache, mit ihrer Neigung Beziehliches durch Hauptwörter auszudrücken, ist leider sehr geeignet, diesen Sachverhalt zu verschleiern; sie sagt „der Stoss", „die Regeneration", die „Wärmeleitung", „die Tugend", „der Krieg", ja — „die Beziehung" und nicht nur: stossend, sich regenerierend, leitend, sich tugendhaft verhaltend, sich bekriegend, bezogen. Die Sprache gibt damit freilich in ganz zutreffender Weise dem Satze der Ordnungslehre, dass alles Besondere an Beziehlichkeit eben auch ein *Dieses*, nämlich ein gesetztes A sei, das seinerseits „bezogen" werden könne, Ausdruck, aber gar zu leicht kann der Fehler unterlaufen, eine besondere Bezogenheit für so etwas wie ein Ding, wohl gar für ein *reines Glied* zu halten. Wenn zum Beispiel *Energie* für eine „Substanz" erklärt wird, ist man dieser Verführung durch die Sprache verfallen.

Das Allgemeine also, insofern es für die reine Lehre vom Gefüge des Naturwirklichen in Frage kommt, ist ein Allgemeines in bezug auf Beziehlichkeiten. Nur als solches kommt es jedenfalls für die Lehre vom Gefüge, soweit diese ganz rein ist und gar nichts weiter sein will als sie selbst, in Betracht. In der Lehre vom Werden mag es anders sein, wie denn zum Beispiel unsere das Werden der belebten Einzelform bestimmende *Entelechie* zwar nur durch Beziehungsausdrücke in ihrer „intensiven Mannigfaltigkeit" zu kennzeichnen ist, aber doch als mehr gedacht werden soll denn nur als „Beziehungen" — nämlich als „Form". Aber die Lehre vom Gefüge als solche geht das nicht an.

6. Das Wissen.

a) Das Wissen des Wirklichen.

Mancher wird wohl die Frage aufwerfen, weshalb wir in jenen Abschnitten, in denen wir von Werden und von Kausalität handelten, ausschliesslich oder doch vornehmlich nur das Naturwirkliche berücksichtigt hätten. Es gebe empirisch, wird er sagen, doch auch das Psychische, und sehr wichtige Formen des Werdens und Wirkens spielten sich ab in seinem Rahmen und auch da, wo es mit Natur in Beziehung träte. Es genüge doch wohl, die Worte Wissen, Wissenserwerb, Wahrnehmung, Gedächtnis, Wille blos zu nennen, um zu sehen, wie Wesentliches wir vergessen hätten.

Wir haben aber gar nichts „vergessen", und dass so etwas wie „das Psychische" in unsereren Ausdeutungen bisher noch gar nicht seiner selbst willen vorgekommen ist, sondern nur dort, wo es, wie beim Freiheitsproblem, durchaus im Dienst anderer Fragen gestanden hat, das hat seine wohl erwogenen, sehr tief liegenden Gründe. Wir hätten ja freilich in den Abschnitten über das Werden und Wirken so nebenbei des Psychischen gedenken können. Wir hätten sagen können: auch wo es Seelisches oder „Psycho-physisches" Werden und Wirken gibt, da bedeutet das etwas ganz Bestimmtes für das Wirkliche. Aber damit wären wir dem, was hier im letzten Grunde in Frage steht, denn doch ganz und gar nicht gerecht geworden, es sei denn, wir hätten im Sinne des naivsten Realismus die „Dinge" das Eine, die „Seelen" das andere sein und die Seelen auf die Dinge und die Dinge auf die Seelen „wirken" lassen.

Wir machen jetzt Ernst mit einer unserer Grundvorschriften für die Ausarbeitung einer Metaphysik überhaupt. Wir haben einen „Satz von der Vollständigkeit des Ausganges" aufgestellt, welcher die Vorschrift enthielt nie zu vergessen, dass nicht das blosse Etwas, sondern das „*Ich habe* Etwas" das eigentliche Vollmaterial für die metaphysische Ausdeutung sei. Diesen Satz wollen wir jetzt in seiner ganzen Strenge anwenden.

Ich habe bewusst Etwas, wobei „Ich" das Sich-selbst-wissen einschliesst, — das war der Urausgang der Philosophie überhaupt. Wir wollen ihn in Zukunft in die kurze Form *Ich weiss Etwas* kleiden, „wissen" aber soll uns dabei jede „Art" des Habens bezeichnen, also auch das ethische und aesthetische und religiöse; wissen wir doch übrigens, dass die „Arten" des Habens sich nur nach Massgabe der gehabten Gegenstände bestimmen, dass es also, wenn wir das Wort einmal anwenden wollen, nur eine „Akt"-Art, nämlich eben *bewusst haben* oder, wie wir jetzt sagen, *wissen* gibt.

Wissen nun ist Beziehung, freilich gänzlich einzigartige Urbeziehung; sie steht „zwischen" *Ich* und *Etwas*; sie macht erst Ich zu Ich und sie macht erst Etwas zu Etwas. Musste doch auch das Wirkliche als wissensbetreffbar gefasst werden, auf dass überhaupt von ihm geredet werden konnte.

Wie steht nun das *Ich weiss Etwas* zum Wirklichen? Ist das auch „Erscheinung", so wie die vielen verschiedenen erfahrungshaften Formen des Etwas Erscheinung sind?

Man begreift, meine ich, gar nicht, was hier das Wort „Erscheinung" überhaupt heissen könnte. Es kann sich doch offenbar gar nicht um die Frage als um eine „Frage" handeln, ob das *Ich weiss Etwas* oder, kurz das *Wissen* im Reiche des Ansich „anders" sei seinem Sosein nach als — es eben ist. Was soll denn An-sich-sein überhaupt heissen, wenn *Wissen* kein „An sich" ist. Dass „Ich Etwas weiss", das ist doch das einzige „Faktum", welches eben schlechthin Faktum

für sich selbst ist und nicht blosses erfahrungshaftes Etwas-Faktum
für Ich; dass „Ich etwas weiss" oder kurz *Wissen* ist an und für sich
baarste und reinste Wirklichkeit, nachdem einmal das Wort „Wirklichkeit" einen Sinn bekommen hat[1]). Im *Ich habe etwas* als Ganzem
ist ja doch nicht „Etwas" für „mich" als Gegenstand da, sondern
jener Sachverhalt, also *Wissen*, ist für sich selbst da, „erscheint"
sich und erscheint sich auch nicht, da eben das „Sich selbst erscheinen" wirklich ist.

Der durch das Wort *Ich weiss Etwas* ausgedrückte Sachverhalt ist
also selbst wirklich, oder, kurz, *Wissen* ist auch als Wirkliches
Wissen; Wissen erscheint sich so, wie es ist, „erscheint" sich also
nicht im eigentlichen Sinne. Im *Ich weiss Etwas* weiss ich also Wirkliches unmittelbar.

Ich darf also umgekehrt sagen: In Form des Ursachverhaltes *Ich
habe Etwas* weiss das Wirkliche sich selbst. Und weiter: *Wissen*
so, wie es sich, sich selbst wissend, kennt, ist wirklich, ist
urbeziehliche Soseinskennzeichnung des Wirklichen, welche allein
von allen seinen Soseinskennzeichnungen *so, wie sie ist,* erfasst wird, nämlich von sich selbst.

Mit diesem Satze ist nun ganz Ungeheures erreicht: ein *Quale* des
Wirklichen ist so, wie es ist, und zwar von sich selbst erfasst[2]).

Gewiss waren auch beim Ausgang vom blossen Etwas eine ganze
Reihe metaphysicher Aussagen möglich. Aber wie leer waren sie doch
im Grunde; ebenso leer wie die auf strengste Form gebrachte Erfah-
rungswissenschaft von der Natur. In dieser, der Natur-Erfahrungs-
wissenschaft, ist, wenn sie auf das Letzte geht, von Urdingen die
Rede, von ihren Lagen und ihren Lageänderungen; die Lageänderungen folgen Regeln, welche teils von der Form der Einzelheits-, teils
von der Form der Ganzheitskausalität sind. Das ist alles, auch da,
wo es sich um Leben, ja, um die Überpersönlichkeitsprobleme handelt: Lagen, Lageänderungen, und „auf Lageänderungen bezügliche"
Agentien. Und metaphysisch wird es so viel anders nicht: Im Wirk-

---

[1]) Freilich erst dann. N. Hartmann führt in seinem auf Seite 47 genannten
Werke das „Bewusstsein" als „Art des Seins" (l. c. ,S. 140) vielleicht etwas zu
sprunghaft ein.

[2]) Man hat schon in der ersten Auflage dieses Werkes, in welcher dieser, für
die zweite Auflage von Grund aus neu geschriebene, Abschnitt noch unvollkommen geformt war, Ähnlichkeiten mit Fichte, zumal mit der „Wissenschaftslehre"
von 1801, herausgefunden. Bis zu einem gewissen Grade mag das stimmen, obwohl ich mich nicht als von Fichte beeinflusst weiss. Aber die Ablehnung bewussten Tuns trennt mich auch hier, von allem anderen abgesehen, ganz scharf
von ihm.

lichen ist alles mögliche Mannigfaltige, in Zuordnung zu verschiedenen beziehlichen Gefügen, welches als Lagen, Lageänderungen und auf Lageänderungen bezügliche Agentien „erscheint"[1]).

Aber jetzt ist ein echtes Quale des Wirklichen als Quale an sich erkannt: das Quale *Urbeziehung* „*Wissen*", welches sich in dem ichgetragenen Ursachverhalt selbst weiss.

Das Wirkliche ist also wissend; jedenfalls ist es wissend, insofern Etwas von ihm die Form des *Ich weiss etwas* hat, mag auch dieses Etwas von ihm nicht das Ganze sein. Und dass, wenn das Wirkliche zu einem Teil in die Form des *Ich weiss etwas* eingegangen ist, Anderes am Wirklichen diesem Teile als Erfahrung in all ihrer Mannigfaltigkeit „erscheint", das ist auch wirklich, mag jenes Quale in seinem eigenen Sosein damit auch gar nicht oder nicht voll erkannt sein[2]).

Wir können nun aber noch mehr über das Wissen des Wirklichen ausmachen als nur, dass es sich in Form des Wissens zu einem Teile selbst weiss; das freilich wieder nur auf dem Wege über die ausgedeutete „Erscheinung", wobei wir aber festhalten dürfen, dass Wissen immer als solches an sich Wirkliches ist.

In „anderen" psycho-physischen Wesen tritt mir ein wissendes *Subjekt als Objekt,* also als zum Reiche des Etwas gehörend, gegenüber; nicht nur im „anderen" Menschen, sondern auch im Tier, soweit es handelt, also, naturtheoretisch gesprochen, von der besonderen *Psychoid* genannten Form der Entelechie gelenkt wird, welcher *Seele* in Parallelkorrespondenz zugeordnet ist[3]). Da ist also Wissen im Reiche des Gegenständlichen. Das Wirkliche erscheint mir in Geschehnissen, welche ich ihrem Ordnungstypus nach nur mit dem Worte „Wissen" decken kann.

Da mag es andere Wissensformen haben als „meine" sich selbst wissende. Sicherlich ist das bei den Instinkten mit ihrer „primären Zweckmässigkeit" der Fall. Ja, sogar, wo nur überhaupt *Entelechie* in Frage kommt, also im gesamten Felde der Erscheinungen des Lebens, erscheint mir *Wissen* dem Genus nach, obschon nicht „mein" Wissen der Art nach.

Das Wirkliche ist also reich an Formen des Wissens, von denen

---

[1]) Dieser Gedanke ist näher ausgeführt in meiner Studie *Die Beschaffenheit des höchsten Objekts,* Sitzungsber. Akad. Heidelberg 1918 Nr. 11.

[2]) Ganz ähnlich bei N. Hartmann, Metaph. d. Erkenntnis: „Das Sein ist die gemeinsame Sphäre, in der sich Subjekt und Objekt gegenüberstehen" (S. 147 und 257); „Subjekt und Objekt sind schon ursprünglich verknüpft" (258)

[3]) *Leib und Seele,* 2. Aufl. 1920, S. 100 ff.

ich zwar nur eine als „Art" verstehe, während ich von den übrigen nur den allgemeinen Genustypus begreife.

Nennen wir „mein" Wissen AbC, durch die drei verwendeten Buchstaben die Dreieinigkeit des *Ich weiss Etwas* ausdrückend, so dürfen wir das allgemeine dem Wirklichen zugeschriebene Genus „Wissen überhaupt" XyZ nennen, und dürfen sagen, dass es neben der Artform AbC auch die Formen $X_1y_1Z_1$, $X_2y_2Z_2$ usw. annehme.

Diese Formen freilich kennen wir als Art-formen nur nach Massgabe ihrer Erscheinungen, wobei das Wort „Erscheinung" natürlich nicht „anschaulich", sondern nur im Sinne des „erfahrungs-ordnungshaft-Gesetztseins" zu verstehen ist. Ich setze ja doch im Naturreiche Entelechien für Formbildung, Leistungen, Instinkte, Handlungen; ich setze in Parallelkorrespondenz dazu „Seelenhaftes" aller möglichen Abstufung. Das entelechiale Naturhafte und das dazu parallel korrespondierende Seelenhafte gilt mir nun jeweils in paarweiser Zuordnung als Erscheinung ein er und derselben Wirklichkeitsseite aus dem Bereiche des *Wissens* des Wirklichen, so dass also hier, im Metaphysischen die in der Ordnungslehre künstlich getrennten Begriffe *Entelechie als Naturfaktor* und *Seele* wieder zusammenfallen, insofern sie die „Erscheinungen" eines und desselben sind. Und natürlich fallen auch jetzt im Metaphysischen die von der Ordnungslehre künstlich, aber scharf auseinander gehaltenen Begriffe *ganzheitsbezogen* und *teleologisch* wieder zusammen[1]. —

Wir haben früher ganz allgemein den Satz aufgestellt, dass das Wirkliche so gedacht werden müsse, dass Erfahrung sein kann. Erfahrung ist „Erscheinung" des Wirklichen. Jetzt dürfen wir sagen, dass das Wirkliche sich dann als Erfahrung erschaut, wenn es in die Form des *Ich weiss etwas,* als in eine Form seiner selbst, eintritt. Und wir dürfen auch, da wir *Wissen* als Quale des Wirklichen selbst erkannt haben, sagen: Das Wirkliche ist bezüglich des Wissens nicht nur „so geartet, dass" das *Ich weiss Etwas* sein kann, sondern ist mit einem seiner Teile dieses „Ich weiss etwas"[2].

---

[1] Vgl. *O. L.* C. III. 3. b.

[2] Das meint wohl Bosanquet in seiner ausgezeichneten Logik (2 ed. 1911): „Judgment professes to express the Nature of the Real in so far as it can be uttered in a system of predicates and relations (II. S. 289). „Knowledge is an essential form of the self-revelation of the universe" (S. 322). Ähnlich Windelband in Encycl. d. phil. Wiss. I. S. 59, und Einl. i. d. Phil. S. 234 ff. Freilich gehen beide Denker nicht wie wir an die Ausdeutung der nicht in Wissen bestehenden Seiten des Wirklichen. Auch Hegels' wäre übrigens in diesem Zusammenhang zu gedenken.

Aus dem Verhältnis, dass in Analogie zum Verhältnis *Grund-Folge*, der Konsequenz, gedacht war, wird das Verhältnis der *gegenständlichen Dusselbigkeit*, der Identität.

Freilich nur ein Teil oder eine Seite des wissenden Wirklichen weiss sich in mir, wie es ist, „erscheint" sich also nicht nur. Das *Vollwissen* des Wirklichen denken wir anders und reicher als diejenige Seite seines Wissens, welche wir als Ich-Wissen kennen. Hartmann denkt an so etwas bei seinem Begriff des „*Un*bewussten"; wir müssten auf alle Fälle von *Über*bewusstem reden, wollten wir diese Sprachweise einführen.

Das Vollwissen des Wirklichen verhält sich zum Ichwissen des Ursachverhalts also nicht wie der Grund zur Folge, sondern wie das Ganze zum Teil. Im Einzelnen lässt sich über das Verhältnis des vollwissenden Wirklichen zum Ichwissen dieses sagen: Zu einem Teile weiss es sich in Form seiner selbst, nämlich insofern überhaupt das Bestehen jenes Ur-Sachverhalts in Frage kommt; zu anderen Teilen oder nach anderen Seiten seines Wissens hin „erscheint" es dem wissenden Ich des Ursachverhalts gegenständlich in Form vieler wissender Subjekte mannigfacher, teils einigermassen verständlicher, teils „unverständlicher" Art, bis zu den Formentelechien hinab. Manche seiner Wissensseiten mögen gar nicht erscheinen; manche seiner Seiten andererseits sind keine *Wissens*-Seiten, denn das Wirkliche ist ja nicht nur schlechthin „wissend". Diese Nicht-wissens-seiten des Wirklichen sind es, welche als Neben, Materie, Zeit, Werden, Universalia usw. echt „erscheinen".

Nehmen wir die Erscheinungsformen der Wissensseiten des Wirklichen ohne Weiteres als Ichpunkte (verschiedener Wissensform), was wir dürfen, da ja doch erscheinendes Wissen auch wirklich stets Wissen ist, so kann also gesagt werden:

Das Wirkliche, insofern es wissend ist, *ist* in Form vieler Wissenssubjekte von verschiedener Wissensform, unter denen jedenfalls viele sich selbst wissen. Die Wissenssubjekte sind in unaufhellbarer Weise gebunden an dasjenige am Wirklichen, was als *Leib* erscheint, und können daher kurz „psycho-physische Subjekte" heissen. Sie sind sich wechselseitig erscheinende Objekte, d. h. wissen von einander, aber fast stets[1]) nur durch Vermittlung ihrer Leiber. Dazu wissen sie in Form der „Erscheinung" von denjenigen Seiten des Wirklichen, welche nicht Wissen sind. Weshalb sie ihren Wissensinhalten nach fast stets nicht in unmittelbarer Beziehung zu einander stehen, begreifen wir nicht.

---

[1]) „fast" stets — nämlich **nicht** bei den telepathischen Phänomenen.

Für die Ordnungslehre war alles bewusst gehabte Etwas, auch wenn es als Natur- oder Seelen-Etwas gemeint ist, trotz allem noch „immanent“, d. h. nur als „für-Ich“, mag es auch nicht „in“ mir, sondern „gegen mich stehend“, also mein *Gegenstand* sein; es bleibt mein Gegenstand. Das eben meint der „methodische Solipsismns“ der Ordnungslehre. Metaphysisch wird die Beziehung *wissen* echt[1] „transzendent“: Jeder Ichpunkt steht in ursprünglicher vorgebildeter *weiss*-Beziehung zu Etwas, was nicht er selbst als Ichpunkt ist und was auch ausdrücklich als mehr denn nur als ein Für-mich gemeint ist. Das alles in dem einen Rahmen *das Wirkliche* mit seiner Urbeziehung *Wissen* im Sinne von Wissbarkeit.

Es ist vielfach üblich, alle Philosophie mit dem Satze zu beginnen, dass „das Ich“ eben in ursprünglicher, nicht weiter aufhellbarer Form aus sich herauskommen und an „den Gegenstand“ herankommen könne. Auch wir also billigen jetzt eine solche Ansicht, ob wir sie schon ganz und gar nicht an den Anfang des Philosophierens stellen, und ob wir schon wissen, dass eine gewisse „Immanenz“, nämlich die des *Einen Wirklichen* auch jetzt nicht gesprengt wird; aber das ist nicht mehr nur *meine* Immanenz; aus dieser bin ich durch die Setzung *wirklich* und die Erkenntnis, dass *Wissen* als Wissen wirklich ist, ausdrücklich herausgetreten.

Es gibt also für uns jetzt, d. h. im Rahmen der Wirklichkeitslehre, den *Gegenstand*, welcher Nicht-*Ich* jedenfalls in dem Sinne ist, dass er nicht „dasselbe“ ist wie Ich, und welcher doch von Ich *wissend* betroffen werden kann. Er ist freilich nicht ganz und gar Anderes als Ich, denn er und Ich gehören demselbigen Einen Wirklichen an.

Zwischen dem Ich als Wirklichkeitsteil und anderen Wirklichkeitsteilen besteht Wissensbeziehung im Rahmen des Einen Wirklichen. Das ist „Transzendenz“, insofern der eine Teil nicht der andere Teil ist; es bleibt in höherem als solipsistischem Sinne „Immanenz“, insofern beide Teile demselben Ganzen angehören, und zwar einem bestimmten, durch das Wort „Wissen“ ausgedrückten Urbeziehungsgefüge dieses Ganzen.

---

[1] Viele sagen, ganz unmittelbar zeige das *Ich habe Etwas* die „Transzendenz“, die „Transsubjektivität“ des Etwas an. Das aber ist eine durchaus irreführende Ausdrucksweise. Auf Worte freilich kommt ja nicht viel an, und, wer will, mag immer das blosse Gegen-mich-stehen des Etwas im Rahmen des *Ich habe etwas* als „Transzendenz“ bezeichnen. Er muss dann nur zugeben, dass echte „metaphysische“ Transzendenz als etwas ganz und gar anderes gemeint ist. Sonst wird ein grundlegender Unterschied durch Worte verschleiert

Im Wege der über sich selbst binausführenden Ordnungslehre aber sind wir zu dieser unserer Lehre von einer mit Immanenz verwobenen Transzendenz gekommen, und durchaus haben wir das „dogmatische" Verfahren vermieden davon auszugehen, dass es einen „zu erkennenden Gegenstand" „geben" müsse[1]).

b) *Wissen und Werden.*

Wir schicken uns jetzt an, das *Ich weiss Etwas* im Rahmen der Begriffe *Werden* und *Kausalität* zu untersuchen und metaphysisch auszudeuten.

Die Psychologie als Teil der Ordnungslehre, also als Erfahrungslehre, zeigt[2]), dass der Begriff *meine Seele*, als „unbewusste", aber darum nicht etwa physische, Grundlage des *Ich weiss Etwas* und der Abfolge der nacheinander in der *Zeit* erlebten Inhaltlichkeiten zu Recht besteht. In ihr — (nicht im Rahmen des eigentlichen *Ich habe*, welches eben nur „Haben" ist) — gibt es *Werden* und Kausalität. Dass beide metaphysisch Etwas bedeuten dürfen, ist nach unseren früheren Darlegungen klar; ebenso, was sie bedeuten. Hier brauchen wir uns nicht zu wiederholen.

Nun wollen wir aber auf das *Ich habe Etwas* als Ganzes den Blick richten und uns fragen, ob wir nicht in einem gewissen, sehr weiten Sinne auch von seinem *Werden* reden können. Freilich dürfen wir da unter „Werden" nur sehr unbestimmt und allgemein eine Abfolge des Andersseins in Zuordnung zu den Punkten der Zeit verstehen, nicht etwa einen stetigen Ab-„lauf". Denn einen solchen gibt es nicht, die Abfolge des Gehabten ist ja, wie wir wissen[3]), einem „Geknatter elektrischer Funken" zu vergleichen; jeder „Funke" ist aber eben inhaltlich anders. Immerhin mag das, der Kürze des Ausdrucks wegen, in diesem Abschnitt „Werden" heissen.

Nicht etwa „wird" (in dem weiten, soeben von uns festgelegten Sinne) die wirkliche Ur-Beziehungsart, die wir wirkliches Bewusstsein

---

[1]) Im Laufe der philosophischen Arbeit erstehen uns also erst: erstens der Begriff echter Transzendenz und zweitens der Begriff sogenannter „überindividueller" Immanenz („Bewusstsein überhaupt" usw.); im Anfange der Philosophie aber kennen wir beides nicht, sondern dürfen wir nur erstens von einer quasi-Transzendenz (in mehrfachem Sinne) und zweitens von solipsistischer Immanenz reden. — Eine Ur-Phase der philosophischen Arbeit freilich, in welcher, wie gewisse sogenannte Positivisten wollen, das „Ich" in jeder Form abgelehnt werden müsste, kennen wir nicht.

[2]) *O. L. D.* 8. c.

[3]) *W. u. D.* S. 44.

nennen; sie ist beharrlicher Wesenszug des Wirklichen[1]). Aber das persönliche beschränkte *Ich weiss Etwas* „wird", und zwar nicht nur mit Rücksicht auf das gewusste *Etwas*, sondern auch mit Rücksicht auf das jeweils einzelne persönliche *Ich*, oder, ganz streng gesprochen, *Selbst*[2]), welches weiss.

Das Ich „entsteht" nämlich als dieses persönliche Ich und es „stirbt" als dieses persönliche Ich. So wenigstens ist es für die Erfahrung. Aber freilich nur für meine Erfahrung mit Rücksicht auf andere Iche als erfahrungshafte Beziehungsmittelpunkte ist es so, und nicht für meine Erfahrung mit Rücksicht auf *mich* als Entstehenden und Sterbenden. Und auch in Strenge für meine Erfahrung mit Rücksicht auf andere nur, soweit es die Äusserungen des Ich durch den Körper angeht. Über das andere „Ich" als „Seele" nämlich kann ich mit Rücksicht auf sein Vergehen unmittelbar doch eben keine Erfahrungsaussage machen; und über mein „Ich" könnte ich hier erst aussagen — wenn ich gestorben bin.

Hier liegt eine der Wurzeln der Unmöglichkeit über das etwas Sicheres auszusagen, was „persönliche Unsterblichkeit" genannt wird. Was ich erfahrungshaft weiss, ist nur, dass bei Anderen persönliche Ich-Beziehungen entstehen und vergehen, insofern diese Ich-Beziehungen sich an bestimmten lebenden Körpern mittelbar äussern.

Wichtig ist dabei aber doch, dass ein anderes als nur das *Etwas* im Rahmen der Beziehung *Ich weiss Etwas* zum *Werden* in Beziehung gebracht ist. Da wir nun sowohl Werden wie Wissen metaphysisch etwas bedeuten lassen, so können wir also sagen: Das, was *Werden* im Wirklichen bedeutet, gibt es auch in irgend einer unerkannten Form mit Rücksicht auf das, was den einzelnen wissenden „Subjekten" im Wirklichen entspricht. Darauf kommen wir erst später und lassen uns einstweilen an der Einsicht genügen, dass eben von dem *Ich weiss Etwas* auch der Bestandteil *Ich* als dem Werden unterstehend gedacht werden und in eben diesem Sinne metaphysische Ausdeutung erhalten kann. —

Wir wollen jetzt in einem ganz bestimmten Sinne vom Werden des *Etwas* im Rahmen des *Ich habe bewusst Etwas* reden. Um eine Seite des Werdens des Etwas, insofern es bewusst gehabtes Etwas ist, nicht insofern es etwa als selbständig gemeintes Naturwirkliches ist, soll es sich natürlich handeln, und das „Werden" ist hier, wie wir wissen, nicht im allereigentlichsten Sinne zu verstehen. Dass dieses

---

[1]) Rehmke „Das Bewusstsein" S. 123: „Bewusstsein besteht, aber es entsteht nicht."

[2]) S. o. S. 6.

„Werden" als innerhalb des Urrahmens *Wissen* überhaupt, als eines unauflöslichen Beziehungsrahmens, geschehend zu denken ist, haben wir eingesehen.

Es „wird" nun jedenfalls für jedes Subjekt das gehabte Etwas, als gehabtes, — (im sehr allgemeinen und etwas unbestimmten Sinne des Wortes „Werden", wie gesagt) — im Sinne einer Anreicherung mit Inhalt; und diese Anreicherung erfolgt im Wege der Wahrnehmung. Ist doch sogar im „Anfang" die Urbeziehung *Wissen*, wie an späterer Stelle noch näher ausgeführt werden wird, nur ein leeres prästabiliertes Beziehungsschema und weiter noch nichts.

Wo immer es sich um *Wahrnehmung* handelt, da „wird" nun das gehabte Etwas ein anderes in Zuordnung zu dem Anderssein der Zustände der von mir als naturwirklich, das heisst gleichsam selbständig gemeinten Dinge, und zwar mittelbar der Dinge „da draussen", unmittelbar aber des einzigen einzigartigen Dinges, welches mein Leib heisst. Und diese Zuordnung im Werden ist eine Form der Kausalität.

Aber doch eben nicht ganz im Sinne dessen, was das Wort „Ursächlichkeit" ursprünglich bedeutet. Dieses Wort geht nämlich entweder nur auf *Natur* oder nur auf *Seele*, wennschon im ersten Falle auch, und zwar gerade in der Lebenslehre, auf nicht-raumhafte Natur. Das „Psychoid" der Anderen und meines Leibes, eine Form der „Entelechie" also, wird echt ursächlich betroffen, das darf gewiss gesagt werden. Aber ein Betroffenwerden eines „Psychoids" als eines im Dienste der Lehre vom folgeverknüpften Werden ersonnenen unraumhaften Naturbestandteils ist noch nicht „Wahrnehmung". In der Wahrnehmung handelt es sich doch offenbar um Natur und um Seelisches.

Aber wenn nun die Ordnungslehre ihren allerletzten Schritt tut und sagt: es ist so, *als ob*[1]) da *Subjekte*, also „Iche" in der Mehrzahl, jeweils an einen Leib gebunden und in paralleler Korrespondenz zu den Zuständen des Leibespsychoids, bestünden? Ich sehe keinen Grund, dem Verhältnis zwischen Reiz und Wahrnehmung auf der Grundlage dieses letzten Schrittes der Ordnungslehre die Bezeichnung eines *ursächlichen* Verhältnisses, freilich von ganz besonderer Art, zu verweigern.

Eines Verhältnisses „von ganz besonderer Art" allerdings. Denn es handelt sich ja eben nicht um eine Werdebeziehung im Rahmen der

---

[1]) Es handelt sich da um ein doppeltes *als ob*: In der Natur, deren gemeinte mittelbare Gegenstandsgesamtheit sich verhält, „*als ob*" sie in sich selbständig würde und wirkte, sind gewisse Körper, die sich verhalten, *als ob* ein meiner Seele Vergleichbares für sie der Werdebestimmer wäre. Der Metaphysik bedeuten beide „als ob" Wirklichkeitszüge. *O. L. D.* 6.

reinen *Natur* oder der reinen *Seele* und dafür war ja der Begriff der
Ursächlichkeit ursprünglich geschaffen worden. Jetzt aber lasse ich
zum Zwecke der Ordnung die Natur *meine Seele* — beide als gleichsam selbständige mittelbare Gegenstände gedacht —, und weiterhin
andere Seelen wirkend beeinflussen. Oder anders gesagt: Ich gebe gewissen meiner unmittelbar bewussten Erlebnisse und gewissen Kennzeichen meiner Seele und anderer Seelen das Ordnungszeichen „nach
der Natur hin folgeverknüpft" oder auch „aus der Natur her soseins-
bestimmt". Ich also setze den Vieles in Eines zusammendrängenden
Ordnungsbegriff *kreisübergreifende Folgeverknüpftheit* oder „psycho-
physische Kausalität". Und das darf ich, wenn ich mir bewusst bin,
was es heisst; und zumal, dass es nicht Kausalität im üblichen, von
der Naturordnungslehre eingeführten Sinn heisst, dass es bei allerletzter Auflösung bedeutet: es wirke Materielles im Rahmen der Natur
auf das unraumhafte „Psychoid" meines Leibes, und dessen Affektion
sei eine Änderung in meiner Seele und weiter in meinem bewussten
Haben in doppelter Parallelkorrespondenz zugeordnet[1]. Wir mögen
mit einem Ausdruck, den wir an anderer Stelle wiederum verwenden
werden, sagen, dass es sich hier um eine „Funktion" der Begriffe
Konsequenz und *Werden* handele, aber um eine andere „Funktion"
als beim eigentlichen Kausalitätsbegriff.

Geben wir dem bisher Gesagten noch einmal einen ganz strengen
Ausdruck:

Wahrnehmung im nicht bloss phaenomenologischem Sinne heisst
eine bewusst gehabte Anschaulichkeit, d. h. ein echtes raum-zeitliches
Beieinander von Farbe, Ton, Wärme usw., wenn sie aus Gründen des
Werdezusammenhanges ein *naturwirkliches* Etwas meinen darf. Darf
sie das nicht, so ist das Gehabte, vielleicht bei gleicher phaenomeno-
logischer Soseinsart, bloss Bestandteil der Eigenerlebtheit, wie beim
Traum, bei Erinnerungsbildern, Halluzinationen usw. Wahrnehmung ist
immer von Anschauung getragen, das heisst von denjenigen Erlebnissen, die in ihrer reinen Aufzeigbarkeit nun einmal „anschaulich"
heissen, aber sie ist eben nie nur „Anschauung", wie sich ja schon
daran zeigt, dass sie Naturwirkliches „meint", ganz abgesehen davon, dass, für den Erwachsenen wenigstens, eigentlich jede sogenannte
Wahrnehmung eine Wiedererkennung ist, also *Erledigungszeichen* besitzt[2].

Wahrnehmung also meint „Dinge"; ja, der Erwachsene „hat" sogar
in der Wahrnehmung unmittelbar das Ding, so eng verbunden hat er

---

[1]) Vgl *Leib und Seele*, 2. Aufl. S. 100ff.
[2]) Vgl. *L. a. A.* S. 45ff. *O. L.* B. I. 6. D. 2 c.

alle möglichen Arten von Bedeutungen mit der reinen Solchheit, die er erlebt; freilich darf er nicht sagen, dass er das Ding „sieht".

Die Wahrnehmungen nun kommen und gehen. Die Wahrnehmung „desselben" Dinges kann auch „wieder" kommen, nachdem das in Frage stehende gemeinte Ding in dem *als ob* seiner Selbständigkeit für eine Weile gegangen war.

Die Wahrnehmungen unterrichten mich über die raumhaften Wirkungsbeziehungen zwischen meinem Leibesding und den übrigen Dingen im *Jetxt*. Sie tun aber noch ein Anderes, Wichtiges, wobei freilich die bis jetzt von uns nur gelegentlich erwähnten *gedächtnis-* und *ordnungshaften* „Fähigkeiten" oder „Vermögen" meiner *Seele* wie „Sinnlichkeit", „Verstand" usw.[1]) mit in Frage kommen: sie sind für mich in ihrer Gesamtheit die Quelle meines gesamten Sonderwissens um die *Natur* und ihre Ordnung überhaupt. In diesem Sinne kommt alle Sondererfahrung „durch die Sinne", das heisst, strenger gesprochen, stammt alle Sondererfahrung her vom Erleben reiner Solchheiten, die Naturwirkliches meinen dürfen. In diesem Sinne kommt auch jede ordnungshafte Bereicherung meines Naturwissens „durch die Sinne". Dass das so ist, sagt mir die Gesamtheit meiner Erfahrung selbst: es ist Bestandteil dieser Erfahrung selbst, dass „die Sinne", dass „das Anschauliche" sie mit geschaffen haben. Wir können auch sagen, dass durch die Wahrnehmung eine unmittelbare Beziehung meiner zum *hic et nunc* der Natur verwirklicht sei.

Trotz der Lehre, dass Wissen *Urbexiehung* sei, trotz meines Wissens um die Urhaftigkeit aller Ordnungsbedeutungen und der Bedeutung *Ordnung* selbst lässt sich der Tatbestand nicht wegschaffen, dass die Gesamtheit des inhaltlichen Sonderwissens sich selbst für „durch die Sinne" mit zustande gekommen ausgibt. Und das Kommen und Gehen der Wahrnehmungen darf kurz als „psycho-physische" Ursächlichkeit gefasst werden, wenn einmal die Begriffe *Natur* und *Seelen* ordnungshaft gesetzt sind. Die Lehre vom „ursächlichen" Zustandegekommensein des Sonderwissens ist selbst eine Ordnungsleistung im Rahmen des Für-mich.

Das Anderswerden des besonderen gewussten Etwas in den Ichen ist also in besonderer Form *ursächlich* abhängig vom Anderswerden in der Natur; nicht läuft, wie Leibniz wollte, das Erleben der Einzelseele aus sich heraus, durchaus „automatisch", ab. Die Besonderheiten des gewussten Etwas sind damit dem Werden und der Folgeverknüpftheit der erfahrungshaften Natur eingereiht, freilich inner-

---

[1]) Vgl. *W. u. D.* S. 46.

halb des urbezieblichen Rahmens *Wissen* überhaupt. Und wie
alle Kausalität, sogar diejenige des Stosses, als ein besonderes Zeichen
der Verknüpftheit der Welt galt, so darf als ein solches Zeichen der
Welt also auch die Kausalität zwischen Reiz und Wahrnehmung gelten.
Und nun tritt eine auf den ersten Fall geradezu verblüffende Ähnlichkeitsbeziehung gerade zwischen der „niedersten" Form der Verknüpftheit und der höchsten hervor:

Das Stossen spielt sich ab im Rahmen eines und desselben allgemeinen Gefüges von Beziehungen, welches Räumlichkeit heisst; da ist
kein „Schnitt", sozusagen, dieses Gefüges mit einem anderen Gefüge
unbekannter Art, wie bei den Vorgängen des Lebens[1]). Und gerade
ein Entsprechendes nun liegt vor bei der Beziehung zwischen Reiz
und Wahrnehmung mit Rücksicht auf ihr Anderswerden: Das ursächliche Anderswerden zwischen Reiz und Wahrnehmung nämlich spielt
sich ab im Rahmen jenes einen Ur-Gefüges von Beziehungen, welches
Wissen heisst oder *bewusst Haben*. *Habendes- Gehabtes:* diese Art der
Beziehlichkeit besteht hier als allgemeines Gefüge, und in seinem
Rahmen gibt es nun eben ein zugeordnetes verknüpftes Anderssein
beider Glieder der Beziehung. Dass die allgemeinen Beziehungsgefüge
Neben und *Wissen* einen in jeder Hinsicht voneinander verschiedenen
Bau haben[2]) — das eine, kurz gesagt, einen summenhaften, das andere
einen mittelpunkts-, nämlich *Ich*-bezogenen — hindert nichts an der
hier bestehenden allgemeinen, freilich nur auf das Dasein eines allgemeinen Geschehens-„rahmens" überhaupt gehenden Ähnlichkeit. —

Vom Wirklichen wissen wir schon, dass ihm im ganz allgemeinen
Sinne das Kennzeichen *Wissen* eignet, wenn auch mit diesem Worte,
sobald es auf das Wirkliche geht, nicht dasselbe ausgedrückt sein soll,
was „Ich als bewusster" bedeutet, sondern mehr. Wir wissen nicht,
was Wissen der Sonderart nach ist, wenn Ich nicht mehr „Ich" im
Sinne des an einen Leib gebundenen Subjektes bin; der Ausdenkbar-
keiten sind hier sehr viele, es ist unnötig sie an dieser Stelle schon
aufzuzählen. Wir wussten bis jetzt auch nicht, was das „an einen Leib
gebunden Sein" der Teil-Iche eigentlich bedeutet. Jetzt wissen wir
wenigstens, was aus dieser Bindung sich ergibt: Es ergibt sich aus ihr[3])
die Besonderheit des jeweilig von einem Ich gewussten Etwas und
damit die Gesamtheit des besonderen Gewussten überhaupt. Die Beziehung *Wissen* im allgemeinen ist ein Ur-Ganzheitszug; die Beziehungen des Leibes als eines Teiles der Welt zu dem Reste der Welt

---

[1]) S. oben S. 75.

[2]) Vgl. *Leib und Seele*, 2. Aufl. 1920, S. 53 f.

[3]) Abgesehen von den höchst seltenen parapsychologischen Phänomenen.

füllen die allgemeine und unbestimmte Ganzheitsbeziehung *wissen* in jedem einzelnen Ich auf „kausalem" Wege mit besonderem Inhalt und diese kausale Beziehung ist wie alle Kausalität wiederum ein Ganzheitszug.

Auf das Wirkliche übertragen aber heisst das: Das Wirkliche ist so geartet, dass es von sich weiss; und zwar ist dieses Wissen des Wirklichen von sich derart, dass jedenfalls auf beschränkte Zeitläufte hin viele Einzelne Wissende sein können, welche in ungekannter Weise mit einem Leibe verbunden sind, der ihnen nach Massgabe seiner besonderen Beziehungen zur leibfremden Welt die besondere Inhaltlichkeit ihres Wissens vermittelt.

Die Worte „Zeitläufte", „Einzelne Wissende", „Leib" sind in diesem Satze natürlich nicht eigentlich in derjenigen Bedeutung gemeint, die ihnen im Rahmen der Erfahrung eigen ist; die bestimmten Wesenszüge des *Wirklichen* vielmehr, die dem erfahrungshaft durch jene Worte Bezeichneten „entsprechen", sind allemal gemeint. Allgemein aber ist eingesehen, dass allen diesen besonderen Erfahrungsbedeutungen, diesen besonderen „Erscheinungen", besondere Wirklichkeitszüge entsprechen müssen, wenn anders der Inhalt der Erfahrung durch den Inhalt der Wirklichkeitslehre mitgesetzt werden soll.

Das Wirkliche „erscheint" also im Rahmen des *Ich habe bewusst Etwas* als viele psychophysische Wesen, welche mit den übrigen Dingen der Natur in ursächlicher Beziehung auch mit Rücksicht auf ihre Seeleninhalte stehen. Und alle besonderen „Erscheinungs"-züge weisen auf besondere Wirklichkeitszüge. —

Die hier entwickelte Lehre ist ein besonderer Teil dessen, was „Erkenntnistheorie" heissen darf. Sie setzt den Ursatz *Ich weiss Etwas* voraus, sie setzt auch den Begriff *Ordnung* voraus, denn das gewusste Etwas wird nun einmal als geordnetes gehabt. Sie redet vom Erwerb des Wissensstoffes; und sie lehrt, dass aller besondere Stoff des Wissens „durch die Sinne" kommt.

Selbstverständlich ist unsere metaphysische Ausdeutung des Sachverhaltes „Wissenserwerb" fern davon naiv realistisch zu sein; weil aber gewisse von uns angewendete Worte, welche wir gebraucht haben, um Schwerfälligkeiten der Sprache zu vermeiden, vielleicht den einen oder anderen der allzu raschen Leser verleitet haben könnte, doch an so etwas wie einen naiven Realismus in Sachen des hier behandelten Problems zu denken, wollen wir noch einmal in etwas anderer Form hinsetzen, was wir nicht meinen und was wir meinen.

Wir meinen erstens nicht, dass da Iche sind und Dinge als etwas

einander Fremdes, und dass die Dinge auf die Iche wirken; das wäre
überhaupt keine Metaphysik, sondern Psychologie im Rahmen der
Ordnungslehre. Allenfalls mag in ihr so, aber dann in strengerer
Ausdrucksform[1]), gesagt werden. Zweitens meinen wir nicht, dass da
metaphysische Korrelate der Iche wären und metaphysische Korrelate
der Dinge als etwas Anderes, und dass die einen Korrelate auf die
anderen wirken; das wäre zwar Metaphysik, aber eine sehr primitive
und falsche.

Sondern wir meinen, und das ist unser letztes Wort in Sachen
der „Erkenntnistheorie" im engeren Sinne des Wortes[2]): dass da
Ein Wirkliches mit verschiedenen Seiten oder Anteilen ist — (das
Wort „Teil" möchte ich vermeiden) —, dass dieses Eine Wirkliche in
sich die allgemeine Beziehungspotenz *Wissen* birgt, und dass die
einen seiner Seiten, nämlich die als Materie erscheinenden, zu den
anderen, nämlich denen, welche Träger des an sich wirklichen
Ich habe sind, durch Vermittlung der Erscheinung „Leib" in derjenigen
Beziehung stehen, welche als Kausalität erscheint, und auf diesem Wege
die Wissensanreicherung der wissenden Ichpunkte, also letzthin die
Anreicherung des Wirklichen mit Wissen von sich selbst in Erscheinungsform, bewerkstelligen. Von „primären" und „sekundären" Qualitäten im
Lockeschen Sinne ist da gar keine Rede; „die Materie", auch im
Sinne einer Materientheorie, die mit Atomen arbeitet, wäre jedenfalls
sekundär; „primär", wenn man so will, wäre allenfalls das dem Sosein
noch unbekannte sich in der geschilderten Weise gleichsam selbst
„affizierende" Wirkliche als Eines.

Wir haben von einer Vermittlung des Wissenserwerbes durch die
Erscheinung „Leib" geredet. An derjenigen Wirklichkeitsseite, welche
als Leib erscheint, spielt nun bekanntlich wiederum die als Gehirn
erscheinende Sonderseite eine ganz besondere Rolle. Denn mit dem
Gehirn allein, sogar nur mit einem Teil von ihm, steht diejenige Seite der
Leibesentelechie empirisch in Kausalbeziehung, welche wir „Psychoid"
nennen, und nur zu dieser Seite der gesamten Leibesentelechie steht
meine Seele und mein Ich-haben in Parallelkorrespondenz. Die anderen
Seiten der Entelechie überhaupt mögen ihre eigenen seelischen Parallel-
korrespondenzen haben, so dass auch durch sie das Wirkliche sich
weiss. Aber davon weiss *Ich* als wissender Wirklichkeitsteil nichts.

Das Gehirn, und sogar nur ein Teil von ihm, wird so zur Erscheinung der Seite des Wirklichen, in welcher seine als Materie erscheinende und seine als Wissen an sich bestehende Seite sich sozu-

---

[1]) *O. L. D.* 7.

[2]) S. o. S. 64 f.

sagen begegnen, wenigstens soweit das eigentliche „mir" allein bekannte Ich-wissens, d. h. das, was Ich eben Wissen nenne, in Frage kommt. Es wird andere solche Begegnungsorte haben, aber ich kenne sie nicht, und wenn ich sie kennte, würden sie meinem Wissen, als Wirklichkeitsteil, nichts nützen für seine Anreicherung.

Dass mit Rücksicht auf die Wollung als Erlebnis und mit Rücksicht auf das tätige (unbewusste) Wollen meiner Seele das Gehirn eine ganz entsprechende, freilich polar entgegengesetzte Rolle spielte, ist klar.

Das Gehirn ist also ganz allgemein Erscheinung derjenigen Seite des Wirklichen, vermöge deren das selbst wirkliche *Ich habe bewusst Etwas* mit dem übrigen Wirklichen in Beziehung steht.

c) Vertagung der Lösung der Hauptfrage.

Aber was heisst nun eigentlich Wissens-„stoff" und wie kommt er „durch die Sinne", wo wir doch ausdrücklich *Wissen* als Urbezeichnung setzen und in Schärfe die Lehre abgelehnt haben, dass Natur, als das Eine, auf Iche, als das von ihr gesonderte Andere, wirke; wo wir doch ein nicht im Rahmen der Beziehung *Wissendes-Gewusstes* stehendes Etwas gar nicht kennen? Man sieht: es bleibt trotz allem noch gerade das Wesentliche in Unklarheit bestehen, und wir sind alles andere als fertig. Wie kann denn ein einzelnes Subjekt, welches zu einer überpersönlichen Ganzheit der Subjekte gehört, ein besonderes Wissen in der Zeit „kausal erwerben", wenn die Lehre, dass Wissen Urbeziehung sei, besteht? Hilft uns hier nun etwa die Lehre von einer „prästabilierten Harmonie" mit Rücksicht auf alle wissenden Iche als Teile eines in zwiefacher Hinsicht, nämlich „physisch" und „psychisch", Ganzen, die Lehre also, dass alle einzelnen Wissensinhalte in gewisser Hinsicht alle gleich, dass sie nämlich mit Rücksicht auf das jeweilige Ich sämtlich *richtig* wären „selon son point de vue"?

Man sieht es, wir stehen hier unmittelbar vor der Ganzheitsfrage in ihrer höchsten Form; aber dieses Mal, so scheint es, in einer noch unmittelbareren Weise als früher. In der Tat werden wir, wenn wir die Frage der Ganzheit in ihrer letzten endgültigen Form behandeln werden, auf die Lehre vom *Wissen* und von den Besonderheiten des Werdens der Wissensinhalte zurückzukommen haben. An dieser Stelle müssen wir uns mit den beiden Einsichten begnügen, dass *Wissen* eine auf das Wirkliche übertragbare *Urbeziehung* ist, und dass der Wissenserwerb einzelner Seelen in seiner „kausalen" Abhängigkeit von Reizen der Natur in derselben Weise etwas Wirkliches, im Sinne eines Verknüpftheits-Zuges am Wirklichen, „bedeutet",

wie der Ursächlichkeit überhaupt metaphysische Bedeutung im Sinne
von Verknüpftheit innewohnt. Nur das Eine noch dürfen wir schon
vorläufig unseren Einsichten beifügen, dass uns, leider, die Lehre von
der „prästabilierten Harmonie" nicht ohne weiteres die Lösung der
hier auftretenden höchsten Fragen wird bedeuten können — denn sie
erklärt eben nicht die Tatsache des Wissenserwerbs als eines Werdens
und sie erklärt nicht jene andere, noch gar nicht von uns beachtete
erfahrungshafte Tatsache, welche Irrtum heisst. Gerade die Lehre
vom Irrtum als der Unreinheit des Wissens wird uns später weiter-
führen.

Einstweilen wollen wir aber diese Untersuchung vertagen. Wir müssen
uns nämlich noch einer Sonder-Tatsache zuwenden, die mit der Frage
vom Wissenserwerb auf das engste zusammenhängt, von uns aber bisher absichtlich beiseite gestellt worden ist, einer Sondertatsache, welche
erörtert werden kann, ohne dass es dabei gleich auf das Letzte geht.
Blosse „Wahrnehmung" würde nämlich zum eigentlichen Erwerb
von besonderem Wissen, bedeute dieser was immer, schwerlich genügen,
eignete nicht der Seele die Fähigkeit, das einzelne durch die „Sinne"
Erworbene aufzubewahren, eignete ihr nicht *Gedächtnis*.

d) Über das „Gedächtnis".

Der Kundige wird hier nun sogleich sagen, dass der Seele ausser
dem „blossen" Gedächtnis, als einer Fähigkeit des Aufbewahrens von
Einzelnem, doch auch eine ganzheitsstiftende Fähigkeit innewohnen
müsse, eine Fähigkeit, das Aufbewahrte zu Einem zu machen, jedes
neu Erworbene nicht nur an-, sondern ein-zugliedern, eine Fähigkeit,
welche freilich mit dem *Gedächtnis* im engeren Sinne des Wortes nahe
verknüpft sei. Dass wir solche Lehre nicht ablehnen, zeigt sich nun
wohl schon daran, dass wir ja allen Wissenserwerb von vornherein
in den Rahmen des *Wissens* als einer mit dem Begriffe *Ordnung*
verknüpften Urbeziehung verlegten, dass wir ihn innerhalb dieses
Rahmens sich haben abspielen lassen. Wir wollen an dieser Stelle
der einheitsstiftenden, mit dem Gedächtnis verknüpften Fähigkeit der
Seele aber nicht nachgehen, sondern lediglich das *Gedächtnis* als
solches in seiner aufbewahrenden Fähigkeit untersuchen.

Erhält nicht das Werden zwischen Natur und Seelen, das „physiko-
psychische" Werden also, eben damit einen ganz besonders bedeutsamen Ganzheitszug — und zwar als blosses in sich folgeverknüpftes
Werden, von dem allein wir ja jetzt reden —, dass gewisse Etwasse,
die „Seelen" nämlich, in ihm betroffen werden, welche im *Jetzt* das
Damals aufbewahren, ja, welche nach Massgabe des *Damals* gerade-

zu das Sosein, welches sie *jetzt* im Strome des Werdens betrifft, formen[1]?

So ist es in der Tat:

Mein echtes eigentliches „phänomenologisches" Haben, also auch mein echtes Gehabtes ist stets im zeitunbezogenen[2] *Jetzt* und nur im Jetzt. Nun ist freilich auch alle raumhaft ausgeprägte Zuständlichkeit an Natur als diese bestimmte Raumhaftigkeit nur in einem, diesmal freilich zeitbezogenen, *Jetzt* und ist als Raumwirklichkeit nur das, was sie im Jetzt ist. Ganz anders aber liegen die Dinge, wenn ich Gebrauch von dem Begriffe *Werden* mache und dem *Ich habe Etwas* den Begriff *meine Seele* sozusagen unterlege: Als jetzt bestehende naturwirkliche Raumhaftigkeit nämlich ist alle raumhafte Naturzuständlichkeit zwar von früherem Werden her bezogen und bezieht sich auf späteres Werden, aber es gibt doch nicht, um kurz aber verständlich zu sprechen, ihr Jetzt-Sosein zugleich ihre *Geschichte* an. Aber die Seele, *meine Seele* zunächst, speichert Geschichte, das heisst das an und mit ihr Geschehene, auf. Sie allein ist nicht nur im Jetzt das einzige So, sondern ist im Jetzt zugleich die Gesamtheit alles Damals-So. Und eben diese ihre „Fähigkeit" zur Speicherung heisst *Gedächtnis.* Kraft dieser Fähigkeit der Seele aber — wohl verstanden: nicht „Meiner"[3] — ist für sie das Gewesensein nicht unwiderbringlich dahin, sondern trotz seines Gewesenseins, mit einem ganz besonderen *damals-Zeichen* in jeder Einzelheit versehen, noch *wirklich* im Sinne von seelenwirklich und jederzeit als Ich-gehabtes aktualisierbar.

Es ist diese Fähigkeit, welche *Gedächtnis* heisst, eine Eigentümlichkeit ausschliesslich des Seins im Reiche der Seele, und nicht darf diese Eigentümlichkeit mit derjenigen verwechselt werden, durch die sich lebendiges Naturgeschehen von unbelebtem Naturgeschehen scheidet, wennschon einige, aber nur einige, Kennzeichen des Werdens an den belebten Naturdingen Beziehungsähnlichkeiten mit dem Werden der Seele aufweisen.

In der Seele also wird, kraft ihres *Gedächtnisses,* das Werden oder vielmehr das Gewordene in seiner Gesamtheit zum Sein, zum Doch-noch-Sein, im Jetzt. Und weil das so ist, kann *Ich* im zeitunbezogenen Jetzt Damals-Wirklichkeiten als solche wiederum erleben.

---

[1] Man denke an den Unterschied von echter Wahrnehmung und „Wiedererkennung", überhaupt an alle *Bekanntheits-* und *Erledigungs-*zeichen.

[2] S. oben S. 8.

[3] Denn *Ich* habe keine „Fähigkeiten", *Ich* — *habe bewusst,* und nichts weiter.

Für die Seele, und darum auch für Mich, ist das Gewesene nicht verloren, ist nicht nur das eigentlichste Jetzt-So seelenwirklich.

Bergson hat bekanntlich dieser Sachlage eine tiefdringende Untersuchung gewidmet, deren Ergebnis von dem unserer eigenen Zergliederung nur in Unwesentlichem abweicht.

Was uns nun hier an der Eigentümlichkeit *Gedächtnis* der Seele ganz besonders angeht, das ist der seltsame Verknüpftheitszug, welche sie demjenigen Werden, das wir „Erfahrungserwerb" genannt haben, verleiht. Und zwar verleiht die Seeleneigentümlichkeit *Gedächtnis* dem Werden des Erfahrungserwerbes diesen Ganzheitszug durchaus schon, wenn man sie lediglich für sich und gleichsam naiv nimmt, als „Aufspeicherung" des Damaligen für das Jetzt „in der Seele", also ganz ohne Rücksicht auf die Einsicht, dass *Wissen* Urbeziehung ist, in deren Rahmen Erfahrungserwerb sich abspielt, und auch ganz ohne Rücksicht darauf, dass Gedächtnis als blosse Aufspeicherung von Einzelnem die Kennzeichnung der Seele nicht erschöpft, dass ihr auch ein einheitsstiftendes Vermögen mit Rücksicht auf das aufgespeicherte Einzelne eignen muss, dass das im Wahrnehmungswege erworbene „Neue" der Gesamtheit des schon bewusst Gehabten ja nicht nur an-, sondern auch eingegliedert wird. Davon wird, wie gesagt, noch zu reden sein.

Wir schliessen also diesen Abschnitt nur vorläufig. Was an der erfahrungshaften Tatsache des Wissenserwerbes als eines folgeverknüpften Werdens von ganzheitlicher Bedeutung ist, das wissen wir nun, wenn auch noch gar manches nicht endgültig geklärt ist: Ganzheitlich ist der Rahmen *Wissen*, in welchem aller Wissenserwerb sich abspielt, ganzheitsbedeutend ist die in der *Wahrnehmung* zutage tretende „psycho-physische Kausalität", wie alle Kausalität überhaupt, und ganzheitlich ist das *Gedächtnis* genannte aufspeichernde Vermögen der Seelen. Alles Ganzheitliche in Erfahrung aber bedeutet Ganzheitliches am Wirklichen.

7. Die Frage nach dem Einen Ganzen.

(Das Problem des „Ordnungsmonismus".)

Schon die Ordnungslehre wirft die Frage nach dem Einen Ganzeu auf. Sie fragt, ob sich eine Setzung finden lasse, welche *Natur* in ihrem Als-ob von Selbständigkeit als *ein Ganzes* meint, und aus welcher sich alle einzelnen Naturwirkliches meinenden Setzungen ihrem Inhalte nach mitsetzen lassen[1]).

---

[1]) Vgl. *O. L.* C. I. 6.

Gelänge es, die eine Setzung, nach der hier gefragt wird, aufzufinden, so wäre alles Stückhafte, alles Unabhängige im Rahmen der Natur beseitigt; *Erfahrung* wäre vollendet. „Gesetze", das heisst begriffliche Ausdrücke für *Klassen* mit *gleichen Fällen* im Sinne der Wissenschaften, wären nicht mehr ein Letztes, das für Unabhängigkeiten, für echte „Fälle", gültig ist, und zwar gleichgültig, ob es sich um Gesetze im engeren Sinne, um sogenannte Kausalgesetze also, oder ob es sich nur um festgelegte Ding- und Veränderungsbegriffe handelt; gleichgültig auch ob die „Gesetze" Besonderes oder Allgemeines betreffen. Gesetze würden als Letztheiten verschwinden in dem einen einzigen Gesetz der Ganzheit und würden nur noch tatsächlich oft wiederkehrende, oder vielmehr bisher wiedergekehrte Züge der einzelnen Bestandteile des Einen bedeuten, Züge, deren „Gültigkeit" für die Zukunft ganz und gar nicht verbürgt ist, da ja das Eine *wird* im Sinne von *Entwicklung* echter Art, der Entwicklung eines lebenden Einzelwesens vergleichbar, in der es auch „dasselbe Wiederkehrende", wie z. B. die einzelnen einander gleichen Schritte einer Eifurchung, nur gewissermassen bis auf „Widerruf" und durchaus nicht im Sinne von Einzelheiten, die von einander unabhängige „Fälle" wären, gibt. „Gleiche Ursachen, gleiche Wirkungen", gewiss, dieser Satz würde bestehen bleiben, soll er bloss heissen, diese besonderen Veränderungen A und B folgten bisher stets einander in zeitlicher Verkettung; aber die gleichen Ursachen wären eben gar nicht „Ursachen" im Sinne der Lehre von der Einzelheitskausalität, sondern „die" *Ursache* für alles Einzelne, das darum nur scheinbar „einzelner" und „unabhängiger" *Fall* wäre, wäre das entwicklungsbestimmende überpersönliche Ganze. Wir kommen darauf zurück, sehen aber schon hier, dass Humes vorsichtige Lehre von der Ursächlichkeit, soweit sie auf Ursächlichkeitsinhalte, auf „Conclusions from experience"[1] geht, plötzlich in einer Bedeutung von ungeheurer Tiefe erscheint. Das von Hume nur als subjektiv unmöglich bezeichnete sichere Wissen um Gesetzesgültigkeit für die Zukunft, das durch den „Glauben" an die grundsätzliche Unveränderlichkeit der heute bestehenden Natur-regelhaftigkeit ersetzt werden muss[2], würde aus objektiven Gründen gar nicht als letzter

---

[1] *Enquiry hum. underst.* Sect. IV, Part. II.

[2] Nur die steht hier in Frage, nicht etwa Bestimmtheit oder Unbestimmtheit jedes Natursoseins rein als solche — das ist durchaus eine Frage für sich, die wir erörtert haben (S. 93 ff.). Bekanntlich lassen wir, wie dargelegt, die Möglichkeit zu, dass Metaphysik die Ordnungslehre, mit ihrer Forderung von Bestimmtheit, in ihre Schranken weisen möchte; und erst recht teilen wir nicht Kants Lehre, dass die Voraussetzung echter Natur-gesetzlichkeit im engeren Sinne des Wortes

Wunsch, als „Ideal“ erscheinen: denn wir hätten ja Besseres: *das Eine Ganze Ordnungswerden*, das „Gesetz“, wenn man das Wort richtig versteht, die eine *Entwicklung*. Voraussagen würden wir da freilich höchstens vermutungshaft können, weil wir eben das Ziel der grundsätzlich einmaligen Entwicklung nicht kennen, (wie etwa bei der Embryologie, wo Sonder-*entwicklung* selbst „Gesetz“ mit vielen „Fällen“ ist), aber ordnungshaft würden wir in hohem Grade befriedigt sein. Und auch der Gegensatz von *Mechanismus* und *Vitalismus* würde schwinden, weil — es keinen „Mechanismus“, sondern nur den einen Organismus, das *Ganze* in seiner *Entwicklung* gibt.

Jede Einzelheit des Seins und Werdens würde diese ihre eine einzige Stelle im Ganzen haben, welche *diese* ist, weil das Ganze *dieses* ist und *solches*.

Das ist der Grundgedanke des *Ordnungsmonismus* im Rahmen der Erfahrung. Und dieser Grundgedanke ist nichts anderes als ein Ausdruck der Forderung nach vollendeter ordnungshafter Herrschaft. Es ist zunächst ohne Bedeutung für den Sinn des ordnungsmonistischen Grundgedankens, ob die einzelnen Regeln auf Zeit, die „Gesetze“ der sogenannten Wissenschaften also, sich durchgehend als von der scheinbar-mechanischen oder als teilweise von der scheinbar-nicht-mechanischen Form erweisen. Nur scheinbar echte „Gesetze“, das heisst nur scheinbar durchaus verbindliche Aussagen auf alle Zeit für Natur-Unabhängiges, wären ja „Gesetze“ der einen Art so gut wie der anderen. Denn für den Ordnungsmonismus gibt es nichts wahrhaft Unabhängiges in Natur, da beschreibt jeder geworfene Stein „seinen“ und nur seinen Weg und sucht im allerstrengsten Sinne des Wortes seinen Ort.

Dass dem Ordnungsmonismus, wäre er in irgend einer Form auf dem Boden der Erfahrung durchführbar, eine ausserordentliche Wirklichkeitsbedeutung zukommen würde, bedarf keiner ausdrücklichen Versicherung.

Nun stösst aber seine Durchführung schon im Rahmen der Ordnungslehre auf Hindernisse von scheinbar unbesiegbarer Kraft. Wir wollen diese Hindernisse der Reihe nach im einzelnen prüfen, um später für jedes einzelne Hindernis, das sich der Durchführung des Ordnungsmonismus entgegenstellt, die Frage der Wirklichkeitsbedeutung aufzuwerfen. Wir wollen also jetzt in der Tat „auf das Ganze“ gehen, nachdem wir bisher bewusstermassen[1]) nur gewisse auf Ganz-

---

zur Einheit der Erfahrung notwendig sei; oder gar die Voraussetzung mechanischer Gesetzlichkeit. S. auch S. 101, Anm. 2.

[1]) S. oben S. 94 f.

heit hinweisende Verknüpftheitszüge besonderer Art im Rahmen des Erfahrungsinhalts untersucht und ausgedeutet haben.

Der *Zufall*, das *Böse*, der *Irrtum* heissen die drei grossen Feinde des Ordnungsmonismus und damit des Denkens. Lassen sie sich überwinden? Und, wenn das, schon auf dem Boden der Erfahrung? Oder erst auf dem Boden der Wirklichkeitslehre? Oder auch da nicht? Und was bedeutet wohl das alles für das Wirkliche?

Wir wollen diesen Fragen ins Einzelne nachgehen. Dabei wird es sich nicht vermeiden lassen, Ausführungen, welche noch nicht in die Metaphysik, sondern in die Ordnungslehre gehören, einen ziemlich breiten Raum zu gönnen. Es werden das stets recht unsichere Dinge sein, welche in unserer „Ordnungslehre“, welche das Sichere liebte, nur angedeutet sind. Bewegt sich doch Wirklichkeitslehre an und für sich auf hypothetischem Boden; da darf sie sich nicht scheuen, auch an den Wissenschaften das Fragwürdige zu beachten.

A. Ganzheit und Unganzheit im Rahmen der Natur-Erfahrung.

Für die Erfahrung gibt es *Ganzheitliches*. Für die Erfahrung gibt es aber auch *Zufall* in der engeren und eigentlichen Bedeutung des Wortes; das heisst „es gibt“ im Reiche des Naturwirklichen — (und des Seelenwirklichen) — Dasein und Werden, welches sich nicht irgend einer Ganzheit, sei es persönlicher oder überpersönlicher Art, einreihen lässt[1]). Wir wollen nun aufzeigen, wie in den verschiedenen grossen Gebieten des Erfahrungswirklichen *Ganzheit* und *Zufall* gemischt sind, und wollen weiter zu zeigen versuchen, dass sich alle Formen des eigentlichen Zufalls schlechthin auf eine einzige besondere Tatsachengruppe letztlich zurückführen lassen.

Dabei beachten wir wohl, dass wir drei allgemeine Verknüpftheitszüge schon kennen, welche für alle Naturwirklichkeit und dazu für das „Psychophysische“ unterschiedslos bestehen. Hierher gehören:

Das Dasein von *Klassen mit vielen gleichen Fällen*, denn es zeigt wenigstens, dass das Empirisch-wirkliche sicherlich nicht eine reine Summe ist, in der jedes Glied ganz beziehungslos zu allen anderen Gliedern bestünde.

---

[1]) So umgrenzen wir den Begriff, den wir *Zufall* nennen. Eine andere Sprechweise nennt ein in keiner Weise, weder durch Fremdes noch durch sein „Wesen“ vorbestimmtes Geschehen „zufällig“, also das, was wir *Freiheit* im strengen Sinne des Wortes nannten und in seinem Wirklichkeitsdasein dem blossen Glauben preisgeben mussten.

Das Dasein des (logisch) *Allgemeinen im* Besonderen; es macht *Systematik* möglich und bedeutet damit ein Verknüpftsein der empirischen Wirklichkeit in sich von ganz bestimmter Art.

Das Dasein von *Kausalität* überhaupt.

Die beiden ersten dieser Verknüpftheitszüge sind ohne weiteres von Wirklichkeitsbedeutung[1]); der dritte ist es da, wo einzelne Werdeverkettungen in vielen Fällen vorliegen, also in der unbelebten und der persönlich-belebten Natur, während mit Rücksicht auf alles überpersönliche Werden in seiner Einmaligkeit die Frage nach der metaphysischen Übertragbarkeit des von der Ordnungslehre bloss geforderten *Bestimmtheits*-begriffes offen bleiben muss.

Alle diese hier noch einmal kurz zusammengefassten Verknüpftheitszüge alles Empirischwirklichen kommen für die Wirklichkeitslehre nur als Verknüpftheitszüge in Betracht, während die Ordnungslehre gerade ihnen, und zumal der „Kausalität", in ihren Besonderheiten nachging. Mit dem meisten von dem, was nun folgt, kann die Ordnungslehre oder Logik als solche nicht allzu viel im einzelnen anfangen. —

Wir haben bisher, sobald wir ins Einzelne gingen, das Wort „Ganzheit", obwohl wir ja von *Ganzheit* handeln wollen, meist vermieden und haben, manchem vielleicht zu unbestimmt, von „Verknüpftheit" geredet, auch von „Ganzheitsbezüglichem". Das hatte seinen guten Grund.

Denn unsere Verknüpftheitszüge, *Klasse, Allgemeines* und *Kausalität* mögen sich letzthin auf Ganzheit beziehen, an und für sich sind sie noch nichts Ganzheitliches, auch nichts Sonderganzheitliches wie etwa der personale Organismus. Hätten wir sie allein, so wäre es mit der *Ganzheit* schlecht bestellt.

Wir wollen unsere Verknüpftheitszüge von jetzt an *Einheitszüge* nennen, und „Ganzheitszüge" echter Art, die wir etwa noch finden möchten, scharf von ihnen trennen. Dass die empirische Welt E i n e s ist, wird nämlich allein von ihnen angezeigt; das mag der Vorhof zu Ganzheit sein, das mag als „Ganzheitsbezüglich" gedeutet werden wenn vielleicht später echte Ganzheit in gewissen Zügen gefunden ist. Aber es ist nicht an und für sich Ganzheit; obschon man es oft damit verwechselt[2]).

Ganz ist, dessen *Wesen* gestört wird durch Entnahme eines *Teiles;* davon ist hier die Rede nicht. *Eines* ist, was Beziehungen zu einander hat, die über die blossen Beziehungen *Etwas-sein* und *Ich-*

---

[1]) Vgl. S. 96 f.

[2]) So z. B. W. Köhler, Die physischen Gestalten in Ruhe und im stationären Zustande, 1920.

gehabt-sein hinausgehen; davon ist die Rede bei der *Klasse*, dem *Allgemeinen* und der *Kausalität.*

Auch in den Sondergebieten der empirischen Wirklichkeit werden wir *Einheitszüge* von *Ganzheitszügen* scharf scheiden.

a) Die unbelebte Natur.

Stellen wir uns, was uns, wie die Ordnungslehre lehrt, erlaubt ist, auf den Boden einer sogenannten Materienlehre; reden wir also von einigen wenigen Arten oder, wo möglich, von nur einer einzigen Art von *Urdingen,* und nehmen wir als erwiesen an, dass alle Einzigkeiten einer Urdingart einander durchaus *gleich* sind.

Als *zufällig* im Reiche des sogenannten Unbelebten erscheint uns dann zweierlei: einmal, dass die, oder wenn es mehrere gibt, jede Urdingart diese und keine anderen *Wesens*-Kennzeichen, das heisst, diese, eben ihr Sosein ausmachenden beharrlichen Eigentümlichkeiten hat; zweitens, dass jedes einzelne Urding in einem beliebigen *Jetzt* dieses bestimmte *Hier* einnimmt und mit dieser bestimmten, so gerichteten Geschwindigkeit begabt ist.

Das alles erscheint darum *zufällig,* weil die Wissenschaft nicht imstande ist, mit Rücksicht auf das, was sie unbelebte Natur nennt, hier von einem Eingereihtsein in irgendwelche Ganzheit zu reden. Ja, eben weil sie zu einer Ganzheitseinreihung hier unfähig ist, redet die Wissenschaft überhaupt von „unbelebter" Natur. Und es ändert, im besonderen, an der „Zufälligkeit" der Verteilung des Urdinghaften im Raume nichts, wenn gelegentlich einmal Urdinge an „Gleichgewichten", an rein geometrischen Ganzheiten also, Anteil haben. Solche bloss geometrische Ganzheiten sind, was beiläufig erwähnt sein mag, verwirklicht, insofern die Atomarten als Gleichgewichte von Elektronen, die Planetensysteme, Fixsternsysteme, Nebel usw. als Gleichgewichte grober Massen aufgefasst werden.

Ist nun aber wirklich gar kein besonderes Anzeichen einer nicht bloss geometrischen *Ganzheit* oder wenigstens *Einheit* im Bereiche des sogenannten „Anorganischen" vorhanden, das über die allgemeinen Verknüpftheits-, also Einheits-züge der Natur überhaupt hinausgeht?

Als *Einheitszug* des Unbelebten in seiner Gesamtheit dürfen wir, meine ich, zunächst einmal den Sachverhalt ansprechen, dass alles unbelebte Natursein und -werden in dem einen Naturraum ist und verläuft. Aber es gibt der *Einheitszüge* noch mehr. Die elementare Gesetzlichkeit der Materie ist nämlich derart, dass sie sowohl im Bereich des allerletzten Elementargeschehens selbst, als auch im Rahmen abgeleiteter Geschehnisse erstens gewisse „Minimum"-sachverhalte

zeitigt, zweitens aber gewisse Züge aufweist, welche kurz als zustandserhaltende bezeichnet werden können.

Von *Ganzheit* ist hier nicht die Rede, also auch nicht, wie man
wohl gelegentlich gemeint hat, von „Teleologie“, einem Unterbegriff
des Ganzheitsbegriffs[1]); es handelt sich nur um *Einheits*-bezügliches.

Die Minimum-sachverhalte[2]) ergeben sich, soweit sie auf das Letzte
gehen, aus dem Wesen des materiellen Urgesetzes: Weil die
beschleunigende Kraft die Richtung der Bewegung nach Massgabe
ihrer eigenen Richtung bestimmt, deshalb gelangt das bewegte Urding
auf dem „kürzesten“ unter allen, den Umständen nach möglichen
Wegen von A nach B. Weil ferner das Atom, welches an seiner
Bewegung nicht gehindert ist, sich auch tatsächlich stets auf einen
Bewegungsantrieb hin bewegt, deshalb strebt jedes System einem Zustand zu, in welchem die potentielle Energie der Bestandteile so ge-
ring wie möglich ist (logischer Kern der Prinzipien von Hamilton
und Helmholtz; Ostwalds Prinzip des grössten Umsatzes). Andere
Minimumsachverhalte, wie z. B. der, dass das Wesen des Gesetzes der
Lichtbrechung das Licht in der kürzesten Zeit den Weg von A nach
B zurücklegen lässt, dass kapillare Oberflächen solche Flächen sind,
welche mit möglichst wenig Areal ein möglichst grosses Volumen
umschliessen, sind aus den unmittelbar auf das materielle Urgesetz
gegründeten Sachverhalten ableitbar.

Unter den zustandserhaltenden Einheitszügen der unbelebten
Natur sind die eigentlich elementaren auf das Wesen des ersten und
des dritten Newtonischen Prinzips, also auf „Trägheit“ und „Gegenwirkung“, gegründet. Trägheit „erhält“ die Zuständlichkeit einmal vor-
handener Bewegung, Gegenwirkung zwischen zwei Massen „erhält“
in gewissem Sinne die Gesamtzuständlichkeit eines Systems. Abgeleitete
zustandserhaltende Einheitszüge stellen im Bereich der Elektodynamik
das Prinzip von Lenz, im Gebiet der physikalischen Chemie das
Prinzip von Le Chatelier dar. Greifen wir den Satz von Le Chatelier
als Beispiel heraus: Zufuhr von Wärme bedingt solche chemischen
Umsätze, welche Wärme absorbieren, Erhöhung des Druckes solche,
welche von einer Verkleinerung des Volumens begleitet sind; das
Ergebnis von Wärme und Druck hebt also Wärme und Druck als „Ursachen“ auf, hebt das an ihnen auf, kraft dessen sie sich ursächlich
betätigten, nämlich ihre erhöht gewesene Stärke.

Weder die Minimum- noch die zustandserhaltenden Sachverhalte

---

[1]) Vgl. *O. L. C.* III. 3. b.
[2]) Näheres bei Mach, Mechanik, 5. Aufl. S. 391 ff., und Hartmann, Weltansch. d. mod. Physik, 1902, S. 96.

bedingen im Unbelebten selbst echte Ganzheit, sie bedingen hier nur Einheit, Verknüpfung überhaupt. Aber sie sind, wie schon Hartmann erkannt hat, geeignet dafür, dass im Rahmen des Materiellen, aber aus anderen als materiellen Quellen, Ganzheiten erstehen können. In diesem Sinne mögen sie immerhin „ganzheitsbezogen" im unbestimmten Sinne heissen; aber sie sind nur auf Ganzheit überhaupt, nicht auf bestimmte Ganzheit bezogen und daher nicht „teleologisch" im Rahmen des blos Materiellen und mit Rücksicht auf es selbst.

Angesichts gewisser erfahrungsmässiger Forschungen der allerneuesten Zeit sind wir nun aber, so scheint mir, berechtigt, den blossen Einheitszügen des Unbelebten gewisse echte *Ganzheitszüge* anzugliedern. Seit alters bekannt und eigentlich erst im neunzehnten Jahrhundert, wie so vieles, vergessen ist der Begriff einer „Harmonie der Natur"; das soll heissen: der Begriff eines besonderen Geeignetseins des Soseins der unbelebten Natur für die belebte und der einzelnen Bestandteile der belebten Natur für einander, wobei das Wörtchen „für" im Sinne von „für das naturwirkliche Dasein" oder im Sinne von „Voraussetzung der Naturverwirklichung" zu verstehen ist. Henderson nun hat jüngst in einer sehr bedeutsamen Arbeit[1]) gezeigt, wie die Eigentümlichkeiten des Wassers (H_2O), der sogenannten Kohlensäure (CO_2) und des Elementes Kohlenstoff unerlässliche Voraussetzungen des Soseins der Lebewesen in ihrem Sein und Werden sind, und wie diese Eigentümlichkeiten ihrerseits an gewissen „Konstanten" von Wasser und Kohlensäure hängen, welche, gegenüber den Konstanten anderer Stoffarten, die Bezeichnung von Einzigartigkeiten oder auch von „Ausnahmen" verdienen. Weil sie einzigartige Ausnahmen, weil sie in Hinsicht fast aller Konstanten ausgezeichnete Fälle sind, sind H_2O und CO_2 von einer Bedeutung für das Leben, die uns geradezu berechtigt zu sagen: wären Wasser und Kohlensäure nicht das, was sie sind, so könnte „Leben" nicht in den Eigentümlichkeiten raumverwirklicht sein, wie es der Fall ist.

Was aber bedeutet das, ja was heisst es eigentlich, wenn wir in die Tiefe dringen?

Chemische Stoffarten jeder Form sind Gleichgewichte bestimmter Art. Jede Stoffart nun, soweit es sich, wie bei H_2O und CO_2, um Molekülarten handelt, ist in einem beliebig grossen endlichen Raumabschnitt in einer bestimmten Zahl von Molekülen vorhanden; in wel-

---

[1]) *The Fitness of the Environment*, New York 1913; deutsch: *Die Umwelt des Lebens*, Wiesbaden 1914. *The Order of Nature*, Cambridge 1917.

cher Zah sie vorhanden ist, das hängt letzthin ab von der Verteilung der Urdinge in jenem Raumesabschnitt, ja, ist geradezu ein
Ausdruck dieser Verteilung. Denken wir uns nun zum Zeitpunkte t
der Vergangenheit in einen „leeren" Raumabschnitt hinein eine
endliche Zahl von Urdingen „geschaffen", jedes Urding an einen
bestimmten Ort und mit bestimmt gerichteter Geschwindigkeit von
bestimmtem Betrage begabt — (oder denken wir uns ganz Entsprechendes auf elektrodynamischem Boden) — so wird nach Verlauf
eines gewissen Zeitabschnittes, also, sagen wir, zur Zeit t′, *diese bestimmte* Zahl *dieser bestimmten* Molekülarten an *diesen bestimmten*
Orten vorhanden sein.

Ist nun aber nicht mit solcher Einsicht etwas ganz ausserordentlich Wesentliches mit Rücksicht auf die Ganzheitsfrage im Gebiet des
Unbelebten erreicht, wenigstens nach einer bestimmten Seite hin?

Die Verteilung der „Materie", die sich bis jetzt dem Ganzheitsbegriff, insofern er nicht rein geometrisch war, durchaus zu entziehen
schien, erscheint plötzlich als in bestimmter Weise auf ihn beziehbar!
Die Verteilung der Materie ist auf alle Fälle so, dass gewisse Verbindungen, welche lebenswichtig sind, nicht nur überhaupt in ihrem
besonderen Sosein naturwirklich sein können, sondern dass sie auch
sein können in bestimmtem sozusagen massigen Beieinander: als
Atmosphäre und als Ozeane, Seen und Flüsse.

Henderson selbst hat denn auch seine grundlegende Ermittlung
durchaus „teleologisch" aufgefasst; allzu „teleologisch" sogar unseres
Erachtens, wie sich noch zeigen wird, nämlich im Sinne eines durch-
gehenden Ordnungsmonismus raumhafter Art. Aber *dass* dieser
scharfsinnige Forscher da einen bedeutsamen Ganzheitszug
des „Unbelebten" aufgedeckt hat, einen Ganzheitszug mit
Bezug auf das „Belebte", das steht ganz ausser Frage. Eine
ganz neue, wenigstens für die heutige Menschheit „neue", Art der
Betrachtung des Unbelebten hat Henderson eingeführt, und nicht
nur fragend, sondern, in gewisser Hinsicht wenigstens, auf Grund
grosser Sachkenntnis und peinlicher Zergliederung, endgültig beant-
wortend.

Und liesse sich hier nun nicht, wenigstens tastend, weitergehen,
sogar mit Rücksicht auf überpersönliche Ganzheiten? Sind wirklich
das Mittelmeer und die Ostsee und die grossen Ebenen alle *zufällig,*
und weiter die Eisen- und Kupferlager und was es sonst an „Kultur-
material" gibt? Die Frage, die übrigens Herder nicht unbekannt war,
aufwerfen heisst, meine ich, sie mindestens als der Erwägung wert
erkennen.

Aber, freilich, beseitigt für die gewissenhafte Erfahrung wird durch Hendersons Ermittlungen und durch Vermutungen, die sich an sie knüpfen lassen, der Begriff des *Zufälligen* aus dem Reiche des Unbelebten nicht. Dass hier im Walde diese Felsblöcke liegen und am Strande des Meeres eben diese Sandkörner, das bleibt „zufällig", und zufällig bleiben die besonderen Formen der Berge der Alpen.

Nur von *Zügen* der Ganzheit durften wir reden.

Das es im Reiche des sogenannten Unbelebten gewisse Züge von Einheit und Ganzheit für die Erfahrung gibt, soweit lebende und unbelebte Natur als Eines gefasst wird, und dass diese Züge sich letzthin einerseits auf die letzten Wesensgesetze des Materiellen, andererseits auf die grossen Züge der Verteilung der Materie zurückführen lassen, dass aber die letzten Einzelheiten, das *hic et nunc*, der Materie zufällig bleiben — das also sind die endgültig geformten Erfahrungssätze über Ganzheit des Unbelebten, mit denen Metaphysik sich in ihren Ausdeutungen abfinden muss. „Relativ", nämlich bezogen auf etwas, das nicht selbst bloss Material ist, sind sowohl die Einheits- wie die Ganzheitszüge des Unbelebten.

Es bleibt noch übrig zu fragen, ob etwa das Unbelebte nicht nur Träger von Einheits- und Ganzheitszügen, sondern vielleicht sogar in *Entwicklung* begriffen sei, wobei wir einstweilen diesen Begriff als für jeden einigermassen verständlich ansehen wollen[1]). Da lässt sich aber nur ganz weniges und auch das nur gleichsam formal aussprechen: Nur wenn die materiellen Letztgesetze sich mit der Zeit änderten, würde es echte „unbelebte" Entwicklung vielleicht geben; diese Frage ist sachlich unbehandelbar. Diejenige Änderung des materiellen Universums, welche, aus den blossen Gesetzen des Materiellen selbst, frühere unstabile Zustände in spätere stabile überführen möchte, wäre aber nicht echte „Entwicklung", sondern nur Scheinentwicklung. Von ihr müsste reden, wer unsere Zurückführung der Befunde Hendersons auf „frühere" Zuständlichkeiten in der Verteilung der Materie annimmt: das unbelebte Universum wäre ein „Mechanismus", welcher auf gewisse für Materienfremdes „geeignete" Endzustände hin „abläuft". Von echter Entwicklung wäre hier deshalb keine Rede, weil alles aus Urkonstellation und Gesetzlichkeit der einzelnen Urdinge verständlich ist.

------

[1]) Vgl. *O. L. C.* III. 3. und weiter unten.

b) Die belebten Einzelwesen[1]).

Im Bereiche des Biologischen engeren Sinnes, das heisst im Bereiche der Lehre vom lebenden Einzelwesen und seinem Werden, sind sowohl *Ganzheit* wie *Zufall* in grosser Deutlichkeit für die Erfahrung fassbar; *Einheit* kommt nicht gesondert in Frage.

Zufällig sind die Lagen der einzelnen Zellen in den einzelnen Organen des Embryo oder des Erwachsenen; *Ganzheit* bedeutet die Ausprägung des Soseins der Organe im Ganzen und das Verhältnis der Organe zueinander, nach Lage und auch nach Verrichtung, das heisst nach sogenannter „physiologischer Funktion".

Ganzheit geht also, trotz allem „Vitalismus", nicht bis ins letzte Einzelne der Ausgestaltung der Lebewesen; und eben weil sie, und zwar mit Rücksicht auf jedes Organ, nicht bis ins letzte Einzelne geht, ist jedes Einzelwesen, auch innerhalb einer sogenannten Art, von jedem anderen in gewissen Hinsichten verschieden. Nicht nur das *Hier* und *Jetzt* jedes belebten Einzelwesens ist zufällig, sondern jedes Einzelwesen hat auch seine nur ihm eigene *Haecceitas*, die, soweit wir wissen, jedes einzelne „Atom" nicht hat[2]). Hier ist das Feld der Lehre von der sogenannten „fluktuierenden Variabilität", die mit statistischen Mitteln innerhalb „reiner Linien" untersucht wird. Wird diese zufällige Variation als Ausfluss der Anpassungsfähigkeiten des Lebewesens angesehen und also letzthin auf Rechnung des Umstandes gesetzt, dass die Lebensbedingungen auch nicht für zwei Tiere oder Pflanzen einer Art ganz genau die gleichen seien, so wird damit natürlich an dem Dasein der *Haecceitas* jedes Einzelwesens nichts Wesentliches geändert.

Die ordnungshafte Behandlung der Aufgaben der Lebenslehre fasst das dem Leben eigentümliche Werden nicht als irgend eine Form von Schöpfung auf, sei es von Dingen oder von Energie. Es genügt ihr z. B. die Annahme, dass der dem Leben eigentümliche Werdebestimmer solche Vorgänge, welche in Anordnungen der unbelebten Materie als „möglich" vorgebildet sind, „regulatorisch" hemmt und zulässt, also, kurz gesagt, sich das unbelebte Geschehen in lenkender Weise dienstbar macht[3]); auch noch in anderer Weise darf sie sich zurechtlegen, was hier in Frage kommt[4]). Auf diese Weise bleibt der Satz von der

---

[1]) In meiner *Philosophie des Organischen*, 2. Aufl., 1920, sind die in diesem und dem folgenden Abschnitte nur angedeuteten Gegenstände sehr eingehend behandelt.

[2]) S. o. S. 127.

[3]) Phil. d. Organischen, 2. Aufl., S. 434ff.

[4]) Ebenda, S. 471ff.

Erhaltung der Energie für das Lebensgeschehen[1]) gewahrt, und ebensowenig wird der sogenannte zweite Hauptsatz der Energielehre verletzt,
welcher besagt, das Verschiedenheiten der „unkompensierten Intensi-
täten" die Voraussetzungen alles Geschehens im Raum als eines „Geschehens" überhaupt seien. Die für die Erfahrung aufs deutlichste
bestehende Abhängigkeit der Lebensvorgänge von der Materie wird
so erklärt und mit dem Bestehen einer Eigengesetzlichkeit des Belebten
glücklich vereint[2]). Woher aber die Vereinigung von Materie mit einer
sie in ihren Äusserungen lenkenden „Entelechie" stammt, das entzieht
sich jeder Möglichkeit einer vermutenden Aussage im eigentlich wissenschaftlichen Sinne.

Erinnern wir uns dieser hier kurz zusammengefassten Ermittlungen
aus der „Philosophie des Organischen", so erwächst uns, scheint mir,
eine Möglichkeit, das *Zufällige* an den belebten Einzelwesen, das doch
eben ganz unzweifelhaft besteht, zurückzuführen auf eine uns schon
bekannte Art des Zufalls, und damit die ganze Frage nach dem erfahrungshaften Zufälligen ganz wesentlich zu vereinfachen.

Den Gedanken, dass die Geschehnisse an den Lebenskörpern auch
von vorgebildeten Anordnungen der Materie abhängig sind, müssen
wir benutzen. Von der Materie als solcher wissen wir nun schon, dass
das *hic et nunc* ihrer letzten Dinglichkeiten *zufällig* ist. Was an
den lebenden Einzelwesen zunächst als Zufälligkeit des Soseins, der eigentlichen *Haecceitas*, erscheint, lässt sich also
als Ausfluss einer Zufälligkeit des blossen Hier und Jetzt
der Materie verstehen — weil ja doch nun einmal die Lebewesen
der Materie eingeprägte Formen sind. Das bedeutet eine recht
erhebliche Vereinfachung der Zufallsfrage: nicht in den „Entelechien",
sondern nur in ihren materiellen Ausprägungen gibt es Zufall, und

---

[1]) Diese Stelle hat K e r l e r (Die auferstandene Metaphysik, 1921, S. 24 f.) durchaus missverstanden. Er setzt für „Lebensgeschehen": „psychischer Boden", und
schreibt mir zu gesagt zu haben, deshalb sei im Biologischen eine Schöpfung von
Dingen oder von Energie abzulehnen, weil sonst der „Energiesatz auf psychischen
Boden" nicht gelte. Niemand hat schärfer als ich die Annahme einer psychischen
oder auch nur einer vitalen „Energieart" abgelehnt. Trotzdem ist der Vitalismus
mit dem Erhaltungsprinzip zu vereinigen. Vgl. *Phil. d. Org.*, 2. Aufl., S. 423 ff.

[2]) Man hört gelegentlich sagen, dass man doch nicht wissen könne, was „die
Materie in Wirklichkeit alles sei" und „was sie alles zu leisten vermöge"; vielleicht sei das viel mehr als das, was in irgend einem Sinne „mechanistisches"
Sein und Wirken sei. Zugegeben; aber wir n e n n e n eben nur das in irgend einem
Sinne mechanistische Sein und Wirken, das Werden nach unserer ersten Werdeurform also, *materielles* Sein; und wir können geradezu zeigen, dass alles das,
„was die Natur vielleicht sonst noch ist", sich jedenfalls n i c h t durch Angaben
über Bewegungen und Lagen von Etwas im Raum erschöpfend darstellen lässt.

zwar deshalb, weil diese Ausprägungen von bestehenden Anordnungen der Materie, die eben Zufall in sich bergen, mit abhängen[1]).
Wünscht man aber mit Rücksicht auf das Zufällige an den Lebewesen die Anpassungsfähigkeit derselben eine grössere Rolle spielen
zu lassen, als es hier geschehen ist, so würde auch das nichts an
dem Ergebnisse ändern, dass der biologische Zufall des Soseins sich
auf den blossen Zufall von Ort und Zeit im Bereiche des Materiellen
zurückführen lässt. Gesetzt, jede „Variation" eines Lebewesens bedeute
Anpassung tätiger Art an Bedingungen der Aussenwelt; dann würden
also mit Rücksicht auf jede letzte Einzelheit Aussenwelt und Lebewesen gewissermassen im Verhältnis von Frage und Antwort stehen.
Da nun das Spiel der Fragen ein *Zufälliges* ist, muss auch das Spiel
der Antworten *zufällig* sein, und nur das „Antwortvermögen" der
Lebewesen überhaupt ist nicht zufällig. —

Mit diesen Erörterungen über das Begründetsein der biologischen
Haecceitates im Zufall der Stofflichkeit ist durchaus nicht ohne weiteres gesagt, dass, um in der Sprechweise der Scholastik zu reden,
die Materie das *Principium individuationis* sei. Die Materie mit ihrem
Zufall ist nur der Grund für die Zufälligkeiten des Soseins an den
Einzelwesen, die ihr Dasein als Einzelwesen anderen, hier noch nicht
erörterten Quellen verdanken. Dass freilich nicht die *Haecceitas* des
Soseins jedes Einzelwesens eine besondere „Form" ist, das haben
unsere Untersuchungen ausgemacht. Aber Dasein von *Einzelwesen*
überhaupt und *Haecceitas* ihrer Soseinsausprägung sind zweierlei Dinge;
diese geht nach unserer Lehre auf das materielle Zufällige zurück,
jenes nicht. Das am meisten Besondere an „Form" geht also auf die
biologische „Art" (Species), oder wohl gar auf das „Genus"; wir wissen
das nicht; „Speziescharaktere" könnten vererbte Zufälligkeiten sein.
Dem Universalienproblem als Ganzem, das heisst dem Naturdasein
des begrifflich Allgemeinen im begrifflich Besonderen überhaupt, geschieht dadurch natürlich kein Abbruch; nur die Stufe des wesentlichen, d. h. des nicht-zufälligen[2]) Besonderen wird gleichsam systematisch, d. h. im Rahmen des „Systems", hinauf verschoben. —

Es ist nun noch einer anderen Art des *Zufälligen* im Bereiche des
Biologischen zu gedenken, einer Form desselben, die in gewissen ihrer
Abarten freilich den Rahmen der Lehre vom eigentlichen lebenden

---

[1]) Hierzu Aristoteles Met. E. 2. 1027 a 13: „ὥστε ἔσται ἡ ὕλη ... τοῦ συμβεβηκότος αἰτία".

[2]) Im folgenden wird das Wort „wesentlich" stets im Sinne von *ganzheitszugehörig*, also nicht-zufällig verwendet werden. Das Wesentliche trifft das *Wesen*,
d. h. das beharrliche Sosein von Ganzheit. Vgl. *Phil. d. Org.* 2. Aufl. S. 285 ff.

Einzelwesen sprengt. Diese Art des Zufälligen im Reiche des Lebendigen erweist sich als ganz besonders lehrreich für die Erfassung der Art von Ganzheit, um die es sich handelt, wie denn ja überhaupt allemal da, wo es sich um das Vereintsein von Ganzheit und Zufall handelt, das Wissen um die besondere Form des Zufalls zugleich ein Wissen um die besondere Art der in Rede stehenden Ganzheitlichkeit bedeutet.

Zur Strassen, ein besonders folgegerechter, obschon nicht „dogmatischer“ Verfechter der Lehre von der durchgängigen Zufälligkeit aller Lebenserscheinungen überhaupt, hat den hier in Frage kommenden, schon früher von englischen Denkern gesehenen Sachverhalt mit dem sehr anschaulichen und treffenden Namen des „Schrotflintenprinzips“ benannt, er redet auch von der „Überproduktion von Gelegenheiten“[1]. Es handelt sich, kurz gesagt, darum, dass nach Massgabe von „Wahrscheinlichkeits“-überlegungen, eine grosse Menge von möglicherweise zum Erfolg führenden Naturwirklichkeiten „produziert“ wird, so dass meist der Erfolg gewährleistet ist: wenn ich mit Schrot schiesse, so „wird wohl“ eines der Schrotkörner sein Ziel nicht verfehlen. Ich meine nun freilich, dass diese auf den ersten Blick so „zufällig“ aussehende Anweisung im Grunde gerade von ganz besonders klar „zwecksetzender“ Art ist, ja ich meine, dass dieses „teleologische“ Wesen des in Rede stehenden Sachverhaltes gerade bei demjenigen Vorgange auf das allerdeutlichste hervortritt, der zur Strassen zu seiner glücklichen Namengebung verholfen hat, beim Schiessen mit der Schrotflinte.

Dieses Schiessen ist ja doch in klarster Form eine bestimmte absichtliche Handlung; der Schütze „will“ und „tut“. Er will und tut dieses Bestimmte auf Grund seines Wissens um die „Mittel“, mit denen sein „Zweck“ erreichbar ist, wie das bei jeder Willenshandlung der Fall ist; nicht das Ganze seines Zieles, sondern nur gewisse Besonderheiten seiner Erreichung gibt er dem „Zufall“ preis, und auch nicht dem blossen Zufall, sondern eben der „Wahrscheinlichkeit“. Viele menschliche Handlungen geschehen nach diesem Grundsatz, zumal bei kleinen Kindern und, nach Jennings, bei niederen Tieren; verwendet man den Grundsatz des sogenannten Versuchs und Irrtums („trial and error“) doch geradezu für die Lehre vom Werden der eigentlichen sogenannten Willenshandlung[2]. Manche Biologen haben sogar geglaubt, den Grundsatz des Versuchens für die Erklärung des

---

[1] Vgl. z. B. *Kultur der Gegenwart*, Abteilung: Allgemeine Biologie, Aufsatz: Die Zweckmässigkeit (S. 87 ff.), 1915.

[2] Vgl. *Phil. d. Organ.* 2. Aufl. S. 338.

Zustandekommens von Wiederherstellungen der gestörten Form, von „Restitutionen" oder Regenerationen also, oder von stammesgeschichtlichen Fortschritten verwerten zu können. Es ist aber nicht schwer zu zeigen, dass das nicht angeht.

Dagegen gibt es nun aber allerdings einige biologische Tatbestände, abgesehen von „Handlungen", bei denen die Natur, sozusagen, aufs allerdeutlichste nach dem Grundsatz der „Überproduktion von Gelegenheiten" verfährt: bei der Verbreitung der Geschlechtszellen und bei der Verbreitung der Pflanzensamen, bei Vorgängen also, die, wie wir sagten, über den Rahmen des eigentlichen Einzelwesens hinausführen, obschon vom Einzelwesen aus der Verbreitungsvorgang anhebt. Die Geschlechtszellen „werden sich wohl" zur Befruchtung treffen, der Pflanzensame „wird wohl" günstigen Boden finden — so urteilt der Mensch des täglichen Lebens nach Massgabe dessen, was ihm bei seinen Handlungen der Grundsatz des „es wird wohl" oder besser „es wird höchstwahrscheinlich" bedeutet.

Dass nun die genannten Verbreitungsvorgänge auf ein Ziel, ein *Endganzes*[1]), bezogen sind, und dass sie das nach Massgabe von Wahrscheinlichkeit sind, mit sehr wahrscheinlicher Aussicht auf Erfolg, das kann keinem Zweifel unterliegen. Insofern sich der Erfolg einer Ganzheit einreiht, handelt es sich also um **Ganzheitsbeziehung im Rahmen von Zufall und Wahrscheinlichkeit.**

Dass vom Einzelwesen aus jene Vorgänge geleistet werden, ist auch zweifellos; redet zur Strassen doch eben von Über-„produktion", also von ausdrücklichem, sozusagen tätigem, Wirken.

Es handelt sich also für die ordnungshaft geformte Erfahrung in allen Fällen, in denen das „Schrotflintenprinzip" von der Natur „angewendet" wird, um einen auf „das Lebendige" gehenden, in Zufall, aber als Wahrscheinlichkeitsträger, eingebetteten *Ganzheitszug*. Weiter freilich lässt sich nichts sagen. Der Vorgang des Verbreitens von Geschlechtszellen oder Pflanzensamen als solcher kommt letzthin mechanisch, besser maschinenartig zustande — aber die Maschine, durch die er zustande kommt, ist selbst nicht-maschinenhaft zustande gekommen. Das ist ja bei vielem „Physiologischem" der Sachbestand. Es handelt sich um das, was ich im Rahmen des eigentlich Biologischen eine Art der „Harmonie" nenne[2]), nur dass eben über den Rahmen des Einzelwesens hinausgegangen wird. Wie bei allen „statischteleologischen" Harmonien werden im Rahmen des Lebens die Gesetze der Materie benutzt, ohne dass in das materielle Getriebe neu ein-

---

[1]) *O. L. C.* III. 3. a.
[2]) *Phil. d. Org.* S. 99.

gegriffen wird, wie beim eigentlich „Vitalen", das nach der vierten Werdeform, der *Ganzheitskausalität* verläuft[1]). Aber diese Benutzung der Gesetze des Materiellen war in einem vorhergegangenen echten Ganzheits-Geschehnis — beim Bau der „Maschine" nämlich — vorgesehen worden.

So bleibt denn also alle Verwirklichung des „Schrotflintenprinzips" ein *Ganzheitszug* des Lebendigen, etwas „Teleologisches" also in üblicher Redeweise; und sogar in besonders klarer Form.

Für die richtige Auffassung des Verhältnisses von Ganzheit zu Nichtganzheit, also zu Stofflichkeit, und damit für die richtige Auffassung von lebendiger Ganzheit selbst scheint uns nun an den geschilderten Sachverhalten gerade derjenige Zug von besonderer Bedeutung zu sein, den sie mit anderen „statisch-teleologischen Harmonien" im Bereiche des Biologischen teilen, mit der Tatsache also, zum Beispiel, dass gewisse „physiologische Funktionen" in rein physikalisch-chemischer Weise ablaufen, wenn einmal die „Maschine" da ist.

Dass Gesetze der Materie als solche benutzt werden, ist in allen diesen Fällen das Gemeinsame; und zugleich das Wesentliche. Der Materie als solcher wird gleichsam eine Leistung für das Leben „überlassen", nachdem sie einmal durch ihr fremde Werdebestimmer in die dafür geeignete Anordnung gebracht worden ist. Nicht braucht für jede Einzelheit des Lebensgeschehens das eigentlich lebenseigene Werden und Werdebestimmen neu einzugreifen. Es ist ganz und gar wie bei Maschinen, die von Menschen in bestimmten Absichten gebaut sind. Nur freilich, dass die Maschine im Dienst des Belebten sich selbst nie in dem Masse überlassen ist, wie die menschliche Maschine: sobald nicht alles stimmt, greift sofort das Vitale „regulatorisch" ein oder sucht wenigstens einzugreifen; es steht ja nicht *neben* seinem Maschinenwerk wie der Mensch, sondern steht in unfassbarer Weise, ich sage nicht „in", wohl aber, *zu* ihm.

Warum aber wird überhaupt der Materie Etwas mit Rücksicht auf Lebensleistungen *überlassen?* Warum wird „Belebtheit" materiell gleichsam weitergegeben; warum gibt es nicht überall und lediglich neue Anfänge des „Belebens"; warum liegen die Dinge so, dass eine so unsinnige und in sich widerspruchsvolle Auffassung wie der sogenannte *Hylozoismus* auf Grund ungenügender Ausdeutung der Sachverhalte hat aufkommen können?

Diese Frage könnte nur beantworten, wer über das Verhältnis des Unraumhaften zum Materiellen im Rahmen der vierten Werdeurform

---

[1]) *O. L.* C. I. 11. d, *γ*, *Phil. d. Org.* S. 542.

der Ganzheitskausalität, mehr wüsste, als Menschen wissen können, wer zumal einsähe, weshalb denn eigentlich vor unseren Augen nicht Belebtheit aus völlig unbelebtem Stoff heraus anhebt. Es wird einen Grund dafür geben, aber wir kennen ihn nicht. Und dieser Grund wird zugleich für das Weitergeben von Belebtheit mit materiellen Mitteln verantwortlich sein und damit auch für die „Fortpflanzung" mit allen ihren Nebenerscheinungen nach dem Grundsatz der „Schrotflinte". Unterlassen wir also weitere Vermutungen und erinnern wir uns nur noch daran, dass wir das unbelebte Universum in unbestimmter ·Weise als bezogen auf materienfremde *Ganzheit überhaupt* bezeichnet haben, als wir von seinen Einheitszügen redeten[1]).

c) Die Lebensgesamtheit als überpersönliche Ganzheit.

Wenn wir nun von der Betrachtung des belebten Einzelwesens zur Untersuchung der Gesamtheit des Lebendigen weiterschreiten, so müssen wir uns zunächst wohl wieder einmal daran erinnern, was denn eigentlich jetzt, an dieser Stelle für uns in Frage steht. Nicht das *Werden* von Ganzheit als Werden mit besonderer Verknüpftheit in sich untersuchen wir jetzt mit Rücksicht auf das, was etwa seine Wirklichkeitsbedeutung sein möchte. Solches taten wir an früherer Stelle, kamen zur Frage nach der „Freiheit" gerade da, wo es sich um Überpersönliches handelte, und liessen diese Frage offen. Jetzt an dieser Stelle, ist es die Frage nach Ganzheit als Ganzheit im Beieinander des Soseins, die wir aufwerfen, die Frage, inwieweit diese Form von Ganzheit sich auspräge, inwiefern sie es nicht tue. Und das alles steht zunächst noch alles auf erfahrungshaftem Boden für uns, ist sozusagen ein eng zusammen gedrängter Abschnitt aus der Ordnungslehre, der mit besonderer Rücksicht auf das, was freilich nun bald der letzte Zweck sein wird, wiederholt und dem Leser in die Erinnerung zurückgerufen wird. Der letzte Zweck aber ist die Entscheidung über die Wirklichkeitsbedeutung·von Ganzheit — oder vielleicht von Ganzheit und Nicht-Ganzheit. —

Dass die Frage nach *Ganzheit* mit Rücksicht auf das Naturwirkliche überhaupt ersteht, ruht in Klarheit auf dem Vorwissen um *Ordnung*, das alles besonderen Philosophierens Ausgang bildet. Dass nun aber die Lehre von der Ganzheit des belebten Einzelwesens das Suchen nach Ganzheit im Bereiche des Naturwirklichen noch nicht befriedigt, das ergibt sich aus der Besonderheit des Ergebnisses der Lehre von der persönlichen Ganzheit selbst.

---

[1]) S. o. S. 156.

Nicht denke ich hier an den Umstand, dass diese Lehre, die Personalbiologie, das Bereich ihrer Untersuchung absichtlich begrenzte. Gewiss, sie arbeitet, wie die Lehre von den Formen des Werdens überhaupt, mit dem Begriffe des „begrenzten Gefüges (Systems)"; sie geht gar nicht auf „das" Ganze —, sucht gar nicht mit Rücksicht auf es. Aber könnte sie nicht trotz ihrer Selbstbeschränkung auf dem absichtlich beschränkten Gebiete Sachverhalte gefunden haben, die eine gewisse Endgültigkeit mit Rücksicht auf echte werdende Ganzheit, auf *Entwicklung,* an sich trügen, derart, dass wenigstens gefunden wäre, was ein $\tau\acute{\epsilon}\lambda o\varsigma$ heissen darf deshalb, weil es, so wie es ist, nicht weiter über sich hinausweist?

Eben in diesem Sinne nun hat die Lehre vom persönlichen Einzelwesen, der „Vitalismus", ein $\tau\acute{\epsilon}\lambda o\varsigma$ noch nicht gefunden, und deshalb muss aus reinen Sachgründen das Fragen weitergehen, ganz abgesehen davon, dass die Aufgabe der Untersuchung bisher eine willkürlich eingeschränkte war:

Der Vitalismus untersucht eben letzthin doch nur, wie gewisse stoffliche Gefüge im Raum, in ihrer Sachganzheit aus ganzheitskausalem, nicht-mechanischem Werden entspringend, immer wieder *entwicklungshaft* ins Dasein treten. Denn der Organismus in seinem Raumesdasein ist in jedem Zeitpunkt ein bestimmtes Gefüge von Stofflichkeit, mag er auch nicht stofflicher Ursächlichkeit sein Dasein verdanken; und nur das Werden seiner Raumhaftigkeit untersucht ja der Vitalismus. Als raumhaftes Gefüge endet nun aber die lebende Person mit dem Tode. Die *Ganzheit,* die da *entwicklungshaft* entstanden war, war also ganz deutlich nichts anderes als „Ganzheit auf Zeit", nicht einmal auf sehr lange Zeit. Und wenn wir alles, was die lebende Person während ihres Lebens instinktmässig oder handlungsmässig „tat", in ihre Kennzeichnung einbeziehen, so ging doch auch das, wenigstens soweit es raumhaft ausgeprägt war, nur „auf Zeit".

Die Ganzheit des persönlichen Organismus kann also an einem echten $\tau\acute{\epsilon}\lambda o\varsigma$ nur teilhaben, wenn sie auf anderes weist, als das ist, was sie selbst in ihrer raumhaften Ganzhaftigkeit darstellt.

Und sie weist auf ein anderes, als sie selbst ist, in der Fortpflanzung, das heisst in der tätigen Bildung neuer Ausgangspunkte für das Werden von lebenden Personen. Die Fortpflanzung und der auf sie gegründete berechtigte Gedanke einer allgemeinen „Blutsverwandtschaft" unter den lebenden Personen sind es also, die aus dem Unbefriedigtsein mit den Ergebnissen der Personenbiologie neue sachhafte Fragen nach Ganzheit erstehen lassen, die das Fragen nach

Ganzheit davon befreien zu Unbestimmtheiten verurteilt zu sein, die
ihm die besondere Richtung seines Fortschreitens geben.

Auch hier haben wir, wie man sehen wird, noch nicht „das Ganze“
in abgeschlossener Vollendung; aber wir haben wenigstens die Möglichkeit sinnvoll nach einer Ganzheit zu fragen, die, wenn wirklich sie
naturhaft bestünde, die Ganzheit der Person ausserordentlich über-
ragen würde. Vielleicht werden wir auch hier noch nicht das Höchste
finden; jedenfalls haben wir ein klar umschriebenes Feld der Arbeit. —

Es gilt also, die sogenannte „Stammesgeschichte“ der Lebewesen,
und es gilt ferner das, was üblicherweise „Geschichte“ genannt wird,
also die Gemeinschaft der menschlichen Lebewesen mit besonderer
Rücksicht auf ihre Handlungen, auf ihre Einheits- und Ganzheitszüge
hin zu prüfen. Ganzheitlichkeit in Stammes- und Menschheitsgeschichte
aber bedeutet Ganzheitlichkeit im Strome des Werdens, bedeutet
Entwicklung, und da mögen denn jetzt vor allem anderen eben diesem
Begriffe, „Entwicklung“, einige Worte gewidmet sein[1]), wodurch zugleich
manche der in diesem Werke schon behandelten Angelegenheiten ihre
schärfere Formung erhält; denn das Wort „Entwicklung“ wurde ja
schon wiederholt von uns ohne nähere Erläuterung angewendet.

Entwicklung (Evolution)[2]) steht im Gegensatz zu blosser *Häufung*
(Kumulation) als einem Mannigfaltigerwerden eines Systems durch
zufällige Ereignisse von aussen her, von dem an späterer Stelle zu
reden sein wird. Entwicklung ist Geschehen im Rahmen des Ganz-
seins; sie kann apriori als maschinenartig-präformiert[3]) oder als entelechial, d. h. nicht-mechanisch gedacht werden. Im Rahmen des Tatsächlichen lassen sich stets mehrere Schritte an ihr unterscheiden,
wie denn z. B. der Organismus aus dem Ei nicht durch einen Werdeakt,
sondern im Wege der Ontogenese entsteht. Ein sich entwickelndes

---

[1]) Vgl. auch *O. L. C.* III 3.

[2]) F. Krueger (*Über Entwicklungspsychologie,* 1915, S. 167f) fasst den Begriff
Entwicklung unseres Erachtens zu weit, so dass er echte Entwicklung (*Evolution*)
und Häufung (*Kumulation*) umfasst. Die „theologisch-dogmatische Wurzel“ des
Begriffs *Entwicklung* ist unseres Erachtens bedeutsamer, als Krueger meint, gibt
jedenfalls einem sehr bedeutsamen logischen Sonderverhältnis Ausdruck. Dass praktisch Entwicklung und Häufung oft nicht zu scheiden sind, wird freilich alsbald
auch unsere Darlegung zeigen. — Sehr nahe stehen unseren Ansichten die Ausführungen von *J. v. Wiesner* in seinem Werke *Erschaffung, Entstehung, Entwicklung,* 1916, wenigstens was das Begriffliche angeht (nicht mit Rücksicht auf
die sachliche Seite des „Vitalismus“).

[3]) Der blosse Ablauf eines Mechanismus ist aber nicht Entwicklung, sondern
„Scheinentwicklung“ (s. o. S. 158, *O. L. C.* III 3a). Auch bei maschineller Entwicklung muss der (hier zwar maschinelle) Former das Eine, das Geformte das Andere sein.

Gebilde ist zwar jederzeit „ganz", aber doch erst, wenn es sich entwickelt hat, ist es *endganz;* alle Vorgänge an ihm sind also *endganzheitsbezogen* (oder kürzer aber verständlich: *ganzheitsbezogen).* Wird sein endganzer Zustand sein *Ziel* genannt, so können die einzelnen aufeinanderfolgenden Werdeakte, welche dieses Ziel, das sich also, wenn es da ist, nicht mehr „entwickelt", herstellen halfen, *zielstrebig* heissen. Man kann sie auch *zweckmässig* nennen. Aber man darf mit diesen Worten nichts eigentlich Seelisches meinen, sondern muss sich bewusst bleiben, dass es sich um eine „Analogie" handelt, besser: dass die Bezeichnungen „zielstrebig" und „zweckmässig" herstammen von einem besonders ausgezeichneten Fall entwicklungsmässigen Geschehens, nämlich von zusammengesetzten menschlichen Handlungsfolgen, die psychologisch gedeutet sind. Rein gegenständlich-ordnungshaft, „objektiv-logisch", aber ist diese unsere Untersuchung gemeint; wir vermeiden also lieber solche psychologisch klingenden Worte wie „zweckmässig", „zielstrebig", „teleologisch" usw. und reden nur von *ganzheitsbezogen* und *Entwicklung.* Gegenständlich-ordnungshaft bleibt unsere Untersuchung nun auch dann, wenn nicht, wie in der Embryologie, das, wenigstens vorläufige, *Endganze* gekannt ist, sondern wenn es nur vermutet wird; alsdann bedeutet eben diese Vermutung eine echt-gegenständliche „Hypothese".

Der Begriff der *Entwicklung* in dem hier festgelegten Sinne ist also durchaus ein Ordnungsbegriff der gegenständlichen Naturlehre, ja, er ist ihr höchster und bester Ordnungsbegriff. Wer das verkennt, hat sich, vielleicht ohne es zu bemerken, einen ganz engen gekünstelten *Natur*-begriff gebildet, etwa den der Gesamtheit dessen, was unter mechanischen Gesetzen steht, und nennt nun alles dazu nicht Passende an Naturordnung nicht „Natur". Subjektiv „gewertet" wird bei unserem Begriff der *Entwicklung* zunächst gar nicht, sondern es wird rein gegenständlich auf Ganzheit bezogen; gefühlsbetonte „Wertung" mag höchstens praktisch da einen vorläufigen Leitfaden abgeben, wo man, wie bei allem Überpersönlichen, die Endganzheit, auf die das Einzelne zu beziehen ist, gar nicht oder so gut wie gar nicht kennt; aber sie bedeutet auch dann stets ganz ausdrücklich eine gegenständliche „Hypothese" von sehr vorläufiger Art, dessen Ersatz durch gesicherte rein gegenständliche Ganzheitskennzeichen ausdrücklich erhofft wird. Wer die Begriffe *Entwicklung, ganzheitsbezogen* usw. aus der rein gegenständlichen Naturordnungslehre verbannen will, der muss, wenn er sich treu bleibt, schon die gesamte personale Biologie aus der „Naturwissenschaft" ausschliessen; schon in ihr ist der Begriff *Entwicklung* durchaus „konstitutiv".

Gewisse Schwierigkeiten treten auf, wenn mit jedem Entwicklungs-
schritte die Zahl der einzelnen zielstrebigen Werdeakte grösser wird
und diese Werdeakte wohl gar unabhängig voneinander verlaufen und
nur dadurch zu einem Ganzen zusammengehalten werden, dass eben
der erste entwicklungshafte Werdeakt sie von einem Ausgangspunkt
aus verwirklicht. Aber das bedeutet doch nur eine Schwierigkeit für
das Überschauen, nicht der Sache selbst nach. Gerade bei der am
besten, der eigentlich allein gekannten Entwicklung, bei der embryologischen nämlich, ist eben dieser Sachbestand verwirklicht. Man muss
sich stets vor Augen halten, dass er auch sonst, bei vermuteten Entwicklungen, verwirklicht sein könnte; eine Angelegenheit, auf die wir
alsbald zurückkommen werden.

Eine viel grössere Schwierigkeit für die Erfassung alles überpersönlichen Werdens als einer *Entwicklung* liegt darin, dass alle
in der Embryologie angewendeten Massstäbe der Beurteilung, alle
„Kriterien“, jetzt fehlen. Dort hatten wir *dieselbe* Entwicklung, d. h.
dasselbe ganzheitliche Werde-beieinander in vielen *Fällen;* und Ganzheit wurde durch deutlich erkennbare Vorgänge als solche erhalten
und nach Störungen wieder hergestellt, *reguliert* und *restituiert.* Jetzt,
angesichts der Phylogenie und später angesichts der Geschichte, haben
wir eine Einmaligkeit, kennen daher das *Endganze* der Entwicklung
nicht, wissen also auch nicht, wodurch nach Störungen seine Erreichung etwa doch „regulatorisch“ gewährleistet wird. Kurz: wir
wissen eigentlich gar nichts, wir können nur vermuten auf Grund
einer recht unbestimmten allgemein ordnungshaften Denkform.

Und doch muss der Versuch gewagt werden, die Frage des Überpersönlichen wenigstens vermutungshaft zu meistern; dass es sich
dabei um rein gegenständliche Vermutungen handelt, selbst wenn
die Vermutungen, in der Geschichte wenigstens, von „subjektiven
Wertungen“ ihren Ausgang nehmen sollten, mag noch einmal ausdrücklich gesagt sein. —

Mit Rücksicht auf die sogenannte phylogenetische Frage im
Bereiche der Lehre vom überpersönlichen Belebten können wir uns,
ja müssen wir uns kurz fassen. Nicht freilich deshalb, weil die Verhältnisse hier besonders klar und deutlich waren, sondern deshalb,
weil wir so gut wie gar nichts im erfahrungsmässigen Sinne
„wissen“.

Wir müssen, wie schon früher, drei verschiedene Fragen der Reihe
nach behandeln, die Fragen der *Einheit, Ganzheit* und *Entwicklung*
der lebendigen Gesamtheit. Was für Anzeichen für diese drei Sachverhalte sind vorhanden?

Da ist denn klar, dass als *Einheits*-anzeichen im Bereiche der Lebens gesamtheit die schon erwähnte Tatsache der Fortpflanzung gelten kann: die Reihe der Generationen hängt durch sie geradezu materiell zusammen und ist daher Eines.

Als *Ganzheits*zeichen mag in erster Linie das Bestehen des bekanntlich stufenförmig gegliederten zoologischen und botanischen Systems gelten; es zeigt, dass mehr als eine blosse Summe in Rede steht. An zweiter Stelle steht das, was E. Becher als *„fremddienliche Zweckmässigkeit"* bezeichnet und für die Pflanzengallen in Bezug auf das sie bewohnende Insekt logisch sehr gründlich erforscht hat; auch die sogenannte mutuelle Anpassung, z. B. zwischen Blumen und Insekten, die Gastpflege der Ameisen (Wasmann) und anderes gehört hierher. An dritter Stelle bedeutet das Vorkommen sogenannter „analoger" Organe in systematisch nicht miteinander verwandten Tier- und Pflanzengruppen einen Ganzheitszug; also z. B. die Tatsache, dass es Augen sehr ähnlichen Baues bei Wirbeltieren und Tintenfischen gibt. Schon Bergson hat darauf für seine Zwecke hingewiesen.

Viel schwieriger gestaltet sich die Entscheidung der Frage nach echter phylogenetischer *Entwicklung.* Mit der blossen Annahme der Deszendenzlehre, d. h. der Lehre von der Blutsverwandtschaft aller organischen Formen, nicht nur derjenigen gleicher Species, ist diese Frage noch nicht entschieden. Es könnte sich apriori auch um blosse Kumulation handeln, wogegen freilich der Umstand spricht, dass, wenn man einmal die Abstammungslehre bis zu den Einzelligen hinab annimmt, die Verwirklichung des auf Grund des Systems vermuteten Stammbaumes mit den Mitteln der grundsätzlichen Zufallslehren, also des sogenannten Lamarckismus und Darwinismus, nicht gedacht werden kann. Es muss also so etwas wie eine überpersönliche Ganzheit schaffende „Variation", die man mit de Vries *Mutation* nennen kann, geben. Wir kennen aber leider Mutation nur in sehr bescheidenem Umfange.

Vor weiteren Allgemeinerörterungen mag nun zunächst einer Sonderfrage kurz Erwähnung getan sein: Was bedeutet das naturwirkliche Dasein der biologischen *Arten* („Species"), *Genera, Familien* usw. in ihrem ganz besonderen Sosein? Was also bedeutet das Gefüge, das „System", der Lebewesen, so wie es für die unbefangene Erfahrung ist? Drückt das, so wie es ist, ganz rein *Ganzheit* aus, oder etwa Ganzheit gemischt mit Zufall, also nur in gewissen seiner Züge Ganzheit? Wir wissen es nicht, wollen aber einer Möglichkeit Erwähnung tun, die jedenfalls in dem „empirisch" vorliegenden Gefüge der Lebewesen ungewollt zu nicht ganz klarem Ausdruck gelangt sein könnte[1]). Es ist nämlich durchaus möglich, dass im „biologischen System", so wie es da ist, Ganzheitliches und Nichtganzheitliches überpersönlicher Art in friedlicher Mischung beieinander ruht, trotz seiner grundsätzlichen Soseinsverschiedenheit. Das wäre dann der Fall, wenn alles „Arthafte" und vielleicht sogar auch noch das „Gattungshafte" nichts weiter wäre als auf Grund einer Vererbung erworbener Eigenschaften festgelegte Sonderbildungen anpassungsmässigen Wesens im Rahmen einer und derselben echten, d. h. einen Teil überpersönlicher Ganzheit ausdrückenden „Art". Es wären dann also die sogenannten „Arten" des Systems nicht *Arten* im wesentlichen Sinne. Das empirisch Arthafte wäre von dem wesentlich Arthaften zu scheiden; gerade das in den üblichen „Arten" begrifflich Gefasste aber wäre *zufällig* mit Rücksicht auf das überpersönliche Eine, wäre gewissermassen, im Vergleich zur *Haecceitas* des Einzelwesens, *Haecceitas* zweiten Grades, um nun seinerseits, durch Vererbung sozusagen erstarrt, den Boden für die Ausprägung der *Haecceitates* eigentlichsten Sinnes abzugeben.

Diese Möglichkeit hat sich eine künftige Lehre vom Gefüge der Lebewesen stets vor Augen zu halten. —

Was ist und bedeutet denn nun aber die phylogenetische *Ganzheit* überpersönlicher Art, von der wir meinen, dass sie sich in der gefügehaften Gesamtheit der Lebewesen auspräge und *entwicklungshaft*, d. h. in vielen aufeinander folgenden Werdeschritten, deren jeder von der Form unraumhaft bestimmten Ganzheitswerdens ist, sich verwirkliche? Logisch bedeutet sie, dass die Kenntnis der vitalen Personen einschliesslich der Gesetzlichkeit ihres personalen Werdens und ihres Beeinflusstwerdens vom Medium her zum Verständnis der Phylogenese nicht genügt, dass vielmehr eine überpersönliche sich in der Abfolge der Generationen offenbarende Entelechie zu fordern ist, dass also die Phylogenese ebenso wenig die Resultante des personal-biologischen Geschehens ist wie die Ontogenese die Resultante mechanischen Geschehens. Aber wie ging der Offenbarungsvorgang der überpersönlichen Entelechie vor sich?

Wir müssen offen bekennen, dass wir davon auch nicht das allergeringste wissen. Aber die Frage besteht und darf nicht, wie heutzutage gerade seitens der meisten Philosophenschulen mehr denn je geschieht, beiseite geschoben werden. Dass es so etwas wie die Qualle, die Biene, den Hund, den Löwen, den Elephanten im Rahmen des Naturwirklichen „gibt", dass es die grossen Saurier, die Ammoniten „gegeben hat", das ist in der Tat eines der allergrössten unter den

---

[1]) Vgl. *Phil.* d. *Org.* 2. Aufl. S. 285 ff.

vielen der Philosophie aufgegebenen Rätseln. Es fehlt uns so ganz und gar jeder Zugang zu einer Behandlung dieser Sachlage.

Nur gewisse verneinende Aussagen sind möglich:

Das überpersönliche Lebensganze, dessen *Entwicklung* wir vermuten, ist sicherlich nicht eine zusammenhängende Raumes-form von besonderem Bau, wie das erwachsene Einzelwesen, das *Ziel* oder *End-ganze* der Embryologie, es ist. Die zeitlich-örtliche besondere Verteilung der Glieder des überpersönlichen Ganzen, das *hic et nunc* der einzelnen Lebewesen also, ist zufällig.

Und weiter: Die blosse Form der einzelnen organischen Ausprägungen ist doch wohl nicht bloss als Form das, auf was es letzthin ankommt, mag auch ganzheitsverknüpftes, „vitales" Werden diese Form verbürgen und sogar nach Störungen wiederherstellen. Die besondere Form scheint vielmehr da zu sein, auf dass ein besonderes Verhalten, das man geradezu als „Charakter" bezeichnen könnte, da sein könne. Aber was wissen wir von diesem Verhalten? Nichts als gewisse Äusserlichkeiten, wie sie uns in den erforschbaren Bewegungen der Organismen und ihrer Gesetzlichkeit zugänglich sind. Was wären mir die Tätigkeiten der Menschen, ohne die Annahme, die ich naiv in die Worte fasse, dass jeder einzelne Mensch ein Seelenleben habe, so wie „Ich"? Gerade mit Rücksicht auf das „Seelenleben" und insonderheit das „Wissen" der Tierformen wissen wir aber gar nichts, können wir grundsätzlich gar nichts wissen, also auch nicht, ob es nicht ebenso „hoch" wie das unserige, nur ganz anders ist.

Wenn nun die „Ganzheit", die wir suchen, letzthin im Seelenhaften läge und alle Form nur ein Bruchstück des „Ganzen" bedeutete, ein Bruchstück, dessen Ergänzungen zum Ganzen menschlichem Wissen bis jetzt jedenfalls gänzlich entzogen gewesen sind?

Man wird solche Vermutung vielleicht schwärmerisch nennen; ich meine aber, schwärmerisch wäre hier nur der Versuch einer Ausführung, ist aber nicht das blosse Fragen. Und wir werden alsbald zu der Einsicht kommen, dass auf einem beschränkten Gebiete des überpersönlichen Naturwirklichen, im Rahmen der sogenannten Geschichte nämlich, ein wenig mehr als nur blosses Fragen möglich ist. Und ein klein wenig an Einsicht mit Rücksicht auf die eigentlich „phylogenetische" Frage gewährt selbst hier immerhin eine klare ordnungshafte Zergliederung des Sachverhaltes:

Die Stammesgeschichte soll *Entwicklung* sein, eine Entwicklung; sie soll also zu einer einzelnen Embryogenese in Beziehungsgleichheit („Analogie") stehen. Es sind also die einzelnen „systematisch" gegliederten *Einzelwesen* den Zellen und Organen eines Einzelwesens im Rahmen einer Embryogenese vergleichbar. Jedes Einzelwesen entsteht bekanntlich aus einem Ei, und die Embryologie untersucht, wie das geschieht. Jetzt aber handelt es sich um die Gesamtheit der Eier ihrem potentiellen Sosein nach mit Rücksicht auf die Abfolge der Generationen. Der „Stammbaum" der Eier als Eines ist sozusagen die eine Über-embryologie, von der gehandelt wird. Aber nur in diesem sehr allgemeinen Sinne besteht Gleichheit der Beziehlichkeit, und nun beginnen die Unterschiede:

Das phylogenetische Ganze wird, wie wir schon wissen, nicht als ein in sich zusammenhängendes „Ding". Also ist diese Ganzheit als solche nicht eigentlich eine dinghafte. Nur dass seine „Organe" — die *Einzelwesen* nämlich — überhaupt „da sind", erscheint *wesentlich*. Aber in wiefern wesentlich? Offenbar, wie wir schon sagten, nicht dem blossen Dasein als Formen nach. Sind doch die Einzelwesen nicht bloss „Formen", sondern Formen, welche leben, welche „sich verhalten".

Und jedes einzelne „Organ", d. h. jedes Einzelwesen entsteht hier ganz anders als in der Embryogenese, nämlich eben, ganz wörtlich genommen, *ab ovo*.

Für die alltägliche Erfahrung sind die von einer Mutter aus entstehenden Abkömmlinge alle einander und der Mutter fast gleich. Aber es muss wohl gelegentlich anders gewesen sein und noch sein können, sonst wäre ja die Phylogenie gar nicht möglich. Nehmen wir also eine „Heterogonie der Zeugung", d. h. die Herkunft einer Eiart B von einer Eiart A, für die einzelnen „Schritte" der Stammesgeschichte an.

Aber auch das wieder mit Einschränkung. Denn wenn sich die Umwandlung der Eiarten im Laufe der Geschlechterfolgen bei jedem phylogenetischen Schritt vollständig, d. h. in allen von einer bestimmten Art gelieferten Eiern gleichmässig vollzöge, dann dürfte es doch wohl nicht so viele „primitive" Formen — als ganze Tierkreise sowohl (Protisten) wie in jedem Tierkreis (Amphioxus, Neunaugen) — geben. Gerade in diesem Bestehen des Primitiven und Primitivsten neben dem Höchsten liegt ein sehr seltsamer Zug der Phylogenese vor. Und weiter: die Phylogenie, da wo sie „Schritte" zeigt, bedeutet nicht ein Zusammengesetzterwerden der Form und des Verhaltens, nicht einen „Fortschritt" also, um das unbestimmte Wort einmal anzuwenden, in einer Linie. Knorpelfische, Reptilien und Säugetiere mögen in einer Linie des Werdens liegen, Insekten und Wirbeltiere sicherlich nicht, und Löwen und Menschen auch nicht. Und, wie gesagt, die Fische, ja weit „niedrigere" Tierformen sind auch immer noch „da", trotz dem Dasein der Säugetiere, während andere Tiergruppen „ausgestorben" sind [1]).

Wir kommen hier auf das vielerörterte Problem, ob „Mono"- oder „Polyphylie" das Richtige sei, ob, mit anderen Worten, der „Stammbaum" der Organismen wirklich durch das Bild eines sich verästelnden Baumes getroffen werde oder nicht. Viele Neuere neigen wieder der polyphyletischen Lehre zu; Karl Snell's [2]) Begriff der „Kollektivform" gewinnt erneute Bedeutung. Wie, wenn schon die niedersten Wesen ganz verschiedene immanente Anlagen gehabt, wenn sie schon das ganze System *potentia* dargestellt hätten: die einen waren bestimmt nur Amoeben zu werden, andere Medusen, Korallen, Ringelwürmer, Krebse, Insekten, Schnecken, Fische, Amphibien, Säuger? Und wohl gab es sogar Raubtier-, Wiederkäuer-, Affen-urwesen; wobei denn freilich etwa die Raubtiere, welche jetzt leben, aplacentale Säuger, Reptilien, Amphibien, Fische, Würmer zu ihren Ahnen gehabt hätten, welche aber „eigentlich" nicht das waren, was sie zu sein schienen, sondern *potentia* Höheres, so daß also auch etwa die Würmer oder Fische einer früheren Periode, ganz wie noch früher die Amoeben, nur äusserlich alle „Würmer" und „Fische" gewesen wären.

Wer vorurteilsfrei die Probleme der Phylogenese erwägt, der wird sich bedenken, ohne weiteres den Menschen zum *Ziel* der Entwicklung zu machen. Die Lebensgesamtheit, in einem sich nicht mehr „entwickelnden" Zustand gedacht, ist vielmehr *Ziel* oder, strenger, *Endganzes.* Aber auch sie als blosse Formengesamtheit ist nur Ziel auf Zeit und kein echtes Ziel, weil die Erde einst vergehen wird.

Was aber kann hier echtes *Ziel*, d. h. unverlierbare End-Ganzheit sein? Etwa Etwas von allen so verschiedenartigen Einzelwesen, von jedem an seinem Teil, Erworbenes? Wo aber gibt es unverlierbares Erworbenes, und wie könnte ein solches hier in Betracht kommen?

Doch brechen wir ab und gehen wir weiter zu einer Erörterung, bei der es nicht nur beim unbestimmten Fragen bleiben muss; begnügen wir uns für die Phylogenese mit einer freilich recht unbestimmten letzten Einsicht:

Die Lebensgesamtheit ist sich entwickelnde *Ganzheit* jedenfalls insofern, als ihre Glieder, die lebenden Einzelwesen,

---

[1]) Heisst „ausgestorbensein" vielleicht *verwandelt*-sein? So meinte Steinmann, dem überhaupt die leider grundsätzlich auf Vermutungen angewiesene Phylogenie grosse Anregung verdankt.

[2]) Die Schöpfung des Menschen. 1863; Vorles. über d. Abstammung d. M. (herausgeg. v. Seydel), 1893, 2. Aufl.

durch gewisse Züge oder Seiten ihres Soseins aufeinander bezogen sind; alle raumhafte Form der Einzelwesen steht nur im Dienste von, ist nur Mittel für diese Soseinszüge, von deren letztem Wesen wir vermuten, dass es im Bereiche des Seelischen liegt.

Für das Sonderbereich der Menschheitsgesamtheit werden wir nun alsbald imstande sein, etwas Näheres über die zur Ganzheit zusammenschliessenden „Soseinszüge", die auch bei ihr eine Rolle spielen, ihrem letzten Wesen nach auszusagen.

d) Die „Geschichte" in Sonderheit („Geschichtsphilosophie").

Wir gehen über zur Betrachtung von Überpersönlichkeit und von Zufall, insoweit als beide in Geschichte und „Kultur" zum Ausdruck kommen. Auch das Wissen um Geschichte und Kultur ist Wissen um Naturwirkliches[1]), wenigstens in erster Stufe. Aussagen von der Form, dass *hier jetzt* ein *solches* ist, sind auch hier der Ausgang von allem weiteren. Bewegungen von Menschenleibern machen Geschichte. Freilich heissen diese Bewegungen „Handlungen" und werden *„psycho*-physisch" gedeutet, d. h. so *als ob* dem vital-leiblichen Geschehen *Seelisches* zugeordnet sei. Ja, schliesslich hält man sich nur

---

[1]) Geschichte und „Kultur" gehören in erster Stufe, d. h. den unmittelbaren Daten nach, durchaus zu jenem Reiche gleichsam-selbständiger Gegenstände, welches uns *Natur* oder *Das Naturwirkliche* heisst. Wie *Natur* überhaupt, so soll auch das Geschichtliche und Kulturhafte an ihr *geordnet* werden; freilich sind dazu andere Ordnungsbegriffe notwendig, als wenn etwa Bewegung oder das Werden der lebenden Einzelperson geordnet werden soll; aber das darf nie ein Zerreissen des Gegenstandes *Natur* bedeuten. Die „anderen" Ordnungsbegriffe kommen zu den schon bestanden habenden hinzu und sehen sie als *erledigt* an. In diesem Sinne ergibt sich ein „System" der Wissenschaften. Vgl. *O. L. H.* Unter Heranziehungen des vieldeutigen (s. S. 53) Wortes „Wert" haben Neuere gelegentlich „Natur" als das „Wertgleichgültige" bezeichnet und sie der „Kultur" als dem „Wertvollen" scharf gegenübergestellt. So vorgehen heisst aber Psychologisches in Logisches hineintragen, ganz abgesehen davon, dass nun des weiteren die Begriffe „Natur" und „Das Wertgleichgültige" geradezu zirkelhaft aufeinander bezogen zu werden pflegen (wie z. B., wenn das Geschlechtliche, „weil" es „natürlich" sei, als „wertindifferent" gilt). Die Logik hat hier für „Wert" die Begriffe *Ganzheit* und *Entwicklung* zu setzen, und zwar im objektiven konstitutiven Sinne (s. S. 168). Nur dem Materialisten bedeuten diese Begriffe blossen Schein, im Bereiche der kulturfreien wie der kulturhaften Natur gleichermassen. Jeder Nicht-Materialist aber braucht sie und muss sachlich prüfen, wo er sie braucht. Da wird er denn zu dem Zwiespalt „Zufall und Ganzheit", aber nicht zu einem Zwiespalt „Kultur und Natur" kommen. Dass im Sinne einer Vorläufigkeit, als Ersatz für unmögliches Bessere, „Wert"-aussagen geschichtsphilosophisch eine Rolle spielen dürfen, wollen wir mit dem Gesagten nicht bestreiten.

noch an das *Seelische*, so dass also *Seelen* der Geschichte Objekt werden[1]).

Dass jedenfalls nicht „alles", was es an geschichtlich und kulturell Tatsächlichem gibt, „vernünftig", d. h. in Ganzheitsbeziehung stehend, ist, hat ernsthaftes Denken wohl nie bestritten, und Hegel selbst meint seinen berühmten Satz nicht im alltäglichen Sinne der Worte. Nicht hinreichend klar erfasst scheint aber andererseits zu werden, dass nur, wenn wenigstens Einiges am Geschichtlichen sich dem Begriffe *überpersönliche Ganzheit* oder *Entwicklung* fügt, Geschichte überhaupt als bedeutungsvolle Wissenschaft wesenseigener Art gelten darf. Es soll hiermit die Richtigkeit des Windelband-Rickertschen Gedankens, dass die eigentliche geschichtliche Sonderforschung nach dem auswählenden Grundsatze des Bezuges auf allgemein anerkannte „Werte" verfährt, gar nicht bestritten werden. Aber das betrifft nur ein Erstes, nämlich das Sammeln von „Material". Müsste es dabei sein Bewenden haben, so würde Geschichte sehr wohl allen möglichen ästhetischen, politischen, erbaulichen Zwecken dienen können, aber nicht eigentlich Wissenschaft, jedenfalls nicht Grundwissenschaft sein; sie bliebe eine Summe von Einzelheiten und wäre nicht eigentlich gegenständlichen „objektiven" Wesens.

Aber es ist ein Höheres an Ordnungseinsicht denkbar, und daher ist es zu erstreben. Und die Erfüllung dieses Strebens nach Höherem ist durchaus nicht aussichtslos. Zum mindesten sind, wie sich sogleich zeigen wird, im Menschheitsgemeinschaftlichen, von dem Geschichte und Kulturwissenschaft überhaupt reden, *Züge* von überpersönlicher Einheit und Ganzheit im streng ordnungshaften Sinne des Wortes zu entdecken, das heisst Kennzeichnungen, die über das Bereich des persönlich Seelenhaften hinausführen. Und das selbst dann, wenn die Frage, ob Geschichte im tiefen Sinne des Wortes *Entwicklung* ist, zunächst noch gar nicht berührt wird. Aber sogar im Rahmen des strengen Entwicklungs-begriffs wird sich später einiges Inhaltliche wenigstens hypothetisch beibringen lassen. —

Es bedarf kaum einer besonderen Erwähnung, dass jede Lehre von geschichtlicher Ganzheit, mag sie noch so sehr im Bruchstückhaften bleiben, eine echt „monadische" Auffassung der psychophysischen Person von vornherein abweist, ganz abgesehen von später, in der Lehre vom Wissen und vom Irrtum, vorzubringenden Gründen gegen

---

[1]) Vgl. *O. L.* (E. 1 u. 3), wo auch (D. 6.) der für die Geschichte so wichtige Begriff „das *andere* Ich" eingehend erörtert ist. Vgl. auch Schulze-Soelde, Gesch. als Wisssenschaft, 1917 („Das dem Bewusstsein gegebene Bewusstsein ist das bedeutsamste Problem aller Geschichtswissenschaft").

die strenge Monadenlehre. Übrigens mag es dahingestellt bleiben, ob es eine echte Monadenlehre überhaupt philosophiegeschichtlich gibt. Die Lehre des Leibniz ist jedenfalls, wegen des Begriffs der prästabilierten Harmonie, eine solche nicht, und auch die Sankhyaphilosophie der Inder sieht doch schliesslich in der Gesamtheit der Seelen und der Materie ein Ganzes. Ist doch schon, wie wir wissen, blosses *Wirken* ein Einheitszug. —

Wir suchen nun zunächst *Ganzheits*- oder doch wenigstens *Einheits*züge im Rahmen der Gesamtheit der Menschen als seelischer Wesen. Dass es sich um ihre Handlungen handelt, wissen wir schon; diese stammen aus Willenserlebnissen und diese aus seelischem tätigen Wollen[1]. Mit Ganzheits- und Einheitszügen im Rahmen des Wollens also haben wir es vornehmlich zu tun. Gelegentlich werden auch schon Züge von *Entwicklung* vor unseren Blick treten, aber eben bloss als „Züge" oder „Anzeichen"; denn mit der Frage nach geschichtlicher Entwicklung als solcher haben wir es noch nicht zu tun.

α) Das sittliche Bewusstsein.

Dass und warum jenes einzigartige Erlebnis, das man in kurzem Worte Gewissen oder „sittliches Bewusstsein", „sittliches Fühlen" usw. nennt, in seinem erlebnismässigen und seelischen Dasein, ganz ohne Rücksicht auf seinen besonderen Inhalt in jedem Falle, das wesentlichste Anzeichen überpersönlicher Menschheitsganzheit ist, habe ich in meiner „Ordnungslehre" so eingehend dargelegt[2], dass ich gerade über diese Frage hier kurz sein darf. Sittlichkeit bleibt geradezu völlig vereinzelt und unverstanden in ihrem Dasein, wird sie nicht als überpersönlicher Ganzheitszug gedeutet[3], wird nicht angenommen, was freilich eine „Hypothese" ist, dass das *sittliche Bewusstsein* jedes Einzelnen ihm seine Rolle in einem überpersönlichen Ganzen anzeigt. Ganz gleichgültig ist zunächst, um was für eine Art von Ganzheit es sich handeln möge[4]. Nur dass es sich jedenfalls um eine zu vollen-

---

[1] Näheres *O. L.* D. 2 b und 3. c. α.

[2] *O. L.* E. 2. a.

[3] Wer sittliche Gesinnung als Selbstzweck ausgibt, oder gar, wie Fichte, Natur nur da sein lässt, auf dass Sittlichkeit möglich sei, der verzichtet auf jedes Verständnis. — Auch Ausbildung der „Persönlichkeit", im edelsten Sinne des Wortes, wie sie gerade heute vielfach gefordert wird, ist stets nur Mittel, nicht letzter Zweck, und wird als Mittel nur durch Setzung eines durch Entwicklung erreichbaren echten Zieles von unraumhaft-überpersönlich-ganzheitlicher Art verständlich.

[4] Kant will bekanntlich den allerallgemeinsten Zug alles sittlichen Bewusstseins in eine „neue Formel" fassen. Das Dasein sittlichen Bewusstseins überhaupt einem höheren Ordnungszusammenhange einzuordnen, ist nicht seine eigentliche

dende, also noch nicht vollendete, vielmehr in echter *Entwicklung* befindliche werdende Ganzheit handeln muss, das steht auch von vornherein ausser Frage. Denn das „sittliche Fühlen" bezieht sich einerseits deutlich auf seelisches Wollen und Tun, also auf Werden, und trägt andererseits als missbilligendes Gewissen deutlich das Kennzeichen des „noch nicht" in sich[1]). Da ist etwas, das durch Vermittlung meiner Seele, deren Zuständlichkeit sich mir jeweils in meinem Erleben anzeigt, zu einem Endganzen, einem „Ziele" will — und zwar um des Zieles wegen, also nicht etwa aus „überpersönlichem Egoismus"[2]).

Aber das Missbilligte, sei es an „mir" oder an „anderen", ist oft nicht nur missbilligt, weil es das „noch nicht" Vollendete ist, sondern oft noch weit mehr, weil es von Ganzheit abführt! Es ist nicht nur *un-*, sondern sogar *gegen-*ganzheitlich und heisst deshalb *böse*. Doch lassen wir das „Gegen"-ganzheitliche einstweilen bei Seite. Es gibt im Rahmen des Sittlichen jedenfalls Nicht-ganzheitliches und dieses rechnen wir dem Reiche des *Zufalls* zu, so wie wir ihn definiert haben[3]). Sittliches Handeln ist also zwar für den Menschen „naturgemäss", da er Ganzheitsteil einer Seite seines Wesens nach ist; aber

---

Aufgabe, ist ihm zum mindesten Nebensache. Wo er es versucht, im Begriff eines „Zweckes an sich", eines „Reiches der Zwecke", braucht auch er, ohne sich dessen klar bewusst zu sein, den Ordnungsbegriff *überpersönliche sich entwickelnde Ganzheit;* über Fichte und Schopenhauer vergleiche man im Sammelwerk „Weltanschauung" (1911) S. 211 ff. Aus dem Wissen darum, dass sittliches Bewusstsein einer sich entwickelnden überpersönlichen Ganzheit Ausdruck in „mir" ist, lässt sich nun andererseits der „kategorische Imperativ" auf einen neuen strengen Ausdruck bringen. Das Wörtchen *mir* bezieht sich hier selbstredend nicht auf *Ich* als den reinen Habenden der Ordnungslehre, sondern auf *meine Seele,* ist also ein gekürzter, aber wohl nicht missverständlicher Ausdruck. Der neue Ausdruck für den „kategorischen Imperativ" aber, den man in der „Ordnungslehre" (E. II. a. γ) nachlesen mag, ist nicht zweideutig, wie der kantische, der ja bekanntlich dem Wortlaute nach, durchaus gegen den Willen seines Urhebers, auch auf eine egoistische Glückseligkeits-Ethik passen würde, ebenso wie die meisten der für ihn von Kant vorgebrachten Beispiele (Met. d. Sitten, Reclam S. 56 ff.), sondern eindeutig scharf. — Zur Kritik der Kantischen Beispiele vergleiche man, abgesehen von Schopenhauer, Simmel (Kant, 1904, S. 97 f. und 102) und meine *O. L.*

[1]) Meine Lehre von der Bedeutung des Daseins des Sittlichen ist derjenigen E. v. Hartmanns verwandt. Vgl. dessen *Phänomenologie des sittlichen Bewusstseins,* 1879, Kapitel II A III 10 und den gesamten Hauptteil II B. Auch Hartmann lehrt: „Nur dass es einen absoluten Zweck geben muss, aber nicht, worin dieser bestehe, muss in unserer Überzeugung feststehen" (S. 585). An anderer Stelle (II A III 7) redet Hartmann auch von einem „Moralprinzip der Ordnung"; der Begriff *Ordnung* ist hier aber äusserlich gefasst.

[2]) Über Egoismus s. *O. L. E. 2. a.*

[3]) S. o. S. 152.

er hat eben, wie alles erfahrungshaft Ganzheitliche, noch andere
„Seiten". —

Als Erläuterung zu den Ausführungen der „Ordnungslehre" mag
an dieser Stelle, um Missdeutungen zu verhüten, zunächst eine Bemerkung über die für uns Gleiches bedeutenden kurzen Ausdrücke
„sittliches Fühlen", „sittliches Bewusstsein" oder, abgekürzt „Sittlichkeit" beigebracht sein[1]): Es ist ein anderes, des fremden Menschen
Taten sittlich beurteilen, ein anderes, die eigenen Taten richten. Rein
erlebnismässig, „phänomenologisch", ist jedenfalls weggewandte und
rückgewandte sittliche Beurteilung auf den ersten Blick etwas recht
wesentlich Verschiedenes. Am „Anderen" kann ich nur die Tat beurteilen; tue ich das, so geschieht es in der oft freilich durch „Affekte"
getrübten rein ordnungshaften Art, wie ich etwa auch eine geometrische Sachlage daraufhin ansehe, ob alles an ihr „in Ordnung" ist,
nur dass es sich das einemal um überpersönliche Ganzheitsordnung,
das andere Mal um Raumesordnung handelt, und dass im ersten Falle
meine Beurteilung nicht die sichere Grundlage hat wie im zweiten,
so dass ich gut tue immer recht vorsichtig zu sein bei meinem sittlichen „Richten"; kenne ich doch weder die in Rede stehende überpersönliche Ganzheitsordnung ihrem besonderen Sosein nach, noch des
„Anderen" Rolle in ihr, und weiss ich doch andererseits, wie sehr
sittliche „Inhalte" in ihrem Gehabtsein pädagogisch-psychologisch bedingt sind. An mir „selbst" kann ich nicht nur die geschehene Tat
sittlich werten, ich erlebe auch Sittlichkeitszeichen am Inhalt des
Willenserlebnisses. Beurteile ich meine eigene geschehene Tat, so liegt
erlebnismässig auch vor, was beim Richten über den „Anderen" vor-
lag, es kommt aber noch etwas neues ganz Unmittelbares hinzu, zumal dann, wenn meine Tat nicht so oder doch nicht ganz so ausgefallen ist, wie es der Fall „hätte sein sollen": dieses Neue eben ist
die Äusserung des „Gewissens", ist Gewissensbefriedigung oder *Reue*,
das heisst ein ganz eigenartiges Gefühlserlebnis, welches im einzelnen
zu untersuchen hier nicht unsere Aufgabe ist[2]). Sind darum weg-
gewandtes und rückgewandtes sittliches Erlebnis nun gänzlich verschieden? Oder sind sie es deshalb etwa, weil für das rückgewandte

---

[1]) Kant sagt bekanntlich recht unbestimmt, „praktische Vernunft"; dass das
ein unglücklicher Ausdruck ist, der sich den üblichen Bedeutungen der Worte
„praktisch" und „vernünftig" aufs schärfste entgegensetzt, hat schon Schopenhauer gezeigt.

[2]) Guyau (*Morale sans obligation ni sanction*) setzt bekanntlich das Sich-ver-
pflichtet-fühlen dem Sich-fähig-fühlen gleich: „Du sollst denn du kannst" (s. zumal S. 123 f., 133 und den Schluss der deutschen Ausgabe).

Erleben schon das der Tat vorangehende Willenserlebnis an seinem Inhalt Sittlichkeitszeichen trägt? Ich meine nicht. Der Bezug auf unvollendete, als vollendet gewünschte, überpersönliche Ganzheit ist allen Formen sittlichen Erlebens eigen, mag er auch als solcher meist nur in Andeutung erlebt werden beim Einzelfall sittlichen Richtens. So ist es denn also erlaubt, kurz von „sittlicher Beziehung“ oder, kürzer, von „Sittlichkeit“ als von einer besonderen Gegenstandsform zu reden, die in die Gruppe der Ordnungsgegenstände, der geschauten Ordnungsbedeutungen gehört. Ob man aber ihr unmittelbares Erleben als solches hier nun ein *Gefühl*serleben[1]) nennen will oder nicht, das hängt davon ab, ob man das „Evidenz“-, das *Ordnungs*erlebnis „Gefühl“ nennt oder nicht. Ich möchte das nicht tun, sondern eine Sondererlebnisart in ihm sehen; doch mögen andere anders denken[2]). Nur „Reue“ ist sicherlich „Gefühl“.

Etwas ganz anderes ist es natürlich mit der rein denkhaften Rechenschaftsablegung darüber, was mein Erleben des Ordnungszeichens *Sittliche Beziehung* in seinem Dasein eigentlich letzthin meine. Da mag von klarer Vernunftüberlegung geredet werden; sie kommt aber hinter dem unmittelbaren Erlebnis des sittlichen Richtens, nicht, wie Kant wollte, vorher, und kann alsdann — aber eben erst alsdann! — zu Kants oder meiner eigenen Formel für den „kategorischen Imperativ“[3]) führen, kann auch das Sittengesetz recht eigentlich als selbst-

---

[1]) Kant eifert bekanntlich gegen den „moralischen Sinn“, gegen die Beteiligung eines „Gefühls“ bei sittlichen Urteilen mit aller Schärfe. „Reine Vernunft muss für sich allein praktisch sein, d. i. ohne Voraussetzung irgend eines Gefühls . . ., selbst nicht an dem praktischen Gesetze“ (Kr. d. prakt. V. § 3, Anm. I, ähnlich sonst, und Met. d. Sitten, 2. Abschn.). Ja, der Vorschrift der Pflicht wolle „eben nicht jedermann gerne gehorchen“ (K. d. pr. V. § 3, Anm. II). Ganz und gar nicht handle es sich um Lust, vielmehr um „Unlust an der Handlung“ (ebenda 3. Hauptstück). Lassen wir dahingestellt, ob das richtig ist. Jedenfalls nennt Kant nun aber doch selbst Achtung fürs Gesetz ein „Gefühl, lediglich durch Vernunft bewirkt“ (ebenda), redet von „Erhebung“ und will (Met. d. Sitten, 3. Abschn.) „einräumen“, dass mich im Echt-Sittlichen zwar „kein Interesse treibt“, ich aber doch „notwendig ein Interesse nehmen“ müsse. (S. auch E. v. Hartmann, Phänom. d. sittl. Bew., 1879, S. 305 ff.)

[2]) Dass es mit dem blossen Wort „sittliches“ Gefühl nicht getan ist, ist klar. Jedes „Gefühl“ ist seinem Inhalt nach zergliederbar, enthält Gedankliches und „Gefühl“ im letzten Sinne. S. auch E. v. Hartmann, *Phän. d. sittl. Bew.*, 1879, S. 169 f.

[3]) S. oben S. 177, Anm. 4 und *O. L. E.* II. a. γ. Mit Recht sagt Schopenhauer (Krit. d. kant. Phil. gegen Ende), dass Kants Forderung, auf Grund der klar formulierten Maxime sein Handeln zu bestimmen, ebenso falsch sei, wie die Behauptung, „jedes echte Kunstwerk müsste durch wohlüberlegte Anwendung ästhetischer Regeln entstehen“.

geschautes, als „autonomes" Gebot erscheinen lassen. Der Gedanke, dass „die Vernunft" in eigentlich tätiger Weise sich selbst, und wohl gar in „Freiheit"[1]) etwas vorschreibe[2]), dass es sich überhaupt um irgend ein erlebtes Tun handele, ist nun freilich auch hier, wenigstens im „phänomenologischen" Sinne, grundsätzlich abzulehnen, und höchstens darf gesagt werden, dass es so sei, *als ob* „meine Seele", aber nicht in „Freiheit", *mir* eine Vorschrift gegeben habe. Denn nur ein Bedeutungsschauen, nicht aber ein Tun gibt es nach dem Zeugnis der Selbstbesinnung für das Erleben. Alles ist ganz ebenso wie etwa im Geometrischen, wo ich auch zuerst den euklidischen Raum als einen bestimmten axiomatischen Bestand schaue und mir alsdann Rechenschaft gebe, dass in ihm der einfachste Fall unter unbegrenzt vielen Fällen vorliegt. Die erste ursprüngliche Schau mag man beidemal „instinktiv" nennen. —

Es tritt nun in das sittliche Erlebnis noch ein besonderer Sachverhalt hinein, der mehr, der jedenfalls etwas anderes als das blosse Erleben von Ordnungshaftigkeit überhaupt oder von ihrem Fehlen überhaupt bedeutet: das ist die Beziehung des „Sittlichen" auf ganz besondere Gegenstände im Rahmen der Naturwirklichkeit und auf ganz besondere Zustände dieser Gegenstände.

Als *Mitfühlen* („Mitleid") oder, um mit Scheler zu reden, als *Liebe* und als *Eigenpflicht* kann ich das sittliche Erlebnis haben[3]). In beiden Fällen aber handelt es sich ausgesprochenermassen nicht nur um „Irgendetwas", das ganzheitlich sein soll, sondern um Etwas, das Menschen angeht oder doch lebende Wesen; mit ihnen fühle ich und das Erleben der Eigenpflicht gebietet Menschen-tat. Gerade durch diese Kennzeichen nun wird alles „sittliche" Erleben, gehe es auf das eigene Willenserlebnis, auf die eigene geschehene Tat oder auf die Tat des anderen, in allernächste Nachbarschaft zu dem gebracht, was wir im Gebiete der allgemeinen Lebenslehre einen „Instinkt", ein Instinctum, eine *Innenerleuchtung* nennen, womit wir freilich den phänomenologischen Standpunkt aufgeben und von „den Menschen" als psycho-physischem Wesen in üblicher Weise zu reden uns gestatten. Der Bezug auf Besonderheiten des naturwirklichen Gegenständlichen, nicht nur auf Natur-Ordnungsformen allergemeinster Art, ist es, der beiden, dem Träger sittlichen Bewusstseins und dem Träger echten Instinktes, eigen ist. Das dürfen wir sagen, obschon wir den

---

[1]) S. o. S. 114.

[2]) Mit Recht bezeichnet Rehmke (Ethik als Wissenschaft, S. 20) das Kantische „sich selbst ein Gesetz geben" als unsinnig.

[3]) *O. L. E.* 2. a. *β.*

„Instinkt" so ganz und gar nicht verstehen — wie alle „primäre Zweckmässigkeit", um mit G. Wolff zu reden, auch diejenige der Form-
restitutionen — und eigentlich nur an ihm herumraten, und obwohl
das „Instinktive" am Sittlichen den Rahmen des Unbestimmt-Beson-
deren, im Gegensatz etwa zu den Instinkten der Bienen, wohl nicht
überschreitet. Denn nur der gefühlshafte Bezug auf „den anderen
Menschen in seinem Befinden überhaupt" beim *Mitfühlen* ist, sozusagen, angeboren, und jedes besondere ethische Verhalten ergibt sich
erst aus dem besonderen Wissen um die einzelnen des Mitfühlens
bedürftigen Lagen der Menschen, muss also „gelernt" werden, so z. B.
was „Frau", „Kind", „arm" überhaupt heisst und dass es das alles
gibt; und wo *Eigenpflicht* in Frage steht, gilt das in noch höherem
Masse. Alles besondere Ethische also ruht, was oft vergessen wird,
ganz und gar auf Wissen. Aber dass er überhaupt Mitfühlen und
Eigenpflicht erleben kann, das gehört ganz wie ein echter „Instinkt"
zu der „Natur" des Menschen, im Sinne etwa der Stoiker. Nur Tugend-
inhalte also sind lehrbar, nicht aber „die Tugend".

Wer das sittliche Erlebnis aber in seinen *seelischen* Zusammenhang
stellen, also als *willens-* und weiterhin *tat-*bestimmend betrachten
und in seiner Besonderheit kennzeichnen will, der kann sagen, wie
hier folgt: Viele gefühlsbetonte Erlebnisse oder „Vorstellungen" können
die seelischen Vorläufer des eigentlichen, die Tat erzeugenden echten
Willenserlebnisses sein, „Zweck"-gedanken im eigentlichen Sinne, und
Triebhaftes und Gewohnheiten usw. Zu diesen möglichen Vorläufern des
Willenserlebnisses und zugleich zu den möglichen Bestandteilen seiner
selbst gehört das ganz einzigartige, in den einzelnen Menschen in verschiedener Stärke ausgeprägte Erlebnis *sittliches Bewusstsein,* das sich
ursprünglich schon auf „Menschliches überhaupt" richtet, durch das
Lernen darum aber, was „der Mensch" und „Ich als Mensch" eigentlich ist, besondere Gegenstandsverbindungen erlangt und in sie eingegangen tatbestimmend wirkt. Das sittliche Bewusstsein ist also *Teil-
Motiv* von durchaus selbsteigener Art. Es kann auch, als „Reue",
„Gewissensbiss", „Bewusstsein der Pflichterfüllung" ein Teil des der
Tat folgenden Erlebnisses sein. Und es braucht, um in der Sprache
der neuesten Psychologie zu reden, nicht als bewusste „determinierende Tendenz", sondern kann als „latente Einstellung" seine Rolle
spielen. —

Abschliessend und zusammenfassend möchte ich denn also sagen:
Das dunkle „instinktive" Erleben von Liebe und Eigenpflicht, das sich
freilich von vornherein auf „Menschliches" richtet, ist bei allem sittlichen Erleben das Erste; das mehr oder minder deutliche Erleben

echt *ordnungs*haften Bezuges ist das Zweite; das Erleben der besonderen Art entwicklungshafter überpersönlicher Ordnung, die gefördert werden soll, ist das Dritte. Und gerade beim Erleben von Pflicht — vielleicht nicht bei dem vom Mitfühlen — kann es sich nun in der Tat um alle drei Erlebnisse in scharfer Sonderung handeln. Instinktiv wird hier nur „Pflicht überhaupt" erlebt; in einfachen Sachlagen kann zugleich der ordnungshafte Bezug und damit das Besondere dessen, was eben jetzt Pflicht ist, geschaut werden; in weniger einfachen aber tritt eine „Überlegung" ein, die einen schon bestehenden Richtsatz, eine „Maxime" der Beurteilung fordert, welche ihrerseits nur entspringen kann aus der klaren Besinnung darauf, was eigentlich in allem Sittlichen ordnungshaft darinsteckt. Diese Maxime muss dann eben, nach unserer Ansicht von der Sache, eine Vermutung hinsichtlich des besonderen „Zieles" der „überpersönlichen Entwicklung" sein, und es muss da sein der Glaube[1]), dass mein sittliches Bewusstsein mich über meine Rolle in dieser Entwicklung belehrt.

Sittlich gut aber bin Ich, oder ist, in der Redeweise des naiven Realismus, derjenige „andere Mensch", in welchem das in sittlichem Bewusstsein erlebte Teilmotiv des Handelns über andere Teilmotive den Sieg davon zu tragen pflegt. Von ihm dürfen wir nun, wie wir meinen, allerdings sagen, dass er aus sittlicher „Neigung" sittlich handle, dass seine „Neigung" eben sittlich gewendet sei. Kant verdarb sich hier die Sachlage durch eine sehr gekünstelte ganz enge Fassung des Begriffs *Neigung*. Fasst man „Neigung" als bewusste Billigung des für die Tat ausschlaggebenden Teilmotivs — wie sollte da wohl Tat überhaupt möglich sein ohne „Neigung", und insbesondere sittliche Tat ohne sittliche, d. h. auf das Ordnungshaft-endgültige gerichtete Neigung? Neigung und Billigung sind nun aber einmal „lustbetont"[2]). Der *gute* Mensch im höchsten Sinne also ist der, welcher an sittlichem Willenserlebnis Freude empfindet, und zwar eine zur Tat-bestimmung führende sehr starke Freude, welcher das Gute gefühlsmässig geradezu tun muss seinem Wesen nach: die „schöne Seele"[3]). Und auch des Getauhabens freut sich der gute Mensch, ja er weiss wohl gar vorher, dass er sich dessen freuen wird;

---

[1]) *O. L. E.* 2. a. γ.

[2]) Hierzu vgl. oben S. 180, Anm. 1. *Lust* ist immer dasselbe. Aber eben das macht die Menschen verschieden, dass sich bei den einen an diese, bei den anderen an jene Inhalte die stärksten Lust-töne anhängen.

[3]) Scheler nennt (Formalismus in der Ethik, S. 233) die „schöne Seele" mit Recht höherwertig.

aber er „will" nicht seine Freude, sondern in durchaus gegenständlichem Sinne die gute Tat[1]). —

Dieser Erläuterung zu den Ausführungen der „Ordnungslehre" in Sachen des Begriffs „Sittliches Bewusstsein" mag nun noch eine zweite kleinere Ergänzung folgen, die vornehmlich die Möglichkeit eines gröblichen Missverständnisses fernhalten soll.

Es ist geradezu zu einem Gemeinplatz der zeitgenössischen Philosophie geworden, dass das „Sollen" nicht aus dem „Sein" sich ergeben könne. Und dieser Satz ist in der Tat unbezweifelbar. Bringt unser Versuch einer Erklärung des „Daseins" des sittlichen Bewusstseins aus dem Eingereihtsein der Sittlichkeitsträger in eine überpersönliche Ganzheit nun aber nicht, trotz Allem, Sollen und Sein zueinander? Er tut es; aber wahrlich nicht so, dass er, was sein soll, aus dem, was ist, ableiten wollte. Um die eigentlichen Besonderheiten der Sollens-inhalte handelt es sich bei unserem Versuche überhaupt gar nicht, sondern um das Dasein des Sollenerlebnisses, mit Rücksicht auf seine allgemeinsten Soseinszüge, besser: um das Dasein von Trägern dieses Erlebnisses. Dieses Dasein soll nun allerdings aus einer Vermutung über das „Sein", nämlich aus der Vermutung, dass es überpersönliches Entwicklungssein gäbe, das sich mir im sittlichen Erlebnis kundgibt, verständlich gemacht werden. Aber da wird ja im Rahmen des Seins geblieben: um das Sein des Sollenerlebnisses, nicht um dessen besondere Inhaltlichkeit, handelt es sich ja. Nicht also wird was „sein sollte", von uns abgeleitet aus dem, was ist, sondern aus dem Dasein von „Sollen" und aus dem allerallgemeinsten Sollensinhalt, daraus, dass er jedenfalls im Erleben von *Mitfühlen* und *Pflicht* besteht, nämlich, wird vermutungshaft ein Sein angenommen, dessen Wesen das Sonderdasein von Sollen als Erlebnis verständlich machen könnte. Und es darf hinzugefügt werden, dass jenes vermutete Sein, welches erklären soll, sich entwickelnde überpersönliche Ganzheit nämlich, nicht nur um das Dasein des Sittlichen zu erklären, also nicht *ad hoc*, vermutungshaft eingeführt wird, sondern dass es viele andere

---

[1]) Es wird nicht etwa von uns aller „Altruismus" in „Egoismus" verwandelt. Das wäre nur dann der Fall, wenn einer nur durch den Gedanken an seine künftige Gewissensfreude zur Tat bestimmt würde. Das allerdings wäre verkappter Egoismus. Ich bezweifle, dass er in dieser Form vorkommt. Man vergleiche hierzu E. v. Hartmann, Grundriss d. Psych., 1908, S. 151: „Man begehrt etwas nicht darum, weil es Lust bereitet oder Unlust beseitigt, sondern es bereitet Lust und beseitigt Unlust, weil es nach Massgabe der charakterologischen Anlagen begehrt wird." Man lese auch die vortreffliche „Wissenschaft vom Recht" von A. Baumgarten (1920), deren Inhalte ich in fast allem zustimme.

„Zeichen" im Bereiche der Erfahrung gibt, welche zu derselben Vermutung nötigen.

In kurzen Sätzen mag denn also, was unsere Lehre vom Dasein des Sittlichen eigentlich bezweckt, dargestellt sein, wie hier folgt:

Jede menschliche Person erlebt *Mit-fühlen* und *Pflicht*, und formt sich den besonderen Inhalt dieser nach Massgabe ihres besonderen Wissens. Mitfühlen und Pflichtinhalt stehen stets zum Begriffe eines werdenden noch unvollendeten Ganzen überpersönlicher Art in Beziehung, bewegen sich im „Schema" dieses Begriffes. Eben dass solches alles der Fall ist, wird erklärt bei der Annahme, es sei sittliches Erleben einer bestehenden „mich" umfassenden sich entwickelnden überpersönlichen Ganzheit Zeichen; und diese Annahme erwächst nicht aus Dasein und Art des Sittlichen allein.

Eben dass nur die **Form** des sittlichen Erlebnisses Bewusstseinsbestand aller Menschen sei, alle Inhaltsethik aber höchstens Bekenntnis, nicht Wissenschaft sein könne, bleibt hier die grosse Entdeckung **Kants**. Sie bleibt es, selbst wenn man das Formhafte ganz anders gestaltet, als er es tat; sie bleibt es sogar dann, wenn man alle Ethik als Wissenschaft, alle Formethik also, als Angelegenheit der „theoretischen Vernunft" ansieht, und den Begriff „praktische Vernunft", als phänomenologisch ungegründet, streicht. —

Wollen wir das, was wir aus diesem Abschnitt gelernt haben, schliesslich noch ganz kurz und klar unseren drei Leitbegriffen *Einheit*, *Ganzheit* und *Entwicklung* zuordnen, so können wir also dieses sagen:

Das Erleben von Mitfühlen oder Liebe ist Zeichen der *Einheit* aller Menschen. Alle Menschen sind als Menschen gleich; jeder ist mir „Nächster".

Das Erleben von Pflicht ist ein Zeichen dafür, dass die Menschengesamtheit ein *Ganzes* ist, in dem jeder seine höchstpersönliche Rolle hat. Es ist zugleich schon ein leises Anzeichen von *Entwicklung,* da es sich deutlich auf Werden bezieht und nur unter dem Entwicklungsgedanken in seinem Dasein verständlich ist. —

Wir fragen nun weiter: was in Geschichte, abgesehen vom sittlichen Bewusstsein der Einzelmenschen, ist Einheits- oder Ganzheitszeichen?

β) Harmonien in der Geschichte.

Da ist so etwas wie eine „Harmonie" der Berufe der Menschen, der früher erörterten Harmonie der Natur überhaupt vergleichbar. Es sind jedenfalls immer menschliche Einzelwesen da, durch welche die für die Gesamtheit notwendigen „Berufe" sozusagen besetzt werden können; das „könnte" ja anders sein. Das Wort „notwendig" kann hier in einem tieferen und einem oberflächlicheren Sinne verstanden und damit den heute üblichen Bedeutungen der beiden Worte „Kultur" und „Zivilisation" gesondert zugeordnet werden. Etwas vag ist die ganze Angelegenheit — wie alles sein muss, das auf ein Ziel bezogen wird, welches man nicht kennt, so dass es sich eben nur um den Begriff „Ganzheit überhaupt" handelt.

Wir müssen den echten, „angeborenen" *Beruf* scheiden vom verwirklichten „Beruf", den man etwa bei einer staatlichen Anmeldung in eine Liste einträgt. Einen echten Beruf haben überhaupt nur wenige Menschen, nämlich die, welche höchste Kulturaufgaben erfüllen. Dass es deren immer wenigstens einige gibt, ist das Harmonische, das in Frage steht. Freilich können nun auch echte Berufsträger den Beruf, wie man sagt, „verfehlen". Also gibt es, wenn anders es eine Harmonie der echten Berufe gibt, jedenfalls auch eine ganz ausdrücklich auf eben diese Harmonie gerichtete und sie sozusagen störende *Zufälligkeit*. Die überpersönliche Ganzheit ist gleichsam „krank" mit Rücksicht auf einen, der seinen „Beruf verfehlt" hat, ebenso wie sie, aber in anderer Rücksicht, „krank" ist mit Rücksicht auf einen, der „unsittlich" handelt.

Nur als Ganzheits-„zug" darf also die Harmonie der echten Berufe bezeichnet werden, als eine bestimmte Seite von überpersönlicher Ganzheit, die mit Zufälligem vermengt ist, sich mit ihm abfindet; ganz ebenso wie der Ganzheitszug *Pflicht*. Aber ein echter *Ganzheits-* und nicht nur ein Einheitszug kommt hier in Frage.

Dass nun aber auch mit Rücksicht auf die verwirklichten, recht eigentlich sogenannten „Berufe" eine Harmonie besteht, erhellt in Klarheit daraus, dass ihre Verteilung jeweils ganz deutlich den Bedürfnissen des Augenblicks entspricht, also, biologisch gesprochen, teleologisch-regulierbar ist. Das ist zu keiner Zeit so klar geworden, wie zur Zeit des grossen Krieges, und da ganz besonders in den vom Seeverkehr abgeschlossenen Staaten; freilich, wie das nicht anders sein konnte, eben nur mit Rücksicht auf die verwirklichten, nicht mit Rücksicht auf die angeborenen Berufe. Aber auch für jene musste doch die *Potenz* gegeben sein. Viele Berufe waren in ihrer Ausübung ganz oder teilweise lahmgelegt, andere waren von ganz besonderer Wichtigkeit für das Ganze geworden. Und man wandte sich diesen zu, man konnte sich, darauf allein kommt es an, diesen zuwenden und sie erfüllen. Die Fähigkeiten der Einzelwesen erwiesen sich also, durch

das „Naturexperiment"[1]) des Krieges, als deutlich regulierbar in ihrer
Äusserung, und zwar mit Rücksicht auf Ganzheitsbedürfnisse. Man
könnte beinahe versucht sein, hier von einem überpersönlichen „harmonisch-äquipotentiellen System" im Sinne der experimentellen Embryologie zu reden: „Jedes — (Zelle oder Person) — kann jedes Einzelne und die Gesamtheit des Geleisteten ist ein Ganzes". Freilich
trifft, wie gesagt, die regulatorische Berufsverschiebung nur die Verwirklichung von Berufen und geht nur auf gewisse Aussenseiten der
Menschheitsgemeinschaft, auf „Zivilisation", nicht auf „Kultur". Aber
mit Rücksicht auf sie bedeutet das, was hier vorliegt, einen gewissen
ganzheitlichen Zug, das heisst etwas, das über das eigentlich Personal-
psychische hinausgeht, obschon nicht jeder einzelne Berufswechsel
jedes einzelnen Menschen in seiner Besonderheit als vom Überpersönlichen sozusagen gewollt angesehen werden soll[2]). Man mag sagen,
der hier erörterte Ganzheitszug lasse sich auf die noch allgemeineren
Ganzheitszüge „Mannigfaltigkeit der Fähigkeiten" und „Wissensübertra-
gung" zurückführen. Das kann man zugeben; es würde aber nur heissen,
dass eben das menschlich Seelische an und für sich auf Überpersönlichkeit hinweisende Ganzheitszüge trägt. Übrigens könnte hier auch
noch gewisser soziologischer Regulationen gedacht werden, wie
des Verhältnisses zwischen Preis und Nachfrage, zwischen Bedürfnis
und Arbeiterzustrom usw., lauter Dinge, welche dazu zwingen, die
Seelen mit überpersönlichen Zügen auszustatten. Was hier Ganzheits-,
und was bloss Einheits-zug ist, zu ermitteln muss der soziologischen
Sonderwissenschaft überlassen bleiben. —

Die Lehre von der Harmonie gibt uns Veranlassung noch einmal
in anderem Rahmen auf die Tatsache des sittlichen Bewusstseins und
gewisser seiner Folgen zurückzukommen.

Das sittliche Bewusstsein ist in unablehnbarer Weise da; das
ist das Erste; das soll „erklärt" werden, dafür wird ein „Mitsetzendes"
gesucht. Nicht etwa brauche ich eine aus anderen Quellen fliessende
Wissensgewissheit, auf dass ich sittlich erleben möge. Ich kann gar
nicht anders, als so erleben. Wenn man das einen „Primat der praktischen Vernunft" nennen will, so verstehen auch wir, nicht zwar das
Wort, wohl aber die Sache. Aber wir arbeiten ordnungshaft, „logisch",
mit ihr.

„Moral begründen", um mit Schopenhauer zu reden, wollten wir
mit unserer Einreihung des „Ethischen" in die Lehre von der über-

---

¹) Dieser Begriff stammt von W. Roux.

²) Inwieweit es eine Regulation solcher letzter Besonderheiten geben mag, wird
später geprüft werden.

persönlichen Ganzheit, nicht aber „Moral predigen". Als Ausdruck, als Anzeichen eines gewissen zunächst rein erfahrungshaft Daseienden von personenübergreifender Art galt uns nun das Sittliche, wie auch eben das „Berufliche", in seinem Da- und Sosein. Der „Moralprediger", also etwa ein Fichte, ein Tolstoy, aber auch ein Nietzsche, gilt uns also nicht als Lehrer, sondern eben nur als ein' Anzeichen. Er ist bedeutsam als deutliches, ja deutlichstes Anzeichen des Daseins sittlichen Bewusstseins, mag es auch von wenig Zergliederungsvermögen Zeugnis ablegen, wenn er meint, er als eben dieser einzelne Fichte könne da andere Einzelne „bessern", ja könne überhaupt als echter Einzelne auf echte Einzelne „wirken". Ist doch alle Sittlichkeit, sind doch alle sittlichen „Werte" in ihrem jeweiligen Sonderausdruck gerade dieses Einzelwesens eigenste, aber aus überpersönlichem Ganzen entspringende und trotz Einzigkeit unbedingt verbindliche, Eigenart[1]); denn dieses Einzelwesen spielt eben seine und keine andere Rolle. Und *ich* weiss nicht, was *du* „sollst"; nur Mitfühlen, als das rückhaltlos „Gute" mag ich jedermann zumuten[2]). Aber freilich offenbart sich unter dem Anzeichen des Moralpredigers das Dasein des Sittlichen besonders stark, wenn auch jedes „inhalts-ethische System" nur als Sammlung der von eben diesem „Subjekt" gewissensmässig gebilligten Verhaltensregeln gelten darf, eine Einsicht, welche jeder lehrenwollenden „Ethik" Namen und Wesen der „Wissenschaft" abspricht[3]). Ja mehr: unter der Gemeinsamkeitsform des ethischen Lehrers und des „auf ihn hörenden" Schülers oder Anhängers verwirklicht sich geradezu Sittlichkeit, wenigstens wenn der Schüler das Gehörte „befolgt". Und das gilt, obwohl wir nicht die Lehre zulassen können, dass der ethische Lehrer als Einzelwesen echter Art auf seine Hörer als echte Einzelwesen wirke, sondern das Zueinanderpassen des Daseins von sittlichem Lehrer und sittlichem Schüler

---

[1]) Vgl. hierzu Scheler, Jahrb. f. Phil. u. Phaen. I, 1913, z. B. 477; ähnlich Guyau, Morale sans obligation, II. Buch, 2. Kap. I.; A. Messer, Psychologie S. 304 f.; s. a. Simmel, Kant, 1904, S. 107 ff. — Scheler (l. c. II, 1916, S. 368) formt den treffenden Ausdruck „Das an sich Gute für mich".

[2]) Hierzu *O. L.* E. 2. a. β.

[3]) Bereits an anderer Stelle (Logik als Aufgabe, S. 88, *O. L.* E. 2. a. ϵ) habe ich gesagt, dass das, was sich „Ethik" nennt, eine Mischung aus den verschiedenartigsten, zum Teil gänzlich beziehungslosen Bestandteilen ist: aus pädagogisch-psychologischen, phänomenologischen und logischen. Ihre logischen, oder vielmehr natur- und seelenlogischen Bestandteile sind die wissenschaftlich bedeutsamsten: das Dasein „des Sittlichen" überhaupt soll logisch eingegliedert werden. — Ganz und gar nicht — das kann nicht oft genug gesagt werden — ist „Ethik" ein neben der Logik stehender philosophischer Hauptteil.

durchaus nur als Anzeichen einer nun einmal bestehenden
„harmonischen“ Ganzheitszuordnung rein betrachtend auffassen. Man wird hier einwenden, dass kein Grund vorliege, gerade
diesen Moralprediger als Ganzheitsteil gerade diesen Schülern als Ganz-
heitsteilen zugeordnet sein zu lassen. *Zufälliges*, wird man sagen, sei
hier beteiligt; das sei wenigstens viel „wahrscheinlicher“. Aber müsste
nicht trotzdem den „Lehren“ jedenfalls eine allgemeine und unbestimmte „Empfangsfähigkeit für die Lehre“ entgegenkommen? Damit
aber wäre sofort wieder der Gedanke überpersönlicher Ganzheit eingeführt und der Gedanke des „Wirkens“ von Einzelnem auf Einzelnes
vernichtet[1]).

Eine Zergliederung der biologischen Formbildungsvorgänge hat mir
einst[2]) den Begriff der *embryologischen Harmonie* ergeben, und dieser
Begriff wird hier, wo es sich ja ganz wie bei der Formbildung der
Person um die Frage nach werdender Ganzheit handelt, recht lehrreich — wenn auch an Stelle des wissenschaftlich Gewussten rein
Vermutungshaftes zu treten hat. Wo immer embryonale Teile auf andere „formativ“, um mit Herbst zu reden, wirken, da muss dem
Reiz eine Empfangsfähigkeit für den Reiz „harmonisch“ zugeordnet
sein. Oft aber handelt es sich nicht um „formative Reize“, obschon
es anfänglich wohl so schien, sondern um „Selbstdifferenzierung“ im
Sinne W. Roux’, und das wohl gar bei der Entstehung verschiedener
embryonaler Teile, welche berufen sind, zusammen ein der physio-
logischen Verrichtung nach einheitliches Gebilde zu liefern. Dann gab
es also gar kein „Wirken“ des einen Teils auf den anderen, sondern
einer ganz besonderen neuen Art von „Harmonie“ war das endliche
Zusammenfassen des ursprünglich Getrennten verdankt. Ich habe diese
Art von Abgestimmtsein *Kompositionsharmonie* genannt und sie von
jener auf Reiz und Reizempfänglichkeit gehenden *Kausalharmonie*
scharf gesondert.

Bei der Frage nach der Zuordnung zwischen ethischem Lehrer und
ethischem Befolger wissen wir, so möchte ich sagen, nur von dem
Dasein von Harmonie überhaupt, haben aber kein Mittel zu entschei-

---

[1]) Man meine nicht, dass hierdurch die *Freiheits*frage mit Rücksicht auf überpersönliche Entwicklung als Werden, die wir oben (S. 119) als unlösbar bezeichneten, etwa im Sinne des „Determinismus“ entschieden wäre, so dass wir
uns in einen Widerspruch verstrickt hätten. Die Freiheitsfrage geht nur auf das
Werden des Neuen, also z. B. auf das Auftreten eines Sittenlehrers, der „Neues“
lehrt, und wir sagen jetzt nur, dass zu dem Neues Lehrenden auch ein das
„Neue“ Verstehender gehört!

[2]) Zuerst in „Analytische Theorie der organ. Entwicklung“, 1894, S. 87 ff. S. auch
Phil. d. Org. 2. Aufl. S. 99.

den, ob es sich um Kausal- oder um Kompositionsharmonie handelt. Die erste Art der Harmonie würde dem sogenannten „Wirken“ und damit dem Zufall Einiges, die zweite würde ihm gar nichts preisgeben; aber auch im ersten Falle würde das Überhauptwirken-können ein gegebener „harmonischer“ Ganzheitszug, zu dem ein Betroffen-werden-können gehört, sein.

Ein echtes „Wirken“ von echtem Einzelnen auf echtes Einzelnes gibt es also für uns im Menschheitsganzheitlichen und im Sittlichen insbesondere durchaus nicht. Aber gibt es nun nicht die Tatsache der *Erziehung,* das „Pädagogische“ also im weitesten Sinne des Wortes; und widerspricht diese Tatsache nicht unserer Lehre? Ferne sei es von uns, die Tatsache, dass es Erziehung und, was wesentlicher ist, Erziehungsergebnisse gibt, zu leugnen; sie als Tatsache zu leugnen wäre unsinnig. Aber was bedeutet diese Tatsache im letzten Sinne, und fügt sich das, was sie bedeutet, nicht gerade sehr gut unserer Lehre, dass alles scheinbare Wirken des Einzelnen auf den Einzelnen im Rahmen der Menschheitsgemeinschaft ein Ganzheitszeichen, und zwar ein solches von der „harmonischen“ Art sei?

Der Erzieher „wirkt“ auf den Schüler durch Wissensbelehrung und durch Handlungseinübung. Mit dem ersten sagt er, dass auch Tugend „lehrbar“ sei, zwar nicht als ein dem Einzelnen in jeweils besonderer Stärke zugemessenes Vermögen überhaupt, wohl aber insofern, als richtige Belehrung über besondere Sachverhalte Besonderheiten sittlichen Erlebens erst weckt. Mit dem zweiten will er gewährleistete Sicherheit der Ausführung mit Rücksicht auf von ihm als *gut* befundener Handlungen[1]). Das Erste lässt in höherem Masse dem Schüler die Eigenheit des Urteils als das Zweite; ja das zweite kann vom Lehrer gemissbraucht werden und kann den Schüler vergewaltigen, ihn zum mindesten zum blossen Glied in der Herde machen. Wir wissen erfahrungsmässig, dass sowohl das Eine wie das Andere seine „Wirkung“ *hat;* ohne den Erzieher wäre, weder im Guten noch im Schlechten, der Zögling das Besondere, was er ist; der Erzieher gehört mit dazu. Aber ich sage: auch das gerade diesem Erzieher Entsprechen-können gehört dazu. Und Lehrenkönnen wie Entsprechen-können in ihren Besonderheiten sind jeweils aufeinander *abgestimmt*

---

[1]) Absichtlich gehe ich auf die unter den Namen Hypnose, Suggestion und posthypnotische (Termin-) Suggestion bekannten Tatsachen gegenseitiger Beeinflussbarkeit und Beeinflussung hier nicht ein, da die Tatsachen des sogenannten „bewussten“ Seelenlebens für unsere Zwecke genügen. Dass sehr viel an „Suggestion“ bei aller eigentlichen und uneigentlichen, z. B. der „politischen“, Erziehung mit im Spiele ist, steht ja ausser Zweifel.

und eben deshalb ganzheits-verbunden. Das ist so. Wo der Erzieher
gibt, da gibt das Ganze durch ihn, und nur Schein ist es, wenn er
glaubt als Einzelner zu geben; und auch, dass der Schüler empfangen
kann, gab ihm das Ganze.

Freilich kommt nun nicht stets der richtige Lehrer an den richtigen Schüler. Und auch gibt es seelische „Massenwirkungen“, die
nicht in der Richtung der Ganzheitsentwicklung liegen, sondern durch
die psycho-physische Natur der Einzelwesen bedingt und trotzdem,
leider, erheblich sind.

Da haben wir dann eben den *Zufall* in einer seiner besonderen
Formen vor uns. —

Also: das Moralpredigen und das durch den Moralprediger „beeinflusst werden“ sind wie jede Handlungsbeeinflussung durchaus nur
Anzeichen der Ganzheitlichkeit der menschlichen Gesamtheit, wie ja
das sittliche Erlebnis selbst für das Bewusstsein in strengem Sinne
nur ein solches Anzeichen ist[1]). Das stellen wir in schlichter Weise
hin, ebenso, wie Spinoza nichts als schlichtes Hinsetzen in den im
engeren Sinne ethischen Ergebnissen seiner „Ethik“ sah. Wir würden
aber gegen unsere eigenen Grundsätze verstossen, wenn wir nun etwa
in dieser der reinen Betrachtung gewidmeten Schrift das Moralpredigen
des Einzelnen, der da glaubt als Einzelner auf Einzelne zu wirken,
entweder loben oder aber verbieten, verhindern, verspotten wollten:
es ist da, und so ist es gut, ja sogar in tiefstem Sinne „gut“. Freilich ist auch der Unsittliche da, und wohl gar als ein tätiger Ver-
führer; über ihn darf ich mich als Mensch des täglichen Lebens ent-
rüsten. Aber, meine Entrüstung über ihn in seinem Dasein ist für
die Philosophie nur Zeichen des Daseins eines überpersönlichen Ganzen, das eben nicht ungetrübt ist. Wäre es „ungetrübt“, so würde es das *Böse*, ja es würde sogar so etwas wie einen
„Konflikt“ zwischen Neigung und Pflicht nicht geben. Pflicht wäre
dann zugleich reine Neigung. —

Endlich die letzte Verallgemeinerung unserer Lehre von der „Harmonie“ der Berufe und einer „Harmonie“ im Bereiche des eigentlich
Sittlichen: Diese *Harmonie* besteht im letzten Grunde ganz allgemein
in allen Bereichen dessen, was Beeinflussung im Gebiete des
sogenannten Geistigen genannt wird. Was „Kausalität“ als Ganzheitszug überhaupt bedeutete, das haben wir hier in seiner besonderen
Ausprägung für ein Sondergebiet des „Kausalen“ vor uns. Auch der

---

[1]) Und zwar ist es dabei gleichgültig, ob das überpersönliche Ganzheitswerden
vorherbestimmt ist oder „sich macht“ in Freiheit. S. oben S. 119 ff.

Schriftsteller und sein Leser, der Künstler und der Kunstfreund müssen einander entsprechen; und sie tun es oft — nicht immer. Im Bereich des sittlichen Predigens trat dieses Verhältnis nur in ganz besonders starker Weise hervor. Freilich besteht auch jetzt wiederum wahrscheinlich nur im Allgemeinen und Unbestimmten eine Art überpersönlicher Zuordnung: Schriftsteller und Leser haben eben dieselbe „Bildung".

Alle Beeinflussung, die wir hier meinen, ruht letzthin auf Sprache und Schrift, ganz vornehmlich auf der ersten; und so werden denn die Vermögen des Sprechens und Hörens selbst zu Gemeinschaftszügen der Menschheit, wobei es dahingestellt bleibe, ob wir sie schon Ganzheits- oder nur Einheitszüge nennen wollen.

γ) Der Staat.

Im Begriff des *Staates* lässt sich alles das zusammenfassen, was wir bisher von Einheits- und Ganzheitszügen im Rahmen der Menschheitsgesamtheit kennen gelernt haben, und was es sonst noch an solchen Zügen geben mag.

Der Staat ist geradezu der Ausdruck aller „statischen" überpersönlichen Ganzheit der Menschen als seelischer Wesen.

Aber wir denken hier nicht an den Einzelstaat, so wie er empirisch da ist, sondern an *„den"* Staat, an den „Gottesstaat", wenn wir mit Augustinus reden dürfen, und die Einzelstaaten sind uns nur jeweils zufällige Ausprägungen dessen, was potentia als Eines da ist und auch empirisch als Eines da sein „sollte". Die Einzelstaaten schöpfen ihre Möglichkeit daraus, dass der Mensch Bürger *des* Staates ist; wäre er es in Reinheit, wäre nicht seine Zugehörigkeit zu *dem* Staate durch Zufall getrübt, so würden die Einzelstaaten als einzelne verschwinden, und es gäbe auch an empirischen Staaten nur Einem, der freilich auch noch nicht sofort in jeder Beziehung zufallsfrei zu sein brauchte.

Aristoteles hat bekanntlich den Menschen ein ζῷον φύσει πολιτικόν, ein von Natur „politisches Lebewesen" genannt; er hat auch gelehrt, dass der Staat „früher" sei als seine Angehörigen. Wir können beides annehmen, wenn wir der Lehre vom „politischen Lebewesen" den Sinn geben, dass der einzelne Mensch überpersönliche auf Ganzheit gerichtete Wesenszüge habe, und wenn wir das „früher"-sein des Staates so fassen, dass eben aus dieser Natur des Menschen unweigerlich folge, dass er „Bürger" werden muss, sobald er mit anderen seines Gleichen zusammentritt.

Für den Einzelstaat mag gelten, was die verschiedenen Staatstheorien gelehrt haben, bald mehr das Eine, bald mehr das Andere: Er verdankt seine Entstehung oft gewiss dem „Vertrage", oft aber auch gewiss der „Macht“; zu seiner Fortdauer braucht er sicherlich beides. Er ist „Verein“, wenn auch ein solcher mit Territorium und mit „absoluter Suveränität“ über seine Angehörigen; und seine Gesetze sind „Statuten“, mit einer entsprechenden Einschränkung[1]).

Aber dass Einzelstaaten, mögen sie entstanden sein, wie sie wollen, und mag ihr Bestand gewährleistet sein, wie er will, dass Einzelstaaten überhaupt sein können, das ist darin angelegt, dass der Mensch eben Bürger *des* Staates in unserem Sinne seinem Wesen nach ist, ganz ebenso wie Entstehung und Bestand irgendeines in seiner Besonderheit zufälligen physiko-chemischen Systems angelegt sind im Wesen der materiellen Urgesetze, die ja auch, eben weil sie zu „Systemen“ führen, Träger von zum mindesten *Einheits*-zügen sind[2]).

Der Grundausdruck eines Einzelstaates ist das Recht. Es ruht auf dem sittlichen Bewusstsein der Bürger und will ein „ethisches Minimum“ (Jellinek) erzwingen, wozu es sich der Androhung von Strafe bedient. Es mag dahin gestellt bleiben, ob Recht und Strafe nur den Begriff des *Guten* oder daneben noch als unauflösbaren Urbegriff den der *Gerechtigkeit* zur Grundlage haben[3]).

Das Recht ist niedergelegt in Gesetzen. Für jede Gesetzgebung ist Vorsicht und weise Beschränkung geboten, weil die sittliche Schau nicht vollendet, sondern stets verbesserbar ist, und weil daher die jeweilige Gesetzgebung nur Ausdruck der jeweilig besten — (oft nicht einmal der) — sittlichen Schau ist. Alle Gesetze sollten oft überprüft werden, sonst ist Gefahr, dass der *status* zu starr werde und das Bessere, was schon da sein könnte, hemmt. Nie dürfen Gesetze den Ursetzungen sittlichen Schauens widersprechen; ebensowenig wie besondere mathematische Lehrsätze die Urprinzipien aller Mathematik verletzen dürfen. Was freilich sind mehr als bloss formale Ursätze sittlicher Schau, die den mathematischen Axiomen entsprechen?

Doch wir schreiben hier ein Werk der reinen Theorie, und so wollen wir denn abbrechen.

Wir können den Einzelstaat definieren, in sehr nüchterner Form:

Einzelstaat nennen wir eine abgegrenzte Gesamtheit von Menschen, deren Handlungs-Beziehungen zueinander durch eine Gesamtheit von Kennzeichen bestimmt werden. Diese Gesamtheit handlungsbestimmen-

---

[1]) Neuere Werke zur Staatslehre, welche das Problem in ursprünglicher Weise gesehen haben, sind: Kjellén, *Der Staat als Lebensform*, 1917, und Uexküll, *Staatsbiologie*, Deutsche Rundschau, 1920, Sonderheft. Ethisch von besonderer Tiefe ist Schulze-Soelde's „Der Einzelne und sein Staat“ (1922).

[2]) S. o. S. 155f.

[3]) *O. L. E.* 2. b. γ.

der Kennzeichen geht zurück auf gewisse Bücher und Schriftstücke — die Gesetzes- und Verfassungs-bücher und -schriftstücke —, welche von jenen Menschen „verstanden" werden, und welche ihnen für ein gewisses Verhalten Nutzen versprechen, für ein anderes Verhalten Schaden androhen. Unter den Gebildeten billigt, wer zum Einzelstaat gehört, den Inhalt jener Bücher als für seine Handlungen verbindlich, oder er unterwirft sich ihrem Inhalt ohne Billigung aus Furcht; von den Ungebildeten kennen aber viele den Inhalt jener Bücher gar nicht näher und folgen ihren Vorschriften wie einer unwiderstehlichen Macht. Die Staatsbücher sind das Ergebnis einzelmenschlicher Handlungen und ihr Verstandenwerden ruht auf einzelseelischem Verstehen. Auch ihre Billigung geschieht einzelseelisch und letzthin unter dem Gesichtspunkt der Nützlichkeit für den Billigenden. Das alles geschieht im letzten Grunde nicht anders, als wo immer eine Mehrzahl menschlicher Wesen gemeinsam wirkt. *Einzelstaat* also ist ein durch den Inhalt gewisser Bücher geregeltes seelisches Verhalten einer Zahl von Einzelmenschen; sie haben den Inhalt dieser auf sie zurückwirkenden Bücher so gewollt, wie er ist. Dass es, wo Menschen beieinander sind, immer solche Bücher oder gewisses ihnen Gleichwertige gibt, das ist freilich ein Menschheits-ganzheitszug: in alles Einzelseelische ist eben ein gewisser alle Menschen verknüpfender Ganzheitszug hineinverwoben. Aber alles Besondere ist hier *kumulativ* verständlich.

Solches ist eine wirkliche Auflösung des Begriffs *Einzelstaat;* sie allein ist geeignet Scheinfragen und Scheinaufgaben aller möglichen Art fernzuhalten. —

Der Einzelstaat verlangt mit Recht Achtung und Förderung seitens der Bürger; er ist ja, da er aus dem Grund-guten stammt, nie ganz schlecht. Aber er darf nicht zu Etwas gemacht werden, was er nicht ist: Er, in seinem Sonderdasein, ist nie weltwesentlich und erst recht nicht göttlich. Er ist mit seinen Vorschriften und Drohungen Not-institut, weil eben die Menschen als seelisch-sittliche Wesen nicht zufallsfreie Heilige sind.

Der Staat, der „Gottesstaat" verlangt nicht nur Achtung, sondern Verehrung und Liebe. In ihm schaut der Einzelne sein eigenes Bestes, das, was ihn über seine Einzelheit hinausträgt. Nie darf das Hängen am Einzelstaat das Streben zur empirischen Verwirklichung *des* Staates hemmen, wie das ein engherziger „Nationalismus" so leicht tut.

„Wir sind in Todesangst, dass die Nächstenliebe sich zu weit ausbreiten könnte, und richten Schranken gegen sie auf — die Nationalitäten" (Marie von Ebner-Eschenbach).

Übrigens haben alle tieferen Denker gesehen, worauf es hier ankommt; es genüge, aus neuerer Zeit, neben dem grossen Lehrer vom „ewigen Frieden", so verschiedene Seher wie Tolstoy, Nietzsche und F. W. Förster zu nennen. Der „gute Europäer" Nietzsches, — noch lange nicht das Ziel — ist schon besser als der gute Nur-Deutsche oder Nur-Franzose, womit natürlich nicht gesagt ist, dass der Deutsche nicht ein „guter Deutscher", der Franzose nicht ein „guter Franzose" sein solle. Aber wahrhaft gut im Rahmen des Einzelstaates, ja, gerade auch für seine Brüder im Einzelstaat ist nur, wer sich bewusst bleibt, dass jeder Einzelstaat Notbehelf, *der* Staat aber das Ziel ist, so dass auf keinen Fall Liebe und Förderung zum eignen Einzelstaat Hass und Schädigung des fremden Einzelstaates bedeuten darf. —

Unsere Lehre von *dem* Staat und, was auf dasselbe hinauskommt, vom „Staatsein überhaupt" mag als „organisch" bezeichnet werden; wir lassen hier, wie beim personalen Organismus, ein besonderes vereinheitlichendes unraumhaftes Wesen am Werke sein. Weil wir den Organismus entelechial auffassen, hat es einen wirklichen Sinn, wenn wir unsere Lehre von *dem* Staat organisch nennen. Wenn aber einer den personalen Organismus maschinell, also gerade nicht als Wesenheit sui generis fasst — was soll dann eigentlich das Wort von der „organischen Staatslehre" bedeuten? Dass sie dann nichts bedeutet, hat man sich wohl nicht immer klar gemacht.

δ) Die Heterogonie der Zwecke.

In einer Besprechung meiner „Philosophie des Organischen" hat Losacco[1]) die merkwürdige Tatsachenverkettung, welche Wundt „Heterogonie der Zwecke" nennt, mit der Lehre von der geschichtlichen überpersönlichen Ganzheit verknüpft. Handlungen, welche von Einzelwesen oder Körperschaften mit bestimmter „Absicht" unternommen wurden, können weittragende Neben-Wirkungen haben, die, durchaus „unbeabsichtigt", ja durchaus unvermutet, trotzdem von grosser Bedeutung für das Leben des Einzelnen oder der Gesamtheit sind, und zwar oft in einem durchaus „fördernden" Sinne. Wie könnte das möglich sein ohne einen Zusammenschluss der Menschheit zu einem Ganzen? Übrigens meint Hegel wohl dasselbe, wenn er von der „List der Vernunft" redet[2]), die dem Einzelnen vorspiegelt, dass er für sich, etwa für die Befriedigung seines Ehrgeizes, tue, was er als bestimmtes Glied des Ganzen und, ohne es zu wissen, durch ein „Ganzes" bestimmt ausführt. Un-„beabsichtigte" Wirkungen von Handlungen, welche

---

[1]) Rivista di Filos. Anno IV., Fasc. II. 1912.
[2]) *Vorles. üb. d. Phil. d. Gesch.*, Einleitung IIb (Reclam S. 70).

doch entwicklungsbedeutsam, oder wenigstens, im alltäglichen Sinne, „fortschritts"-bedeutsam sind — das ist stets das hier unter verschiedenen Wörtern Gemeinte. Und das ist ein Ganzheitszug des Geschichtlichen — freilich von recht unbestimmter Art: vielleicht liegt sogar schon mehr als ein blosses Ganzheits-, nämlich ein *Entwicklungs*-zug hier vor. Ein Versuch, diesen Ganzheitszug aufzuhellen, wird sich alsbald aus anderen Quellen ergeben.

Wenn wir das Wort *gut* zur Bezeichnung aller naturwirklichen Geschehnisse, welche überpersönliche Entwicklung fördern, benutzen wollen, dann sind auf der „Heterogonie der Zwecke" beruhende Äusserungen einer „List der Vernunft" *gut* zu nennen; wenigstens dann, wenn sie wahrhaft „evolutives" und nicht nur „kumulatives" Weiterschreiten bedeuten, was wir freilich, wie sich bald zeigen wird, nie mit Sicherheit zu entscheiden imstande sind. Aber es ist klar: sie sind nie *sittlich-gut* in dem Sinne, dass sie aus dem „guten Willen" ihres Urhebers als eines bestimmten seelisch-körperlichen Einzelwesens entspringen. Jedenfalls waren sie gerade mit Rücksicht auf das, was etwa im allgemeinsten Sinne „Gutes" aus ihnen entsprang, nicht „sittlich-gut"; jedenfalls war ihr Urheber nicht mit Rücksicht auf sie „gut". Das liegt geradezu im Begriff der Zweckes-Heterogonie; und es schafft eine gewisse Schwierigkeit, denn wir sehen uns plötzlich, sozusagen, zwei verschiedenen Bedeutungen des Wortes „gut" gegenüber. Die Schwierigkeit löst sich, wenn wir uns klar darüber werden, dass wir ja nicht gelehrt haben, es habe ein Mensch, welcher Ansatzpunkt der List der Vernunft ist, „böse" gehandelt; er hat nur nicht mit Rücksicht auf das, was an Gutem herausgekommen ist, „gut" gehandelt; viel Unbedeutenderes zu erreichen hielt er vielleicht für seine „Pflicht". Freilich, dass der Täter in deutlicher Form willens-„böse" gehandelt habe und doch Werkzeug des Entwicklungshaft-Guten im höchsten Sinne gewesen sei, das müssen wir auf der gesamten Grundlage unserer Untersuchungen über das Sittliche ausdrücklich ausschliessen; und ebenso schliessen wir aus, dass die gesinnungsgute Tat im Sinne des überpersönlichen Werdens gegenganzheitlich sein könne. Denn wir deuten ja das Dasein des Gewissens überhaupt als Zeichen von überpersönlicher Entwicklungsgemässheit[1]) — allerdings

---

[1]) Das Sittliche ist also, im Sinne der Stoa, der eigentlichen „Natur" des Menschen gemäss, wenn es auch nicht seine ganze „Natur" deckt, zu welcher vielmehr auch das Triebhafte gehört. Es ist jedenfalls nichts gleichsam „natur"-fremdes, dem widerwillig aus Vernunftgründen „gehorcht" werden müsste. Mit Recht hat Scheler (Jahrb. f. Phil. u. Phaen. I S. 467) die Kantische Ethik „das Gegenteil von Liebe zur Welt, von Vertrauen" genannt.

nur, weil dieses Dasein sonst gänzlich unverstanden bleibt. Wenn die
gesinnungsgute Tat also etwa, im Sinne des sogenannten Kulturhaften,
„Rückschritt", die gesinnungsböse aber „Fortschritt" gebiert, so würden
wir eben deswegen von blossen zufälligen *Häufungs*-erscheinungen,
von Störung der Entwicklung durch Zufall, in beiden Fällen reden.
Sittliche „Werte" im Sinne von bedeutungshaften Erlebensinhalten
lassen wir ja eben die Anzeichen von *entwicklungshaft* „wertvollen"
Geschehnissen und Zuständen sein[1]) — das fordern wir.

Die Lehre von der Heterogonie der Zwecke steht dann also im
echtesten Wortsinne „jenseits von Gut und Böse", wenn man das
Wörtchen *gut* lediglich für die Gesinnung, den „guten Willen", und
das unmittelbar durch ihn[2]) Beabsichtigte und Erfolgende verwenden
will. Alsdann ist die Zweck-heterogonie ein ganz selbständiges Ganzheitszeichen, das durchaus neben dem Dasein des sittlichen Bewusstseins als einem Ganzheitszeichen steht. Und dieser wichtige Unterschied bleibt auch dann bestehen, wenn wir nicht den „guten Willen"
als solchen, sondern nur den zur Tat führenden[3]) guten Willen *gut*
sein lassen, und blosse „gute Vorsätze" für nichts oder doch wenig
erachten. Auch dann haben wir das als solches gewollte und das als
solches nichtgewollte tatsächlich geschehende *Gute*, das heisst der Verwirklichung einer überpersönlichen Ganzheit Dienende.

Übrigens möchten wir alles über die Zweckheterogonie als Ganzheitszeichen Gesagte mit grosser Vorsicht ausgesprochen haben. —

Man könnte vielleicht geneigt sein, Beispiele für eine Heterogonie
der Zwecke in gewissen der Dinge, die wir schon aus anderen Gesichtspunkten von Ganzheitlichkeitsbedeutung haben sein lassen, zu
erblicken, und da würden wir uns vielleicht auf etwas weniger un-
sicherem Boden bewegen, als wenn wir die „List der Idee" gerade
ebenso fassen wie Hegel:

Ein Einzelstaat sei ursprünglich blossen Machtgelüsten entsprungen
— er muss auch dem Recht seinen Platz lassen, sonst zergeht er

---

[1]) Zum Begriff *Wert* vergleiche man S. 53, Anm. 2. Wir verwenden das Wort
„Wert" nur gelegentlich einmal, um dem Leser die Auffassung der Beziehungen
unserer eigenen Lehre zu den Lehren anderer zu erleichtern.

[2]) Das „durch ihn" in der unbestimmten Bedeutung des Alltags! Selbstbesinnlich („phänomenologisch") erlebe ich Willenserlebnis und dann Taterlebnis, aber
nicht das zweite „durch" das erste (s. meine „Logik als Aufgabe" S. 82, *O. L.*
D. 2. b. *W. u. D.* S. 119 ff.). Auf *meine Seele* mag das „durch" immerhin bezogen sein.

[3]) Die freilich durch Fremdes, Äusseres „gehemmt" sein mag. Das ist eine Sache
für sich. — Kant will bekanntlich nur den „guten Willen", durchaus als Erlebnis,
als *gut* gelten lassen, ohne Rücksicht auf eine Wirkung, ja sogar auf deren Möglichkeit (s. zumal *Met. d. Sitten*, I. Abschn.).

im Nu. Die Strafe mag nur als Abschreckungsmittel gedacht sein — sie erfüllt auch den Begriff der Gerechtigkeit. Das nicht wohl Überlegte ist, wenigstens oft, auch das Schlechte ·und umgekehrt.

ε) Die Vielheit neuer Anfänge.

An letzter Stelle nennen wir endlich noch einen Sachverhalt als *Ganzheitszug* im Rahmen der Gemeinschaft der Menschen, welcher ebenso wie die Zweckheterogonie, wenn man ihn überhaupt gelten lassen will, vielleicht sogar mehr als nur Ganzheit, nämlich auch Entwicklung überpersönlicher Art, anzeigt, ohne dass es sich jetzt schon um die Frage nach dem eigentlichen Sosein geschichtlicher Entwicklung handelt.

Ich denke an das Entspringen neuer Aufgaben und Lösungen wissenschaftlicher oder künstlerischer Art in vielen „Köpfen" zugleich. Das was man „Zeitgeist" nennt, gehört also auch hierher; oft aber hat bekanntlich das gleichzeitige Auftreten von Neuem in mehreren Personen mit Rücksicht auf sehr besondere Dinge stattgefunden und bisweilen Veranlassung gegeben zu Erörterungen recht unerquicklicher Art („Prioritäts"-streit).

Ich will nun die Frage nach „Entwicklung" hier absichtlich ganz zurückstellen, sogar da, wo es sich um blosse Entwicklungs-zeichen handelt, denn wir werden diesen Begriff und seinen feindlichen Bruder sogleich seiner selbst willen kennen lernen und alsdann auf die Frage des „Zeitgeistes" und alles, was mit ihr zusammenhängt, zurückkommen.

Dass ein Zusammenschluss-zeichen in der Vielheit neuer Anfänge vorliegt, ist zweifellos, man mag. auch nur von Einheit und nicht einmal von Ganzheit reden. Das Eine äussert sich eben gleichermassen in dem Vielen, mag das nun daher kommen, dass es einen echten evolutiven Schritt tat, oder nur daher, dass Anlagen und „Milieu" dieselben waren. Bei dieser Behauptung, dass sich eben das Viele zu Einem, vielleicht sogar einem Ganzen, ja, vielleicht sogar einem evolutiven Ganzen zusammenschliesse, und dass eben dafür die Vielheit neuer Anfänge ein „Zeichen" sei, wollen wir es bewenden lassen.

ζ) Das Geschichtliche im engeren Sinne.
(„Kumulation" und „Evolution".)

Wir treten jetzt erst in das Reich des eigentlich Geschichtlich-tatsächlichen im engeren Sinne ein, nachdem wir bisher nur von der Menschengemeinschaft als einem Ganzen überhaupt geredet hatten. Und zwar sollen jetzt, wohlverstanden, Züge des echt Tatsächlich-Geschichtlichen gesucht werden, auf Grund deren Geschichte als *eine Entwicklung* erscheint. Auf die Geschichte als Gesetz also wollen wir hinaus, nicht aber auf Gesetze, auf Wiederholbarkeiten, auf *Klassen* mit vielen *Fällen* „im" Geschichtlichen. Gewisse Züge des Tatsächlich-Geschichtlichen nun, welche auf den ersten Blick Entwicklungshaftes vortäuschen können, habe ich schon an anderen Orten[1]) dem Begriff der *seelenhaften Häufung,* der „psychologischen Kumulation" unterstellt.

'Der Begriff der *Häufung* aber steht dem Begriff des echt Entwicklungshaften entgegen; er geht auf Wiederholbares, auf etwas, das in vielen Fällen gleichermassen da ist, das Gesetzen untersteht, und so muss denn an erster Stelle ein Weniges über die vielbesprochenen „historischen Gesetze" gesagt werden, obwohl, wie gesagt, unser eigentliches Ziel die Erfassung der Geschichte als Eines, also als *des* (Entwicklungs-)Gesetzes ist.

Die Geschichte wird von psycho-physischen Einzelwesen gemacht, geschieht jedenfalls durch sie hindurch, mögen die Einzelwesen auch überpersönliche Züge tragen. Was im tatsächlichen, von der Geschichtsforschung aufgedeckten Geschichtsbestand vorliegt, enthält also jedenfalls auch die Taten solcher Einzelwesen als Einzelwesen. Als solche aber handeln sie nach psycho-physischen Gesetzen, und auch, insofern sie Träger von Ganzheits-zügen unbestimmter Art sind, also z. B. jeweils ein sittliches Bewusstsein haben, handeln sie gesetzlich. Da haben wir also letzte, elementare Gesetze, deren Äusserungen in alles Geschichtliche, und zwar in sehr vielen *Fällen,* hineintreten. Solche Gesetze sind auf jedem anderen Gebiet des Geschehens, bei dem es sich auch um Ganzheitsgeschehen neben dem gesetzlichen Werden im eigentlichen Sinne handeln könnte, ebenfalls vorhanden; im Gebiete der Erdgeschichte, der historischen Geologie, sind z. B. die Elementargesetze der unbelebten Natur das „Letzte", soweit echte Gesetzlichkeit in Frage steht.

Aber nun arbeitet gerade z. B. die Geologie noch mit anderen Gesetzen, nämlich mit zusammengesetzten oder komplexen Gesetzen: es gibt da Gesetze der Faltung von Gebirgen, der Abwaschung, der Talbildung, der Deltabildung usw. Das sind immer wiederkehrende Verkettungen letzter Gesetzesäusserungen. Und wenn die Äusserungen solcher zusammengesetzter Gesetze sich in bestimmter Verkettung folgen, sind die Ergebnisse *Häufungen.* Der zu einem Häufungsergebnis führende Vorgang ist ein Mannigfaltigerwerden stetigen Ganges; er

---

[1]) Zuerst *Phil. d. Org.* 1909. I S. 303 ff. S. a. *O. L.* C. III. 2 und E. 3. a; S. auch *Phil. d. Org.* 2. Aufl. S. 552.

sieht wie Entwicklung aus und ist doch keine: es hat sich nur, wieder nach einem sehr zusammengesetzten Gesetz, das Ergebnis der einen zusammengesetzten Gesetzesleistung auf das Ergebnis einer anderen gesetzt, die Ergebnisse haben sich „gehäuft". Der Faltung folgt Verwitterung, der Verwitterung Abwaschung usf. Und solches kann in sehr vielen Fällen, bei jedem Gebirge, vorkommen. Gerade deshalb handelt sich es um echte Entwicklung nicht, ganz abgesehen davon, dass eine klare Zerlegung des ganzen Vorganges in Einzelnes möglich ist.

Im tatsächlich Geschichtlichen, so wie es in erster Stufe des Aufgedecktseins da ist, liegen nun Komplexgesetze und auf ihnen beruhende Häufungen psycho-physischer Art sehr häufig aufs allerklarste vor. Denn die psychophysischen Werdeergebnisse im einzelnen Wesen sind durch Sprache und Schrift auf das andere übertragbar. Diese Übertragung hat ganz bestimmte Komplexgesetze und eben durch sie „häuft" sich das Eine auf das Andere. Diese Häufung aber kommt grundsätzlich in jeder besonderen abgegrenzten Menschengemeinschaft in gleicher Weise vor, kann[1]) das wenigstens tun, und eben deshalb handelt es sich hier nicht um echte Entwicklung, nicht um etwas Neues, das zu psychophysisch auflösbarem Geschehen hinzukommt.

Beim Übergang von der Naturalwirtschaft zur Geldwirtschaft, beim „Sesshaft"-werden, bei der Abfolge der Verfassungsformen, bei dem so oft festgestellten Zusammenhang zwischen dem Bestehen wohlhabender kleiner Staaten und zumal selbständiger Städte und einer Blüte der bildenden Kunst und in unzähligen anderen Fällen, wie Taine, Buckle, Lamprecht sie studiert haben, liegen solche Komplexgesetze und auf ihnen beruhende Häufungen vor. Bei den Ergebnissen der Untersuchungen Breysigs über die Abfolge der Staatsformen handelt es sich jedenfalls auch um echten seelischen Gesetzen unterstehende Häufung, obwohl gerade er, ebenso wie der eigentliche Begründer der Lehre von den Geschichtsgesetzen, Comte, offenbar auch an die Möglichkeit echter Entwicklungsgeschichte denkt[2]). Sehr

---

[1]) Wegen der endlichen Grösse der Erde und der endlichen Zahl der Menschen könnte es für Geologie sowohl wie für die Geschichte Erscheinungen eines nur einmaligen Mannigfaltigerwerdens geben, welche gleichwohl Kumulationen sind. Zur endgültigen Entscheidung fehlt wohl ein Massstab der Beurteilung, ein „Kriterium". Vgl. S. 168 f.

[2]) Selbstverständlich ist die Kenntnis von Häufungen und ihren Gesetzen im Geschichtlichen nicht ohne Bedeutung, aber sie ist nicht das letzte, was wir wünschen. Gerade mit Rücksicht auf die genaue Kenntnis der Häufung und auf die endgültige Prüfung, was Häufung ist und was vielleicht nicht, ist, der herrschenden

viel Beispiele für geschichtliche Kumulationen bringt Breysigs bekanntes Werk[1]). Beigefügt mag werden das Auftreten eines „Barock“ am Ende so vieler Kunstepochen, das Gesetz der grammatischen Flexionsabschleifung, der Vereinfachung von Zeremonien im Laufe der Zeit und anderes mehr.

Das Seelische geht natürlich alles letzthin an, nicht die Kunstwerke, Sprachen, Sitten, Moden als solche. Das darf ja nie vergessen werden, dass alle Geschichte, die es irgendwo mit menschlicher Kultur zu tun hat, Geschichte der menschlichen Seelen ist. Auch da, wo man scheinbar mit Recht sagt, dass ein Buch, ein Krieg, eine Maschine ein eigenes „immanentes“ Schicksalsgesetz trage, ist das immer nur ein kurzer Ausdruck für das, was allein man sinnvoll meinen kann, das Seelische.

Selbstverständlich geht das *Komplexgesetz*, das bei Häufung in Frage kommt, in jedem „Falle“ nur auf allgemeine Seiten oder Züge des Soseins, also auf logisch *Allgemeines*. Aber logisch *Allgemeines*, „quidditas“, trifft, wie wir wissen[2]), der *Klassen-* oder Gesetzesbegriff ja fast stets, auch im naturwissenschaftlichen engeren Sinne.

Entwicklung aber könnte es nur in dem Besonderen, als einem trotz seines Betroffenseins durch kumulative Gesetzeszüge Besonderes Bleibenden geben. Ob es da nur *Entwicklung* gibt, oder Entwicklung *neben* Zufall, oder nur Zufall, das ist jetzt die Frage.

Inzwischen mögen wir immerhin das Vermögen zu gesetzeshaften Kumulativbildungen psycho-physischer Art überhaupt als neuen Ganzheitszug der psycho-physischen Wesen als solcher anmerken; dass Kumulationen in ihr sein können, ist ebenso ein Ganzheitszug der Menschengemeinschaft wie, dass Einzelstaaten sein können[3]); aber Ganzheit ist nicht ohne weiteres Evolution.

Man hat häufig gegen die zu Kumulationen führenden Gesetze der

---

Meinung leider entgegen, Psychologie von grosser Bedeutung für Geschichtsforschung. Freilich muss grundsätzlich mit dem „Dogma von der mechanisch-atomistischen Natur der wissenschaftlichen Psychologie“ gebrochen werden. Vgl. Krueger, *Über Entwicklungspsychologie*, 1915, S. 23 ff und 147.

[1]) Der Stufenbau u. d. Gesetze d. Weltgesch. 1905. S. 107 ff. Spengler ist nicht irgendwie wesentlich über Breysig hinausgegangen; wo er es getan hat, ist die Sache recht problematisch geworden, z. B. mit Rücksicht auf die angebliche völlige Abgeschlossenheit seiner Perioden gegen einander. Mit den Begriffen „Evolution“ und „Kumulation“ arbeitet Spengler nicht. Man mag die Abfolge seiner Perioden evolutiv, die Folge der sich in jeder Periode wiederholenden Phasen kumulativ nehmen. Er tut aber das Erste eben nicht.

[2]) S. o. S. 127.

[3]) S. o. S. 192 ff.

Geschichte eingewendet, dass sie denn doch den eigentlichen Naturgesetzen, seien sie elementar oder komplex, durchaus nicht gleich-
wertig seien mit Rücksicht auf die Sicherheit des Voraussagens, welche
sie gestatten. Soweit diese Minderwertigkeit des geschichtlich Gesetzlichen bloss der Unbestimmtheit des tatsächlichen Wissens zugeschrieben
wird, handelt es sich hier um Nebensächliches; es liesse sich ja doch
eine Verbesserung des psychologischen Wissens denken. Tiefer würde
der Einwand dringen, wenn er besagen will, dass sich ja doch, wegen
einer das Kumulative vielleicht begleitenden Evolution, das „Gesetzliche“ selbst ändern könnte: aber dieser Einwand trifft echte naturwissenschaftliche Gesetze, wenigstens grundsätzlich, ebenfalls. Er betrifft
alle „Kausalität“, soweit sie echte eigentliche Kausalität ist, d. h. von
der Verknüpfung des Einzelnen mit Einzelnem redet; und kumulative
Geschichtsauffassung würde ja selbstredend unter diesen eigentlichen
und echten, unter den summenhaften Kausalbegriff fallen. Eben das
kennzeichnet ja Kumulation im Gegensatz zu echter *Entwicklung*. —

Gibt es denn aber gar keine Züge des geschichtlichen Werdens, im
eigentlichen Sinne des Wortes, welche nicht in jedem Kulturkreis
wiederkehrende Wiederholbarkeiten betreffen, sondern einmalig sind
und zugleich echt *entwicklungshaft* und nicht nur *zufällig?* Solche
Züge zu finden, das würde uns wahrhaft weiterbringen, nachdem alle
Wiederholbarkeiten im Bereiche der Menschheitsgemeinschaft zwar als
in unbestimmter Form ganzheitlich, aber dafür auch als gar nicht im
eigentlichen Sinne „historisch“ erkannt sind?

Die Geschichte als Entwicklung, im echten Sinne des Wortes, auf-
-zeigen oder wenigstens gewisse entwicklungshafte Züge, neben „Zufälligem“, in ihr entdecken, das allein würde ein Wissen von dem
bedeuten können, was man so oft den Sinn der Geschichte genannt
hat. Ein bestimmtes Geschichtsereignis wäre sinnvoll, weil es in der
Richtung auf das entwicklungshafte Geschichtsziel zu liegt, weil es
beiträgt, dieses Ziel empirisch-wirklich sein zu lassen, wobei nun freilich ich, als Glied in dem, um dessen „Sinn“ es sich handelt, diesen
Sinn nach Massgabe meines Wollens und Begreifens durch hypothetische Setzung eines bestimmten Geschichts-Endganzen erst näher
bestimme[1]). —

---

[1]) Vgl. *O. L.* E. 3 b. und in diesem Werke später. Th. Lessing will die Geschichte als „Sinngebung des Sinnlosen“ fassen. Das geht aber doch wohl nicht
an. Auch wenn man alles ordnungshafte Fassen als Tun ansieht, was wir, wie man
weiss, nicht lehren, so muss dasjenige „Material“, welches die „Sinngebung“ über
sich ergehen lässt, für diese doch wohl empfänglich sein. Denn ganz allgemein
gilt der Satz, dass wo es sich um Geformtes handelt, das *Gegebene*, welches geformt
wird, die Form gleichsam vertragen muss.

Es sei mir nun erlaubt, zunächst einige allgemeine wegweisende Betrachtungen einzufügen:

Die einzelnen Tatbestände, welche im Rahmen des Gemeinschaftslebens der Menschheit erfahrungshaft vorliegen, sollen *geordnet* werden, und zwar derart, dass wenn möglich kein ungeordneter Rest bleibt. Dazu bringen wir die Begriffe *Ganzheit* und *Ganzheitswerden*, welche nicht nur in ihrer ordnenden Bedeutung als Schemata geschaut sind, sondern sich auch im Rahmen der Personalbiologie bereits bewährt haben, mit.

Wir reden ferner, im Rahmen des Ganzheitsbegriffs, von *Entwicklung*, wenn es sich um eine besondere Form des Werdens von Ganzheit handelt. *Entwicklung* besteht, wenn ein Ganzes in nicht summenhafter Form in mehreren aufeinander folgenden Werdeschritten wird; das letzte Ganze selbst heisst alsdann einer Entwicklung *Ziel* oder *Endganzes*. Auch diese Begriffe haben sich im Rahmen der Personalbiologie bewährt: Die Embryologie ist „Entwicklung" und sie hat in dem, wenigstens auf eine endliche Zeit hin, bestehenden fertigen Organismus, seiner Form nach, ihr „Ziel". Und die Phylogenie ist auch Entwicklung, freilich mit ungekanntem, ja unvermutbarem Ziel. Die Frage ist nun, nachdem wir wissen, dass uns von überpersönlicher *Ganzheit* überhaupt im Rahmen der Lehre von der Menschheitsgemeinschaft zu reden erlaubt ist, diese: Ist das in Schritten erfolgende Werden dieser Gemeinschaft *Entwicklung* echter Art oder hat es doch wenigstens echt entwicklungshafte Züge?

Das alles bedeutet zunächst nur ein Aufgabestellen. Um die Aufgabe zu lösen, müssen wir die einzelnen Wesenszüge dessen, was uns unter der Form einer „Geschichte" der Menschheit vorliegt, auf ihr mögliches Entwicklungs-wesen hin sorgfältig prüfen. Das ist eine reine Sachfrage von im engeren Sinne „wissenschaftlicher" Art; daher muss denn auch ganz dieselbe Art von Gewissenhaftigkeit und Vorsicht obwalten, wie sonst bei der Behandlung „wissenschaftlicher" Fragen. Ein allgemeiner Wegweiser bei der Behandlung solcher Fragen ist aber der Grundsatz der *Sparsamkeit*, das heisst der Grundsatz, eigentlich setzende („positive") Setzungen mit Naturwirklichkeitsbedeutung nur zuzulassen, wenn die schon gesetzten Setzungen nicht ausreichen, und wenn die neu zu setzenden wirklich „erklären", d. h. endgültig ordnen. Das meinte der alte Satz, dass *Entia* nicht *praeter necessitatem* zu setzen seien.

Nun „erklärte" uns, wie gesagt, der blosse Begriff einer in der Menschheit sich äussernden überpersönlichen Wesenheit von der Form überpersönlicher *Ganzheit* in der Tat Vieles, was ohne ihn unerklärlich blieb: das Dasein des Sittlichen, die Möglichkeit von Kumulationen überhaupt, gewisses „Harmonische" usw. Jener Begriff, der an und für sich mit dem Begriff *Entwicklung* noch nichts zu tun hat, durfte also als „Naturwirklichkeitsfaktor" gesetzt werden, ganz ebenso wie im Biologischen der, freilich weit inhaltsreichere, Begriff *Entelechie*, der ja auch vieles sonst Unverstandene verstehen liess; die *Necessitas* dazu war da; viele Seiten der Menschheitsgemeinschaft werden als *Ganzheitszüge* in gleichsam „statischem" Sinne verständlich; das im engsten Sinne „Psychologische", das Persönlich-psychologische nämlich, reichte dazu nicht aus. Hätte es ausgereicht, so hätten wir das Neue nicht setzen dürfen, wäre auch manches alsdann „zufällig" geblieben.

Wie aber steht es mit der Anwendung der reinen Ordnungssetzung *Entwicklung*, also *schrittweise werdender noch unvollendeter*, gleichsam „dynamischer" überpersönlicher *Ganzheit?* Wir möchten diese Ordnungsform „anwenden"; das heisst wir möchten sie mit naturwirklichem Inhalt füllen; gewiss. Aber wir dürfen das nur, wenn *Necessitas* vorliegt. Das aber heisst: wir dürfen es nicht, wenn die Möglichkeit besteht, die vorliegenden einzelnen Werde-Sachverhalte zu ordnen mit Hilfe derjenigen Begriffe, welche wir aus der Individualpsychologie und aus der hier von uns abgehandelten Lehre von den allgemeinen überpersönlichen Ganzheits-zügen, zu denen, wie wir wissen, jede Art von psychischer Beeinflussung und Beeinflussbarkeit gehört, bereits kennen; mag alsdann auch *Zufälliges* übrig bleiben. Auf keinen Fall dürfen wir, wie es Hegel tat, die Gesamtheit der einzelnen besonderen geschichtlichen Tatbestände in einen Naturwirklichkeits-„faktor", das heisst in einen Naturwirklichkeits-werdebestimmer hinein[1]) einfach, sozusagen, abbilden, und etwa sagen, die „Idee" „verwirkliche" sich entwicklungshaft an und in der Geschichte, wie sie nun einmal ist. Täten wir das, so wäre ohne jede eigentliche Prüfung seiner „Necessitas" ein „Ens" von uns gesetzt worden[2]); eine

---

[1]) Die Frage, ob ein etwa zu setzendes *ens* ein Wesen, das heisst ein ganzheits-vollendetes beharrliches Sosein, h at und durch sein Wesen das Entwicklungshafte an Geschichte bestimmt, oder ob es in der Geschichte „sich macht", ist bekanntlich wieder durchaus eine Sache für sich, wie wir in einem früheren Abschnitt (S. 115 ff.) eingehend gezeigt haben.

[2]) Gewiss wollen wir nicht die Möglichkeit eines solchen *ens* leugnen; wir wollen nur sagen, dass wir nichts von seinem Dasein wissen. Die Tatsache, dass in jeder bestimmten geschichtlichen Lage eine bestimmte Zahl bestimmter „Willen" da ist, lässt eben mehrere Möglichkeiten der Erklärung zu; wir bevorzugen die einfachste. — Es erübrigt sich, zu sagen, dass wir auch Hegels Lehre vom Staat für zum mindesten sehr unvorsichtig halten.

Setzung *ad hoc* hätten wir gemacht, wie die „Virtus dormitiva" des Opiums eine ist. Denn nur eine Besonderheit würde ja „erklärt" werden, nicht, wie durch die Begriffe „Entelechie" und „überpersönliche Ganzheit überhaupt" gar Vielerlei[1]).

Hegel und seine Gefolgschaft übersehen, dass zwar jeder Begriff als logischer Gegenstand etwas *Ganzes* ist[2]), dass aber *Sachganzheit* auf ihr Bestehen oder Nichtbestehen hin jedesmal besonders geprüft werden muss. „Der Odenwald" ist sicher ein *ganzer* Begriff; aber ob der Odenwald als Naturteil in seiner Besonderheit wesentliche Sachganzheit, ob er in seiner Besonderheit sozusagen beabsichtigt ist, das steht denn doch wohl zum mindesten dahin. Hegel tut so, als wüssten wir mit Rücksicht auf die besonderen Völker Bestimmteres über ihr „Beabsichtigtsein" als wir über den Odenwald wissen.

Es mag endlich noch bemerkt sein, dass alles, was sich „Völkerpsychologie" und „Soziologie" nennt, für die Frage nach einem eigentlichen geschichte-machenden *Ens* durchaus nicht von vornherein mit Sicherheit in Frage kommt; selbst dann nicht, wenn man in einer „Völker"- oder besser überpersönlichen „Seele" eine echte Letztheit und nicht nur, wie Wundt, einen kurzen Ausdruck für bestimmte Erscheinungsmannigfaltigkeiten sieht[3]). Auch wer von überpersönlich Seelischem als von, zunächst erfahrungshaft und nur *gleichsam* selbständigem, Wirklichen redet und sich nicht, wie wir, damit begnügt mehr unbestimmt nur Wesenheiten von der Form überpersönlicher Ganzheit zuzulassen[4]), kann doch angesichts unseres heutigen Wissens

---

[1]) Hegel hat daneben freilich sein Gesetz der Thesis, Antithesis und Synthesis als ein der Entwicklung immanentes Gesetz des Rhythmus. Macht man dieses Gesetz zur Hauptsache, was aber nicht in Hegels Sinne wäre, so hätte man freilich ein erklärendes Prinzip, aber keine Evolution mehr. Denn dann hätte man ein psychologisches Elementargesetz auf der einen, Kumulationen auf der anderen Seite.

[2]) *O. L. C.* III. 1.

[3]) Wundt kennt ja schon die persönliche Seele in unserem Sinne nicht, eben daher erscheint es ihm unbedenklich, von einer Völkerseele zu reden; diesen Ausdruck soll bei ihm gar nicht eine besondere letzte Wesenheit bedeuten, weil ja schon der Begriff Seele eine solche nicht meint.

[4]) Obwohl wir grundsätzlich eine Menschheits-überentelechie zulassen, warnen wir doch scharf vor dem heute recht beliebten Gedanken, als gäbe es allemal da, wo es sich um eine Menschenmasse handelt, also z. B. in einer Wahlversammlung, eine kollektive „Seele", welche ein besonderes, auf eben diese Masse gerichtetes Ens sei. Ja sogar, was Volksseele wird, ist uns nur entweder das Durchschnittliche des Individuellen oder etwas, was mit Suggestion zusammenhängt. Als *Ens* besonderer Art lassen wir nur eine auf *die* Menschen gerichtete überpersönliche Entelechie zu.

seine Überseele zunächst nur für die ordnungshafte Erfassung personal-psychologisch unverständlicher überpersönlicher Ganzheitszüge in der Geschichte, also für in vielen „Fällen" verwirklichte Geschichts-„gesetze", aber nicht für ein Verständlichmachen der Geschichte als Entwicklung verwerten. Völkerpsychologie und Soziologie kommen also vielleicht für dasjenige, was wir bereits in dem Abschnitt über die Ganzheitszüge behandelt haben, aber nicht, jedenfalls noch[1]) nicht für das, was wir jetzt behandeln wollen, in Frage: auch Völkerpsychologie und Soziologie reden ja doch von Individuen, welche dem eigentlichen Wesen nach als nach örtlicher und zeitlicher Verteilung gleichartig angesehen werden, mögen auch gewisse Züge ihres Wesens sie zu einem Ganzen verknüpfen. Beide möchten aus dem psychophysischen Wesen des Menschen, aus seinen unbestimmt-überpersönlichen Zügen und aus dem „Milieu" grundsätzlich die Fülle der besonderen Kulturausprägungen, welche es gibt, deduzieren. Da ist von echter grundsätzlich unvoraussagbarer *Entwicklung* gar keine Rede. Dieses aber ist jetzt unsere Frage: „Gibt es" im Sinne zunächst nur erfahrungshafter Wirklichkeit die sich entwicklungshaft in der einen Menschheitsgeschichte äussernde eine überpersönliche *Entelechie,* so wie es für jede Embryogenese die sich in ihr als einer Entwicklung äussernde, auf eben diese Entwicklung gerichtete Entelechie gibt?

Das ist eine neue Frage[2]) gegenüber der Frage nach blossen Ganzheits*zügen* in der Gemeinschaft der Menschen. Und diese neue Frage ist eben mit grosser Vorsicht, aber nicht, wie Hegel es tat, durch Zerhauen des Knotens zu behandeln. Man muss *Entwicklung* wirklich als Entwicklung schauen, um sie als solche zuzulassen und alsdann einen entwicklungshaften Werdebestimmer, eine Über-Entelechie,

---

[1]) Anders wäre es vielleicht, wenn, wie Bastian es sich dachte, verschiedene von einander gänzlich unabhängige Primitivkulturen eine identische Werdeabfolge zeigten. Das könnte ja auch kumulativ sein, wäre es aber doch vielleicht nicht restlos. Übrigens ist die Problematik der Völkerpsychologie in manchem ganz dieselbe wie diejenige der Phylogenie; vgl. zumal oben S. 171 ff.

[2]) Die eigentliche *Entwicklungs*-frage der Geschichte im wirklich strengen Sinne wird sehr selten auch nur aufgeworfen. Es ist ja nun zwar möglich, dass wir sie ohne jede Aussicht auf Bejahung aufgeworfen haben, aber wir wissen das doch eben nicht von vornherein. Paul Barth in seinem sehr gründlichen und inhaltsreichen Werke „Philos. d. Gesch. als Sociologie" (3. Aufl. 1922) erörtert alle nur denkbaren kumulativen Geschichtstheorien, aber nicht die Möglichkeit echter Evolution; wahrscheinlich war ihm die keine „Möglichkeit". Vielleicht wird sie auch uns das nicht sein, oder vielleicht wird sie es zwar, aber nur in sehr bescheidenem Ausmasse. Aber geprüft muss das werden. Das Problem im Sinne eines „antizipierten Schemas" ist da.

setzen zu können, ebenso wie man *Ganzheit* rein für sich genommen als solche schauen musste, wenigstens in gewissen „Zügen", um von Ganzheit als einer Wesenheit zu reden. Zufall als Zufall, d. h. als „irrationalen", der Ordnung ermangelnden Rest, bewusst zugeben ist immer noch besser, als ohne Gewissenhaftigkeit, bloss aus dem Wunsche heraus, ordnungserfüllende *Entia* zu setzen. Denn wir wissen doch nicht von vornherein, dass das „rationale"[1]), d. h. das ordnungs- monistische Ideal erfüllbar sein müsse. —

Und nun gehen wir das, was so recht eigentlich geschichtlich heisst, mit bewusstem Hinblick auf die Beantwortung unserer Frage durch.

Beginnen wir mit der Erwägung, ob irgend ein zureichender Grund vorliege, die Leistungen einzelner grosser Persönlichkeiten, und damit diese Persönlichkeiten selbst als diese ganz bestimmten, als sozusagen entwicklungshaft gewollt aufzufassen. Es handelt sich da nicht etwa um die viel erörterte blosse Tatsachenfrage, ob die grossen Männer oder die „Massen" mit Rücksicht auf das empirische Geschehen namhafte Wirkungen ausüben, eine Frage, deren Beant- wortung wohl beiden Teilen ihr Recht wird geben müssen. Es kommt auch nicht für uns in Betracht, dass letzthin ja ganz offenbar alles Geschichtliche überhaupt durch die Leistungen menschlicher Einzel- wesen geschieht, auch da, wo es sich um Massen handelt. Ob dieser bestimmte grosse Mensch als eben dieser einen bestimmten vor- gesehenen Platz in einem entwicklungshaften Ganzen einnehme, das allein steht für uns in Frage. Anders gesagt:

Lassen sich die Taten der „grossen Männer" der Geschichte zu einer echten Entwicklungslinie zusammenschliessen, derart, dass die in ihnen sich betätigende „List der Vernunft" sich im wahrhaft ziel- mässigen Fortschreiten zeigt, vielleicht, wie ja unsere Verwendung des Hegelschen Wortes schon andeutet, ohne ihr ausdrückliches Wollen?

Wir wissen das nun sicherlich nicht, ja, wir können auch hier nicht einmal eigentlich vermuten. War denn in allen Tatenmenschen die Idee „listig" gewesen, oder nur in einigen? Und in welchen denn? Wir wissen denn doch wahrlich gar nichts über das „dass"; ja, nicht einmal wissen wir etwas über das „ob". Das Aufwerfen der Frage ist die einzig mögliche Leistung.

---

¹) Wir betonen hier wiederum, dass die sogenannte „organische" Staats- und Geschichtsauffassung, und zwar um so mehr, je restloser sie „organisch" wäre, *Rationalität* bedeuten würde. Die landläufige Meinung setzt freilich gerade rational gleich mechanisch-summenhaft und sieht wohl gar in einer organischen Lehre „Mystik". Das entspringt aus einem gänzlichen Missverkennen des Wesens der Logik.

Eine ganz besondere Schwierigkeit für die Annahme, dass einzelne Menschen der geschichtlichen· Ganzheit Träger seien, ergibt sich nun noch aus der Tatsache, dass doch eben „der Einzelne“ in so hohem Masse dem *Zufall* ausgesetzt ist, nicht nur mit Rücksicht auf seine äusseren Lebensumstände, sondern mit Rücksicht auf sein Am-Lebenbleiben überhaupt. Man denke nur an Krankheit und Krieg. Können die einzelnen Schritte einer *Entwicklung* dieser Tatsächlichkeit des ausmerzenden Zufalls anheimgegeben sein?

Man kann nun freilich bestreiten, dass es sich hier um eine „Tatsächlichkeit“ handelt; aber doch nur in durchaus vermutungshafter, um nicht zu sagen „phantastischer“ Weise kann man das. Immerhin verdient, so scheint mir, der hier immerhin mögliche Gedanke einer Rettung der Einzelnen als Entwicklungsträger kurze Erwägung; und zwar um so mehr, als er nicht nur für die Einzelnen der politischen Geschichte, sondern auch für die Einzelnen im Bereiche der Geschichte des Wissens gelten würde, von welcher wir bald zu reden haben werden. Es handelt sich wieder um eine Analogie, d. h. um eine, vermutete, Verhältnisgleichheit zu Ergebnissen der Lehre vom belebten Einzelwesen, zu Ergebnissen also der eigentlichen *Biologie:*

Werden dem jungen sich entwickelnden, dem „embryonalen“ Keim der Tiere beliebige Zellen entnommen, so resultiert in den meisten Fällen doch ein ganzer — obschon anfangs verkleinerter — Organismus, in dem eben nun jede Zelle eine neue, nämlich die ganzheitsnotwendige „Rolle“ spielt. Man nennt das *Regulation,* insonderheit Regulation der Formbildung; sie war möglich, weil jede embryonale Zelle gleichermassen dieselbe sehr mannigfache „prospektive Potenz“, d. h. dieselbe sehr reiche Mannigfaltigkeit möglicher Formschicksale, in sich barg.

Ist dieser Gedanke einer *evolutiven Regulation* auf das Überpersönliche, auf das Geschichtliche insonderheit übertragbar? Ihn übertragen würde heissen „dem“ Überpersönlichen als Einem eine ganz unbekannte Art tatsächlicher Leistung oder Wirkung zuschreiben; aber die Philosophie darf auch blosse Möglichkeiten wenigstens erwägen. Ihn übertragen würde nämlich dieses heissen: Gesetzt, Beethoven oder Newton sei als kleines Kind oder als junger Mann gestorben; gut, dann wäre eben kraft des überpersönlichen Einen das wahrhaft Evolutive an den Leistungen Beethovens oder Newtons in einer anderen Person zutage getreten; diese andere Person wäre „Beethoven“ oder „Newton“ geworden in regulatorischer Weise, während sie, weil Beethoven und Newton am Leben blieben, ein beliebiger Durchschnittsmensch geblieben ist. Denn „Beethoven“ und „Newton“ lag in der Entwicklungslinie des werdenden Überpersönlichen und musste in irgend einer Person sich entfalten; die Grundlage aber für die Entfaltung konnte jede beliebige Person abgeben, wenigstens innerhalb eben jener „Generation".

Ich setze absichtlich nur den Gedanken[1]) hin, ohne jede Erläuterung oder Erörterung, und nur mit dem Zusatze, dass es meiner Ansicht nach keine Sachverhalte gibt, die dazu bewegen könnten, ihn anzunehmen. —

Wir erörtern weiter die Frage nach der entwicklungshaften Bedeutung der einzelnen „Völker", wobei wir Sprachgemeinschaft das Kennzeichen des Volkes sein lassen wollen.

Diese Frage nun ist seit dem Beginne des neunzehnten Jahrhunderts gern behandelt worden, seltsamerweise unter dem schon von Voltaire und Herder stammenden Titel einer Geschichts-„philosophie", wo es sich doch lediglich um auf rein Tatsächliches gerichtete Vermutungen handelt. Irgend ein zwingendes Ergebnis ist aber auch hier nicht erzielt[2]), und das Ganze dient meist mehr der, oft recht bedenklichen, „Begeisterung" als dem Wissensfortschritt und pflegt namentlich in bewegten Zeiten so recht ein Tummelplatz der „Meinungen" zu sein. Ist doch meist diejenige Volksgemeinschaft die entwicklungsmässig bedeutsamste, welcher der „geschichtsphilosophische" Schriftsteller gerade selbst angehört[3]).

Wer das „Volk" anstatt auf Sprache auf „Rasse" gründen will, verknüpft die eigentlich menschheitsgeschichtliche Frage eng mit der so rätselhaften stammesgeschichtlichen. Grosse Vorsicht ist auch hier geboten, obwohl zuzugeben ist, dass das Rassenhafte sozusagen tiefer im Weltwesentlichen verankert sein mag als das Sprachliche. Nur freilich auf die ganz grossen Rassegruppen würde sich der Gedanke echter Entwicklung wohl beziehen können, und scharf würde entwicklungshafte „Subordination" von „Koordination" zu scheiden sein. Sprache

---

[1]) Er ist wohl zu unterscheiden von einem früher (S. 186) mitgeteilten, der auf eine unbestimmte Fähigkeit der Menschen zur Verwirklichung verschiedenartiger „Berufe", im äusserlichen Sinne des Wortes, ging. Das liess sich auf die allgemeinen Ganzheitszüge des Menschheitsgemeinschaftlichen zurückbeziehen; jetzt handelt es sich um letzte Besonderheiten.

[2]) Auf keinen Fall darf die Sache so gedacht werden, als spiele ein bestimmtes Volk seine Rolle, „degeneriere" dann und trete schliesslich sozusagen ab. Man denke nur an Japaner und Italiener. Beim „Degenerieren" handelt es sich wohl um rein Kumulatives.

[3]) Den bescheidenen Titel „Über das Studium der Geschichte" — (vom Herausgeber geändert in „Weltgeschichtliche Betrachtungen") — gibt sich bei weitem das beste, was in neuerer Zeit über Geschichte „philosophisch" geleistet worden ist. Ich denke an Jak. Burckhardts so betiteltes posthumes Werk.

oder Rasse — innerhalb der grossen Völkerkreise, innerhalb des europäischen Kreises zum Beispiel, sind wir sicherlich ganz und gar nicht berechtigt von einer gerade an die einzelnen Völker als solche gebundenen Entwicklung, ja auch nur von eigentlichen, über bloss gradhafte Verschiedenheiten in der Mischung derselben Anlagen hinausgehenden *Wesens*unterschieden zu reden. Geht nicht die Geschichte der Philosophie und der Wissenschaften, wenigstens in Europa, ihren fortschreitenden einen Gang unbekümmert um alles „Nationale" und zwar gerade da am meisten, wo es sich um ihr Bestes handelt[1])? Wer darf sagen, dass Deutsche, Briten und Franzosen im tiefen Sinne des Wortes ein verschiedenes *Wesen*, ja dass sie überhaupt ein „Wesen" haben, das mehr als kumulativ bedingte Soseinskennzeichnung ist, etwa wie man vom Wesen der Alpen und seinem Unterschied vom Wesen der Pyrenäen redet? „Der Deutsche" mag ein gewisses Durchschnitts-Soseinskennzeichen besitzen, welches „der Franzose" nicht besitzt; aber ob beider Soseinskennzeichen eine bestimmte Stelle in einem Ganzen einnehmen, das ist ja doch die Frage!

Das gilt wenigstens dann, wenn das Wort *wesentlich* in seinem tiefen Sinne, als „eine entwicklungshafte Stelle ausfüllend", gefasst wird. Höchstens ganz grosse Völkergruppen haben, und dann „phylogenetisch", eine solche Stelle[2]). —

---

[1]) In der griechischen Philosophie gibt es alle nur erdenklichen Richtungen: Welche ist die „nationale"? In der neueren Philosophie stellen die Werke zweier Franzosen (Descartes, Malebranche), dreier Briten (Locke, Berkeley, Hume), eines in Holland lebenden Juden (Spinoza), und dreier Deutschen (Leibniz, Wolff, Kant) eine grosse Gesamtleistung dar. Für die Mechanik liegt alles ähnlich. Und gleiches gilt für Malerei, für Musik, gerade wo sie ihr Höchstes geben. Das „Nationale" ist eine Beschränktheit der Kleinen, womit nicht gesagt sein soll, dass die Grossen gar nichts daran trügen; aber es ist nicht ihr Grosses. — Aus der Gegenwart sei noch bemerkt, dass der sogenannte Pragmatismus in allen Kulturländern seine Vertreter, und dass das Neuhegeltum seine stärksten Verkündiger in mehreren britischen und einem italienischen Denker hat. Das alles musste gerade jetzt einmal gesagt werden.

[2]) Aus dieser Sachlage wird das Schwankende und Unbestimmte aller Allgemeinerörterungen über Geschichte ohne weiteres verständlich. Windelband freilich in seiner bekannten Rede wollte nur die Art des Vorgehens des praktischen Geschichtsbetriebes zum Unterschied vom Wege der Gesetzeswissenschaften scharf festlegen und tat es in glücklicher Weise; aber schon Rickerts Lehre von der Beziehung des Geschichtsstoffes auf „Werte" hat, als gar zu sehr dem „Subjektiven" Spielraum gestattend, ihr Bedenkliches. Mit den Begriffen *Ganzheit* und *Entwicklung* arbeiten beide Denker nicht. — Simmel (*Problem d. Gesch. phil.* 2. Aufl. 1905) und H. Maier (Das geschichtliche Erkennen, 1914) haben sich sehr ernstlich um das „Wesentliche" am Geschichtlichen bemüht, in empirisch-allgemeingültiger Weise festlegen konnten sie es aber auch nicht, was auch (z. B. Simmel S. 129 ff., zumal 131,

Was von den „Völkern" gilt, das gilt nun von den einzelnen Staaten, so wie sie in ihrer Besonderheit bestehen, erst recht. Ganz und gar nicht liegt ein zwingender Grund vor, „die Staaten", so wie sie bestehen, als so etwas wie eine Zwischenganzheit wesentlicher Art zwischen „dem Menschen" und „der Menschheit" aufzufassen und in ihrer Abfolge eine Evolution zu sehen; sie sind, wie wir ja schon wissen, physisch, physiologisch, psychologisch und überpsychologisch gegründete Häufungen[1]). Sie, die Einzelstaaten, sind ebensowenig als Einzelstaaten weltwesentlich, wie die einzelnen Nester und Stöcke der Ameisen und Bienen es sind, und ihre Abfolge — also der bei weitem grösste Teil von dem, was unter dem Namen „Geschichte" geht — ist ebensowenig weltwesentlich wie die „Geschichte" eines Ameisenvolkes, dem man das Nest zerstört hat. —

Sind wir nun am Ende mit unserer Erörterung des echt Geschichtlichen? Müssen wir uns mit einem so armseligen Ergebnis begnügen? Mir scheint, als sei das denn doch nicht der Fall, und zwar deshalb nicht, weil wir die eigentlich letzten Quellen alles Geschichtlichen ja noch gar nicht untersucht haben. Wir haben bisher in diesem Abschnitt immer nur von gewissen einzelnen Bestandteilen oder Zuständen im Bereiche des Geschichtlichen geredet, haben sie, grosse Männer, Völker, Staaten, auf ihre Entwicklungsbedeutung hin geprüft. Das lieferte kein Ergebnis: Wie, wenn wir die eigentlichen Quellen des Werdens in der Geschichte zum Gegenstand der Untersuchung machten?

Damit werden wir nun in der Tat wieder ein wenig herauskommen aus einer Geschichtsauffassung, die der Schopenhauerschen bedenklich ähnlich sieht[2]). Freilich auf einem nicht viel begangenen und

---

Maier S. 33) rückhaltlos zugegeben wird. Blosse Wirkungen oder Folgen aus dem schon als historisch bedeutend Anerkannten sind eben nicht wahrhaft *wesenskennzeichnend*. Bedeutsam erscheint mir Maiers Begriff der „Anschaulichen Verallgemeinerung" (S. 21 f.); dieser aber ist, wie auch sein Erfinder selbst sagt, eine Anwendung des *Ganzheits*-begriffs, den wir denn ja auch stets für das Einzige gehalten haben, das in die Geschichte einiges Licht der Ordnung bringen kann. Ähnliches gilt von Windelbands (Einl. i. d. Phil. S. 75) „Gesamtanschauung". — O. Dittrich (Grenzen d. Gesch., Histor. Vierteljahrsschr. 8, 1905) betont mit Recht, dass eine Beziehung auf Werte auch in den technischen Wissenschaften und der Pädagogik statthabe. Sein Begriff der (raum-zeitlichen) „Aussenbezüglichkeit" als des wesentlichen Kennzeichens des Historischen hat Beziehung zum Begriff *Ganzheit*, sagt aber nicht genug.

[1]) Hierzu s. o. S. 192 f.

[2]) Spann hat ausgeführt (Jahrb. d. Phil. II, 1914, S. 122 f.), dass neben der „individualistischen" und der „unionalistischen" Auffassung der Menschheitsgemeinschaft noch eine dritte Auffassung möglich sei, die er, im Anschluss an

unserer Zeit recht fremden Wege. Dadurch nämlich, dass wir dasjenige „Geschichtliche“, was wir als eigentlich raumhaft-irdisch Erfahrbares vor uns haben, das eigentliche Material der Geschichtsschreibung also, von vornherein nur ein Abgeleitetes und in sich nicht Entwicklungshaftes sein lassen, das aber durch Einschiebung unraumhafter Bestandteile zu einem entwicklungshaften Ganzen verbunden werden könnte; dadurch also, dass wir es überhaupt aufgeben, Entwicklung im irdisch Geschichtlichen als solchem zu suchen.

Alle irdisch-geschichtlichen Ausprägungen sind zufallsdurchsetzt[1]). Das Zufällige hängt hier an den lebenden Einzelwesen als solchen, an ihnen hängt auch die besondere Ausprägung des Zufälligen, welche *böse* heisst. Nun sind, wie wir schon wissen, die lebenden Einzelwesen diese besonderen in ihrer *Haecceitas,* insofern sie eine Einprägung von Form in die Materie bedeuten. Also ist das geschichtliche Zufällige auf den Zufall der Materienverteilung zurückgeführt. Man wird sagen, dass dieses Ergebnis, obschon vorauszusehen auf Grund von Früherem, eine grosse Vereinfachung gerade für das metaphysische Ziel bedeutet.

Aber was ist es nun, was wir angesichts unseres Nichtwissens um sozusagen empirische historische Entwicklungs-Ganzheit, ja vielleicht gerade wegen unserer bis jetzt so wenig befriedigenden Ergebnisse mit Rücksicht auf sie, trotz allem über geschichtliche Ganzheit aussagen dürfen, und vielleicht sogar, trotz allem, über geschichtliche *Entwicklung?* Bedenken wir zunächst einmal dieses:

Mit keinem Zustand, den man uns als künftigen Zustand der Menschheit im Raume zeigen würde, würden wir uns ja doch als mit einem „Entwicklungsziele“ zufrieden geben können, selbst wenn es uns gelungen wäre, Entwicklung überhaupt zu finden. Also auch nicht mit einem in jeder Beziehung vollendeten „Staat“ als raumwirklichem Zustand, das heisst mit einem *Staate* als einem über-

---

Meister Eckhart, durch das Wort „Abgeschiedenheit“ bezeichnet. Was wir jetzt ausführen werden, hat Berührungspunkte mit dieser Lehre: kein „Individualismus“, aber auch keine Ganzheit in den irdischen Kulturausprägungen als irdischen Gebilden. Folgerungen mit Rücksicht auf das praktische („politische“) Verhalten ergeben sich hier von selbst: „Mein Reich ist nicht von dieser Welt“·

[1]) Th. Lessing, *Geschichte als Sinngebung des Sinnlosen,* 1919, macht die treffende Bemerkung, dass Geschichtsforschung sich ja doch nur an das, was in irgendeiner Form getan, also als Werk in die Materie übergegangen ist, aber nicht an das, was nur gedacht, geschaut ist, halten könne. Kommt aber nicht, da Geschichte doch einmal, wie wir wissen, von Seelen handelt, das zweite für den idealen Geschichtsforscher — (den es also gar nicht geben kann) — ebensosehr in Frage wie das erste?

persönlichen „Status“, in dem jeder durchaus an „seinem Platze“ ist: gut und vollkommen glücklich in „seinem“ Berufe. Auch der ist kein echtes Ziel einer Entwicklung, mag er eine noch so hohe „Kultur“ zeigen. Denn die Erde wird vergehen. Wäre der vollendete Staat als raumhaft ausgedrückter Zustand das „Ziel“, so wäre er eben kein Ziel, kein *Endganzes*, sondern nur ein Letztes. Es gäbe dann eben keine echte geschichtliche *Entwicklung;* nie, wahrlich, sollte von geschichtlicher Entwicklung reden, wer ein echtes Ende der Menschen nach jeder ihrer Seiten hin lehrt. Ebensowenig wäre ja, wie wir gesehen haben[1]), die Entwicklung des Einzelwesens im eigentlich letzten Sinne „Entwicklung“, wenn sie nicht das Werden eines Gliedes von Überpersönlichkeit bedeutete. Der vollendete Staat also in dem hier gemeinten Sinne kann höchstens ein Durchgangszustand auf das echte Ziel zu sein; aber wir wissen nicht einmal, ob er das ist; und was die tatsächlichen sogenannten „hohen Kulturen“, wie also etwa die Renaissance, betrifft, so wissen wir hier über eine echt-entwicklungshafte Bedeutung erst recht gar nichts, ja möchten sogar, aus im engeren Sinne „sittlichen“ Gründen, gerade z. B. mit Rücksicht auf die Renaissance, geneigt sein, eine eigentlich überpersönlich evolutive Bedeutung höchstens einigen der grossen Künstler und Gelehrten zuzusprechen.

Nun aber setze unsere neue Art der Betrachtung ein: Wie, wenn es nicht nur ein unraumhaftes Geschichtsziel gäbe, sondern wenn auch, in noch viel höherem Masse als bei der Entwicklung des Einzelwesens, da, wo es sich um Überpersönliches handelt, nur bruchstückhafte Neben- oder Seitenerscheinungen des eigentlichen Entwicklungswerdens, und gerade sie mit Zufall vermengt, in den Raum fallen würden? Dann wäre ohne weiteres die Unmöglichkeit verständlich, mehr als allgemeine, unbestimmte Züge von Ganzheit im tatsächlich „Geschichtlichen“ zu erkennen. Und auch die Unmöglichkeit in anderer als ganz unbestimmt vermutungshafter Art von der Geschichte als von einem Ganzheitsverlaufe, ja als von einem „Verlaufe“ überhaupt zu reden, wäre einsichtlich gemacht. Der wirkliche „Verlauf“ wäre nicht irdisch, sondern unraumhaft und würde nur in voneinander getrennten Bruchstücken so etwas wie raumhafte Spuren hinterlassen. Erfahrungshafte „Geschichte“ als Wissenschaft aber wäre das Wissen von diesen Spuren und nicht mehr. Die Spuren aber hinwiederum sind mit Zufälligem gemengt. Man irrt sehr, so meinen wir, und verdirbt sich die ganze Aufgabe, wenn man, wie Hegel

---

[1]) S. oben S. 165 f.

in seiner Kulturgläubigkeit, die Summe der Spuren für das Ganze nimmt.

So wäre denn also das Letzte, was uns hier zu sagen erlaubt ist, dieses: es sei da wohl ein sich in den Taten der menschlichen Einzelwesen äussernder, durch das raumhafte Sein hindurchgehender, in eben seinen raumhaften Äusserungen mit Zufälligem vermengter Strom überpersönlichen Ganzheitswerdens von in seinem Sosein zunächst noch nicht gefasster Art.

Diese Fassung des Wesens des Geschichtlichen ist zunächst noch sehr unbestimmt und eigentlich nur abwehrend, „negierend", nicht setzend („positiv"). Aber bis jetzt ist uns mehr zu sagen noch nicht erlaubt; galt es doch vornehmlich nur Falsches fernzuhalten.

Die Gesamtheit des im Rahmen der irdischen Menschheit nach einander Geschehenden also, welche allein wir eigentlich kennen, ist nicht das *Ganze* der Geschichte als einer *Entwicklung*. Und ein in irgend einem Sinne „irdischer" Zustand kann kein „Ziel", kein $\tau\acute{\epsilon}\lambda o\varsigma$, kein *Endganzes*, sein. Das im eigentlichen Sinne irdisch Geschehende stammt von „anderswo" her, und was an ihm echt entwicklungshaft sein möchte, stammt auch von „anderswo" her. In dem „anderswo" gibt es, so vermuten wir, Entwicklung; aber wir erfahren nur gewisse Entwicklungsphasen dessen, was „anderswo" sich entwickelt, welche aber unter sich keine lückenlose „Entwicklung" ausmachen. Häufungsmässig, „kumulativ", und zwar „psychologisch-kumulativ", beeinflussen sich diese Nebenfolgen untereinander; das kann Entwicklung vortäuschen und kann anderseits zur Ermittlung von „Gesetzen" in der Geschichte führen, welche eben psychologische Gesetze kumulativer Art sind.

Aber vielleicht haben wir schon mit diesem Wenigen über *Entwicklung* in der Geschichte, so wie wir sie kennen, viel zuviel gesagt. Wissen wir denn wirklich, dass die aufeinander folgenden Zustände der tatsächlichen Geschichte, im weitesten Sinne des Wortes, die Nebenfolgen „gewisser", das heisst denn doch mehrerer Entwicklungsphasen dessen, was „anderswo" sich entwickelt, sind? Könnte nicht auch lediglich die Tatsache des „Irdischer Mensch Sein" einen einzigen Entwicklungsschritt des unbekannten Ganzen bedeuten und alle angebliche „Entwicklung" in der erfahrungshaften Geschichte in Wirklichkeit Häufung, Kumulation sein? Wir gestehen, dass uns diese Auffassung des Geschichtlichen in manchen Hinsichten befriedigt. Täte sie es in allen, dann gäbe es im Geschichtlichen also nur Ganzheitszüge, aber gar keine Ganzheits-entwicklung echter Art. Freilich hindert uns nun wieder das Dasein der sogenannten „unkultivierbaren

Rassen" (Neger, Papuas usw.) unseren Entscheid als endgültig aus-
zugeben. Auch scheint es uns, als verlange die Tatsache, dass der
einzelne Mensch in seiner irdischen Zuständlichkeit seelisch *wird*
und nicht nur „ist", weitere Aufhellung zu verlangen.

Über das, was mit Bezug auf die Menschheit noch sozusagen „phylogenetisch" ist, können wir nun freilich an dieser Stelle nichts anderes
sagen als an früheren — nämlich n i c h t s. Wo immer wir auf „Stammesgeschichte" stossen, ist der Rand des völlig Geheimnisvollen erreicht.
Das sagen wir immer wieder.

Aber auch die Tatsache, dass „jeder einzelne Mensch seelisch *wird*",
so sagten wir, scheine aus der Lehre, dass es für die Erfahrung n u r
Ganzheitszüge und nicht einmal ein Etwas an Entwicklung in der
Geschichte gebe, herauszuführen. Was heisst das nun?

η) Wissens-geschichte.

Wir kommen, so scheint mir, mit dem, was jetzt noch zu sagen ist,
in der Tat wenigstens einen Schritt weit in echte *Entwicklung* im
Rahmen der erfahrungshaften Geschichte hinein; und wir sind gleich-
zeitig in der Lage, mit dem, was noch folgen soll, zwei früher gegebene Versprechungen einzulösen: die Ganzheitszüge, welche die Heterogonie der Zwecke und das Vermögen zu Kumulationen uns bedeuten,
sollten an späterer Stelle gedeutet werden, so sagten wir. Eben diese
Deutung, die sich unmittelbar auf das Vermögen zu Kumulationen
richten wird, soll uns zugleich in echte Geschichts-*Entwicklung* wenigstens einen Schritt weit hineinführen, wenn auch durchaus nur im
Sinne einer vermutungshaften Erwägung einer Möglichkeit.

Alle geschichtlichen Häufungsergebnisse mit dem „Fortschritt", den
sie zeitigen, sind letzthin Folge von Kumulationen im Bereiche des
Wissens oder *Schauens*, und zwar des erworbenen Wissens. Ein
Beispiel für viele: Wenn Staatsformen sich ändern, wenn z. B. die
„absolute Monarchie" abgeschafft wird, so liegt das letzthin an Wissens-
häufung. Man „weiss" eben von einem bestimmten Zeitpunkte im Laufe
der Geschlechterfolgen an, dass zwar eine „Harmonie der Berufe" bestehen mag, und insofern jeder in seiner Stellung „von Gottes Gnaden"
sein kann, dass aber in jedem Berufe, auch in dem des Herrschers,
ein „Verfehlen des Berufes" durch „Zufall" m ö g l i c h ist. Eben weil
es da grundsätzlich Zufall, in dem von uns festgelegten Sinne, geben
kann, „könnte" es gerade jetzt hier Zufall geben — und damit ist das
„absolute" Herrschertum grundsätzlich beseitigt, und zwar auch für
den wissenden Herrscher selbst.

Solche Betrachtung aber scheint auf allen „Stufenbau" des Geschichtlichen, im Sinne Breysigs, anwendbar zu sein. Und auch, was „sittlicher Fortschritt" heisst, ist in seinen besonderen geschichtlichen Ausprägungen, sei es als Sitte, sei es als gesetzlich festgelegte Einrichtung, kumulativ zu verstehen, wenn das Wesen von Wissen und Wissenserwerb einmal erfasst ist. Aus dem Wissen ergeben sich die Taten als Nebenfolgen. Man denke hier an die „Abschaffung" von Folter und Sklaverei; wenn man an sie denkt, mag man auch auf die Beseitigung des dritten grossen Unheils, des Krieges, hoffen.

Und ganz ebenso ist es in der Kunst-, der Wissenschafts-, der Rechts-„geschichte". Kunstwerke und Bücher stehen doch nicht unter sich in Werde-, geschweige denn in Entwicklungsbeziehung. Sie sind die Folge von Taten, und die Taten sind Folge von Wissen oder Schauen. Im Wissen also liegt immer der Quell des Geschichtlichen da, wo es sich um häufungsmässigen Fortschritt irgend welcher Art handelt: nicht Geschichte der Kunstwerke, sondern Geschichte der wissendschauenden Künstlerseelen ist das, womit es „Kunstgeschichte" im eigentlichen letzten Sinne zu tun hat.

Das Wissen also, als seinem Rahmen nach urbeziehlich, als seinen Besonderheiten nach erwerbbar, und zwar gedächtnishaft-erwerbbar, als im Laufe der Geschlechterfolgen durch Schrift und Sprache übertragbar, das Wissen trägt in seinem Sosein das Vermögen zu Kumulationen ganz unmittelbar.

Aber das Wissen, das ordnungshafte Schauen ist nun zugleich Etwas, das vielleicht in seinem Werden echt *entwicklungshaft* sein könnte. Es kann seinem Erwerb echtes Neues an-, oder besser einsetzen, und sein Erworbenes, also auch sein erworbenes Neues, ist unverlierbar, solange es Menschen gibt. Haben wir doch gelernt[1]), dass, des sogenannten Gedächtnisses wegen, alles Werden im Rahmen des Wissenserwerbes sich anders als alles andere Werden verhält, dass es allein in der Gegenwart die Vergangenheit aufbewahrt. Und dazu kommt noch Eines: Wissensbesitz im weitesten Sinne, d. h. Ordnungsbesitz in jeder, auch moralischer, Beziehung ist mein höchster Wert. Nach Massgabe meines höchsten „Wertes" aber muss ich doch wohl das Endganze und die Entwicklung der Geschichte beurteilen, wenn ich, wie wir wissen, mein sittliches Bewusstsein als Ausdruck meines Eingereihtseins in diese Entwicklung ansehe[2]). Es bleibt in der Tat für uns ja nichts anderes übrig, als in diesem Sinne *Sein* und *Sollen* zusammenzubringen. Nicht etwa leiten wir das Sollen aus

---

[1]) S. oben S. 139 ff.
[2]) S. oben S. 177 f.

dem Sein ab; wir schliessen vielmehr auf künftiges empirisches Sein aus dem gegenwärtigen Sein des Sollen-erlebnisses[1]).

„Wissen" aber bedeutet uns hier das bewusste ordnungshafte Haben in jeder Beziehung und das Vermögen dazu, bedeutet uns also „aktuelles" und „potentielles" oder „reproduzierbares" Wissen gleichermassen[2]). In diesem weiten Sinne des Wortes gibt es also vielleicht im Rahmen des *Wissens* und in ihm allein die eine Linie des entwicklungshaften .Werdens, welche wir suchen. Aber nur im Rahmen des reinen Wissens gibt es sie, alle Folgeerscheinungen des Wissens, alle eigentlich geschichtlichen „Taten", sind Nebenwerk, sind Abfall, sind unwesentlich, wie ja denn, was freilich dem heutigen, am Nebensächlichen haftenden Zeitgeschmack wenig entspricht, eine „Geschichte" der Wissenschaften, der Philosophie, der Künste geschrieben werden kann, ohne dass des „Politischen", des „Nationalen" auch nur Erwähnung getan wird.

Unbekümmert um das politische und nationale Gezänke und Gestreite, welches so vielen als Geschichte gilt und doch nur Geschehen ist, ginge dann die *Wissenslinie* als allein echte Entwicklung ihren stolzen Weg; und alles, was es sonst noch Gutes gibt auf dieser Erde, das stammte von ihr. Wahrlich, man soll das Wissen, die „Aufklärung" im edlen Sinne des Wortes, nicht verachten; sie allein ist das Licht in der Finsternis[3]). Im Wissen und in seinem Werden finden wir die wahre Quelle aller Geschichte.

---

[1]) Näheres über diesen Gedankengang in *O. L.* E. 3. b.

[2]) Das Wort „wissen" ist hier also phänomenologisch und psychologisch gefasst; zugleich ist vorausgesetzt, dass der Begriff „der andere wissende Mensch" geklärt ist. Das aktuelle bewusste Haben ist Anzeichen eines Zustandes der „un"-bewussten habenden und tuenden Seele. Vgl. *O. L.* D. 3 c. α; 5 d.

[3]) Vielen unserer Zeit ist „Aufklärung" zum Spott- oder Scheltwort geworden. Aber woher stammten die wenigen kollektiv-ethischen Fortschritte (Abschaffung von Folter, Inquisition, Sklaverei, Hexenverbrennung, sozialer Ausbeutung usw.), wenn nicht von ihr? Alles ethisch Wertvolle im Rahmen der Menschengemeinschaft ist in der Tat durch „Aufklärung" geworden, und viel grösserer Fortschritt wäre denkbar, wäre unser Wissen in psychologischen und überpsychologischen Dingen grösser, als es ist. Das Wirkliche ist nicht rein „rational", das heisst es ist nicht restlos ordenbar; gewiss. Aber es zeigt viele „rationale" Züge; und gerade auf dem Wissen um sie beruht, soweit das Menschheitsgemeinsame in Frage steht, alle Möglichkeit sittlicher Besserung. Wer im „Irrationalismus" schwelgt und das Rationale verachtet, der trägt jedenfalls an seinem Teil nicht zur sittlichen Besserung bei; das Irrationale ist das $\mu\grave{\eta}$ ὄν. d. h. das, was überwunden werden soll, aber nicht gepriesen, das, was, leider, immer von selbst sich einschleicht, aber doch bekämpft werden kann. Ein wenig von Rationalem erkennen heisst: noch mehr von ihm wollen. Freilich ist das wahrhaft Rationale nicht, wie oft gemeint wird, das summenhaft Mechanische, sondern gerade im Gegenteil: Ein-

An der Weiterführung der *Wissenslinie* nun beteiligen sich einzelne Menschen. Ob alle oder nur einzelne „Begnadete" sich aktiv beteiligen können, wissen wir nicht[1]). Ist das Zweite der Fall, so müssten, wegen der allgemeinen Harmonie zwischen Lehrer und Schüler[2]), die „Anderen" wohl mit Rücksicht auf ihr Empfangen-können ebenfalls einen „Schritt" gemacht haben. Insofern sich Menschen, aktiv oder nur rezeptiv, an der Weiterführung der Wissenslinie beteiligen, ist ihr Sein und Werden als irdische psychisch-physische Menschen selbst entwicklungshaft. Wollen wir ganz streng sein, so dürfen wir sogar nur jeweils die Wissensförderung seitens jeweils eines einzelnen Menschen in sich entwicklungshaft sein lassen. Die „Wissenslinie" wird dann zu einer nur scheinbar einheitlichen Linie; sie besteht in der Tat aus vielen Linienstücken, von denen sich immer der Anfang des neuen „kumulativ" an das Ende des alten ansetzt. Nur die Linienstücke aber sind in sich echt entwicklungshaft. Durch diese Aufhellung wird das empirische Geschichtliche auch mit Rücksicht auf Wissensinhalte wieder in erheblich höherem Grade bruchstückmässig, als es einen Augenblick zu sein schien. Wir werden gerade hier später noch weiterdenken. Begnügen wir uns einstweilen mit der Einsicht, dass die einzelnen Linienstücke der scheinbar einheitlichen Wissens-„linie" nun in der Tat und unangefochten *entwicklungshafte* Linien sind — wenn überhaupt unsere ganze Betrachtung Berechtigung hat.

Inwiefern aber wird denn nun eigentlich die Wissenslinie „weitergeführt"? Den bloss durch Wahrnehmung zugeführten Wissensinhalten nach offenbar nicht; die kommen ja aufs deutlichste von aussen, sind also in ihrer Abfolge kumulativ in unserer Sprechweise. Ich denke, wenn ich von einer Weiterführung der Wissenslinie hypothetisch rede, in der Tat nicht an sie, sondern an etwas, das ich am besten als Schau neuer Aufgaben und neuer Lösungen bezeichnen

---

heitsganzheit. — Ich bemerke an dieser Stelle ausdrücklich, dass ich ganz und gar nicht die heute übliche Ansicht teile, welche da sagt, es sei wissenschaftliche Psychologie für wissenschaftliche Geschichtsschreibung ohne Bedeutung. Freilich wird man, was auf Grund wissenschaftlicher Psychologie historisch zu leisten möglich wäre, in seinem grossen Abstande von dem heute Geleisteten erst dann würdigen, wenn es einmal von einem mutigen Denker, zunächst auf kleinem Felde, geleistet ist. Übrigens erkennt Bernheim in seinem verbreiteten „Lehrbuch der historischen Methode" rückhaltlos die grosse Bedeutung der Psychologie für historische Forschung an (s. 6. Aufl., 1908, S. 644 ff.).

[1]) Vgl. oben S. 121, wo entsprechend der Frage im Rahmen des Freiheitsproblems auftrat.

[2]) Vgl. oben S. 187 ff.

kann. Diese Schau als Schau ist natürlich, entsprechend unserer Grundlehre, ein blosses *Haben*, kein Tun. Aber wir beziehen es ja auf ein
Tun oder vielmehr Getanhaben, nämlich „Gedacht"-, „Gewollt"-, „Gearbeitet"-, „Geurteilt"-haben der *Seele*. In der Seele, im „Un"bewussten
spielt sich also letzthin die einzige historische Evolution, welche wir
allenfalls zulassen können, ab. Das überpersönliche Seelische, von dem
die einzelne Seele Ausdruck ist, hat also gleichsam seine unraumhafte
„Phylogenie" mit Rücksicht auf das Bewältigenkönnen der Wissens-
probleme. Dass wir da *Wissen* wieder im weitesten Sinne nehmen, als
alle „Schau", auch die ästhetische und ethische einschliessend, versteht
sich von selbst.

Und nun sei noch einmal auf die eigentliche Phylogenie zurück-
gegriffen und gefragt, ob nicht vielleicht auch ihr *Ziel* Wissensanreicherung ist, ob nicht die „Formen" der Organismen nur da seien, auf dass
Wissen in möglichst vielen Weisen verwirklicht werde. Doch mag
auf diesem unbehandelbaren Gebiet das blosse Gefragthaben genügen.

Das *Ziel*, der „Sinn" der Geschichte ist uns, man sieht es, nicht
nur das Sittliche. Wir denken das wirkliche Wissende als viel zu
reich, als dass es ihm nur auf den „guten Menschen" ankomme. Nur
ein Mittel ist er ihm, ein Mittel, auf dass Wissensförderung ohne
Hemmisse möglich sei. Und das blos „Soziale" ist wieder nur ein
Mittel für das Sittliche der höheren Art.

Ja, wir geben sogar zu, dass das höchste Ziel des Überpersönlichen
noch ganz andere Seiten haben möchte als nur die Wissens-seite,
Seiten, von denen wir gar nichts auch nur ahnen, weil sie gar
nicht in das *Ich habe Etwas* eintreten, weder so, wie sie sind (wie
das Wissen es tut[1]), noch auch bloss „erscheinend".

Wissenswerden wäre uns also zum hypothetisch *Entwicklungshaften*,
und zwar, neben dem rätselhaften „Phylogenetischen", zum einzigen
Entwicklungshaften in Geschichte als irdischer Tatsächlichkeit und
damit zum eigentlich Wesentlichen in ihr geworden; daneben bedingt es, da das Vermögen zu den verschiedenartigsten Kumulativbildungen abgeleiteter Art auf ihm ruht, den scheinbar entwicklungshaften „Fortschritt" der „Kultur" in Dingen von praktisch freilich oft
grosser Wichtigkeit; es ist auch in dieser seiner Vermöglichkeit zu
Häufungen die letzte Grundlage der„ Heterogonie der Zwecke", in der
also nichts besonders Geheimnisvolles zu sehen ist.

Die Ganzheitszüge, „sittliches Bewusstsein" und „Berufsharmonie"
freilich sind neben der entwicklungshaften Wissenlinie bestehende blosse

---

[1] S. o. S. 131 ff.

Züge von Überpersönlichem unverstandener Art, Züge, die an die Geheimnisse des „Instinktiven“ erinnern.

Alle besonderen Kultur- und Geschichtsausprägungen aber sind in ihrer Besonderheit *zufällig*, d. h. nicht als diese bestimmten einer bestimmten Ganzheit fest eingegliedert.

Also wenigstens ein wenig von erfahrungshaft Entwicklungsmässigem haben wir in der Wissenslinie oder, strenger, in den Linienstücken der scheinbaren Wissens-„linie“ hypothetisch aufgedeckt; mag es sich dabei auch nur um Entwicklungsbruchstücke, die mit allem möglichen Zufälligen verknüpft sind, handeln.

Haben wir das wirklich so ganz ohne weiteres? Haben wir es nicht nur unter gewissen noch unausgesprochenen Voraussetzungen? Es wird doch einmal einen „letzten“ wissenden Menschen auf der Erde geben. Haben wir aber nicht gesagt, dass ein blosses Ende kein $\tau\acute{\epsilon}\lambda o\varsigma$ sei? Wie ist das zu vereinigen mit der Lehre vom *entwicklungshaften* Wesen, das dem Wissen anhaften soll?

Man sieht es: wir sind immer noch nicht fertig.

Hier nun endet „Erfahrung“ aber durchaus und fängt vielleicht sogleich vermutungsweise *Erkenntnis* an. Wir also haben hier die Betrachtung abzubrechen, um sie später wieder aufzunehmen.

ϑ) Abschluss und Ausblick.

Denn jetzt bereiten wir ja nur den Boden für eine *Zufall* und *Ganzheit* ausdeutende Metaphysik. Wir wissen also: Es gibt auch im Geschichtlichen Zufall mit Ganzheit verquickt. Der Zufall geht auf das Zufällige an der Materie zurück. *Ganzheit* rein als solche zeigt sich in gewissen Gemeinschafts-*Zügen;* *Entwicklung* zeigt sich vielleicht in gewissen Werdelinien im Rahmen des Wissens. Fast alles, was sich der Erfahrung von „Geschichte“ im üblichen Sinne sonst zeigt, sind grundsätzlich nur zusammenhangslose Bruchstücke, sind höchstens Kumulationen. Und doch lassen wir Geschichte den Ausdruck einer Entwicklung, in Zufall verkettet sein — aber freilich das, war wir von ihr kennen, lassen wir gerade nicht allzuviel bedeuten. Ein sehr seltsames Ergebnis.

Man wird vielleicht sagen, dass wir hier, ohne es auszusprechen, die Frage der sogenannten „Unsterblichkeit“ in die Geschichtsaufgabe unter der Hand hineingeschoben haben. Soweit Erfahrung in Frage steht, haben wir aber, meine ich, mit unserer Lehre vom Bruchstückwesen des Raumhaft-Geschichtlichen zunächst doch nur eine Lücke der Erfahrung als solche bezeichnet; etwas „Positives“ haben wir noch nicht gesagt.

Freilich haben wir der „Geschichte“, wie sie erfahrungshaft als Geschehen besteht, alle innere Geschlossenheit genommen, soweit es sich nicht um blosse Häufungen und um das wenige Entwicklungshafte im Rahmen des Wissens handelt. Ja mehr: wir haben trotz allem eigentlich das „Irdischer-Mensch-sein“ überhaupt, und nur dieses, ein zwar eine gewisse Entwicklung in sich selbst tragendes Entwicklungsglied eines Höheren sein lassen zwischen unkennbaren früheren und späteren Entwicklungsgliedern, innerhalb des irdischen Menschentums aber, von neuer Wissensschau abgesehen, alles sogenannte echt Geschichtliche als im letzten Grunde gleichgültigen Wesens angesehen. Mehr haben wir bis jetzt jedenfalls noch nicht — gesagt.

Die Endentscheidung über die Wirklichkeitsbedeutung von *Ganzheit* und *Zufall* scheint vorbereitet zu sein. Sie ist es aber doch noch nicht in Vollständigkeit, und es würde ein grosser, obschon oft begangener Fehler sein, die noch bestehende Unvollständigkeit zu übersehen. Nur von Ganzheit und Zufall im Bereiche dessen, was Erfahrung das *Naturwirkliche* im weitesten Sinne des Wortes nennt, haben wir bis jetzt geredet. Das Naturwirkliche trifft aber nur das *Etwas* aus jenem dreieinigen Satze *Ich erlebe Etwas*, der aller Philosophie Ausgang bildet, auch wenn es das „Psycho-physische“ einschliesst.

B. Das Wissen und der Irrtum.

a) Die Aufgabe.

In unseren teils endgültigen, teils vorbereitenden Erörterungen über Ganzheit des Naturwirklichen und ihre metaphysische Bedeutung haben wir, nachdem die Wirklichkeitsbedeutung von *Ganzheit* allgemein festgestellt war, an erster Stelle über Einheit, Ganzheit und Ganzheitszüge, soweit sie sich im *Werden* und seiner Verknüpftheit zeigen, geredet, an zweiter Stelle über Einheit, Ganzheit, Ganzheitszüge und Nichtganzheitszüge überhaupt; mit Rücksicht auf die zweite Frage wurde jede Entscheidung in Sachen der Wirklichkeitsbedeutung des Erfahrungshaften noch vertagt.

Ganz derselbe Weg ist uns vorgeschrieben bei der Behandlung der Fragen, die sich an den Sinn des Wortes *wissen* knüpfen. Auch hier gibt es der Aufgaben zwei: *Wissen* ist Ganzheitszug des Erfahrungshaften überhaupt, ist Ur-ganzheitsbeziehungsart in ihm, die sogar ohne weiteres, so wie sie ist, *wirklich* ist. Davon ward ausgegangen. Und alsdann wurde das Werden des Wissens, der Wissenserwerb, erörtert. Das Etwas, um das ich weiss, ist bald dieses bald jenes. Was bedeutet das? Zum mindesten, dass es etwas bedeutet, wurde sichergestellt. Nun aber harrt der Behandlung die zweite Frage der Lehre vom Wissen, die auf das besondere Ganzheitliche am Wissen in allen seinen Zügen geht. Mag es sicher sein, dass *Wissen* eine ganzheitliche Beziehungsart überhaupt ist und dass sein Werden Ganzheitliches bedeutet: welcher Art sind denn die Sonderganzheitszüge im Bereiche der Beziehung *Wissender - Gewusstes,* und welcher Art sind die Nichtganzheits-, die *Zufalls*-züge, wenn es deren gibt?

Dass es aber jedenfalls auch *Zufalls*züge im Bereiche der Beziehung *Wissender - Gewusstes* gibt, das wissen wir, wenn wir uns der Bedeutung des Wortes „Irrtum" erinnern, und so ist denn der Gegenstand dieses Abschnittes ganz wesentlich die Lehre vom *Irrtum,* freilich nur insofern, als sie der Kenntnis dessen dient, was nicht Irrtum ist.

Inwiefern Irrtum besteht, werden wir alsbald eingehend untersuchen. Um zunächst einmal in Klarheit zu sehen, was das Bestehen von Irrtum überhaupt, schon im Reiche der Erfahrung, bedeutet, wollen wir damit beginnen einmal zu fragen, wie es denn um Erfahrung und um Wirklichkeit stünde, wenn es keinen Irrtum gäbe. Wir werden leicht einsehen, dass das Nicht-bestehen von Irrtum eine ganz ungeheure Erleichterung zumal der metaphysischen Aufgabe bedeuten würde, eine Erleichterung freilich, die wir uns eben nur für einen Augenblick als daseiend erträumen dürfen, um uns dann wieder dem erfahrungshaften Bestand zuzuwenden, wie er ist. Denn wir wollen ja durch das Erfahrungswissen hindurch zur Wirklichkeitslehre.

Wenn es keinen Irrtum gäbe, würde jeder einzelne Wissende, jedes „Subjekt" im Sinne der schon erweiterten Naturerfahrung, innerhalb der Ganzheitsbeziehung *Wissender - Gewusstes* jeweils das *Ganze,* insofern es in diese Beziehung eingeht, gleichsam in sich tragen oder doch einen Ganzheitsbruchteil, der deutlich als „Bruchteil" von Ganzheit ohne jede Störung erscheinen und nur eben das Zeichen des Noch-nicht-fertig-ausgebaut-seins an sich tragen würde. Als „monadisch" zerlegt — nicht freilich als streng monadisch[1]) — dürften wir in diesem Falle die Subjektsseite der Beziehung *Wissender - Gewusstes* ansehen, derart, dass eben jede Monas, als Teil eines Ganzen, von ihrem „Standpunkt" aus die Gesamtheit dessen, was sie nicht ist, richtig, obschon vielleicht unvollständig spiegelt, wobei natürlich nicht an raumhafte Standpunkte gedacht werden darf. Alle Urteile einer Monas würden, wenn wir ins Metaphysische übergehen, wahr sein. *Ich selbst* als bewusster Abglanz einer Monas würde einsehen, dass Ich meinen

---

[1]) S. Seite 177.

Urteilen das Kennzeichen **wahr** zu sein zusprechen darf. Ja, ich würde wohl gar nicht auf den Gedanken kommen, dass es anders sein könne. Es würde „geben" das Wirkliche in seinem Sosein, und sein Sosein würde aus sich folgen lassen das wahre Wissen der Teilsubjekte von sich und vom Wirklichen überhaupt. Leibniz dachte diesen Gedanken; er sah ihn vor sich wie eine Art Eingebung, eine „Vision"; und er glaubte ihn retten zu können durch die Einführung des Begriffs des unbewussten Wissens, ohne zu sehen, dass er ihn dadurch aufhob. Dass er ihn aufhob, ist ausser Zweifel, denn durch Zulassung des Begriffs des unbewussten Wissens gab er selbst zu, das *Ich* mich nicht als in Wahrheit wissende Monas „weiss".

Was denn also ist Irrtum; und ist er ein nur vorläufiger oder ein endgültiger Mangel im Rahmen der Beziehung *Wissen?*

b) Die Arten des Irrtums.

Wir wollen an erster Stelle von den Arten des Irrtums handeln, oder auch, weil man ja auf ein „falsches" Urteil, wenn es Frageform annimmt, mit dem Wörtchen „nein" zu antworten pflegt, von den verschiedenen Arten der Bedeutung des *nein.*

Aller Irrtum geht mein bewusstes Haben von Etwas an: ich habe „Falsches". Bekanntlich hat Aristoteles[1]) schon gewusst, dass Irrtum nur da bestehen kann, wo Verbindung oder Trennung von Einfachem oder Einheitlichem, das heisst: das sogenannte „Urteil" im engeren Sinne des Wortes, in Frage kommt.

Da könnte es denn so scheinen, als gebe es letzthin doch nur eine Art von Irrtum, nämlich eben Urteils-irrtum, und als seien beispielsweise die Urteile „zwei mal zwei ist sieben", „Kalkutta liegt in Spanien", „Gold ist bei gewöhnlicher Temperatur flüssig", „Was eine Katze ist, ist ein Vogel", „Der Pegasus ist (naturwirklich)", „Vor 200 Jahren schrieb ich dieses Werk", „Die Winkelsumme des Dreiecks beträgt 3 Rechte" alle in ganz demselben Sinne „irrtümlich". Das ist nun aber schon auf den ersten, wenigstens auf den ersten denkhaft geschulten Blick hin nicht der Fall; ja, auf den ersten denkhaft geschulten Blick hin ist es klar, dass die sprachliche Form des sogenannten „Urteils" — *S ist P,* oder *Wenn S P ist, so ist S' P'* — hier eine recht unwesentliche und äusserliche Angelegenheit ist.

Schon die Ordnungslehre in ihrem allgemeinen Teile lehrt, dass sogenannte „Urteile" im engeren Sinne des Wortes[2]), das heisst Setzungs-

---

[1]) Metaph. VI 4; de interpr. 1; de anima III 6 etc.

[2]) Im weiteren Sinne des Wortes gilt der Ordnungslehre als „Urteil" jede irgendwie ordnungstiftende Setzung, jedes als endgültig-ordnungshaft gehabte *Dieses.*

verknüpfungen von der Art *A ist α* oder, in üblicher Form, *S ist P,* ganz Verschiedenes bedeuten können, dass das ihnen Gemeinsame, abgesehen von ihrer grammatischen Form[1]), eigentlich nur das Festhalten irgend einer Beziehung zwischen zwei Gliedern ist, wobei aber die Art der Beziehung, die doch das Wesentliche ist, zunächst ganz im Unbestimmten bleibt. Damit ist zugleich gesagt, dass das eigentlich ordnungsmässig, das eigentlich „logisch" Wesentliche am sogenannten Urteil im engeren Sinne auch eben nur das *Setzen,* das Begriffs-setzen, ist, und zwar ganz ausdrücklich das Setzen einer *Beziehung* als solcher. Das Urteil als Gegenstand ist also trotz seiner Dreigliederigkeit im Grunde Eines, nämlich bestimmte Beziehung; das S und das P in ihrer besonderen Bestimmtheit bestimmen die Besonderheit der Beziehung.

Urteilen als sogenannte Tätigkeit aber ist etwas „Psychologisches", das die Ordnungslehre überhaupt nichts angeht. Gesetzt wird also im Urteil eine Beziehung, die eben diese bestimmte Beziehung ist, insofern sie gerade zwischen S und P als diesen bestimmten Gliedern besteht.

A ist α kann nun Viererlei bedeuten, d. h. die „Kopula" *ist* kann als das blosse Wort „ist" Viererlei an Beziehung ausdrücken[2]):

Erstens bedeutet *A ist α* ganz unmittelbar soviel wie *A setzt α mit;* *weil* ich A setze, setze ich *α;* die Setzung *α folgt* aus A, ist inhaltlich in A *einbeschlossen,* ist durch A *begründet.* Hier haben wir das reine *auflösende* („analytische") Urteil, das zugleich die Urform des *Schlusses* ist; in ihm also wird eine Besonderheit desjenigen Gebiets von Beziehlichkeiten, welches durch das Wort *mitsetzen* (= inhaltlich einschliessen) ausgedrückt wird, durch Setzung festgehalten.

Zweitens aber stellt *A ist α* nur recht uneigentlich überhaupt so etwas wie ein entwickeltes „Urteil" dar. Das ist der Fall bei „Urteilen" von der Form *Dieser Baum blüht* und ähnlichen. Dieses „Urteil" will sagen *Hier ist jetzt blühender naturwirklicher Baum* oder *An diesem naturwirklichen Baum ist jetzt Blühen.* Es handelt sich im Grunde

---

Jedes *Dieses* nämlich bedeutet zugleich: *Dieses ist da,* nämlich als Setzung, als unmittelbarer Gegenstand. Ein Urtei*len* als Tätigkeit und ein Urteils-„vermögen" kennt die reine Ordnungslehre überhaupt nicht.

[1]) Und abgesehen davon, dass im Syllogismus all e Urteile als gleichen Wesens, nämlich als „analytisch" angesehen werden, mögen sie ursprünglich so gemeint gewesen sein oder nicht. Alles mittelbare Schliessen ist eben gleichermassen übergreifendes *Mitsetzen* und kann nur statthaben, wo Mitsetzungsverhältnisse als bestehend angesehen sind, mögen sie tatsächlich in Frage kommen oder nicht (*O. L.* B. I. 10 c.)

[2]) Vgl. *O. L.* B. I. 10. d.

um eine Setzung mit Naturwirklichkeitsbedeutung; anders gesagt: um die Verknüpfung eines *So* mit einem *Jetzt-Hier* im Rahmen des Naturwirklichen. Dass etwa das *So*, das „Subjekt", den meisten seiner Merkmale nach, insofern diese naturwirkliche Eigenschaften eines gemeinten naturwirklichen Gegenstandes bedeuten, schon als „bekannt", als „gesetzt" genommen wird, was ja bei derartigen Aussagen meist der Fall ist, bedeutet hier logisch gar nichts Wesentliches. Übrigens kann bekanntlich schon das blosse „*ist*" im Sinne von „*ist naturwirklich*" ein „Prädikat", und daher ein „Urteil" von der Form *A ist* dem Irrtum ausgesetzt sein; oder, anders gesagt: schon die blosse „Wahrnehmung" in ihrem Gedeutetsein als Wahrnehmung, d. h. als etwas, das Naturwirkliches meint, kann richtig oder falsch sein.

Drittens kann nun aber auch *A ist α* das echte „synthetische Urteil a posteriori" sein, das Urteil der vermutungshaften Erfindung, der „Induktion" im tiefen Sinne des Wortes. Man sucht eine Setzung, die möglichst viele schon bestehende Setzungen *mitsetzt*, aus sich folgen lässt, und drückt den Mitsetzungsversuch eben in Form des „Urteils" aus. *Walfische sind Säugetiere*, d. h. Ich setze eine Setzung „Walfisch" derart, dass aus ihr „Säugetier" folgt; das „erklärt" gar viele naturwirkliche Einzelheiten; vordem bedeutete mir das Wort „Walfisch" eine andere Setzung, welche „Fisch" mitsetzte. Dieses Urteil wird sofort „analytisch", sowie es einmal ausgesprochen, d. h. sowie dem Worte „Walfisch" ein neuer Sinn gegeben ist; es ist „synthetisch", d. h. begriffsschaffend, nämlich den neuen Begriff „Walfisch" schaffend, welcher nun „Säugetier" mitsetzt, nur gleichsam in statu nascendi[1]).

Viertens endlich ist *A ist α* Ausdruck einer nicht auf den blossen Widerspruchssatz gegründeten Schau von Zusammengehörigkeit; es ist das „synthetische Urteil a priori" in freilich nicht ganz der Kantischen Auffassung entsprechendem Sinne. Hierher gehört das *A ist nicht Nicht-A*, das *+ 1 bedeutet dasselbe, wo immer in der Zahlenreihe es steht*, aber auch z. B. der Satz von der *Trägheit* im Bereiche der Naturordnungslehre.

„Urteile" aller dieser Formen nun können „falsch" sein, so dass ich bei ganz klarem Erfassen der bedeutungshaften Sachlage *nein* zu ihnen sage, wenn sie mir gleichsam als „Frage" gegenüberstehen, dass ich aber auch andererseits im Laufe meines Erlebens gezwungen werden kann ein *Nicht-A* zu setzen, wo ich vordem, die beziehliche Sachlage doch eben, in einer bald noch näher aufzuhellenden Weise, nicht völlig erfassend, ein A gesetzt hatte. Das eben ist der Fall des Irrtums: Ich hatte „mich geirrt"; ich irre mich nicht mehr. Aber der mög-

---

[1]) Vgl. *O. L. B. I. 10 δ ε*.

liche „Irrtum" bedeutet in jedem Falle etwas ganz anderes, weil eben das „Urteil", d. h. also, unserer Auffassung entsprechend, die Beziehungs-Setzung, in jedem Falle etwas anderes bedeutete, und das *nein* wendet ganz verschiedene Arten des A in Nicht-A um. Auf der anderen Seite freilich wird sich zeigen lassen, dass von eigentlich grundlegender Bedeutung doch nur zwei besondere Arten des Irrtums sind, auf die sich alle seine Sonderformen zurückführen lassen, so dass man also auch sagen könnte: mit dem Worte „Irrtum" werden, in leider zu Missverständnissen Anlass gebender Weise, zwei wesentlich ver-schiedene, eine Reihe besonderer Sachlagen unter sich begreifende Angelegenheiten bezeichnet.

Das echte auflösende („analytische") Urteil und das „synthetische Urteil apriori" sollten eigentlich nicht „falsch" sein können, wenn überhaupt die Bedeutung der sie zusammengesetzten Bestandteile in ihrem Sosein erfasst, oder, um mit Husserl zu reden, eidetisch ge-schaut ist; ebensowenig sollten sie „falsch" sein können, wie in ihrer Bedeutung rein erfasste Ordnungszeichen „falsch" sein können. In der Tat wird auch keiner ·unvermittelt ein auflösendes *A ist α* in der Form von etwa „Kreise sind viereckig" aussprechen, wenn anders er die Bedeutungen von *Kreis, viereckig* und *mitsetzen* kennt, oder ein wesensschauendes Urteil des Inhalts „Die Ursache ist ärmer an Mannig-faltigkeit als die Wirkung", wenn ihm die Bedeutungen von *Ursache, Wirkung* und *Mannigfaltigkeit* bekannt sind. Er wird, was im Grunde dasselbe heisst, die Setzung „viereckiger Kreis" überhaupt nicht als Setzung zulassen, es sei denn, wie Meinong und die Seinen, auf Grund besonderer Absichten der Lehre — die wir übrigens nicht teilen[1]). Auch „falsche" Urteile auflösender Art von der Form „Katzen sind Vögel" kommen als auflösende Urteile unmittelbar nicht vor.

Der Irrtum, so schliessen wir also, kommt als ausdrückliches Setzen eines Widerspruches oder einer nichtzusammen-gehörigen Wesenszusammengehörigkeit gar nicht vor. Jeden-falls ist er, wenn er etwa aus Gründen besonderer Lehrabsicht vor-kommt, kein „Irrtum", auf alle Fälle etwa ganz anderes als das, was er in den jetzt zu erörternden Fällen ist.

Nun kommt aber Irrtum mit Sicherheit vor im Ergebnis eines aus reinen Schlussketten bestehenden „Nachdenkens", also im Gebiet des rein Ordnungshaften und des Mathematischen, wobei wir ausdrücklich betonen, dass wir hier an reine und echte *Schluss*-ketten, d. h. an Ketten echter oder mathematischer Mitsetzungsverhältnisse denken,

---

[1]) Hierzu vgl. *O. L. B. I. 4. c.*

nicht aber an die durchaus zu Unrecht sogenannten Erfindungs- oder Induktions-„schlüsse". Also gibt es doch den Irrtum im rein Setzungshaften? Ganz gewiss kann ja etwa das Ergebnis der Auflösung einer Gleichung oder ein Zwischenglied auf dem Wege zu solcher Auflösung oder ein geometrischer Satz „falsch" sein. Aber wir haben einen Schlüssel zur Lösung des scheinbaren Widerspruchs zwischen der Möglichkeit des Irrtums im Bereiche von Ergebnissen des Nachdenkens im Sinne reinen Schliessens und seiner Unmöglichkeit im Gebiete des reinen Setzens: „Nachdenken" und eine Setzung als bedeutungshaften „Gedanken" erleben ist eben nicht dasselbe. Das Erleben einer Setzung ist ein Erlebnis, und sein Gegenstand ist im Erleben in seiner geschauten bedeutungshaften Inhaltlichkeit eben da. „Nachdenken" dagegen ist ein sehr zusammengesetzter empirischer Vorgang, bezogen auf das gleichsam selbständige Sein *meine Seele;* Nachdenken und ebenso „Urteilen" als Tätigkeit ist ein „theoretischer Konstruktionsbegriff" der Psychologie. Was erlebt wird, wenn ich „nachdenke", ist im Jetzt, oder besser in der Zeitunbezogenheit des Erlebens, immer dieses Eine, aber es kann „Vergangenes", d. h. als Erlebnis Vergangenes, bedeutende *Zeitzeichen* an sich tragen. Und nun kommt das Wesentliche: In bezug auf die Einreihung vergangener inhaltlicher Erlebnisse, welche ich auf Grund des unmittelbaren Erlebens von Zeitzeichen mit Rücksicht auf ganz bestimmte Zeitpunkte meines vergangenen *Seelen*lebens vornehme, kann ich mich „irren", sei es, indem ich mich in bezug auf die Zeiteinreihung als solche, sei es, dass ich mich, was wesentlicher ist, in bezug auf die Inhaltlichkeit des Vergangenen täusche. Sogenannte *Erinnerungs*-täuschungen sind beides, und auf ihnen, n u r auf ihnen, also auf Täuschungen mit Rücksicht auf das Sosein meines vergangenen Seelenlebens ruht die Möglichkeit des Irrtums in den Ergebnissen rein logischer oder mathematischer oder allgemein ontologischer Schlussketten. Was ich als solches jetzt erfasse, das erfasse ich. Ich kann aber irren in bezug auf ein früheres Erfasst-haben. Ich kann meinen, ich hätte $\sqrt{a+b}$ erfasst gehabt, es war aber $\sqrt{a-b}$ gewesen; oder ich hatte im Lauf einer Schlusskette geometrischer Art von der Winkelhalbierenden eines Dreiecks geredet, nehme aber „in der Erinnerung" die Winkel- für eine Seiten-halbierende; oder auch ich soll irgendwo eine Quadratwurzel ziehen, sehe aber in einem „Augenblick der Unaufmerksamkeit" als meine „Aufgabe" die Division durch 2 an. Ich „schliesse" ruhig weiter, glaube mich im Reiche des Irrtumsfreien zu bewegen, halte auch das Ergebnis, etwa eine Aussage über die Gleichheit zweier Funktionen oder zweier Flächeninhalte, für richtig; und doch ist das Ergebnis — falsch.

Den Irrtum in den Ergebnissen von Schlussketten haben wir also auf den Irrtum mit Rücksicht auf die Erlebens-erinnerung, oder, strenger gesprochen, auf die Zuordnung zwischen dem *Jetzt* und *So* des seelischen Verlaufes zurückgeführt, wobei eben gerade auch mit Rücksicht auf die Bestimmung des Inhaltes der seelischen *So* als solcher, welche ihrerseits alles sein können, was es überhaupt an seelischem Sosein gibt, Irrtum unterlaufen kann[1]).

Wir haben mathematische Beispiele zur Veranschaulichung des von uns Gemeinten gewählt, weil tatsächlich auf diesem Felde rein ordnungshaften „Nachdenkens" *Irrtum* am häufigsten unterlaufen wird. Er ist aber in ganz derselben Form im Bereiche reiner sogenannter Kettenschlüsse auch durchaus möglich, sogar wenn sie alle nach „Barbara" erfolgen. Es kann sich sehr wohl auch hier um Irrtümer mit Rücksicht auf das Erlebthaben von Bedeutungen handeln, die dann ein Schlussergebnis trotz des rein Denkhaften, das zu ihm führt, „falsch" machen. Bei sogenannter seelischer Ermüdung wird das gelegentlich vorkommen. —

Bei Aussagen, welche die Form „synthetischer Urteile a posteriori" über Naturwirkliches haben, kann „Irrtum" in zwei auf den ersten Blick verschiedenen Formen unterlaufen, entsprechend den beiden verschiedenen Bedeutungen dieses Kunstausdruckes; nähere Untersuchung freilich lehrt, dass es sich im Grunde nur um eine Urform des Irrtums handelt.

Ist das *A ist a* nur ein zerlegter Ausdruck für eine einzige Naturwirkliches angehende Setzung, für eine „Tatsache" von der schlichtesten Art, wie in den Urteilen „Da sitzt ein Mann", „Dieser Baum blüht", so wird, wie wir wissen[2]), einem bestimmten *Jetzt-Hier* ein bestimmtes *So* mit dem Tone des Naturwirklichen zugeordnet. Diese Zuordnung, oder, genauer gesprochen, mein Haben dieser Zuordnung kann irrtümlich sein, und ist es zum Beispiel, wenn ein Glitzern der Blätter, das als Empfundenes, als „Gehabtes", selbstredend nicht „falsch" ist, für Blühen, wenn in der Dämmerung ein Baumstumpf im Wald für einen „Mann" genommen wurde, wenn ich halluziniere.

---

[1]) Ganz ähnlich will Poincaré (Wissenschaft und Methode, S. 37) den Irrtum bei Schlussketten auf ein schlichtes Vergessen oder auf ein Bedeutungsvergessen zurückführen. — Eingehendes über den Erinnerungsirrtum findet man bei G. E. Müller, Zur Analyse der Gedächtnistätigkeit, III, 1913, § 121, S. 319—361.

[2]) *O. L. C. I.* 7. Im blossen *A ist* (naturwirklich), zum Beispiel „Der Pegasus ist", kann fälschlich einem *So* die Möglichkeit einer *Jetzt-Hier*-Verknüpfung zugeordnet werden.

Aber das *A ist a* heisst ja auch ein synthetisches Urteil a posteriori, wenn es Ausdruck einer vermutenden Erfindung, einer „Induktion" ist, welche möglichst vieles schon Gesetztes mitsetzen soll. Da geschieht denn ein „Irrtum" in der Erfindung, derart, dass das Erfundene etwa doch nicht alles Bekannte mitsetzt, oder dass Neues bekannt wird, welches mitgesetzt werden müsste dem Ganzen der bestehenden Sachlage nach, und welches eben doch nicht mitgesetzt wird. Wird also, um ein oft erörtertes Beispiel kurz zu nennen, in den Begriff „naturwirklicher Schwan" das „Weiss-sein" aufgenommen, derart, dass „Schwan-sein" das „Weiss-sein" mitsetzen soll, so erweist sich diese Begriffserfindung als „irrtümlich", sobald die schwarzen sogenannten Singschwäne bekannt werden. Denn es kann zwar ein *Begriff* als solcher nicht „falsch" sein, er ist vielmehr, was er ist[1]), wenn er nur keinen Widerspruch enthält; aber es wäre doch ganz „unnatürlich", d. h. ganz und gar nicht ordnungshaft, nun etwa diese neu bekannt gewordenen Wesen nicht „Schwäne" nennen zu wollen. Das Wort „Schwan" wird also für einen anderen Begriff vergeben. Übrigens muss hier von Fall zu Fall entschieden werden, ob und inwiefern „Irrtum" vorliegt, was ja auch die Verwendung des unbestimmten Wortes „natürlich" in unserer Darlegung andeutet.

Um einen Irrtum mit Rücksicht auf eine *Jetzt-Hier-So*-Verkettung im Rahmen des Naturwirklichen handelt es sich nun freilich, wie leicht ersichtlich ist, auch hier, und insofern sind *Wahrnehmungsirrtum* und *Vermutungsirrtum*, wie wir kurz sagen wollen, nicht eigentlich grundlegend geschieden, stellen vielmehr, wie wir sagten, „nur eine Urform des Irrtums" dar. Wird ja doch in dem „Schwan"-Beispiel vermutet, dass es nur weisse Schwäne naturwirklich „geben" könne; da war aufs klarste eine Verkettung des *Jetzt-Hier-So* in Frage; in bezug auf sie war etwas *falsch*[2]). —

Die grundlegenden Arten des *Irrtums* sind also diese: Es wird im Bereiche des vergangenen Seelenwirklichen ein *So* zu Unrecht mit einem *Damals* verkettet, oder es findet eine unberechtigte Verkettung zwischen einem naturwirklichen *Jetzt-Hier* und einem naturwirklichen *So* statt. —

Aus Irrtum entsprungene Urteile sind *nicht-richtig,* wenn wir die

---

[1]) Vgl. *O. L. B.* I. 10. d. ε.

[2]) Auf den Irrtum, welcher sich bei Gesetzesformungen daraus ergeben kann, dass die vorausgesetzte *uniformity of the course of nature* (Mill, Hume) nicht vorhanden ist, weil etwa „Überpersönliches" einen „Entwicklungsschritt" hat, gehe ich hier nicht ein. *O. L.* C. I. 8. b. u. c.

Worte „wahr“ und „unwahr“ für die das Wirkliche, das Metaphysische betreffenden Urteile aufbewahren wollen.

Was heisst denn nun eigentlich „nicht richtig sein“? Das ist die zweite Frage aus der Lehre vom Irrtum, die einer Beantwortung bedarf.

Ein unrichtiges Urteil, das einem Irrtum mit Rücksicht auf Seelenwirkliches, einer „Gedächtnistäuschung“, entsprang, erweist sich als unrichtig auf Grund der Unrichtigkeit des Ergebnisses, das aus ihm im Wege des Schlusses folgte. Und zwar wird die Unrichtigkeit dieses Ergebnisses als solches entweder an seinem eigenen widerspruchsvollen Wesen, das es zu einer Nicht-Setzung stempelt, erkannt, wie in den von uns erörterten Beispielen mathematischen Nachdenkens, - oder aber, wo es sich um „Empirisches“ handelt, an dem Nicht-Naturwirklichsein einer Folge.

Unrichtigkeit mit Rücksicht auf eine *Jetzt-Hier-So*-Verkettung im Reiche des Naturwirklichen, handle es sich um blosse Wahrnehmung oder um vermutende Erfindung, zeigt sich daran und nur daran, dass das im Urteil Ausgesagte sich im Verlaufe der Naturerfahrung nicht „bewährt“. Es gibt da kein anderes „Kriterium der Richtigkeit“[1]); das Bedürfnis nach „Kriterien“ andererseits entspringt geradezu aus der Möglichkeit des Irrtums. Hier bestehen die Lehren des sogenannten „Pragmatismus“ durchaus zu Recht.

Wo es sich um die vermutungshafte Erfindung von „Gesetzen“ des Bei- oder Nach-einander, also um die sogenannte Induktion von Klassenbegriffen handelt, sind naturgemäss zwei verschiedene Fälle möglichen Irrtums zu scheiden: ein *Gesetz*, im weitesten Sinne des Wortes, kann *irrtümlich* aufgestellt sein, entweder weil es (einer *Entwicklung* wegen)[2]) gar kein „Gesetz“ war, oder aber, weil es als Gesetz nicht hinreichend durchschaut war. Für unsere hier erörterten Fragen ist dieser Unterschied ohne grosse Bedeutung.

---

[1]) „Kriterium“ der blossen *Endgültigkeit* im Gebiete des rein Logischen und Mathematischen ist Evidenz, Kriterium empirischer *Richtigkeit* ist „Sich-Bewähren“. Dieses lässt sich wiederum gliedern; um etwas durchaus Einheitliches handelt es sich nicht. Im einfachsten Falle, d. h. wenn es sich darum handelt, festzustellen, ob ein anschauliches Erlebnis leibhaftiger Art eine echte Dingwahrnehmung (und nicht Halluzination oder Phantasiegebilde) sei, dienen als Kriterien: 1. Das Eingereihtsein in die allgemeine Werdekohärenz der Natur, 2. Das Eingereihtsein in den Kausalitätskonnex, 3. Die Übereinstimmung der Data mehrerer „Sinne“, 4. Die Übereinstimmung der Aussagen „vieler Menschen“ und vielleicht noch anderes.

[2]) Vgl. die vorletzte Anm.

c) Das Wesen des Wissens.

Wir treten jetzt in die Untersuchung der besonderen Art von *Ganzheit* ein, welche uns im Rahmen der Ganzheitsform *Wissen* entgegentritt. Die Lehre vom Irrtum, soweit wir sie hier behandelt haben, hat unserer Arbeit schon manches vorweggenommen, denn wir wissen durch sie jedenfalls schon das Eine, dass im Rahmen der Ganzheitsform *Wissen* keine durchgängige, ungetrübte Ganzheitsausprägung für die Erfahrung herrscht, und wir wissen auch schon ein Weniges darüber, inwiefern Ganzheit im Rahmen der Beziehung *wissen* gestört ist. Ganz entsprechend lag ja alles, nach Aufgabe sowohl wie nach Leistung, in den vor diesem erledigten Abschnitten unserer Untersuchung: Auch mit Rücksicht auf das sogenannte Unbelebte, das persönlich Belebte und das überpersönlich Belebte im Reiche des Naturwirklichen wurde zuerst neben Ganzheit das Nichtbestehen von Ganzheit, der *Zufall*, erfahrungshaft festgestellt, und wurde dann gerade das Ergebnis der Zufallslehre für die Kenntnis des besonderen Wesens der jeweils vorliegenden Ganzheit verwertet. Ebenso ist es nun jetzt. Auch gleicht darin, wie schon einmal bemerkt ward, der hier behandelte Abschnitt seinen unmittelbaren Vorgängern, dass in allen jetzt Ganzheit als Ganzheit untersucht wird, nachdem die Lehre von der Ganzheitsbedeutung der Verknüpftheit des Werdens überhaupt in früheren Abschnitten sowohl erfahrungshaft wie nach Seite der metaphysischen Bedeutung untersucht worden ist, und dass andererseits gerade mit Rücksicht auf Ganzheit als Ganzheit alles zunächst noch im Vorläufigen, Erfahrungshaften, Vorbereitenden bleibt. Erst wenn alle Vorarbeiten erledigt sind, wird hier der Frage nach der Wirklichkeitsbedeutung näher getreten werden, abweichend von dem Verfahren, das in den früheren Abschnitten dieses Buches eingeschlagen worden ist. Untersuchen wir also, nachdem wir gelernt haben, welche Arten von Irrtum es gibt und was „Irrtum" eigentlich heisst, zunächst, inwiefern *Wissen* ein Ganzheitliches ist, um alsdann am Ende die Ergebnisse beider Teiluntersuchungen zu vereinigen.

α) Noch einmal das „Gedächtnis".

Der erste, und ein sehr bedeutsamer, von den besonderen Ganzheitszügen im Bereiche der Ganzheitsform *Wissen* steht in naher Beziehung zu der Art und Weise, in der sich das Wissen zum Werden verhält. Es betrifft, wie uns schon bekannt ist[1]), das Zur-Verfügung-bleiben, das gleichsam verborgene, „latente" seelische Da-

---

[1]) S. oben S. 147 ff.

sein des einmal seinem Inhalt nach bewusst gewordenen Besonderen für das wissende, habende Einzelich. Was wir hier meinen, heisst in der Sprache des Alltags Gedächtnis. Ein einmal gestiftetes besonderes inhaltliches Beieinander im Bereiche der Beziehungsart *Wissen* verharrt in seiner Besonderheit im Zustande der Vermöglichkeit.

Sie kann wenigstens in ihrer Besonderheit verharren und verharrt sehr oft in dieser Weise. Aber sie kann eben auch „vergessen" werden, und daraus, wie wir wissen, erwächst die eine Form des Irrtums. Die besondere Form von Ganzheïtlichkeit im Reiche der Beziehung *Wissen*, welche „Gedächtnis" heisst, ist also nicht in Vollendung da; und gerade das schafft, wie sich zeigen wird, Schwierigkeiten. Dass nicht das „Behalten", sondern vielmehr das „Vergessen" das eigentlich Erklärungsbedürftige sei, ist übrigens schon von Anderen in anderem Zusammenhange ausgesprochen worden.

Das reine und vollständige Vergessen mag auf Rechnung sogenannter hirnphysiologischer Tatsachen zu stehen kommen. Übrigens ist ja, wie die Hypnose lehren kann, bekanntlich schwer zu sagen, was wirklich durchaus „vergessen" ist. Viel bedeutsamer für die Auffassung des Wesens des Wissens ist die gedächtnismässige Entstellung und Fälschung von Inhalten oder zeitlichen Zuorduungen; und gerade dieses ist ja des seelenmässigen Irrtums Quelle. Hier ist in deutlicher Weise ein Ganzhejtszug mit einem Zufallszuge gemischt.

Gedächtnis in dem von uns festgelegten Sinne ist, was wohl einmal wieder besonders betont werden darf, selbstredend nicht eine Eigentümlichkeit des *Ich* im Rahmen des *Ich habe Etwas*. Es ist vielmehr eine Eigentümlichkeit, ein Vermögen der mit einem besonderen Leibe in Parallelkorrespondenz stehenden *Seele*. Mit Rücksicht auf das reine bewusst habende Ich sind die psycho-physischen Subjekte bekanntlich ein „Unbewusstes", was aber nur eine Ablehnung der besonderen Art des Bewusstseins des reinen Ich bedeuten soll.

Es war wohl nicht überflüssig, diese warnende Zwischenbemerkung einzuschalten; denn auch, was nun folgen wird in der Lehre von den besonderen Ganzheitszügen der Ganzheitsbeziehung *Wissen*, geht auf das erfahrungshafte Wesen des in vielen Einzigkeiten vorhandenen psycho-physischen Subjektes und seines „metaphysischen Korrelates", welche im Vergleich zu „Ich der bewusste" unbewusst sind. —

β) Die Seele als Ordnerin.

Neben der Seele als der Gedächtnisträgerin steht dieselbe Seele als Ordnerin, und ihr *Ordnen* bedeutet den zweiten besonderen Ganzheitszug im Rahmen der Urbeziehung *Wissen* überhaupt. *Ich* habe bewusst geordnetes Etwas — das war der Ausgang aller Philosophie; ich setze mein geheimnisvolles *Vorwissen* um Ordnung und um Ordnungszeichen als Vortatsache, um mich vor mir selbst zu rechtfertigen, um mein Erleben von Ordnungsendgültigkeit zu „erklären". Streng gesprochen ist selbst das schon ein Ansatz zu deutender „Psychologie", und eigentlich darf nur das *Ich habe um mein Wissen wissend geordnetes Etwas* in seiner ganzen über Zeit und über den Gegensatz zwischen Einheit und Vielheit erhabenen[1]) Reinheit am Eingange in die Philosophie stehen. Streng gesprochen hat *meine Seele*, und nicht „Ich", Vorwissen um Ordnung; und in Strenge meine ich, wie wir wissen, ja auch schon nicht eigentlich „Ich", wenn ich den einfachen Satz „Ich *hatte* den Erlebnisinhalt A" ausspreche. Denn Ich *habe* nur, ich kann allerdings ein *damals* bedeutendes Zeitzeichen haben.

Aber, wenn der Begriff *Seele* einmal von *Ich* als Ordnungsbegriff gesetzt ist, dürfen wir allerdings von der Einzelseele ohne Bedenken als Ordnerin reden. Sie weiss Ordnung, will Ordnung, hat Ordnungs-vermögen und hält Ordnung fest im Laufe ihres Werdens, ja, sie erarbeitet sich Ordnung, denn sie, die *Seele*, ist ja ein Tätiges. Ihr Werden nun ist wissendes wissensaufspeicherndes Erleben immer wechselnden Inhalts. Gerade mit Rücksicht auf ihr auf die Besonderheiten des Gewussten gerichtetes Werden steht sie, wir wissen es aus der Lehre vom werdenden Wissen, in Werdebeziehung zu Natur. So darf die Erfahrung sagen. Und eben auf Grund dieser berechtigten erfahrungshaften Aussage ergibt sich nun das Allerwesentlichste an Einsicht mit Rücksicht auf die besondere Form von *Ganzheit* im Rahmen der Beziehungsart *Wissen* oder *Wissendes-Gewusstes*.

Die Seele will mit Rücksicht auf alle erlebten Besonderheiten des Inhalts die Ordnung, um die als Ordnung der Form nach sie ur-weiss. Sie gliedert neuen Wissenserwerb dem schon gedächtnismässig festgestellten Wissensbestand nicht in äusserlicher Weise „an", sie gliedert das Neue dem Alten „ein", und zwar im Sinne der *einen Ordnung*, welche sie will. Nicht als ob sie gerade ein „Kategoriensystem" wie dasjenige Kants gewissermassen *potentia* in sich trüge; Kants sogenannte Kategorien sind grösstenteils nichts Einfaches, sondern zusammengesetzte Einheiten[2]). Aber die Seele ist als *ratio* im Besitze der Letztheiten der reinen Ordnungslehre oder Logik und schafft mit diesen Letztheiten, wie die Ordnungslehre im einzelnen zeigt, Ordnung, soweit

---

[1]) S. oben S. 8.
[2]) Vgl. *O. L. C.* I. 11. e.

sie nur kann. Sie *denkt nach*, sie erarbeitet Ordnung im Laufe ihres Werdens, und *Ich habe* alsdann bewusst Geordnetes.

Wir wissen es freilich aus der reinen Ordnungslehre: *Ich*, der bewusst Habende, habe *meine werdende Seele* als einen Ordnungsbegriff gesetzt; ein Ordnungszeichen, ein *Kreiszeichen* insonderheit, ist sie mir. Denn nicht kenne ich *Werden* als bewusstes Erlebnis, also auch nicht Tätigsein, Nachdenken, Wollen; bewusst-Haben ist meine einzige „Erlebnisform", d. h. die einzige Beziehung, welche zwischen *Ich* und *Etwas* besteht. Auch ist *Werden* nicht in dem Sinne unmittelbar Gegenstand, wie *neben, rot* und *verschieden* unmittelbar Gegenstände sind; in diesem Sinne ist nur *damals* und *früher als* Gegenstand. Aber ich kann *Werden* für die Reiche *Natur* und *Seele* „meinen", ebenso wie ich als noch Zusammengesetzteres Ursächlichkeit meinen kann. Und die Arten des Werdens der Seele heissen mir dann *Nachdenken, Urteilen, Schliessen* und *Wollen*, ebenso wie mir die Arten des Werdens der Natur Stoss, Anziehung, vitale Formeinprägung, chemischer Umsatz oder anders heissen. Die Werdeformen bestimmen sich nach den in ihrer Ordnungsbedeutung geschauten Ursächlichkeitsarten, und die Ursächlichkeitsart der Seele ist eben auf Ordnung gerichtet.

Wenn nun also Seelenwerden und Seelenursächlichkeit Kunstschöpfungen besonderer Art und ganz und gar nichts unmittelbar-gegenständlich Erlebtes sind, so bedeuten die darum doch Etwas für *Erfahrung* mit Rücksicht auf einen besonderen, nämlich eben den seelischen, Seinskreis; und zwar ganz Entsprechendes, wie Werden und verschiedene Formen der Ursächlichkeit für den Seinskreis *Natur* bedeuten. „Es gibt" *Nachdenken* ebenso wie es Stoss und Anziehung und Vitalursächlichkeit „gibt".

Und eben das „es gibt" im Sinne des Natur- und Seelen-erfahrungshaften wird hier ja als erledigt angesehen und soll ausgedeutet werden. Da steht denn der Seinskreis *Seele* auf gleicher Stufe mit dem Seinskreis *Natur*.

Was aber heisst es auf dieser Grundlage, dass die Ordnung wollende Seele auch Ordnung mit Rücksicht auf ihr eigenes Seinsreich und auf das Seinsreich Natur schaffen, erarbeiten könne?

Es heisst nichts anderes, als dass ein Zugeordnetsein von *Wissendem* und *Gewusstem* im Rahmen dessen, was das eigentliche Wesen von „Wissen" als einem urbeziehlichen Ganzheitszug bedeutet, besteht.

Der Ganzheitszug am Wissen, welcher *Ordnung* oder *Ratio* heisst, der ist am Wissenden und am Gewussten verwirklicht, und eben deshalb kann es ein erfahrungshaft wirkliches *Wissen* um besondere Inhalte geben.

Beharrliches und *Kausalverknüpftes* will ich um der Ordnung willen, wo es doch nun einmal *Werden* gibt, und — Beharrliches und Folgeverknüpftheit finde ich. Und ebenso suche und finde ich Ganzheitliches im gewussten Inhalt wenigstens in gewissen Zügen seines Soseins. Und insonderheit finde ich das *Allgemeine*, das mir das Sosein des Naturwirklichen zu einem übersichtlichen Gefüge schafft, und neben dem Allgemeinen finde ich *Klassen* von Einzigkeiten. Das alles weiss ich als Ordnungshaftes und weiss ich als Erfüllung. Und, immer noch auf dem Boden der freilich vervollständigten Erfahrung, darf ich sagen, dass da viele Einzeliche oder besser Einzelseelen sind, zu deren Wesen das Wissen und Wollen von Ordnung ganz ebenso gehört wie zu meiner Seele, und dass für sie dasselbe Erfüllung ist wie für mich.

Schon dem Sokrates wird bekanntlich die Lehre zugeschrieben, dass alles Wissen, gerade soweit es Wissen um ein Geordnetes ist, Erinnerung sei, dass „Lernen" eigentlich nur ein Wachrufen eines im Grunde schon Gewussten bedeute. Ganz gewiss sieht es so aus, als wenn dem wenigstens in einer gewissen Hinsicht so wäre: die Beziehung Wissendes-Gewusstes besteht mit ihren Ganzheitszügen vor allem besonderen Wissen. Meine Seele „weiss" in diesem Sinne; Ich, der reine bewusst-Habende, freilich nicht.

Die eigentlich strenge metaphysische Ausdeutung des gleichsam ursprünglichen Besitzes der letzten Ordnungsmittel seitens der Seelen ist aber diese:

Schon an früherer Stelle[1]) konnte gesagt werden, dass das Wirkliche in Form von vielen Ichpunkten von sich weiss. Die Ichpunkte selbst also sind Teile oder Seiten des Wirklichen. Die Wissensbeziehung ist eine seiner Urbeziehungen. Wissen aber heisst ordnend um Geordnetes wissen. Das Ordnung-haben nun und das Geordnet-sein sind beides des einen Wirklichen Züge oder Seiten. Da ist es nicht seltsam, dass ein scheinbares Zugeordnetsein, eine „Harmonie", besteht zwischen zwei Gefügen, einem „subjektiven" und einem „objektiven", die letzthin ein und dasselbe Gefüge sind, nämlich *Wirklichkeitsordnung*. Übrigens besteht, wie wir noch einmal sagen, abgesehen vielleicht von Instinkt-wesen, diese Zuordnung nur den allgemeinsten Beziehungszügen, den Ur-„kategorien" nach und nicht etwa im Sinne eines besonderen „Angeborenseins" etwa des Kausalitäts- oder Dingbegriffs. Sie besteht freilich auch hier derart, dass diese Begriffe als zunächst leere „antizipierte" Beziehlichkeitsschemata, neben vielen anderen, geschaut werden können, und dann „erfüllt" werden[2]).

---

[1]) S. oben S. 136 ff.

[2]) Siehe *O. L. C.* I. 8. d.

Hier, aber erst hier gelangen wir also zu einer Lehrmeinung, die viele Metaphysiker unberechtigterweise an den Anfang des Philosophierens gestellt haben. Und wir können diese Lehrmeinung in dem kurzen Satze zusammenfassen:

Der ordnende Ichpunkt als Wirklichkeitsteil ist im Urbesitze der Ordnungszüge des Wirklichen[1]).

Freilich wird dieser Satz nun gewisser Erläuterungen, ja Einschränkungen notwendig bedürfen. Damit gelangen wir wieder zu Untersuchungen von weniger allgemeiner Art, und wir gelangen zugleich zu demjenigen Sondergegenstand zurück, von dem dieser Abschnitt seine Überschrift hat, zu dem *Irrtum*. —

Es ist sehr lehrreich dem Gedanken der Zuordnungsbeziehung zwischen Wissendem und Gewusstem im Rahmen der Ganzheit zunächst einmal des Näheren nachzugehen mit Rücksicht auf eine gerade in neuerer Zeit in trefflicher Weise erörterte Sonderfrage; mit Rücksicht auf die Frage nämlich: Wie kann ich das *Allgemeine* mit Bezug auf „empirische" Inhalte haben?

Eine weit verbreitete, sozusagen alltägliche Lehre ist hier rasch fertig: Ich fasse Tatsachen in sie meinende Begriffe, so sagt sie, und ziehe nun von vielen einander „ähnlichen" Begriffen das sie jeweils voneinander Unterscheidende ab; was in jedem Falle gleichermassen übrig bleibt, ist das „Allgemeine". So entstehen Begriffe wie Wirbeltier, Tugend, Regeneration, Staatsform. So einfach, wie es auf den ersten Blick scheinen mag, ist aber diese Angelegenheit nicht, und es ist eines der vielen grossen Verdienste Husserls hier eine bedeutsame Schwierigkeit gesehen und scharf betont zu haben[2]), eine bedeutsame deshalb, weil das Wissen um sie uns im Wissen um das Wissen überhaupt weiter bringt. Ich muss doch wohl das „Allgemeine", auf das ich mit dem Vorgange des „Abziehens" hinauswill, in einem geheimnisvollen Sinne unmittelbar in seiner ordnenden Kraft schauen, um gerade mit Rücksicht auf dieses und auf kein anderes Allgemeine abzuziehen!

---

[1]) Vgl. auch N. Hartmann, „Metaph. d. Erkenntnis" S. 284: „Die Prinzipien des Subjekts müssen zugleich Prinzipien des Objekts sein". Bedeutsam sind Hartmanns Darlegungen über eine teilweise Inkongruenz, und zwar eine wechselseitige, der beiderseitigen Prinzipien (l. c. 295 ff.), welche einander überhaupt nur analogisch, symbolisch, repräsentativ zugeordnet sind. Man vergleiche zu diesem Begriff wechselseitigen Sich-nicht-deckens der wirklichen Sachverhalte und, um in eigener Sprache zu reden, der antizipierten Schemata einerseits mein Unvermögen in bezug auf die Erfassung vieler *wirklicher* Gefüge und andererseits das Nichterfülltsein gewisser „apriori" möglicher Kausalitätsformen.

[2]) *Logische Untersuchungen* 2. Band, Abschnitt II „Die ideale Einheit der Spezies und die neueren Abstraktionstheorien".

Warum bilde ich nicht den Allgemeinbegriff „Braunes durch Beine Bewegliches", den ich aus den Setzungen „brauner Hund", „brauner Käfer", „braune Eidechse", „braun gekleideter Mann" usw. auch bilden könnte? In der Tat: Ich „habe" oftmals mit dem Wissen um ein einziges Besonderes zugleich das wesentliche Allgemeine, das sozusagen in ihm steckt, wenn ich das Besondere nur in allen seinen Beziehungen kenne. Das Allgemeine springt gleichsam aus dem Rahmen des Besonderen heraus; ich „tue" gar nichts dabei; und wenn ich nicht gleich das „richtige" Allgemeine gewinne[1]), so liegt das nur an einer noch unvollständigen Kenntnis des Besonderen.

Das ist ein sehr wesentlicher Zug alles Wissens. Er zeigt so recht *Wissen* als Beziehungsart von Ganzheitswesen an: Wissende und Gewusstes sind Teile oder Seiten eines Ganzen. Er zeigt aber auch zugleich, dass Ganzheit hier nicht rein, sondern getrübt ist; rein wäre sie nur, wenn ein unrichtiges, verbesserungsbedürftiges Allgemeines gar nicht im Laufe meiner Setzungen, als Ausdruck meines Wissens, auftreten könnte. —

Damit nun kommen wir zum Letzten und Wichtigsten aus der Lehre vom Wissen: zu dem, was sich aus unserer Lehre vom Irrtum, die ja die Lehre vom getrübten Wissen ist, für das Wissen vom Wissen selbst ergibt. Anders gesagt: Wir kennen von früher her das Wissen überhaupt als Art ganzheitlicher Beziehung, wir haben den Irrtum untersucht, wir haben andererseits gewisse besondere Ganzheitszüge der Ganzheitsbeziehung *Wissen* in ihrer Besonderheit untersucht. Jetzt fragen wir: Was bedeutet gerade das Unganzheitliche im Reiche der Beziehung *Wissender-Gewusstes* mit Rücksicht auf die Besonderheit der Ganzheitlichkeit dieser Beziehung, und zwar jenes Unganzheitliche an ihr, was nicht nur auf „Gedächtnistäuschungen" beruht, was Irrtum zweiter Art ist?

Immer wieder kommen wir darauf zurück: ein vollendetes, in nichts verbesserungsbedürftiges *Wissen* wäre ordnungshaft erledigt und könnte ohne weiteres auf den Boden des Wirklichen übertragen und etwa im Sinne einer „Monaden"-lehre besonderer Art gedeutet werden. Dass es Irrtum in seinen verschiedenen Formen gibt, das erst schafft die Schwierigkeiten schon für die reine erfahrungshafte Behandlung, und zwar, obwohl die Beziehung *Wissen* von vornherein als Urbeziehung von ganzheitlicher Art erscheint, und obwohl sich in *Gedächtnis* und *Vorwissen um Ordnung* gewisse besondere Züge der Ganzheitlichkeit dieser Urbeziehung gleichsam unmittelbar ergeben.

---

[1]) Man denke an die verschiedenen „Systeme" der Botanik.

Was heisst es also, gerade mit Rücksicht auf die Besonderheit des Ganzheitswesens, das im Wissen steckt, dass jedenfalls die menschlichen Einzelseelen, wie sie für die Erfahrung bestehen, in ihrem Wissen auch unganzheitliche Züge haben, dass eigentlich nur mit Rücksicht auf das rein Ordnungshafte, auf das „Kategoriale“ im allerletzten, nicht im kantischen, Sinne, ihr Wissen rein ganzheitlicher Art ist? Was bedeutet, mit anderen Worten, unsere zweite Form des Irrtums, nicht die „Gedächtnistäuschung“ also, sondern der Irrtum in recht eigentlicher Beziehung auf die Ordnung der „Gegenstände“ und die *Natur*-gegenstände zumal?

An dieser Stelle kann uns eine kurze Sonderuntersuchung Klarheit verschaffen, die durch unsere Lehre von den Arten des Irrtums und durch jene kurze Zwischenbemerkung über das „Allgemeine“ als Bedeutungserlebnis bereits zur Behandlung vorbereitet ist.

γ) Vollendetes und verbesserbares Wissen.

Es gilt in ganzer Schärfe herauszuheben, was denn wirklich ich in Reinheit, in völliger Ungetrübtheit und Untrübbarkeit *weiss*, und was ich daher jetzt auch *Seelen* als ihr reines, ganz ungetrübtes Wissen zuschreiben darf.

In der „Ordnungslehre“ ist gezeigt worden, und es wurde in diesem Werke schon mehrfach wiederholt, dass *Ich* — um zunächst einmal ganz streng ordnungshaft zu sprechen — in völliger Unmittelbarkeit nur die Bedeutungen der reinen Urordnungszeichen und ihr Beieinander wissend schaue, jene Zeichen und Grundsätze, bei denen es nicht in irgendeinem Sinne den Unterschied zwischen „Inhalt“ und „Form“ gibt, und zu denen „grün“, „kreisförmig“, $\sqrt{a}$, „verschieden“ und „A ist A“ gleichermassen gehören. Also nicht so etwas wie die kantischen „Kategorien“ schaue ich wissend in völliger Unmittelbarkeit, und eben aus diesem Grunde haben wir vor kurzem einschränkend[1]) gesagt, dass ich Beharrliches und Folgeverknüpftheit — „Substanz“ und „Kausalität“ also — um der Ordnung willen wolle, „wo es doch nun einmal *Werden* gibt“.

Daraus, dass es Werden „gibt“, also erwächst mir erst das Wissen um das, was Kant „Kategorien“ nannte und, so dürfen wir hinzufügen, dieses Wissen erwächst mir im Werden meiner Erlebtheit selbst. Das Wissen um die allgemeinsten Naturordnungszeichen ist also schon sozusagen von anderem Range als das Wissen um die Urordnungszeichen; und zu diesen allge-

---

[1]) Siehe S. 235.

meinsten Naturordnungszeichen gehört die seltsame Setzung *natur-wirklicher, gemeinter, gleichsam selbständiger, mittelbarer Gegenstand* selbst:

„Im Werden meiner Erlebtheit selbst“, so sagte ich nun, erwächst mir das Wissen um die Naturordnungszeichen; das aber heisst, wenn wir uns jetzt den Übergang vom *Ich* zur *Seele* erlauben, dass, in der üblichen Redeweise, das bedeutungsbetreffende Wissen um diese Zeichen „psychogenetisch“ erwachse, ein Satz, welcher vom ungetrübten Wissen um die Bedeutung der Urordnungszeichen nicht gilt.

Aber was heisst hier „psychogenetisch erwachsen“?

Es heisst jedenfalls: im Laufe des Erlebens zum Gewusstsein kommen, wobei das „im Laufe“ selbstredend zunächst von meiner und alsdann von anderen Seelen gilt. Also war das bedeutungstreffende Wissen mit Rücksicht auf *Natur*-ordnungszeichen, wie z. B. *Beharrliches, Kausalität*, aber auch *naturwirkliches Allgemeine*, nicht immer für mich da; ich habe es *jetzt*, aber ich, oder besser *mein Selbst* hatte es *früher* nicht. Ja, als „Ich“ bewusst zu erleben anfing, hatte ich gar keine gewusste *Natur*ordnungsbedeutung, ja, nicht einmal die Bedeutung *Natur* selbst, obschon das Wissen um *Ur*ordnungsbedeutungen vom bewussten Erleben überhaupt unabtrennbar ist. Im Anfange meines bewussten Erlebens „hatte“ ich, (um das schwerfällige „mein Selbst“ bei Seite zu lassen), also zwar die Bedeutungen *dieses, solches* und *verschieden*, aber nicht die Bedeutungen *Ding* und *Ursache*, ja überhaupt nicht die Bedeutung *naturwirkliches* Dieses oder Solches.

Aber auch diese naturordnungshaften Bedeutungen habe ich nun doch nicht etwa bewusst „gemacht“. Sie sind, wie eingehend in der *Ordnungslehre* gezeigt worden ist, zur Einheit zusammengeschlossene Verknüpftheiten von Urordnungsbedeutungen, und eben weil sie sich also trotz ihrer Einheit aus *Ur*ordnungsbedeutungen zusammensetzen, wenigstens für die rückblickende, sich selbst Rechenschaft ablegende Wissensbetrachtung des Ich, können auch sie ursprünglich nur in ihrer ordnungserfüllenden Bedeutung geschaut worden sein. Aber andererseits können sie in ihrer Einheit nun eben „noch nicht geschaut“ oder „schon geschaut“ sein, und gerade auf dem „noch nicht“ und „schon“ liegt da der Nachdruck: Das, was Erfahrungserwerb heisst, kann geradezu als Vertilgung des „noch nicht“ zugunsten eines „aber jetzt“ gelten.

Oder, anders gesagt: Was ich erlebe, ist immer im *jetzt* in seiner unmittelbaren Gegenständlichkeit. Aber die Reihe der *jetzt*-Erlebtheiten, als Erlebnisse meines *Selbst* in die *Zeit* dieses Selbst hinaus-

geworfen, ist eben „mit der Zeit" immer reicher an Ordnungsbedeutung geworden. Das jeweils im Jetzt Erlebte also trägt sozusagen mehr an Ordnung jetzt-heute, als da ich ein kleines Kind
oder gar ein Säugling war, nämlich jetzt-heute trägt es auch Ordnungszeichen reiner Art für *Natur*.

Oder, noch anders: Die *U*rordnungszeichen und -sätze, sobald ich
sie mit meinem Erleben zugleich[1]) schauend habe, gelten in ihrer
Bedeutung unwiderruflich und unverbesserbar für alle *Gegenstände*
überhaupt. Sie sind echte einfache Letztheiten. Gefunden sind sie in
einer Weise, die jenseits von „a priori" und „a posteriori" liegt[2]) und
sich in dem geheimnisvollen Vorwissen um Ordnung gründet, welches
mit dem bewussten Erleben Eines ist. Habe ich sie, dann sind
sie mir „a priori" für alles; und *Ich* hatte sie „von je".

Die *Natur*ordnungszeichen und -sätze, die echten „Kategorien" und
Grundsätze, sind ebenfalls jenseits von a priori und a posteriori gefunden, und gelten a priori zwar nicht für alle „Gegenstände", aber
für alle *Natur*. Sie sind nicht Einfachheiten, wohl aber Einheiten.
Auch sie schaue ich in Reinheit und unverbesserbar, wenn ich
ihre Bedeutung überhaupt einmal habe. Aber die Bedeutung der
Natur-ordnungszeichen hatte ich nicht „von je", sie sind mir
im Laufe der Zeit erstanden.

Wie nun aber steht es mit den sogenannten „empirischen" Natur-
begriffen? Die Behandlung dieser Frage wird uns zur Frage des Irrtums zurückführen.

Ein grundlegender Unterschied zwischen den „Kategorien", wie etwa
Ding oder *Folgeverknüpftheit*, und „gewöhnlichen" auf das Naturhafte gehenden Begriffen und Sätzen besteht, insofern ihr ordnendes
Wesen als solches in Frage kommt, nicht. Lediglich durch das, was
man ihr *Ordnungsbereich* nennen könnte, unterscheiden sich die Begriffe *Ursache* oder *Ding* von Begriffen wie Löwe, Tugend, Moos,
Krieg, ja sogar von dem Naturbegriff Julius Cäsar oder „dieser mein
Hund"; in irgend einem Sinne naturgegenstands-bestimmend, oder,
wenn man will, -schaffend sind sie alle. Hegel, die Marburger,

---

[1]) Also nicht gänzlich „erfahrungsfrei" und doch in vollendeter Verbindlich-
keit. — Vgl. zu diesem Abschnitt Volkelt, Zeitschr. f. Phil. u. phil. Kritik 160,
1916, S. 127.

[2]) „Innere Wahrnehmung", wenn das unglückliche Wort einmal verwendet werden soll, ist also, soweit das in-Besitz-nehmen von Ordnungsbedeutungen in Frage
kommt, nicht „empirisch". Man vergleiche auch Kant, Einl. zu den *Paralogismen:*
„Denn innere Erfahrung überhaupt und deren Möglichkeit ... kann nicht als
empirische Erkenntnis ... angesehen werden, und gehört zur Untersuchung der
Möglichkeit einer jeden Erfahrung."

Kantianer, Husserl und Losskij[1]) haben hier, jeder auf seine Weise, Richtiges gesehen: ihrem bedeutungshaften Geschautwerden nach sind alle Natur-Setzungen *a priori* oder *a posteriori*, wie man will, oder besser, jenseits von beiden. Es wird in jedem einzelnen *Jetzt* am besonderen naturwirklichen Gegenstande, oder, strenger, an dem ihn meinenden unmittelbar Gehabten, eine gerade ihn betreffende Besonderheit der *Ordnung*, nach Massgabe meines Urwissens um Ordnung und Ordnungsbedeutungen[2]), geschaut; diese Besonderheit der Ordnung oder an Ordnung kann reicher oder ärmer sein; was sie ist, ist sie in jedem Falle[3]) in ihrem bedeutungshaften und in seiner Bedeutungshaftigkeit eben geschauten; das heisst „vorgewussten" Wesen.

Ihrem ordnungshaften Sinne nach sind also „empirische" Begriffe und Aussagen über Natur, also etwa besondere „Gesetze", aber auch sogar blosse sogenannte Tatsachenfeststellungen, von echten Kategorien, ja sogar von Urordnungsaussagen nicht unterschieden; alle diese Setzungen haben eben einmal ihre ordnungshafte Bedeutung; auch werden sie alle, also jeder beliebige Allgemeinbegriff, in dieser ihrer ordnenden Bedeutung *geschaut*[4]). „Abstraktion" im üblichen äusserlichen Sinne·des Wortes gibt es für die vertiefte Selbstbesinnung überhaupt nicht. Und es teilen auch, wie bekannt, die empirischen Naturordnungs-

---

[1]) *Die Grundlegung des Intuitionismus*, 1908.

[2]) Unsere Auffassung vom „Wissen" steht der aristotelischen näher als der kantischen. Man vergleiche die klare Darstellung in Prantls „Geschichte der Logik", I, S. 106ff.; bei Aristoteles selbst vergleiche man zumal *de anima* III, 7—8 und *Anal. post.* II, 19. Vgl. auch Rehmkes *Philos. als Grundriss* (1910), S. 689 ff.

[3]) Sie ist in jedem Falle „evident".

[4]) Dass sie ganz unvermittelt und plötzlich in ihrer Ordnungsbedeutung „geschaut werden, gilt in besonderer Klarheit gerade von solchen neu geschaffenen Begriffen, durch die plötzlich „Licht" in ein grosses Sondergebiet der Wissenschaft fällt: man „hat" eben einen solchen Begriff ganz unvermittelt. Ich kann das aus eigener Erfahrung und Rücksicht auf gewisse Ordnungsbegriffe der theoretischen Biologie sagen (Begriff der „prospektiven Potenz", des „harmonisch-äquipotentiellen Systems" usw.; vgl. meine „Philosophie des Organischen"). Sehr Zutreffendes findet man hierüber bei Mach (*Erkenntnis und Irrtum*, S. 307 ff.). — Es sei hier bemerkt, dass das sogenannte ästhetische Schauen dem ordnungshaften Schauen nahe verwandt ist, weshalb denn auch die *Ästhetik*, wenigstens soweit die Festlegung der Bedeutung *schön* in Frage kommt, ein besonderer abgezweigter Teil der Ordnungslehre ist. Irgendeine naturwirkliche Einzigkeit, „künstlerischer" oder „natürlicher" Herkunft, wird als *schön* geschaut, „wenn sie irgendeinen wesentlichen Zug des Soseins der empirischen Wirklichkeit so deutlich und so rein verkörpert, dass sie recht eigentlich als Vertreter dieses Soseins dasteht." (*O. L. G.* 1.) Das Wort *naturwirklich* ist hier im weitesten Sinne (s. o. S. 175f.) verstanden. Auch dass es *Schönheit* für die Ichpunkte gibt, weist also auf *Ganzheit*.

begriffe mit den „Kategorien“ die Eigentümlichkeit, nicht, wie die Urordnungszeichen, *von je* von mir in ihrer Bedeutung geschaut, sondern mir im Laufe der Zeit erstanden zu sein. Nur die Urordnungsbegriffe sind mit dem *Ich erlebe* untrennbar verbunden.

Aber nun stellt sich ein bedeutsamer Unterschied zwischen Urordnungssetzungen und „Kategorien“ einerseits, sogenannten empirischen Setzungen andererseits heraus, und indem wir diesen Unterschied hervorheben, gelangen wir zu einem vertieften Verständnis des
Wesens des Irrtums:

Urordnungssetzungen und Kategorien, einmal geschaut, sind *a priori*
gültig für alle Gegenstände oder doch Naturgegenstände und sind
unverbesserbar[1]). „Empirische“ Setzungen aber sind verbesserbar, und eben deshalb gibt es mit Rücksicht auf sie
den Irrtum[2]). Denn jede empirische Setzung geht zwar ordnend auf
Besonderes aus dem Bereiche des Naturwirklichen, sie will aber doch
Einklang der Ordnung unter allem Besonderen, sie will Bezogenheit
eben dieses Besonderen, dessen Ordnungsgefüge ich *jetzt* erfasse, auf
alles andere Naturbesondere, das ich ordnend erfasst hatte und erfassen
werde, Bezogenheit unter dem Gesichtspunkte der Widerspruchslosigkeit und Setzungssparsamkeit. Denn ich will eine Ordnung der Natur
(und der Seele). Jede besondere Ordnungsaussage ist also für sich
genommen im Jetzt „richtig“, denn sie ist eben das, als was sie geschaut ist; und sie mag sogar richtig sein mit Rücksicht auf die Gesamtheit des bis zum Jetzt von mir Erfahrenen. Ich möchte sie also
als gültig ausgeben für alles in Zukunft mit Rücksicht auf gleiche
„Fälle“ Erfahrbare, als ein „a priori“ für dieses. Aber gerade das
darf ich nicht, oder darf es doch nur „vermutend“, denn „vom
Späteren“ (a posteriori) wird mir gezeigt, kann mir wenigstens gezeigt
werden, dass ich es nicht darf. Es darf geradezu gesagt werden, dass
mein Nichtwissen um das, was ich in Zukunft an Besonderem haben

---

[1]) Daran wird nichts geändert durch den Umstand, dass *Ich* die Erfüllung der
einen Natur-„Kategorie“ *Die eine Naturordnung* lieber sehen würde als die Erfüllung der Kategorien *Ding* und *Ursächlichkeit*. Ich schaue eben als unverbesserbar, dass ich mich mit diesen „Surrogaten“ begnügen muss.

[2]) Als erledigt vorausgesetzt ist in diesem Abschnitt, dass es Wiederholbares,
Gesetzeshaftes, wenigstens auf endliche Zeit hin, im Reiche des Naturwirklichen
gibt. Ich kann mich irren bezüglich des *Durchschauens* dieses Gesetzeshaften als
solches; davon allein handeln wir. Wäre in klarer Form das Naturwirkliche *die
eine Ordnungsganzheit* ohne alle wiederholbaren „Fälle“, dann würde natürlich
alles ganz anders liegen. Und es liegt auch jetzt dann anders, wenn etwa in entwicklungshaftem Sinne Gesetze plötzlich aufhören sollten „Gesetze“ zu sein. Doch
das ist eine Sache für sich. Vgl. S. 280.

werde, empirische Setzungen zu „empirischen“, zu nur unter Vorbehalt des Widerrufs gültigen machen.

Der einfachste Fall von „Verbesserung“ einer empirischen Natursetzung liegt vor, wenn eine sogenannte Sinnestäuschung berichtigt wird. Einem *Jetzt-Hier* war ein bestimmtes *So* im Rahmen des Naturwirklichseins zugeordnet. Die Zuordnung bewährt sich nicht; sie muss durch eine andere ersetzt werden.

Wir wissen, dass alles Naturwissen seinen Ausgang nimmt von Setzungen von der Form *Jetzt-Hier-So*, wo das „So“ sogar letzthin eine reine Solchheit, also Farbe, Ton, Druck usw. ist. Will man das mit Kant Sinnlichkeit oder Anschauung nennen, so mag man es tun, wenn man nur nicht vergisst, dass im Gehabtwerden reine Solchheiten und Bedeutungen, wie z. B. Beziehungen, zueinander kommen, und dass auch schon die blosse *Jetzt-Hier-So*-Setzung, die blosse Feststellung einer „Tatsache“ allereinfachster Art, eine Ordnungssetzung ist.

Also schon das Feststellen einer Einzeltatsache im Bereiche des Naturwirklichen ist Ordnungsleistung, ganz ebenso wie das Herausheben etwa der Bedeutung $\sqrt{2}$, nur dass Verbesserbarkeit lediglich der ersten, nicht der zweiten Leistung anhaftet.

Es geht nicht an, die Feststellung eines blossen *hic et nunc* oder, im Seelischen, eines blossen *nunc* in einen scharfen Gegensatz zur Festhaltung solcher Bedeutungen zu bringen, welche „zeitfrei“ sind. Bedeutungshaft ist alles Gesetzte, soll es wenigstens sein, so wahr *Wissen* gleich *ordnungshaft haben* ist. Reste des naiven Realismus sind es, die hier für manche einen scharfen Gegensatz schaffen. *Hier* ist *jetzt* ein *solches* — gewiss, aber doch bezogen auf alles Andere, in einer Einheit mit allem Anderen, diese Einheit seiner *Essentia* nach mit allen anderen zusammen ausmachend. Die eigentlichen *Essentiae*, wie „rot“, wie „quadratisch“, so sagt man wohl, dienten zur Darstellung, zur denkhaften Bewältigung der einzelnen *Existentiae*. Aber „dass hier jetzt ein rotes Quadrat ist“, das ist doch offenbar ein Teil der Kennzeichnung der *Essentia* eines Höheren, einer höheren Einheit. Und wir können uns ein Wesen denken, welches diese *Essentia* ebenso mit einem „Akt“ überschaut, wie *Ich* $\sqrt{2}$ in seiner Bedeutung überschaue — und unverbesserbar. Meinem Erfassen des *hic et nunc* haftet freilich ein Mangel an; aber das ist eben nur ein Mangel des Erfassens seitens des Ich und ist nicht im Wesen des Gegenständlichen gegründet, als ob das von zweierlei Art wäre[1]).

---

[1]) In der wertvollen Studie P. Linkes „Das Recht der Phänomenologie“ (Kant-

Was der Naturforssher meist mit „Tatsache" meint, ist freilich nicht Einzeltatsache, sondern die Setzung von Klassenbegriffen, die in vielen „Fällen" verwirklicht waren, also wohl in allen verwirklicht sein werden. Wie solche Ordnungsleistungen verbessert werden können, zeige folgendes Beispiel:

Wir denken uns Oerstedt, den Entdecker der Ablenkung der Magnetnadel durch den elektrischen Strom, im Augenblick seiner Entdeckung; oder vielmehr, um ganz streng im Sinne der „methodisch-solipsistischen" Ordnungslehre zu beginnen, *Ich* denke, *demonstrandi causa*, Ich sei jener Entdecker in jenem Augenblick. Kann ich mir doch in der Tat in sinnvoller Weise einbilden, ich hätte, etwa als Schüler, jene Erscheinung, in für die Wissenschaft freilich überflüssiger Weise „entdeckt". Da wäre es denn etwa so zugegangen:

Ich habe bewusst ein grünes, sehr langes und wenig breites Ausgedehntes; es darf mir, nach dem Zusammenhang der Erlebnisse ein naturwirkliches Ding als mittelbaren Gegenstand, nämlich einen grün übersponnenen Kupferdraht meinen.

Da habe ich also, bis hierher, an Urordnungshaftem: ein *Dieses*, von bestimmter *reiner Solchheit* („Qualität"), von bestimmtem *Soviel* mit Rücksicht auf *Neben* und in bestimmter *Lage* im Raum überhaupt; aber das *Dieses* ist eben ein *Naturwirkliches* in seiner gleichsam bestehenden Selbständigkeit *meinendes*, d. h. ich habe eine grosse Fülle von *Bexiehlichkeiten* mit Rücksicht auf *Werden* in „unanschaulicher" Weise an dem *Dieses* mit. Und zwar ist das alles für mich schon *erledigt:* Es ist mir, als „sähe" ich da ganz unmittelbar ein Ding, wo ich das doch nur als mittelbar gemeintes durch ein unmittelbar gehabtes meinendes, d. h. in bestimmter Weise beziehungs-

---

studien 21, 1916, S. 163) wird mit Recht ausgeführt, dass auch nicht-empirisch (sondern bedeutungshaft) Gegebenes gegeben oder „vorfindlich" — ich selbst würde sagen *gehabt* — sei. Gleichwohl wird von ihm das sinnhaft-zeitlos und das empirisch-zeitlich Vorfindliche allzuscharf, wie ich meine, getrennt. Auch Setzungen, die das *hic et nunc* betreffen, sind, wie unser Text ausführt, letzthin Bedeutungs- oder Sinnsetzungen, besser Ordnungssetzungen. Sie sollen das wenigstens sein; ja, sie sollen (mit allen ihren Genossen) einer Ordnung Bestandteile sein. Freilich bleibt es hier beim Wunsche, denn das „ordnungsmonistische Ideal" ist unerfüllbar; aber als unendliche Aufgabe, um einmal neukantianisch zu reden, besteht die Vollendung und Erfüllung der einen Geordnetheit jedenfalls. Ich nähere also hic et nunc-Setzungen und „ideelle" Setzungen einander in erheblich höherem Grade als Linke, nicht freilich dadurch, dass ich ideelle zu empirischen mache, sondern dadurch, dass ich auch empirische Setzungen ideell fasse, also zugunsten der „Phänomenologen" (vgl. bei Linke S. 169, 176 f., 187, 192, 216 f., zumal auf S. 203 ff. die lehrreichen Bemerkungen über Platonismus und Aristotelismus).

getöntes Etwas „habe"[1]). Und auch alle Beziehungen, in denen das „Ding" als Ding steht, sind mir ordnungshaft *erledigt*. Es handelt sich um „elektrische" Beziehungen; ein Strom geht durch den Draht. Zu meinem erledigten Wissen um sogenannte elektrische Beziehungen gehört, dass Elektrizität und Magnetismus nichts miteinander zu tun haben. Alles ist urordnungshaft und naturordnungshaft endgültig.

Eine Magnetnadel stand zufällig auf dem Tische; sie ist mir im Wege da, wo sie steht; ich stelle sie wo anders hin, zufällig in die Nähe des Drahtes. Aber was geschieht: Die Magnetnadel weicht ja von der Nordsüdrichtung ab, freilich nur, wenn der Strom geschlossen ist! Also haben Elektrizität und Magnetismus doch etwas „miteinander zu tun". Ich hatte mich ordnungshaft „geirrt". Das gemeinte Ding „Kupferdraht, durch den ein elektrischer Strom geht", muss mir von jetzt ab in ganz anderer Weise Beziehungsträger sein als bisher. Und vielleicht werde ich später genötigt sein mit dem Worte „elektrischer Strom" wiederum einen anderen „Naturbegriff" zu bezeichnen. Der Leitsatz von der Sparsamkeit der Setzungen möchte das erfordern.

Die Sprache pflegt bekanntlich das, was hier und in ähnlichen Fällen vorliegt, auszudrücken durch die Wendung: ich habe, wie eben „Erfahrung" zeige, „um" Elektrizität und Magnetismus noch nicht hinreichend „gewusst". Diese Redeweise ist, wenn sie ganz wörtlich genommen wird, im Rahmen der Ordnungslehre oder Logik im weitesten Sinne des Wortes anzufechten; denn da weiss ich „um Etwas" das, was ich nun eben „um es" weiss; da ist ein mittelbarer gemeinter Gegenstand ja nur *gleichsan* ein Selbständiges. Immerhin darf aber selbst hier die Redewendung „Ich weiss um Etwas noch nicht genau" verwendet werden, wenn sie nur der ein für allemal für mich den Wissenden bestehenden Tatsache der Verbesserbarkeit des Wissens in Sachen aller Naturwirklichkeits-besonderheiten Ausdruck geben, mit Rücksicht auf den Glauben an die Gültigkeit aller besonderen Naturordnungsaussagen also zu grosser Vorsicht mahnen soll. —

Mit der Verwendung des Wortes „Erfahrung" muss man, wie unsere Darlegung wohl recht eindringlich gezeigt hat, so vorsichtig wie möglich sein; es ist gar zu vieldeutig:

------

[1]) Für die Urordnungslehre stehen „anschauliche" und „unanschauliche" Ordnungsletztheiten bekanntlich (s. oben S. 3) nebeneinander; nicht darf etwa von vornherein von „Sinnlichkeit" und „Verstand" geredet werden. — Es darf ferner ein Haben in *Erledigung*, das auf Naturwirkliches geht, nicht so gefasst werden, als hätte ich das Naturhafte, wie Dinglichkeit, Ursächlichkeit usw., „anschaulich" in Unmittelbarkeit, so sehr man hierzu auch durch „Gewöhnung" verführt werden mag.

Als *Erfahrung überhaupt* kann ich einmal den gesamten Bestand meines Wissens in einem bestimmten Jetzt bezeichnen. Da handelt es sich um mein *bewusst gehabtes Etwas* als ein gehabtes im Sinne der vorläufig- oder methodisch-solipsistischen Ordnungslehre.

Mein bewusst gehabtes Etwas ist nun aber, wie wir ja wissen, ein *geordnetes* Etwas, an dem ich, wie wir gezeigt haben, Ordnung immer reicher und erschöpfender schauen kann. Das Wort „Erfahrung“ dient da nun eben auch zur Bezeichnung von so etwas wie einem Vorgang, zwar nicht in „mir“, wohl aber in „meiner Seele“, durch welchen als durch eine Tätigkeit die grössere Vollendung meines besonderen Ordnungsbesitzes zustande kommend gedacht wird. Hier handelt es sich also um etwas Psychologisches, um ein „Vermögen“ und seine Äusserung. Und zwar soll das Wort „erfahrungshafter“ oder „empirischer“ Wissenserwerb insonderheit einen solchen Wissenserwerb bezeichnen, um dessen grundsätzliche Verbesserbarkeit ich weiss, ob ich schon im Jetzt eine Verbesserbarkeit des gegenwärtigen Besitzes nicht gerade für wahrscheinlich halte. Ordnungshaft geschaut, wie wir wissen, wird auch hier, ganz ebenso wie bei demjenigen Ordnungsbesitze, welcher durchaus a priori, d. h. grundsätzlich unverbesserbar geschaut wird; aber es ist die Überzeugung der Vorläufigkeit[1]), der Möglichkeit der Verbesserung da. Weil hier sogenannte Gewohnheit, an „viele Fälle“ nämlich, in Frage kommt, sollte man das, was empirischer Wissenserwerb genannt wird, auf deutsch durch *Gewohnheitserfahrung* wiedergeben, oder, besser noch durch *Erwartungserfahrung*, denn dass auch bei Besonderheiten des Ordnungsbesitzes dessen Gültigkeit für die Zukunft immerhin „erwartet“ wird, trotz grundsätzlichen Überzeugtseins von der Möglichkeit einer Verbesserung, ist hier doch wohl das Kennzeichnende.

In ganz besonderer Schärfe aber ist immer wieder der Gedanke auszuschliessen, dass meine gehabte Ordnung am Etwas, betreffe sie die allgemeinen oder die besonderen Ordnungsformen, im Sinne eines Tuns bewusst „gemacht“ werde. Wer das Wort „Synthesis“ verwenden will, muss sich klar bleiben, dass er da einen psychologischen, einen auf das Unbewusst-Seelische, das durchaus zum „Etwas“ gehört, gehenden Begriff verwendet. Hartmann hat das zuerst klar gesehen; viele Neuere haben ihm recht gegeben und die Lehre, dass das sogenannte Anschauliche bloss gehabt, das, meist beziehliche, unanschauliche Ordnende aber getan werde, sollte endlich verschwinden. Auch die Ordnungs-

---

1) Ist das Bewusstsein der Vorläufigkeit sehr gross, fehlt wohl gar die Einreihung in das eine Wissen, so redet man gern von „Fiktion“.

bedeutungen werden *gehabt,* nur eben nicht „anschaulich"[1]), und sie werden rein gehabt oder geschaut auch da, wo sie Naturbesonderheiten betreffen, also verbesserbar sind. Freilich darf dieser Satz nun hinwiederum nicht so verstanden werden, als schaute ich aus den allgemeinsten Ordnungszeichen und den allgemeinsten Naturkategorien heraus und mit ihnen zugleich alles Besondere Ordnungshafte. So zu sagen wäre falscheste „aprioristische Deduktion", für die der sogenannte deutsche Idealismus gewisser Nachfolger Kants ein böses Vorbild ist, welches leider in unserer Zeit Nachahmer zu finden scheint. Rein *schauend-habend* bin Ich allerdings auch bei allem „Empirischen"; aber eben doch nur angesichts des gegenwärtigen bewussten Besitzes der empirischen Inhalte; und stets haftet den empirischen Schauungen die Tönung des Verbesserbarseins einerseits, des durch Verbesserung Gewonnenseins andererseits an. Mit diesen Tönungen schauen, das heisst geradezu „empirisch" oder im engeren Sinne „erfahrungshaft" schauen. Mit Rücksicht auf den Begriff „das andere beseelte Wesen" neigen gerade heute manche einem, wie ich meine, unrichtigen Begriff des Ordnungsschauens zu[2]). Es handelt sich da um ein Vergessen der Vorgeschichte des eigenen Schauens, um ein Vergessen des tatsächlichen Verbessertwordenseins der Ordnungsschauungen.

δ) Letztes Wort über das Wesen des Irrtums.

Nun aber können wir endgültig das Wesen des nicht aus „Gedächtnistäuschung" entspringenden Irrtums in neuer und scharfer Weise fassen, und zwar das Wesen des alltäglichen, des empirisch-wissenschaftlichen und des „metaphysischen" Irrtums gleichermassen; dass wir aber ohne weitere Ausführung auch den metaphysischen Irrtum, d. h. den Irrtum mit Rücksicht auf vermutungshafte Aussagen über das Wirkliche, hier einschliessen dürfen, erhellt ja aus unserer Auffassung des

---

[1]) Alle Ordnungszeichen, einschliesslich der Naturkategorien, gehören also zum *Etwas,* welches ich *bewusst habe.* Und zum Etwas (diesmal zum *seelischen*), gehört auch mein bewusst gehabter Sachverhalt, dass ich alle Ordnungszeichen einschliesslich der Naturkategorien als etwas Ordnungsendgültiges habe; auch die Endgültigkeitsnatur eben dieses meines Habens als eines seelischen Sachverhaltes schaue ich. Es ist, bildlich gesprochen, nur eine Änderung des Eingestelltseins, ob ich eine Kategorie an Natur oder den Kategoriebesitz als Endgültigkeitsbesitz an meiner Seele schaue. Den Begriff „innere Wahrnehmung" sollte man hier vermeiden.

[2]) *O. L.* D 6 und *Phil. d. Org.* S. 530 f. Durch diese Bemerkung sollen die grossen Verdienste eines Th. Lipps, Scheler, Volkelt auch nicht im geringsten geschmälert werden. Haben diese Denker doch endlich ein grosses Problem gesehen, das selbst von den grössten ihrer Vorgänger nicht gesehen worden war!

metaphysischen Wissens und der metaphysischen „Methode“ ohne weiteres[1]).

Irrtum gegenständlicher Art besteht, wenn eine geschaute Sonderordnung mit Rücksicht auf ein besonderes, im Jetzt gehabtes, Natur oder Seele betreffendes Gegenständliches als auch für „zukünftig“ zu habende solche Gegenständlichkeiten in ihrer Gesamt-Ordnungsbedeutung gültig angesehen war, diesen zukünftigen Natur oder Seele betreffenden Gegenständlichkeiten aber gegen die Erwartung nur durch Setzung einer anderen[2]) geschauten Sonderordnung ordnungshafte Erfüllung im Sinne des Eingereihtwerdens in *eine* Ordnung wird.

Mit diesen Worten ist auf eine umständliche aber strenge Art zugleich hervorgehoben, dass *Irrtum* sich stets nur auf Gegenstände, welche Natur- oder Seelenwirkliches meinen, beziehen kann, denn nur dieses *wird,* so dass es also auch als „zukünftig“ gemeint werden kann, und nur von ihm gilt das Eingereihtwerdensollen in *eine* Ordnung. Kann ich mich doch sogar schon bei dem blossen meinenden Beziehen eines unmittelbar Gehabten auf das Reich des Naturwirklichen überhaupt „irren“, wie Halluzinationen, Täuschungen in der Dämmerung und ähnliches zeigen; und kann ich doch etwa bei Schaffung der Begriffe im Rahmen biologischer Systematik durch Erfahrung belehrt werden, dass ich „Unwesentliches“ für „Wesentliches“ genommen hatte; eine bestimmt geschaute Natursonderordnung etwa, die .ich mit dem Wort „Löwe“ bezeichnete, muss durch ein jetzt geschautes besser Ordnendes ersetzt werden, für dessen Bezeichnung von jetzt ab das Wort „Löwe“ verwendet werden soll. Ordnungshaft geschaut war auch, kurz gesagt, der „erste Löwe“ als Allgemeines; aber er bewährte sich nicht[3]).

Mit diesen Worten ist nun auch dem Pragmatismus wiederum zugegeben, dass in Sachen der besonderen Natur- und Seelenerfahrung das „Sich-Bewähren“ das einzige „Kriterium“ der Richtigkeit von Aussagen sei[4]). Nur die Bedeutung der *Ur*ordnungszeichen und der

---

[1]) S. oben S. 24 f. Unsere auf S. 242 gegebene Umgrenzung des Begriffs „Vermutung“ ist durch die Darlegungen dieses Abschnittes endgültig begründet worden.

[2]) „Evidenz“ kann also an Zukünftigem zu Schaden kommen.

[3]) Das Schwankende aller Staats- (und Rechts-)lehre liegt eben darin, dass ein Sich-bewähren praktisch ausgeschlossen ist. Man sieht nur immer ganz im Unbestimmten die Gesamtheit der Ordnungszeichen, welche *sich entwickelnde überpersönliche Ganzheit* bedeuten.

[4]) Dass es das Sich-Bewähren hier überhaupt gibt, ist die bekannte „glückliche Tatsache“.

„Kategorien" wird durchaus rein geschaut und unverbesserbar; und nur die der Urordnungszeichen wird es „von je".

Wir haben jetzt also ein altes *Ergebnis* in neuer Form gewonnen und können eben damit die Frage, die zu dieser Zwischenbetrachtung führte, ganz in Schärfe beantworten. Was heisst es, so fragen wir, dass für menschliche Seelen unganzheitliche Züge im Wissen bestehen? Und wir können jetzt wenigstens dieses Eine sagen: Jedenfalls stehen die unganzheitlichen Züge des Wissens zum *Werden* der Natur und der Seele in Beziehung; ja, gerade weil es hier Werden gibt, können Wissensteile unganzheitlich, nämlich irrtümlich sein, wenn sie die besonderen mittelbaren Gegenstände der Natur und der Seele betreffen. Und dazu kommt, wie wir wissen, der Irrtum aus Gedächtnistäuschung.

Wir wollen nun eine kurze Zwischenbetrachtung einschalten:

Gibt es etwa — zunächst immer im Rahmen der Erfahrung, des *als ob* geredet — andere Seelen, deren Wissen ganzheitlich in ungetrübterer Art als das menschliche Wissen ist?

Da lässt uns nun in der Tat die Lehre von den sogenannten Instinkten, namentlich der Insekten, die Möglichkeit eines ursprünglichen und doch nicht nur auf die blossen Formen des allgemein Ordnungshaften und Naturordnungshaften beschränkten, reinen untrüglichen Wissens wenigstens vielleicht von ferne sehen, und da lehrt uns auch die Kunde von der Formbildung der belebten Einzelwesen wenigstens *per analogiam* Einiges über ein Wissen, welches das menschliche Wissen übertrifft. Auch ist schon wiederholt mit Recht betont worden, dass bei den Prüfungen der „Intelligenz" höherer Tiere mit der Möglichkeit eines dem unserigen ungleichartigen Wissens gerechnet werden müsse. Das „instinktive" Wissen scheint, wenigstens in beschränktem Umfange, so zu sein, wie in Vollendung ein Wissen wäre, welches das *ordnungsmonistische Ideal* erfüllen könnte; um besonderes Geordnetes scheint da ohne „Empirie" gewusst zu werden.

Aber wir wissen von allem Diesen zu wenig, um es verwerten zu können, und weiter: selbst wenn wir mehr wüssten, bliebe doch das menschliche Wissen in seiner getrübten, gar so sehr auf die „Empirie", die Erfahrung in der engeren Bedeutung des Wortes, besser, auf den Erfahrungs-erwerb angewiesenen und dem Irrtum ausgesetzten Art das, was es ist. Ja, auch wenn wir ein „Hellsehen", nicht eine blosse „Telepathie", in manchen Fällen als nachgewiesen ansehen wollen, was wir unseres Erachtens heute können, so bliebe doch die grosse Menge der Menschen eben eine Menge von Nicht-Hellsehern. Und sogar, wenn wir vermuteten, dass die *Seelen* in ihrer Gesamtheit eigentlich hellsehend seien, derart, dass sie im Rahmen der Urbeziehung *wissen* alles, was es an *hic et nunc* der Natur gibt, in unaufhellbarer Weise ohne „Sinnesorgane" wahrnehmen könnten[1]), dass aber diese sinnesfreien „Wahrnehmungen" nur in wenigen Wesen „über die Bewusstseinsschwelle" träten — auch dann blieben doch ebenso die meisten Menschen solche mit, leider, recht hoher „Schwelle".

ε) Der Grund des Irrtums.

Was folgt nun aber aus den Besonderheiten der tatsächlichen Wissensbeschränkung, die wir so eingehend erörterten, für die Besonderheiten des Wesens der Ganzheitsbeziehung *Wissen* überhaupt, soweit es den Menschen angeht?

Es ist lehrreich, die weitere Behandlung der Aufgabe an ein allzu rasches Urteil anzuknüpfen, das zumal seitens eines Naturforschers, der diese Betrachtungen liest, oder wohl gar seitens der Mehrzahl aller „Empiriker", mit sehr hoher Wahrscheinlichkeit zu erwarten ist. Das Wissen ist eben deshalb zwiefach durch Irrtum beschränkt, so wird der unseren Gedankengang nur zum Teil verstehende Leser sagen, weil unser Wissenserwerb von den Sinnesorganen, unser Gedächtnis von dem Gehirn abhängt, weil aber beide in ihrer Leistungsfähigkeit beschränkte Körperteile sind. Die Sinnesorgane können an das sehr Ferne und das sehr Kleine gar nicht, an dasjenige, an was sie kommen können, nur in mittlerer Genauigkeit heran; das Gehirn aber lässt „Spuren" verblassen oder verwischt werden. Alles zugegeben, sogar die Vermutung über die Leistung des Gehirns — aber würde damit unsere Frage auch nur im mindesten gelöst, ja auch nur berührt? Wir würden gleich weiter fragen, oder vielmehr nur in besonderer Form zu fragen fortfahren: Wie kommt es denn, dass „Sinnesorgane" und „Gehirn" von einer so beschränkten Leistungsfähigkeit sind, dass Wissen durch sie getrübt, beschränkt, verbesserungsfähig gemacht werden kann?

Denn die Beziehung *wissen* ist uns ja das Erste, ist uns *Urganzheitsbeziehung* für das gesamte Erfahrungshafte; dass diese Ganzheit überhaupt gestört werden kann, das wollen wir verstehen. Und eben diese Frage hat jeder Leser, der sich die Lösung hier gar so leicht macht, nicht verstanden.

Also nicht „Wie entsteht Wissen?" ist die Frage, sondern: „Wie entsteht Wissensstörung im Laufe des Erwerbes besonderen Wissens?" Ja sogar: „Warum ist Wissenserwerb nötig und nicht Wissen in seiner Urganzheitlichkeit und Urherrlichkeit ewig da?

---

[1]) Hierzu oben S. 222.

Nun war aber trotzdem der Einwand, den wir dem Leser andichteten, nicht ganz und gar sinnlos, ja er war auch nicht nutzlos; und gerade dadurch, dass wir uns klar machen, was denn das Sinnvolle an ihm war, kommen wir zu unserer letzten bedeutsamen Einsicht.

Sinnesorgane und Gehirn sind stofflich, gehören in ihrem Sosein zu dem materiellen Teil der Natur, gleichgültig was für einer Art von Naturwerdebestimmern sie ihr jeweiliges Dasein im Laufe der Folgeverknüpftheit des Werdens verdanken. Da nun erfahrungsmässig der Erwerb von besonderem Wissen in der Tat an die Leistungen dieser stofflichen Gebilde gebunden ist, das Stoffliche aber als das Reich der Nichtganzheit erkannt ist, so folgt, dass eben dieses Gekettetsein des besonderen Wissenserwerbs an das, was als *Stofflichkeit* „erscheint", aller Beschränkung und Getrübtheit des besonderen *Wissens* letzter Grund ist, sei die Art dieses Gekettetseins, welche sie wolle. Wissen überhaupt aber ist und bleibt dabei *wirkliche Ur*-beziehung.

Damit ist aber aller *Irrtum* als dasselbe erkannt, als was aller *Zufall* im engeren Sinne erkannt worden war: als aus der Materie, strenger: aus dem, was als Materie erscheint, entspringend. Für die menschliche wissende Einzelseele bedeutet jedenfalls das Vermitteltsein ihres besonderen Wissenserwerbes und ihrer Erinnerungen durch die „Materie" — die Sinnesorgane nämlich und das gesamte Nervensystem — eine Beschränkung im Bereiche der Urbeziehung *Wissen;* Sinnesorgane und Nervensystem sind mangelhaft gebaut mit Rücksicht auf das, was im letzten Grunde zu leisten wäre: eine Spiegelung alles Naturwirklichen.

Sehr bedeutsam ist es nun und zeigt, mehr als alles andere vielleicht, die Urganzheitlichkeit der Beziehung *Wissen*, dass die wissende Seele selbst um die Beschränktheit ihres Wissens weiss. Denn sie vermisst ja eben so oft ungetrübte *Ordnung, Richtigkeit,* oder wie meist mit einem von uns der Metaphysik vorbehaltenen Worte gesagt wird, *Wahrheit* ihres Wissens. Sie würde es gar wohl wissen und sich dessen freuen, wenn sie vollendete Ordnung hätte. Aber ungetrübte Ordnung ist für sie nur ein „Wert", das heisst ein als zukünftig gedachter lustbetonter Gedanke. Denn sie hat eben gar so oft *Richtigkeit* nicht, auch hat sie, wie wir schon ausführten[1]), nicht etwa reine, sich deutlich als solche gebende Bruchstücke von Richtigkeit, sondern sie hat Gegen-richtigkeit mit Inseln der Richtigkeit vermengt. Nur ihr Wissen um die allgemeinen Formen

---

[1]) S. oben S. 222.

der Ordnung ist reines Wissen, um alles Besondere an Ordnung aber ist ihr Wissen nie rein und ungetrübt.

An früherer Stelle[1]) und anderenorts[2]) haben wir gesagt, dass im Ausgange alles Wissens, also auch im Ausgange der Philosophie, das geheimnisvolle, durchaus untrennbare Urwissen um und Urwollen von *Ordnung* stehe. Jetzt zeigt sich deutlich, dass nur mit Rücksicht auf die Bedeutung von *Ordnung überhaupt* und auf die Bedeutung der Urordnungszeichen und allenfalls der Kantischen „Kategorien" jene Untrennbarkeit von Urwissen und Urwollen besteht, ja, nur mit Rücksicht auf sie eigentlich von *Ur*-wissen und *Ur*-wollen die Rede sein kann. Mit Rücksicht auf Besonderheiten der Ordnung im Laufe der „Erfahrung" tritt *Wissen* und *Wollen* im eigentlichen Sinne der Worte auf und ist beides nicht mehr durchaus untrennbar. Ich *weiss* jetzt um Dieses, und ich *will* um Jenes wissen. Nicht als ob jetzt ein Vorrang („Primat") des einen oder des anderen behauptet werden könnte: Wollen ohne ·Wissensinhalt, sogenanntes „blindes" Wollen, behaupten ist eine Sinnlosigkeit, und Wissen ist, „seelisch" gesprochen, stets eines Wollens Wirkung. „Phänomenologisch" aber ist eine „Wollung" ¹a nichts als eine besondere Form des Erlebnisses *Gedanke*[3]). Mit Rücksicht auf mein eigentliches bewusstes Haben darf gesagt werden: Mein Haben von Diesem an Ordnung besteht in klarer Wissensform, Jenes an ihr habe ich nur in unbestimmter Wollensform; die· Urbedeutung von *Ordnung überhaupt* habe ich freilich auch mit Rücksicht auf „Jenes" in der unbeschreibbaren Form des Urwissen-wollens.

Die Auflösung für das Rätsel aber, dass da, wo b e s o n d e r e Wissensinhalte in Frage stehen, die Einigkeit von Urwissen und Urwollen sich in deutlich getrenntes besonderes Wissen und besonderes Wissenwollen zerlegt, liegt, wie wir gesehen haben, letzthin in der Einsicht:

Zufall ist im Gewussten, das heisst in Natur-, in ihrer gemeinten Gegenständlichkeit, weil ihr Sosein sich mit Stofflichem verquickt, und *Zufall* ist im Wissenden, insofern er sein besonderes Wissen erwirbt, weil er mit Stofflichkeit verkettet ist. Beide Sätze gelten für das Reich der Erfahrung. Erfahrung also lehrt durchaus die grundsätzliche Z w e i h e i t l i c h k e i t, den „Dualismus", von *Ganzheit* und *Zufall* in jeder Beziehung und führt den Zufall, das Unganzheitliche, auf Materie zurück, ebenfalls in jeder Beziehung. Materie, obwohl mit Einheitszügen behaftet[4]), strebt

---

[1]) S. oben S. 2f.
[2]) *O. L. A.* 2 u. 3, *W. u. D.* S. 14.
[3]) S. oben S. 113, *L. a. A.* S. 77ff., *W. u. D.* S. 119ff
[4]) S. o. S. 155.

für sich genommen teils aus einander, teils zu einander. Das zweite macht, dass Ganzheitsagenzien überhaupt mit ihr „arbeiten" können[1]); das erste stört die Ganzheitsagenzien fortgesetzt und überwindet ihre Kontrolle schliesslich auch immer, so dass eben auch alle Ganzheitsdinge *endlich* sind und *untergehen* als ganzheitskontrollierte Materienkomplexe.

Was aber bedeutet das nun für das Wirkliche?

C. Die Ausdeutung
erfahrungshafter Ganzheit und Unganzheit.

Der Inhalt der Wirklichkeitslehre soll den Inhalt der Erfahrung *mitsetzen;* jener Inhalt soll auf alle Fälle so geartet sein, dass dieser Inhalt, das heisst, das *Ich erlebe, um mein Wissen wissend, geordnetes Etwas* in seiner ganzen Fülle aus ihm folgt.

Da ist nun klar, dass alle Erfahrung in Sachen der *Ganzheit* und in Sachen der Nicht-ganzheit, also des *Zufalls,* sein könnte, was sie ist, bei zwei ganz verschiedenen vermutungshaften Setzungen über das Wirkliche. Erfahrung nämlich könnte die Zweiheitlichkeit von Ganzheit und Zufall in sich bergen, sowohl wenn etwas dieser Zweiheit Entsprechendes das Wesen des Wirklichen in jedem seiner Bezirke ausmachte, als auch wenn das Wirkliche zwar Ganzheit wäre, aber in einer Weise, dass dasjenige an ihr, was im Rahmen der Erfahrung *Ich, der Wissende* ist, diese Ganzheit nicht erfassen kann.

Der „Dualismus" des Erfahrungsinhaltes gestattet also auf den ersten Anblick zwei grundsätzlich verschiedene Erfindungen für das Reich des Wirklichen: eine durchaus „dualistische" und eine sich mit dem Wissen um eine Beschränktheit des Einzelichs als „Subjekt" paarende „objektiv"-ordnungsmonistische. Nur ein ganz uneingeschränkter unmittelbarer Ordnungsmonismus, dem auch der Schein der Nicht-ganzheit fremd wäre, ist von vornherein als Wirklichkeitslehre ausgeschlossen, denn für die Erfahrung, also in einem gewissen Etwas, das jedenfalls zum Wirklichen überhaupt in irgend einer Beziehung steht, gibt es nun einmal *Nicht-ganzheit.* Es ist stets im Gedächtnis zu beachten, dass eben das Wissen um die dualistische Natur der Subjekte den ganz reinen Ordnungsmonismus von Anfang an grundsätzlich durchbricht: mit den Subjektsanteilen des Wirklichen ist auf alle Fälle nicht alles „in Ordnung".

Wir wollen nun prüfen, ob sich nicht immerhin ein sozusagen „objektiver" Ordnungsmonismus möchte halten lassen, so dass also die

---

[1]) S. o. S. 156 ff.

Trübung derjenigen Seite des Wirklichen, welche sich — (mit unverändertem *Quale* wie wir wissen[1]) — als Subjekt kundgibt, der einzige dualistische Wirklichkeitszug bleiben würde.

a) Ablehnung des Ontologismus.

Wir gehen aus von gewissen sehr allgemeinen Erwägungen, welche leider nicht ganz frei sein können von Versuchen, die Meinungen anderer Denker als unrichtig darzutun.

Es kann gar kein Zweifel darüber bestehen, dass *Ich* auch mit Bezug auf eine Erkenntnis des Wirklichen, also nicht nur im Rahmen der Erfahrung, Ordnung oder Ganzheit will, dass Ordnung, Ganzheit auch hier mein „Wert", mein „Ideal" ist. Ich müsste nicht „der Wissende" sein, wenn es anders sein sollte. Viele sind nun, die da gemeint haben und meinen, mein blosses Haben des Begriffs *Ganzheit* schon verbürge das Wirklichsein von Ganzheit als Objekt, trotz allen erfahrungshaften Beschränkungen. Andere aber haben gesagt und sagen, aus dem Begriffe, aus der Setzung *ganzheitliche Ordnung*, als Setzung, „folge", dass diese ganzheitliche Ordnung wirklich sei. „Ontologisch" im engeren Sinne heisst die zweite dieser Denkweisen[2]), welche glaubt, aus den Merkmalen eines Begriffes ein Wirklichsein, also eine andere Art des Seins als das „Gegenstand"-sein, folgern zu dürfen. Anselm von Canterbury ist ihr berühmtester Vertreter; aber die Lehre ist älter als er und auch, wenn der Ausdruck erlaubt ist, jünger; und sie ging und geht durchaus nicht nur auf das „Dasein Gottes" als der wirklich bestehenden ruhenden Vollendung, welche alles Werden „schafft". Auch die Neukantianer, zum Beispiel, denken *ontologisch*, wenn sie „aus dem Begriffe" des Wissens seine „Allgemeingültigkeit" folgern wollen oder „aus dem Begriffe" der Wahrheit ableiten wollen, dass es sie in anderer als eigen-ich-bezüglicher Form „gibt". Hegel aber ist der unerschrockenste „Ontologist" der neueren Philosophie gewesen[3]).

Es gelten nun aber gegen jede Art von Ontologismus alle seit alters gegen Anselmus vorgebrachten Beweisgründe, und es ist eigentlich seltsam, dass ontologische, das heisst also aus dem Bereiche des Gegenstand-Seienden in das des Wirklich-seienden über-springende Denkweisen immer noch an der Tagesordnung sind. Freilich — der

---

[1]) S. o. S. 131 ff.

[2]) Die erste erinnert an den sogenannten cartesianischen Gottesbeweis.

[3]) Wobei freilich nicht vergessen werden darf, dass der Begriff *Begriff* für Hegel etwas ganz anderes bedeutet als sonst in der Logik, nämlich etwas dem εἶδος des Aristoteles verwandtes, angeblich unmittelbar geschautes Metaphysisches.

seelenmässige Trieb, wenn man so sagen darf, zum Ontologismus, der ist wohl verständlich. Man möchte eben für das Reich des Wirklichen ein Wissen haben so unanfechtbar, wie man es für manche Gebiete des Reiches des unmittelbar Gegenständlichen, für die Gebiete des Mathematischen und der Schlusslehre zum Beispiel, hat. Man möchte es haben, und nun glaubt man an sein eigenes Haben, ja verachtet wohl gar die „bloss“ vermutende Wirklichkeitslehre. Aber — „synthetische Urteile a priori“, um einmal mit Kant zu reden, sind für das Metaphysische wirklich nicht möglich, sondern nur im Rahmen gewisser Gruppen von Setzungen als Setzungen; und auch, wenn man aus „reiner Naturwissenschaft“ durch Hineinschieben des Begriffs der Allgemeingültigkeit Metaphysik macht, zeigt man nicht, dass man hier nun das Gewünschte in beschränktem Masse erreicht habe, sondern nur, dass man trotz aller „Kritik“ „unkritisch“ vorging.

Dieses aber ist für die Unmöglichkeit jeder Art von Ontologismus der letzte Grund: Durch das Setzen einer Setzung als Inbegriffs ihrer Merkmale kann nur eine andere Setzung als Setzung *mitgesetzt* werden. Aber sogar schon, wenn man noch im Reiche des als gleichsam selbständig gemeinten Naturwirklichen verbleibt, erst recht also beim Eintritt in eine ausdeutende Lehre vom Wirklichen, ist der Übergang von Setzung zu *diesem einen einzigen dinghaft selbigen mittelbaren Gegenstand* etwas vollkommen anderes als der Weg von Setzung zu Setzung. Die Setzung kann eine andere Setzung *mitsetzen*, einen naturwirklichen oder wirklichen mittelbaren Gegenstand kann sie nur „meinen“. Nun kann zwar das „einen mittelbaren naturwirklichen Gegenstand meinend“ ein echtes Merkmal einer echten Setzung sein[1]) und diese Setzung etwa von einer anderen ihr sonst gleichen, aber mit dem Merkmal „einen möglichen Gegenstand meinend“ versehenen unterscheiden, aber der gemeinte mittelbare naturwirkliche Gegenstand als solcher ist darum nicht „Merkmal“ jener Setzung, sondern ist eben gemeint, bezeichnet durch sie. Erst wenn er auf Grund besonderer Umstände in seiner mittelbaren Gegenständlichkeit gemeint sein darf, kann in bezug auf ihn eine Setzung mit dem Merkmal „diesen mittelbaren Gegenstand meinend“ bestehen; und selbst dann „folgt“ nicht aus der Setzung das Dasein des Gegenstandes. Aller Ontologismus wirft zwei ganz und gar voneinander verschiedene ordnungshafte Verhältnisse, wirft zwei verschiedene *Seinskreise* durcheinander.

Ich habe die Setzung *das geordnete Ganze,* eine Setzung, die zu-

---

gleich mein *Wert* ist. Gewiss. Aber was lässt sich auf der Grundlage dieses meines Habens und dieses meines Gehabten erfindend für das Wirkliche aussagen? Weder dass mein Haben des Monismus als Haben, noch dass der Monismus als Gehabtes seiner *Essentia* nach des Monismus Wirklichsein verbürge, sondern allein und lediglich dieses ganz und gar nicht in ontologischer Pracht einherschreitende Eine:

Das Wirkliche ist so geartet, dass wissende Einzeliche sein können, welche, trotz allem Zufall und Irrtum ihrer Erfahrung, den Begriff *die ganze Ordnung* wünschend und wohl gar affektbetont („religiös")[1] setzen.

Also: aus dem „Ich habe den Begriff des Ordnungsmonismus des Wirklichen" folgt für das Wirklichsein dieses Monismus gar nichts, weder cartesianisch, noch eigentlich ontologisch; auf der Grundlage jenes „Ich habe" kann ich nur eine ganz unbestimmte Aussage über die Mannigfaltigkeit des Begriffs *Das Wirkliche* machen. Mein Wunsch des objektiven Monismus bedeutet für sein Wirklichsein ebensowenig wie der Wunsch eines Kindes nach dem Schlaraffenlande für dessen Wirklichsein bedeutet.

Der „Ontologismus", letztlich mit der angeblich das Wirkliche „schauenden" Mystik verwandt, fällt also in sich zusammen[2], und es braucht wohl gar nicht erst ausgeführt zu werden, dass alle Lehren, welche aus dem „Fühlen", dem „Gemütsbedürfnis" und ähnlichen Erlebnissen unbestimmter Art das Wirklichsein eines Ordnungsmonismus „ableiten" wollen, erst recht versagen. Gar nichts besagt das alles für ein unbezweifelbares Wissen in Sachen des Monismus, und gar

---

[1] Man denke hier an das „religiöse Apriori" von Troeltsch, an Hösslins' „transcendentales Gefühl". — Ein Kritiker hat der ersten Auflage dieses Werkes vorgeworfen, dass in ihr nicht von Religionspsychologie die Rede sei. Sie kommt auch in der zweiten Auflage nicht vor, weil ich mich nicht davon überzeugen kann, dass „Religion" etwas anderes sei als das gefühlsbetonte Haben metaphysischer, auf Ordnungsmonismus gerichteter Gedanken von bald mehr, bald weniger geklärter Art. Es genügt uns daher, Religion in ihrer klarsten Form zu berücksichtigen, d. h. als klares ausdrückliches Schauen der Überpersönlichkeitsprobleme, ein Schauen, das stets mit dem „Gefühl" der Ergebenheit in das Erhabene, Unendliche verknüpft sein wird.

[2] Fred Bon (Ist es wahr, dass $2 \times 2 = 4$ ist?, 1913, S. 427 f.) bemerkt einmal zutreffend, dass Descartes, trotz seiner Vorliebe für den ontologischen Beweis, doch noch, im Gegensatz zu seinen Nachfolgern, die inneren Schwierigkeiten alles Ontologischen gesehen und eben deshalb die *veracitas* Gottes eingeführt habe; dieser Begriff sei durchaus nicht nur ein nichtssagendes Zugeständnis an die Theologie seiner Zeit; er solle vielmehr „die Lücke zwischen Evidenz und Wahrheit ausfüllen". Über den Wahrheitsbegriff Bons möge man den dritten Hauptteil seines Werkes einsehen. S. auch Oesterreich, *Phänomenologie des Ich* I, 1910, S. 179.

nichts besagte es ja auch angesichts jener anderen früher[1]) erörterten Frage, ob überpersönliches Ganzheitswerden, sei es rein oder in Zufall gleichsam eingestreut, vorbestimmt oder „frei" sei. Ja, man könnte wohl gar die seltsame Tatsache vermerken, dass mit Rücksicht auf die Freiheitsfrage zwei gefühlsbetonte Schauungen miteinander in Widerstreit liegen, nämlich das Freiheits-„erlebnis" und der Besitz des Begriffs *Gottes* als des Allbestimmers, wie er im cartesianischen Beweis eine Rolle spielt; eine Tatsache, die nun freilich auch ihrerseits nichts besagt. Über das Wirkliche in seinen Besonderheiten kann eben gar nichts „a priori" geschaut werden; nur Bedeutungen ordnungshafter Art, unter ihnen allerdings die Bedeutung *wirklich*, sind ja, als Bedeutungen, rein und vollendet schaubar. Die Bedeutung *wirklich* nannten wir schon an früherer Stelle[2]) den einzigen „ontologischen" Bestandteil unserer Metaphysik.

Wer sich hier nun aber eine persönliche Erleuchtung besonderer Art zuschreibt, derart, dass er sagt, er sei es eben, durch den das Wirkliche von sich ein ewig unantastbares Wissen habe, mit dem, als dem echten ganz eingeständlichen „Mystiker", hat es die strenge Philosophie nicht zu tun. Für uns bedarf es hier einer gesonderten zerlegenden Untersuchung, in die wir nunmehr eintreten.

b) Ablehnung des spinozistischen Monismus.

Unter den bestehenden Formen des Ordnungsmonismus als einer metaphysischen Lehre besprechen wir zunächst diejenige, welche aus sogleich darzulegenden Gründen passend den Namen des spinozistischen Monismus oder des Räumlichkeitsmonismus führt. Wir haben schon früher[3]), bei besonderer Gelegenheit, diese Form des Monismus erörtert; wir haben sie auf der vorläufigen Stufe, die dort erreicht war, abgelehnt. Aber können wir sie vielleicht auf der jetzt erreichten höheren Stufe, die unmittelbar auf „das Ganze" geht, annehmen? Wir werden sehen.

α) Die spinozistische Lehre.

Spinoza lehrt bekanntlich, dass das Wirkliche, die *Substantia*, weil eines ihrer Attribute *extensio* ist, so geartet sei, dass jedes Wirklichkeitskennzeichen im Rahmen seines entfalteten Daseins, also im Rahmen der erfahrungshaften *Natura naturata*, eine Raumes-

---

[1]) S. oben S. 103 f.
[2]) S. oben S. 33.
[3]) S. oben S. 78 f.

gegebenheit, eine Raumes-erlebbarkeit zum Ausdruck oder Zeichen habe. Kein Kennzeichen des Wirklichen also, das ohne Raumeszeichen ist.

Das ist jedenfalls einer der wesentlichen Züge der spinozistischen Lehre; es ist zugleich derjenige, welcher uns hier angeht. Doch halten wir uns bei der näheren Durchführung einer Prüfung der räumlichkeitsmonistischen Lehre an ihre, auf Leibniz mehr denn auf Kant selbst zurückgehende, neukantianische Fassung.

Alles Wirkliche, was es auch sei, muss dem erfahrenden Subjekt im Raume erscheinen. Der *Mechanismus* der Natur ist also die eine notwendige Seite der Erscheinung alles Wirklichen, mag eine „andere Seite" psychologische Bedeutung irgendwelcher Art, einschliesslich ethischer Bedeutung, haben. Der handelnde Mensch als Objekt ist also auch durchaus in den Begriffen des *Mechanismus* darstellbar, wenn das auch nur „eine Seite" von ihm trifft.

Bei den Neukantianern wird dieser oder ein ähnlicher Satz einfach hingesetzt. Er gilt — weshalb, erfährt man freilich nicht — als unumstösslich, als „Dogma", obwohl er nicht so genannt wird. Als „unendliche" Aufgabe wird der Nachweis des *Mechanismus* im einzelnen gern bezeichnet, und zwar im echten mathematischen Sinne des Wortes. Eben diese Seite des neukantischen Mechanismus ist es, die von Leibniz, insbesondere von der leibnizischen Lehre vom Organismus, herstammt: im Sinne der vereinigten embryologischen Lehren von der „Präformation" und der „Einschachtelung" sollten da unendlich viele organische Maschinen ineinander eingeschachtelt sein, ja, der Unterschied der organischen Maschinen von einer von Menschen gebauten sollte geradezu darin bestehen, dass der Organismus in jedem seiner unendlich vielen Teile immer noch „Maschine" sei[1]).

Leibniz verquickte seinen Gedanken vom Naturmechanismus bekanntlich mit der Lehre von der prästabilierten Harmonie. Eben damit ward sie zum Ordnungsmonismus, ward die „Theodizee" möglich. Und der Begriff des Unbewussten, der „petites perceptions" half nun weiter zur Durchführung des Gedankens, dass trotz meines Nichtwissens von Ganzheit, ja meines erfahrungshaften Wissens um Nicht-Ganzheit, doch Ganzheit — freilich mit Rücksicht auf ein als vorhanden gesetztes unendlich Kleines — da sei.

So Leibniz; der Neukantianismus setzt an Stelle der als solche vorhanden gedachten unendlich kleinen Maschinen, wie gesagt, die

---

[1]) Vgl. z. B. die „Betrachtungen über die Lebensprinzipien und über die plastischen Naturen".

„unendliche Aufgabe"; aber auch er meint das Wort „unendlich" in seinem echten mathematischen Sinn.

β) „Mechanismus" und „Teleologie"; eine Zwischenuntersuchung.

Wir wollen nun an erster Stelle vor aller eigentlichen Sachprüfung eine grosse begriffliche Dunkelheit endgültig beseitigen, eine schon an früherer Stelle kurz berührte[1]) Dunkelheit, die freilich nicht die Lehre des Leibniz, wohl aber die neukantianische, so wie sie heute zu sein pflegt, zu einem in sich geradezu widerspruchsvollen Gebilde macht.

Man redet davon, dass man den Mechanismus mit der Teleologie „vereinigen" wolle. Das mechanische Werden soll der Verwirklichung von Zwecken dienen, oder vielmehr die „andere Seite" des Mechanismus soll eben eine Verwirklichung von Zwecken sein; was „von der einen Seite" Zweckverwirklichung ist, ist „von der anderen Seite" Mechanismus.

Setzen wir an die Stelle des Wortes Teleologie unsere rein gegenständlichen Begriffe *geordnete Ganzheit* und *Ganzheitsbezogenheit*, so soll also dasjenige, was Mechanismus ist für die Erfahrung, die *Ganzheit* eines Unbekannten „von einer Seite" darstellen. Auf alle Fälle ist dazu notwendig, dass der Mechanismus als Mechanismus auch ein *Ganzes* sei.

Aber hier liegt nun eben der innere Widerspruch der Lehre von der „Vereinigung" von Mechanismus und Ganzheit. Ist das Raumerfahrbare ein vollendetes Abbild eines unbekannten Ganzen, also jedenfals selbst ganz, so ist es eben kein „Mechanismus", und zwar gerade, weil es alle Eigentümlichkeiten jenes Unbekannten restlos raumhaft anzeigen soll. Ein *Ganzes* im Raumhaften sehen heisst nämlich: jede Einzelheit des Seins und Werdens in ihm *diese einzige bestimmte* sein lassen. Da mag es Wiederholbares und Wiederholtes geben, *Klassen* mit Einzigkeiten also und *Allgemeines*, aber es gibt kein „Gesetz" im Sinne einer Norm für beliebig wiederholbare auf Unabhängiges gehende Fälle. Denn im Ganzen ist nichts Unabhängiges. Nun ist aber der Begriff „Mechanismus" gerade geschaffen, um ein Gefüge von sich bewegenden Dingen zu bezeichnen, die sich, nach Massgabe einer geringen Zahl von *Gesetzen,* sozusagen „jedes für sich" verhalten. Eben das drücken die *Principia* Newtons aus.

---

[1]) S. oben S. 79 f.

Setzt man das Dasein eines raumhaften *Ganzen,* so darf man also keinen „Mechanismus" setzen! Die Setzungen widersprechen einander[1]).

Höchstens darf man sagen, in vielen Fällen sei das Geschehen im Rahmen der Ganzheit, soweit wiederholte Fälle, z. B. Erscheinungen des „Falles", des „Stosses", in Frage kommen, so geartet, *als ob* da sich nach Gesetzen verhaltende Unabhängigkeiten wären. Aber die Gültigkeit der „Gesetze" soll ja gerade, wenn anders ein sich entwickelndes Ganzes vorliegt, gar nicht verbürgt sein, nicht einmal auf morgen; und das Gesetz selbst wird als etwas gefasst, von dem man ausdrücklich weiss oder doch zu wissen glaubt[2]), dass es eigentlich kein „Gesetz" sei für das Verhalten voneinander unabhängiger „Fälle". Denn eben unabhängige Fälle gibt es im Rahmen des Begriffs *das Ganze* nicht! Setze ich also *Ganzheit,* so darf ich nicht „Mechanismus" setzen.

Aber könnte nicht aus echtem Mechanismus eine raumhafte Ganzheit „resultieren"? Auch das geht nicht an. Aus einem echten Mechanismus können „Ganzheiten" sich nur als Gleichgewichte, als „wahrscheinliche Zustände" ergeben, sei es in bezug auf die groben himmlischen Massen, sei es in bezug auf das Urdingliche, also etwa die Elektronen. Und solche Gleichgewichte in einem echten Mechanismus sind stets von geometrischer Art.

Geometrische Anordnung aber, die „von der anderen Seite" Seelisches und Sittliches bedeutet, ist — nun, vielleicht ein Witz, aber nichts weiter.

Die „Vereinigung" von Teleologie und Mechanismus ist also von jedem möglichen Standpunkte aus unsinnig. Man will *A* sein lassen, was ausgesprochenermassen ein *Nicht-A* ist; auch die „andere Seite" hilft über den inneren Widerspruch nicht hinweg.

Das alles war lediglich formhafte Berichtigung. Meinen tut der Neukantianismus und jede ihm verwandte Lehre, dass das Raumerfahrbare ein Ganzes an Ordnung, ein *vollständiges* Bild *des* Ganzen als Ordnung sei — also kein „Mechanismus" —, derart, dass jede Einzelheit in diesem Raumganzen eine Einzelheit am Wesen eines an sich unerkennbaren Wirklichen bezeichne und andererseits dieses Wirkliche keine nichtraumbezeichnete Einzelheit als Kennzeichen besitze.

γ) Erledigung der Sachfrage.

Wenden wir uns jetzt der Sachfrage zu, ob ein solcher *Räum-lichkeitsmonismus,* ein spinozistischer Monismus also, möglich sei.

Es unterliegt keinem Zweifel, dass der spinozistische Monismus nicht nur die einfachste Form des Monismus, sondern auch die ein-fachste und zugleich ordnungsreichste Lehre vom Wirklichen über-haupt sein würde. Wenn nicht gewichtige Gründe gegen ihn sprechen, müssen wir ihn also annehmen. Wie bei allen ordnungsmonistischen Lehren würde es auf seiner Grundlage letzthin keinen Zufall geben; die Vielheit der nebeneinander stehenden „Gesetze" würde zugunsten des einen Gesetzes, das eben *diese Ordnung* heisst, aufgehoben werden, ja, insbesondere, der auf einer früheren vorläufigen, auf Natur-„ausschnitte" gehenden[1]) Stufe bestehende Unterschied von und Gegensatz zwischen Mechanismus und Vitalismus würde fallen zu-gunsten der Gesetzeseinzigkeit *dieser Ordnung.* Und dazu noch wäre die eine Ordnung in allen ihren Teilen abbildhaft für die Erfahrung gekennzeichnet: Die Welt wäre die Maschine, und zwar ohne „Ab-nutzung", sie wäre „Präzisions"-maschine bis ins Allerletzte.

Nun haben wir in Ausführlichkeit dargelegt, dass es in allen Be-reichen der Erfahrung *Zufall* gibt, dass es, mit anderen Worten, in allen Bereichen der Erfahrung sehr viele Einzelheiten des Seins und Werdens gibt, welche nicht als diesen einen Ordnungsplatz in dieser einen Ordnung einnehmend geschaut sind. Trotz unseres Wissens um Zufall den spinozistischen Monismus, zunächst lediglich als Vervoll-ständigung der Erfahrung im Bereiche dieser selbst, zulassen, würde also heissen: das Wissen um Zufall als ausdrückliches Nochnicht-Wissen von Ganzheit, kurz als Vorläufigkeit bezeichnen, und zwar mit dem Zusatze, dass künftiges Wissen und zwar durchaus und lediglich mit Rücksicht auf raumhafte Erfahrbarkeiten den Zufall schon noch beseitigen werde. Am Ende müsste jede letzte Einzelheit des Raumhaften ein Ganzheitteil sein.

Das erfahrungshafte Behaupten von Zufall hängt also auf dem Boden des spinozistischen Monismus lediglich daran, dass raumhafte Be-ziehungen noch nicht überschaut sind, sei es wegen zu grosser Ent-fernung oder zu grosser Kleinheit oder zu ungenauen Arbeitens der Sinnesorgane.

Wird sich nun wirklich im Ernste jemand zu diesem spinozistischen Monismus entschliessen, wenn er alles durchdenkt, was aus ihm folgt? Die Hauptstütze einer nicht-monistischen Ansicht überhaupt will ich

---

[1]) S. oben S. 94 f.

hier noch gar nicht einmal eingehend heranziehen, sondern nur im Vorbeigehen erwähnen: den Umstand nämlich, dass zum mindesten gewisse Ausprägungen des Zufalls, nämlich *Krankheit* und das *Böse*, nicht nur als fehlende Ganzheit, sondern ausdrücklich als Gegenganzheit erlebt werden. Es scheint mir aber, dass schon das Durchdenken einer einzigen besonderen Folgerung aus dem Räumlichkeitsmonismus genügt zur Ablehnung dieser Lehre. Ich habe diesen Gedankengang schon vor Jahren in anderem Zusammenhange kurz mitgeteilt[1]):

Jeder Naturforscher, welcher „experimentiert", sei es im Bereiche der unbelebten oder im Bereiche der belebten Natur, stellt mit Absicht möglichst einfache und übersichtliche „künstliche" Zustände her und beobachtet, ob von diesen Zuständen aus Werden statthat und, wenn so, welche Art von Werden. Er findet alsdann das, was man „Naturgesetze" nennt. So oft er auch den Versuch wiederholte, er fand dasselbe an Werdeverkettung in unabhängigen „Fällen", und er fand gewisse zahlenmässige Bestimmtheiten im Werden. Die Gesetze, die er für beide Reiche der Natur fand, sind grundsätzlich verschieden; darin, dass sich tatsächlich heute die Gesetze des Belebten auf die des Unbelebten nicht zurückführen lassen, sind sogar Alle einig. Nun sind die letzten Lebensgesetze gerade unter Bedingungen gefunden, die denn doch unter dem Gesichtspunkt des spinozistischen Monismus ganz ausserordentlich merkwürdig sein würden: Die Embryologie der Tiere dachte man sich spinozistisch auf Grund besonderer stofflicher Anordnungen, also „maschinell", geschehend· Ich zerteilte nun beliebig junge Keime und fand, das die richtige, „normale" Entwicklung da nicht gestört wird: es gibt verkleinertganze Larven. Auf Grund des spinozistischen Monismus muss die Sache hier so gelegen haben, dass eben in diesen Fällen, in diesen bestimmten Versuchen an diesen bestimmten Keimen eine „Maschine" oder vielmehr, da ja die Welt als Ganzes „die eine" Maschine sein soll, ein Maschinenteil oder eine Teil-maschine vorhanden gewesen war, kraft deren gerade hier aus Keimesbruchteilen Ganzbildungen vorhergehen mussten. Also mussten da andere Teil-maschinen vorhanden gewesen sein, als in den ungestört gebliebenen Fällen des embryologischen Gescheheus, in denen aus dem ganzen Keim eine Ganzbildung von normaler Grösse entsteht. Die besondere Art, das *Sosein* der Teilmaschine der Keime derselben Tierart ist also bald

---

[1]) *Philosophie des Organischen* 1909, I, S. 148 ff., 2. Aufl., S. 143 f., vgl. für alles in diesem Abschnitt Dargelegte meinen oben auf S. 80 Anm. 1 genannten Aufsatz.

ein solches, bald ein anderes und zwar in Zuordnung dazu, ob ein Keim einem Forscher, dessen Leib selbst ein Teil der „Maschine" *Natur* ist, in die Hände fällt oder nicht!

Es kommt aber des Unsinnigen noch mehr: Die vom Räumlichkeitsmonismus vorauszusetzende Zuordnung der besonderen einem Keime innewohnenden stofflichen Anordnung oder Teil-Maschine zu seinem Schicksal im Dienst der Wissenschaft führt den Forscher zur Aufstellung e c h t e r „Naturgesetze", welche für voneinander unabhängige „Fälle" gelten; er glaubt jedenfalls, echte Naturgesetze — nämlich das Nicht-bestehen von „Maschinen" und eine Lebensgesetzlichkeit eigner unzurückführbarer Art — aufstellen zu können. Diese Gesetze nun, in ihrem Gewusstsein ermöglicht durch eine ganz besondere seltsame Zuordnung zwischen zwei Naturbestandteilen, nämlich zwischen Untersuchungsgegenstand und Forscher, nach den Gesichtspunkten des spinozistischen Monismus, diese Gesetze sind f a l s c h; denn die Grundlehre eben desselben Monismus ist, dass es k e i n e „Gesetze" und k e i n e unabhängigen Fälle gibt.

Also: Wechselseitige Zuordnung von Besonderheiten der Anordnung höchst seltsamer, verwickelter Art auf der einen Seite und — I r r t u m als ihr ausgesprochenes Ergebnis.

Das *Wirkliche*, dessen vollständige Abbild „von der einen Seite" das Raumerfahrbare sein soll, besitzt auf alle Fälle, „von der anderen Seite" gesehen, n i c h t die kartesianische *Veracitas!*

Unser Beispiel aber, auf dem Boden der Lebensforschung besonders krass, liesse sich auf j e d e n Fall von „Experiment" übertragen: Die Weltenmaschine wäre stets eine solche, dass da für den Forscher die Begriffe „möglich", „Vermögen", „Naturgesetz", „unabhängige Fälle" herauskommen — und doch bestünde keine Bedeutung der Begriff „möglich", „Vermögen", „Gesetz".

Also eine ausdrückliche „Einstellung" der Welt von höchst verwickelter Art — auf Irrtum!

Diese Darlegung wirkt wohl zwingender der Annahme des spinozistischen Monismus entgegen als lediglich das Dasein von Zufall und Irrtum überhaupt im gesamten Erfahrungsbereiche. Und doch wohnt auch schon dem blossen daseienden Zufall als solchem ein besonderer Wesenszug inne, der durch den reinen Räumlichkeits-, den spinozistischen Monismus jedenfalls nicht befriedigend beseitigt werden kann:

Es ist eben für die unbefangene Betrachtung durchaus gar nicht einzusehen, inwiefern denn die Steine, die hier am Wege liegen, in ihrer ganz bestimmten Form und Lage sollten diese bestimmten Teile dieses bestimmten, werdenden, räumlichen, geordneten Ganzen sein. Man sieht sie auch nicht etwa auf dem Wege zu Ganzheit; ihre Gesamtheit ist durchaus unganz. Und nun verstehen wir weiterhin gerade, wenn wir einmal Unganzheit des letzten Einzelnen im Bereiche des Stofflichen, des „Materiellen", zulassen, wie es auch in dem, was wir an Ganzheit kennen oder vermuten, Züge der Unganzheit, des *Zufälligen*, geben könne. Wollten wir Ganzheit um jeden Preis, so würde im Bereiche der Lehre vom Belebten die Frage, warum diese Ganzheit hier denn nicht in irgendwie ersichtlicher Weise auf das letzte Einzelne gehe, wieder von neuem auftreten; denn jetzt wäre ja nicht die „Zufälligkeit" im Rahmen des Belebten auf die Ur-„zufälligkeit", aller Einzelverteilung des Stoffes zurückzuführen.

Wir lehnen also den spinozistischen oder Räumlichkeitsmonismus als eine die Erfahrung angeblich vervollständigende Lehre durchaus ab, brauchen uns also durchaus nicht mit seiner metaphysischen Ausdeutung zu befassen. Und damit ist nun auch die spinozistische Lehre vom Raumbezeichnetsein aller Züge des Wirklichen, die wir an früherer Stelle[1]) nur vorläufig erledigen konnten, endgültig abgelehnt. Hatte denn der Räumlichkeitsmonismus überhaupt in irgendeiner Weise das an sich, was man wohl innere Wahrscheinlichkeit zu nennen pflegt? Ich denke: durchaus nicht. Zugegeben, dass Ordnungsmonismus überhaupt einen denkhaften Wunsch bedeutet — aben warum sollte denn dieser Wunsch mit Rücksicht auf die Lageverhältnisse der rein stofflichen Welt Erfüllung finden? Man sieht nicht irgendwie ein, warum das denn so sein müsse oder solle. Ja, eigentlich wäre es doch gerade eine gänzlich unverständliche Tatsache, wenn wirklich das, was ich als mein seelisches und sittliches Erleben kenne, in jedem Einzelheitszuge eine Stoffesanordnung zur „anderen Seite" hätte. Seelische Inhalte und Stoffesanordnungen sind so gänzlich verschiedene Dinge, wie ja auch immer wieder gegen den Glaubenssatz vom „psycho-mechanischen Parallelismus" eingewendet wird[2]). —

c) Ablehnung des Ordnungsmonismus überhaupt.

Eine ganz andere Stellung hat der Monismus der Ordnung, wenn er sich von der spinozistischen Beschränkung frei macht, wenn er Ganzheit sucht für ein Etwas, das nicht in jeder seiner Einzelheiten durch Räumlichkeitseinzelheiten abgebildet ist. Die spinozistische Be-

---

[1]) S. oben S. 76ff.
[2]) Vgl. meine Schrift: *Leib und Seele*, 1916, 2. Aufl. 1920.

schränkung durchbrachen wir schon an früherer Stelle[1]), als wir die Ergebnisse der Biologie als einer von den lebenden Einzelwesen und ihrem Werden handelnden Sonderwissenschaft in gewisser Richtung ausdeuteten. Da war uns das Stoffliche, die „Materie", im Raume nur ein Bruchstück des Daseienden, ja, das Beziehungs-Gefüge *Raum* selbst war, von der Zeit ganz abgesehen, nur das uns eben vollständig zugängliche, aber nicht das einzige und auch nicht das für Alles verbindliche und notwendige Beziehungsgefüge des Wirklichen.

Doch das alles nannten wir damals selbst eine Vorläufigkeit; handelten wir doch von „endlichen Systemen" der Natur, die aus dem Ganzen herausgegriffen waren nach bestimmten Gesichtspunkten. Jetzt aber gehen wir auf das Ganze, und da meint denn ein *nicht-spinozistischer Ordnungsmonismus* dieses: Nur das dem Beziehungsgefüge *Raum* sich einordnende Naturwirkliche kann ich im Einzelnen fassen; manches Naturwirkliche ordnet sich aber nur in Bruchstücken jenem Gefüge ein und ist doch „da"; wie vieles „da" ist, was sich jenem Gefüge gar nicht einordnet, kann *ich* nicht wissen. Kann ich also sagen, dass nicht die *eine ganze Ordnung* da ist? Könnte sie nicht da sein für den, für welchen alle Beziehungsgefüge das Daseienden sich abbildhaft darstellen würden? Das Wort „da sein" aber wäre hier zunächst noch im Sinne jenes *als ob* verstanden, welches der Selbständigkeit des Naturwirklichen im Bereiche der Ordnungslehre, der Erfahrung, ja stets anhaftet; es würde freilich bald seine metaphysische Ausdeutung erhalten.

Grundsätzliche Bedenken, die sich hier einstellen möchten, sind bereits in der *Ordnungslehre* zerstreut. Sie mögen immerhin an dieser Stelle noch einmal kurz zurückgewiesen werden:

Wir geben es Kant rückhaltlos zu, dass das *Sosein* nicht-raumhafter, „unanschaulicher" (und darum doch nicht ohne weiteres „psychischer"), naturwirklicher gleichsam-selbständiger Dinghaftigkeiten und Geschehnisse als solches nicht kennbar ist, dass im eigentlichsten Sinne sosein-gekannt nur das ist, was irgendwie raumhaft ist. Aber wir geben gewissen Schulen der Neukantianer, z. B. den Marburgern, Julius Schultz[2]) u. a. nicht zu, dass um das naturwirkliche *Dasein* solcher Dinghaftigkeiten und Geschehnisse nicht gewusst werden könnte, wobei wir die Frage offen lassen, ob solche dogmatische Lehre des grossen Kant Meinung gewesen sei oder nicht. Nur auf Soseinskenntnis geht uns also berechtigterweise die unzweifelhaft kantische

---

[1]) S. oben S. 74ff.

[2]) *Die Maschinentheorie des Lebens,* 1909, und sonst.

Lehre, dass die „Kategorien" lediglich in ihrer Anwendung auf raumzeitliche Naturhaftigkeiten etwas Sinnvolles aussagen; um das Dasein unraumhafter Naturwirklichkeiten aber kann ich mit ganz demselben Grade der Sicherheit „kategorial", z. B. im Rahmen einer Ursächlichkeitslehre, wissen wie um das Dasein des raumhaft Dinglichen.

Aber andererseits: Aussagen über nicht-raumhaft Naturwirkliches seinem, etwa an seinen Wirkungen erfahrbaren, Dasein nach sind noch nicht ohne weiteres „metaphysisch", sondern gehören zunächst durchaus zum Bereich der Erfahrung, der Ordnungslehre. Und an zweiter Stelle erst kommt der Schritt in die ausdeutende Metaphysik hinein, das nach oft genug in diesem Werk dargelegten „induktiven" Grundsätzen erfolgt.

Die nicht-spinozistische Form eines Ordnungsmonismus ist also grundsätzlich als „möglich" gerechtfertigt.

Und diese Art des Ordnungsmonismus erscheint nun auf den ersten Blick als unangreifbar. Sie sieht im Raumesdasein grundsätzlich nur ein Bruchstück. Ganz beliebig steht ihr frei, Daseiendes in beliebigen unbekannten Beziehungsgefügen zu setzen. Metaphysisch gesprochen ist ihr ja, wie wir von früher her wissen, von der Zeit abgesehen, nur eines der unbestimmt vielen Beziehungsgefüge des Wirklichen räumlich abgebildet für das erlebende Ich.

Warum also soll da nicht die eine ganze Ordnung sein, die wir suchen; auch wenn wir nicht einmal Andeutungen von ihr finden? Warum soll da nicht wenigstens die objektive Seite des Wirklichen monistisch gebaut sein, wenn es freilich schon beim Dualismus seiner subjektiven Seite, von der wir eingangs[1]) redeten, auch hier auf alle Fälle bleiben würde — denn *Ich* schaue nicht nur nicht die vollendete Ganzheit, sondern irre sogar, d. h. glaube endgültig zu schauen, wo Endgültigkeit nicht vorhanden war.

In der Tat: in Strenge wird diese Form von Monismus immer unwiderlegbar bleiben; es wird ja dem Geschmack des Einzelnen gleichsam anheimgegeben, ob er sie, auf der Grundlage seines grundsätzlichen Nichtwissenkönnens um unbestimmt viele Möglichkeiten, annehmen will oder nicht. Wer sich freilich ganz klar darüber ist, was Wissen eigentlich heisst, den wird dieser unbestimmte grundsätzlich auf Nichtwissen gegründete Ordnungsmonismus schwerlich befriedigen, denn er leistet doch eben die restlose Ordnungseingliederung irgendeines bestimmten *hic et nunc* in keinem Falle, ja,

---

¹) S. oben S. 253.

er leistet nicht einmal, wie ein *unentwickelter entwickelbarer Begriff* im Mathematischen[1]), ein Verstehen der *Quidditates*.

Aber es scheint mir nun, dass sich auch diese Form eines „objektiven“ Monismus denn doch möchte zum mindesten sehr unwahrscheinlich machen lassen, besser gesagt wohl, dass sich möchte zeigen lassen, wie auch dieser Monismus gewissen Seiten des Erlebens nicht oder doch nicht genügend gerecht wird, so dass er also, in das Reich des Wirklichen deutungshaft übertragen, diese Seiten des Erlebens nicht *mitsetzen* würde.

Damit kommen wir nun zugleich auf einen Gegenstand zu sprechen, der gegen jede Form des Ordnungsmonismus gilt, und nur deshalb bei unserer ablehnenden Erörterung des spinozistischen Monismus ganz kurz abgetan ward, weil hier der anderen, gerade diese Form des Monismus widerlegenden Gründe gar so viele waren.

Ich erfahre nicht nur den Zufall als Nicht-ganzheit im Reiche der Natur und des Seelenwirklichen, sondern ich erfahre oft die *Gegen-Ganzheit* in schroffster Form. Da ist Krankheit und da ist das Böse; das ist anderes und mehr als nur Zufälliges im Sinne von Unganzheit oder Nochnichtganzheit. Ich betone ausdrücklich, dass ich dabei die Frage nach der Bedeutung des Todes noch gar nicht berühren will, sondern nur die Bedeutung der oft freilich zum Tode führenden Krankheit; insonderheit ist es das lange Siechtum, das erst ganz spät, nach einem gequälten tatenlosen Leben, zum Tode führt, welches ich meine. Und bestehen bleibt natürlich, was immer wieder gesagt zu werden verdient, auf jeden Fall der Dualismus der subjektiven Seite der Wirklichkeit, in Form des Irrtums der Wissenssubjekte, so dass „das“ Wirkliche auch dann noch dualistisch gebaut bliebe, wenn wir der dualistischen Züge dieser objektiven Seite Herr werden könnten, was aber nicht der Fall ist.

Und bleibt nicht auch jetzt noch dazu jene Unsinnigkeit bestehen, die wir im Rahmen der Lehre von einem angeblich bestehenden spinozistischen Ordnungmonismus erörtert haben?[2]). Alles ist einander in völliger Eindeutigkeit innerhalb dieser einen Ordnung zugeordnet, also auch der „Experimentator“ und seine „Objekte“; und nun ergibt sich daraus für den Experimentator der Begriff des für „viele unabhängige Fälle“ gültigen „Gesetzes“, welches Gesetz aber eben — nicht besteht.

Wer wie Leibniz und seine Gesinnungsgenossen um jeden Preis

---

[1]) S. oben S. 129.

[2]) S. oben S. 262.

eine „Theodizee" schreiben, also auch das, was daraus folgt, einen wenigstens objektiven Ordnungsmonismus, vertreten will, für den gibt es ja nun freilich gewisse Wege, sich mit dem *Malum physicum* und dem *Malum ethicum* abzufinden: Der lebenslang Sieche wird manchmal geläutert und läutert seine Umgebung; gerade sein Siechtum ist Ursache, dass einen anderen nicht ein furchtbares Unglück betrifft usw. Aber ist das ein „Ordnungsganzes", in dem die „Läuterung", wenn anders sie überhaupt eintritt, solche Wege braucht; ist das ein Ordnungsganzes, in dem es „furchtbare Unglücksfälle", wie etwa Eisenbahnzusammenstösse und verbrennende Schiffe und Kriege gibt?

Angebliche ordnungsmonistische Erklärungsgründe des nun einmal bestehenden Gegenganzheitlichen wie die, dass ohne das Böse das Gute nicht „gut" wäre, indem ihm gleichsam der Hintergrund fehle, oder dass nur unter Zulassung des Bösen die Welt so reich und mannigfaltig sein könne, wie sie ist, dürfen doch wohl kaum Anspruch auf ernstliche Beachtung machen.

Ist übrigens des Leibniz Theodizee wirklich so ganz gelungen? Gewiss, Gott wollte die „beste" unter den „möglichen" Welten. Dass sie nicht durchaus einwandsfrei geraten ist, soll letzthin daraus hervorgehen, dass Gott, nachdem er einmal die letzten Grundlagen alles Weltseins — nach Leibniz also der Erscheinungsseite nach die Grundsätze des „Mechanismus" mit prästabilierter Harmonie — als wirklich gewollt hatte, nun an alles gebunden war, was aus diesen letzten Grundlagen folgt. Aber — warum wollte denn Gott überhaupt die Welt, wenn er wusste, dass sein Gebundensein an das Verhältnis des „Folgens" das *Malum metaphysicum* bedinge, das seinerseits die anderen *Mala* nach sich zieht? Hier ist, meine ich, grundsätzlich ein Zug nicht-vollendeter Ganzheit auch im Objekt zugegeben, damit aber im Grunde der Ordnungsmonismus aufgegeben.

Und er muss, meine ich, in jeder Form, nicht nur in der raumordnungsmonistischen des grossen Leibniz, aufgegeben werden. Auch nur irgend eine Art des Ordnungsmonismus zulassen, heisst gar zu sehr der bestehenden Erfahrung ins Gesicht schlagen. Eine Welt, in welcher Ganzheitsverwirklichung ausdrücklich durch als gegenganzheitlich Erfahrenes hindurch muss, ist keine *eine Ordnung*. In ihr ist Ordnung und Nichtordnung. Sie ist nicht „das eine Gesetz". Und es befriedigt denn doch wahrlich nicht, einfach festzusetzen, der Ordnungsmonismus bestehe zu Recht, wenn man ausserstande ist, sein Bestehen auch nur irgendwie im einzelnen aufzuzeigen; man dekretiert da: „Es ist so" — und dass es nicht „so ist", befindet das gewissenhafte Denken auf jedem Schritt. Was nützt ein solches Dekret?

Dieser Vorwurf aber gilt gegen jede Form des einfach hingesetzten Ordnungsmonismus, sei sie im einzelnen geartet, wie immer sie wolle.

So haben wir denn, trotz seines ordnungshaften Erwünschtseins, den Ordnungsmonismus jeder Form aufgegeben. Zunächst ist dieser Ordnungsmonismus lediglich als unmittelbare Ergänzung der Erfahrung gemeint gewesen; als solche also ist er unmöglich. Weil er nun aber als solche unmöglich ist, tritt die Frage nach seiner Wirklichkeitsbedeutung gar nicht erst auf.

d) Scharfe Formung der Begriffe „Ordnungsmonismus" und „Dualismus".

Der sogenannte *Dualismus,* das Nebeneinander-Bestehen von Ganzheit und Zufall im Subjekt und im Objekt ist es, der der vervollständigten Erfahrung letztes Wort bedeutet und der daher nach metaphysischer Ausdeutung verlangt. Ehe wir an diese herantreten, wollen wir einmal kurz einander gegenüber stellen, was, ganz allgemein gefasst, die Begriffe *Ordnungsmonismus* und *Dualismus* letzthin denkhaft für die Erfahrung überhaupt bedeuten:

Ordnungshafte Aufgabe ist und ordnungshaftes Erfahrungsergebnis würde sein, wenn der Ordnungsmonismus als sichere oder wenigstens vermutungshafte Lehre vom Erfahrungswirklichen gelten könnte, folgendes: Zu suchen war und gefunden würde sein ein Begriff, die *Erfahrungsordnung,* von solcher Art, dass das Wissen um ihn das Wissen um alles Erfahrungseinzelne in jedem Sinne, „subjektiv" und „objektiv", *mitsetzen,* einschliessen würde; und zwar wäre dieses „mitsetzen" oder „einschliessen" von doppelter Art: *Die Erfahrungsordnung* wäre das *Ganze,* von dem alles Einzelne *dieser Teil* ist, und *die Erfahrungsordnung* wäre zugleich das *Allgemeine,* im Verhältnis zu dem alles Einzelne, insofern es Sonderordnung bestimmter Art ist, *Besonderes* ist. Und das Einzelne, insofern es Sonderordnungen bedeutet, wie zum Beispiel die organischen Formen, die Lebensgesamtheit und vielleicht noch anderes, ist hier, wie wir wissen, selbst wieder „gefügeartig" und in „Klassen" mit vielen „Fällen" gegliedert. Also Ganzes und zugleich Allgemeines wäre die *Erfahrungsordnung* oder „das Eine". Aber nicht ein Allgemeines wie etwa der Begriff *Tier* müsste das Eine sein, sondern es müsste ein *unentwickelter entwickelbarer Begriff* sein, wie etwa „Kegelschnitt" im Geometrischen. Denn nur dann würden wir durch das Wissen um das Allgemeine „Die Ordnung" zugleich um alle besonderen Ordnungen wissen[1].

---

[1] S. oben S. 129 und *O. L.* B. II. 7. e, C. I. 6 und sonst.

Weil *Ich*, als menschliches Ich, unentwickelte entwickelbare Begriffe nur im Mathematischen kenne, so wäre mir freilich ganz abgesehen davon, dass ich *irren* kann, ein echtes Verständnis alles Besonderen auch bei Zulassung des Ordnungsmonismus versagt; er würde eine blosse Form bedeuten, um die immerhin ihrem Dasein, obschon nicht ihrem Sosein nach gewusst werden könnte. Aber ich kann mir doch wenigstens grundsätzlich in der Einbildung ein Ich ersinnen, welches leistet, was ich nicht leisten kann[1]), und dieses Ich würde auch, so kann ich mir denken, die Bedeutung des Begriffs *die Ordnung* oder *das Eine* als eines „Ganzen" wirklich erfassen und damit das *quale, hic et nunc* jeder letzten Erfahrungseinzelheit wahrhaft verstehen.

Das also ist der Ordnungsmonismus: *Die Ordnung* ist Allgemeines und Ganzes, und wer die Setzung *die Ordnung* versteht, der versteht alles Besondere an Erfahrungssosein und alles *Hic et nunc* an letzten Erfahrungseinzelheiten. —

Will man auf eine kurze Formel bringen, was grundsätzlich den Dualismus vom Ordnungsmonismus scheidet, so kann man sagen, es sei der Verzicht darauf, eine oberste Setzung, eine Inbegriffssetzung aller Erfahrung zu setzen, welche nicht nur ein Allgemeines im Sinne eines unentwickelten entwickelbaren Begriffs, sondern auch ein *Ganzes* sei, das jeder letzten Einzelheit ihre eine bestimmte Ordnungsstelle anweise.

Die grundsätzliche Nichtverständlichkeit des *Hic et nunc* gibt der Dualismus zu; eben in diesem Sinne redet er von *Zufall*[2]). Und auch alle *Haecceitates* setzt er grundsätzlich ausserhalb des Rahmens dessen, was „verstanden" werden kann; denn alle Haecceitas hängt ihm ja am *Hic et nunc* des Stoffes und ist mit der Zufälligkeit der Stoffverteilung in Raum und Zeit auch zufällig.

Aber auf eine oberste Erfahrungssetzung, welche *allgemein* ist, verzichtet der Dualismus trotz allem nicht; diesen Verzicht spricht nur der summenhafte, meist „materialistische" Monismus, jene unmögliche, leider in unseren Tagen so verbreitete Irrlehre, aus.

---

[1]) Die mathematischen Genusbegriffe, welche die Artbegriffe „in sich" enthalten und „aus sich" abzuleiten gestatten, sind in der Tat allein allenfalls zur analogiehaften Schilderung dessen, was hier vorliegt, geeignet, jedenfalls viel geeigneter als die mathematischen Begriffe des Unendlichen, mit denen z. B. Nikolaus Cusanus, zur Darstellung seines *Possest*, und Giordano Bruno so gern arbeiten.

[2]) Es geht nicht an, den Ordnungsmonismus dadurch zu retten, dass man das *hic et nunc* in seinem Unverstandensein einfach beiseite schiebt, als ob es nicht da wäre. Das tun Fichte, Hegel und viele andere.

Denn Sonderganzheiten kennt ja der Dualismus, ob er schon nicht „die eine" Ganzheit kennt, und obwohl ihm, eben weil „nicht zwei Individuen einander völlig gleichen", alles Ganzheitliche — also zum Beispiel die Lebewesen — in Strenge schon ein, in Klassen vorhandenes, Allgemeines erster Stufe ist. Und das Gefüge aller Sonderganzheiten, die er kennt, will er „verstehen". Das aber heisst, einen allgemeinsten unentwickelten entwickelbaren Begriff suchen und das durch ihn Bezeichnete grundsätzlich als daseiend und in seinem Sosein als für ein übermenschliches Ich verständlich setzen.

Zufällig bleibt also dem Dualismus die Verwirklichung von Ganzheit an dem Stoff, besser ihre Einprägung in den Stoff; womit nun aber nicht gemeint ist, dass die — zunächst immer noch als grundsätzlich erfahrungshaft gedachte — daseiende Ganzheit sich in allen ihren Sonderausprägungen in den Stoff einprägen müsse, dass wohl gar nur so weit Ganzheit da sei, als sie sich in stofflicher Einprägung vorfindet für die sogenannte Sinnlichkeit. Beim lebenden Einzelwesen, insoweit es Form im engeren Sinne ist, mag immer noch von völliger Einprägung von Sonderganzheit in den Stoff geredet werden; insoweit es Handler im weitesten Sinne des Wortes ist, schon nicht. Und, wenn anders es erlaubt ist, überpersönliche Ganzheiten zuzulassen, so ist, wie wir wissen, von der „Entwicklung" dieser Ganzheiten sicherlich nur einiges Bruchstückartige dem Stoffe eingeprägt: Von der Geschichte als einer echten *Entwicklung* zu reden, geht nicht an, wie wir wissen, wenn man sich an das unmittelbar Erfahrbare der tatsächlichen geschichtlichen Ausprägungen hält; ja, es würde sogar grundsätzlich sinnlos sein in diesem Sinne. Denn die Erde wird ein Ende haben. Dieser eine Satz genügt in der Tat, um die Unmöglichkeit einer Lehre kundzugeben, die da von einer Entwicklung des Irdischen an der Geschichte redet; dieses Irdische an ihr sind aber vielleicht Bruchstücke eines nicht-irdischen Verlaufes. Jedenfalls darf nur in diesem Sinne der, stets vermutungshaft bleibende, Begriff einer geschichtlichen *Entwicklung* überhaupt gesetzt werden, wodurch der Begriff einer geschichtlichen *Häufung* natürlich nicht berührt wird.

Wir werden erst an späterer Stelle näheres Setzende, „Positive", über diese vermutungshafte geschichtliche Entwicklung *durch das Stoffliche hindurch*, sozusagen, beizubringen versuchen, und es mag an dieser Stelle nur die wichtige allgemein wegweisende, „methodologische", Bemerkung eingeschaltet sein, dass nichts so deutlich die Stetigkeit des Überganges ordnungshaften in metaphysisches Denken zeigen wird, wie gerade die späteren, an die Lehre vom vermuteten Überpersönlichen anzuknüpfenden Betrachtungen. Wissen um Wirklichkeit oder „metaphysisches" Wissen entstammt eben, wie wir oft schon sagten, nicht einer geheimnisvollen ganz neuen Wissensquelle, sondern ist vermutendes Wissen, das Mitsetzendes kennen möchte; und es knüpft gerade am meisten an dasjenige aus dem Erfahrungsreiche an, was auch in diesem schon vervollständigende Vermutung ist. Nur der Kreiston, der Seinston, der metaphysischen „Induktions"-ergebnissen gegeben wird, ist ein anderer als im Reiche des Erfahrungshaften. —

Der Ganzheitsbegriff überhaupt erwächst dem Dualisten ebenso wie dem Ordnungsmonisten aus dem Wesen des Denkens, besser des bewusst habenden Ich. Deshalb wird der Dualismus von einem Ordnungsmonismus auch stets nur um soviel abweichen, als unbedingt notwendig ist. Aber vom Ordnungsmonismus überhaupt abzuweichen ist eben notwendig. Denn alle Erfüllung der Ordnungsforderung *Ganzheit* stammt aus dem Wissen um den Inhalt des natur- und seelenwirklichen mittelbar Gegenständlichen im Wege der Gewohnheitserfahrung, der „Empirie", und Gewohnheitserfahrung bietet diese Erfüllung eben nicht in restloser Vollständigkeit, ganz gewiss von allem Anfang an nicht „subjektiv" und bei näherer Prüfung ganz gewiss auch nicht „objektiv". Auch aller irgendwie wertvolle Inhalt einer Metaphysik hängt also letzthin an Gewohnheitserfahrung, an „Empirie" echter Art, und es wäre lächerlich, das leugnen zu wollen. Pflanzen, Tiere, Staaten, geschichtliche Personen, sittliches Bewusstsein, Harmonien im Bereiche des Unbelebten gibt es eben in jenen seltsamen scheinbaren Selbständigkeiten *Natur* und *Seele;* wenn es sie nicht „gäbe", könnte ich nicht nach ihrer Bedeutung fragen; und es gibt sie in jener seltsamen Mischung von Ganzheit *und* Nichtganzheit. Das alles lehrt mich nur das, was im engeren Sinne Erfahrung heisst. Und dabei bleibt es, wenn auch die „glückliche Tatsache" besteht, dass der Erfahrungsinhalt gewisse Formen — aber eben nicht „eine Form" — hat, welche ich als *Ordnungsformen* gleichsam „wieder"-erkenne, welche sind, *als ob* ich sie gefordert hätte in ihrem Geordnetsein.

Endlich noch ein Wort über den Zufall im Rahmen des Dualismus. Hegel[1]) und in jüngster Zeit, in unabhängiger Weise, Plessner[2]) haben den Zufall in allen seinen Formen als das bezeichnet, was anders gedacht werden könnte, haben ihn also zum Begriffe des *Möglichen*[3]) in seiner tiefsten Bedeutung in Beziehung gebracht. Wenn wir als das *Zufällige* das grundsätzlich Nicht-Ganze, das zu keiner

---

[1]) *Enzyclop.* § 6.
[2]) *Die wissenschaftliche Idee,* 1918, S. 116.
[3]) *O. L. B. I. 10e., C. I. 8. c.*

Ganzheit Gehörige bezeichnen, so gibt das wohl demselben Gedanken Ausdruck. Nur besteht für uns nicht ein blosses Noch-nicht-wissen um Ganzheitszugehörigkeit, sondern ausdrückliche Nichtzugehörigkeit zu Ganzheit. Das *Hic et nunc* und alle *Haecceitates* würden wir eben auch dann noch nicht kennen, wenn wir das unentwickelte entwickelbare Eine, das auch der Dualismus setzt, kennten; eben in diesem tiefen Sinne ist alles *Hic et nunc* und alle *Haecceitas* „anders denkbar".

Hiermit ist nun auch das Vorgehen aller „Wissenschaft" im engeren Sinne, der experimentierenden zumal, und ihr Reden von „Gesetzen", die für viele „unabhängige Fälle" gelten, wieder gerechtfertigt. Das alles ist nicht so vorläufig gewesen, wie es einen Augenblick schien[1]). Es bleibt vielmehr endgültig, eben weil der Dualismus zu Recht besteht. Naturgesetze im engeren Sinne, immer wiederkehrende Werdeverknüpftheiten also, sind die *Universalia* im Rahmen des Geschehens, und nur an *Universalia*, nicht aber an das Eine, das *Totum*, gelangen wir, ob wir es schon wünschen. Das *Totum* — ist eben nicht da. Und jetzt gibt es nicht mehr die Unsinnigkeit einer Zuordnung zwischen „Experimentator" und „Objekt" die zu — *Irrtum* führt[2]). Der Begriff des „endlichen Systems" hat letzten Sinn gewonnen.

Freilich — eine gewisse Schwierigkeit bleibt auch jetzt noch bestehen, wenigstens wenn man den Begriff der Eindeutigkeit halten und sich nicht für *Freiheit*, zum mindesten in den Reichen des Organischen und Geschichtlichen, entscheiden will. „Die Welt ist nur einmal da" (Mach) für den, der eindeutige Bestimmtheit lehrt. Also ist auch jeder „Fall" eines Geschehens nur er selbst, also ist ein „Gesetz" doch nur eine Kollektivaussage, und es gibt von einander unabhängige Fälle im wahrsten Wortsinne eben doch nicht! Und so kehrt in neuerer Form die Paradoxie einer Harmonie zwischen dem Experimentator und seinem Objekt wieder. Dieser Knoten aber kann nur zerhauen werden; das freilich immerhin kann er, während der Knoten des Ordnungsmonismus es nicht konnte. Es muss nämlich einfach dekretiert werden, dass Ich, wenn ich *Gesetze* als endgültig schaue, *richtig* schaue. Nur glauben kann ich das; aber die „Einstellung" der Welt auf Irrtum gibt es hier wenigstens nicht.

e) Der Dualismus des Wirklichen.

Was nun die Annahme des Dualismus als letzten Wortes der Erfahrung für das Wissen vom *Wirklichen* jedenfalls bedeuten kann und bedeuten darf, ist nicht allzu schwer auszumachen, nachdem das letzte

---

[1]) S. oben S. 94f.
[2]) S. oben S. 262f.

denkhafte Wesen der Lehre von Ganzheit und Nichtganzheit im Rahmen der Erfahrung festgelegt, und nachdem die allgemeinen Beziehungen zwischen Wirklichkeit und Erfahrungsinhalt ein für allemal geformt sind.

Das Wirkliche muss so gedacht werden, dass aus ihm das *Ich erlebe Etwas* in seiner ganzen Fülle folgen kann. Für das *Ich erlebe Etwas* ist nun als allgemeinster Inhalt aller Erfahrung festgestellt worden: Erstens, dass das *Etwas*, in seinem ganz strengen Sinne als „von *Ich* gehabte Gegenständlichkeit", sich zu einem gleichsam selbständigen mittelbar Gegenständlichen, das *Natur* im weitesten Sinne genannt wird, formen lässt, und dass diese Natur sich als ein dem Reiche des *Zufalls* eingeprägtes Reich der *Ganzheit* erweist; zweitens, dass die erlebenden *Seelen* — welche, ganz streng im Rahmen der „solipsistischen" Ordnungslehre gesprochen, zwar auch noch zum *Etwas* gehören, welches *Ich der Einzige* „erlebe", als mittelbar „meine" — dass diese Seelen in ihrem Erleben Richtiges besitzen und Irrtümliches. Das Richtige, welches die Seelen besitzen, umfasst ein Wissen um Ganzheit und Zufall im reinen Natur-Etwas; dass diese Seelen aber auch Irrtum besitzen, ist ein ihnen eignes, neues Zufälliges, das letzthin daher rührt, dass, in gänzlich unaufhellbarer Weise, das besondere Wissen der wissenden Seele an Zufälligem der Natur hängt. Die wissende menschliche Seele weiss eben um Besonderes „a priori" nur, insofern sie überhaupt Ordnungsform an ihm schaut, aber ihr Erleben steht im Werden, und sie weiss nie, ob neu gewordener Erlebnisinhalt, wie er gerade für das Wissen um Natur in Frage kommt, das vor seinem Gewordensein als gültig gesetzte Ordnungshafte nicht als „sich nicht bewährend" aufzeigt. Gerade aber der Erwerb von Wissen um Naturganzheit ist dadurch nun ganz besonders erschwert, dass nicht nur die stofflichen Vermittlungswerkzeuge der Seele, das „Nervensystem" und die „Sinnesorgane", durch Zufälliges in ihrer Leistungsfähigkeit beschränkt sind, sondern dass auch das diesen Vermittlungswerkzeugen Dargebotene selbst ja eben nicht Ganzheit in Reinheit, sondern zufallsdurchsetzte Ganzheit ist: Selbst schon Zufallsdurchsetztes wird in Zufallsentstelltheit erfasst.

Der Gegensatz zwischen Ganzheit und Nichtganzheit bleibt also alles Erfahrungsinhaltes letzter Wesenszug in jeder Beziehung. Wenn anders nun Aussagen über Wirkliches, „metaphysische" Aussagen also, überhaupt möglich sind, und wenn anders insonderheit Beziehungsunterschiede im Reiche der Erfahrung Beziehungsunterschiede im Reiche der Wirklichkeit bedeuten, so ist es jedenfalls ein *wahrer* Satz über das Wirkliche, dass in ihm zwei voneinander verschiedene Formen der Beziehung vorhanden sind, welche sich im

Rahmen des *Ich erlebe Etwas* als die Beziehungsformen *Ganz-heit* und *Zufall* darstellen, und von denen die Beziehungsform *Zufall* oder *Nichtganzheit* an dem haftet, was im Rahmen der Erfahrung *Materie im Raume* heisst.

Das Wirkliche, überhaupt genommen, ist also, eben weil es dua-listisch ist, „irrational", mag es auch einen wenigstens als „rational" gedachten, obschon nicht eigentlich gewussten, Bestandteil enthalten. Ein Ordnungsmonismus, der auch alle *Haecceitas* und alles, was der Erfahrung als *Hic et nunc* „erscheint", als einer wirklichen Ordnung Bestandteil erfassen würde, sei es auch nur vermutungshaft, ein solcher Ordnungsmonismus wäre restlos „rational", wenn man *rational*, wie wir es getan haben[1]), mit *restlos ordenbar* und das heisst mit „begreifbar" gleichsetzt. Nur „dass" es das ordnungsmonistisch gefasste eine Ganze „gibt" und nicht nicht-gibt, möchte vielleicht auch im Rahmen des Ordnungsmonismus, wenn er eine berechtigte Lehre wäre, noch als „irrationaler" Rest verbleiben, obwohl immerhin ein Sachverhalt aus-denkbar wäre, auf dem auch noch das einschränkende „vielleicht" ver-schwindet. Es ist bedeutungslos, diesem Gedanken weiter nachzugehen, wo doch nun einmal der Dualismus des Wirklichen besteht. —

Unser metaphysisches Ergebnis in Sachen des Dualismus ist bis jetzt recht armselig. Scheint es doch sogar auf den ersten Blick, als werde hier nur der Begriff des *Wirklichen*, als dessen, was mit einem der erfahrbaren Gegenständlichkeit gegenüber neuem Seinstone „ist" und was Erfahrung *mitsetzt*, in besonderer Ausprägung wiederholt; denn dass, wenn einmal ein Verhältnis des Mitsetzens besteht, das Mitsetzende nicht mannigfaltigkeitsärmer sein darf als das Mitgesetzte, ist ein reiner Ordnungssatz[2]). Aber trotzdem ist nun, wie sich sogleich zeigen wird, gerade diese besondere Ausprägung, die der Begriff des Wirklichen so erhält, von Bedeutung. Alles liegt allerdings ganz ähn-lich, wie in jenem Abschnitte unserer Betrachtungen, in welchem wir darlegten, dass das der menschlichen Seele als „Räumlichkeit" kenn-bare Beziehungsgefüge jedenfalls nur das Zeichen für ein besonderes Beziehungsgefüge des Wirklichen, dass es aber nicht Ausdruck der, das heisst aller Beziehungen im Wirklichen — (ganz abgesehen von allem Zeitlichen) — sei. Alles liegt ganz ähnlich wie bei der meta-physischen Ausdeutung der Räumlichkeit, sage ich; aber es liegt doch eben nur ähnlich und nicht durchaus ebenso; und darin, dass es nicht ganz ebenso liegt, ist die Berechtigung enthalten für unseren

---

[1]) S. oben S. 17.
[2]) S. oben S. 62.

Ausspruch, dass unsere metaphysischen Ermittlungen über den Dualismus von Ganzheit und Zufall, obwohl sie auf den ersten Blick armselig erscheinen, trotzdem „von Bedeutung" seien:

Im Rahmen der Frage nach der Wirklichkeits-Bedeutung des Räumlichen handelte es sich um die Ausdeutung einer besonderen Art von erfahrungshaften beziehungstragendem Sosein. Über die Bedeutung dieses Soseins, des *Neben*, konnte gar nichts ausgesagt werden, nur ihr Beziehungstragen, ihr besonderes Beziehungstragen, genauer gesagt, war von Wichtigkeit, war allein behandelbar. Bei der Ausdeutung des grossen Beziehungszwiespaltes, den das Wort „Dualismus" ausdrückt, liegt nun alles insofern doch ganz anders, als in dem Gegensatz zwischen *Ganzheit* und *Zufall* nichts von eigentlichen erfahrungshaften Sosein, wie es in der Raumfrage das *Neben* als Neben war, eintritt. Der Gegensatz von Ganzheit und Nichtganzheit ist ja ein Unterschied auf dem Boden der Urbeziehungen. Die Übertragbarkeit der Urbeziehungen aber war uns eine Voraussetzung des Daseins einer Wirklichkeitslehre überhaupt.

Auf Grund solcher Erwägungen ist uns also der Schluss erlaubt:

Wenn anders wir überhaupt eine Wirklichkeitslehre wollen — und wir wollen sie, denn wir halten sie im Sinne vermutungshaften Wissens für möglich — dann bedeutet der durch das Wort „Dualismus" bezeichnete Gegensatz zwischen *Ganzheit* und *Nichtganzheit* im Rahmen der Erfahrung *ganz dieselbe* Art des Gegensatzes im Rahmen des beziehlichen Seins des Wirklichen.

Auch im Wirklichen also „gibt es" ganzheitliche und nichtganzheitliche Beziehungen.

Man wird sagen, das sei auch noch eine armselige Einsicht. Sie wird aber sofort reicher an Bedeutung, wenn wir den Blick auf die besonderen Seiten des *Ich erlebe Etwas* richten, an denen sich der Gegensatz von Ganzheit und Nichtganzheit ausprägt. Nach unserem allgemeinsten Grundsatze über die Bedeutung von Erfahrungsunterschieden für Wirklichkeitsunterschiede muss es nämlich ebenso viele Arten der dualistischen Gegensätzlichkeit im Wirklichen geben, wie es Ausprägungen dieser Gegensätzlichkeit im Reiche des Erfahrungshaften gibt.

Im Erfahrungsreiche zwiespältlich mit Rücksicht auf Ganzheit ausgeprägt war nun einmal das rein naturwirkliche Dasein von Soseinsverkettungen und waren zum anderen die Besonderheiten im Rahmen der Urbeziehung *Wissen;* und mit Rücksicht auf das Dasein naturwirklicher Verkettungen liessen sich wieder drei

Stufen des zwiespältlich Ausgeprägten unterscheiden: Die Natur, soweit sie rein und völlig in den Rahmen der Räumlichkeit fällt, oder die „unbelebte" Natur, das belebte Einzelwesen und die Lebensgesamtheit oder das belebte Überpersönliche.

In ebenso vielen Formen und Stufen der besonderen Ausprägung wie im Reiche des Erfahrungshaften also muss die Zwiespältigkeit zwischen Ganzheit und Zufall das *Wirkliche* betreffen; ganz gleichgültig, wie man das Verhältnis zumal der Stufen der Besonderheiten sich hier schon rein erfahrungshaft im einzelnen ausdenken mag.

Der *Zufalls*-anteil am Dualismus des Wirklichen ruht auf dem Wesen derjenigen seiner Seiten, welche als Materie erscheint, und zwar lediglich und in jeder Beziehung, wodurch eine grosse Vereinfachung der Lehre erzielt wird. Wenigstens liegt erfahrungshaft unseres Erachtens kein zwingender Grund vor anzunehmen, es könne auch gestörte Ganzheit geben, die durch etwas anderes als eben durch *Materie* gestört wird, obschon, wie wir nicht verschweigen wollen, von Manchen sowohl ein Kranksein wie ein Bösesein der Seele als solcher gelehrt wird; solche Lehre hat aber, wie wir meinen, nicht rein philosophische Wurzeln, sondern dogmatisch theologische.

Wer *Freiheit* lehrt, muss sich auch mit dem empirischen Dualismus metaphysisch abfinden: das „sich machende" Ganzheits-wirkliche wird in seinem Sich-machen durch das, was als Materie erscheint, gestört; es macht sich, gleichsam, so gut es geht. Das Empirische, so wie es ist, ist bekanntlich[1] auch auf der Grundlage einer metaphysischen Freiheitslehre *bestimmt;* es ist ja immer *Folge* des Wirklichen, ist also als „Erscheinung" durch das Wirkliche bestimmt, soweit dieses sich seiner Ganzheitsseite nach bereits in Freiheit gemacht hat, obschon diese Bestimmtheit natürlich keine kausale ist, sondern eben in den Rahmen derjenigen „Funktion"[2] des Konsequenzbegriffes fällt, welche das Verhältnis Wirkliches: Erscheinung darstellt. Mit bestimmt ist nun aber, auch auf dem Boden einer metaphysischen Freiheitslehre, alles Empirische, auch da wo es *ganz* ist, durch Materie; und zwar geht diese Bestimmtheit auf Bestimmtheit im Reiche des Metaphysischen selbst zurück; denn das Gehemmtsein oder Gestörtsein des sich machenden Wirklichkeits-Ganzen ist ein Bestimmtsein im Wirklichkeitsreiche selbst, nämlich durch das, was in ihm das Korrelat von Materie ist. Als Willenskonflikte möchte sich für das bewusste Erleben ein Teil des Gehemmtseins der Ganzheitsseite des Wirklichen

---

[1]) S. o. S. 116 f.

[2]) S. o. S. 316.

darstellen, und zwar sogar gleichgültig, ob man von Freiheit reden will oder nicht.

Wir haben gesagt, dass es im Wirklichen ebensoviele besondere Ausprägungen des Dualismus geben müsse wie in der Erscheinung, und diese Aussage ist sicherlich ausgezeichnet durch ihre Vorsicht. Wenn wir nun aber alle empirische Ausprägung von Ganzheit, auch da, wo sie der Natur als einem für das Ich Gegenständlichen angehört, metaphysisch als Ausdruck eines *Wissens* fassen[1]), das freilich anderer Art ist als das in seinem Quale in das Wirkliche hinübergerettete Wissen des Ich, dann ergäbe sich doch wohl noch eine Vereinheitlichung auf dem Boden der dualistischen Lehre.

Dann wäre nämlich alle empirische Ganzheit, auch die Naturhafte, Erscheinung wirklicher seelischer Ganzheit, also Ausdruck von Ganzheit des *Wissens* und *Wollens*, wenn schon nicht derjenigen von „meiner“ Art, und alles „ganzheitsbezogene“ Werden der Erscheinungswelt wäre im rechten Sinne „zielstrebiges“[2]) Werden im Wirklichen, obschon hinwiederum nicht von „meiner“ Art. Ganzheitsstörung aber würde zur Störung im Rahmen dieses auf Wissen ruhenden Wollens.

Das muss denn wohl das letzte hypothetische Wort der Lehre vom metaphysischen Dualismus sein, wobei wir aber, wie schon einmal im Rahmen unserer phylogenetischen Betrachtungen[3]), nicht unterlassen zu sagen, dass Ganzheitszüge in der Erscheinung, zumal im Bereiche des Überpersönlichen, vielleicht auch der Ausdruck solcher Seiten des Wirklichen sein möchten, welche wir nicht, wie seine Über-wissens-züge, wenigstens dem Genus nach ahnen, sondern die wir nicht einmal ahnen können.

f) Wegweisende Bemerkungen: Das „Wesentliche“.

Unsere Annahme des Dualismus und unsere Abweisung des Ordnungsmonismus in jeder Form macht einige allgemein wegweisende Bemerkungen an dieser Stelle notwendig, Bemerkungen, welche unterbleiben könnten, hätten wir den Monismus angenommen. Wir wollen dabei, weil es immer gut ist sich klar zu werden über die „Methode“, die man befolgt hat, etwas weiter ausholen.

Vom *Ich erlebe Etwas* in seinem ganzen vollen geordneten Reichtum, einschliesslich des *Ich weiss um mein Wissen*, sollte unsere Wirklichkeitslehre ausgehen, wie alle Philosophie, deren letzter Teil

---

[1]) S. o. S. 134f.
[2]) S. o. S. 168.
[3]) S. o. S. 219.

sie ja ist. Und im Bereiche des ordnungshaft verarbeiteten, des „erfahrungshaften" *Ich erlebe Etwas* sollte, zunächst jedenfalls, gar nichts für sie gleichgültig sein, und zwar sowohl mit Rücksicht·auf das *Ich weiss* wie mit Rücksicht auf das *Etwas*.

Das *Ich weiss* zu übersehen oder doch allzu kurz abzutun ist bekanntlich der Fehler alles metaphysischen „Naturalismus".

a) Die Bedeutung der Tatsachen.

Es verdient nun aber gesagt zu werden, dass, auf der anderen Seite, gerade viele der sogenannten reinen Metaphysiker, zumal unter den deutschen „Idealisten", zwar nicht das *Ich weiss*, wohl aber das *Etwas* in seinem geordneten Reichtum bei ihren Wirklichkeitsausdeutungen geradezu gröblich vernachlässigt oder doch sehr oberflächlich behandelt haben, am meisten von allen Fichte, aber, soweit nicht „Kultur" in Frage kam, auch Hegel. Und die Frage nach bis jetzt nicht erfahrenen, aber vielleicht noch einmal erfahrbaren Möglichkeiten im Reiche des Etwas wurde erst recht nicht aufgeworfen; man war allzumenschlich-genügsam; und auf der anderen Seite übertrieb man ohne viel Prüfung allemal die Bedeutung des „Menschlichen".

Nun hat aber gerade der Reichtum des Etwas, also das, was die Naturwirklichkeitswissenschaften kennen lehren — (ich sage absichtlich nicht „Naturwissenschaften", da man heute mit diesem Worte einen sehr engen Begriff zu verbinden pflegt) — metaphysisch die allerhöchste Bedeutung, jedenfalls eine Bedeutung, die meinem Wissen um das *Ich weiss* oder *Ich weiss um Ordnung* nicht irgendwie nachsteht. Wenn sich zum Beispiel mit Sicherheit zeigen sollte, dass ich berechtigt bin auf Grund des Gebahrens gewisser Tiere eine „Vernunft" derselben oder wohl gar eine der meinigen fremde Form des Wissens zuzulassen, in demselben nicht ganz einfachen Sinne, in welchem ich den „anderen Menschen" vernünftig sein lasse[1]), so hätte solche Einsicht, die, wohlverstanden, im strengen Sinne der Ordnungslehre zunächst eine Einsicht über das *Etwas* wäre, eine ganz unermessliche Wirklichkeitsbedeutung, und erst recht würde das gelten mit Rücksicht auf die jetzt endlich auch bei uns in befriedigender vorsichtiger Form untersuchten Fälle von Gedankenübertragung ohne Beteiligung der „Sinne", von Hellsehen usw. Diese Züge des Etwas im Rahmen der erfahrungshaften Naturwirklichkeit — die dann freilich metaphysisch für die Lehre vom *Wissen* zu verwenden wären — sind

---

[1]) Vgl. *O. L. D.* 6.

auf alle Fälle nicht irgendwie weniger bedeutsam für eine Wirklichkeitslehre, als etwa die Tatsache des sogenannten sittlichen Bewusstseins es ist.

Also: Achtung vor den Tatsachen, das heisst, in streng ordnungshafter Redeweise, vor allen auf die eigentlichen Besonderheiten der mittelbaren Gegenstände gehenden Ordnungssetzungen der Natur- und der Seelenlehre[1]). Durch alles „Tatsächliche“ hindurch, und nicht an ihm vorbei, wobei selbstverständlicherweise das „Tatsächliche“ stets als ein *Etwas*, welches im Rahmen der Urtatsache *Ich weiss, dass ich Etwas weiss* steht, zu gelten hat. Das war ja im Anfang alles Philosophierens ein für allemal festgelegt.

Achtung vor den „Tatsachen“ allen Metaphysikern dringend anzuraten, ist heutzutage leider in höherem Grade notwendig als je, heutzutage, wo sich gewisse „Schulen“ ihres Nichtwissens in „bloss empirischen“ Dingen geradezu zu rühmen pflegen, und wo auch solche, welche das nicht tun, doch durch eine seltsame Gedankenverkettung zu einer gewissen Gleichgültigkeit gegen die Inhalte des „blossen Tatsachenwissens“ im eigentlichen Sinne verführt sind.

Wir sind auf diese Sachlage schon an anderen Orten dieses Werkes gelegentlich eingegangen, müssen das aber gerade an dieser Stelle noch einmal tun, weil gerade hier, vor unseren letzten und höchsten Aufgaben im Bereiche der Wirklichkeitslehre, endgültig alle möglichen Hindernisse des Wissens zu beseitigen sind. Das grösste Wissenshindernis ist aber das wissensmässige Hinnehmen auf das Tatsächliche gehender Sätze ohne zureichenden, auf echter unbefangener Sachprüfung ruhenden Grund, kurz das „Dogma“; und ebenso wie es ein „Dogma“ war, dass es keine Antipoden geben „könne“, dass die Erde ruhen „müsse“, dass die organischen Spezies jeweils gesondert geschaffen seien, ganz ebenso ist es ein Dogma, das heisst ein nicht auf unbefangener „kritischer“ Sachprüfung ruhender Satz, dass alles Naturgeschehen mechanisch sein oder sich doch, *als ob* es mechanisch wäre, darstellen lassen „müsse“. Dieses Dogma vom Allmechanismus in allen seinen Formen, „kritischen“ wie „unkritischen“, ist aber deshalb so besonders gefährlich, weil es von vornherein ganze grosse Gebiete des tatsächlichen Wissens zu Wissensgruppen zweiten oder dritten Ranges herabdrückt, und weil es, eben wegen dieses Herabdrückens zu Minderwertigem, den wissenschaftlichen Eifer lähmt; und zwar, was nun das

---

[1]) *E. Bechers* Schrift über die „fremddienliche Zweckmässigkeit der Pflanzengallen“ (1917) ist ein Muster philosophischer Verwertung des Empirischen.

allerschlimmste ist: ohne Grund und zu Unrecht lähmt; denn der Satz vom Allmechanismus ist eben ein Dogma. Der einzige Grund dafür aber, dieses Dogma im Zweifelsfalle zu bevorzugen vor anderen Möglichkeiten, nämlich die auf seiner Grundlage gegebene Möglichkeit eines spinozistischen Ordnungsmonismus der Natur, dieser einzige Grund fällt, wie wir wissen, deshalb in sich zusammen, weil nun eben ein solcher Ordnungsmonismus für den Gewissenhaften doch nicht annehmbar ist.

Also: nicht nur Achtung vor den Tatsachen, sondern auch Unbefangenheit den Tatsachen gegenüber fordern wir; und Erwägung alles „Möglichen", keine Bevorzugung des Bequemsten. Den kantischen Satz von dem „Ruhepolster" kann man wahrlich zu Recht auf die Allmechanisten, ganz gleichgültig ob „kritisch" oder „unkritisch", anwenden: als angeblich Alles Wissende blicken sie herablassend auf die sich an der ewigen Aufgabe der Wissenschaft Abmühenden, deren letzte Lösung sie ja von vornherein kennen! —

Doch wenden wir uns wieder reinen Sacherörterungen zu, die freilich zunächst immer noch nicht ganz frei werden sein können von Abweisungen unrichtiger Tagesansichten.

Wenn das sogenannte Tatsächliche von so hoher Bedeutung für den Versuch einer Metaphysik ist, so erwächst für den Philosophen ganz ohne weiteres die Aufgabe, dieses Tatsächliche in geordneter, das heisst, wissenschaftlicher Verarbeitung so gut kennen zu lernen, wie er es nur irgend vermag. Das aber heisst, er darf sich nicht damit begnügen, in ganz unbestimmter und volkstümlicher Weise etwa zu wissen, dass es so etwas wie „materielle Vorgänge", so etwas wie „Lebensvorgänge", so etwas wie „Seelenleben" gibt. Oft meint man freilich wohl gar, dass der „Philosoph", der „Idealist" zumal, eigentlich gar kein Tatsachenwissen nötig habe, dass es gewissermassen eine Gnade sei, wenn es sich wenigstens etwas zu den Tatsachen, sei es aus dem Reiche der Natur oder aus dem der Seele, herabbeuge. Es bedarf aber keiner Erörterung darüber, dass denn doch wahrlich dem Philosophen beinahe der ganze Stoff seines Nachdenkens aus der verachteten „Empirie" stammt, freilich meist, leider, aus einer nur oberflächlich von ihm gekannten. Oder ist etwa das Wissen darum, dass es sogenanntes Lebendiges zum Unterschiede vom Nicht-Lebendigen, dass es sittliche Erlebnisse „gibt", nichts „Empirisches". Weiss ich etwa, dass es das „geben" muss? Also auch der ganz und gar „reine" Philosoph verwertet Tatsachenwissen — nur eben ein meist schlecht gegliedertes und ungenügendes Wissen. Nicht zum besten wahrlich hat sich da die Sachlage seit den Tagen eines Descartes, Hume, Leibniz, Kant, Schopenhauer, Herbart und Lotze gewendet. Und leider schränken nun, ferner, wie schon gesagt ward, oft solche, die gründliches Tatsachenwissen durchaus nicht grundsätzlich verachten, ihre tiefer dringenden Bestrebungen lediglich auf das Erlernen des mathematisch Formbaren ein; wie denn z. B. ein neuerer neukantianischer Herausgeber der Werke des Leibniz, E. Cassirer, zwar mit Rücksicht auf das zeitgenössische Wissen in Physik und Chemie sehr gewissenhaft vorgeht, im Biologischen aber den Lesern eine längst aufgegebene „Theorie", diejenige Weismanns, vorgesetzt hat, weil sie ihm gerade passt, ohne sich auch nur mit einem Worte auf die reichen Ergebnisse einer damals schon über fünfzehn Jahre arbeitenden strengen experimentellen Biologie einzulassen. Und in Cassirers verdienstvollem Werke *Substanz- und Funktionsbegriff* fehlt überhaupt jede Behandlung des Problems des Organischen. Aber viele kennen sogar nicht einmal die Ergebnisse der Wissenschaft von der unbelebten Natur und „philosophieren" doch; ein wahres Gespenst leerer Begriffsschematik pflegt das Ergebnis zu sein.

Das alles musste einmal nachdrücklich gesagt werden. Nun aber sei es genug der ausdrücklichen Gegnerschaft; ja, wir wollen jetzt die von uns bekämpfte Ansicht sogar zu verstehen und damit zu entschuldigen suchen. Sie wird aber verständlich und die Verachtung „bloss empirischen" Wissens seitens mancher Philosophen wird in gewissem Sinne entschuldbar, wenn wir beachten, in welch äusserlichem, ungeklärtem Sinne das Wort „Empirie" heutzutage so oft ohne viele Überlegung genommen wird. Es ist da zumal die äusserliche „Abstraktionslehre" vom blossen Wegnehmen von Merkmalen, die wir meinen. Die lehren wir selbst nun allerdings gar nicht[1]), und wer von ihr nicht viel hält, dem wollen wir es wahrlich nicht verdenken.

---

[1]) S. oben S. 236. Ich glaube nicht, dass irgend ein „empirischer Forscher", der auch nur den ersten Schritt ins Theoretische tat — (und wer tat das nicht?), — wenn anders er sich die Mühe nimmt, sich auf sein eigenes Vorgehen zu besinnen, bei der landläufigen Ansicht von der „Empirie" verbleiben kann. Er wird bei gewissenhafter Besinnung stets finden, dass er, wenn er auch nur in allererster Stufe „theoretisiert", eine Ordnungsbesonderheit schaut. Man könnte in diesem Sinne geradezu sagen, dass es den von uns (Seite 1) behaupteten Unterschied von Philosophie und Wissenschaft praktisch eigentlich gar nicht in Schärfe gibt, und zwar, weil es „Wissenschaft" im landläufigen äusserlichen Sinne im Grunde eben praktisch nicht „gibt". Sind doch auch so viele „Gelehrte" zu „Philosophen" im eigentlichen Sinne des Wortes geworden, indem sie eben einmal anfingen, sich ausdrücklich und nicht nur gelegentlich auf ihr Wissen als Wissen zu besinnen.

Alle Ordnung wird *vorwissend geschaut* als Ordnung, so lehren wir selbst. Aber sie wird an den erlebten Inhalten[1]) erschaut und hängt, wo es sich um Sonderordnungsbedeutungen handelt, von ihrem Wechsel ab; und wir wissen nicht, was da noch für ein Wechsel der Inhalte kommen wird. Den Inhalten in ihrem Wechsel im Suchen von besonderer Ordnung gewissenhaft nachgehen, das und das allein heisst „Empirie" im engeren Sinne. Nicht zu früh Sonderordnungsbegriffe für *a priori* verbindlich halten, das heisst „empirisch" ordnen. Sicherlich können bisweilen auch Sonderordnungsbegriffe für Natur als allein mögliche gleichsam vorweggenommen werden; das ist zum Beispiel bei den vier möglichen Urformen alles Naturwerdens der Fall. Aber dass *Ganzheitskausalität* in Natur am Lebendigen verwirklicht ist, das lehrt denn doch wahrlich nur „Empirie", und zwar sehr sorgfältige Empirie, in dem von uns gemeinten vertieften Sinne.

Genau also, jedenfalls mit Rücksicht auf alle entscheidenden und wichtigen Punkte genau, muss der Metaphysiker das Tatsachenwissen beherrschen. Er muss zumal ganz genau die Gründe kennen und erwägen, welche zur Annahme ganz bestimmter rein wissenschaftlicher Lehren und zur Ablehnung anderer geführt haben. Gewiss arbeitet echte Naturwissenschaft im Vorläufigen; sie geht ja nicht von Anfang an auf das „Alles", auf die Monismus-frage, sie geht auf Bezirke beschränkter Art, zumal auf das Werden in beschränkten Bezirken. Denn die beschränkten Bezirke sind sicherlich das Unmittelbare πρὸς ἡμᾶς als Wissende. Das ist einmal so, und da hilft nichts darüber hinweg, obwohl es logisch wünschenswert wäre, wenn es anders wäre. Aber im Rahmen der uns notwendig aufgedrungenen, vielleicht nur vorläufigen Beschränkung des Arbeitsfeldes hat es nun einen durchaus klaren und guten Sinn etwa die Frage „Mechanismus oder Nichtmechanismus?" im Gebiete der Lehre vom Werden aufzuwerfen. Und die Antworten auf diese Frage — (sie sind gar nicht von so vieler Art, denn dass er das Leben „mechanisch erklären" könne, behauptet kein Biologe!) — muss der Metaphysiker kennen, ebenso wie die ganz bestimmten Sondergründe für die Antworten. Sonst ist seine Metaphysik wissenswertlos. Und weiterhin die Frage, ob etwa die Bezirks-Beschränkung der Naturlehre, also auch die Formulierung des Begriffs „Gesetz", des Gegensatzes von Mechanismus und Nicht-Mechanismus nur vorläufig war — was der Logik ja erwünscht wäre —, diese Frage, die Frage nach dem Ordnungsmonis-

---

[1]) Es gibt kein „Chaos", zu dem erst nachträglich „synthetische Funktionen" treten.

mus, wie wir wissen, die darf dann auch nicht nach Massgabe des logischen Wünschens, sondern muss durchaus nach Massgabe gewissenhafter Erwägung von Sondergründen, dann freilich, wie wir meinen, dem logischen Wunsche entgegen, entschieden werden. Anders vorgehen heisst das Ansehen der Philosophie bei allen Gewissenhaften herabsetzen. Ihr Ansehen ist wahrlich genügend durch Schwärmer herabgesetzt worden.

Ohne „Empirie" geht es eben ganz und gar nicht, sobald einmal der Boden der sogenannten formalen Logik verlassen ist. Freilich braucht nur das *Wesentliche* an ihr in Betracht zu kommen; aber das Wesentliche ist nicht das an der Oberfläche liegende; um zu wissen, was *wesentlich* ist, ist sehr reiches Wissen notwendig. Das gilt auch von der Lehre vom Sittlichen, sowie sie über die allerallgemeinsten Einsichten hinaus will (die aber auch schon an „empirischem" Wissen, zum mindesten um das Dasein „anderer Menschen", hängen). Und es gilt ganz besonders, was gerade heutzutage nicht scharf genug betont werden kann, von der Geschichte und insonderheit von der Beziehung der Geschichte zur Psychologie. Gewiss, wir selbst haben gelehrt, dass Geschichte, wenigstens soweit als es echte überpersönliche Evolution in ihr geben möchte, nicht „Psychologie" als Lehre vom seelischen Individuum einschliesslich seiner blossen Ganzheitszüge sei; aber sie braucht, soweit als sie nicht Evolution ist, Psychologie, und zwar die allerwissenschaftlichste Psychologie als *erledigte* Hilfswissenschaft. Dass sie diese bisher nicht berücksichtigte, sondern sich mit der Popularpsychologie begnügte und doch dauernd arbeiten konnte, beweist hier gar nichts. Denn das Geleistete steht anerkanntermassen, so weit es nicht überhaupt uur politischen, aesthetischen und erbaulichen Zwecken dienen soll, meist auf einer recht tiefen Stufe als eigentlicher Wissensbesitz. Wer weiss, ob das nicht ganz anders sein könnte, würde Geschichte die wissenschaftliche Psychologie besser kennen und beachten[1]).

β) Das „Wesentliche".

Wenn wir also allgemein die Verwertung des sogenannten Tatsachenwissens seitens des Metaphysikers, zumal wenn er sich zu seiner letzten Aufgabe anschickt, fordern, und zwar eine sehr ins Einzelne

---

[1]) Diejenigen, welche Psychologie so scharf wie möglich von aller „Kultur"-wissenschaft trennen wollen, machen sich, wie z. B. Rickert, zuerst eine äusserst primitive, von keinem Psychologen gelehrte Psychologie zurecht und bestreiten dann den Wert dieser ihrer Psychologie — die es im Grunde gar nicht als ernst zu nehmende Lehre gibt! Gutes darüber in F. Kruegers *Entwicklungspsychologie*, 1915.

gehende und sehr gewissenhafte Verwertung dieses Wissens, so darf nun andererseits dieser Satz denn doch dahin eingeschränkt werden, dass nur das Wesentliche aus dem Bereiche der Erfahrung verwertet werden solle.

Mit dieser Bemerkung kommen wir nun zu unserem zuletzt behandelten Gegenstande, nämlich zu den Begriffen Ordnungsmonismus und Dualismus zurück, und sind zugleich im Stande es zu rechtfertigen, dass wir so eingehende wegweisende Betrachtungen gerade an diese Stelle des Ganzen gesetzt haben.

Was ist am Erfahrungsinhalte wesentlich? Ja, gibt es denn da überhaupt „Unwesentliches"?

A priori, d. h. hier: vor einer wenigstens oberflächlichen Kenntnis der zugänglichen Erfahrungsinhalte, kann diese Frage nicht entschieden werden. Im Rahmen der allgemeinen Logik nämlich hat alles, was überhaupt gesetzt ist, ein *Wesen,* nämlich dasjenige Sosein, als was es gesetzt ist. Wir wollen dieses „ein Wesen haben" alles überhaupt Gesetzten seine Wesenhaftigkeit nennen. Wir fragen nun aber eben: was ist nicht nur, wie all und jedes, das überhaupt durch Haben erfasst wird, *wesenhaft, sondern auch wesentlich?* Ist etwa alles auch wesent-„lich"? Das wäre wohl nur im Rahmen des von uns abgelehnten Ordnungsmonismus der Fall. Aber wie nun sollen wir vorgehen?

Die Gesamtheit unserer bis hierher geführten Untersuchung hat nun schon, so scheint mir, der Entscheidung der Frage nach dem „Wesentlichen" gedient, und zwar mit dem Ergebnis, dass es „Unwesentliches", nämlich *Unganzheitliches,* im Reiche des sogenannten Tatsächlichen, im Gebiete von Natur und Seele, gibt. *Ganzheitsbezogenheit* nämlich ist jedenfalls eines der Kennzeichen für Wesentlichkeit, und den Dualismus als berechtigt aussprechen heisst eben deshalb zugleich, das Tatsächliche in die Gruppen des Wesentlichen und des Nichtwesentlichen sondern[1]).

Aber haben wir denn in jedem Einzelfalle das Wesentliche vom Unwesentlichen mit Sicherheit zu scheiden vermocht? Und vermochten das andere Denker, die, auf ganz anderen Wegen, letzthin doch wohl etwas sehr Ähnliches zu erreichen wünschen wie wir?

Ich denke hier zumal an die Bestrebungen Windelbands und Rickerts, und insonderheit insofern denke ich an die Lehren dieser Männer, als sie der „Naturwissenschaft" und der „Geschichte" zwar ganz verschiedene praktische Forschungsarten zuschreiben, das Ziel beider „Methoden" aber, der „nomothetischen" und der wertbezie-

---

[1]) Vgl. hierzu S. 152 Anm.

henden „idiographischen", letzthin doch gleichermassen die Sonderung des Bedeutsamen vom Bedeutungslosen sein lassen. Ich bemerke hier wiederum ausdrücklich, dass mir die Rickertsche Wertebeziehung durchaus nicht das letzte Wort in Sachen vollkommener, das heisst alle Ansprüche der Ordnungslehre erfüllender Geschichtsforschung zu sein scheint, und dass ich auch durchaus nicht zugeben kann, Naturwissenschaft suche nur das „Allgemeine". Die Begriffe *Ganzheit* und *Entwicklung* scheinen mir vielmehr die letzten Ziele alles Wissens um Empirisches zu sein, und das „Allgemeine" scheint mir nur, wie die Dinge einmal liegen, in gewissen Sachbezirken sich derart stark, sozusagen, aufzudrängen, dass sich seine Behandlung praktisch zu besonderen Wissenschaftsbetrieben, den sogenannten Naturwissenschaften nämlich, verdichtet. Aber, abgesehen von diesen Einwänden, die alle dahin zielen, dass Rickerts Methodenlehre gar zu apriorisch-bewusst gestaltet ist: wichtig ist, dass auch Rickert Bedeutungshaftes und Bedeutungsloses anerkennt, mag auch der Massstab, an dem er Bedeutung in der Geschichte misst, gar zu vorläufig, weil, sehr wider seine Absicht, gar zu sehr „psychologistisch" sein und nicht die logische Kraft der Begriffe *Ganzheit* und *Entwicklung* besitzen[1]).

---

[1]) Nur auf die ersten vorläufigen Ordnungsgeschäfte, auf das vorläufige Sammeln und Anordnen von „Material" sozusagen, geht der Unterschied von nomothetischem und idiographischem Verhalten als durchgreifender Unterschied, wie es auch wohl Windelbands ursprüngliche Ansicht war. Sagt doch Rickert ausdrücklich, Geschichte als Wissenschaft im engeren Sinne habe lediglich darauf Rücksicht zu nehmen, „dass gewisse Werte faktisch gewertet werden" (*Kulturw. u. Naturw.*, 3. Aufl., 1915, S. 106); ob das zu Recht geschehe, untersuche die „Geschichtsphilosophie". Letzthin aber sollen nun doch „Naturwissenschaft" und „Geschichte" schlechthin endgültig ordnen, das heisst, alles bis ins Letzte ordnen, was da nun eben zu ordnen ist. Denn es gibt nur einen Standpunkt zum „Gegebenen", den Standpunkt des Ordnens, womit freilich nicht gesagt sein soll, dass nicht die verschiedenen Bezirke der „Objektivität" die „Anwendung" verschiedener Ordnungsbegriffe, wenn dieser im Grunde unzutreffende Ausdruck einmal erlaubt ist, letzthin forderten. Das ist dann aber eine Sache für sich und hat damit, dass beim Beginn der wissenschaftlichen Arbeit, auf Grund der vorwissenschaftlichen Erfahrung, der Geschichtsforscher sich mehr dem „Einzelnen", der Naturforscher mehr dem „Allgemeinen" zuwendet, nichts zu tun. Kurz: Windelbands und Rickerts Unterscheidung geht auf die Tätigkeit des gleichsam naiven Sachforschers, sie wird aufgehoben, zugunsten des einen Begriffs *Ordnung*, von dem um sein eigenes Wissen Wissenden, um dann freilich aus „Sachgründen" vielleicht durch eine neue Unterscheidung ersetzt zu werden — (z. B. durch diejenige von *Einzelheitskausalität* [„mechanische Kausalität"] und *Entwicklung* als den beiden die Haupt-,,Wesentlichkeiten" des Unbelebten und des Geschichtlichen zum Ausdruck bringenden Ordnungsbegriffen).

Was also ist deshalb *wesentlich*, weil es *ganzhaft* ist? Und was ist vielleicht noch aus anderen Gründen *wesentlich?*

Der Versuch einer Antwort auf diese Frage bedeutet zugleich eine ganz kurze Zusammenfassung alles bisher Erörterten unter verändertem Gesichtspunkt.

Weil das Dasein von *Zufall* überhaupt ein für allemal ein wesentlicher Zug des erfahrungshaft Wirklichen ist, deshalb ist die zufällige Einzelausprägung von irgendetwas Nicht-Zufälligem als Einzelausprägung nicht wesentlich. Das aber heisst: eben die auf Zufälligem, das ein für allemal erledigt ist, beruhende *Haecceitas* eben dieser Einzelausprägung von irgend Etwas ist von einer Art, dass sie anders gedacht werden könnte, ohne dass dadurch der Begriff *Das Naturwirkliche* ein anderer würde. Zu den Merkmalen dieses Begriffs nämlich gehören nur alle *Formen*, d. h. alles Ganzheitliche irgendwelcher Art und irgendwelchen Grades, und gehört *Zufall überhaupt*. Das besagt eben die „dualistische“ Grundlehre; und soweit ist alles klar. Man sieht, wie wir hier ohne alles weitere und gleichsam nebenbei einsehen, dass es im Bereiche der Natur ein Wesentliches neben dem Ganzheitlichen mindestens gibt: das Dasein von *Materie*, als dem Zufallsträger, überhaupt, und zwar von Materie einschliesslich der ihr eigenen Grundgesetzlichkeit.

Schwieriger wird alles, sowie nun gefragt wird, wo denn im Reiche des Naturwirklichen echte zufällige Einzelausprägung, echte *Haecceitas* also, vorliegt und wo nicht.

Weil „Naturwissenschaft“ im praktisch üblichen engen Sinne — also nicht als „Lehre vom Naturwirklichen überhaupt“ — verhältnismässig leicht die echten *Haecceitates* im Bereich der von ihr untersuchten Gegenstände mit einleuchtenden Gründen als unwesentlich aussondern kann, während sich andererseits das „Allgemeine“ ihr geradezu aufdrängt, deshalb und nur deshalb, aber doch wahrlich nicht aus einer willkürlichen Laune, spielt in ihr das „Allgemeine“ eine so grosse Rolle, wozu denn noch die weitere „glückliche Tatsache“ kommt, dass alle „Gesetze“ des Bei- und Nacheinander der Natur sich nach *Gruppen* und Allgemeinheits*stufen* ordnen lassen, und dass, was nicht mit dem Gesagten verwechselt werden darf, *Klassen* mit vielen Einzigkeiten, stets (wie wir wissen[1]), im Rahmen eines mindestens schon in erster Stufe „Allgemeinen“), bestehen.

Gerade im Allgemeinen, sei es auch nur solches erster Stufe, und nur im Allgemeinen findet also Naturwissenschaft im engeren Sinne

---

[1] Siehe S. 126 f.

Wesentliches; sie glaubt geradezu zu wissen, dass sie es im Bereiche der *Haecceitates* nicht findet, und deshalb lässt sie die *Haecceitates* beiseite. Auch wenn wir die Erdoberfläche, mit allen ihren Kennzeichen mit Rücksicht auf das Lebendige und den Menschen insonderheit, „teleologisch" sein lassen, ist doch nicht dieser Berg, diese Insel hier in ihrem ganz besonderem Sosein „teleologisch", und die *Haecceitas* wenigstens gewisser Eigenschaften von Organismen kommt höchstens für den Vererbungs- oder Variationsforscher in Frage und steht auch für ihn nur da als Fall unter vielen.

Also die *Haecceitas* strengen Sinnes ist dem Naturforscher zufällig, also unwesentlich; da liegt keine Schwierigkeit. Die schwierige Frage ist nun aber für ihn zu unterscheiden, auf welcher Stufe des „Allgemeinen" das Wesentliche im Sinne des *Ganzheitlichen* beginnt. Beginnt es, biologisch gesprochen, etwa schon in den „Arten", oder erst den. „Gattungen", oder etwa erst den „Familien"? Und ist etwa nur das Dasein von „Festland" ein Wesenszug der Erdausgestaltung oder etwa schon das Dasein von „Tiefebene", das heisst von etwas dem Begriff nach weniger Allgemeinen? Und ist nur der *Staat* wesentlich oder auch die „einzelnen Staaten"?

Man darf sagen, dass in unserer Zeit der Naturforscher dazu neigt, Wesentlichkeit nur in höheren Allgemeinheitsstufen zuzulassen. Denn nur hier hat er, sozusagen, gute Gründe für ihre Zulassung. Vielleicht aber ist er auch gar zu vorsichtig. Jedenfalls sehen wir jetzt den eigentlichen berechtigten Kern der Allgemeinheitssucht aller Naturwissenschaft ein: Das Allgemeine bietet sich ihr geradezu aufdringlich dar, und zwar in stufenförmiger Ordnung; das ist eine „glückliche Tatsache", denn so ist Übersicht möglich. Aber andererseits: nur im Allgemeinen findet sie mit guten Gründen bei gewissenhafter Prüfung Wesentliches im Sinne des Nicht-Zufälligen, das ist eine „unglückliche Tatsache", denn sie wünscht, überhaupt nur Wesentliches zu finden.

Wie kommt es nun, dass Geschichte, oder, besser, Kulturwissenschaft im weitesten Sinne des Wortes, nicht, oder doch jedenfalls durchaus nicht nur „auf Allgemeines geht", sondern wenigstens gewisse — obschon ganz und gar nicht alle — Seiten der menschlichen Personen oder der Handlungsergebnisse von Menschen in ihrer echten *Haecceitas*, ich will nicht sagen, als „wesentlich" mit Sicherheit ausgibt, aber doch jedenfalls in sehr hohem Masse beachtet und als wesentlich vermutet? Denn dass Kulturwissen sicherlich praktisch in hohem Masse „idiographisch" verfährt, daran kann kein Zweifel sein. Will sie damit nun wirklich sagen, sie wisse um das *Wesentliche* dessen, was sie in seiner *Haecceitas* „wertbezogen“ behandelt, sie wisse also, dass *diese* Gesinnung, *diese* Tat *dieses* Königs hier, dass *dieses* Kunstwerk in seiner vollendeten Einzigkeit *diese eindeutig bestimmte* Stelle in einem überpersönlichen Ganzen einnehme?

Man würde ihr schwerlich glauben, wenn sie das zu „wissen“ behauptete, und sie tut es ja auch nicht[1]). Aber sie sollte, meine ich, immer noch etwas vorsichtiger sein, als sie ist; denn es kann nicht geleugnet werden, dass praktisch Kulturwissenschaft in vielen ihrer Vertreter gar zu sehr dazu neigt, in allem, was sich ihr in seiner Haecceitas darbietet, ohne Weiteres ein *Wesentliches* wenigstens zu vermuten, wenn es nur irgendwelche „Wirkungen“ gehabt hat[2]). Das aber bedeutet einen gewissen Mangel an Vorsicht, ein Zugeständnis an das Praktische, das Gefühlshafte und nicht etwa besondere ordnungshafte „Gründlichkeit“. Neigt doch der Mensch dazu, sich selbst allzu ernst und oft auch — allzu tragisch zu nehmen. Und jene Geschichtsforscher sind hier die vorsichtigeren, welche, wie etwa Lamprecht und Breysig, lieber zunächst überhaupt gar nicht das eigentliche „Historische“, sondern nur „Gesetzliches“ im üblichen Sinne, kumulativ-psychologische Gesetzlichkeiten also, festhalten wollen. Freilich dürfen sie nun nicht übersehen, dass es noch anderes an Einsicht hier geben kann und, wenigstens mit Rücksicht auf gewisse nicht bloss kumulativ-psychologische, sondern echt überpersönliche Ganzheits*züge* wohl wirklich gibt. Hier liegt, wie wir meinen, der „Kulturwissenschaft“ eigentliche, sehr bedeutsame Aufgabe.

Unter keinen Umständen darf man sich aber, wenn es nun von den blossen Ganzheits*zügen* zum echt Evolutiven gehen soll, verleiten lassen, etwa das „politisch“ Bedeutsame mit dem in echt *entwicklungshaftem* Sinne *Wesentlichen* zu verwechseln, oder wohl gar das „Interessante“. Niemand wahrlich kann in stärkerer Form wünschen, *Ganzheit* irgendeiner Art und auch Ganzheits-*entwicklung* in der Geschichte zu finden, als wir es tun. Aber die blosse Wirkung mit Rücksicht auf sehr irdische Dinge, wie politische Macht irgend eines Staates oder ein Krieg es ist, ist uns ganz und gar kein Ganzheitszeichen an irgendeinem Geschehnisse oder irgend einer Persönlichkeit. Ja, was als Fortschritt erscheint, möchte bisweilen wohl gar im *wesentlichen* Sinne geradezu Hemmung sein. Denn das überpersönliche Reich,

---

[1]) S. oben S. 210, Anm. 2.

[2]) Wer aber gar ein geschichtliches Ereignis, etwa einen Krieg, nur seiner *haecceitas*, seiner Einmaligkeit wegen für wesentlich nimmt, der übersieht geradezu, dass jener Krieg seine Einmaligkeit in strengem Sinne mit jedem einzelnen „Ereignis“ teilt, auch mit einem „offenbar ganz gleichgültigen“.

dessen Ganzheit und Entwicklung wir suchen, ist ja „nicht von dieser Welt".

Und auch „Kultur" im üblichen Sinne des Wortes braucht durchaus nicht in der Linie ganzhafter Entwicklung zu liegen, sondern kann sehr wohl, ganz ebenso wie das „Politische", geradezu unwesentlich-häufungsmässig sein. Unwesentlich wenigstens mit Rücksicht auf das Geschichtliche echten entwicklungsmässigen Sinnes; denn mit Rücksicht auf das allgemeine seelische Wesen des Menschen überhaupt ist die Möglichkeit von Kultur ja sicherlich wesentlich, wovon wir noch reden werden. Aber ob nun etwa in der Renaissance als solcher etwas Wesentliches gelegen ist, das wissen wir nicht.

Gerade hier muss man sich vor dem Allzumenschlichen hüten, darf man nie vergessen, dass überpersönliche Ganzheitsentwicklung in die räumliche Welt ja nur Bruchstücke hineinsendet[1]), und hat sich stets gegenwärtig zu halten, dass das Seelenleben der Tiere doch auch noch vorhanden, obschon freilich, leider, durchaus nicht verstanden ist. Und man muss sich auch gar sehr hüten, Dinge, die einen praktisch „interessieren", mit Wissenschaft oder gar Philosophie zu verwechseln. Geschichte aber ist wirklich nur „Wissenschaft", insofern sie entweder als angewandte Psychologie Kumulativgesetze erfasst oder mit dem echten Entwicklungsgedanken arbeitet. Alles andere an ihr ist, vielleicht sehr fein, sehr verständnisvoll, sehr künstlerisch durchgearbeitete — Chronistik, mag also „Kunde", aber darf nicht „Wissenschaft" heissen und ist für echte Wissenschaft nur Vorarbeit. Gewiss, die „Chronistik" unserer Zeit will das Einzelne, was sie beschreibt, verstehen. Aber was heisst das anderes als zu sagen: „das kennen wir im Grunde schon, das ist ein neuer Fall für ein bekanntes seelisches Gesetz"? Das echt *Evolutive* nämlich würde man nicht „verstehen". Blosse „Fälle" aber in ihrem *hic et nunc* sind wissenschaftlich gleichgültig.

Der Naturforscher also ist oft vielleicht gar zu vorsichtig, der Kulturforscher oft nicht vorsichtig genug mit Rücksicht auf die Scheidung des *Wesentlichen* vom Unwesentlichen — daher die allzuscharfe Ausprägung des Unterschiedes im wissenschaftlichen Vorgehen in beiden Gebieten, wozu freilich bei dem bloss schildernden oder der Erbauung halber schreibenden Geschichtsforscher Ziele ausserwissenschaftlicher Art kommen können und wohl meist kommen.

Was an unserem Wissen um *Wesentliches* im Reiche der Erfahrung ist denn nun also wirklich ganz und gar gesichertes Gut, also eine feste Grundlage für alles folgende?

---

[1]) Siehe S. 213 ff.

Es kann da nicht zweifelhaft sein, dass unter den gesicherten
Aussagen über „Wesentliches" die Ermittlungen der Naturwissenschaft im eigentlichen Sinne, und zwar gleichermassen der Physik-
Chemie und der personalen Biologie, am schwersten wiegen, denn
die gruppenhaft gegliederten Allgemeinheitszüge des Naturwirklichen
sind nun einmal in unzähligen „Fällen" vorhanden gewesen und noch
vorhanden und sind, wenigstens teilweise, ausserordentlich sorgfältig
erforscht. Ja, wir haben auf Grund des Wissens um das Dasein dieser
Allgemeinheitszüge in der Vergangenheit auf die Zukunft „prophe-
zeien" dürfen und sind nicht getäuscht worden. Aber sehr lange Zeit
hindurch also „galten" sicherlich die „Gesetze" der Natur. Was soll
man einen „wesentlichen" Zug des Naturwirklichen nennen, wenn
nicht diesen? Er bleibt wesentlich, auch wenn mit der Möglichkeit
einer Änderung der Naturgesetze grundsätzlich gerechnet wird. Etwas
in gleichem Grade gesichertes „Wesentliches" hat Kulturwissenschaft
nicht aufzuweisen; ja, sowie die Frage nach dem einmaligen Überpersönlichen beginnt, also schon in der Phylogenie, hört bekanntlich die Sicherheit des Wissens um Wesentlichkeit auf. Das
ist betrüblich, denn jetzt beginnen gerade sehr „wesentliche" Fragen
— aber es ist so.

γ) Zusammenfassung.

Fassen wir jetzt einmal kurz zusammen, was von wesentlichen
Feststellungen wir für alles Folgende ganz vornehmlich brauchen.

Da ist als Wesentliches *Materie* überhaupt, in letzte endliche Urdinge zerfallend und sich in ganz bestimmter, sehr scharf angebbarer
Weise „gesetzlich" verhaltend. Ihre Verteilung ist in grossen Bezirken
ohne Ganzheitszüge, also *zufällig,* doch mag es immerhin schon im
Reiche des sogenannten Unbelebten gewisse Ganzheitszüge gleichsam
rohester Art in der Verteilung der Materie geben.

Alles, was es sonst an Ganzheitszügen und eben deshalb an Wesent-
lichem gibt, betrifft das Reich des Belebten, welches Reich uns letzthin aber stets nur in seiner Ausprägung an der Materie zugänglich
ist; das heisst, wir wissen letzthin von allem Belebten auch nur
durch Setzungen von der Form *Jetzt-Hier-So,* ganz ebenso wie wir
von allem Unbelebten wissen. Aber die Beziehungen unter den
Jetzt-Hier-So, welche wir auf „Belebtes" beziehen, sind von besonderer, nämlich eben ganzheitlicher Art; das offenbart sich im Laufe
des Werdens.

Dass die in Materie eingepresste belebte *Einzelperson* gleichsam
das letzte Glied im Reiche des Belebten ist, und zwar ein Glied,

das in sehr vielen verschiedenen Formen, den Arten, jeweils in sehr vielen *Fällen* da ist, erscheint als in hohem Grade *wesentlich*. Gleichwohl reden wir auch von *überpersönlicher* Ganzheit, die in *Entwicklung* ist, ohne uns diese Ganzheit aber, wie die Ganzheit der Einzelperson, als der Materie vollständig eingeprägte Form zu denken. Überpersönlichkeit, so meinen wir, geht durch einzelpersönliche und in ihrer Einzelpersönlichkeit stofflich erfahrbare Ausprägungen nur gleichsam hindurch. Es darf aber nie vergessen werden, dass sie sich auf jeden Fall der stofflich aus- und eingeprägten *Einzelpersonen* gleichsam bedient. Jedenfalls kennen wir sie nur, insofern sie an solchen Einzelpersonen und ihren Taten bruchstückmässig erfahrbar wird. Dass sie *wesentlich* ist, bedarf keiner Erläuterung.

Das ist das *Wesentliche*, was wir über *Natur* im weitesten Sinne rein als solche wissen und ahnen. Man sieht es: das Wesentliche, um das wir im strengsten Sinne wissen, bezieht sich immer auf „Gesetzlichkeiten", auf in vielen „Fällen" Wiederholtes; alles andere ist Vermutung. Das ist ganz sicherlich so, und das darf von keiner Philosophie missachtet und beiseite geschoben werden. Eine Philosophie, die an den Ergebnissen der eigentlichen experimentellen Naturwissenschaft einfach vorbeigeht und sich nur an diejenigen Fragen hält, in denen sie gern etwas wissen möchte, obwohl sie tatsächlich nicht über ein unbestimmtes Ahnen hinauskommt, verzichtet selbst auf ihr in höherem Sinne des Wortes „wissenschaftliches" Wesen. Die Elektrodynamik, die Gastheorie, die Physiologie des Stoffwechsels und der Schutzstoffe, die experimentelle Entwicklungsphysiologie und die Vererbungslehre, um nur einige in der Jetztzeit besonders bedeutsame Zweige echt naturwissenschaftlicher Forschung zu nennen, haben nun einmal *wesentliche* Sachverhalte aufgestellt, sei es durch das Studium der *Natur überhaupt*, sei es durch den Nachweis von in vielen „Fällen" ausgeprägten *Ganzheitlichkeiten*, und der Philosoph hat, als Logiker wie als Metaphysiker, diese Sachverhalte zu kennen, und zwar gut zu kennen. Dass diese Sachverhalte etwas Wesentliches bedeuten, weiss er; was an nicht-gesetzlichen, sondern an Einmaligkeits-Sachverhalten wesentlich ist, weiss er jedenfalls mit derselben Sicherheit des Wissens nicht.

Aber das *Ich erlebe Etwas* soll in seiner ganzen Vollständigkeit gewusst sein. Da ist es denn zunächst die Beziehung *wissen* überhaupt, um die als um das *Urwesentliche* „gewusst" wird; an zweiter Stelle aber die Zerfällung des Wissen-habens, des „Subjekt"-seins, in einzelne Wissenhabende, an dritter die Bindung dieser einzelnen Wissenhabenden an *naturhafte* Einzelpersonen, die *Leiber*, und damit die Abhängigkeit der Wissensinhalte der Einzelnen vom Naturwerden. Die dritte dieser Wesentlichkeiten trägt den *Zufall* in das Bereich der Wissensinhalte hinein.

Wissen überhaupt wird als wesentliche Urbeziehung unauflösbarer, wahrhaft „letzter" Art gewusst: *Es*, das heisst das Wirkliche, welches wir suchen, *weiss sich*. Aber nicht weiss den Inhalten nach in Unmittelbarkeit und Vollendung der einzelne Mensch. Nur was *Ordnung* ist, weiss der menschliche Einzelwissende in Ursprünglichkeit rein, aber nicht weiss er rein und untrügerisch um Besonderheiten ursprünglich. Besonderes Wissen vermittelt ihm jene naturhafte Einzelperson, welche „sein Leib" heisst; sein Leib fördert sein Wissen also und trübt es doch zugleich, weil er die Quelle des *Irrtums* ist.

Gibt es *innerhalb* des Wissens noch besonderes *Wesentliche*. Sind solches etwa die Typen des Gehabten: Anschauliches, Gefühle, Gedanken[1])? Wir meinen, nicht; wir meinen vielmehr, dass im tiefsten Sinne *wesentlich* nur das bewusste Haben ist, welches allgemeine Ordnungsschematik einschliesst, während alle einzelnen Begriffe, welche die Psychologie zur praktischen Erforschung ihres einen Gegenstandes, der *Seele*, aufstellt, nur Vorläufigkeiten bedeuten, welche sie nötig hat, weil sie an ihren einen Gegenstand in seiner Ganzheit nicht unmittelbar herankommen kann.

Durch seinen Leib *handelt* auch der Einzelwissende, das heisst in Strenge gesprochen: Durch seinen Leib werden naturwirklich gewisse Zustände und Geschehnisse, welche seine tätige Seele vordem nur als Willensbilder dem Ich vorstellte — denn nicht darf ich ja sagen, dass *Ich* bewusst wollend tue. Und auch hier nun ist wieder mit dem Reichtum die Beschränkung verbunden, geradeso wie beim Wissen, denn vielen meiner Handlungen, wenn sie geschehen sind, muss ich den Ordnungsbegriff *böse* zuerteilen. Ich bin mit meinem Wissen und mit meinem Handeln nicht „zufrieden", beide sind nicht endgültig „in Ordnung". Und beidemale setze ich das, was nicht an ihnen in Ordnung ist, auf Rechnung des *Zufälligen* an meiner leiblichen Person.

Das Gebundensein der *wissenden Einzelseelen* an die *lebenden Einzelleiber* ist das Allerseltsamste von allem, um das Ich weiss, das eigentliche *Enigma philosophicum*. Vielleicht erwächst uns noch geradezu eine Quelle der metaphysischen Einsicht daraus, dass gerade hier so Vieles „nicht in Ordnung", das heisst nicht ordnungshaft endgültig durchschaut ist. Doch an dieser Stelle wollten wir nur schon Gelerntes in besonderer Form zusammenfassen.

---

[1]) Näheres in *O. L. D.* 2. b.

Und dieses Gebundensein ist zugleich der Treffpunkt, in dem all mein Wissen zusammenströmt, mein Wissen um Materie rein als solche mit ihren Gesetzen, mein Wissen um das eigentlich Biologische mit seinen Gesetzen, mein Wissen um mein Wissen und um die Seele und mein ahnendes Wissen um alles Überpersönliche in seiner Verkettung mit Zufall, handle es sich da um Häufung, um blosse Züge von überpersönlicher Ganzheit oder um Entwicklung. Denn, um das immer wieder zu sagen: das wissend-lebendige Einzelwesen ist in vielen „Fällen" da, und es ist wissend und materiell und Träger von überpersönlicher Ganzheit und ist in seiner „persönlichen" Ausprägung da.

Einzelpersonen inmitten des stofflichen, zufälligen, mechanisch werdenden Unbelebten, jeweils aus nicht mechanischem Werden erstehend, durch gewisse Züge zu überpersönlicher Ganzheit von sich entwickelnder Art verbunden, verknüpft mit wissenden Einzelseelen, von denen jedenfalls viele, die menschlichen, vielleicht alle an ihrem Leibe „leiden" — das ist der Kern der dem Gewissenhaften aufgenötigten dualistischen Grundlehre im Rahmen der Erfahrung.

Die einzelnen Bestandteile dieser Lehre nun haben wir in der bis hierher geführten Untersuchung auf ihre Bedeutung für ein gesuchtes *Wirkliche* überhaupt geprüft. Manchmal konnten wir da Sicheres aussagen, manchmal nicht. So konnten wir zum Beispiel geradezu behaupten, dass das vom Ich als Räumlichkeit erlebte Beziehungsgefüge des Wirklichen nur ein besonderes unter unbestimmbar vielen Beziehungsgefügen des Wirklichen sei, während wir mit Rücksicht auf das Bestimmtsein oder Nichtbestimmtsein überpersönlichen Werdens gar nichts Sicheres behaupten konnten.

g) Das letzte Wort des Dualismus.

Das Ganze der dualistischen Grundlehre aber darf jetzt ausgedeutet werden in folgenden Sätzen:

Ganz sicherlich ist es uns erlaubt zu sagen: *Das Wirkliche* ist jedenfalls so geartet, dass *Ich,* der ich, um mein Wissen wissend, selbst sein Teil bin[1]), die hier mitgeteilte dualistische Grundlage für die Gesamtheit meiner auf das ganze *Ich erlebe Etwas* gerichteten Erfahrung setzen kann. Damit ist zwar wenig, aber jedenfalls Sicheres ausgesagt — immer unter der nie als *wahr* beweisbaren Voraussetzung, dass Ich überhaupt die Bande des strengen Solipsismus sprengen darf.

---

[1]) S. o. S. 133.

Aber ich darf, wieder unter dieser unbeweisbaren einschränkenden Voraussetzung, auch noch folgendes sagen: Das Wirkliche ist so geartet, dass Es um sich *in mir* und anderen mir Ähnlichen weiss, in Form jener metaphysischen Einzelausdeutungen der Erfahrung, welche ich jetzt hier in den bis hierher geführten Ausführungen dieses Werkes niedergelegt habe.

Dieser Satz besagt schon mehr als der erste; er steht schon in der Wirklichkeitslehre, gibt nicht nur eine bestimmte Folge aus dem Wesen des Wirklichen an, eine Folge, welche deshalb von rein logisch-formaler, ja, wenn man so will, von zirkelhafter Art ist, weil ich ja gesagt habe, ich will das Wirkliche die Erfahrung *mitsetzen* lassen. Dass Ich mich, den Einzelwissenden, und Andere, als Teile des Wirklichen, soweit es wissend, oder, besser gesagt, überwissend ist, ansehe, das ist es, was den zweiten Satz metaphysisch reicher macht als den ersten. Das „Ich" des zweiten Satzes ist nicht dasselbe wie das „Ich" des ersten; das Wörtchen „ich" steht im zweiten Satze als kurzer Ausdruck für „meine Seele und *Ich* als ihr bewusster Ausdruck"; und es gibt jetzt viele „Seelen". Mich und mir Ähnliche als wissende Teile eines überwissenden Ganzen setzen aber kann ich deshalb, weil ich *Wissen* als diejenige Beziehung überhaupt weiss, die Allem, also auch allem Philosophietreiben, voran geht, weil ich Wissen als Urbeziehung weiss. Will ich überhaupt Metaphysik, so hat die unmittelbar gewusste Beziehung *Wissen* auf das Wirkliche in einem Sinne, der jedenfalls nicht weniger besagt als sie selbst, überzugehen. Und sie allein hat in dieser Weise überzugehen. In ihr allein erkenne[1] ich ein dem Wirklichen eigenes *Quale*, während alle anderen Aussagen über das Wirkliche den Rahmen einer allgemeinen Beziehlichkeitsschematik nicht sprengen konnten, da Aussagen über das Sosein der Glieder, zwischen denen die in Frage stehenden Beziehungen obwalteten, nicht möglich waren.

Zwei die Metaphysik angehende Haupt-Sätze, der erste davon noch gleichsam im Vorraume zur Metaphysik stehend, haben wir also aussprechen dürfen; der zweite Satz schloss alle unsere vielen metaphysischen Sondereinsichten ein.

---

[1] S. o. S. 133 ff.

III. Übergang zum zweiten Teile der Wirklichkeitslehre: Vom Tode.

1. Der Tod.

a) Rückblick und Ausblick.

Alle unsere Versuche, gewisse Aussagen über das Wirkliche zu gewinnen, gingen von dem dreieinigen *Ich erlebe Etwas* aus und wollten das Wirkliche lediglich in dem Sinne treffen, dass es das Erfahrbare erklären, mitsetzen möge. Das Wirkliche sollte jedenfalls so sein, dass das Erfahrbare sein könne, was es ist; ganz gleichgültig zunächst, was das Wirkliche sonst noch sei. Gewiss also redeten wir hier schon von Etwas „hinter den Erscheinungen", um uns der üblichen Sprechweise einmal zu bedienen, von Etwas, das nicht selbst das Erfahrene ist, ob es schon Erfahrung sein lässt, was sie ist. Aber es handelte sich doch immer nur um die Züge des Wirklichen, welche in sehr unbestimmter Weise „hinter" Erfahrungsinhalten gedacht werden. So konnte zum Beispiel die von *Ich* gehabte *Räumlichkeit* lediglich als Zeichen eines besonderen, in seinem Sosein unbestimmbaren, von anderen unbestimmbaren Gefügen unterschiedenen Gefüges von Beziehungen im Wirklichen ausgegeben werden; das war, ob es schon etwas war, so doch wenig. Und gelegentlich musste die Entscheidung über das Wirkliche sogar geradezu offen bleiben: so war zum Beispiel ein nicht-spinozistischer Ordnungsmonismus für das Wirkliche, wenigstens was die „objektive" Seite angeht, nicht durchaus zu „widerlegen", sondern nur, wegen der gegenganzheitlichen Züge des Erfahrungsinhaltes, sehr unwahrscheinlich zu machen, und so blieb die Frage nach der Vorbestimmtheit alles überpersönlichen Ganzheitswerdens metaphysisch sogar gänzlich ohne Erledigung.

Metaphysik also, soweit sie bis jetzt betrieben ist, war eine recht unmittelbare, aber eben darum unbestimmte Zutat zur Erfahrung, und wir haben oft genug im Verlauf dieses Werkes schon der Ansicht

Raum gegeben, dass es ja doch im Grunde eben nicht eine 'ganz eigentümliche, neue „Wissensweise", „Stellungnahme", oder wie man es nennen möge, sei, welche zur Schaffung einer Wirklichkeitslehre führe. Es bleibt stets bei dem, was im Erfahrungsreiche „Theorie" und „Hypothese" heisst, und unterschieden ist alle Metaphysik von aller Logik, im weitesten Sinne des Wortes, nur durch den Ton des Meinens! Der Ton des *als ob*, des *gleichsam*, welcher dem Erfahrungsreiche, insonderheit mit Rücksicht auf Natur, eigen war, verschwindet; der Ton *als an sich wirklich gemeint* tritt auf — freilich immer mit Rücksicht auf ein in seinem *Sosein* „an sich" grundsätzlich Unkennbares, soweit nicht das aus der „Erscheinung", welche hier eben keine ist, in das Wirkliche hinübergerettete Quale *Wissen* in Frage steht.

Dieser Tonwechsel und nichts anderes ist ja eben der Ausdruck davon, dass man Erfahrungsinhalte als „Erscheinungen" ansieht und jetzt nach dem fragt, was „dahinter" ist. Hat diese Frage wirklich, wie uns gewisse Neukantianer lehren wollen, keinen Sinn? Wir glauben gezeigt zu haben, dass sie Sinn habe, und auch, dass sie sinnvoll behandelt werden könne, ja dass ihre Behandlung gar nicht etwas so durchaus Unerhörtes sei. Gewiss, man bleibt nicht sozusagen auf derselben Stufe des gegenständlichen Seins, nicht im Bereiche des *einfach mittelbaren*, wie man es tut, wenn man im Rahmen der Wissenschaften aus „theoretischen" Gründen einen bestimmten Betrag irgendeiner bestimmten Energieart irgendwo in den Raum als „potentielle" Energie verlegt oder Entelechie als unraumhaften Werdebestimmer im Rahmen der Biologie einführt. Das sind auch schon Ergänzungen des unmittelbarsten, durch sogenannte „Wahrnehmungen" angezeigten Naturhaften, gesetzt einer ordnungshaft befriedigenden Lehre vom Werden zu Liebe, aber sie sollen der gleichen Seinsstufe angehören wie das, was sie erklären sollen. Jetzt aber will man das Dasein der *Natur* in ihrem *als ob* selbst „erklären" und ebenso das Da- und Sosein der *Seele*. Gewiss ist das eine andere Art des Aufsuchens von Ergänzungen oder Zutaten. „Sinnlos" kann sie aber doch wohl nur für den heissen, der gar keine Bedeutung in dem hier Geforderten sieht. Gibt es nun wirklich jemanden, welcher meint, dass die Frage nach dem „Hinter den Erscheinungen", in dem Sinne, den wir bis jetzt mit diesem Ausdruck verbunden haben, gar keine fassbare Bedeutung habe? Ich meine nicht.

Aber jetzt wollen wir nun freilich noch etwas ganz anderes.

Wir halten nämlich, obschon wir mit dem Versuch sie zu lösen bereits

„hinter" die Erscheinungen gegangen sind, unsere metaphysische Aufgabe noch durchaus nicht für erledigt. Und zwar meinen wir mit diesem Wort nicht, das da noch viel zu tun sei, aber eben leider nicht von „uns Menschen" getan werden könne, sondern wir meinen, dass gerade „wir Menschen" uns noch sehr ernstlich an einen neuen, tiefer in die Wirklichkeitslehre hineindringenden Schritt hinanwagen müssen, an einen Schritt, über dessen Wesen wir bisher erst an einer Stelle[1] eine ganz kurze Andeutung fallen liessen. —

Man überlege sich hier doch einmal das Folgende: Ich kann sagen, dass ich im Sinne erfahrungshaften Wissens weiss, dass Ich als Ausdruck meiner Seele vor einer bestimmten endlichen Zeit nicht als dasjenige „war", als was ich mich jetzt als „seiend" bezeichne; und ich weiss auch mit praktischer Sicherheit, dass nach „meinem Tode" jedenfalls die jetzt bestehende Form meines „Seins" nicht mehr bestehen wird. An die jetzt bestehende Form meines Seiens und Habens aber ist mein *Erfahrungs*inhalt in der besonderen Form seines Soseins geknüpft. Also kann „mein" Erfahrungsinhalt, rein „empirisch" gesprochen, vor einer bestimmten Zeit nicht als solcher, jedenfalls nicht als „mein solcher" bestanden haben, und wird nach einer bestimmten Zeit nicht als „mein solcher" bestehen. Und dasselbe gilt von dem „Ich habe" als spezifisch „menschlichen" *Haben*. So wie mir wird es in ferner, aber endlicher Zeit einmal „allen Menschen" gehen, beziehungsweise gegangen sein. Ist es nun wirklich „sinnlos" zu fragen, ob nach meinem Tode oder, um dem naiven Realismus einige Zugeständnisse in der Sprechweise zu machen, nach dem Tode „aller Menschen" bei der Vernichtung der Erde[2], nicht doch noch „Etwas" in irgend einer Form „sei", und ob alsdann nicht auch noch irgend ein X in irgend einer Form „habe", so dass also das *Ich weiss Etwas* in Form eines *X y Z* fortbestehen bliebe, wobei X, y und Z, um Unsagbares absichtlich durch Ungeheuerlichkeiten der Sprache auszudrücken, irgendwelche Sonderformen von „Ichigkeit", „Wissigkeit" und „Etwasigkeit" bezeichnen sollen? Hat solche Frage wirklich gar keinen Sinn? Unter keinen Umständen? Bei keiner irgendwelchen Bestimmtheit der Worte „sein" und „haben"?

Ich meine nicht; ja, ich meine sogar, daß unsere Ausführungen über die Rettung des Quale *Wissen* in das Wirkliche hinein[3] uns bereits den Schlüssel zu ihrer Behandlung, also, populär gesprochen,

---

[1] S. oben S. 139 f.

[2] Oder nach der durchaus denkbaren, irdischen Vernichtung aller psychophysischen Wesen, was auf dasselbe hinauskommt.

[3] S. o. S. 131 ff.

zur Behandlung der Frage „Was ist das Wirkliche, wenn ich *tot* bin?" gegeben haben.

Aber freilich ist, dünkt mich, zuzugeben, dass eben diese neue Frage das Wort vom „hinter den Erscheinungen" denn nun doch in einem ganz anderen Sinne fasse, als es bisher von unserer Wirklichkeitslehre gefasst wurde:

Wir haben bisher das *Ich erlebe Etwas* in Vollheit ausdeuten wollen. Jetzt aber soll das Noch-nicht-bestanden-haben und das Nicht-mehr-bestehen des *Ich erlebe Etwas* Gegenstand metaphysischer Betrachtung werden. Jedenfalls zunächst soll unsere Darlegung dieser neu aufgeworfenen Frage sich zuzuwenden versuchen, womit aber nicht gesagt sein soll, dass damit schon der Metaphysik Ende erreicht sei.

b) Die nächste Aufgabe.

Gehen wir also wie bisher behutsam in unserer Arbeit weiter, neuen Zielen zu.

Wenn wir auf den zweiten der beiden Hauptsätze zurückblicken, in denen wir vor kurzem[1]) unsere ganze bis jetzt gewonnene Einsicht über das Wirkliche kurz zusammenfassten, so bemerken wir in diesem Hauptsatze die beiden Wörtchen *jetzt hier*. Vieles nun hängt ab von der Ausdeutung gerade dieser Worte „jetzt hier" in unserem zweiten metaphysischen Satze, welcher lautete:

„Das Wirkliche ist so geartet, dass es um sich, in mir und anderen mir Ähnlichen, weiss in Form jener metaphysischen Einzelausdeutungen der Erfahrung, welche ich *jetzt hier* in den bis hierher geführten Ausführungen dieses Werkes niedergelegt habe".

Was bedeuten diese beiden unscheinbaren Worte *jetzt-hier?*

Aus dem Raume des Solipsismus führen sie immerhin heraus, sollen sie herausführen; dass da viele einzelne um Etwas wissende Seelen sind, soll etwas Bestimmtes mit Rücksicht auf *das Wirkliche* bedeuten.

Aber dass es *jetzt hier* viele wissende Einzelseelen gibt, würde doch nur auf eine sehr unvollkommene metaphysische Einsicht hinweisen, wenn dieser Tatbestand nur gleichsam als in Ewigkeit gültig erklärt und nicht durch neue Fragen ersetzt würde, wobei Ewigkeit *Sempiternitas* oder vielmehr das ihr als unendlicher Zeitlichkeit metaphysisch Entsprechende bedeutet. Wir hätten so etwas vor uns wie das überpersönliche Ich Fichtes, das Absolute Hegels oder auch wie das „Bewusstsein überhaupt" derjenigen Neukantianer, welche nicht durch-

---

aus Nicht-Metaphysiker sein wollen: Das Wirkliche ist „Ich“, insofern als „immer“ viele Einzeliche erfahrungshaft da-sind; oder auch: das Wirkliche als Ich entlässt ewig aus sich die in Einzelseelen und Einzelinhalte zerspaltene Welt; es „ist“ in Form ihrer.

Da hätten wir denn freilich ein gewisses, wennschon armseliges Wissen „hinter“ der rein ich-eigenen, solipsistischen Erfahrung: Auch wenn Ich gestorben bin und nicht mehr erlebe, anders und unbestimmter gesagt: unabhängig von Mir als „mir“, gibt es *Iche* oder Seelen mit gehabten Erlebnissen.

Das ist eine Metaphysik, welche ganz unmittelbar aus einer gewissen Umdeutung reiner solipsistischer Erfahrung ersteht. Aber gerade weil sie so erstanden ist, darf man doch nun wohl ganz im Sinne von unmittelbar ausgedeuteter Erfahrung weiter fragen: Was denn nun, wenn die Erde vernichtet ist, auf der allein wir doch Menschen kennen[1]). Ist. dann — *Nichts?* Denn das ungewusste Etwas, das reine „Objekt“ des naiven Realismus, soll ja doch der Voraussetzung nach nicht sein. Das zu lehren wäre „Materialismus“: Zu dem Etwas kämen erst nachträglich die Wissenden, *Wissen* wäre nicht *Ur*beziehung des Wirklichen, was unmöglich zu denken ist. Aber was ist denn zu denken?

Man sieht es: Wird der von uns bisher eingenommene Standpunkt zum allein möglichen und endgültig befriedigenden erklärt, so erreichen wir nur so ein bisschen Metaphysik; eine Metaphysik, die den schweren, entscheidenden Schritt der Grenzüberschreitung in das *Wirkliche* hinein tat, ohne dass doch irgend ein grosser Gewinn dabei herauskommt. Wenn man nur soweit in die Metaphysik hinein geht, dann kann man wohl eigentlich ebenso gut draussen bleiben. In nicht einmal zwingender Weise — denn zwingende Aussagen sind auch der zaghaftesten Metaphysik unmöglich, wie wir wissen — wird eigentlich nur für die vorausgesetzte „Allgemeingültigkeit“ der richtigen Erfahrungs-Urteile, welche damit, ohne ihren Inhalt zu ändern, *wahr* werden würden, ein metaphysischer Grund gefunden. War das den Schritt in die Metaphysik wert? Hat man denn auch nur über eine einzige der Fragen, um derentwegen vom Beginn der Geschichte an Metaphysik getrieben worden ist, ich sage nicht eine Antwort, sondern auch nur die Andeutung einer Antwort erhalten? Man hat es nicht, denn man hörte eben zu früh mit dem Fragen auf.

Gewiss, wir kennen jetzt alles Mögliche über „das Wirkliche“: dass

---

[1]) S. S. 298, Anm. 2.

es nicht nur raumbezeichnete Merkmale hat, dass Werden in ihm etwas bedeutet, dass es Ganzheiten in ihm gibt und vor allem, dass es zwiespältig, „dualistisch", gestaltet ist. Aber begriffen haben wir von ihm und zumal von seiner Zwiespältigkeit denn doch geradezu gar nichts. Nicht hat unsere Metaphysik bis jetzt das Zeichen der *Endgültigkeit*. Anders freilich wäre es, wenn wir einen Monismus der Ordnung hätten annehmen dürfen. Aber wir mussten die *Zwiespältigkeit* des Wirklichen lehren, obschon wir an ihr leiden, und obschon wir uns *Nichtzwiespältigkeit*, an der wir nicht leiden würden, ersinnen können.

Ganz gewiss wollen wir keinen Ontologismus, kennen wir ausser dem Begriff *wirklich* nichts, *cujus essentia involvit existentiam*. Aber könnte nicht doch das „Haben" von *Ideen*, um kurz aber verständlich zu reden, für weitere Untersuchung wenigstens ein Ansporn werden?

Müssen wir denn bei unserer Metaphysik oder meinethalben bei einer der heute üblichen metaphysischen Formen, verkappten und unverkappten, uns beruhigen? Ich meine, dass wir es nicht müssen, zeigt uns eben die Tatsache *meines Todes* und die Erwägung der an sie sich anschliessenden Möglichkeiten. Und deshalb kann der Tod geradezu das Tor zur Metaphysik höchster Art heissen.

Weil wir am Dualismus, in jeder Beziehung, *leiden*, wollen wir weiter; weil es den *Tod* gibt, können wir weiter, können wir wenigstens weiter fragen. Bleiben wir in diesem Zwischenteil beim Fragen angesichts der Tatsache des Todes, um unser Leiden am Dualismus erst zu verwerten, wenn unsere Fragen uns das Tor zu einer Metaphysik höchster Art geöffnet haben werden.

Was also können wir denn nun mit dem sich auf Seelen als Wissende beziehenden Wörtchen *jetzt hier* unseres metaphysischen Grundsatzes anfangen?

Es wird auf den ersten Blick Befremden erregen, wenn ich sage: Unser Versuch, in tieferem Sinne als bisher „hinter" die Welt der Erfahrung zu blicken, wird, an erster Stelle jedenfalls, nicht anderes als die Erwägung gewisser noch nicht erörterter Möglichkeiten aus dem Bereiche der Lehre vom *Werden* und seiner Wirklichkeitsbedeutung sein. Solches sei denn doch, wird man sagen, dem bisher Vorgebrachten gegenüber gar nichts Neues. Vielleicht sagt man das insofern mit Recht, als, was wir auf dieser ersten Stufe unserer höheren Wirklichkeitslehre erreichen, sicherlich noch nicht höchste und letzte Metaphysik ist. Aber ich hoffe die Leser zu überzeugen, dass unsere Erwägungen sich doch von jetzt ab auf einer ganz anderen Art des

Bodens als bisher bewegen werden, und zwar gerade im Anschluss an diese neuen Fragen aus der Lehre vom Werden.

Das Wirkliche ist also jedenfalls so geartet, dass *Ich*, als Ausdruck von Seele, meine Letztformung der Erfahrung und gewisse Sonderaussagen über sehr unbestimmte und allgemeine Züge des Wirklichen *jetzt hier* hinsetzen kann. Was nun „war" *Ich* vor meinem „Entstehen" als an eine naturhafte Einzelperson gekettete Einzelseele, und was werde *Ich* „nach meinem Tode" sein? Das ist, wenn man will, eine erfahrungshafte, jedenfalls ist es eine durchaus sinnvolle und eine sehr folgenschwere Frage. Und sie bleibt das, obwohl ich weiss, dass ich sie niemals entscheidend werde beantworten können, nicht einmal, wenn in Zukunft einst die Lehren des sogenannten „Spiritismus" gesichert sein würden, was sie gegenwärtig nicht sind. Auch dann nämlich würde *Ich* doch immer das einzige reine *Ich* bleiben, das die spiritistischen Tatsachen unter seinen gehabten Gegenständen hat, so dass also auch der Spiritismus den Solipsismus nicht zwingend durchbrechen würde. Immerhin würde er im Sinne des nur vermutungshaften Wesens, das Wirklichkeits-aussagen ja überhaupt grundsätzlich anhaften muss, etwas bedeuten, und insofern wäre er immerhin etwas wert. Und so sollen sich denn auch die Erwägungen von „Möglichkeiten", zu denen wir jetzt zunächst schreiten, sozusagen auf der Fläche der „Geister"-lehren bewegen, wobei sie freilich Erwägungen von Möglichem bleiben sollen. Diese Erwägungen also, um das nochmals zu sagen, beabsichtigen zunächst nur den ersten über die bisher gepflogenen blossen Allgemeinerwägungen hinausgehenden Schritt „hinter" Erfahrung im eigentlichen Sinne zu tun, zugleich freilich beabsichtigen sie zu zeigen, dass dieser erste Schritt neue vermutungshafte „Erfahrungs"bezirke schafft und damit die Notwendigkeit weiterer echt metaphysischer Schritte nach sich zieht.

Bringen wir das Wesentliche unserer Absichten vor allem anderen noch einmal auf einen möglichst kurzen und klaren Ausdruck: In meinem streng einzigartigen *Ich erlebe Etwas* stellt sich das Wirkliche, wenn anders es ist, jedenfalls dar. Ja, ich darf sogar, wie ausführlich gezeigt ist, in metaphysischer Ausdeutung erster unbestimmter Stufe sagen: In vielen leibesverketteten Einzelwissenden mit jeweils besonderem Gewussten, jeder von ihnen mit seinem Leibe in die Gefüge eingereiht, welche erfahrungshaft Raum und Zeit heissen, stellt sich das Wirkliche dar. Und auf Grund dieses zweiten Satzes darf ich weiter „mich" als leibesverketteten Habenden in Raum und Zeit einreihen und sagen: Das Wirkliche ist so, dass *Ich jetzt hier* diese Erfahrung habe.

Nun aber sage und frage ich weiter: Die Beziehung *wissen* ist Urbeziehung; Ich und alle irdischen Ich aber werden „sterben"; was heisst das mit Rücksicht auf das *Ich weiss* und mit Rücksicht auf das *Etwas*, und was bedeutet das, was es etwa mit Rücksicht auf beides heisst, für das Wirkliche? —

Was also „bin" *Ich* möglicherweise nach meinem Tode und was würde sich aus jeder der hier vorliegenden reinen Denk-Möglichkeiten mit Rücksicht auf weitere metaphysische Fragen, die dann zum eigentlich Letzten führen möchten, ergeben[1])? Es kann auf alle Fälle zu weiterem Fragen anregen, hier dem „Möglichen" nachzugehen.

c) Möglichkeiten.

Der Möglichkeiten aber sind hier nicht mehr als drei Grundformen, die alle ihre Vertreter gefunden haben.

Erste Möglichkeit: *Ich* könnte ebenso wie *jetzt hier* als ein mich in die Zeit setzendes *Ich* weiterleben. Meine „Zeit" nach meinem Tode wäre ohne weiteres die Fortsetzung der jetzigen Zeit; ich wäre aber reine, das heisst nicht körperlich verkettete Einzelseele mit ganz anderen Erlebens- und Wissensarten und -Möglichkeiten als *jetzt*. Und vielleicht erlebte Ich einen zweiten *Tod*, der mich wiederum als Ich, als ichhafte Einzelseele, bestehen liesse und nur mit Rücksicht auf gewisse Eigentümlichkeiten „verwandelte". Träfe diese Möglichkeit das Richtige, so würde Ich nach meinem Tode eigentlich nur meine Erfahrung, obschon in ganz anderen Formen, fortsetzen; ja, ich würde immer noch Solipsist bleiben können, wenn ich es durchaus wollte. Ich wäre nur um eine ganz neue Erfahrungsart bereichert, eine Bereicherung, die freilich vielleicht weit grossartiger wäre, als die, welche ein Blindgeborener erfährt, wenn ein ärztlicher Eingriff ihm die Lichtempfindung gibt. Wollte ich vermutungsweise Metaphysik treiben, so wie ich das *jetzt hier* tue, so dürfte ich sagen: Meine Erfahrungsbereicherung durch den Tod „bedeutet" jedenfalls etwas sehr bestimmtes Besonderes am Wirklichen. Oder auch: Das Wirkliche ist so geartet, dass Einzelseelen — (die ja schon von früheren Erwägungen her etwas „bedeuten") — ganz plötzlich Sprünge mit Rücksicht auf das von ihnen erlebte Etwas erleben können, ohne dass für sie die Stetigkeit von Zeit und Werden des Erlebens überhaupt unterbrochen ist.

In dem hier geschilderten Sinne könnte ich *ewig* leben, wobei Ewigkeit aufs klarste *sempiternitas*, nicht etwa aber *aeternitas*, also nicht Nicht-Zeitlichkeit, bedeuten würde.

---

[1]) Diese Frage ist des äussersten „unmodern", und zwar nicht erst heute, sondern seit langem. Da ist es denn bedeutsam, sich zu erinnern, dass Kant in der ersten Auflage seines Grundwerkes (Schlussbetrachtungen zu den Paralogismen) sie wenigstens klar geformt hat. Es heisst da: „Die Meinung, dass das denkende Subjekt vor aller Gemeinschaft mit Körpern habe denken können, würde sich so ausdrücken: dass vor dem Anfang dieser Art der Sinnlichkeit, wodurch uns etwas im Raume erscheint, desselben transscendentalen Gegenstände, welche im gegenwärtigen Zustande als Körper erscheinen, auf ganz andere Art haben angeschaut werden können"; und entsprechend „nach Aufhebung aller Gemeinschaft der Seele mit der körperlichen Welt".

Was nun an weiteren metaphysischen Fragen könnte diese erste Möglichkeit im Rahmen der Lehre von der Bedeutung des Todes zeitigen? Was für Fragen insonderheit mit Rücksicht auf den *Dualismus* und unser *Leiden* an ihm? Waren Dualismus und Leiden am Dualismus es doch, die uns überhaupt nach so etwas wie einer Metaphysik „höherer Art“ das Verlangen weckten.

Prüfen wir, um das zu entscheiden, einmal eine gewisse Möglichkeit mit Rücksicht auf das Wesen des Einzelich, eine Möglichkeit, um deren Nicht-Wirklichkeit wir freilich wissen, die aber doch insofern eine „Möglichkeit“ heissen darf, als wir ihre Nicht-Wirklichkeit nicht begreifen. Wie wäre es, wenn Ich und „alle“ Einzelseelen, an ihren naturhaften Leib gebunden, also so wie sie *jetzt hier* sind, „unsterblich“ wären? Würde da die Frage nach letzter Metaphysik aufgeworfen werden? Sie würde es, scheint mir, nur dann nicht, wenn die zeitliche Ewigkeit, die Sempiternitas, dieser Seelen im Gegensatz zu dem, was erfahrungshaft besteht, frei von Zufall, Irrtum und Bösem wäre, und also auch frei von wissendem Leiden an diesen Nichtganzheitlichkeiten; eine Möglichkeit, die wir ja auch ohne Bedenken zulassen können, wo wir nun überhaupt einmal nur von Möglichem handeln. Aber die Frage nach einer Metaphysik letzter Art *würde* auftreten, wenn es ein zeitlich-ewiges irdisches Leben im Leiden gäbe. Denn der Wunsch des Andersseins wäre dann da, und die Frage, warum es denn nicht „anders“ ist, ganz ebenso wie ja mir als zeitlich endlichem Ich aus dem Leiden am Dualismus der Wunsch nach höchster Metaphysik ersteht.

Diese Erwägung nun gibt den Schlüssel zur Beantwortug dor Frage, ob ein zeitlich ewiges Leben als Einzelich in nicht-irdischem Rahmen höchste Metaphysik gebären würde oder nicht: Wäre das Leben des Einzelgeistes nicht leidensfrei, so würde allerdings die höchstmetaphysische Frage auftreten, und sie würde es auch dann, wenn auf einer etwa wirklich leidensfreien Stufe des Seins die Erinnerung an frühere nicht leidensfreie Zustände bestünde.

„Was heisst diese *Entwicklung* von Mir, der Einzelseele?“ so würde gefragt werden.

Wir sehen immer wieder, dass ganz derselbe Umstand, der im Reiche der Erfahrung den Dualismus anzunehmen zwingt, der *Zufall* also, die *Nicht-Ganzheit*, zumal bezogen auf das wissende Ich, es ist, auf dessen Boden der Wunsch nach Behandlung, der letzten Frage nach dem *Wirklichen* und nach dem Sinn seiner „Erscheinung“ erwächst. Denn wir können uns ja mögliche Zustände Meiner ersinnen, in denen ich nicht nach einer letzten Metaphysik verlangen würde: irdisches, ewiges, leidensfreies Sein und ewiges leidensfreies Sein „nach dem Tode“ ohne Erinnerung für früheres Leiden; und ich kann einsehen, weshalb mir das Erlebte in diesem Falle ohne weiteres selbst das *Wirkliche* wäre.

Das Leiden also, das heisst: das Erleben des Wunsches nach ungetrübter Ganzheit angesichts erlebniswirklicher Nichtganzheit, bleibt immer der Ansporn zu aller höchsten Metaphysik, der Tod aber ist das Tor zu der Möglichkeit ihrer vermutungshaften Erörterung.

Das Wichtigste, was uns diese kurze Erörterung, über eine bestimmte Möglichkeit des „Lebens nach dem Tode“ grundsätzlich gelehrt hat, ist also dieses: Es ist möglich, an dasjenige, was Ich jetzt hier „mein Sein und Werden“ nenne, zunächst im Sinne reiner Erfahrungsvervollständigung, eine oder mehrere weitere ganz fremdartige Formen „meines Seins und Werdens“ im Rahmen der *Zeit* vermutungshaft anzufügen. Die Frage nach letzter Metaphysik, nach dem Sinn des jeweils Jetzt-Hier Erlebten tritt auch dann auf, sobald wenigstens dem rein geistigen Einzelich Leidenserinnerung zugeschrieben wird. Um so mehr tritt also für Mich, „wie Ich bin", die Aufgabe letzter Metaphysik hervor, selbst wenn ich an die hier erwogene Möglichkeit einer bestimmten Form des „Lebens nach dem Tode" als an eine Wahrscheinlichkeit glaube.

Denn selbst wenn ich mir auch das Leben nach dem Tode leidensfrei denke, so stehe ich jetzt doch im Leiden darin.

Was heisst es, dass der leidensvolle Zustand sein musste; warum ist nicht nur der leidensfreie, wenn anders er überhaupt sein kann?

Die Erwägung einer bestimmten möglichen Form des Lebens nach dem Tode hebt also die Frage nach letzter Metaphysik nicht etwa auf, sie ist nicht etwa selbst letzte Metaphysik, sondern sie gibt der Frage vielmehr erst eine klare Form, weil jetzt das Verhältnis zwischen den beiden — (oder vielen?) — Formen des „Lebens" deutlich in Frage steht, und vielleicht noch mehr. Gerade weil diese Erwägung klärt, deshalb musste sie sein; deshalb musste Metaphysik, wie wir sagten, hindurchgehen durch diese seltsame Stufe der Erwägung, die zunächst eigentlich nur eine gewisse vermutungshafte Erweiterung von Erfahrung bedeutete.

Aber nur eine grundsätzlich bestehende „Möglichkeit" mit Rücksicht auf das Anderssein des Einzelwesens „nach dem Tode" haben wir bis jetzt erwogen. Wir müssen noch zwei andere Möglichkeiten erwägen, bis wir unsere Erwägungen nutzen und zum Letzten schreiten können. —

Zweite Möglichkeit: Nach meinem Tode bin ich als wissendes Einzelich ausgelöscht, indem Ich ohne irgendeine Spur von Erinnerung an mein gewesenes *Ich erlebe Etwas* in ein Über-Ich eingehe, von welchem Über-Ich also hier ausdrücklich vorausgesetzt ist, dass es nicht irgendwie in irgendeiner unsagbaren Form sich meine persönliche Erinnerung sozusagen einreihe. „Sein" Ich ist nicht „Mein" Ich, kurz gesagt.

Auf dem Boden dieser Möglichkeit, auf dem Boden also der Annahme einer Sterblichkeit des Einzelich im klarsten Sinne des Wortes trotz der Annahme eines „überbewusst" habenden Überpersönlichen[1]) tritt dar Bedürfnis nach höchster Metaphysik *jetzt hier* selbstredend ganz unmittelbar auf. Denn es ersteht eben ganz ohne Weiteres für Mich in meinem *Jetzt-Hier*-Erleben die Frage nach dem Verhältnis zwischen meinem jetzigen Zustand — (und aller jetzigen „Zuständlichkeit" überhaupt) — und dem Überpersönlichen, und nach dieses Verhältnisses Bedeutung. —

Dritte Möglichkeit: Ich gehe nach meinem Tode in ein Überpersönliches ein, von dem Ich mich als Teil weiss. *Ich* „bin" noch nach meinem Tode, aber ich bin aeternus, ich bin nicht mehr in der „Zeit" und nicht mehr „endliches Wesen". Der Ausdruck „nach" meinem Tode ist also überhaupt nicht in der üblichen, sondern in einer ganz unsagbaren, fremden, als bestimmte nur gedachten Bedeutung zu verstehen. Denn, so seltsam es klingt, „Zeit" „endet" ja bei meinem Tode für mich; mein Tod ist ein Werden aus der Zeit in

---

[1]) Wer hier die „Möglichkeit" vermisst, dass *Ich* mit meinem Tode überhaupt sozusagen als am Wissen Anteil Habender getilgt werde, dem ist zu sagen, dass diese „Möglichkeit" eben deshalb keine ist, weil die Annahme eines im strengen Sinne „un"-bewussten Überpersönlichen das irdisch menschliche *Wissen* als Urbeziehung nicht mitsetzen, nicht verständlich machen würde.

die Nicht-Zeit und doch nicht in Nichts. „*Werden*" bedeutet hier natürlich auch etwas als bestimmt zwar Gedachtes, aber ganz und gar nicht als solches Fassbares ; ein Etwas, an dem nur das Merkmal des *Andersseins,* das in es eingeht, fassbar ist.

Was alles im Rahmen der dritten grundsätzlich bestehenden Möglichkeit eines „Lebens nach dem Tode" an Schwierigkeiten besonderer Art auftritt, soll hier noch nicht erwogen werden. An dieser Stelle begnügen wir uns wieder mit der Einsicht, dass jedenfalls auch jetzt wieder, und, wie uns scheint, in besonders hohem Masse, die Frage nach einer letzten Metaphysik und die Möglichkeit ihrer Behandlung ersteht. Es tritt wieder die Frage nach dem Verhältnis zweier Zustände auf, von denen einer durch die Besonderheit dessen bezeichnet wird, was ich *jetzt hier* erlebe. Dass ich jetzt und hier leidend bin im Erleben, spielt hier zunächst nicht einmal eine solche Rolle, wie bei anderen vorher erwogenen Möglichkeiten, ob es schon für die Sonderausgestaltung der Antwort, welche man im Rahmen unserer dritten Möglichkeit eines „Lebens nach dem Tode" auf die Frage nach dem Sinn des irdischen Lebens geben wird, eine grosse Bedeutung besitzt. Aber warum überhaupt das „Irdische" mit seinem Zwiespalt, wenn Nicht-irdisches möglich ist? — das ist die Hauptfrage. —

Was unsere Erwägung der grundsätzlich verschiedenen Möglichkeiten in bezug auf ein „Sein nach dem Tode" zunächst nur wollte, ist nun erreicht. Die Tatsache des *Leidens am Dualismus* und des *Ausdenkenkönnens ungetrübter Ganzheitlichkeit* v e r l a n g t e nach höherer Metaphysik als der bis jetzt getriebenen. Jetzt ist die Einsicht gewonnen, dass schon ganz allein durch die Tatsache *Tod* die Möglichkeit der Behandlung dieser Metaphysik zweiter Art entsteht, ja, dass die möglichen Antworten auf diese durch das Wort „Tod" bezeichneten Frage, obwohl sie selbst noch als blosse Erfahrungserweiterung vermutungshafter Art gelten möchte, die höchste und letzte Metaphysik geradezu fordern.

Eben weil unsere „Möglichkeits"-Erwägungen an dieser Stelle nur eine ganz bestimmte, jetzt erreichte Absicht verfolgen, nämlich, die wenigstens vermutungshafte Behandelbarkeit der durch die Tatsache des Leidens gezeitigten Frage nach letzter Metaphysik zu zeigen, welche Behandelbarkeit sich eben aus der Tatsache des Todes ergibt, eben deshalb haben wir in ihnen nur das ganz grundsätzlich Verschiedene an den Möglichkeiten, welche mit Rücksicht auf ein „Leben nach dem Tode" *a priori* vorliegen, erwogen.

Es gibt nämlich sicherlich Verquickungen der grundsätzlich verschiedenen Möglichkeiten: Ist es nicht zum Beispiel denkbar, dass die Einzelseelen der „ersten Möglichkeit", vielleicht sogar nach vielen durchlaufenen Seinsformen, endlich doch in Ein Überpersönliches eingehen, etwa dann, wenn es nur noch reine Geister „gibt"? Hier würde unsere erste mit unserer dritten Möglichkeit verbunden sein; und es würde eine grosse Schwierigkeit mit der dritten Möglichkeit als solcher beseitigt; eine Schwierigkeit, die darin liegt, zu sagen, was es denn heisse, dass „Ich" bei meinem Tode aus der Zeit sozusagen ausscheide ohne doch „Nichts" zu sein, während die „Anderen“, ja die „Welt“, noch in der Zeit verharren. Doch genügt hier die ganz kurze Erwähnung eines Gegenstandes, der später noch einmal unsere Beachtung finden wird.

2. Das „Gewordensein“ des Werdens.

Unmittelbar anknüpfend an einen Begriff, der uns gerade in unseren letzten, hier nur beiläufigen, Bemerkungen als Schöpfer einer Schwierigkeit entgegengetreten ist, wollen wir nun zunächst eine gewisse mit Rücksicht auf alles Folgende sehr bedeutsame Vorfrage ̄ erledigen: die Stellung des Begriffes *Zeit* zu den Fragen der höchsten Metaphysik. Wir wollen dabei, wie überhaupt in diesem Zwischenabschnitt, welcher lediglich der Erwägung von Möglichkeiten und der Festlegung einiger Begriffe dienen soll, zunächst noch gar keine letztmetaphysischen Vermutungen ihrer selbst willen hinstellen. Wir wollen nur wissen: Was für ein Ding haben wir mit dem seltsamen Begriffe *Zeit* eigentlich im Rahmen der Erfahrung gesetzt, und zu was verpflichtet uns unsere Satzung auf metaphysischem Boden? Besonders mag an dieser Stelle darauf hingewiesen sein, dass die Sonderfrage nach den Möglichkeiten eines „Lebens nach dem Tode“ als solche den Zeitbegriff noch nicht ohne weiteres als so bedeutsam und bedenklich erscheinen lässt, denn nach der ersten hier vorliegenden Möglichkeit wenigstens kann „Ich“ nach „meinem“ Tode ja, obschon nicht im Raum, so doch vielleicht auf „ewig“, in der *Zeit*, oder doch in dem, was *Zeit* „bedeutet“ als wirkliches Beziehungsgefüge, sein. Die Begriffe *Tod*, insofern er nicht Vernichtung bedeuten soll, und „Ende“ der *Zeit* sind also nicht untrennbar verknüpft.

Was uns gewisse der Möglichkeiten, die sich dem Denken mit Rücksicht auf ein Sein nach dem Tode darbieten, so seltsam erscheinen lässt, ist nun aber der Begriff des Endes der „Zeit“, mit dem sie arbeiten; ein Begriff, dem sich, wie alsbald erhellen wird, der Begriff des Anfanges der Zeit ohne weiteres zugesellt. Das Wirkliche, dessen allgemeines Quale *Wissen* ausser Frage steht, soll ja eben den Modifikationen dieses Quale nach in dem Gefüge, das als *Zeit* erscheint, und in einem oder mehreren diesem Gefüge wesenskoordinierten Gefügen *sein*, und dazu noch aus der einen Gefügeart in die andere „übergehen“ können. Ist die Zeit denn nicht „ihrem Begriffe nach“ vorwärts und rückwärts „ohne Ende“, also *unendlich?* Und muss ein gleiches nicht von ihrem metaphysischen Korrelate gelten?

Wir untersuchen den Begriff der „unendlichen Zeit“ zunächst im Rahmen der Ordnungslehre, obschon im Hinblick auf das Ziel der metaphysischen Untersuchung. Es lässt sich leicht zeigen, dass ihre

„Unendlichkeit" im tiefsten Grunde etwas recht Nichtsagendes und Bedeutungsarmes ist. Übrigens ist alles Wesentliche zu unserer Frage bereits durch Hartmann[1]) erledigt worden; aber immer hemmt noch der Einfluss der kantischen Lehre von den sogenannten „Antinomien" die Erkenntnis des Richtigen.

Im Bereiche der Ordnungslehre, also der Erfahrung, setze ich, wie wir wissen[2]), den Begriff *Zeit* mit derselben endgültigen Bedeutungsbestimmtheit wie den Begriff *Raum,* obwohl die besondere Art des Gesetztwerdens beider Begriffe sehr verschieden ist: mit Bezug auf den Raum wird das Neben als *Neben,* im Sinne reinen Soseins, unmittelbar bedeutungshaft erlebt, mit Rücksicht auf die Zeit werden nur Zeit-„punkt", nämlich das *Jetzt,* und ein bestimmtes Bezogensein zwischen Zeitpunkten im Sinne von *damals* und *früher (später) als* unmittelbar bedeutungshaft erlebt, aber nicht so etwas wie zeitliches „Neben".

Es werden dann freilich Räumliches und Zeitliches gleichermassen als dem Begriff der *stetigen unendlichen* Zahlenreihe zuordenbar[3]) gedacht. Dass heist mit besonderer Rücksicht auf die Zeit: bis wie weit nach vor- oder nach rückwärts man sie auch gesetzt habe, man kann ihr nach beiden Seiten immer noch mehr anfügen, wenn das Bedürfnis nach solcher Anfügung eintritt.

Damit, nämlich insonderheit mit den Worten „wenn das Bedürfnis nach solcher Anfügung eintritt", ist das Wesentliche für unsere Absichten nun schon gesagt. Die Zeit, wie auch der Raum, „ist" ja doch nicht so etwas wie ein mittelbar gemeintes gleichsam selbständiges Erfahrungs-„Ding". Beide sind nur bestimmte Arten des Bezogenseins und Bezogenwerdenkönnens von erfahrungshaften, der Natur oder der Seele angehörigen, Dingen aufeinander. Wo keine Dinge im Sinne erfahrbarer Natur- oder Seelenwirklichkeiten sind oder wenigstens „gedacht" sind, da hat es also keinen Sinn vom „Dasein" von Raum und Zeit „bis ins Unendliche" zu reden. Gewiss, ich kann mir nach vor- und nach rückwärts immer noch mehr natur- (und seelen-)wirkliche Zeitbeziehungen „denken"; dann muss ich mir eben immer noch mehr natur- (oder seelen-)wirkliche Etwasse „denken", d. h. einbildend ersinnen. Ob das Ersonnene natur- (oder seelen-)wirklich war oder sein wird, dass weiss ich aber ganz und gar nicht. Und so ist es denn durchaus nicht sinnlos, sich nun auch einmal *das erste* und *das letzte* naturwirkliche oder seelenwirk-

---

[1]) *Kategorienlehre,* 1896, S. 104 ff.

[2]) S. oben S. 85 ff., *O. L.* C. I. 1.

[3]) Vgl. *O. L.* B. II. 6. c.

liche Ding in der für die Erfahrung bestehenden Zeit zu „denken". „Vor" und „nach" diesem ersten und letzten naturwirklichen Etwas „war" dann und „wird sein" — keine *Zeit*. Denn Zeit ist n u r eine Art der besonderen Beziehlichkeit z w i s c h e n erfahrungshaften Etwassen; hier aber fehlt das eine Glied für eine mögliche Beziehung. Und auch ganz und gar nicht ist es etwa „denknotwendig" oder „anschauungsnotwendig", dass das *erste Ding* als zeitliches Ding „von Ewigkeit (Sempiternitas) her beharrt" habe und das *letzte Ding* in zeitlicher Ewigkeit beharren werde.

Zeit und Raum sind allzumenschliche Beschränktheiten; für den Raum ist das freilich leichter einzusehen als für die Zeit. Gewiss, Zeit und Raum bedeuten etwas Ordnungshaftes für mein Jetzt-Hier-Erleben, für mein irdisches Erleben kurz gesagt, und soweit dieses irdische Erleben etwas für das Wirkliche bedeutet, bedeuten auch sie etwas, nämlich *besondere beziehliche Gefügearten* für das Wirkliche. Für den Raum wissen wir nun schon, dass das durch ihn erfahrungshaft bezeichnete Beziehungsgefüge des Wirklichen k e i n für a l l e Wirklichkeitszüge verbindliches Beziehungsgefüge ist. Ganz entsprechend nun könnte die Zeit ein wirkliches Beziehungsgefüge zeichenhaft andeuten, das n u r für g e w i s s e Formen oder Stufen des Seins des Wirklichen Bedeutung besitzt. Das ist widerspruchslos denkbar. Und ebenso ist denkbar, dass das Wirkliche eine Mehrzahl von Stufen oder Formen seines Seins gerade mit Rücksicht auf „Zeit" oder „Nicht"-zeit habe, so dass es also in verschiedenen Gefügen einer generischen Gesamtgruppe, deren eine Spezies als *Zeit* erscheint, *sein* würde.

Damit sind wir denn bei dem dunklen Begriffe eines *zeitlosen Werdens* des Wirklichen, das heisst eines Andersseins eines *Selben*, dessen Zustandsverschiedenheiten nicht in der *Zeit* aufeinander bezogen sind, angelangt, einem Begriffe, den jede letzte Metaphysik braucht. Da wir eine letzte Metaphysik brauchen, so brauchen wir also auch diesen in sich durchaus widerspruchsfreien Begriff. Und dass unsere menschlichen Wissensgewohnheiten, zumal aber unsere Sprache, hier versagen, darf uns nicht abhalten wenigstens in bildlicher Form zu sagen, was wir zu sagen haben.

Eine l e e r e Zeit also ist nicht „Etwas" im Sinne naturwirklichen und daher auch nicht im Sinne wirklichen Seins; und andererseits kann es „Etwas" ohne Einreihung in die Z e i t metaphysisch geben, und dieses Etwas kann sogar innerhalb eines oder mehrerer der „Zeit" zwar koordinierten, aber nicht selbst „Zeit"[1]) seienden Gefüge im all-

---

[1]) Der Kürze des Ausdrucks halber steht hier und gelegentlich sonst „Zeit" für: das als *Zeit* erscheinende wirkliche Beziehungsgefüge.

gemeinsten Sinne des Wortes (in für uns unfassbarer Form) *werden*.
Ja, wir müssen sogar dazu noch lehren, dass das Wirkliche nicht nur
möglicherweise in dem, was als Zeit erscheint, und in dem nicht „erscheinenden“ Genusverwandten dazu *werden*, sondern dass es auch
aus dem zeithaft erscheinenden Zustand in einen nicht erscheinenden,
aber einen Genusverwandten zum „zeitlichen“ darstellenden Zustand
übergehen könne, und umgekehrt, so dass man, wenn kurze Ausdrücke gestattet sind, homogenes und sprunghaft-heterogenes *Werden*
des Wirklichen, im weitesten Sinne des Wortes, zulassen müsste.

Also nicht nur Werden innerhalb eines blossen Genusverwandten
zu dem, was als *Zeit* erscheint, sondern auch Werden in die „Zeit“
hinein und aus der „Zeit“ heraus ist „möglich“, d. h. widerspruchslos setzbar. „Zeitliches“ Sein und Werden kann „anfangen“ und
„enden“.

Das sind die wesentlichen Ergebnisse dieses Zwischenabschnitts gewesen; sie werden uns von unermesslicher Bedeutung sein, und wir
dürfen sie keinen Augenblick vergessen.

3. Die neue Aufgabe.

a) Einleitung.

Der Begriff eines Seins, das nicht nur Von-mir-erlebtsein oder Von-
mir-gemeint-sein ist, ersteht mir aus den besonderen Eigentümlichkeiten dessen, was ich erlebe, insonderheit aus jenen Erlebtheiten,
aus denen ich, solange ich im Bereiche der *Erfahrung* bleiben will,
bereits die seltsamen Begriffe *Natur* und *Seele* im Rahmen des „gleichsam“, des „als ob“ formen muss, wenn anders überhaupt Ordnung
sein soll. Mit dem Begriff des *Wirklich*-seins aber erwächst zugleich
der Wunsch nach *Erkenntnis*, nach nicht nur ordnungshaft-richtigen,
sondern *wahren* Aussagen, das heisst solchen Aussagen, welche wenigstens in den grossen beziehlichen Zügen des Gefüges, welches sie darstellen, den grossen beziehlichen Zügen, welche das Wirkliche der
Voraussetzung nach besitzt, sich eindeutig zuordnen lassen. Nur vermutendes, „induktiv“ gewonnenes Wissen kann es der Natur der Sache
nach hier geben. Denn es wird von den Folgen zu den Gründen gegangen; und da gilt in Sicherheit nur der Satz, dass die Gründe nicht
mannigfaltigkeitsärmer sind als die gewussten Folgen. Aus den einzelnen Wesenszügen der Erfahrung im weitesten Sinne sind in der
Tat eine ganze Anzahl von Einzelaussagen über das Wirkliche —
dessen Dasein immer ein vorausgesetztes, wenn man so will, ein ge-
wolltes bleibt — gewinnbar; diese Einzelaussagen sind entweder, immer

unter der Voraussetzung des Seins des Wirklichen überhaupt, sicher aber recht unbestimmt, wie mit Hinsicht auf die verschiedenen „Beziehungsgefüge" des Wirklichen, oder blosse Erwägungen einer beschränkten Zahl von Möglichkeiten, wie beim Freiheitsproblem, oder endlich, aber nur mit Rücksicht auf das *Wissen*, bestimmte Soseinsaussagen.

Die Erwägung der Tatsache des Entstehens und des zu erwartenden Todes *Meiner* als dieses bestimmten, den Ausdruck dieser bestimmten Seele darstellenden bewussten Ich führte nun die Möglichkeit der Erörterung der Frage, was sozusagen „hinter" der Erfahrung sei, um einen beträchtlichen Schritt weiter. Und zugleich zeigte sich, so seltsam es klang, dass die erste Stufe dieser Weiterführung nicht nur in ganz allgemeiner Form ein Aufsuchen von Gründen zu gekannten Folgen, sondern dass sie ein Aufsuchen von *Werde*gründen zu *Werde*folgen sei. Hierbei darf nun freilich zweierlei nicht vergessen werden: einmal, dass der Begriff *Werden* hier nicht als an den Begriff *Zeit* gekettet gedacht werden darf, und zweitens, dass doch auch schon das zeitliche *Werden* im Bereiche der echten Erfahrung, die echte erfahrbare Ursächlichkeit also, nach „Analogie" des rein denkhaften Verhältnisses *Grund-Folge* gedacht worden war[1]). Wenn also das *Ich als Erfahrender überhaupt*, eben wegen der Tatsache „meines" Entstehens und Vergehens, im ganzen genommen gewissermassen als ein *Zustand B* angesehen wird, dem, aber nicht „zeitlich", ein *Zustand A* „voraus"ging und ein *Zustand C* „folgen" wird, so bewegt sich diese Erwägung sicherlich im Rahmen des Verhältnisses *Grund-Folge* in seiner rein denkhaften Bedeutung. Sie meint aber doch mehr als *nur* das reine *Mitsetzungs*-verhältnis, ganz ebenso wie *Kausalität* im Rahmen der Erfahrung mehr als nur das reine Mitsetzungs-verhältnis meint, nur in anderer Weise.

Spinoza hat bekanntlich die Welt aus Gott „folgen" lassen, so wie der Satz von der Winkelsumme des Dreiecks aus dem Begriff des Dreiecks folgt. Mann irrt aber doch, so denke ich, wenn man meint, er habe beide Arten des „Folgens" hier als durchaus von derselben Art angesehen. Tut man das, so wird des Spinoza Satz sinnlos. Es handelt sich vielmehr bei dem Verhältnis von Gott zur Welt um ein „Wirken", wenn man so sagen will, es muss sich um ein Wirken handeln, denn es stehen doch nicht *Begriffe* als solche in Frage! Freilich ist dieses Wirken „zeitlos" oder besser nicht-zeithaft, ebenso, obschon in anderer Hinsicht, wie das reine Verhältnis *Grund-Folge,*

---

[1]) Vgl. *O. L. C.* I. 10.

das ja mit Zeithaftem überhaupt gar nichts zu tun hat, und leider lässt sich gar nichts Bestimmtes über sein Sosein aussagen. Doch soll diese Äusserung über Spinoza[1]) hier nur unsere eigene Lehre in einem wichtigen Punkte erläutern.

Unsere Wirklichkeitslehre ist nämlich in ihrem ersten Teil in der Tat, wie angeblich diejenige des Spinoza, fast durchweg eine reine „logische“ Angelegenheit gewesen: wir hatten den gesamten Inhalt der Erfahrung als Setzung, und wir suchten die Kennzeichnung des Wirklichen als Setzung, derart, dass aus der zweiten Setzung die erste ihrer Merkmalsinhaltlichkeit nach folgen sollte. Mochte schon das von der metaphysischen Setzung „Gemeinte“ einem anderem Seinskreise angehören als das durch die ordnungshafte Setzung Betroffene; es handelte sich trotzdem eigentlich nur um ein reines *Mitsetzungs*-Verhältnis zwischen Setzungen dem eigentlich Wesentlichen nach. Wie *mannigfaltig* Erfahrungsinhalt war, mindestens ebenso mannigfaltig als Setzung musste Wirklichkeitsinhalt sein, Soseinsunterschiede erfahrbarer Art mussten Soseinsunterschiede, freilich unerfahrbarer Art, im Wirklichen andeuten und so fort. Nur bei der Erörtung der Urbeziehung *wissen* machten wir eine Ausnahme, sie sollte als solche dem Wirklichen eignen. Den „Logiker“ kann das befriedigen, ja es kann ihm wohl gar besonders rein und sozusagen vergeistigt erscheinen; aber wer wirklich Metaphysik treiben will, der will ja eben nicht „Logiker“ bleiben, der will ja eben nicht von Setzungen als Setzungen, sondern von dem durch sie Gemeinten handeln. Zwischen gemeinten mittelbaren Gegenständen nun aber besteht nie und nimmer reines „Mitsetzungs“-verhältnis, ob zwischen ihnen schon bestehen kann ein Verhältnis, das „Analogie“ zum reinen Verhältnis des *Mitsetzens* aufweist, derart, dass die Beziehung *mitsetzen* eine Seite des in Rede stehenden Verhältnisses ausdrückt. So ist es im Erfahrungsbereiche selbst schon bei der gesamten Lehre vom Naturwerden und ihrer *Kausalität*, und ebenso soll es nun sein im Bereiche der Metaphysik höchster Art.

Denn nur, wenn das Verhältnis *mitsetzen* als nur eine Seite, einen

---

[1]) Schopenhauer (*Satz vom Grunde*, § 7 und 8) hat Descartes und Spinoza vorgeworfen, dass sie in fehlerhafter Weise die Ketten der „Ursachen“ nach rückwärts abschnitten und einen „Erkenntnisgrund“, als ob er eine „erste“ Ursache wäre, einführten. Ich halte, wie der Text zeigt, diesen Angriff für unberechtigt, soweit das „Folgen“ der Welt aus Gott in Frage kommt. Nicht ein „Erkenntnisgrund“, sondern ein neues Wirklichkeitsverhältnis wird an Stelle der bis dahin verwendeten Art des Wirkens, der Kausalität im Rahmen der Natur, eingeführt; beide Beziehungen sind allerdings in Analogie zum reinen Mitsetzungsverhältnis gedacht, aber beide sind mehr als dieses.

Wesenszug des eigentlich in Frage stehenden Verhältnisses betreffend angesehen wird, kann das erreicht werden, was alle Metaphysik erst eigentlich bedeutsam und zu mehr als einem lediglich „Formalen" macht[1]).

Aus der Wirklichkeitslehre, soweit sie nur reine Gründe zu reinen gekannten Folgen als Folgen suchte, ist also jetzt auf Grund der Erwägung der Tatsächlichkeit der Begrenzung „Meiner" durch „Geburt" und Tod, eine Wirklichkeitslehre geworden, welche, wenigstens dem Wunsche und der Möglichkeit nach, mehr ist. Man mag, wie gesagt, meinen, dass der Wirklichkeitslehre damit die Feinheit, die Geistigkeit genommen sei, dass sie „Mythologie" geworden sei, oder doch auf dem Wege sei Mythologie zu werden. Ich kann den, der so sagen will, nicht hindern es zu tun. Aber man bedenke: Die Frage nach dem, was „Ich" und was „die Welt" *gewesen sind und sein werden* vor und nach „meinem" beschränkten irdischen Sein, diese Frage bleibt bestehen und muss als erste Frage der letzten metaphysischen Stufe zum mindesten aufgeworfen werden. Sie ist als Frage sinnvoll.

Und bedeutet es nicht andererseits geradezu eine Vereinheitlichung alles Wissens, wenn gerade auf ihrer letzten Stufe Metaphysik nun wieder so recht als Fortsetzung alles dessen erscheint, was vor ihr an Gewusstem da war? Verschiedene „Wissen" kann es als Letztes doch wohl nicht gut für mich geben[2]); dass verstösst gegen den Begriff von *Wissen*. Will doch übrigens auch, wer sich eine *Cognitio intuitiva* zuschreibt, damit nur die früheren Formen der *Cognitio* als unvollkommen, nicht aber sozusagen als Gegenformen jener höchsten Form erscheinen lassen.

Das *Ich erlebe Etwas* in seiner ganzen Fülle ruht nicht in sich, verlangt vielmehr nach „Anderem". So also sagte schon Metaphysik

---

[1]) Es erscheint als ein Mangel der ursprünglich platonischen (nicht etwa der neuplatonischen) Lehre vom Verhältnis des Einzelnen zum Allgemeinen, dass im Begriff des μετέχειν das hier unbedingt erforderliche, nicht nur formale, sondern sozusagen pseudoätiologische Band nicht genügend zum Ausdruck kommt. Gewisse Neukantianer zwar haben aus dem Mangel eine Tugend gemacht; ebenso die „Wert"-theoretiker, welche glauben, mit der Aufstellung eines „Reiches der Werte" alle Bedürfnisse der Philosophie erfüllt zu haben. Selbst die gröbste Mythologie sieht noch mehr Probleme und ist daher im tiefsten Sinne „philosophischer" als solche Lehre!

[2]) Mit Recht sagt Volkelt (*Erfahrung und Denken*, 1886, S. 434), Metaphysik sei „nur ein Weiterdringen in dem schon von Anfang an bearbeiteten Bereiche des Unerfahrbaren". Vgl. auch E. Becher, *Naturphilosophie*, 1914, S. 191; auch Cornelius (*Transscendentale Systematik*, 1916, S. 261) meint wohl Ähnliches.

in ihrer ersten, nach reinen „Gründen" suchenden Hälfte, und so sagt nun Metaphysik in viel bestimmterem Sinne da, wo sie, gleichsam im Anblick des Todes, ihre höchste Stufe zu erreichen sich anschickt. Auch jetzt sucht Metaphysik „Gründe" zu gekannten Folgen, aber jetzt sucht sie Gründe insofern, als Grundhaftes in dem Reicheren darinnen liegt, was sie sucht. —

b) Das Wirkliche als „Welt" und als „Nicht-welt".

Der erste Teil der Wirklichkeitslehre ging in seiner unbestimmten Art sozusagen gleich auf das Letzte und auch auf das Ganze, wenigstens auf das, was er für das Letzte und Ganze hielt. Er fragte nach „dem Wirklichen" im Unterschiede von „dem Erfahrungsinhalt"; mit Rücksicht auf das „Wirkliche" wollte in ihm der Metaphysiker gewisse allgemeine Kennzeichen des Wesens *erkennen* oder wenigstens die Beschränktheit der Zahl von Möglichkeiten mit Rücksicht auf gewisse Wesenskennzeichen. „Das Wirkliche" besass da zum Beispiel neben unbestimmbaren Arten der Beziehlichkeit ein besonderes Beziehungsgefüge, das im Rahmen des *Ich erlebe Etwas* als Räumlichkeit erscheint; oder aber es blieb mit Rücksicht auf überpersönliches Ganzheitswerden die Frage nach Freiheit oder Bestimmtheit zunächst „offen", es war mit Rücksicht auf die Zufallsfrage der Dualismus das „Wahrscheinlichere".

Im zweiten Teil der Wirklichkeitslehre ist das nicht so; da wird nicht ganz unmittelbar auf „das Wirkliche" gegangen, sondern da wird von dem *Ich erlebe Etwas* aus, vom Erfahrungsinhalt im weitesten, das Wissen um das Wissen einschliessenden Sinne aus, zuerst in die Breite und dann in die Tiefe gegangen, wenn ein bestimmter bildhafter Ausdruck für nur bildhaft Ausdrückbares erlaubt ist. Diese wichtige Angelegenheit, die zwar in nicht ausdrücklich entwickelter Form bereits in unseren bis hierher geführten Darlegungen zum Ausdruck kommt, bedarf nun also einer endgültigen Aufhellung. Diese Aufhellung aber wird die Wirklichkeitslehre überhaupt zunächst in eine Lehre von der irdisch-erscheinenden Wirklichkeit und in eine Lehre von der nicht-irdisch-erscheinenden Wirklichkeit, oder, wenn man will, in die Lehre von der *Welt* und die Lehre von dem Wirklichen, das *Nicht-Welt* ist, zerfallen lassen; und vielleicht wird sie noch eine dritte höchste Art von Wirklichkeitslehre schaffen.

Wenn ich, Wirklichkeit wollend und suchend, vom *Ich erlebe Etwas* aus in unbestimmter Form gleich auf das Ganze gehe, dann sage ich: Alles das, was mich Naturlehre und Seelenlehre in erfahrungshafter

Form wissen lassen, das ist, so wie es da ist für mich, Ausdruck von Wirklichem im Sinne einer *Folge* aus ihm. Es gibt ein *Wirkliches*, in bezug auf welches die Materie, und die lebenden Wesen, und die Menschen mit ihren Einzelseelen, und alles Überpersönliche im Körperhaften und im Seelenhaften etwas ganz Bestimmtes bedeuten: Soviele Unterschiede und Unterschiedsgruppen im Erfahrungshaften, soviel Unterschiede und Unterschiedsgruppen im Wirklichen. Ja, wenn ich mir nur immer bewusst bleibe, dass ich einen kurzen Ausdruck verwende, welcher eigentlich in jedem Falle einer ziemlich weitläufigen Erläuterung bedarf, kann ich geradezu sagen: Die Wissenschaften lehren mich Zeichen des Wirklichen kennen; sie geben mir Zeichen von *der Welt* als dem Wirklichen. „Das Wirkliche" erscheint als Welt, wenn es in der Form des *Ich habe* steht.

Schon hier wird also grundsätzlich der „Solipsismus" durchbrochen; er soll als durchbrochen gelten. Es *gibt* also ein den „vielen Atomen", und den „vielen wissenden und wollenden Menschen" in Bestimmtheit Entsprechendes in der Welt-Wirklichkeit, wenn ich mir auch bewusst bin, dass ich ihr „An sich" nicht als solches kenne. Und ich weiss auch, dass Gewisses an der Erfahrung einer besonders vorsichtigen Deutung mit Rücksicht auf Wirklichkeit bedarf: die „secondary qualities" zum Beispiel gehören sicherlich nicht irgendwie zum „An sich"-Korrelate der Materie als „secondary qualities", obwohl ich immerhin das Haben von secondary qualities, als ob sie Gegenständen „gehörten", für das An sich der „vielen Menschen" etwas Bestimmtes bedeuten lasse, und obwohl ich, wenn man es richtig versteht, auch sagen darf: „Es haben die Tiere ‚wirklich' nicht alle die Farbenempfindungen, welche die Menschen haben".

Aber die zweite Stufe der Metaphysik fragt nun nicht nach dem Verhältnis des Erfahrungsinhaltes zu „dem" Wirklichen als der *wirklichen Welt*, von der er der Ausdruck, das Zeichen, die *Folge*, ist, sondern sie fragt zunächst einmal nach der Bedingtheit eben dieser *Welt* in einem Anderen und ganz unmittelbar knüpft sie diese Frage an die Tatsache des Todes an. In meinem Entstandensein und in meinem Tode liegt jedenfalls etwas „Tatsächliches" im Sinne des Erfahrungswissens vor, welches mein *Ich erlebe Etwas*, das in seiner Einigkeit, wie wir wissen, aller Philosophie Ausgang ist, zu dem in der Zeit begrenzten Erleben eines in seinem zeitlichen Dasein begrenzten seelischen Einzelwesens macht. So wenigstens muss ich sagen, will ich nicht im Solipsismus darin bleiben. „Gibt" es noch *Etwas*, wenn ich gestorben sein werde, und gibt es dann noch *Ich*, und wie etwa kann es Etwas und Ich dann „geben"? So kann ich sinnvoll in ganz unmittelbarer Form fragen, nicht vergessend dabei, dass eine Begrenzung der *Zeit* durch *Nichtzeit* denkbar ist, oder vielmehr eine Begrenzung des „metaphysischen Korrelates" der Zeit durch ein mir nicht „erscheinendes" wirkliches Beziehungsgefüge.

Und nun gehe ich weiter: der Gedanke an meinen Tod zeigt mir ja nur den Weg in die höchste Metaphysik, er vermittelt nur weiteres Denken, war selbst aber nicht das Letzte. Wie denn steht es, so frage ich jetzt, mit allen sterblichen seelischen Einzelwesen überhaupt und wie mit allem Etwas, das ihr Wissensinhalt werden kann? Wie steht es, kurz gesagt, mit der *Welt,* so wie die erste Stufe der Wirklichkeitslehre sie als wirklich gesetzt hat im „subjektiven" und im „objektiven" Sinne? Ist diese eine *Welt* allein das *Wirkliche?* Oder hat sie anderes Wirklich *neben* sich, *vor* sich, *hinter* sich, wo freilich die Worte „neben", „vor" und „hinter" gänzlich unbestimmte Formen der Beziehung auf ein Anderssein bedeuten sollen?

Nach der Beziehung der *Welt* auf „Anderes" also fragt vor allem die zweite und höhere Metaphysik, nach einander ablösenden Formen des Wirklichseins[1]). Und sie muss zum mindesten so fragen, weil die Tatsache des Todes ganz unmittelbar ein auf diese Frage gerichtetes Rätsel bedeutet. Das soll nicht heissen, dass nur diese Tatsache die Frage nach dem Letzten gebiert; wir werden vielmehr bald sehen und haben es auch schon gesagt, dass die Tatsache des Leidens der seelischen Einzelwesen am Dualismus ganz vornehmlich die metaphysische Letztfrage als Frage zeitigt; aber das Wissen um den Tod ist immer das Tor zu einem ahnenden Wissen um Metaphysik höherer Art gewesen.

Wollen wir Alles noch einmal kurz zum Begriff· der *Konsequenz* oder des *Grund-folge*-Verhältnisses in Beziehung setzen, so können wir also sagen:

Das reine Konsequenzverhältnis besteht nur zwischen Setzungen im Bereich des unmittelbar Gegenständlichen.

Der Kausalitäts-begriff der Erfahrung ist eine *Funktion* des Konsequenzbegriffes, f (k), im Rahmen des Begriffs zeitliches Werden.

Die Metaphysik erster Stufe verwendet bei ihren Induktionen das reine Konsequenzverhältnis, wobei sie freilich dem Grund einen anderen Seinston, nämlich den Ton *wirklich,* gibt als der Folge.

Die Metaphysik höherer Art will eine neue Art von *Funktion* des Konsequenzbegriffes, neben der Funktion f (k) einführen, nämlich eine

---

[1]) Ich sage ausdrücklich des *Wirklichseins.* Das blosse Wort *sein* ist ja der Ordnungslehre zur kurzen Bezeichnung des *Gegenstandseins,* im Sinne des unmittelbar gehabten Etwas, vorbehalten; vgl. *O. L.* B. I 1.

Funktion φ (k), welche auf das zeitlose Werden der „Phasen" des
Wirklichen, von denen die als Erfahrung erscheinende *Welt*-phase nur
eine ist, geben soll.

c) Der Weg zu einer höheren Metaphysik.

Wenn wir uns nun aber fragen, ob denn auch nur das geringste
Mittel bestehe, in Sachen der ersten Aufgabe einer Metaphysik zweiter
Art mehr als die blosse Frage aufzuwerfen, so sehen wir freilich auf
den ersten Blick, dass es Mittel zu einer bestimmten Antwort hier
gar nicht geben kann. Ist doch Metaphysik schon in ihrem ersten Teil
ein Suchen von Gründen zu gegebenen Folgen, und als solches zur
Unbestimmtheit, zur blossen Vermutung verdammt gewesen. Diese
Sachlage bleibt jetzt selbstverständlich bestehen; aber, und das ist doch
wohl die Hauptsache, nicht etwa verschlimmert sich die Lage beim
Übergang zu der Metaphysik letztem Teile, jedenfalls verschlimmert
sie sich nicht im Verhältnis zu solchen Aussagen aus dem ersten
metaphysischen Bereiche, bei denen auch schon lediglich eine beschränkte Anzahl von Möglichkeiten dem Glauben des Einzelnen überlassen bleiben musste, und nur gewisse Möglichkeiten ausschliessbar
waren. Eine Verschlechterung der Wissenslage besteht also für die
Metaphysik beim Übergange zu ihrem letzten Teile nicht.

Wie nun aber soll sie hier vorgehen? Ganz ebenso, wie sie bisher
vorging, nur dass es jetzt eben nicht in unbestimmter Weise auf „das
Wirkliche", sondern zunächst von dem „Einen" auf ein „Anderes"
gehen soll. Denn die meiner Erfahrung entsprechende „Welt" im Sinne
von Wirklichkeit soll ja jetzt, zwar nicht im „zeitlichen" Sinne und
auch nicht im Sinne echter Kausalität, so etwas wie *Werdefolge* von
Etwas sein. Der Erfahrungsinhalt im weitesten Sinne also ist der
Ausgang, wie früher; aber der Erfahrungsinhalt durchaus als
Ganzes genommen und doch in jedem, auch dem kleinsten,
Teil berücksichtigt. Alles Erfahrungshafte ist in seinem Sosein klar
zu erfassen und für alles einzelne klar Erfasste ist alsdann zu fragen:
Genügt zur Grundlegung für das Alles als Eines die Schöpfung des
Begriffs des *Wirklichen als Welt*, oder brauchen wir noch anderes?

Ganz abgesehen zunächst von der Frage des Todes als solcher ist
nun klar, dass für die erste Aufgabe einer höheren Metaphysik jene
Erfahrungssetzungen in ganz besonderem Masse in Betracht kommen
müssen, durch die schon im Rahmen des Welt-begriffes, ja sogar im
Rahmen des rein ordnungshaften Erfahrungswissens selbst, das Bereich
der in Form eines naturwirklichen *Jetzt-Hier-So* unmittelbar angebbaren Erfahrungsinhalte gesprengt ward. Was alles hatte nun den

Rahmen des recht eigentlich „dinghaft Wahrnehmbaren“ schon im Rahmen der erfahrungshaften Ordnungslehre gesprengt, und inwiefern gab es hier etwa Grade der Sprengung oder, subjektivierend gesprochen, der rein denkhaften Ordnungs-vervollständigung des „Anschaulichen“?

Alles, was mit dem empirischen *Werden* und der *Kausalität* des Werdens in sich zusammenhing, war nun im letzten Grunde schon solche ordnungshafte Vervollständigung des dinghaft Wahrgenommenen: Da war schon der Begriff der „Fernkraft“, des „Potentials“, der „Energie“ und vieles andere im Bereich der unbelebten Natur; und im Reiche des biologischen Lebens gab es „Potenzen“ und konnte nur durch Aufstellung des Begriffs von einem ganzheitlichen Werdebestimmer, der „Entelechie“, die Ursächlichkeitslehre überhaupt gerettet werden; und endlich war da gar überpersönliches ganzheitliches Werden. Das alles waren ordnungshafte Vervollständigungen gegenüber dem anschaulich „Gegebenen“[1]. Aufs deutlichste nun zeigen diese Vervollständigungen Grade mit Rücksicht auf ihre Wahrnehmungsfremdheit: Kräfte, Potentiale und Energien waren und wirkten wenigstens im Raum, schon die persönliche Entelechie wirkte „in den“ Raum, beim überpersönlichen Belebten aber lenkt gleichsam ein Unraumhaftes ein anderes Unraumhafte, und das Ganzheitsziel, auf das „Entwicklung“ hier „gerichtet“ war — so sagte ja die Ordnungslehre —, war selbst unraumhaft.

Und nun war ferner das grundsätzlich und von vornherein Unraumhafte, das grundsätzlich nicht an einem *Jetzt-Hier-So* irgendwie im Sinne einer Vervollständigung ordnungshaft Erlebte, das Seelische nämlich, doch auch erfahrungshaft wirklich: die seltsame Ur-Beziehung *wissen* überhaupt, und alles Einzelne an „Gehabtem“ und alles seelische Werden.

Schon für die Erfahrung selbst war also nicht nur der Bereich des „Wahrgenommenen“, sondern sogar der Bereich des „Räumlichen“ überschritten. Erfahrung musste hier hinüber-schreiten in ein nur unbestimmt setzbares Gefüge von Beziehungen, wenn sie überhaupt Ordnung wollte. Schon für die erste Stufe der Metaphysik wurde das im höchsten Masse bedeutsam, wie wir wissen, und im höchsten Masse bedeutsam wurde ihr auch die Frage nach Ganzheit überhaupt, die sie im Sinne des Dualismus entschied. Gar keine feste Entscheidung aber konnte sie fällen mit Rücksicht auf die Bestimmtheit oder Unbestimmtheit des von ihr zugelassenen, freilich in Zufall verstrickten,

---

[1]) Schon oben S. 266, lehnten wir die Lehre ab, dass sie deshalb schon „metaphysisch“ seien.

überpersönlichen Ganzheitswerdens im Reiche des Belebten, das sie nur als unraumhafte *Werde*form überhaupt zuliess und ausdeutete; das „sittliche Bewusstsein" war ihr bei dieser Deutung der vornehmste Deutungsanlass.

d) Die Dunkelheiten der ersten Metaphysik: Einzelwesen, Zufall und Leiden.

Fragen wir uns nun, was es war, das schon in Erfahrung und erster Metaphysik das gleichsam Unfassbarste, das nur durch unfassbare Zutaten Ordenbare gewesen ist, so sehen wir unschwer: es war Ganzheitliches und Seelisches. Und in der „lebendigen psycho-physischen Person" war nun gar, im Sinne der Erfahrung und der Metaphysik als *Welt*-lehre, Ganzheitliches und Seelisches vereint.

Der Schwierigkeit der Sachlage wegen mag zunächst gerade an dieser Stelle der logische Bau des Begriffs *psycho-physische Person* noch einmal rückblickend zusammengefasst sein mit besonderer Rücksicht auf die einzelnen zu seiner Setzung führenden Denkschritte:

1. *Ich* habe bewusst Etwas und habe bewusst auch mein Haben, das ist der Ausgang und die Urtatsache überhaupt. *Ich* ist hier — nun eben *Ich* und nichts weiter.

2. Wird, mit Bezug auf mein Haben von *damals*-Zeichen, gesetzt: Ich *hatte* bewusst, so bedeutet „Ich" schon etwas anderes. Reden wir also von *erweitertem Ich* oder sagen wir besser: *mein Selbst.*

3. Des Weiteren muss ich das Seins-reich *meine Seele* setzen, wenn ich den Begriff *Werden* zu den Verschiedenheiten meiner gehabten Inhalte in Beziehung setzen will.

4. Nun gibt es aber in der *Natur*, d. h. in einem Reiche mittelbarer gemeinter Gegenstände, die sich verhalten, *als ob* ihr Sein und Werden selbständig wäre, eine Reihe von Dingen, die *Menschenleiber*, mit ganzheitlichem, d. h. nicht-mechanischem Werdegesetz.

5. *Mein Leib* als Naturding[1]) nimmt unter diesen eine ausgezeichnete Stelle ein. Ich muss einen „psycho-physischen Parallelismus"

---

[1]) Scheler (Jahrb. f. Phil. u. phän. Forsch. II, 1916, S. 271 ff.) hat das Wissen um den eigenen Leib als Wissen im Rahmen einer besonderen „Kategorie" gefasst und dem Wissen um die Natur da draussen scharf entgegengestellt. Er zieht die Ursprünglichkeit des Wissens um die Tiefendimension zum Vergleich heran. Gelernt würden in beiden Fällen nur die Einzelheiten der Einordnung. Ich möchte hier die Entscheidung vertagen. Einstweilen scheint es mir, als genüge die Besonderheit der „Organempfindungen" (im weitesten Sinne) in Verbindung mit dem Begriff des „Lokalzeichens" zum Verständnis der Besonderheit der eigenen Leiblichkeit im Rahmen der Natur; alle „Lokalzeichen" sind eben auf ein Ganzes bezogen.

setzen, aber keinen „psycho-mechanischen" Parallelismus[1]), sondern ein sich-Entsprechen zwischen dem Werden in *meiner Seele* und in dem nicht-mechanischen *Natur*-werdebestimmer meines Leibes. Ich sage kurz: psycho-physische Person oder psycho-physisches Subjekt oder seelisch-lebendes Einzelwesen. Zunächst kenne ich nur ein solches Einzelwesen.

6. Aber die anderen Menschen (und Tiere) darf ich nach „Analogie"[2]) auch seelisch-lebende Einzelwesen nennen. Ihre Leiber verhalten sich im Werden, *als ob* ihnen, wie meinem Leibe, Seelisches zugeordnet sei. Es gibt viele psycho-physische Personen.

7. Überpersönliches Ganzheitswerden zeigt sich in bezug auf die Gesamtheit der seelisch-lebenden Einzelwesen, an jedem einzelnen sich äussernd.

Soweit geht *Erfahrung* im weitesten, das Sich-selbst-Wissen des Ursachverhaltes „Ich habe bewusst Etwas" einschliessenden Sinne.

Die erste Stufe der Metaphysik aber darf aus der Gesamtheit des Erfahrungshaften, soweit es das Wissen angeht, machen den Ausspruch:

„Das *Wirkliche* ist so geartet, dass es von sich *weiss* in einer Weise, welche für das Ich des selbst *wirklichen* Ursachverhaltes in Form vieler an das, was als Leib im Raume „erscheint", gebundener Einzelwissender („Subjekte") in „Erscheinung" tritt. Jeder Einzelwissende *weiss* in der Form des *Habens*. Jedem Einzelwissenden ist ferner eigen, was als Beziehungsgefüge *werden* und was als Betroffenwerden und Wirken („Kausalität") erscheint, und zwar mit Rücksicht auf ein Bewahren alles Gehabten und auf ein Verarbeiten alles Gehabten zu Einem Geordneten".

In dem lebend-seelischen Einzelwesen vereint sich also alles Dunkle der Erfahrung und der ersten, Erfahrung unmittelbar ausdeutenden Metaphysik: Als körperliches Einzelwesen ist es in seinem eigenen Werden „mechanistisch" nicht verständlich. Es ist ferner Durchgangsglied einer durchaus unaufklärbaren Stammesgeschichte, einer „Phylogenie", von der sich im Bereich der ersten Metaphysik nicht einmal sagen lässt, ob sie ein vorbestimmtes „Ziel" habe oder, um mit Bergson zu reden, sich „mache"; hatte doch die Ordnungslehre das Vorbestimmtsein alles Geschehens lediglich gefordert. Es ist weiter, jedenfalls sofern es „Mensch" ist, Durchgangsglied eines anderen Überpersönlichen mit Ganzheitszügen, der

---

[1]) Näheres in meiner Schrift „Leib und Seele", 1916, 2. Aufl. 1920.

[2]) So ganz einfach zwar ist diese Sache nicht. Näheres, auch zur Beurteilung der Lehren von Th. Lipps, Scheler und J. Volkelt in *O. L.* D. 6 und *Phil. d. Org.* 2. Aufl. S. 528.

„Geschichte". Und es ist nun nicht nur körperliches, sondern auch seelisches Einzelwesen; ja als geschichtliches Durchgangsglied ist es vornehmlich dieses, freilich mit ausdrücklicher Rücksicht auf seine körperliche Verkettung; jedenfalls wird Geschichte ganz vornehmlich auf Grund gewisser Kennzeichen der menschlichen Einzelwesen als seelischer, nämlich auf Grund ihres „sittlichen Bewusstseins", überhaupt als *Ganzheit* gefasst.

Und das grösste aller Rätsel ist die unfassbare „parallele" Vereinigung von körperlicher und von seelischer Ganzheit im Einzelwesen als Einem, ist, volkstümlich gesprochen, der Umstand, dass Ich meinem Leibe nicht entrinnen und ihn auch nicht entbehren kann. Was heisst es doch, dass mir alles besondere Wissen um Naturwirkliches letzthin „durch die Sinne" kommt? Nichts anderes als dieses, dass, wo immer ich von einem äusseren Gegenstande weiss, wo immer ich ein *Jetzt-Hier-So* mit dem Tone des Naturwirklichseins setze, also etwas „wahrnehme", ich auch ein bestimmtes Verändertsein setze oder doch setzen könnte an meinem Leib, nämlich in einem der sogenannten Sinnesorgane und nervösen Teile; wobei freilich von den Ausnahmefällen einer Telepathie und verwandter Dinge abgesehen ist. Fast nie nehme ich „Äusseres" wahr, ohne dass ich auch an meinem Leib etwas ihm Entsprechendes wahrnehmen könnte. Der reinen Ich-Bezogenheit alles Wissens, wie sie im Anfange aller Philosophie steht und den Solipsismus der Ordnungslehre nur vermutungshaft und nie eigentlich zwingend durchbrechen lässt, gesellt sich durch diese gänzlich unaufhellbare Lage der Dinge die Leib-Bezogenheit alles Naturwissens hinzu[1]).

Hier nun aber geht die Einsicht auf anderem Boden weiter: In Körperlichkeit verkettet sein heisst in *Zufall* verkettet sein. Körperlichkeit macht schon körperliche Ganzheit, so lehrt die Biologie, unrein. Für das seelische Einzelwesen aber wird aus der unreinen Ganzheit Leiden an der Körperlichkeit: als körperliches ist das Einzelwesen „krank", „böse", „irrend" — und weiss um das alles, weiss, dass es anders sein „könnte", dass es sich wenigstens denken kann, es sei anders. Und es weiss, dass die „anderen" lebenden Einzelwesen, und nicht nur die „Menschen", ebenso an ihrer Körperlichkeit leiden, wie es selbst.

Alles Lebendige leidet und wünscht Erlösung. Leidend sein und Erlösung wünschen aber heisst: sich als Wissender und Ganzer in

---

[1]) Der populäre physiologische Subjektivismus verwechselt bekanntlich diese beiden Arten der Bezogenheit alles Wissens.

Reinheit wünschen, das aber ist: sich frei wünschen von *Zufall*, und das heisst: von Körperlichkeit[1]).

An diesem Punkte nun kommt unserem einen Wissen ein anderes Wissen entgegen: das Wissen vom Tode, das überhaupt die Tore der höchsten Metaphysik geöffnet hat.

Was heisst es, dass das, woran ich „leide", endet? Was heisst es, dass ich gerade an dem, was „endet", leide? Was denn „endet" hier? Und weshalb war es überhaupt „wirklich", wenn ich doch daran leide; warum nicht war es nicht?

Und weiter: Warum diese vielen verschiedenen Formen von dem Stoffe in Unreinheit eingeprägten Einzelwesen? Und was bedeutet denn nun eigentlich endgültig alles überpersönliche Ganze?

Man sieht es: Vor uns stehen alle die Fragen, welche die Mythologien, die Dogmen, die „spekulativen" Formen der Metaphysik erzeugt haben. In allen diesen Gebilden wird das Wirkliche nicht lediglich als *Grund* behandelt, der die *Folge,* nämlich den Erfahrungsinhalt, rein denkhaft mitsetzen soll, sondern es wird nach dem *Zeitlosen* Gewordensein der *Welt* gefragt, wobei das Wort „Werden" freilich nur in gänzlicher Ermangelung eines eigentlich entsprechenden Wortes gesetzt ist. Und schon allein die Vielgestaltigkeit der Antworten zeigt, dass es hier leichter ist zu fragen als zu antworten.

Aber, mich dünkt, nicht nur die Aussichtslosigkeit aller letztmetaphysischen Unternehmungen zeigen die mannigfachen Bildungen, die hier in ihrer geschichtlichen Ausprägung vor uns liegen. Wir sehen aus ihnen, dass die Frage als Frage zu allen Zeiten als sinnvoll und berechtigt gegolten hat; sinnvoll und berechtigt als Frage war sie sogar für Kant selbst[2]).

Was nun die Möglichkeit einer Antwort auf die erste letztmetaphysische Frage, die Frage nach der Herkunft der *Welt* betrifft, so meine ich, dass vor allen Dingen ganz scharf geformt werden muss, auf welche Sonderfragen denn eigentlich geantwortet werden soll, und zwar im Sinne einer echten „Kosmogonie", eines *Wirklichkeitswerdens,* im allgemeinsten, nicht „zeitlich" verstandenen Sinne des Wortes „Werden". Wir haben in dieser Sache schon viel Vorarbeit erledigt.

---

[1]) Wer da sagen wollte, das Leiden sei „Schein" und bedürfe nicht der metaphysischen Deutung, der würde auf anderem Felde den Fehler der Eleaten wiederholen. Die Frage, wie es denn zu diesem „Schein" komme, müsste er zum mindesten beantworten. Damit, dass man das, was einem nicht passt, „unwirklich" nennt, ist es nicht getan.

[2]) S. oben S. 303, Anm. 1.

Die Gesamtheit der folgenden Sachverhalte aber ist es, die nach einer Antwort, mit Rücksicht auf ihre Herkunft als Gesamtheit, verlangt:

Das Einzelwesen, in seiner körperlich-seelischen Doppelnatur, entsteht und stirbt;

— sein Werden im Rahmen der Natur erfolgt nicht mechanisch;

— es weiss sich eingereiht in ein überpersönliches Ganzheitswerden mit unraumhaftem Werdegesetz und unraumhaftem Ziel;

— aber alle Ganzheitlichkeit, persönliche und überpersönliche, ist mit Zufall, das heisst mit Stofflichkeit, vermengt;

— daran leidet das Einzelwesen.

Dieser Sachverhalt als Gesamtheit also soll seiner Herkunft, seiner Beziehung auf mögliches „Andere" nach, ausgedeutet werden. Und zwar als *wirklich*, als „metaphysisch" gemeinter, nicht als ordnungshaft-erfahrungsmässiger nur „für mich" bestehender Sachverhalt, so dass also die einzelnen Worte, mit denen wir ihn ausgedrückt haben, in Strenge immer diejenigen Eigentümlichkeiten oder Seiten des Wirklichen, der *Welt*, meinen, welche, wenn sie in den Rahmen des *Ich habe bewusst Etwas* eingehen, „Einzelwesen", „Körperlichkeit", „Werden", „Mechanisches" usw. sind. Ist doch *die Welt* uns die *wirkliche* Gesamtheit dessen, was der in jeder Beziehung vollständigen Gesamtheit des *Ich habe Etwas*, der Gesamtheit der „Erscheinungen" also[1]), entspricht, nachdem wir aus guten, nämlich aus Ordnungsgründen einmal den Begriff *wirklich* gesetzt und die Ordnungslehre ihre „methodisch-solipsistische" Natur haben aufgeben lassen, nachdem wir Metaphysik gewollt haben.

An einen schon früher ausgeführten[2]) Gedankengang anknüpfend können wir auch in kürzerer Form so sagen: Die denkhafte Behandlung alles Überpersönlichen erweckt den Anschein, als müsse ein *Ganzes* in völlig rätselhafter *einzelhafter Zerspaltung* und mit *Zufall* sich vermengend durch eine *stofflich-zeitliche* Ausprägung wie durch eine „Stufe" werdend hindurch. Warum und wie „geschieht" das, wo es doch mit Leiden gepaart ist? Man sieht hier: es soll gerade alles dasjenige, was im Rahmen der Metaphysik erster Art noch so recht unbefriedigend blieb, die Ausdeutung von „Stammesgeschichte" und „Menschengeschichte" nämlich, wiederum behandelt werden, und zwar in viel weiterem, damals noch ungeahntem Gesichtsfelde. —

Wir wenden uns zunächst noch zu einer kurzen Untersuchung der Bedeutung des Wortes *leiden*.

---

[1]) S. oben S. 18f.
[2]) S. oben S. 213 ff.

e) Das Leiden.

Das Erlebnis *Leiden* steht in Beziehung zu dem Erlebnis *Wunsch*. Im Erlebnis *Wunsch* wird gehabt als eine Einheit: Ein bestimmtes Zuständliches mit Zukunfts- und Lust-zeichen als ein bloss Vorgestelltes, das aber vielleicht naturwirklich werden könnte. Dieses Zuständliche trägt zugleich eine Beziehung auf einen gegenwärtig wirklichen un- lustbetonten Zustand. Wenn der Unlustton an dem gegenwärtigen Zustand so stark wird, dass schon das blosse Nichtdasein dieses Zu- standes, ohne nähere Bestimmtheit des Zustandes, der ihn ersetzen soll, im „Lichte der Lust“, um mit Rehmke zu reden, steht, so wird der Wunsch zu *Leiden*.

Im Kreise des rein irdischen Seins nun kann den Einzelnen ein besonderes „Leiden“ als Erlebnis treffen aus drei klar unterschiedenen Gründen: einmal als Strafe, zum anderen aus „Schicksals“ver- kettung und zum dritten, diesmal „freiwillig“ auf sich genommen, um eines zukünftigen Gutes willen, welches das gegenwärtige Leiden aufwiegt oder vielmehr mehr als aufwiegt. Im ersten Falle soll der Einzelne leiden, im zweiten muss er es, im dritten will er es. Es gibt also eine mehrfache Möglichkeit der Herkunft alles *Leidens*.

Diese mehrfache Möglichkeit der Herkunft des Leidens bezieht sich deutlich auf die einzelnen Fälle von besonderem Leiden im Laufe des menschlichen Erlebens; sie bezieht sich nicht auf das Dasein von *Leiderlebnis* überhaupt. Für uns ist aber nur das Leiderlebnis überhaupt in seinem durch den Dualismus bedingten Dasein wichtig, und auch nicht der Wunsch nach einem Befreitwerden von einzelnen Leiden, sondern der Wunsch nach Befreitsein vom Leiden überhaupt, der Wunsch nach *Erlösung*. Da fragt es sich denn, ob wir angesichts dieser Sachlage die gewonnene menschlich-psychologische Einsicht metaphysisch irgendwie verwerten können. Jedenfalls würde das mit grosser Vorsicht zu geschehen haben; sonst möchte der Vorwurf eines naiven „Anthropomorphismus“ unsere Wirklichkeitslehre treffen.

Dass die von uns aufgezählten Erklärungsgründe für die Herkunft der einzelnen Fälle menschlichen Leidens von Philosophen und Re- ligionslehrern in reichem Masse, ja mit ganz besonderer Betonung, metaphysisch verwertet worden sind, ist allbekannt. Jede Lehre, die in irgendeiner Form den Begriff der *Erlösung* verwertet, gehört hierher, selbst wenn sie gar nicht einmal, wie die jüdisch-christliche — (nicht aber die neuplatonisch-christliche) —, das weltenhafte Sein des Menschen geradezu als „Strafe“ für seinen „Fall“ betrachtet. „Er- lösung“ kann ja auch Befreiung von nicht „selbstverschuldeter“ Leidenslage bedeuten, also, im menschlichen Leben und Erleben, sich auf das Herauskommen aus üblen Schicksalsverkettungen oder absichtlich übernommenen Beschwerden beziehen. Ja es kann, im letzten Falle, der Mensch sich selbst aus einer Leidenslage „erlösen" dadurch, dass er eine noch schwerere Leidenslage auf eine gewisse Zeit hin freiwillig auf sich nimmt. In „Analogie" zu menschlich Psychologischem arbeitet also auch eine Erlösungslehre, welcher der Begriff der Strafe und der „erlösenden" Befreiung eben aus ihr fremd ist, also etwa, um hier nur des letzten gross angelegten metaphysischen Versuchs zu gedenken, die Lehre Hartmanns.

Wie nun sollen wir zu den Fragen des Leidens überhaupt und der jedenfalls bestehenden Erlösungs-bedürftigkeit überhaupt uns stellen, wenn wir einerseits an einer tatsächlich vorhandenen wichtigen Frage nicht vorbeigehen, andererseits aber das vorsichtige, das „wissenschaftliche" Wesen unserer vermutungshaft erfindenden Metaphysik retten wollen? Dürfen wir aus der Aufgabe, die uns die Tatsache der Erlösungsbedürftigkeit, des Wunsches nach Erlösung, stellt, ohne weiteres eine Lehre von der „Erlösung" machen?

Dass es sich nicht nur um Herkunft und Beseitigung einzelner besonderer Fälle von Leiden, sondern um das *weltliche* Dasein von Leiden überhaupt handelt, haben·wir schon gesagt. Leiden überhaupt ist für den Menschen erfahrungshaft da und darf metaphysische Bedeutung beanspruchen. Es ist stets Leiden an Nichtganzheit, am „Dualismus" in irgend einer Form; ja, gerade für den am höchsten um sein Wissen wissenden Menschen, den Philosophen, ist es ganz vornehmlich wissendes Leiden an der Nichtganzheit seines Wissens, am Irrtum, mit allem, was aus ihm folgt. Und dieses Leiden erkennt der Wissende als ausdrücklich an sein irdisches Sein, welches eben ein Sein in Nichtganzheits-verkettung ist, geknüpft.

Aber könnte nicht das Leiden-erleben nach Art etwa des Roterlebens behandelt und ebenso kurzerhand wie dieses beiseite geschoben werden, etwa durch den Satz: „Das Wirkliche als *Welt* ist eben so geartet, dass es Leiden erlebende Einzelwesen für die Erfahrung gibt?"

Das möchte mit Rücksicht auf die äusserlichste Art des Leidens, des Leidens an der Empfindung „Schmerz", vielleicht angehen.

Es scheint uns aber deshalb nicht allgemein anzugehen, weil alles höhere Leiden und gerade seine höchste Form, das philosophische Leiden, ob es schon „subjektives Gefühl" ist, doch aufs klarste auf Sachlagen geht, die mit den Urbeziehungsbegriffen *Ganzheit* und *Nichtganzheit* verkettet sind, und weil es alle Erlebtheit durchdringt, weil es nur im rein logisch-mathematischen und vielleicht im „ästhetischen" Schauen auf kurze Zeit hin schwindet. Leiden also als philosophisches Leiden ist Wissensleiden und wissendes Leiden; der Ton der „Unlust" verknüpft sich mit der Urbeziehung *Wissen* ganz unmittelbar und geht auf Urbeziehungsbegriffe.

Da lässt sich denn also das Leiden nicht so ohne weiteres als „blosser Schein", als „bloss subjektiv" beiseite· schaffen. Es ist da; es ist unwesentlich für das Erleben; und es· zeigt sich um so schärfer gerade, je mehr Einer „weiss".

Es ist aber, als philosophisches Leiden, auch nicht etwa nur als blosse unbestimmte Unlust da, von der man nur wünscht, dass sie fort solle. Man weiss vielmehr ganz genau, dass gewisses *Unganzheitliche, Irrtümliche, Böse* eben „fort solle" zugunsten eines bestimmten Anderen, von dem man freilich nur weiss, dass es *Ganzheits*-form haben müsse. Und man kann sich Leidensfreiheit nicht etwa nur als blosse Verneinung, sondern als etwas bestimmtes Daseiendes ersinnen.

Und man sieht ein, dass sie nicht da ist, weil „Ich" als *irdisches*, psycho-physisches, zufallsverkettetes, stoffverkettetes Wesen da bin. Man sieht, dass Leiden überhaupt mit meinem Irdischsein überhaupt zusammenhängt.

Aber, um zum Ausgange der Betrachtung zurückzukehren, darf nun das Dasein von Leiden überhaupt in der *Welt* „erklärt" werden mit den Begriffen, mit denen das Auftreten dieses und jenes besonderen Falles von Einzelleiden erklärt wird? Dürfen Begriffe wie „Strafe", „Unabänderlichkeit der Schicksalsverkettung", „freiwillige Übernahme" hier eine Rolle spielen? Oder kann doch wenigstens ein seinem Dasein, wennschon nicht seinem Sosein nach gekanntes X gesetzt werden, welches das Dasein von „Leiden überhaupt" in der *Welt*, wennschon nicht erklärt, so doch wenigstens in Beziehung setzt?

IV. Der Wirklichkeitslehre höhere Stufen: Die Lehre von den Wirklichkeitsformen.

1. Die ersten Fragen.

a) Einleitung.

Wir haben an früherer Stelle die „möglichen" Antworten in der Frage nach der Bedeutung des Todes erörtert und haben jetzt von „möglichen" Deutungen der Bedeutung des Leidens am Dualismus geredet.

Wenn man uns nun fragt, welche Entscheidung wir denn hier zu treffen gewillt sind, so wird man vielleicht enttäuscht sein, wenn man hört, dass eine eigentliche bestimmte „Entscheidung" von uns überhaupt gar nicht beabsichtigt ist. Wozu denn so lange vorbereitende Einleitungen in diesen Schlussabschnitt des Werkes?, so wird man fragen. Auf diese Frage aber haben wir die Antwort bereit:

Die letzten Fragen der Wirklichkeitslehre als sinnvolle berechtigte Fragen vorzubereiten, das allein war, jedenfalls zunächst einmal, unser Ziel. Zeigen wollten wir vor allem anderen, dass eben diese und keine anderen Fragen es sind, die gegen Ende einer Wirklichkeitslehre auftreten und auftreten müssen, um ihren wahren Abschluss wenigstens in Gedanken möglich zu machen.

Es muss also gegen Ende der Metaphysik die „wirkliche Welt", das heisst das Wirkliche, insofern es in der Form des *Ich habe Etwas* „erscheint", als vielleicht nur eine von vielen möglichen Stufen oder „Phasen" des Wirklichen auftreten. Es muss der Begriff des zeitlosen Werdens des Wirklichen in Form einer Frage auftreten, nicht nur „das Wirkliche überhaupt". Und zwar muss eine Frage der geschilderten Art den Abschluss aller Metaphysik bilden, weil Tod und Leiden nun einmal bestehen, beide aber in der Zwiespältigkeit von Zufall und Ganzheit, von Stoff und Form verankert sind. „Woher diese Verankerung, warum nicht Formenreinheit?", so muss mindenstens gefragt sein — sonst mangelt es der Wirklichkeitslehre an Erledigung.

Und es kommt dazu, dass schon im ersten Teil der Wirklichkeitslehre die Erörterung des Begriffs des überpersönlichen Ganzheitswerdens so vieles im Dunkeln lassen musste: da waren nur gewisse Zeichen von überpersönlicher Entwicklung, aber Geschichte als irdische Geschichte war nicht so etwas wie ein zusammenhängender Entwicklungsverlauf; das „Ziel" ihres Werdens war sicherlich nichts Raumhaftes[1]. Warum muss eine auf Nicht-Raumhaftes gerichtete Entwicklung in dieser Weise durch Raumhaftigkeit mit dem ihr anhängenden Zufall gleichsam hindurch? Warum ist zum mindesten die Sachlage so, dass es aussieht, als gebe es hier ein solches „Hindurchgehen"?

So also trat eigentlich schon in der ersten Stufe der Metaphysik jene Frage nach dem zeitlosen Gewordensein des zeitlichen Werdens auf, sich seltsam in den sonst auf ganz andere Dinge gerichteten Betrachtungen ausnehmend. Auf der höheren Stufe der Metaphysik aber ward aus der Nebenfrage die Hauptfrage. Und es ward klar, dass in der Tat Metaphysik Erfahrung als Ganzes ergänzen muss.

Dass wir nach einer letzten Metaphysik fragen mussten, wissen wir nun. Dass alle fertigen metaphysischen Lehrgefüge lediglich Vermutungen neben anderen gleichwertigen bedeuten, wissen wir auch. Können wir aber nicht, wennschon kein eigentliches Lehrgefüge, so doch wenigstens gewisse Züge einer zum Letzten vorbereitenden, vom Werden des Werdens handelnden Wirklichkeitslehre mit derselben Sicherheit feststellen, mit der wir über das „Wirkliche überhaupt" im ersten Teil der Metaphysik wenigstens gewisse Aussagen machen konnten, wie zum Beispiel die Aussage, dass das Wirkliche überhaupt mehr Beziehungsgefüge besitzen müsse als nur das eine als Raum erscheinende, oder die Aussage, dass etwas der erfahrungshaften Urbeziehung *Wissen* generisch geradezu Entsprechendes dem Wirklichen eignen müsse?

Ich meine, gewisse Züge einer höheren Metaphysik sind nun trotz allem in der Tat aufzuhellen, und zwar gibt es neben jener einen Tatsache, der Tatsache *Tod,* welche das Tor der höchsten Metaphysik überhaupt aufschloss, noch gewisse andere erfahrungshaft gekannte Sachbestände, die uns erlauben, wenigstens Einiges von dem zu wissen, was wir wegen des Bestehens der Tatsache des *Leidens* wissen wollen,

---

[1] S. oben S. 212.

so dass wir also das zu „Erklärende" nicht mit lediglich *ad hoc* aus
ihm selbst heraus ersonnenen oder mit allzumenschlichen Erklärungs-
gründen aufzuhellen brauchen.

b) Die „Unsterblichkeits"-Frage.

α) Allgemeines.

Das ganzheitliche, zufallsvermengte seelisch-körperliche Einzelwesen,
das noch dazu Teilhaber einer überpersönlichen unanschaulichen Werde-
gemeinschaft ist, entsteht und vergeht als körperliches Einzelwesen.
Das wissen wir erfahrungshaft. Und wir wissen noch eines, und
zwar aus der durchgearbeiteten Lehre vom Werden des Lebendigen,
der Biologie, nämlich dieses, dass das erfahrungshafte Einzelwesen,
und mit ihm zugleich also der erfahrungshafte Träger eines Teiles
von Überpersönlichkeit, in seiner körperlichen Ausprägung jeweils
herstammt von Etwas, das nicht raumhafte Stofflichkeit ist.
Es gibt also gerade mit Rücksicht auf die körperliche Entstehung,
Erhaltung und Eigenwirkungsweise des lebenden körperlichen Einzelwesens ein gewisses Wirkliches, welches nicht unter der Form des
Stoffes erfahrbare Wirklichkeit ist; das lehrt der „Vitalismus", die
Lehre von der Autonomie des Lebendigen. Und diese unraumhafte Wirklichkeit wird dem, was der Stoff im Wirklichen bedeutet,
einverleibt im Wege des Werdens — ja, eigentlich im engeren Sinne
„erfahrungshaft" oder sozusagen „anschaulich" am zeitlichen Werden
sich beteiligen tut alle ganzheitliche Wirklichkeit ja überhaupt erst
nach ihrer stofflichen Einverleibung. Ist mit dieser Einsicht nicht
zum mindesten nicht nur das Tor, sondern auch der Weg offen in
letztmetaphysische Einsichten, wenigstens in einer ganz bestimmten
Richtung?

Das irdische Einzelwesen ward nicht und bleibt nicht als das, was
es ist, erhalten durch Ursachen der Stofflichkeit im Raum. Die raumhaften Ursachen der Stofflichkeiten werden vielmehr gebändigt durch
sein Werden und sein Sein. Was nun bedeutet sein Vergehen? Was
bedeutet sein „Tod"? Körperlich bedeutet er die Zurückgabe der
stofflichen Ursächlichkeit an sich selbst. Was bedeutet er ganzheitlich und seelisch?

Nicht schwer ist es, hier im allgemeinen und unbestimmten
Einiges zu sagen: *Wissen* ist uns Urbeziehung im Wirklichen; also
ist Wissen unvernichtbar; also besteht Wissen nach dem Tode fort.
Und *Ganzheit,* wenn anders sie wesentlicher Bestandteil des uns
unter der Form zeitlichen Werdens erfahrbaren Wirklichkeitsgefüges
ist, darf uns auch als unvernichtbar gelten; wäre sie es nicht, so

würde der Satz von der *Erhaltung des Mannigfaltigkeitsgrades* im Werden[1]) verletzt sein. Es gibt also, auch wenn wir uns alle empirischen lebenden Einzelwesen körperlich gestorben denken, ein (unraumhaftes) *wissend-ganzheitliches* Reich des Wirklichen.

Das alles freilich beantwortet uns nun nicht die Fragen, auf welche wir gerade eine Antwort haben möchten. Denn mit dem blossen unbestimmten Wissen um das „Erhalten"-bleiben von Wissen und Ganzheit überhaupt ist uns hier doch nicht gedient; sondern über Dieses heischen wir Aufklärung: Besteht nach dem Tode der seelisch-ganzheitliche Teil des erfahrungshaften Einzelwesens in irgend einer Form von Einzel-wesenheit fort oder nicht? Und besteht er „zeitlich" fort oder nicht?

Erst die Beantwortung dieser Fragen würde uns aus dem Kreise der schon früher[2]) erwogenen Möglichkeiten herausführen. Bei dem gegenwärtigen Stand unseres Wissens besteht aber die Möglichkeit einer endgültigen Beantwortung hier nicht. Der blosse Satz vom Erhaltenbleiben von *Wissen* und *Ganzheit* nämlich würde ja gleichermassen gelten, ob nun die Lehre von der eigentlichen sogenannten persönlichen Unsterblichkeit zu Recht bestünde, oder eine solche vom völligen Aufgehen der persönlichen Anteile in eine wissende Überganzheit, oder endlich die vermittelnde Lehre, dass nach dem Tode ein Über-Ich die Anteile der Personen zwar in sich aufnehme aber doch in ihrer Persönlichkeit wahre. Und jener Satz würde sich auch sowohl mit einer „zeitlichen" wie mit einer „nicht-zeitlichen" postmortalen Existenz vertragen.

β) Die Zeitlichkeits-frage.

Wie aber konnte ich angesichts einer solchen Lage der Dinge sagen, dass die Ergebnisse der biologischen Wissenschaft „nicht nur das Tor, sondern auch den Weg" zu letztmetaphysischen Einsichten geöffnet hätten?

Ich konnte das deshalb tun, weil die Ergebnisse der Lehre vom Vitalismus uns immerhin schon erlauben, wenigstens im Unbestimmten vom Dasein einer unraumhaften und doch wirklichen Form des Seins von *wissend-ganzheitlicher* Art zu reden, und weil eben dieser Sachverhalt uns gestattet, wenigstens zunächst einmal der einen der von uns aufgeworfenen Fragen eine etwas bestimmte, obschon auch nur „analogien"-hafte Betrachtung zu widmen.

---

[1]) Vgl. *O. L.* C. I. 10a. 11 b.
[2]) S. oben S. 303 ff.

Zwei Sonderfragen nämlich waren es ja doch, die wir aufwerfen mussten, nachdem die unbestimmte allgemeine Frage nach dem postmortalen Erhaltenbleiben von *Wissen* und *Ganzheit* überhaupt bejahend beantwortet worden war: die Personalitäts- und die Zeitlichkeitsfrage. Trennen wir diese von jetzt ab scharf und beginnen wir mit der Behandlung der zweiten.

Wir wissen: Nicht-*räumlich* ist vor dem Entstehen des Einzelwesens und nach seinem Tode der ganzheitliche Werdebestimmer, welchem das Einzelwesen sein körperliches Dasein verdankt.

Wir fragen: Ist dieser Werdebestimmer vor dem Entstehen des Einzelwesens und nach seinem Tode etwa auch nicht-*zeitlich*, derart, dass „empirisches Einzelwesen werden" oder strenger: „das werden, was als empirisches Einzelwesen erscheint", zugleich den Übertritt aus nicht-zeitlicher Wirklichkeit in zeitliche Wirklichkeit bedeuten würde und unsere Möglichkeitserwägung über „zeitloses Werden" eine inhaltliche Erfüllung fände, ein Beispiel, das einzige Beispiel gleichsam, das sie erläutert?

Oder anders und kurz: Ist etwa mit der Entstehung und mit dem Tode des Einzelwesens das *Werden* „geworden", nämlich aus nicht-werdendem Sein und zu nicht-werdendem Sein? Ganz sicherlich können wir hier nicht eigentlich „wissen"; denn wir „wissen" eben mit Rücksicht auf die Entstehung des Einzelwesens nur, dass es nicht aus raumhafter Ursächlichkeit vollständig bestimmt ist, und haben keine Mittel um wissen zu können, ob etwa gar mit jeder „Embryologie" zeitlos daseiendes Wirkliches in diejenige Stufe des Seins eintritt, welche für die Erfahrung *Zeitlichkeit* heisst, um mit dem Tode wieder in Zeitlosigkeit zurückzutreten. In sich widerspruchsvoll aber ist dieser Gedanke nicht, und er würde in „Analogie" stehen mit dem, was wir über die Werdebeziehungen des Einzelwesens zum Raume wissen. Diese Analogie aber bedeutet denn doch mehr als nichts[1]).

Nur dieses freilich, das betonen wir immer wieder, dürfen wir, auf Grund unseres Wissens über das Entstehen von Einzelwesen, über die Bedeutung des Todes der Einzelwesen mit Bestimmtheit sagen: Der Tod führt in ein nicht raumhaftes aber daseiendes

---

[1]) Auf jeden Fall haben also die Ergebnisse des sogenannten „Vitalismus" zu den hier erörterten Fragen eine bedeutsame Beziehung, und wir dürfen J. v. Uexküll recht geben, wenn er sagt: „Mit der Anerkennung dieses — (scil. nicht materiell-energetischen) — Naturfaktors bringt die experimentelle Naturforschung der Menschheit ein Gut zurück, das ihr ein Lebensbedürfnis ist und das ihr der Materialismus geraubt hatte, das Problem der Unsterblichkeit" (*Biol. Weltansch.*, 1914, S. 273); freilich nur das Problem wird ihr zurückgebracht.

Wissens- und Ganzheits-Sein, in ein Sein, welches jedenfalls nicht in Form meines *Ich habe Etwas* „erscheint". Dieses Sein mag sogleich das zeitlose Sein sein, das wir suchen, es mag aber auch zeitliche Ewigkeit sein, oder aber zeitliche Beschränktheit, der das zeitlose Sein seinerseits folgt oder nicht folgt. Das wissen wir nicht. Und doch ist schon durch das, was wir wissen, um einen früher gebrauchten Ausdruck zu verwenden, das irdische Sein im Leiden, die *Welt*, zu einem wenigstens in seinem Dasein gekannten X „in Beziehung gesetzt", welches ein *Anderes* ist als sie selbst in ihrer raumhaften Erfahrungsausprägung. —

γ) Die Personalitäts-frage.

Die zweite der besonderen Fragen im Rahmen des Unsterblichkeitsproblems, nämlich die Frage nach der personalen oder überpersonalen Natur der postmortalen Existenz des Lebendig-Seelischen, lässt eine endgültige Antwort ebenso wenig zu, wie die Frage nach seiner Zeitlichkeit oder Unzeitlichkeit. Aber eine gewisse analogienhafte Behandlung des Problems ist auch hier möglich.

Es gibt nämlich im Bereich des Erfahrungshaften zwei Gruppen von Tatsachen und eine Gruppe von „Indizien", welche, ob sie schon das, was wir eigentlich wissen möchten, nicht unmittelbar aufklären, doch über das Verhältnis zwischen Personenvielheit und Personeneinzelheit überhaupt etwas ganz Bestimmtes lehren.

Unter *Person* wollen wir im Folgenden allgemein jede ganzheitlich-seelische Subjektseinheit verstehen.

Im Felde des biologischen, und zwar des embryologischen, Geschehens konnte ich selbst und konnten Andere den Nachweis führen, dass ein Keim, welcher als naturwirkliche Ganzheit eine erwachsene Person geliefert „hätte", zur Lieferung mehrerer solcher Personen veranlasst werden kann, und dass auch das Umgekehrte der Fall ist[1]). Die in Rede stehenden Versuche sind zwar aus praktischen Gründen an niederen Wesen — (immerhin auch an Fischen und Amphibien) — ausgeführt, sind aber ohne weiteres gedanklich auf den Menschenkeim übertragbar. Es ist nun klar, dass hier auch der Parallelkorrespondent zur Formentelechie, die *Seele*, veranlasst worden ist, statt in Form

---

[1]) Trennung der Furchungszellen voneinander mit nachfolgender Ganzentwicklung jeder einzelnen; Verschmelzung ganzer Keime mit nachfolgender Lieferung eines Riesen. *Phil. d. Org.*, 2. Aufl., S. 44 ff. u. 147 f.; vgl. auch die allgemeine Erörterung auf S. 582 ff. dieses Werkes, in welcher das hier in Frage stehende Problem in grösserer Breite behandelt ist.

einer Person in Form mehrerer Personen, statt in Form mehrerer Personen in Form einer Person aufzutreten. In den Zuständen der Materie scheint es begründet zu liegen, ob ein *potentia* Überpersonales sich *actu* in Form einer oder mehrerer Einzelpersonen äussert. Es müsste denn sein, dass wir ·das Personenhafte überhaupt erst während der Embryogenese in Aktion treten lassen, was aber gezwungen erscheint und bei Regenerationserscheinungen (und Pfropfungsergebnissen) gar nicht in Frage kommen kann: wird z. B. ein Wurm in zehn Stücke zerteilt, deren jedes eine volle Einzelperson ergibt, so war doch eben die erwachsene ganzheitlich-seelische „Person" schon vorher aufs klarste da gewesen.

Nicht um materiell ausgeprägte Persönlichkeit mit seelischem Parallelkorrelat, sondern nur um Nicht-materielles, das aber in zwei verschiedenen Formen auftritt, handelt es sich bei der zweiten Tatsachengruppe, welche sich auf das „Verhältnis zwischen Personenvielheit und Personeneinzelheit" bezieht. Ich denke an die sogenannten „Bewusstseinsspaltungen" echter Art, wie sie zumal von französischen und amerikanischen Forschern untersucht worden sind[1]): Zu einer *Seele* gehören zwei oder mehrere *Iche*, dem bewussten Haben nach, und zwar sind sie, soweit die Besonderheiten des Gehabten in Frage stehen, vollständig gegeneinander abgeschlossen.

Die „Indizien"-gruppe endlich bezieht sich auf das, was wir Anzeichen überpersönlicher Ganzheit im einzelnen Personenwesen genannt haben: seine Fortpflanzung, seine Stellung im System, seine mutuelle Anpassung und, seelisch, sein sittliches Bewusstsein und Verwandtes. Das alles ist nur in seinem Dasein verständlich, wenn der Einzelne zugleich Träger des Übereinzelnen ist. Und zwar verknüpft das Übereinzelne hier alle lebendigen Einzelpersonen zu Einem, nicht etwa nur diejenigen einer Art.

Bei der Deutung aller dieser Dinge darf selbstverständlich nicht in allzu einfacher Weise kurz gesagt werden, alle empirische Ausprägung von Einzelpersonalität sei „Schein". *Erscheinung* ist sie, d. h. sie prägt sich erfahrungshaft aus auf derjenigen Stufe des Wirklichen, welche in der Form *Ich habe bewusst etwas* steht, ja im *Ich* weiss Etwas, das selbst wirklich ist, sich geradezu als Einzelpersonalität.

Die Einzelpersonen der Erfahrung also drücken *wirkliches* Einzelpersonale aus; das Überpersonale aber, welches hier bestehen muss, drückt auch Wirkliches aus. Also gibt es das Wirkliche als Einzel- und als Überperson, und bringen wir nun den Gedanken eines Ge-

---

[1]) Näheres *O. L.* D. 9. f.

wordenseins des Wirklichen aus Zeitlosigkeit in Zeitlichkeit — (d. h. in einen als Zeit erscheinenden Zustand) — hinzu, so erhalten wir das hypothetische Endergebnis, es möge in zeitlosem Werdeakt ein zeitloses Überpersönliche in zeitliches materie- und leidensbehafte Einzelpersönliche übergegangen sein und beim „Tode" in jenes zurückgehen.

Wie es mit dem Verhältnis des *Wissens* des Einzelpersönlichen zum *Wissen* des Überpersönlichen steht, das erkennen wir freilich auch jetzt nicht; wir erkennen also auch nicht, ob das Einzelne im Überpersönlichen restlos aufgeht oder sich in unsagbarer Form in ihm erhält. Im zweiten Falle, der uns wegen des höchstpersönlichen *Pflicht*bewusstseins[1]) des einzelnen Menschen wahrscheinlicher dünkt als der erste, wäre nicht nur die Materie des *principium individuationis*.

Eine Wesenstrennung zwischen $\nu o\tilde{v}\varsigma$ und $\psi v\chi\acute{\eta}$ haben wir, wie man sieht, nicht vollzogen. Uns liegt kein Grund dafür vor. Wir ziehen aber nicht den $\nu o\tilde{v}\varsigma$ zur $\psi v\chi\acute{\eta}$ hinab, sondern die zweite zum ersten hinauf. Die $\psi v\chi\acute{\eta}$ ist gleichsam Abfall, Nebenleistung des $\nu o\tilde{v}\varsigma$. Soll doch das Wirkliche die Erfahrung *mitsetzen* als ihr *Grund*, und da muss denn nach unserem Grundsatz von der Zuordnung der Mannigfaltigkeitsgrade[2]) das Wirkliche mit dem Korrelat zur höchst-mannigfaltigen Erscheinungsform, ja sogar, da es sich um *Wissens-Ganzheit* handelt, nicht nur mit dem „Korrelat" dazu, ausgestattet sein.

Alles Organische also ist in einer unkennbaren Wirklichkeitsphase Eines; es tritt in eine Wirklichkeitsphase ein, in der es vieles Einzelne ist, sich als Einzelnes selbst weiss und sich in Vereinzelung erscheint — es tritt, beim Tode, aber wieder zurück in jene unsagbare überpersönliche, die Einzelheit vielleicht nicht auslöschende Eine Wirklichkeitsphase.

„Weshalb" das alles so ist, wissen wir nicht; weder weshalb viele sein müssen, noch auch weshalb *Leiden* sein muss im Zustande des *Viele*-Seins, d. h. weshalb das *Viele*-Sein, so wie es einmal ist, mit Materie verknüpft ist. Nicht mehr als eine ganz unbestimmte Vermutung ist es also, wenn wir zu sagen wagen, es möge die Zuständlichkeit der einzelnen Vielen vielleicht seinen letzten Grund darin haben, dass das Wirkliche, wenn es in den Zustand der Materienbehaftung mit seinen unvermeidlichen dualistischen Ganzheitsstörungen eintritt, „weiss", was ihm bevorsteht, und dass es sich eben deshalb zu den Vielen im Rahmen jeder Art von Sonderausprägung macht,

---

[1]) S. oben S. 181.
[2]) S. oben S. 62 f.

auf dass wenigstens bei einigen Wenigen der Vielen die verhältnismässige Reinheit der Ganzheitserhaltung einigermassen „wahrscheinlich" sei.

Aber diese Erwägung weist schon über den Rahmen dieses Abschnittes hinaus.

δ) Schlussbetrachtungen.

Es ist müssig für eine strenge Philosophie hier weiterzugehen mit Sondererörterungen[1]), die gar nicht mehr als auf den Wunsch des Schreibers gegründete Vermutungen sein können. Auf alle Fälle aber wissen wir, was wir berechtigt sind zu fragen, und dass ein ganz Weniges an Antwort uns möglich ist. Fragen durften wir, weil unser Leiden an der in Zufall und Stoff gebannten Endlichkeit in der Tat etwas ist, das für sich genommen nicht verstanden ist, und weil es den *Tod* „gibt". Weshalb denn müssen Form und Stoff, Ganzheit und Zufall zusammenkommen, wo doch beide allein gedacht werden können, und wo es doch gerade ihr Zusammenkommen ist, das Leiden in jeder Form gebiert? Das ist gewiss eine berechtigte Frage. Und die einzige mögliche Antwort, die mehr zu sein sich rühmen darf als ganz leere Vermutung, ist die Teilantwort: Das irdische Einzelwesen stammt seiner Form nach nicht aus dem Stoffe her, es ist in ihn, ja „in den" Raum hinein gekommen, als es entstand; es wird, wenn anders Wirklichkeit „rational" ist, das heisst: dem Satze von der Erhaltung

---

[1]) Müssig ist es auch im besonderen, auf die schon an früherer Stelle (S. 306) kurz angedeutete Frage näher einzugehen, ob es denkbar sei, dass die einzelnen Einzelwesen bei ihrem Tode jeweils für sich in ein zeitloses Sein eingehen, so dass also zeitliche und zeitlose Einzelwesen gleichsam „zugleich" wären, oder ob dieser Gedanke, der also bedeuten würde, dass „das Wirkliche" *zugleich* teilweise die eine, teilweise die andere Form des Wirklichseins besässe, etwa grundsätzlich unzulässig sei. Die christliche Lehre denkt sich die „Auferstehung" als für alle Geister *zugleich* erfolgend am „Ende der Welt"; die früher Verstorbenen führen bis zu diesem „letzten Zeitpunkt" ein gleichsam latentes Leben weiter, dem tiefen Schlafe vergleichbar. Hier, wie in so vielen Dogmen, ist eine grosse logische Schwierigkeit gesehen und vermieden. „Wir werden nicht alle entschlafen, wir werden aber alle verwandelt werden", das heisst: Die meisten Einzelwesen wird der Übergang in die neue Seinsart treffen, nachdem sie „lange Zeit" im Zustande des blossen Gestorbenseins verharrten, wer aber im Augenblick des Aufhörens der Zeit lebt, der wird ohne empirischen Tod „verwandelt" werden, „und dasselbige plötzlich, in einem Augenblick".

Vielleicht könnten auch, im zeitlosen Sinne des Wortes, zeitliche Einzelwesen und zeitloses Überpersönliche „zugleich" sein. Dann wäre das einzeln-zeitliche Sein wie ein Traum gewisser Seiten des Wirklichen; die einen seiner Seiten „träumen", die anderen nicht — und zwar „zugleich". Man denke analogienhafter Weise an die „Zeittäuschungen" im empirischen Traum.

des Grades der Mannigfaltigkeit gehorcht, im Tode auch wieder aus dem Stoffe, seiner *Form,* seiner *Ganzheit* nach, hinausgehen und doch sein. Ob es freilich als Einzelwesen und ob es zeitlos oder zeithaft sein wird, das wissen wir nicht; und nur, dass das, was es sein wird, in irgend einer Form *wissend* ist, wissen wir wiederum — denn Wissen ist Urbeziehung und nicht aus dem Nichtwissen irgendwie „abzuleiten“. —

Dieses also war, auf einen ganz kurzen Ausdruck gebracht, der Gedankengang des jetzt abgeschlossenen dunklen Zwischenteiles unserer Untersuchung:

Das *Ich erlebe Etwas* ist auf beiden Seiten endlich begrenzt, denn es gibt den *Tod.* Sein Dasein treibt zu Fragen, die das Bereich der Metaphysik erster Art überschreiten.

Und die Tatsache des Leidens am Dualismus, die Tatsache des *Wissenleidens* zumal, treibt ebenfalls zu solchen Fragen an.

Wir haben die Wirklichkeit nur als *die Welt* erkannt. „Die Welt“ ist das Wirkliche, insofern es in der Form des *Ich habe Etwas* „erscheint“. Kann die *Welt* zu „Anderem“ in Beziehung gesetzt werden? Für die Welt bedeutet erfahrbares *zeitliches* Werden etwas. Aber der Gedanke *zeitlosen* Werdens und eines „Gewordenseins“ des zeitlichen Werdens ist nicht widerspruchsvoll. Wir bedienen uns seiner.

Wir bedienen uns weiter der Lehre, dass das lebendige Einzelwesen, welches zugleich *psycho*-physisches Einzelwesen ist, in seinem jeweiligen Gewordensein und Dasein aus Kräften der raumhaften Stofflichkeit nicht verstanden wird: unraumhafte Ganzheit presst sich bei ihm in den Stoff ein.

Und drittens nutzen wir die Lehre, dass *Wissen* unauflösbare Urbeziehung ist.

Das alles zusammen aber erlaubt die Aussage, es sei die *Welt* mit ihren psychophysischen Lebewesen, die zugleich Träger überpersönlicher Ganzheit sind, eine von vielen *Wirklichkeitsstufen,* eingeschlossen von nichtraumhaften und vielleicht nicht zeithaften Wirklichkeitsstufen, deren uns einzig nennbare Kennzeichen *Ganzheit* und *Wissen* sind.

Weitere Antworten auf Fragen sind aber nicht einmal vermutungsweise möglich. Aber es waren ja auch Antworten überhaupt in diesem ganzen Zwischenabschnitt ganz und gar nicht die Hauptsache. Die Einsicht, dass neue Fragen, neu dem ersten Teil der Metaphysik gegenüber, sinnvoll möglich sind, war die Hauptsache; die Einsicht, dass andere Wirklichkeitsstufen als *die Welt* in sinnvoller Weise als möglich zuzulassen sind. —

Ist es also müssig im einzelnen weiterzufragen, wo doch nicht geantwortet werden kann, so ist es auf der anderen Seite alles andere als müssig nach Mitteln zu fragen, durch die unser Wissen seinem Inhalte nach wohl möchte vermehrt, bereichert werden.

Unsere Metaphysik verachtet ja nicht, wie leider so viele selbstgenügsame Wirklichkeitslehren, die Inhaltlichkeit des Wissens. In vollem Bewusstsein dessen, dass das *Ich erlebe Etwas*, der Ausgang alles Philosophierens, ein Ganzes ist, welches in allen seinen unselbständigen Bestandteilen ausgedeutet werden soll, erblickt unsere Metaphysik in dem Etwas, also in der sogenannten „Objektivität“, nun doch eben das Reichste, das Mannigfaltigste alles Auszudeutenden, und in allen „naturwissenschaftlichen“ Ergebnissen insonderheit das Wesentlichste[1]) und Sicherste des Gewussten. Sie will deshalb gerade durch die „Objektivität“ hindurch. Das Wissen um die Objektivität, um das *Etwas* seiner Inhaltlichkeit nach, kann aber bereichert werden; denn nur *Wissen* überhaupt, und für den Menschen das Haben der allgemeinen Ordnungsformen, ist Ur-beziehung, und alle besonderen Wissensinhalte werden im Strome des Erlebens erworben. Jeder neu erworbene wesentliche Wissensinhalt aber ist für die Metaphysik bedeutsam, so wahr Inhalte des Wissens überhaupt für die Metaphysik bedeutsam sind.

Mein Leiden, mein Wissen um die Gründe meines Leidens, mein Wissen um meine Beschränktheit überhaupt und um ihre Gründe, mein Wissen, dass Leiden und Beschränktheit nicht zu sein „brauchte“, dass ich mir wenigstens denken kann, sie seien nicht — das alles zeitigt Fragen, berechtigte Fragen, gewiss. Aber es zeitigt nicht ohne weiteres Antworten, es sei denn, man wolle sich einem leeren Ontologismus, den wir so oft abgelehnt haben, ergeben.

Ist doch schon die einzige mögliche kärgliche Antwort in Dingen der letzten Metaphysik aus Wissen um Inhalte, um „Erfahrungs“-inhalte erstanden; denn mein Wissen um den Tod und um die Art der Entstehung des irdischen Einzelwesens ist durchaus „empirisch“, und auf diesem Wissen allein ruhte die einzige letztmetaphysische bruchstückhafte Antwort, die möglich war.

Ist nun nicht eine Erweiterung unserer wesentlichen Wissensinhalte, unseres Wisssens um „Objektivität“ möglich, auf Grund deren gerade in letztmetaphysischen Dingen ein grösserer Reichtum an Antworten — immer unter den Voraussetzungen der Möglichkeit einer Metaphysik überhaupt — möglich

---

[1]) S. oben S. 291.

wäre? Ganz gewiss ist eine solche Erweiterung des Wissens möglich, und mir scheint, wir sind vielleicht sogar schon auf dem Wege dazu, wie das Erwachen vorsichtiger und gewissenhafter fälschlich sogenannter „okkultistischer" Forschungen in allen Ländern, jetzt endlich auch in Deutschland, beweist. Es ist lächerlich, diese Bestrebungen zu verspotten, wie es leider immer noch geschieht; und wer gar sich unterfängt zu sagen, diese Dinge „könne es gar nicht geben", der hat darauf verzichtet im Kreise Ernsthafter gehört zu werden.

Ganz gewiss „kann" es „alle diese Dinge" geben, mit denen sich die Gelehrten der *Society for Psychical Research* und bei uns Männer wie Grunewald, Oesterreich, Schrenck-Notzing, Tischner, Wasielewski beschäftigen. Von Gedankenübertragung ohne Stoffesvermittlung und von sogenannten räumlichen „Hellsehen" darf man sogar heute schon geradezu sagen, dass es sie „gibt". Und von welch' ungeheurer Bedeutung für alles Wissen, also auch für das Metaphysische, ist allein schon dieser Nachweis: Durchbricht er doch, wie wir gesehen haben, die seelische Vereinzelung, das seelische Nuraufsichgestelltsein der Person, diese so ganz und gar rätselhafte und angesichts der aus anderen Gründen notwendigerweise anzunehmenden Lehre von der Ganzheit alles Wissens so völlig unverstandene „Tatsache", welche also keine notwendige Tatsache ist, sondern Ausnahmen hat.

Über das zeitliche „Hellsehen", die sogenannte Prophetie, wage ich noch kein Urteil. Wäre auch dieses Tatsache, so würde wohl mit einem Schlage erhellen, dass diejenige Form des Wirklichen, „welche als *Leib* erscheint", nicht seine einzig mögliche Existenzform ist, und unsere Möglichkeitserwägungen über „zeitloses" Sein und Werden beträfen Wirklichkeiten.

Meint man nun schliesslich wirklich, um auch noch das „Letzte" zu berücksichtigen, es wäre eigentlich metaphysisch ganz gleichgültig — neukantianische protestantische Theologen sagen das gern —, wenn verstorbene Einzelwesen sich uns irgendwie als *eben diese* gewesenen, gestorbenen und doch seienden Einzelwesen kundtun könnten? Gewiss, sie und ihre Kundgebungen wären Erfahrungsinhalte, „Erscheinungen", wir hätten da „naturwissenschaftliche" Ergebnisse und nichts anderes vor uns — aber denn doch in .demselben Sinne wie der andere lebende Mensch oder der Baum oder der Stein hier vor mir sind als „Erscheinungen" und Forschungsergebnisse über sich gestatten. Wenn es nun metaphysisch etwas „bedeuten" darf, dass es diese Dinge in der Besonderheit ihrer Gesetzlichkeiten alle „gibt" — würde da wirklich ein Geschehnis, das so ist, als rühre es mit Sicherheit durchaus und lediglich von einem „Verstorbenen" her, nichts bedeuten? Würden wir hier nicht mehr haben als in leeren ontologistischen Erwägungen?

Ich sage nicht, dass es heute, wo ich dies schreibe, Erfahrungstatsachen gibt, die zur Annahme zwingen, dass sie von einem verstorbenen Einzelwesen herrühren. Ich halte vielmehr alles, was bisher in dieser Richtung vorgebracht worden ist, nicht für zwingend[1]). Aber als einer, der ehrlich zu wissen wünscht, freue ich mich der rüstigen Arbeit auf diesem Felde. Denn hier kann eine Wissensquelle sein.

Und ich wage es rückhaltlos auszusprechen: Ein einziger ganz sicherer Fall der „Betätigung" eines Verstorbenen würde für die irdischen Menschen mehr bedeuten, als alles, was bisher die sogenannte Kultur, einschliesslich der Philosophie, für sie bedeutet hat. Gewiss zeigt schon die Philosophie, wie sie heute, wo der Materialismus und der „kritische" Mechanismus überwunden sind, sein darf, dass Irdisches wenig gilt, und es ist aus dieser Einsicht ein Aufhören des entsetzlichen Gewaltringens um Macht, das unsere Zeit der Kriege, Aufstände und Verschwörungen ethisch so tief stellt, zu erhoffen[2]). Aber jener eine Fall einer ganz neuen Art von „Tatsache" würde denn doch mit ganz anderer Eindringlichkeit noch den Menschen sagen, dass ihr wahres „Reich" nicht irgend ein zufälliges, in seinem Machtgelüst unersättliches irdisches Staatenreich, sondern dass es nicht von dieser Welt ist.

c) Noch einmal die Frage nach der Bedeutung der „Geschichte".

Wir kehren noch einmal mit neu erworbenen Mitteln zu einer alten Frage ·zurück.

Aus ungekanntem Woher kommt das seelisch-lebendige Einzelwesen in diese Welt des zeitlichen Werdens, und nach einer Weile scheidet es aus ihr in ein ungekanntes Wohin. Es ist zugleich Teil eines Überpersönlichen. Das Überpersönliche aber, von dem es Teil ist, ist nicht

---

[1]) Man lese zumal die Aufsätze von R. Hodgson und William James Proceed. Soc. Psych. Res. Vol. 13 und 23.

[2]) Dieser Satz war lange vor dem Ausbruch des grossen Krieges geschrieben. Der entsetzliche Krieg selbst und das Chaos, das seinem Ausgang in allen Ländern teils schon gefolgt ist, teils noch folgen wird, wird das eine Gute zeitigen, dass er die Besonnenen unter den Zeitgenossen in allen Ländern an den Tod denken lehrt und sie damit von dem Unwert alles dessen überzeugt, um dessen willen der Krieg geführt wurde.

seiende Ganzheit, sondern werdende; die ordnende Erfahrung will sein Werden fassen als eine *Entwicklung*. Wo liegt dieser Entwicklung Ziel und wie beschaffen ist es? Das empirische zeitliche Entwicklungswerden des Überpersönlichen ist doch offenbar nur die „Erscheinung" eines kleinen Bruchstücks des zeitlosen „Werdens" des Wirklichen überhaupt.

Man sieht: es sind die Fragen der Geschichtsphilosophie, die uns hier, auf höherer Stufe, wieder entgegentreten. Haben wir doch, als wir uns auf dem eigentlich geschichtstheoretischen Boden, der zugleich Boden der Ethik ist, bewegten[1]), schon angedeutet, dass die Frage nach einer geschichtlichen Entwicklung, die wirklich „Entwicklung" sein soll, auf die Frage nach dem, was nach dem Tode kommt, geradezu hinweise. Denn Geschichte als irdisches Geschehen war sicherlich nicht volle Entwicklung echten Sinnes, sondern bedeutete höchstens einige Stufen, vielleicht nur eine Stufe — nämlich „das Irdischer-Mensch-sein" — einer Entwicklung. Dass aber andererseits das irdische Werden im und am Menschen überhaupt einer echten *Entwicklung* Stufe oder Bruchteil sein kann, das erhellt daraus, dass der einzelne Mensch in Gemeinschaft mit seines Gleichen auf Ganzheit hin und im Rahmen von Ganzheit wird, ob er schon Ganzheit in vollendeter Form nicht erreicht.

Der Abschnitt des Werkes, den wir jetzt bearbeiten, handelt nun von nichts als Vermutungen im Rahmen eines sehr unbestimmt Gewussten. Da dürfen wir denn wohl noch einmal vermutungshaft auch auf die Fragen nach der Bedeutung von Geschichte und Sittlichkeit zurückkommen.

Was denn könnte wohl das echte Ziel der Geschichte, als des Menschheitsgemeinschaftswerdens, sein, und inwiefern könnte irdisches entwicklungshaftes Geschichtswerden auf dieses Ziel zusteuern? Und was andererseits ist die wahre sittliche Pflicht für den Einzelnen? Prüfen wir diese Fragen an der Hand unseres neu erworbenen vermutungshaften Wissens.

Erfahrungshaft gekannt und zu Wirklichem umdeutbar ist das Dasein vieler einzelner seelisch-lebender Menschen, die freilich durch Ganzheitszüge verknüpft sind. Wir wissen nicht, ob die Gesamtheit dieser Einzelnen aus einer nichtweltlichen, unzeitlichen Gesamtheit Einzelner herstammt und in eine solche Gesamtheit „nach dem Tode" hineingeht, oder ob das Zerfälltsein von „Menschheit" in wissende Einzelwesen nur derjenigen Stufe des Wirklichen eignet, welche sich

---

[1]) S. oben S. 220 f.

erfahrungshaft als irdische Daseinsstufe ausprägt; wir vermuten das Zweite. Dass andererseits alles Zufällige, Nichtganzheitliche an den irdischen Einzelmenschen aus ihrem Verkettetsein mit „Materie" kommt, wissen wir; aber ob Materie allein das *Principium individuationis* ist, wissen wir hinwiederum nicht. Und damit hängt nun auch zusammen, dass wir nicht imstande sind sicher zu wissen, ob die Verschiedenheiten unter den Einzelmenschen durchaus nur aus ihrer Verkettung mit Stoff und Zufall stammen, oder ob „Individuen" ihrem eigentlichen Wesen nach, soweit es nicht stofflich ist, verschieden sind oder nicht. Es ist denkbar, dass sie auch ihrem eigentlichen Wesen nach, vielleicht „im Rahmen" eines Überpersönlichen, verschieden seien, dass ihre eigentliche *Wesens*rolle im Ganzen also eine verschiedene ist; wir hielten das für wahrscheinlich auf Grund des für jeden Einzelnen festbestimmten Bewusstseins von *Pflicht*, besser gesagt: auf Grund des für jeden Einzelnen verschiedenen Aufgabebewusstseins.

Damit kommen wir wieder auf das Ethische. Was „meine Pflicht" ist, schaue ich in ganz unmittelbarer, für mich verbindlicher Weise, ebenso wie ich eine Urbedeutung schaue. Dass mein Schauen meiner Pflicht Ausdruck *überpersönlicher Entwicklung* ist, schaue ich als eine besondere ordnungshafte Bedeutung. Wohin aber zielt meine mir eigene, gewissensmässig für mich unmittelbar ausgedrückte Aufgabe? Was, mit anderen Worten gesagt, ist des überpersönlichen Lebens- und Seelenwerdens echtes *Ziel?*

Kein irdischer Zustand irgend welcher Art kann es sein. Das wissen wir schon. Also auch nicht staatliche Macht, soziale Gerechtigkeit, Aufhören eigentlich stofflichen Leidens. Das alles ist höchstens Mittel auf das Ziel hin, Mittel um Hemmungen zu beseitigen. Im Erlebnis *Mitleid*, im weitesten Sinne des Wortes, ist mir aufgegeben an der Beseitigung dieser Hemmungen zu arbeiten, in ihm schaue ich den Menschen als *Nächsten*, der wie ich Entwicklungsträger ist. Aber Mitleid ist hier eben nicht alles, wenigstens nicht für jeden Einzelmenschen alles, ob es schon Grundpfeiler aller Sittlichkeit ist.

Was denn ist die eigentliche *entwicklungshafte* Tat des Einzelnen in der zeitlichen *Welt*, wenn sie sicherlich keine blosse „soziale" Tat ist und erst recht keine „politische"?

Das einzige, was ich von wahrhaft Nicht-irdischem erlebe, ist *Wissen*, die Urbeziehung. Das Wissen will Erfüllung und *wird* mit Rücksicht auf sie während des irdischen Daseins der Einzelwesen. Im Reiche des Wissens allein kann ich mir ein entwicklungshaftes echtes Ziel, einen „Sinn" überhaupt denken. Wissensförderung, und sie allein,

Erkenntnis-förderung ist es also, was, neben der Mitleidsbetätigung, gewissensmässig verbürgte und gegründete Aufgabe, was allein Eigenpflicht im letzten Sinne des Wortes sein kann.

Es ist, als wolle „das Ganze" sich denken und mit dem Denken zu Ende kommen, und als arbeite es an dieser Aufgabe durch mich und die mir ähnlichen im wirklich-zeitlichen Dasein.

Das reine Schauen wird so zu der für jeden Einzelnen sonderhaft ausgeprägten Sonderaufgabe. Und alles, auf das sonst sich „Handlung" richten kann, wird zur Nebensache. Die Wissensförderer aber, welche auch „Künstler" sein können, werden zu den eigentlichen Geschichtssinnträgern, insofern Geschichte Teil einer Entwicklung ist[1]). Nur so kann Geschichte überhaupt Entwicklungsteil sein; denn nur Wissen ist nicht von dieser Welt und vergeht nicht mit dieser Welt. Alles aber, was nicht Ausfluss des Mitleides oder der Wissenspflicht ist, ist eitel und oft geradezu dem echten Entwicklungswerden entgegen. Also ist fast alles, was die Geschichtswissenschaft mit besonderer Vorliebe untersucht, nicht-entwicklungshaft und in tieferem Sinne unbedeutend. Und von dem zeitgenössischen Tun der Menschen, zumal der Europäer, und von ihren „Idealen" kann man wahrlich nicht sagen, dass sie entwicklungshaft seien; es wird viel zu viel „getan" im äusseren Sinne des Wortes, und viel zu wenig geschaut im Sinne des ganz reinen Wissenwollens, welches Schauen die einzige wahrhaft menschenwürdige „Tat" ist, abgesehen von echter *Charitas.* Wohin aber die „Tätigkeit", die „Aktivität" der Menschen, so wie man sie heute, ja, sogar noch nach dem grossen Kriege, bei uns preist, führt, das haben wir alle schaudernd erlebt. Vom viel gescholtenen „Mittelalter" und von den Indern haben wir hier viel zu lernen.

Wir setzten nun die Gesamtheit des zeitlich-irdischen erfahrungshaft gekannten Menschen, zu einer Stufe des Wirklichen umgedeutet, „zwischen" ungekannte andere Wirklichkeitsstufen von nichtzeitlicher Art. *Werden,* so wie wir es kennen, lassen wir etwas ganz Bestimmtes am Wirklichen bedeuten, reden aber auch von zeitlosem Werden und von einem Übergangswerden von Nichtzeitlichkeit in Zeitlichkeit und umgekehrt. Nur im Rahmen des zeithaften erfahrbaren Werdens und dessen, was es für das Wirkliche bedeutet, kennen oder vermuten wir doch wenigstens entwicklungshaftes Menschheitswerden, das

---

[1]) Eine Vorschriftenethik zu liefern ist unsere Aufgabe nicht. Aber es ist eine Tatsache der Psychologie, dass klare Erkenntnis einer Sachlage das *Wollen* mit Rücksicht auf sie bestimmt. Insofern schliesst unser rein erkenntnismässiges Ergebnis „Vorschriften" ein. In gewissem Sinne ist eben sicherlich die „Tugend" lehrbar.

also, wie wir jetzt gesehen haben, nichts anderes als Wissenswerden ist. Wir wissen nicht, wie es sich zeitlos fortsetzt; wir wissen auch nicht, woher es zeitlos kam. Dass es „woher" kam, zeigt uns die Urtatsache des geheimnisvollen Vorwissens um die Ordnungsbedeutungen, das wie eine Art von „Erinnerung" ist. Und die Erkenntnis, dass Wissen überhaupt eine Urbeziehung des Wirklichen ist, zeigt uns auch, dass es „wohin" gehen wird.

Durch alles dieses aber sind wir nun vorbereitet, unserer „Geschichtsphilosophie", die auf früherer Stufe dazu verurteilt war, aus lauter Bruchstücken, Dunkelheiten und wohl gar widersprechenden Vermutungen zu bestimmen, einen eigentlich gefügehaften Abschluss zu geben.

Dass überhaupt überpersönliche *Ganzheit* im Sein und Werden der Menschheitsgesamtheit inmitten alles Zufalls sich offenbart, wurde durch gewisse Züge von Ganzheit angezeigt: durch das Dasein des sittlichen Bewusstseins, durch die „Heterogonie der Zwecke", durch „Harmonien" verschiedener Art, z. B. zwischen den „Berufen", zwischen Lehrer und Schüler usw.

Wir suchten aber nicht nur Ganzheit überhaupt im Überpersönlichen, wir suchten Ganzheit im Werden auf ein Ziel hin, wir suchten überpersönlich-ganzheitliche *Entwicklung*. Die fanden wir nicht in der Geschichte, wie die sachliche Geschichtswissenschaft sie ganz vorwiegend verzeichnet. Und irgendeine irdische Zuständlichkeit konnte uns grundsätzlich kein $\tau\acute{\epsilon}\lambda o\varsigma$ sein, auch wenn wir an das Seelische, also etwa an Glück und Zufriedenheit „Aller" denken. Trotzdem gaben wir das Suchen nach *Entwicklung* nicht auf. Alles, was üblicherweise „Fortschritt" im Laufe der Geschlechterfolgen genannt wird, entspringe zwar aus seelischer Häufung, so sagten wir; die als bedeutsam geltenden geschichtlichen „Ereignisse" seien zufällig, also nicht wesentlich. Und doch könne *Entwicklung* da sein — freilich eine dem empirischen Wissen grundsätzlich nur bruchstückhaft zugängliche Entwicklung: Das „irdischer Mensch sein" oder vielmehr die Gesamtheit aller einzelnen Fälle von „irdischer Mensch sein" sei das dem empirischen Wissen allein zugängliche Bruchstück von Entwicklung. Bedeutet das nur eine „Stufe" von Entwicklung? In gewissem Sinne, ja; in gewisser Hinsicht aber auch nicht, denn jeder einzelne Mensch hat ja sein Werden als irdischer Mensch, und in diesem Werden könnte ein kleiner echter *Entwicklungs*anteil im Rahmen des „Zeitlichen" selbst gelegen sein.

Verdeutlichen wir einmal unsere Lehre an einem Bilde:

Da ist eine begrenzte Fläche, die *Welt*, welche für die Erfahrung zeitliches Werden zeigt; und in diese Fläche treten von ihrem Rande aus ein eine grosse Zahl von Linien, und zwar zu sehr verschiedenen Punkten der *Zeit* dieser Welt[1]): die einzelnen irdischen Menschen. Woher die einzelnen Linien kommen, ja ob sie „dort“, wo sie „waren“, einzelne Linien und ob sie dort „zeitlich“ gewesen sind, wissen wir nicht. Nur dass sie von „irgendwo“, aber nicht im raumhaften Sinne des Wortes, gekommen sind, wissen wir. Auf der Fläche, welche die *Welt* darstellt, haben die einzelnen Linien eine verschiedene Länge; sie entspricht der verschiedenen Lebensdauer der einzelnen irdischen Menschen. Die Linien verändern aber auch in verschiedener Weise ihr Sosein während ihres Laufes über die Fläche; sagen wir: sie werden immer dunkler. Da, wo jede Linie in der Fläche endet, geht sie zugleich aus der Fläche „hinaus“ irgendwohin; wir wissen wieder nicht, „wo“-hin und in welcher Weise.

Durch Linien verschiedener Länge, also nicht durch Punkte, stellen wir also das irdische Sein der verschiedenen Einzelmenschen dar. Das soll bedeuten, dass ihr irdisches Dasein, obschon es nur in einer Entwicklung von grösstenteils unirdischer unzeithafter Art ein Bruchstück ist, doch wohl immerhin als irdisches Dasein Anteil an Entwicklung hat. Den Entwicklungsanteil zeigt das Dunklerwerden jeder einzelnen Linie an. Der Entwicklungsanteil aber besteht in Sättigung mit Wissen: die Menschen kommen mit weniger Wissen[2]), als sie gehen. Und auf Wissensvollendung geht die Entwicklung als Ganzes — abgesehen vielleicht von anderen uns gänzlich unzulänglichen Teilzielen dieser Entwicklung, welche die Tatsache der „Phylogenie“ anzudeuten scheint.

Freilich bedurfte unser Ergebnis noch einer gewissen Klärung. Die Wissensinhalte kommen ja doch von aussen; ihr Erwerb ist dem Zufall in hohem Grade ausgesetzt, ist *kumulativ*. Dass, worauf es eigentlich entwicklungshaft allein ankommen kann, sind also nicht sie als eigentliche Inhalte des Wissens, sondern ist die Möglichkeit zur Inhaltsanreicherung. Das aber bedeutet, dass in der Schau neuer Aufgaben[3]), seien sie logisch im engeren Sinne, ethisch, ästhetisch, religiös, sich die Entwicklungslinie der Geschichte ursprünglich ausdrückt; freilich wird solche Aufgabenschau ihre Erfüllung in gewissem Grade stets nach sich ziehen; aber sie ist doch das Erste.

---

[1]) Hierzu S. 335, Anm. 1.

[2]) Das Wort „wissen“ bedeutet hier stets bewusstes Haben und das Vermögen zu bewusster Reproduktion, ist also phaenomenologisch und psychologisch zu verstehen. S. oben S. 217.

[3]) S. o. S. 218.

Sind die einzelnen „Linien" unseres Bildes ursprünglich alle *wesentlich* gleich und nur unwesentlich, „zufällig", wegen ihres Verbundenseins mit Materie verschieden? Oder sind sie, obwohl einem Überpersönlichen entstammend, wenigstens nach gewissen Seiten ihres Soseins wesentlich verschieden? Wir wissen hier nichts. Wir glauben das zweite, und zwar eben wegen des Daseins des Erlebnisses *Eigenpflicht,* welches letzthin Eigenschauens- oder Eigenwissenspflicht bedeutet. Dass für die Erfahrung die einzelnen Menschen verschieden sind, steht ja fest, und für die eigentlich irdisch-geschichtlichen Tatsachen wird gerade dieses ihr erfahrungshaft bestehendes Verschiedensein bedeutsam; aber nicht immer, wie wir meinen, wird es wesentlich. Denn als wesentliche Verschiedenheit könnte uns ja nur eine Verschiedenheit gelten, die sich in der verschiedenen Vermöglichkeit zum Wissenerwerb äussert, wie denn der Eine zum Künstler, der Zweite zum Mathematiker, der Dritte zum Tatsachenforscher, der Vierte zum Ethiker „begabt" ist. Der Unterschied zwischen dem Tatenmenschen und dem Beschaulichen ist freilich auch da, und auch die Tatenmenschen sind unter sich verschieden, sie, welche praktisch für das „Geschehen" bedeutsam sind, ob sie schon „Geschichte" in unserem Sinne wohl gar hemmen. Hier dürfen wir, dem Ganzen unserer Lehre nach, nur von durch das Irdisch-Sein bedingten Zufälligkeiten reden, und zwar gelegentlich im Sinne nicht nur von Un-, sondern geradezu von Gegenganzheitlichkeit.

Weiter mussten wir fragen[1]), ob überhaupt alle Menschen sozusagen des Überpersönlichen Handlanger seien, ob sie alle „begnadet" seien die Wissenslinie zu fördern. Denkbar wäre es — eine sehr „aristokratische" Lehre — dass nur ganz wenige begnadet sind, und sie vielleicht nur in ganz seltenen Augenblicken ihres irdischen Daseins, ja, nur in einem Augenblick der Schau. Doch wer weiss, was vielleicht ungünstige Umstände hemmen können? Und was wissen wir überhaupt vom „Wissen" Anderer? Wir erfahren doch nur ihr Wissen, insoweit sie es durch Sprache oder Schrift von sich geben; es könnte der ganz Einsame ein viel reicherer Mensch gewesen sein oder sein als alle bekannten grossen Schauer[2]). Dem Wirklichen aber liegt doch wohl an sich selbst allein.

Aber, wie gesagt, nur nach gewissen Seiten ihres Soseins gelten uns auch für die Wissensmenschen die einzelnen Linien als vielleicht ursprünglich wesensverschieden. Nach anderen Seiten ihres Soseins sind auch sie gleich, da sie ja einer Ganzheit Teile sind. Die Ein-

---

[1]) S. o. S. 218.

[2]) Th. Lessing; s. o. S. 212.

heits-züge, von denen wir redeten, einen sie; das *Mitleid* also zumal, oder besser das *Mit-leben*, und ferner die Fähigkeit einander als Einzelwesen „kumulativ" zu beeinflussen, welche Fähigkeit auch ein Beeinflusstwerdenkönnen voraussetzt. Auch dieses Beeinflussen ist *Wissens*-beeinflussen[1]); auf ihm ruht aller sogenannter Fortschritt im Laufe der Geschlechterfolgen, ruht alles echt „Historische", das gelegentlich mehr von echter Entwicklung vortäuschen kann, als da ist. Immer wieder aber muss gesagt werden, dass hier kein Grund vorliegt, die sogenannten historischen Geschehnisse, im üblichen Sinne des Wortes, für etwas zu halten, das in seiner Besonderheit ein entwicklungshaft Wesentliches wäre. Alles üblicherweise „geschichtlich" Genannte ist grundsätzlich verständlich, wenn man die psychologischen Gesetze einschliesslich aller Ganzheitszüge und wenn man die Wissensgeschichte kennt; was so noch unverstanden bleibt, ist überhaupt un-„verständlich", weil es *zufällig* ist. Geschichte im üblichen Sinne also ist nicht eine Grundwissenschaft, sondern, ganz wie die Geologie, Wissenschaft zweiter Hand.

Auf Kumulationen ruht auch das Dasein gewisser Scheinganzheiten von gleichsam „statischer" Art, wie die empirischen Staaten in ihrem, ihren Sonderausprägungen nach, zufälligem Wesen es sind. Der „Staat" aber ist die Gesamtheit aller wesentlichen Anteile aller einzelnen zu irgend einem Zeitpunkt gemeinsam in der *Welt* bestehenden irdischen Menschen als *Ganzes;* ihn kennen wir nur ahnend, weil wir von der Entwicklung, durch die er sozusagen ein Durchschnitt ist, nur Bruchstücke kennen.

Gerade an dieser Stelle mag nun noch Einiges über das Verhältnis des (echten entwicklungshaften) Staates, des *Gottesstaates*, wenn wir so wollen, zu den besonderen Rechtsausprägungen, welche „die" (erfahrungsmässigen, auf Häufung und gewissen blossen Ganzheitszügen ruhenden) Staaten genannt werden, gesagt sein[2]).

Der Staat ist in jedem seiner Daseinszustände vom überpersönlichen Ganzen, also für den Einzelnen „unbewusst", gemacht. Man soll, im Rahmen des Einzelstaates, dem Machen des Unbewussten, des Überweisen, möglichst wenig durch bewusstes Tun, durch Vorschriften, durch „Gesetze" hineinpfuschen. Da wird nur noch mehr an Zufälligem,

---

[1]) An früherer Stelle haben wir von der „Wissenslinie" gesprochen, die sich durch die Geschlechterfolgen hindurch zieht. Es handelte sich da aber nur scheinbar um eine einheitliche Linie, so erkannten wir. Vielmehr besteht die „Wissenlinie" aus vielen in sich allerdings einheitlichen Linienstücken, den Leistungen der einzelnen Wissensträger, die sich gegenseitig kumulativ aneinandersetzen (s. oben S. 218).

[2]) S. o. S. 192 ff.

als schon ohnehin mit ihm verwoben ist, in das unzufällige sich entwickelnde Ganze hineingetragen. Denn alle „Gesetze" gehen ja doch
von Summen von Einzelnen aus, mögen das auch „Majoritäten" sein,
und wirken zwanghaft. Alle Gesetze dürfen also nur Unrecht hindern,
aber dürfen nur mit grösster Vorsicht positiv „organisieren",
gleich als kennten die, welche durch Gesetzesformung oder durch
Abstimmung die „Gesetzgeber" sind, endgültig des Überweisen Wesen
und Absicht[1]). Hier muss einer grossen Gefahr der Gegenwart entgegengetreten werden, ehe es zu spät ist. Diese Gefahr ist aber ganz
vornehmlich darin begründet, dass Gesetze zwar Ordnung schaffen,
aber beharrliche, „statische" Ordnung. Das überpersönliche Ganze
ist nun aber eine Ganzheit des entwicklungshaften Werdens; dem
können Gesetze ihrem eigentlichen Wesen nach gar nicht folgen, und
eben deshalb müssen sie, auf dass sie es nicht hemmen, und, was
werden will, erstarren lassen, sich auf blosse Abwehr beschränken —
und sogar das mit Vorsicht[2]).

Natürlich soll von uns nicht geleugnet werden, dass die Zustands-
abfolge innerhalb der empirischen Staaten, wie sie sich in der Gesetzgebung äussert, populär gesprochen, „gemacht" werden muss. Auf
bewussten menschlichen Handlungen ruht ja letzthin alle Geschichte,
und das „Bewusste" ist uns ja Anzeichen des Unbewusst-Seelischen.
Dass überhaupt „gemacht" werde, wollen wir also nicht tadeln; es
schadet sogar unseres Erachtens gar nichts, wenn gelegentlich einmal
in grösseren Sprüngen „gemacht" wird. Was uns Bedenken hinsichtlich
des „Machens" einflösst, ist in allerletzter Hinsicht dieses: Das „Bewusste", so sagten wir soeben, ist Anzeichen des Unbewusst-Seelischen;
dieses nun ist von der personalen und von der überpersonalen Art,
denn der Mensch ist Einzelwesen, das zugleich Träger überpersönlicher Züge ist. Es ist nun klar, dass Gesetze nur durch dasjenige
Bewusste, welches Ausdruck des *über*persönlichen Teils des Seelischen
ist, „gemacht" werden sollten. Aber welcher Einzelne oder welche
Körperschaft weiss, wann Überpersönliches in Reinheit aus ihrem

---

[1]) „Es ist eine Ausartung und philosophisch-bureaukratische Überhebung, wenn
der Staat direkt das Sittliche verwirklichen will, was nur die Gesellschaft kann
und darf." „Das Sittliche hat ein wesentlich anderes Forum als den Staat; es ist
schon enorm viel, dass dieser das konventionelle Recht aufrecht hält. Er wird am
ehesten gesund bleiben, wenn er sich seiner Natur (vielleicht sogar seines wesentlichen Ursprungs) als Notinstitut bewusst bleibt." (J. Burckhardt, *Weltgeschichtliche
Betrachtungen*, 1905, S. 36.)

[2]) Alle Gesetze, welche Meinungsäusserungen irgendwelcher Art verbieten,
sind hiermit gerichtet. — Gesetzlicher „Schulzwang" kann jedoch als Abwehr von
Unwissenheit gedeutet werden.

bewussten Haben spricht? Daher soll überhaupt möglichst wenig „gemacht" werden und man soll Vertrauen haben, dass das Bestehen *des* Staates mit seinen Harmonien schon das regeln werde, für dessen Regelung es keine „Gesetze" gibt.

Die empirischen Einzelstaaten dürfen also nur mit grosser Einschränkung als Ganzheitsbildungen wesentlicher Art aufgefasst werden: nur das *Staat-sein überhaupt* ist an ihnen ganzheitlich; im übrigen sind sie in der Besonderheit ihrer jeweiligen Ausprägung, um das noch einmal zu sagen, von „Vereinen" nicht wesentlich unterschieden[1]). Dass sie lediglich auf „Rasse" gegründet sind, lehrt wohl heute im Ernste kein Mensch mehr, womit nicht geleugnet sein soll, dass Rasse gelegentlich[2]) eine unter den staatenbildenden, oder, wenn man so will, staatentrennenden Bedingungen sein könne. Schicksalsgemeinschaft darf die wesentlichste staatenbildende und staatenerhaltende Bedingung heissen, wobei sich denn sofort ergibt, dass der Erklärungsgrund gerade ebenso unbestimmt und zufällig-unwesentlich ist wie das zu Erklärende[3]).

Die einzelnen Staaten sind gewiss bedeutsam und wertvoll, aber sie sind Mittel und nur Mittel, nie sind sie für sich genommen Zweck[4]); sie sind Mittel zur ungestörten Entfaltung der einzelnen Menschen, insofern diese Glieder des echten Gottesstaates sind, und zwar zur Entfaltung ihres *Wissens* im weitesten Sinne des Wortes. Und sie sind gefährliche Mittel, zumal dann, wenn sie sich für den Endzweck halten und sich mit der Macht vermählen, welche mit dem echt Entwicklungshaften der Menschheitsgemeinschaft gar nichts zu tun hat[5]).

---

[1]) S. oben S. 193.

[2]) Aber nur, soweit die im Grunde biologischen groben Rassenunterschiede in Frage kommen. Für die europäischen Staaten bzw. Völker haben wir (s. S. 209 f.) eine *wesentliche* Bedeutung des Rassehaften durchaus abgelehnt; hier handelt es sich höchstens um quantitativ verschiedene Mengungen derselben Eigenschaften. Und dazu kommt der nicht wegzuleugnende Tatbestand, dass gerade bei den höchsten Kulturnationen Europas die „Rasse" wohl nur in sehr wenigen Vertretern rein ist. Vgl. C. Techet, *Völker, Vaterländer und Fürsten*, 1913, und Baur-Fischer-Lenz, Menschliche Erblichkeitslehre, 1921.

[3]) Sprachgemeinschaft kennzeichnet das „Volk", nicht den Staat, obschon sie, zumal in der Gegenwart, eine der zum Staat vereinigenden Bedingungen sein kann; früher galt Religionsgemeinschaft hier mehr. Mit Rassegemeinschaft sind beide Arten der Gemeinschaft bekanntlich nicht eindeutig verknüpft.

[4]) Gutes bei R. Saitschick, Der Staat und was mehr ist als er, 1919. Was vom Einzelstaat gilt, gilt auch von allem Völkischen, „Nationalen". Das kann gewiss wertvoll sein — aber als Mittel.

[5]) „Die Macht ist böse an sich" (Schlosser, nach J. Burckhardt, *Weltgesch. Betracht.*, S. 33).

Die Staaten stammen aber auch aus dem *Wissen:* das Wissen schafft sich Mittel für die eigene Entwicklung nach Massgabe des in einem Zeitpunkt schon Gewussten. Und das Wissen kann und muss die von ihm selbst geschaffenen Mittel für die eigene Entfaltung regulieren nach Massgabe seiner eigenen Vervollkommnung. Wissen heisst hier Einsicht überhaupt, einschliesslich sittlicher Einsicht: Man wird nicht wieder auf Gewölbebau verzichten, wenn man einmal Gewölbe zu bauen versteht, und man wird Folter und Sklaverei nicht wieder einführen wollen, wenn man einmal „geschaut" hat, was sie bedeuten[1]); Mechanik und Ethik stehen hier nebeneinander als Sonderzweige der Ordnungslehre. Eine Regulierung des Staates als eines Wissensmittels durch Wissenszuwachs aber ist um so leichter, je weniger an Rechtssetzungen vorliegt[2]).

Die einzelnen Staaten in ihrer besonderen empirischen Ausprägung und in ihrem besonderen empirischen Schicksal als sozusagen überpersönlich „gewollt" anzusehen liegt also durchaus kein zureichender Grund vor; und deshalb muss die Lehre von der „wesentlichen" Natur der besonderen Einzelstaaten und der besonderen politischen Geschichte zum mindesten mit Vorsicht, als echte sehr fragwürdige „Hypothese", vorgetragen werden. Wir wissen jedenfalls nicht, dass die besonderen Staaten, und ebensowenig, dass die Kriege, Revolutionen und was sonst noch einen wesenhaften „Sinn" besitzen, und wir dürfen unser Verhalten daher auch nicht so einrichten, als wüssten wir es. Wir schauen hier denn doch wahrlich nicht entwicklungshaft Ordnung, sondern — ihr Gegenteil. Ja, wir schauen — und das ist der schwerste Vorwurf für alle bestehenden Einzelstaaten — wie der Einzelstaat, der nur als Mittel zum Werden des Einen wesen- und sinnhaften Menschheitsganzen gedacht werden darf, sich aufführt, als wäre er Selbstzweck, und wie er dadurch, junge unentwickelte Leute in den Tod schickend und zum Töten zwingend, gerade das furchtbar hemmt, was er fördern soll.

Der Staat ist gewisslich Träger überpersönlicher Ganzheit und sogar Entwicklung — aber er ist nicht von dieser Welt, denn sein Ziel, die vollendete Wissensschau, ist nicht irdisch. Insofern er ihm, dem überpersönlichen überweisen Einen, angehört, hat der einzelne Mensch, ja das einzelne Lebewesen überhaupt seine eigene

---

[1]) S. auch oben S. 216 ff.

[2]) In diesem Zusammenhange könnte man der Technik gedenken: sie ist angewandtes Wissen zur Vermeidung überflüssigen, d. h. letzthin für das höchste Ziel überflüssigen, Tuns, so dass die bisher auf minder Endganzes verwendete Arbeit und Zeit für das höchste Ziel frei wird.

geheimnisvolle *Würde*. Und diese seine Teil-würde haben die anderen Einzelnen zu achten und nie zu vergewaltigen, es sei denn, wenn er selbst Einzelwürde missachtet und vergewaltigt.

Der eine Staat, der „Gottesstaat", mag als Organismus bezeichnet werden, die vielen Einzelstaaten aber sind nur Kumulativbildungen, mit Ganzheitszeichen durchtränkt.

Was sich aber für die Ethik als einem Gefüge von Vorschriften aus einer wahrhaft „rationalen" Lehre von *dem* Einen Staat und *den vielen* Einzelstaaten ergibt, das hat in unseren Tagen — sehr im Gegensatz leider zum „Geist" der Zeit — keiner in solcher Klarheit und Vollkommenheit geschaut wie F. W. Förster[1]).

Ein, wie es scheint, weitverbreitetes Missverständnis gilt es endlich noch zu beseitigen; ein Missverständnis, das sowohl die von uns vorgetragene Lehre von dem ganzhaft-entwicklungshaften Wesen *des* echten Staates, des Gottes- oder Wissensstaates, wie die unseres Erachtens nicht zulässige Behauptung, dass die Einzelstaaten sozusagen überpersönlich gewollt seien, gleichermassen angeht. Es handelt sich bei diesem Missverständnis um die Herkunft überpersönlicher Bildungen überhaupt, also um eine Frage, die früher[2]) von uns, ich sage nicht erledigt, aber behandelt und als unentscheidbar nachgewiesen wurde. Ist erfahrungshaftes überpersönliches Ganzheitswerden eindeutig *vorherbestimmt* durch die vollendete Ganzheit in unerfahrbarer, unraumhafter Form, durch eine überpersönliche daseiende „Entelechie", oder *macht sich* in *Freiheit* erfahrungshafte überpersönliche Ganzheit? Wir wissen es nicht, können es gar nicht wissen. Aber dieses wissen wir: die erfahrungshafte, die verwirklichte, überpersönliche Ganzheit, sei sie vorbestimmt oder frei geworden, sei „der" Staat oder seien „die" Staaten ihr Ausdruck, sie besteht in und durch, besser vielleicht mittels der einzelnen psycho-physischen Personen. Nicht ist sie als verwirklichte etwas „neben" oder „ausser" diesen; auch dann nicht, wenn unverwirklichte Ganzheit unraumhafter Art, im Sinne der Lehre vom Vorherbestimmtsein, „vor" aller raumhaft-material-erfahrungshaften Ganzheit besteht. Die Gesamtheit der Personen ist die erfahrungshafte verwirklichte Ganzheit, jedenfalls eine Gesamtheit von Etwas an oder in diesen Personen ist sie. Höchstens also vom unverwirklichten und doch „daseiend" gedachten Staat — im Sinne der hier fragwürdigen Vorbestimmtheitslehre — kann jener Satz gelten, dass der Staat „früher" sei als die ihn bildende Personengesamtheit; nur

---

[1]) *Autorität und Freiheit*, s. vor allem Teil II 3 (3. Aufl. 1911, S. 105 ff.).

[2]) S. oben S. 103 ff.

insofern die Einzelnen ζῷα πολιτικά, d. h. Träger von auf das Staatsein überhaupt gerichteten anlagehaften Ganzheitszügen sind, ist er „früher" als seine empirische Verwirklichung. Für den, der Freiheit lehrt, ist also das „Früher"-sein des Ganzen ohne jeden Sinn. Aber auch für den, der sie nicht lehrt, ist jedenfalls das verwirklichte Ganze gleich der Gesamtheit der sie bildenden Personen oder doch gleich der Gesamtheit von Etwas an ihnen. Dieser Satz gilt, was immer man als wesenhafte überpersönliche Ganzheit ansehe: vom Gottesstaat, den allein wir als solche Ganzheit zulassen, ganz ebenso wie von den Staaten, den Universitäten oder irgend welchen gleichgültigen Vereinen, wenn jemand auch hier überpersönliche wesenhafte Ganzheit glaubte annehmen zu dürfen. Ganzheiten sind immer besondere Arten bestehender Beziehlichkeiten; die substantivische Form der diese Beziehlichkeiten bezeichnenden Worte ist es, die hier seit alters zu einschneidenden Missverständnissen führt.

Dass „Ganzheit" die Person nicht vergewaltigen dürfe, folgt aus diesen Erörterungen zum anderen Male. —

Das also ist die „metaphysische" Vervollständigung einer Lehre von der Geschichte. Erst jetzt wird diese Lehre geschichts-„philosophisch". Denn erst jetzt wird sie mehr als eine Sammlung von teilweise einander geradezu widersprechenden Lehrbruchstücken, mögen auch die ursprünglichen Lehrbruchstücke nur auf Grund von Möglichkeiten, die für uns wegen unseres Nichtwissens um die Bedeutung des Todes bestehen, zu einem gefügehaften Ganzen verkittet sein, und mag das Ganze der Lehre selbst auch jetzt nur, sozusagen, aus einem Gerippe bestehen.

Alles Wesentliche an der Geschichte ist von uns auf das *Wissen* und seine Entwicklung bezogen worden; alles an ihr, was nicht ganz deutlicher Wissensfortschritt oder, besser, S c h a u e n s fortschritt ist, gilt uns entweder gar nichts oder ist uns ein Mittel für ihn, wie der Einzelstaat, das Soziale. Ja, man könnte sogar den Satz auszusprechen wagen, dass auch das „Gute" nur im Dienst des „Wahren" stünde, dass selbst der Einheitszug *Mitleben* oder „*Liebe*" nur da sei, damit denen, die zur Fortführung der Wissenslinie berufen sind, die Entwicklungsträger sind, die Entfaltung ihrer Anlagen ermöglicht werde und nicht verkümmern.

In der Fortführung der Wissenslinie allein besteht aber die Entwicklung des *Geistes,* wenn wir auch dieses, vom deutschen Idealismus und in unseren Tagen von E u c k e n so gern gebrauchte Wort einmal für das, was wir sonst „überpersönlich-seelisch" genannt haben, anwenden wollen. —

Es wäre selbstredend möglich nun auch die Lehre von der Stammesgeschichte aller Lebewesen und damit zugleich der „Systematik" derselben wahrhaft metaphysisch zu vervollständigen. Wir unterlassen
das, da wir hier nicht in einer auch nur irgendwie begründeten
Weise „vermuten" können. Dass es sich da nicht nur um die Form,
den organischen Bau handelt, haben wir gesagt[1] — aber um was es
sich handelt, ob etwa um die Ausprägung verschiedener uns
gänzlich unzugänglicher Formen von *Wissen*, darüber können
wir leider auch nicht das geringste ganz sicher sagen. Die für die
Erfahrung bestehende Tatsache, dass die vermutete Stammesgeschichte
der lebendigen Wesen jedenfalls nicht nur eine auf das Dasein
des Menschen gerichtete[2] Geschehenslinie darstelllt, wird jedenfalls
von allen, die hier weiter denken wollen, in Erwägung zu ziehen sein.

2. Die Gottes-Fragen.

a) Die Aufrollung der Fragen.

Es mag dem Leser so scheinen, als wären wir nun wirklich fertig,
nicht freilich mit dem Antworten, ·wohl aber mit dem Fragen; denn
wir haben wahrlich genug gefragt.

Aber wir sind durchaus noch nicht mit dem Fragen fertig. Im
Gegenteil: eine ganz neue Art von Fragen ist gerade durch unsere
letzten Betrachtungen erst vorbereitet worden, und zwar trotz ihrer
Armut an Beantwortungen. Eben weil da in einer besonderen Form
gefragt worden ist, muss jetzt in einer besonderen Form weiterge-
fragt werden. Dem aufmerksamen Leser wird das schon aus gewissen Eigentümlichkeiten der von uns gewählten Ausdrücke zum
Bewusstsein gekommen sein: wir haben immer von einer „zweiten"
oder „höheren" Stufe der Wirklichkeitslehre geredet, aber doch eben
nicht von der letzten, der höchsten, sondern nur von „Vorbereitungen"
zu ihr. Sollte das geschehen sein, weil eben die „zweite" metaphysische
Stufe noch gar nicht die „letzte", weil sie nur ein Übergang zu ihr
war? So ist es in der Tat. Aber, wenn wir gewissenhaft sein
wollen, sind wir nun allerdings verpflichtet, jeder Einzel-
erörterung dieser wahrhaft „letzten" Metaphysik das Bekenntnis voranzusetzen, dass es sich in ihr nicht einmal,
wie in dem zu ihr überleitenden, vom Tode, vom Leiden
und von der Möglichkeit eines zeitlosen Gewordenseins des
Werdens handelnden Teile, um Vermutungen nach einer

---

[1] S. oben S. 172f.
[2] S. oben S. 174.

bestimmten Richtung hin, sondern dass es sich nur um die Aufzählung gleichwertiger „Möglichkeiten", die für ein wissenschaftliches Wissen recht wenig bedeuten, handeln kann[1]). —

Auf der ersten Stufe der Wirklichkeitslehre, die, wie wir sagten, auf „das Wirkliche" in seiner unbestimmten Gesamtheit ging, deutete ich meine Erfahrung, im weitesten Sinne des Wortes, metaphysisch aus; ich fragte, wie Wirklichkeit auf alle Fälle ihrer begrifflichen Kennzeichnung nach sein müsse, auf dass meine Erfahrung, die ihre Folge sein soll, sein könne, so wie sie ist; diese ganze Angelegenheit war zwar nicht ausschliesslich, aber doch vornehmlich eine „logische".

Die zweite Stufe der Metaphysik ergab sich aus gewissen Bestandteilen der ersten Stufe, also der metaphysisch ausgedeuteten eigentlichen Erfahrung; sie war durchaus ein Übergang. Der Solipsismus der Ordnungslehre war aufgegeben. „Ich" bin jetzt Ausdruck einer *Seele* neben vielen anderen Seelen; und diese Seelen sind Anzeichen nicht nur für ein Bewusstsein des Wirklichen überhaupt, sondern auch für eine besondere Form des wirklichen Bewusstseins: Das wirkliche Bewusstsein ist so geartet, dass es sich im Rahmen der seelenhaften Erfahrung als viele einzelne beschränkte Bewusstseine darstellt, zwischen denen allerdings gewisse, schwer fassbare, Ganzheitsbeziehungen bestehen. Es sterben nun die körperlichen Träger der beschränkten Teilbewusstseine, welche andererseits in ihrem Gewordensein nicht aus Bedingungen des Stoffes verstanden werden können. Was heisst „sterben" für die Seelen, und zwar sowohl mit Rücksicht auf ihr *Haben* wie mit Rücksicht auf *Gehabtes?* Könnte Sterben nicht nur den Übergang in eine neue Form des wissenden Erlebens, in eine neue Form von „Erfahrung", in eine neue „Welt", neu der „subjektiven" und der „objektiven" Seite nach, bedeuten? Dass die Seelen an ihrer Körperlichkeit leiden, spricht dafür, ebenso wie die rätselhafte Art der Herkunft der Lebewesen. Und ein Anfang der wirklichkeitserfüllten — (also nicht der rein gedachten) — Zeit, ein Anfang des Werdens, mit anderen Worten, ist denkbar; das *Werden* selbst kann unzeithaft „geworden" sein. Wir wissen nicht, ob es so ist; nur dass lediglich, wenn es so wäre, vieles in Erfahrung, die ja Wirkliches

---

[1]) Alles „Mögliche" ist hier schon einmal „gedacht" worden. Zu entscheiden, was „wirklich" ist, fehlt jedes Mittel, das ja, so seltsam es klingen mag, ein „empirisches" Mittel sein müsste. Alle grossen metaphysischen Systeme haben also vornehmlich nur ein psychologisches Interesse, sie lehren „psychologische Typen" kennen. Vgl. die lehrreichen Ausführungen von K. Groos über den „Aufbau der Systeme" in *Zeitschr. f. Psychol.* Band 62 und 71.

bedeutet, „erklärt" sein würde, wissen wir. Und wir wissen noch weniger, wie im Einzelnen Stufen des Wirklich-seins, deren eine die *Welt* ist, aufeinander, oder vielleicht nacheinander aus einem Gemeinsamen „folgen" mögen. Wir können aber doch sinnvoll fragen, und haben auch bruchstückhaft so etwas wie Andeutungen von Antworten.

Aber — und das nun eben zeitigt die wirklich letzte metaphysische Stufe — haben wir einmal soweit gefragt, so müssen wir noch weiter fragen.

Der Gedanke an das zeitlose Gewordensein dessen, was für Erfahrung zeitlich Werdendes ist, also der *Welt* in ihrer metaphysischen Gesamtheit — selbstredend nicht ihrer einzelnen mir in Form der Erscheinung zugänglichen Zustände in Beziehung auf andere solche Zustände — dieser Gedanke an die Möglichkeit von Wirklichem „ausser" der *Welt* war uns zwar seltsam, aber nicht ungeheuerlich. Bedarf dieser Gedanke aber nun nicht, wenn anders hier überhaupt von so etwas, das in irgendeiner Ähnlichkeitsbeziehung, in irgend einer „Analogie", zum erfahrungshaften Werden stehen soll, die Rede ist, einer notwendigen Ergänzung, und zwar einer Ergänzung nach zwei Richtungen hin?

Alles erfahrungshafte Werden geschieht an Etwas, das wenigstens nach gewissen Seiten seines Soseins *dasselbe Beharrliche* bleibt. Inwiefern denn könnten verschiedene Stufen des Wirklichen, die zeitlos sich folgen in ungekannter Weise, *dasselbe sein?* Was könnte sie verbinden? Was ist hier die wahre und letzte *Substantia, sive id, quod non indiget alicuius rei ad existendum?*

Und weiter: Die einzelnen Wirklichkeitsstufen, jeweils in ihrer Gesamtheit genommen, wären im Grunde soviele Ausprägungen eines wahrhaft Wirklichen; denn sie sind ja doch alle von uns als *wirklich* gedacht; nicht ist die Wirklichkeit einer von ihnen „Schein". In welchem Merkmal der *Substantia* denn kann es begründet liegen, dass „Dasselbe" Formen in zeitlosem Werden annimmt, welche nicht „dieselben" sind?

Beide Fragen, eine Fülle von Unterfragen zeitigend, stehen in naher Beziehung zu einander, sind aber nicht dasselbe. Die erste ist wirklichkeits-gegenständlich, die zweite ist es auch, geht aber zugleich auf „Erklärung" von „Anderem". Die erste will rein für sich genommen wissen, was an „dem Wirklichen" als solchem „dasselbe Sosein" bleibt trotz seines zeitlosen Werdens; die zweite will auch Verständnis für sein zeitloses Werden, nimmt aber dieses Werden gleichsam als Eigenschaft. Ja, man könnte geradezu sagen, dass diese zweite Frage sich mit der Aufgabe der ersten Stufe aller Metaphysik wieder berührt, nur dass es sich jetzt nicht darum handelt zu wissen, wie das Wirkliche „jedenfalls sein" müsse, auf das „meine Erfahrung" möglich sei ihrem gesamten Inhalt nach, sondern darum, Kenntnis zu gewinnen, wie das Wirkliche sein müsse, auf das alle möglichen Wirklichkeitsstufen, einschliesslich ihrer subjektiv-objektiven Zusammenhänge, sein können. Also nicht nur meine Erfahrung als die Erfahrung dieser irdisch beschränkten Seele will ich jetzt ausdeuten, sondern, wenn man so sagen will, alle möglichen „Erfahrungen" überhaupt, nicht nur Erfahrung irdischer Seelen.

So also frage ich an erster Stelle: Wie muss das Wirkliche in einen Begriff gefasst werden, auf dass alles, was es irgendwo und irgendwann, im nicht räumlich-zeitlich beschränkten Sinn dieser Worte, „gegeben", hat, „gibt" und „geben wird", in der Besonderheit seines Soseins sein könne, und zwar an „Demselben"? In den Begriff, der hier gesucht wird, muss, man sieht es, auch der „Grund" dafür eingehen, dass überhaupt Weltenstufen, die doch „dasselbe" Letzte betreffen, in ihrer zeitlosen Abfolge da sind.

Hier also erst suchen wir die höchste Form des Begriffes *Gott*, das heisst den Begriff, der ein Etwas meint, das, selbst unbedingt, die Bedingung von Allem ist. Durch diesen Begriff als Begriff sollen die Begriffe aller Teilwirklichkeiten mitgesetzt werden, und aus dem von diesem Begriffe gemeinten wirklichen Gegenstande[1]) soll sich — *als ob* es sich um ein „Folgen" handelte — die Gesamtheit aller wirklichen Teilgegenstände, aller unbekannt vielen Wirklichkeitsstufen, ihrem Wirklichsein nach ergeben.

Scheint es nun nicht, als müsste es bei der blossen Formung der höchst-metaphysischen Aufgabe sein Bewenden haben, wo wir ja schon auf der mittleren überleitenden Stufe der Wirklichkeitslehre, als es sich um die blosse Möglichkeit des Daseins von mehr als einer Wirklichkeitsstufe handelte, fast ausschliesslich fragen, aber so gut wie gar nicht antworten konnten?

Was es nun, in den verschiedenen religiösen und metaphysischen Dogmen, an Antwortsversuchen mit Rücksicht auf die endgültig geformte Gottesfrage gibt, ist übrigens, wenigstens in einer Hinsicht, nicht so verschiedenartig, wie es auf den ersten Blick erscheinen könnte. Dieser Umstand weist aber nicht etwa auf einen erfreulichen sachlichen *Consensus omnium* hin, sondern zeigt nur, dass eben gewisse rein formhafte, forderungsmässige Züge in bezug

---

¹) Wir scheiden scharf begriffliche Kennzeichnung als solche (*essentia*) und die, wenn auch nur vermutungsweise als erwiesen vorausgesetzte, Wirklichkeit (*existentia*) dessen, was der Begriff meint. Einen Ontologismus vermeiden wir also durchaus.

auf das, was der Begriff *Gott* leisten soll, stets in ungefähr gleicher Weise gesehen worden sind.

So verschieden sich also zum Beispiel der jüdisch-christliche Gott, welcher die Welt und als sein Ebenbild die Menschen schafft, diesen Ebenbildern freien Willen gibt, sie nach ihrem Fall straft und dann erlöst, so verschieden sich dieser Gott ausnimmt von dem *Deus sive natura naturans* des Spinoza, *cuius essentia involvit existentiam* und aus dessen *Essentia* alles „folgt"—als Begriff „Gott" bedeuten sie beide und noch viele Andere doch jedenfalls Eines: das denkhaft und sachlich *Unbedingte, alles Bedingende:* Alles ist durch Gott wirklich, und alles ist durch das Sosein Gottes so, wie es ist.

Die Unterschiede der Lehren beziehen sich weit weniger auf den Gottesbegriff in diesem Sinne, als vielmehr auf die besondere Lehre vom Bedingtsein der Wirklichkeitsstufen und Dinge durch Gott als *das letzte Wirkliche,* also auf die Frage wie Gott „wird" und in wiefern er „beharrlich" bleibt. Ist denn nun hier irgend etwas auszumachen, das über ein ganz leeres Spiel von Vermutungen hinausgeht? Und, was von allem offenbar das Bedeutsamste ist: Gibt es denn überhaupt den Gegenstand, den das Wort „Gott" meinend bezeichnet? Existiert *Gott* im Sinne des *Wirklich*-seins?

b) Ablehnung des Atheismus.

Ich meine nun, dieses Allerwesentlichste sei allerdings bereits von uns ausgemacht worden in der Gottesfrage, so dass wir es hier bloss wieder zu nennen brauchen: ganz ohne den Begriff *Gott* in irgendeiner Form kann das Wirkliche nicht gefasst werden.

Also ist *Gott* „wirklich", oder, anders gesagt, darf der Begriff „Gott" als blosser gehabter Inhalt, als bestimmtes Beieinander von Merkmalen, mit dem Zusatze, dem Kreiszeichen „meint ein Wirkliches" versehen werden.

Freilich ist er nur als wirklich erwiesen als ein solcher Gegenstand, als welcher er früher von uns mit dem Begriffe „Gott" gemeint war, und mit Rücksicht auf dasjenige Bereich, sozusagen, des Wirklichen, für welches mit solchem Begriffe ein wirklicher Gegenstand überhaupt gemeint sein konnte. Aber die ausdrückliche Nicht-Gott-Lehre, der „Atheismus", ist in der Tat schon durch den gesamten Inhalt des ersten Teiles dieses Werkes abgelehnt.

Das mag dunkel klingen. Man erwäge daher das Folgende:

Wir „definieren" Gott als wirklichen Gegenstand, gemeint durch einen Begriff, aus dessen *essentia,* d. h. aus dessen logischem Wesen, alle Teilwirklichkeit dem Begriffe nach *mitgesetzt* wird. Nun haben wir in der Tat, soweit wie wir *Ganzheit* fanden, einen solchen Begriff schon im ersten Teil dieses Werkes aufzustellen vermocht, einen „unentwickelten entwickelbaren" Begriff also, dessen mitsetzende Kraft uns zwar, da es sich nicht um Mathematisches handelte, nicht eigentlich fassbar war[1]). Aber das durch diesen Begriff Gemeinte, *überpersönliche Ganzheit*, war *wirklich*. Freilich nicht allein war sie wirklich, neben ihr, in sie verwebt, gibt es wirklichen *Zufall*. Aber wir dürfen trotzdem sagen: soweit Wirklichkeit Ganzheit ist, ist sie *gott-bedingt*; für das Ganzheitliche im Wirklichen gibt es *Gott*. Das Wirkliche, wenn auch nur in einem Anteil, ganzheitlich fassen heisst es gott-bedingt fassen.

Nur eine streng summenhafte Lehre vom Wirklichen leugnet Gott in jeder Beziehung ausdrücklich, ist radikaler „Atheismus". Wenigstens, wenn man *Gott* so „definiert", wie wir es getan haben.

Das alles geht ja aber, wie gesagt, nicht eigentlieh über die Ergebnisse des ersten Teiles unserer Untersuchungen hinaus; wir haben ja doch nur gezeigt, dass die eine, die auf *Ganzheit* gehende Seite des Gottesbegriffes Existierendes trifft; in allen übrigen bleibt *Gott* noch blosser Begriff.. Und wir möchten doch wohl über das Dasein *Gottes* und über die Besonderheit seines Verhältnisses zur *Welt* und zu anderen möglichen Formen oder Stufen des Wirklichen noch mehr wissen.

Und ein Weniges mehr zu sagen, ist uns nun wohl auch noch erlaubt:

Wir haben an früherer Stelle[2]), durchaus im Rahmen jener Wirklichkeitslehre erster Art, welche meine Erfahrung einschliesslich des Erfahrens selber begründen sollte, gezeigt, dass das einzige eigentliche besondere Soseinskennzeichen, das wir dem Wirklichen, wie es „an sich" ist, beilegen dürfen, das Kennzeichen *wissen* oder *bewusst-sein* oder *bewusst-haben* ist. Freilich sollte auch hier das dem Wirklichen zugesprochene Wissen mehr bedeuten als mein Wissen, aber doch durchaus im Rahmen dessen, was nun einmal Wissen überhaupt, in seiner gänzlich unzerlegbaren, unmittelbar gekannten Form, mir bedeutet. Es ist mit dem *Wissen* eben nicht so, wie es etwa mit dem *Neben* ist, von dem ich als einem Kennzeichen des Wirklichen nur in dem Sinne sprechen darf, dass ich sage: es ist da ein besonderes Gefüge von Beziehungen im Wirklichen, welches *Ich* als Gefüge von Raumesbeziehungen erlebe.

---

[1]) S. oben S. 269 f.
[2]) S. oben S. 138 ff.

Eben wegen der Sonderstellung, welche die Beziehung *wissen* schon in der ersten vorläufigen Art der Metaphysik einnimmt, kann *wissen* nun auch in ihre höchste Form als echtes *An-sich*-Kennzeichen hinübergenommen werden. Im Rahmen des *Wissens* jedenfalls spielt sich das höchste zeitlose Werden ab — sei es, wie es mag. Wäre es anders, dann wäre das Wirkliche ja nicht etwas, das sich wie ein Grund zu Erfahrung verhält: *Gott ist wissend*[1]).

Insofern also, als der Begriff „Gott" auch den logischen Grund für die Begriffe „Ganzheit" und „Wissen" abgeben soll, hat das durch jenen Begriff gemeinte höchste Gegenständliche Existenz, denn *Ganzheit* und *Wissen* sind im empirischen und im absoluten Sinne wirklich. Da haben wir also im Grunde den üblichen „physiko-theologischen" Gottesbeweis verwendet und sind, ganz ebenso wie Kant, nur etwas rückhaltloser[2]), lediglich bis zum Beweis der Existenz des „Demiurgos", des wissenden Demiurgos freilich, gelangt. Der Atheismus, die reine Summenlehre, ist damit auf alle Fälle geradezu widerlegt. Bewiesen ist, daß zwei Züge von dem, was die *essentia* des Begriffs „Gottt" üblicherweise und auch im Rahmen unserer eignen Lehre ausdrückt, nämlich *Ganzheit* und *Wissen*, Wirkliches treffen.

Aber dass es Gott als den selbst unbedingten Bedinger von Allem „gibt", ist noch nicht „bewiesen". Gott als der unbedingte Ur-„anfang" ist noch in seinem Dasein unbewiesen. Und auch darüber, wie denn Gott zur zeitlosen Abfolge aller Weltenstufen und zum zeitlichen Werden der zeitlich erscheinenden Weltenstufe in Beziehung steht, wissen wir noch nichts.

Was es hier an Erwägungsmöglichkeiten gibt, ist seit langem bekannt. Es sind die üblichen Gottes-„beweise" ausser dem physiko-theologischen. Den „ontologischen" dieser Beweise nun haben wir mit allem Ontologismus zugleich abgelehnt[3]); es gibt logisch nichts ausser dem blossen Begriff „wirklich", *cuius essentia involvit existentiam.*

---

[1]) Wer, wie **Scheler** (Ethik II S. 437), verschiedene empirische psychologische Typen, den associativen, den triebhaft-vitalen und den akthaften unterscheidet, muss sie alle natürlich dem Wirklichen zuschreiben, denn sonst könnten sie nicht alle empirisch-wirklich sein; ja, er wird geneigt sein, der Gottheit auch einen Ueber-*νοῦς* zuzuschreiben. Uns scheint es, als gebe es schon im Empirischen im Grunde nur einen Wissenstypus, dessen verschiedene Seiten in verschiedenen Wesen verschieden stark in Erscheinung treten, so daß wir dem wirklichen „höchsten Wesen" also nur den höchsten (oder einen „überhöchsten") Wissenstypus zuschreiben, der aber alle niederen einschliesst und so empirisch möglich macht. Vgl. auch oben S. 334.

[2]) Vgl. zumal *Prolegomena* s. S. 57—59.

[3]) S. o. S. 254f.

Der „Kartesianische" Beweis zeigt nur, dass das Wirkliche so beschaffen ist, dass es Wesen geben kann, welche den Begriff *Gott* als wunschmässiges Ideal besitzen[1]); gälte er, dann müsste es auch den idealen Staat in ewigem Frieden „geben"; dessen Begriff schaue ich wünschend auch. Der „kosmologische" Beweis begeht den Irrtum zu glauben, dass Bejahung einer Folge einen Schluss auf den Grund gestatte, der über blosse Mannigfaltigkeitserwägungen hinausgeht.

Es kann also mit Rücksicht auf das *Dasein Gottes* nichts „bewiesen" werden, was über den wissenden Demiurgos hinausgeht, und so müssen wir denn unsere Erörterung mit der Behandlung einer Reihe höchstmetaphysischer Fragen lediglich als Fragen beschliessen[2]).

c) Noch einmal der Dualismus.

Unsere höchste Metaphysik, die also den Nachweis der Möglichkeit verschiedener Wirklichkeitsstufen als durch die Darlegungen unseres zweiten Hauptteiles geleistet ansieht, gedenke an erster Stelle des *Dualismus*, des Zwiespaltes von Ganzheit und Unganzheit, von Form und Materie, jenes Zwiespaltes, der, neben dem Wissen vom Wissen des Wirklichen, im Rahmen der ersten Metaphysik denn doch eigentlich das Wesentlichste an möglicher Kennzeichnung dessen, was wir *die Welt* nannten, darstellte und unsere gesamte Metaphysik zu einem in gewisser Hinsicht „Irrationalen"[3]) gemacht hat.

Ist denn auf diesem Felde nun wenigstens ein Geringes an höchstmetaphysischer Einsicht oder doch Klärung möglich?

Eine der zeitlosen Werdestufen des Wirklichen, die *Welt*, ist jedenfalls zwiespältig mit Rücksicht auf Ganzheit gekennzeichnet — so lautete die früher gewonnene Einsicht. Wir fragen aber jetzt: Geht diese Zwiespältigkeit durch alle Stufen des Wirklichen hindurch oder nicht, und wenn sie es tut, in welcher Form?

Man sieht es: Erst hier enthüllt sich die Bedeutung der Frage nach

---

[1]) S. o. S. 120.

[2]) Ist unsere Metaphysik „idealistisch"? Das wird angesichts der ungeheuren Verworrenheit, die mit Rücksicht auf die Anwendung eben dieses Wortes herrscht, wohl jeder entscheiden müssen nach Massgabe des Begriffs, den er nun gerade mit diesem Worte verbindet. Aber jeder muss sich bewusst bleiben, dass schon sein Nachbar etwas ganz anderes unter „idealistisch" versteht als er. Wir ersparen uns hier jede Erörterung. Berkeleys' „Idealismus" ist jedenfalls insofern „Realismus", als er ein nicht nur ich-eignes Wirkliche annimmt und auch alles einzelne Erfahrungshafte, z. B. Materie, etwas bestimmtes bedeuten lässt (ganz wie ich); ja, er geht sogar sogleich auf letzte Metaphysik. Er ist „Idealismus" insofern, als das „Reale" für ihn geistig ist.

[3]) S. auch S. 275.

der Wirklichkeit von Monismus oder Dualismus in ihrer ganzen Tiefe. Denn erst hier wird sie zu der Frage: Ist das Wirkliche Eines oder sind der Wirklichen Zwei?

Die Vereinigung von Form und Materie war es, die das Leiden schuf. Und der Tod möchte vielleicht das Leiden endigen, indem er die Vereinigung von Form und Materie aufhebt.

Aber Aufheben des Vereinigtseins einer Zweiheit ist nicht Beseitigung der Zweiheit als solcher. Bleibt die Zweiheit als Zweiheit etwa doch bestehen, wenn es auch keine durch Zweiheit geschaffene Zwiespältigkeit, an der gelitten wird, mehr gibt? Schickt, um theologisch zu sprechen, Gott seine Kinder in das Stoffhafte hinein als in ein ihm grundsätzlich Fremdes? Gibt es Gott und den Nicht-Gott von Ewigkeit zu Ewigkeit?

Gewiss, „Materie" im „Raum" ist bestimmtes Etwas im Rahmen der Erfahrung. Ihre *Sempiternitas* ist durchaus keine Forderung; im Gegenteil, *Dingschöpfung* im Sinne von Materienschöpfung ist sogar schon eine der möglichen erfahrungshaften Werdeformen[1]). Aber irgendwie Nichtganzheitliches, Zufälliges mag gleichwohl alle zeitlos gewordenen Stufen des Wirklichen höchsten Sinnes begleiten und mag „Stoff" im erweiterten Sinne heissen. Gibt es diesen „Stoff" in Ewigkeit, wenn auch vielleicht von „Form" getrennt und nicht mehr Leiden schaffend, in ungekannten Stufen des Wirklichen? Oder schuf Gott den Stoff nur für eine bestimmte Stufe des aus ihm fliessenden Werdenden, weil er für diese notwendig war? Dann würde also auch der Stoff, das heisst, streng gesprochen, das, was die erfahrungshafte Materie mit ihren Gesetzen im Rahmen der „Realität" bedeutet, von Gott stammen; und er könnte vernichtet werden, wenn die Rolle, die er in einer bestimmten Weltenstufe spielen sollte, erfüllt ist.

Aber wozu die zwiespältige Weltenstufe überhaupt? Wie kann eine Ganzheit aus sich zu Zwiespältigkeit kommen?[2])

Ja, wie kann *Zufall* aus *Ganzheit* stammen? Denn Gott ist uns ja doch das alle Form bedingende Ganze, und des Stoffes Urwesen war uns die Zufälligkeit, wenigstens mit Rücksicht auf die für die Erfahrung raumhaft ausgeprägten Beziehungen zwischen den Letztbestandteilen des Stofflichen.

---

[1]) Vgl. *O. L. C. I. 11. d. α.*

[2]) Dass das Wirkliche allein deshalb, weil auch es die Form des *Ich habe Etwas* besitzt, weil es die Subjekt-Objekt-Zerfällung zeigt, schon „zwiespältig" im Sinne einer Unganzheitlichkeit sein müsse, meinen wir nicht. Deshalb sehen wir in jener Zerfällung keinen „Abfall" aus irgendeiner höheren Reinheit, und so ist denn das ῞Εν des Plotinos für uns überflüssig.

Wer menschenhafte Bilder für das Göttliche nicht grundsätzlich scheut, dem mag hier ein Gleichnis vielleicht eine gewisse kleine Aufhellung bieten: Die sogenannten „bildenden" Künste werden in klarer Form an einem „zufälligen" Stoffe betätigt. Freilich *schafft* nicht der Künstler den Stoff, den er braucht; aber auch nicht verwendet er das Stoffliche, also Steine, Farben und dergleichen, in seiner unabhängig von ihm selbst bestehenden Zufälligkeit. Es macht sich erst eine neue Verteilung des Stoffes in Zufall und diese benutzt er dann: Steine häuft er sich auf, oder Wachs von einer bestimmten Masse und Form, oder Farben. Und dann schafft er das Ganze, das „Kunstwerk", indem er gewollte Ordnungszüge, nicht etwa Ordnung mit Rücksicht auf alle „Atome", in das von ihm gesetzte Zufällige zweiter Hand hineinbringt. Von Gott nun, wenn anders der Stoff aus ihm stammen soll, müssten wir freilich sagen, dass er *schafft*, was er braucht. Aber ist es sinnlos zu sagen, dass er, obwohl selbst Ganzheit, den *Zufall* schafft? Den Zufall in gewissen Beziehungen zwischen den Letztteilen des Geschaffenen wenigstens, denn die Letztteile als solche haben ja ihre „Gesetze" mit Rücksicht auf das, was erfahrungshaft Masse, Bewegung und Kraft heisst, und besitzen eben darin Einheits-, ja, besitzen vielleicht sogar in ihrer Verteilung Ganzheitszüge. Ist es sinnlos zu meinen, dass Gott schaffend gedacht habe: „Es werde das Stoffliche als das, was, sich selbst überlassen, auf Grund des Wesens seiner Teile ewig weiter-wird, bis ich es wieder vernichte"? Wie der Sämann den Samen aufs Feld wirft, so hätte Gott schaffend Materie, vielleicht nach einem groben Plane, gleichsam ausgestreut in ein Beziehungsbehältnis, das er ihr schaffend mitgab.

Ich meine, das alles ist kein sinnloses Bild, und es würde uns den Dualismus ein wenig erträglicher erscheinen lassen. Die Zwiespältigkeit bliebe zwar, aber sie wäre zu einem Zwiespalt in Gott geworden. Und es wäre zugleich verständlich geworden, dass, wie wir wissen, doch auch das „Materielle" rein als solches gewisse Züge von Einheit und vielleicht sogar Ganzheit besitzt[1]), und dass, wie wir an früherer Stelle, so gut wie wir es konnten, dargelegt haben[2]), die materielle Natur mit ihren „Gesetzen" vom Lebendigen geradezu benutzt werden, dass „Belebtheit" rein materiell weitergegeben werden kann. Freilich muss, wer den in sich zwiespältigen Gott in diesem Sinne

---

[1]) Nämlich: 1. das Wirkenkönnen, 2. das in dem einen Raum vereint sein, 3. gewisse Tatsachen der Anordnung, und vielleicht noch mehr (s. o. S. 97 ff. und 154 ff.).

[2]) S. oben S. 162 f.

lehrt, entweder die Allmacht und Allwissenheit oder aber die Allgüte
aus den Merkmalen des Gottesbegriffs streichen. —

Was *Erlösung* vom Dualismus im höchstmetaphysischen Sinne überhaupt heissen kann, bedarf nun wohl auch noch kurzer Worte:

Nicht wegzuschaffen ist die Tatsache, dass mindestens eine der
Wirklichkeitsphasen mit *Leiden* am Dualismus behaftet ist. Man kann,
wie wir wissen[1]), diese Tatsache des Leidens nicht damit abtun, dass
man sie für „Schein“ erklärt; sie ist da. Und auch, wenn etwa der
Heilige das Leiden nicht mehr beachtet, es also für ihn damit nicht
da ist, so ist es doch für die Anderen, die ja übrigens zu seinen Objekten gehören, immer noch da.

Wenn wir nun aber annehmen, es sei die „nächste“ oder doch eine
der „späteren“ Wirklichkeitsphasen leidensfrei: wie könnte dann das
Verhältnis ihrer zu der leidensvollen Phase gedacht werden?

Ich denke, auf dreierlei Weise:

Die Materie (d. h. ihr *wirkliches* Korrelat), könnte vernichtet sein,
so dass reine Ganzheit übrig bliebe. Oder die Materie könnte von
reiner Ganzheit durchaus reinlich getrennt sein, so dass es die Verkettung von Ganzheit und Zufall nicht mehr gäbe, aus welcher ja
eben das Leiden stammt. Oder endlich die Materie in ihrem Zufall
könnte durchaus und in jeder Hinsicht von Ganzheit bezwungen werden, so dass sie selbst „ganz“ geworden ist, wie das ja bei der organischen Formbildung in gewissem Ansatz geschieht.

Eine Entscheidung ist hier unmöglich. Und auch, wenn sie möglich
wäre, so wäre nicht beantwortet die Frage, weshalb das Wirkliche
durch eine dualistische Phase hindurch muss, an welcher gelitten
wird. Auch wer den Dualismus in Gott selbst verlegt, so dass mit
seiner Setzung Gott sich gleichsam in seiner „Allmacht“ beschränkt,
wer also nicht „Manichäer“ ist, verstünde über den Grund dieser
Selbstbeschränkung noch gar nichts. Er wüsste auch nichts darüber,
ob nicht etwa nach eingetretener Erlösung „später“ einmal eine neue
leidvolle, also wiederum erlösungsbedürftige Wirklichkeitsphase eintreten möchte!

d) Der echte „Pantheismus“.

Gott, als Begriff gefasst, soll, selbst nur *gesetzt* aber nicht *mitgesetzt,* alles irgendwie Wirkliche in der Gesamtheit der Wirklichkeitsstufen, in Begriffe gefasst, mitsetzen, wenigstens soweit es ganzheitsbezogen ist[2]). Als vollendet wirklicher Gegenstand aber soll er alle

---

[1]) S. oben S. 332.

[2]) Wir lassen also hier die im vorigen Abschnitt vermutungshaft versuchte Zu-

irgendwie wirklichen Sondergegenstände, wenigstens soweit sie ganzheitsbezogen sind, in einer tieferen, reicheren Bedeutung als der des blossen denkhaften Mitsetzens „bewirken", obschon nicht in der Form dessen, was Bewirken („Kausalität") für die Erfahrung heisst[1]).

Aber sind wir hier nicht im Rahmen der höchsten Wirklichkeitslehre bei einer Frage angelangt, die wir im Rahmen der Metaphysik erster Art bereits als grundsätzlich unentscheidbar dargetan haben[2])? Wir sind in der Tat wieder bei der Frage nach der *Freiheit* angelangt, aber nicht nur bei der Frage nach der Freiheit etwa des überpersönlichen Werdens im Reiche des Belebten, wie Erfahrung es kennt und vermutet, sondern bei der Frage nach der Freiheit oder Unfreiheit des Werdens der Wirklichkeitsstufen. Und diese Frage aller Fragen ist zugleich die Frage danach, ob Gott überhaupt grundsätzlich durch einen ihn meinenden „Begriff" fassbar ist — nicht „für uns", sondern seinem „Wesen" nach.

Wie, wenn er eben kein „Wesen" hätte, sondern sein *Wesen* „würde", im zeitlosen Sinne dieses Wortes?

Als echter „Pantheismus" müsste eine solche Lehre, die Bergson mit seinem „Dieu se fait" in unseren Tagen vertritt, bezeichnet werden. Sie stünde der jüdisch-christlichen Gotteslehre ebenso entgegen, wie der Plotinischen oder der Spinozistischen. Denn diese Lehren alle, trotz ihrer grossen inneren Verschiedenheiten, kennen den Begriff *Gott* als echten Begriff, und den vollendet-wirklichen Gegenstand *Gott*, den dieser Begriff meint, als Wesen *in aeternitate*, als *Substantia* — dessen und deren Merkmale und Eigenschaften „Ich" freilich nicht kennen kann.

Keine summenhafte Auffassung der Wirklichkeit freilich ist hier mit dem Wort „Pantheismus" gemeint, nicht soll nur die Summe aller irgendwie und irgend einmal wirklichen Einzeldinge „Gott" genannt werden. Solche Lehre wäre „Atheismus", trotz der Verwendung des Wortes Gott; ich glaube nicht, dass sich irgendein wahrhaft Nachdenkender zu ihr bekennen kann. Alles irgendwie und irgend einmal Wirkliche, insofern es ein Ganzes ist, ist Ganzheit eben doch nur, insofern als es auf ein Ganzes hin *wird*, das als vollendetes Ganzes jedenfalls *jetzt* nicht in irgendeiner Form da ist. Gott wäre also die Ganzheit von Vergangenheit, Gegenwart und Zukunft, im über-

---

zeitlichen Sinne der Worte; aber er kann nicht vollendet sein, da die Zukunft unvollendet ist und vielleicht nie vollendet sein wird. Also „hat" er kein „Wesen", und also „folgt" nichts besonderes Wirkliches[1]) aus seinem „Wesen", welches ja erst als Wesen wird.

Für jeden *Theisten*, im weitesten Sinne des Wortes, gilt, wenn er ordnungsmonistisch denkt, der Satz „Wer Gott kennt, kennt alles einzelne Wirkliche", wenn er aber dualistisch denkt, so gilt für ihn ein „Wer Gott kennt und die Verteilung der Materie in einem gegebenen Zeitpunkt, der kennt alles einzelne Wirkliche zu einer beliebigen späteren Zeit". Für den echten *Pantheisten* aber gelten solche Sätze nicht: denn Gott ist grundsätzlich unkennbar. —

Wer den sich selbst in *Freiheit* machenden Gott mit Rücksicht auf die in unzeitlichem Werden sich folgenden Stufen oder Schritte der Wirklichkeit lehrt, der wird auch Freiheit lehren für das überpersönliche Lebenswerden innerhalb derjenigen Wirklichkeitsstufe, welche wir „die Welt" nennen, und welche uns als Erfahrung bildhaft gegeben ist. Und damit ersteht dann auch die Lehre von der Freiheit des Handelns des Einzelnen. Nicht zwar, als ob der Einzelne echte „Monade" wäre — das lehren hiesse: überpersönliche Ganzheit des Lebendigen leugnen[2]) —; wohl aber insofern wäre der Einzelne frei, als durch ihn hindurch der freie Werdestrom verläuft, als dieser Strom sich mittelst seiner äussert. Und für das durch die Einzelnen hindurchgehende unbewusste, das „phylogenetische" Werden, im weitesten Sinne des Wortes, wird der echte Pantheist auch Freiheit zu lehren geneigt sein.

Aber das Sterben des Einzelnen, das vielleicht den Übergang in eine neue Wirklichkeitsstufe bedeutet, geschieht doch nicht frei? Das wohl nicht; wohl aber kann nach pantheistischer Lehre die Gesinnung des Sterbenden in der Todesstunde in „Freiheit" sein. Und sie bedeutet nach der Lehre mancher etwas sehr Wesentliches für seine unzeitliche Zukunft, gerade soviel, wie sie nach der Lehre der Kirche, im Rahmen eines Theismus also, der den Begriff des sich machenden Gottes nicht kennt, für den seltsamen Begriff einer Freiheit, in der das „Geschöpf" sich gegen den sein Wesen bestimmenden „Schöpfer" soll richten können, bedeutet. Auch die Lehre von der mystischen Wirkung der Gesamtheit der als *frei* geschehend gedachten „Werke"

---

[1]) Wohl aber „folgt" aus ihm als Wirklichem die „Erscheinung" (S. o. S. 116f.), d. h. insofern er, sozusagen, „fertig" geworden ist, stellt er sich im Rahmen des *Ich habe Etwas* dar. Dieses ist natürlich eine ganz andere Art des *Folgens* als die, von welcher wir jetzt reden.

[2]) S. oben S. 105.

auf unzeitlich-zukünftiges Dasein gehört in diesen Zusammenhang der
Gedanken — obschon gerade sie auch im Rahmen eines Theismus
möglich ist — eine Lehre, die in der indischen Philosophie als Lehre
von der Möglichkeit einer Fülle der Wiedergeburten bekanntlich ihre
grosse Rolle spielt. Und gewissen indischen Schulen und neueren von
ihnen abhängigen Gedankenkreisen, wie zum Beispiel denjenigen
Schopenhauers und Hartmanns, gehört nun auch noch der Satz
an, dass der Einzelne schon während seines Seins als Glied der
Welt durch Gesinnungs-, zumal aber durch Willensumkehr, durch
„Zerreissen des Schleiers der Maya", sich selbst in eine höhere Stufe
der Wirklichkeit in Freiheit hinauf versetzen kann, dass er, obschon
noch „lebend", doch *tot* ist. Dieser mystische Übergang wird, wenigstens in seinem ersten Gliede[1]), durchaus als *zeitloses Werden* und
Wirken gefasst. Er scheint mir auf jeden Fall eine „Analogie" zu
empirischem Wirken bedeuten zu müssen, obschon er natürlich nicht
selbst empirisches Wirken sein soll[2]); spielt doch der Begriff der
voraussagbaren Bestimmtheit des „Wesens" der *Wirkung* aus
dem „Wesen" der *Ursache* bei ihm gar keine Rolle — denn das
würde ja „Freiheit" ausschliessen. —

e) Der Theismus und seine beiden möglichen Grundformen.

Und was wäre das, im allerallgemeinsten Sinne des Wortes, „thei-
stische" Gegenstück zu der Lehre vom sich machenden Gott, die
allein wir als echten Pantheismus bezeichnet haben?

Das wäre die Lehre, dass von Ewigkeit zu Ewigkeit das vollendete Ganze, vielleicht einschliesslich aller Nichtganzheit als seines
eigenen „willkürlichen" Werkes, in Vollendung und Ruhe besteht
und im Weltenwerden, zeitlichem und zeitlosem, sein eigenes Wesen
in Abbildform sich selbst noch einmal gegenüberstellt. Bis hierher
stimmen die jüdisch-christliche Gotteslehre der Kirche, Plotinos
und Spinoza, um nur einige Namen zu nennen, überein. Auch Spinoza also ist Theist, wenn man das als Pantheismus bezeichnet, was
wir so bezeichnet haben. Auch er kennt einen vollendeten Begriff

---

[1]) Ganz streng genommen ist hier *frei* nur das Geschehen der in geheimnis-
voller Weise schicksalsbestimmenden Tat; ist sie geschehen, so „wirkt" sie gemäss ihrem Sosein; aber neue freie Taten können folgen. Es handelt sich also
um eine Verkettung von Bestimmtheit und Nicht-bestimmtheit.

[2]) Deussen dagegen redet in seiner Darstellung der indischen Philosophie
einem durchaus, auch analogienhaft, agenetischen, rein erkenntnishaften Verhältnisse das Wort. Das scheint mir grundsätzlich nicht angängig zu sein, denn die
alten Inder waren keine Kantianer. Vgl. St. Schayer, Mahayanistische Erlösungs-
lehren (Freiburger Dissert.), 1921, S. 7.

Gott; Gott legt sich gleichsam auseinander, aber nicht „macht" er „sich"; er ist in Vollendung wirklich als *Gott*[1]).

Es treten nun die bekannten Schwierigkeiten der theistischen Lehre auf, denen allen der echte Pantheismus entgeht: Warum denn stellt, durch Schöpfung im eigentlichen Sinne oder durch „Emanation", Gott sein Wesen in Andersheit sich noch einmal gegenüber? Warum muss zum mindesten die eine Stufe dieser Andersheit so unvollkommen und erlösungsbedürftig sein, wie sie nun einmal ist? Handelte Gott frei bei der Schöpfung oder „musste" er schaffen? Nach Plotinos und Spinoza „musste" er wohl, d. h. seine *Essentia* schrieb ihm vor; nach kirchlicher Lehre war er „frei", wobei es sich freilich, im Gegensatz zum echten Pantheismus, nur um die Schellingsche Freiheit des *Dass*, nicht um die Freiheit des *Wie* der Schöpfung handeln kann, da ihr *Wie* ja bei allen nicht echt-pantheistischen Lehren durch das *Wesen* Gottes bestimmt ist. Und weiter: Drückt die Welt in ihren Stufen alle Eigenschaften Gottes aus oder nicht alle? Oder, in alter Wendung gesprochen: gibt es „Mögliches" in Gott, das nicht „Welt-Wirkliches" ist oder sein wird? Ist *potentia* mehr da als *actu?*

Alle diese Schwierigkeiten, welche für die Freiheitslehre natürlich nicht bestehen, sind in irgendeinem strengen Sinne unbehandelbar. Sie bezeichnen Notwendigkeiten des Fragens[2]), wenn man sich einmal für den Theismus entschieden hat.

---

[1]) Man vergleiche zu diesem, absichtlich gedrängtester Kürze sich befleissigenden Abschnitt, abgesehen von Hartmanns *Geschichte der Metaphysik,* die sehr lehrreichen Darlegungen von H. Schwarz über den Gottesbegriff: *Grundfragen der Weltanschauung* 1912, dritter Abschnitt; ferner *Der Gottesgedanke in der Geschichte der Philosophie* I, 1913, und *Die Entwicklung des Pantheismus in der neueren Zeit* in Zeitschr. f. Phil. u. phil. Kritik Band 157, 1915. — Schwarz' Begriff eines „theistischen Pantheismus" erscheint mir besonders bedeutsam; man vergleiche auch besonders, was er über Spinoza sagt (Zeitschr. f. Phil. l. c. S. 63 ff.).

[2]) Viel gefragt worden ist bekanntlich auch, zumal im ausgehenden Mittelalter, nach dem Verhältnis des Wissens und des Wollens in Gott. Welches hat den „Vorrang"? Mir erscheint die Frage gegenstandslos, weil sie auf einer phänomenologisch falschen Grundlage ruht. Will ich vom *Wissen* und *Willen* Gottes reden, so müssen diese Worte doch wohl etwas meinen, das mit meinem Wissen und Wollen wenigstens das allerallgemeinste Kennzeichen gemeinsam hat. Nun ist aber im Rahmen des rein Erlebnishaften das Erlebnis *Wollung* ebenso wie das Erlebnis *Wissung* jeweils eine Abart des Erlebnisses *Gedanke*; Wollen und Denken als Tätigkeiten werden überhaupt nicht erlebt. Psychologisch freilich darf ich dem seltsamen durch den Ordnungsgedanken *meine Seele* gemeinten mittelbaren Gegenstande Wollen und Denken als „Tätigkeiten" zuschreiben — aber ihr Denken als „Nachdenken", als Tätigkeit, ist ein Wollen, und wollen kann sie nur Gedachtes! Von einem „Vorrang" des einen vor dem anderen kann da also gar keine Rede sein.

Und eine ganz besondere Gruppe von Schwierigkeiten kommt dann noch hinzu, wenn man Gott *freie* Wesen schaffen lässt, die gegen ihn handeln können — konnte er da ein Alles mitsetzendes *Wesen* haben? Man weiss, dass gerade die strengsten Theisten an Stelle der Freiheitslehre hier die Lehre von der *Gnade* gesetzt haben.

Wir aber brauchen uns um alle diese Schwierigkeiten, und vielleicht noch um andere, gar nicht zu sorgen; denn wir wollen ja die Doppelfrage „*Pantheismus oder Theismus?*“ gar nicht entscheiden. Wir wollen es nicht, weil wir wissen, dass wir es in irgend einem „strengen“ Sinne nicht können[1]). Und wir können es eben nicht, weil von der Folge kein eindeutiger Weg zum Grunde führt: Die „Folge“ aber ist auf dieser höchsten Stufe der Erfahrungsinhalt zur *Welt* umgedeutet. Der Erfahrungsinhalt nun lehrt uns zeitlich werdende unvollendete Ganzheit mit Zufall vermengt kennen. Das wäre auf der Grundlage beider höchstmetaphysischen oder, wenn man will, theologischen Vermutungen gleichermassen möglich, auf Grund der pantheistischen wie auf Grund der theistischen.

Wir erreichen also ganz dasselbe Ergebnis oder vielmehr Nichtergebnis auf der höchsten Stufe der Wirklichkeitslehre, welches wir früher in beschränktem Rahmen, mit Rücksicht auf das überpersönliche Werden zeitlicher Art im Rahmen der Wirklichkeitsstufe *Welt*, erreicht hatten.

In Einzelheiten des Fragens, zumal wenn sie ganz besondere Schwierigkeiten in sich bergen, wollen wir uns daher nicht verwickeln, weil wir ja eben wissen, dass Antwort, sogar im Sinne eines blossen Wahrscheinlichseins, unmöglich ist. Immerhin erheischt es das Streben nach Vollständigkeit, dass eine besondere den Theismus betreffende Frage hier, rein als Frage, noch aufgeworfen werde, da auf Grund ihrer zwei sehr wesentlich verschiedenen Auffassungen des von uns sogenannten „Theismus“ möglich sind[2]). Was hier, nach unserer Auf-

---

[1]) **Kerler** (Die auferstandene Metaphysik, 1921) schreibt mir sehr oft **Entscheidungen** zu, wo ich **Möglichkeiten** erwäge und **Fragezeichen** setze. So soll ich mich z. B. für Freiheit (l. c. S. 48 f.) und für den echten Pantheismus (59 ff.) entschieden haben! Auch alles, was ich über Einheits- und Ganzheitszüge im Unbelebten (15 ff.) im Phylogenetischen und Historischen (29 ff.) gesagt habe, nimmt er lange nicht hypothetisch genug. Und nun gar sein „Bismarck“-Beispiel für das Evolutiv-Geschichtliche! Wo rede ich denn je von einem Politiker oder von Politik, wenn ich hypothetisch den Evolutionsbegriff in das Historische einführe? Mir gilt sogar der „Weltkrieg“ als *welt-unwesentlich*. Die Hypothese des „nicht von dieser Welt“ scheint **Kerler** nicht erfasst zu haben.

Meist freilich, das gebe ich gern zu, berichtet **Kerler** zutreffend, und seine Kritik ist stets subjektiv gewissenhaft und immer vornehm.

[2]) Etwa auch noch auf die Fragen nach der „Persönlichkeit“ und dem „Be-

fassung also im Rahmen des Theismus, als Möglichkeitspaar erscheint, ist in der Tat so sehr voneinander verschieden, dass es viele gibt, welche den einen Möglichkeitspartner überhaupt gar nicht dem Theismus, sondern dem Pantheismus zuzuzählen geneigt sind; eben diese werden schon an unserer Auffassung des Spinoza als eines *Theisten* Anstoss genommen haben.

Wir bleiben nun durchaus dabei, als *Pantheismus* lediglich die Lehre von dem „sich machenden" Gotte, von dem Gotte, der in Freiheit „sein Wesen wird" — (in dem allerallgemeinsten, zeitloses Anders-„werden" einschliessenden Sinne des Wortes *werden)* — zu bezeichnen. Wo immer Gott Wesen hat, da reden wir von Theismus: es ist Gott.

Aber nun kann Gott neben und in seinem „Werke" sein; er kann sein Werk *geschaffen* und er kann sich in sein Werk *verwandelt* haben, es aus sich, wie der nicht ganz passende Ausdruck lautet, „entlassen", „emaniert" haben. Die echte Schöpfung, deren endliches Ergebnis den „un"-endlichen, d. h. vollendet-wirklichen Schöpfer neben sich hat, entweder wie das Kunstwerk den Künstler oder in gänzlich unaussprechbarer Form[1]), ·lehrt von entwickelten Lehrgebilden wohl nur der jüdisch-christlich-islamitische Gedankenkreis[2]). Die sogenannte Emanation lehren diejenigen indischen Schulen, welche nicht Freiheit des sich machenden Gottes lehren, und verkündigen in verschiedener Form alle Neuplatoniker, Spinoza, Schelling und Hartmann, meist freilich nicht ohne ein gewisses, wenig geklärtes, Zugeständnis an den echten Freiheitsgedanken. In unfassbarer Weise „war" da Gott, ehe die Zeit[3]) war, und „wird sein", wenn die Zeit nicht mehr sein wird; und dann wird er — (so lehrt Spinoza freilich nicht) — zugleich „erlöst" sein[4]). Jetzt aber ist er *als* zeitliche

---

wusstsein" Gottes einzugehen, wäre durchaus müssig, da es bei der Einsicht, dass es sich eben um nicht-menschliche Formen von Person und Bewusstsein handele, ja doch auf alle Fälle bleiben müsste. Dass uns *Wissen* in einem unfassbaren übermenschlichen Sinne des Wortes als Urbeziehnng gilt im Reiche des Wirklichen haben wir oft gesagt (s. oben S. 131 ff.).

[1]) Ich denke hier an Nikolaus von Cusa.

[2]) Die grösste Schwierigkeit für den Schöpfungstheismus liegt in der Frage, ob er die „neben" dem Schöpfer stehenden Geschöpfe ein im echten Sinne „freies" Sein führen lassen soll oder nicht. Tut er es, so ist sein Gott nicht allmächtig; tut er es nicht, so gibt er sich, ohne es zu wollen, teilweise auf und nimmt Züge der Emanationslehre oder gar des echten Pantheismus an. — Man nennt gern die Geschöpfe die dinggewordenen „Gedanken" Gottes. Aber man vergesse nicht, dass diese Gedanken zum Teil selbst Gedanken habende Subjekte sind!

[3]) Genau: das metaphysische Korrelat dessen, was für die Erfahrung „Zeit" ist.

[4]) Bei Plotin und Hartmann bedeutet die Emanation aufs deutlichste eine „Entwicklung" nach abwärts!

Welt. Gott also hat (zeitlose) Werdestufen seines Seins als *desselbigen solchen* Gottes; aber seine Dasselbigkeit, obschon sie ganz sowohl als auch jeweils lediglich in der jeweiligen Werdestufe darinnen ist, nimmt doch mit jeder der zeitlosen Werde- und Weltenstufen eine andere Form an.

Gott „wird" also auch hier, wie beim echten Pantheismus. Aber er wird nicht sein Wesen, sondern er wird aus seinem Wesen heraus, er wird auf Grund seines Wesens. Und er ist, obschon er jetzt *die Welt* ist, doch mehr als die Welt, denn er ist zugleich das Vermögen zu Anderem als sie.

Warum das alles? — diese Frage wollen wir gar nicht einmal versuchen zu beantworten, ja auch nur des Näheren zu formen. Genug, behauptet wird der in die jeweilige Weltenstufe, der eigentlich vollendeten Wirklichkeit nach, vollständig aufgehende Gott; und eben ihn lehren alle die, welche „Schöpfung" im engeren Sinne lehren, nicht. Wer Schöpfung lehrt, in welcher Form es sei, dem ist Gott reicher an vollendeter Wirklichkeit als die Welt und nicht nur durch „Vermögen" zu Anderem von der Welt unterschieden.

Nur im Sinne der theistischen Emanationslehre und im Sinne des echten Pantheismus bin *Ich selbst* ein Teil Gottes, leidet in meinem Leiden Gott selbst. Im Sinne der theistischen Emanationslehre allein wird aber Gott, ebenso wie er aus seinem *Wesen* heraus leidet, auch aus seinem *Wesen* heraus in vorbestimmter, nämlich in eben diesem *Wesen* vorbestimmter, Weise erlöst werden — und ich mit ihm. Wiederum aber im Sinne der theistischen Emanationslehre und des echten Pantheismus, die also auch hier einander nahe kommen, denkt in meinem Denken Gott sich selbst.

Das alles aber ist ganz unabhängig von der Frage nach der Wirklichkeit von Dualismus oder Monismus, wenn man, wie wir, diese Begriffe auf den Begriff *die eine ganze Ordnung* bezieht.

Wir brechen unsere Untersuchungen ab ohne eine Entscheidung zu versuchen, ja ohne auch nur ein eigenes Glaubensbekenntnis aufzustellen. Ohne Rücksicht auf die ordnungsmonistische Sonderfrage, in deren Beantwortung wir allerdings dem Dualismus durchaus zuneigen[1]), sind also die unentscheidbaren theologischen Grundlehren diese:

Gott macht sich in Freiheit — *Pantheismus.*

Derselbige Gott geht ganz durch Werdestufen hindurch — *Emanatorischer Theismus.*

---

[1]) Diese vorsichtige Ausdrucksweise ist trotz allem am Platze; s. S. 361 ff.

Gott schafft die Welt neben sich — *Kreatorischer Theismus.*

Die Fragen, ob Gott als Schöpfer mehrere Weltenstufen oder nur „die Welt" schafft, ob er „freie", gegen ihn handeln könnende Wesen schafft oder nicht, und manche andere können hier weitere nicht unwesentliche Einteilungsgründe abgeben. —

f) Erledigung logischer Bedenken.

Zum Beschlusse des Ganzen muss nun noch gewisser grundlegender Einwände gedacht werden, welche von Kant und namentlich von Schopenhauer gegen jede Form des Theismus gemacht worden sind. Diese Einwände sind Überlegungen rein denkmässiger Art; sie betreffen jeden Theismus, auch wenn er sich nur als Gefüge von Möglichkeits-erwägungen gibt. Und sie wollen den kreatorischen Theismus nicht weniger treffen als den emanatorischen, also das, was gemeinhin Pantheismus genannt wird.

Der Grundgedanke aller dieser Einwände aber ist der folgende: Die Reihe des in sich verknüpften *Werdens,* im weitesten Sinne des Wortes, ist doch wohl nach vorwärts wie nach rückwärts „ohne Ende"; *Gott* als das Erste setzen aber bricht nach rückwärts die Kette des Werdens durch einen Gewaltakt ab.

Bei Kant tritt nun freilich die Ablehnung alles Theismus als einer Wissensmöglichkeit in Form einer „Antinomie" auf, was praktisch den Theismus auch aus der Reihe des vermutungshaft zu Erörternden streicht. Schopenhauer aber sagt geradezu, die Theisten insgesamt ersetzten nach rückwärts die ohne Ende laufende Kette der Ursächlichkeiten irgendwo durch einen „Erkenntnisgrund" und verstiessen dadurch willkürlich gegen das innere Wesen des Denkens[1].

Seltsam berührt es uns hier freilich, dass Schopenhauer doch selbst von seinem „Willen" als einem Etwas redet, das ein Sein „vor" allem Eintreten in seine Objektivationsformen gehabt habe und durch Erlösung wieder zu diesem Sein gelangen könne. Wird hier etwa nicht die Kette des in sich verknüpften „Werdens" angefangen und beendet? Doch wollen wir die eigentliche Sachfrage nun ohne Beziehung auf den inneren Zwiespalt in der Schopenhauerschen Lehre prüfen. Und auch nicht wollen wir dem Begriff der Antinomie Zugeständnisse machen. Es handelt sich nämlich um eine „Sach"-frage, wie bei allen angeblichen Antinomien Kants; und daran wird auch grundsätzlich dann nichts geändert, wenn diese Sachfrage aus Gründen des Nichtwissenkönnens für den Menschen vollkommen unentscheidbar ist.

---

[1] *Vierfache Wurzel* etc. § 7 und 8 (und sonst).

Ein Zwiespalt im Wesen des Wissens selbst, derart, dass ich, wie Kant meint, zwischen zwei Gegensätzlichkeiten der Wissensentscheidung ohne Ende hin- und herschwanken müsste, kommt gar nicht in Frage.

Scharf zu trennen sind ·vor allem die beiden von uns festgelegten Begriffe des *Werdens:* das erfahrungshafte Werden in der erfahrungshaften Zeit und das zeitlose Werden, das nur in Ermangelung eines anderen Wortes „Werden" genannt wird, und von dem wir eben annehmen, dass es in seinem eigenen „Verlaufe" zu einer Stufe des Wirklichen führe, welche echtes Werden im Rahmen des *Ich habe bewusst Etwas* ist, welche als Werden in der Zeit „erscheint".

Dass zeitliches oder eigentliches Werden anfangen und aufhören könne, ist damit nun schon ohne weiteres bejaht; es ist in die berechtigte Setzung *zeitloses Werden* einbeschlossen. Irgendein Zwang, zeitliches Werden ohne Ende zu denken, besteht ganz und gar nicht. „Wie es ist" — das allein ist die Frage. Und wir erinnern uns hier daran[1]), dass empirisch-wirkliche *Zeit* ohne Etwas, das in ihr wird, ein Unding ist; denn Zeit ist ein blosses Gefüge von Beziehungen zwischen einzelnen empirischen Wirklichkeiten.

Die eigentlich metaphysische Frage ist also jetzt, wo die ganze Untersuchung *ex hypothesi* auf die Grundlage des Theismus gestellt ist, diese, ob zeitloses Werden eines beharrlichen *Wesens* einen Anfang (und ein Ende) haben könne; ob, anders gesagt, widerspruchslos gedacht werden könne die Gottes-Ruhe, welche in göttliches Werden, sei es durch Schöpfung oder durch Verwandlung, übergeht, welche im unzeitlichen Sinne des Wortes zu werden beginnt.

Und auf diese Frage ist nun allerdings durch die ersten Grundlegungen unserer ganzen Untersuchung·die, freilich wenig „befriedigende", Antwort vorbereitet:

Ganz gewiss kann *Ich* nicht „verstehen", wie unzeitliches Werden „beginnen" könnte ohne „Werde-Grund". Aber die Frage ist ja eben, ob mein Verstehen-können für die Zulassung metaphysischer Wirklichkeiten den Massstab abgeben darf. Schon bei der Freiheits-Frage, als es sich um die Entscheidung darüber handelte, ob Gott „sich mache" oder ein „Wesen" habe, begegnete uns dieser Gedanke. Und jetzt, also im Rahmen der Lehre vom wesenhaften Gotte, liegt, wenigstens mit Rücksicht auf den Übergang aus der Gottesruhe in das Gottes-werden, alles ebenso: *Ordnungsgemäss* „muss" Ich das zeitlose Werden des Wirklichen, freilich nur dieses, ohne Anfang und Ende sein lassen; aber ob meine „Ordnungsgemässheit" das Wirkliche trifft, das steht ja eben in Frage.

---

[1]) S. oben S. 308.

Wir geben also im letzten Sinne Kant und Schopenhauer recht, wenn sie die Frage des *Anfanges* unentscheidbar sein lassen. Nicht zwar sinnlos ist sie, wie Schopenhauer vorgibt zu lehren und doch praktisch selbst nicht lehrt. Und auch nicht ist für das ordnungshafte Denken als solches eine Antinomie da, ein Hin- und Herschwanken zwischen gleichberechtigten Möglichkeiten; das ordnungshafte Denken vielmehr muss den Begriff eines echten Anfanges in Gott verwerfen. Aber — das *Ich* des *Ich habe bewusst Etwas* soll ja gar nicht das Ich der Urbeziehung *Wissen* erschöpfen.

Wie die Frage nach dem echten Anfang sich mit der Frage, ob Gott sich in Freiheit mache oder ein Wesen habe, darin berührt, dass beide Fragen die Möglichkeit eines *Sacrificium intellectus* in Sachen der Metaphysik in Betracht ziehen, so berühren sich Anfangs- und Freiheitsfrage selbstredend auch mit Rücksicht auf ihre eigentlich „wissenschaftliche" Unentscheidbarkeit im Sinne dessen, was wir induktive Metaphysik nennen: *Erfahrung*, so wissen wir schon[1]), könnte sein, was sie ist, mag echter Pantheismus, also die Lehre vom „sich machenden" Gott, oder mag irgend eine Form des Theismus das Wirkliche treffen. Und wir fügen jetzt der alten Einsicht die neue hinzu: Erfahrung könnte sein, was sie ist, mag im Rahmen des Theism u der Begriff der Gottes-Ruhe und des echten Anfanges des (zeitlosen) Werdens zugelassen oder verworfen werden. Die Entscheidung ist jetzt erst recht unmöglich, weil ihr Gegenstand ja eben eine zwiefache Möglichkeit im Rahmen des Theismus betrifft, und weil nicht einmal die Frage „Pantheismus oder Theismus", das heisst „Sich machender Gott oder wesenhafter Gott", wissenschaftlich entschieden werden kann.

---

[1]) S. oben S. 119 f.

Register.

Abstraktion 129. 236. 241. 282.
Ästhetik 241. 326.
Agnosticismus 36.
Allgemeines 95. 122 ff. 153. 201. 236 f.
  287 f.
Allgemeingültigkeit 7. 37 ff.
„Als ob" 4. 10. 14. 66. 297.
Altruismus 184.
Anschaulich 2. 13. 245.
Anselm v. Canterbury 254.
a posteriori 228 f.
a priori 77 f. 226 f.
Aristoteles 161. 192. 241. 254.
Aster, v. 14.
Atheismus 356 ff.
Atom 127. 159.
Aufklärung 217.
Augustinus 192.

Barth 206.
Bastian 206.
Baumgarten 183.
Baur-Fischer-Lenz 348.
Becher, E. 170. 280. 313.
Beharrlichkeit 87. 91.
Bergson 33. 40. 92. 108. 118. 149. 320.
  363.
Berkeley 84. 359.
Bernheim 218.
Beruf 186 f. 209.
Bestimmtheit (des Werdens) 104 ff. 111.
  150. 153.
Bewegung 87. 92 f.
Beweisen 54.
Bewusstsein 7. 38. 45.
Bewusstseinsspaltung 333.
Boehme 118.
Böse 152. 178. 212. 262. 267.

Bolzano 5.
Bon 256.
Bosanquet 135.
Bradley 19.
Breysig 200 f. 216. 289.
Bruno 76. 270.
Brunswig 43.
Buckle 200.
Burckhardt, J. 209. 347 f.

Cassirer 282.
Cohen 37. 77.
Coincidentia oppositorum 61. 83.
Comte 200.
Cornelius, H. 313.
Cusanus 270. 368.

Darwinismus 170.
Demiurgos 358 f.
Descartes 33. 59. 120. 256. 263. 282.
  312.
Deussen 365.
Dittrich 211.
Dualismus 252 ff. 269 ff. 294 f. 301 ff.
  359 ff.
Duns 125.

Ebner-Eschenbach 194.
Eckhart 118. 212.
Egoismus 183.
Ehrenfels 19.
Einheit 97. 102. 153 ff. 169 f.
Einzelheitskausalität 73. 97 ff.
Einzelwesen 100 f. 161. 173. 199. 293 f.
  319 ff.
Eleaten 91. 322.
Emanation 368 ff.
Embryologie 169 ff. 208. 262. 332 f.

Empirie 241 ff.
Endlichkeit der Welt 125.
Energie 160.
Entelechie 88. 101. 110. 117. 121. 135.
 204.
Entwickelbarer Begriff 33. 61 f. 129 f. 269.
Entwicklung (Evolution) 100 f. 103. 105.
 110. 150. 158. 167 ff. 199 ff. 203 f. 286.
 343.
Erdmann, B. 34.
Erfahrung 18 ff. 51. 239. 246.
Erkennen 2. 36. 53. 64 f. 101. 144 f.
Erledigung 13. 245.
Erlösung 321. 324. 362.
Erscheinung 18 ff. 34. 51. 132 ff.
Erziehung 190.
Ethik, s. Sittlichkeit.
Eucken 48. 351.
Evidenz 2. 41 f. 230. 248.
Evolution s. Entwicklung.
Ewigkeit 299. 303 ff.
Experiment 262.

Fichte 30. 38. 50. 108. 118. 133. 177 f.
 188. 270. 299. 379.
Fiktion 246.
Förster, F. W. 195. 350.
Fortpflanzung 166.
Freiheit 103 ff. 111 ff. 119 ff. 189. 191. 218.
 273. 277. 363 ff.
Fries 38.

Ganzheit 79 f. 93 ff. 97. 102. 105. 135.
 149 ff. 167 ff. 203 f. 231. 253 ff. 286. 323.
Ganzheitskausalität 73 ff. 100 ff.
Gedächtnis 147 ff. 231 ff.
Gefüge (System) der Dinge 126 ff.
 „   „   der Organismen 170 f.
Gegenstand 2 f.
 „   mittelbarer 5 f. 15.
Gehirn 145 f. 251.
Geologie 199 f.
Geometrie 15. 73.
Gerechtigkeit 193.
Geschichte 103. 121. 175 ff. 198 ff. 212 ff.
 286. 339 ff.
Gesetz, s. Naturgesetz.
Gewissen 177.
Gleichgewicht 90.

Gottesproblem 115 ff. 256. 352 ff. 355 ff.
Groos, K. 353.
Grosse Männer 207 ff.
Grund-Folge, s. Mitsetzen.
Grunewald 338.
Guyau 179. 188.

Haecceitas 125 ff. 159 ff. 171. 212. 287 ff.
Häufung (Kumulation) 167. 199 ff. 343 ff.
Hamilton 155.
Harmonie 16. 43.
         embryologische 163. 189.
 „   der Geschichte 185 ff.
         der Natur 156 f.
 „   prästabilierte 33. 105. 146.
Hartmann, E. v. 31. 33. 49 f. 78. 107.
 118. 155 f. 178. 180. 183. 246. 308.
 325. 365 f. 368.
Hartmann, N. 47. 133 f. 236.
Hegel 10. 22. 38. 48 ff. 52. 118. 135.
 176. 195. 204 ff. 213. 254. 270. 272.
 279. 299.
Hellsehen 249. 338.
Helmholtz 155.
Henderson 156 ff.
Heraklit 92.
Herbart 81. 282.
Herbst 189.
Herder 157. 209.
Heterogonie der Zwecke 195 ff.
Hodgson 339.
Hösslin 256.
Hume 98. 150. 228. 282.
Husserl 2. 5. 14. 32. 37. 43. 129. 226.
 236. 241.
Hylozoismus 164.
Hypnose 190.

Ich (reines) 6. 8. 26. 29 ff. 39.
 „ (das andere) 247.
Idealismus 20. 359.
Immanenz 29 f. 137 f.
Inder 32. 50. 177. 365. 368.
Induktion 24 ff. 52.
Infinitesimalrechnung 125.
Instinkt 249.
Intuition 33.
Irrationalismus 17. 61. 359.
Irrtum 152. 221 ff. 229 ff. 247 ff.

James 339.
Jellinek 193.
Jennings 162.

Kant 3. 15. 18ff. 27. 29. 34—51. 60.
63. 68f. 71. 76f. 86. 94. 101. 106.
108. 150. 177. 179f. 183. 188. 197.
233. 238. 240. 247. 255. 258. 265. 282.
303. 322. 358. 370ff.
Kategorien 44. 60. 233. 238ff.
Kategorischer Imperativ 178.
Kausalität 93ff. 140ff. 150. 153.
 der belebten Natur, s. Ganzheitskausalität.
 der unbelebten Natur, s. Einzelheitskausalität.
Kerler 160. 367.
Keyserling 45.
Kjellén 193.
Klasse (und Fall) 95. 101. 103. 122ff.
153.
Kontingenz 108.
Krueger 167. 201. 284.
Külpe 33.
Kultur 51. 175ff. 187. 288ff.
Kumulation, s. Häufung.

Lamarckismus 170.
Lamprecht 200. 289.
Le Chatelier 155.
Leclair 30.
Leib 140ff.
Leibniz 33f. 43. 50. 76. 79. 81. 105.
125. 142. 177. 223. 258. 267f. 282.
Leiden 301. 303ff. 321ff. 324ff.
Lenz 155.
Lessing Th. 202. 212. 345.
Liebert 35.
Linke 243f.
Lipps, Th. 247. 320.
Locke 33. 59.
Logik, s. Ordnungslehre.
Losacco 195.
Losskij 241.
Lotze 7. 40. 53. 81. 98. 282.

Mach 155. 241. 273.
Maier, H. 5. 48. 210f.
Mannigfaltigkeit 62f. 72. 330.

Maschine 77. 261ff.
Materie 83ff. 157ff. 160ff. 212. 360f.
Mathematik 15f. 25.
Mechanismus 77. 79f. 258ff.
Messer 8. 41. 53. 188.
Metaphysik, s. Wirklichkeitslehre.
Methode 26f. 278ff.
Mill 228.
Minimumprinzipien 155f.
Mitleid 181ff. 341ff.
Mitsetzen 21. 54. 62. 72. 116f. 224. 311
316f.
Monade 33. 105. 176f. 237.
Monismus, s. Ordnungsmonismus.
Müller, G. E. 228.
Münsterberg 46.
Mystik 32. 207.

Nachdenken 9. 26. 113. 226f.
Natorp 39f.
Natur 5f. 9. 14. 64. 175. 240.
 belebte 73ff. 90. 159ff.
 unbelebte 73. 89f. 154ff.
 überpersönliche, s. Überpersönliches.
Naturgesetz 97f. 122ff. 199ff. 242.
Naturwissenschaft 279ff.
Neben, s. Raum.
Neorealismus 5. 37.
Neukantianer 34ff. 53. 79ff.
Newton 38. 79. 259.
Nietzsche 188. 195.

Oesterreich 256. 338.
Okkultismus, s. Parapsychologie.
Ontologie 2. 14. 33. 254ff. 358.
Ordnung, Ordnungslehre 2ff. 10ff. 19.
21. 35ff. 93. 105. 232ff. 252.
Ordnungsmonismus 79. 85. 94. 150ff.
253ff. 269ff.
Ostwald 155.

Pantheismus 118ff. 362ff.
Parallelismus, psychophysischer 121. 319f.
Parapsychologie 338.
Person 332ff.
Pflicht 181ff. 345.
Pfordten, v. d. 16. 33. 45.
Phänomenologie, s. Selbstbesinnung.

Philosophie 1.
Phylogenie, s. Stammesgeschichte.
Platon 40. 91. 313.
Plessner 272.
Plotinos 61. 118. 360. 365f. 368.
Poincaré 228.
Positivismus 15.
Pragmatismus 23. 210. 230. 248.
Prantl 241.
Principium individuationis 125. 161. 334. 341.
Protagoras 60.
Psychologie 6. 114. 145. 201.
Psychologismus 32. 40. 81.

Qualität 58ff. 70.
Quidditas 128.

Rasse 209f.
Rational 17. 61. 129. 207. 217. 275.
Rationale Betreffbarkeit 62. 67.
Raum 68ff. 276.
   „   absoluter 83.
Realismus (naiver) 32.
Recht 193. 197. 248.
Reflexionsbegriffe 60.
Regulation 169. 187. 208.
Rehmke 30. 39. 107. 139. 181. 241.
Reininger 8.
Religion 256. 324.
Richtigkeit 11. 22.
Rickert 45f. 176. 210. 284ff.
Riehl 46.
Roux 187. 189.
Russell 5.

Saitschick 348.
Sankhyaphilosophie 177.
Schauen 2. 7. 32. 54. 239ff. 283.
Schayer 365.
Scheler 181. 183. 188. 196. 247. 319f. 358.
Schelling 32. 118. 121. 368.
Schlosser 348.
Schön 241.
Schöne Seele 183.
Schöpfung 74. 101. 368ff.
Schopenhauer 84. 118. 178ff. 187. 211. 282. 312. 365. 370ff.

Schrenck-Notzing 338.
Schultz, J. 53. 260. 265.
Schulze, G. E. 43.
Schulze-Soelde 176. 193.
Schuppe 30.
Schwarz 366.
Seele 6. 9. 64. 175f. 201. 205. 232ff.
Selbst 6.
Selbstbesinnung 2. 106. 114.
Sigwart 48.
Simmel 48. 178. 210.
Sittlichkeit 9. 108. 114f. 177ff. 187ff. 196f. 219. 342.
Skepsis 19.
Snell 174.
Sokrates 235.
Solipsismus 7. 19. 30. 35. 55. 57. 302. 315.
Sosein (Qualität) 58f.
Soziologie 187. 205f.
Spengler 201.
Spann 211.
Spinoza 32. 61. 76ff. 81. 118. 257ff. 311f. 356. 365f. 368.
Spiritismus 302.
Staat 192ff. 204. 212f. 248. 346ff.
Stammesgeschichte 103. 121. 165ff. 352.
Steinmann 174.
Stoa 76. 196.
Strafe 193.
Substanz 354.
Suppositio 15.
System, s. Gefüge.

Taine 200.
Tatsachen 244. 279ff.
Techet 348.
Technik 349.
Teleologie, s. Zweckmässigkeit.
Telepathie 88. 136. 249.
Theismus 120. 364ff.
Theodizee 268f.
Theologie 51.
Tischner 338.
Tod 296ff. 303ff. 311ff. 329ff.
Tolstoy 188. 195.
Transzendentale Methode 40. 47f.
Transzendenz 137f.
Troeltsch 256.

Überpersönliches 103 ff. 165 ff. 175 ff.
339 ff.
Uexküll, v. 193. 331.
Unanschaulich, s. Anschaulich.
Unendlichkeit, s. Endlichkeit.
Universalienproblem 122 ff.
Unsterblichkeit 139. 220. 329 ff.
Urordnungszeichen 56 ff. 96. 240 ff.
Ursächlichkeit, s. Kausalität.
Urtatsache 1. 8. 29. 132 ff.
Urteil 223 f.
Urwissen 2. 12. 242 ff.

Verknüpftheit 93 ff.
Vitalismus 103 f. 111. 159. 166. 329 ff.
Völker 209 f.
Völkerpsychologie 205 f.
Volkelt 7 f. 17. 19. 48. 54. 240. 247.
313. 320.
Voltaire 209.
de Vries 170.

Wahr 11. 22 f. 32.
Wahrnehmung 140 ff. 318.
„   innere 240. 247.
Wahrscheinlich 27 f.
Wasielewski 338.
Wasmann 170.
Welt (und Nicht-welt) 314 ff.
Werden 3 f. 85 ff. 138 ff. 307 ff.

Wert 23. 53. 175 f. 197.
Wesentlich 95. 101. 161. 210. 219. 278 ff.
284 ff.
Wiesner 167.
Wille 106 f. 112. 117. 197. 252.
Windelband 18. 41. 135. 176. 210 f.
285 f.
Wirklich 10 f. 53 ff.
Wirklichkeitslehre 11. 19 ff. 119. 296 ff.
310 ff. 327 ff.
Wissbarkeit 18 ff. 56.
Wissen 11 ff. 29 ff. 131 ff. 215 ff. 221 ff.
231 ff. 250 ff. 297. 320. 351 ff.
Wissenschaft 1. 25. 273.
Wissenserwerb 65. 138 ff. 238 ff.
Wissenslinie 217 f. 346.
Wolff, G. 182.
Wundt, W. 195. 205.
Wunsch 324.

Zeichen 15. 81.
Zeit 4. 85 ff. 307 ff. 330 ff.
Zielstrebig 168.
Zivilisation 187.
Zufall 152. 158. 160 ff. 201. 208. 212.
231. 253 ff. 271 f. 323. 360 ff.
Zur Strassen 162 ff.
Zweckmässigkeit 44. 79 f. 135. 168. 182.
259 ff.
Zweckmässigkeit, fremddienliche 170.